Lei de Execução Penal

para concursos

Doutrina

Jurisprudência

Questões de concurso

Rogério Sanches Cunha

LEP

Lei de Execução Penal
para concursos

Doutrina

Jurisprudência

Questões de concurso

11ª edição | revista atualizada ampliada

2022

EDITORA *Jus*PODIVM

www.editorajuspodivm.com.br

EDITORA
*Jus*PODIVM
www.editorajuspodivm.com.br

Rua Canuto Saraiva, 131 – Mooca – CEP: 03113-010 – São Paulo – São Paulo
Tel: (11) 3582.5757
• Contato: https://www.editorajuspodivm.com.br/sac

Copyright: Edições *Jus*PODIVM

Diagramação: Lupe Comunicação e Design (*lupecomunicacao@gmail.com*)

Capa: Ana Caquetti

L96 Lei de Execução Penal para Concursos: LEP / coordenador Ricardo Didier – 11. ed. rev., atual. e ampl. – Salvador: Juspodivm, 2022.
400 p. (Códigos e Constituição para Concursos)

Bibliografia.
ISBN 978-85-442-3572-0

1. Legislação. Execução Penal. I. Cunha, Rogério Sanches Cunha. II. Título.

CDD 340.5

SOBRE O AUTOR

ROGÉRIO SANCHES CUNHA

- Membro do Ministério Público do Estado de São Paulo.
- Professor da Escola Superior do Ministério Público dos estados de São Paulo, Mato Grosso e Santa Catarina.
- Professor de Penal e Processo Penal do Curso RSConline.
- Fundador do site www.meusitejuridico.com.br.
- Cofundador e coordenador pedagógico do JUSPLAY.
- Autor de obras jurídicas.

APRESENTAÇÃO DA COLEÇÃO

A coleção *Códigos e Constituição para Concursos* foi pensada para auxiliar o candidato a alcançar o seu grande objetivo: passar em um concurso público.

Para isso, reunimos professores renomados, experientes e, acima de tudo, didáticos, para compor o time de autores desta coleção inovadora.

A ideia era fazer algo que complementasse o estudo.

Um material no qual o candidato pudesse confiar o seu tempo final de preparação e/ou dedicar o seu momento de revisão daquilo que foi estudado.

Assim, definimos a didática que acreditamos ser a ideal:

- Artigo de lei;
- Breves comentários;
- Súmulas do STF e do STJ referentes ao artigo;
- Informativos recentes do STF e do STJ referentes ao artigo;
- Questões de concursos referentes ao artigo.

O leitor, assim, tem à sua disposição, de forma organizada, um pouco de tudo o que ele precisa para passar no concurso desejado: lei, doutrina, jurisprudência e questões. Não bastasse isso, todos os livros possuem, além da cor básica, outra cor para destacar as principais partes dos comentários, proporcionando uma leitura mais agradável e ajudando a memorização do assunto.

A cada edição aumentamos e melhoramos os comentários dos artigos e, principalmente, revisamos a jurisprudência e as questões de concursos, de forma a sempre oferecer ao candidato o material mais atualizado possível.

Dada a receptividade dos leitores, acreditamos que estamos conseguindo obter êxito nessa empreitada.

Boa sorte!

RICARDO DIDIER

Editor

Editora Juspodivm

SUMÁRIO

EXECUÇÃO PENAL – LEI Nº 7.210, DE 11 DE JULHO DE 1984

EXECUÇÃO PENAL – LEI Nº 7.210, DE 11 DE JULHO DE 1984

▸TÍTULO I – DO OBJETO E DA APLICAÇÃO DA LEI DE EXECUÇÃO PENAL

Art. 1º A execução penal tem por objetivo efetivar as disposições de sentença ou decisão criminal e proporcionar condições para a harmônica integração social do condenado e do internado.

Introdução – Os comentários ao artigo inaugural da LEP nos obrigam a relembrar que a pena, no Brasil, é polifuncional, isto é, tem tríplice finalidade: **retributiva, preventiva** (geral e especial) e **reeducativa.** Explica Flávio Monteiro de Barros (Direito Penal – Parte Geral, Ed. Saraiva, p. 435):

a) a prevenção geral (visa a sociedade) atua antes mesmo da prática de qualquer infração penal, pois a simples cominação da pena conscientiza a coletividade do valor que o direito atribui ao bem jurídico tutelado.

b) a prevenção especial e o caráter retributivo atuam durante a imposição e execução da pena.

c) finalmente, o caráter reeducativo atua somente na fase de execução. Nesse momento, o escopo é não apenas efetivar as disposições da sentença (concretizar a punição e prevenção), mas, sobretudo, a ressocialização do condenado, isto é, reeducá-lo para que, no futuro, possa reingressar ao convívio social.

O art. 6º da Resolução 113 do CNJ, em cumprimento ao artigo 1º da Lei nº 7.210/84, determina: "o juízo da execução deverá, dentre as ações voltadas à integração social do condenado e do internado, e para que tenham acesso aos serviços sociais disponíveis, diligenciar para que sejam expedidos seus documentos pessoais, dentre os quais o CPF, que pode ser expedido de ofício, com base no artigo 11, V, da Instrução Normativa RFB nº 864, de 25 de julho de 2008".

A LEP também será aplicada (no que couber) às hipóteses de sentença absolutória imprópria (execução das medidas de segurança). Não se aplica, porém, nos casos de medidas socioeducativas (resposta estatal aos atos infracionais), regradas pelo Estatuto da Criança e do Adolescente (ECA e Lei 12.594/12).

Penas (LEP)	Medida de segurança (LEP)	Medida socioeducativa (ECA e Lei 12.594/12)
Em abstrato: prevenção geral (positiva e negativa)	Essencialmente preventiva.	Responsabilização do adolescente.

Penas (LEP)	Medida de segurança (LEP)	Medida socioeducativa (ECA e Lei 12.594/12)
Em concreto: Prevenção especial + retribuição	Não se nega, porém, seu caráter penoso, em especial na de natureza detentiva	Integração social do adolescente + garantia de seus direitos individuais e sociais
Em execução: Concretização dos objetivos da sentença + ressocialização	Doença curável: objetiva a cura; Doença incurável: deixá-lo apto a conviver em sociedade	Desaprovação da conduta social.
Pressupõe fato típico, ilícito, praticado por agente culpável	Pressupõe fato típico, ilícito, praticado por agente não imputável, porém perigoso (periculosidade)	Pressupõe fato típico, ilícito praticado por adolescente (jamais criança) em conflito com a Lei.

Princípios orientadores da execução penal:

a) **Legalidade** – Na exposição de motivos da LEP, o item 19 esclarece que "o princípio da legalidade domina o corpo e o espírito do Projeto, de forma a impedir que o excesso ou o desvio da execução comprometam a dignidade e a humanidade do Direito Penal." Em vários dispositivos da LEP a legalidade é anunciada. O art. 3º, por exemplo: "Ao condenado e ao internado serão assegurados todos os direitos não atingidos pela sentença ou pela lei".

b) **Igualdade** – "Não haverá qualquer distinção de natureza racial, social, religiosa ou política" (art. 3º, parágrafo único, LEP). Assegura que na execução da pena não serão concedidas restrições ou privilégios de modo indiscriminado, por origem social, política, de raça, cor, sexo etc.

c) **Individualização da pena – A Constituição Federal, no art. 5º**, XLVIII, aduz que "a pena será cumprida em estabelecimentos distintos, de acordo com a natureza do delito, a idade e o sexo do apenado." Somado a isso, "os condenados serão classificados, segundo os seus antecedentes e personalidade, para orientar a individualização da execução penal" (art. 5º da LEP). Em síntese, a pena será individualizada conforme a personalidade e antecedentes do agente, bem como o tipo de delito por ele praticado (item 26 da Exposição de Motivos da LEP). A individualização é sustentada, ainda, pelo programa progressivo de cumprimento da pena, que prevê descontos no tempo de pena baseados no comportamento, na participação em atividades laborais e educativas, etc.

d) **Princípio da jurisdicionalidade** – A criação de um juízo especializado no cumprimento de pena e a inclusão de novos atores, como o Ministério Público e a Defensoria Pública, na relação executiva tiveram como objetivo suprir o "hiato de legalidade" em que se encontrava a execução da pena antes da LEP (Exposição de Motivos, item 89). O processo de execução será conduzido por um juiz de direito, como estabelecido no art. 2º: "A jurisdição penal dos Juízes ou Tribunais da Justiça ordinária, em todo o Território Nacional, será exercida no processo de execução, na conformidade desta Lei e do Código de Processo Penal". A natureza jurisdicional da execução se extrai, ainda, da simples leitura do art. 194: "O procedimento correspondente às situações previstas nesta Lei será judicial, desenvolvendo-se perante o Juízo da execução".

ATENÇÃO: A lei reserva à autoridade administrativa a decisão sobre pontos secundários da execução da pena, tais como: horário de sol, cela do preso, alimentação etc. Mesmo nesses casos, resguarda-se sempre o acesso do prejudicado ao judiciário.

e) **Outros dispositivos constitucionais relevantes na aplicação da LEP, relacionados com a humanidade da pena: artigo 1º, inciso III – dignidade da pessoa humana;** artigo 5º, incisos "XLV – nenhuma pena passará da pessoa do condenado, podendo a obrigação de reparar o dano e a decretação do perdimento de bens ser, nos termos da lei, estendidas aos sucessores e contra eles executadas, até o limite do valor do patrimônio transferido" (princípio da intranscendência da pena); "XLVII – não haverá penas: a) de morte, salvo em caso de guerra declarada, nos termos do art. 84, XIX; b) de caráter perpétuo; c) de trabalhos forçados; d) de banimento; e) cruéis"; "XLVIII – a pena será cumprida em estabelecimentos distintos, de acordo com a natureza do delito, a idade e o sexo do apenado"; "XLIX – é assegurado aos presos o respeito à integridade física e moral"; "L – às presidiárias serão asseguradas condições para que possam permanecer com seus filhos durante o período de amamentação".

ATENÇÃO: O Supremo Tribunal Federal decidiu que é lícito ao Poder Judiciário impor à Administração Pública obrigação de fazer, consistente na promoção de medidas ou na execução de obras emergenciais em estabelecimentos prisionais para dar efetividade ao postulado da dignidade da pessoa humana e assegurar aos detentos o respeito à sua integridade física e moral, nos termos do que preceitua o art. 5º, XLIX, da CF, não sendo oponível à decisão o argumento da reserva do possível nem o princípio da separação dos poderes. O (des)respeito aos princípios que regem a execução penal é tema recorrente nos Superiores Tribunais. Ganhou especial destaque recente decisão do STF (ADPF 347) onde os ministros entenderam ter configurado o chamado "estado de coisas inconstitucional" no sistema penitenciário brasileiro. Denominado pela Corte Constitucional da Colômbia, o "estado de coisas inconstitucional" ocorre quando presente violação generalizada e sistémica de direitos fundamentais, inércia ou incapacidade reiterada e persistente das autoridades públicas em modificar a conjuntura, transgressões a exigir a atuação não apenas de um órgão, mas sim de uma pluralidade de autoridades.

Abuso de autoridade – pune-se no art. 9º, *caput*, da Lei 13.869/19, *decretar* medida de privação da liberdade em manifesta desconformidade com as hipóteses legais. O núcleo *decretar* certamente vai despertar divergência. Já conseguimos antever corrente defendendo que alcançará somente ato do juiz. Ousamos, desde logo, discordar. Para nós, o verbo nuclear tem o sentido de determinar, decidir, ordenar, não se restringindo à autoridade judiciária. Quisesse o legislador restringir, teria feito o que fez no parágrafo único, expressamente dirigido aos membros do Poder Judiciário. *Medidas de privação de liberdade*, por sua vez, são todas aquelas, penais e extrapenais, que imponham qualquer limitação ao direito de liberdade das pessoas, que só podem ser levadas a efeito nas hipóteses legais.

1. ENUNCIADOS DE SÚMULAS DE JURISPRUDÊNCIA

- **STF – Súmula vinculante nº 35**

A homologação da transação penal prevista no artigo 76 da Lei 9.099/1995 não faz coisa julgada material e, descumpridas suas cláusulas, retoma-se a situação anterior, possibilitando-se ao Ministério Público a continuidade da persecução penal mediante oferecimento de denúncia ou requisição de inquérito policial.

2. INFORMATIVOS DE JURISPRUDÊNCIA

- **STF – 794 – Obras emergenciais em presídios: reserva do possível e separação de poderes – 1**

É lícito ao Poder Judiciário impor à Administração Pública obrigação de fazer, consistente na promoção de medidas ou na execução de obras emergenciais em estabelecimentos prisionais para dar efetividade ao postulado da dignidade da pessoa humana e assegurar aos detentos o respeito à sua integridade física e moral, nos termos do que preceitua o art. 5º, XLIX, da CF, não sendo oponível à decisão o argumento da reserva do possível nem o princípio da separação dos poderes (STF – RE n. 592581-RS, Rel.. Ricardo Lewandowski, j. 13.8.2015).

- **STF – 798 – Sistema carcerário: estado de coisas inconstitucional e violação a direito fundamental.**

O Plenário concluiu o julgamento de medida cautelar em arguição de descumprimento de preceito fundamental em que discutida a configuração do chamado "estado de coisas inconstitucional" relativamente ao sistema penitenciário brasileiro. Nessa mesma ação também se debate a adoção de providências estruturais com objetivo de sanar as lesões a preceitos fundamentais sofridas pelos presos em decorrência de ações e omissões dos Poderes da União, dos Estados-Membros e do Distrito Federal. No caso, alegava-se estar configurado o denominado, pela Corte Constitucional da Colômbia, "estado de coisas inconstitucional", diante da seguinte situação: violação generalizada e sistêmica de direitos fundamentais; inércia ou incapacidade reiterada e persistente das autoridades públicas em modificar a conjuntura; transgressões a exigir a atuação não apenas de um órgão, mas sim de uma pluralidade de autoridades. O Plenário anotou que no sistema prisional brasileiro ocorreria violação generalizada de direitos fundamentais dos presos no tocante à dignidade, higidez física e integridade psíquica. As penas privativas de liberdade aplicadas nos presídios converter-se-iam em penas cruéis e desumanas. Nesse contexto, diversos dispositivos constitucionais (artigos 1º, III, 5º, III, XLVII, e, XLVIII, XLIX, LXXIV, e 6º), normas internacionais reconhecedoras dos direitos dos presos (o Pacto Internacional dos Direitos Civis e Políticos, a Convenção contra a Tortura e outros Tratamentos e Penas Cruéis, Desumanos e Degradantes e a Convenção Americana de Direitos Humanos) e normas infraconstitucionais como a LEP e a LC 79/1994, que criara o Funpen, teriam sido transgredidas. Em relação ao Funpen, os recursos estariam sendo contingenciados pela União, o que impediria a formulação de novas políticas públicas ou a melhoria das existentes e contribuiria para o agravamento do quadro. Destacou que a forte violação dos direitos fundamentais dos presos repercutiria além das respectivas situações subjetivas e produziria mais violência contra a própria sociedade. Os cárceres brasileiros, além de não servirem à ressocialização dos presos, fomentariam o aumento da criminalidade, pois transformariam pequenos delinquentes em "monstros do crime". A prova da ineficiência do sistema como política de segurança pública estaria nas altas taxas de reincidência. E o reincidente passaria a cometer crimes ainda mais graves. Consignou que a situação seria assustadora: dentro dos presídios, violações sistemáticas de direitos humanos; fora deles, aumento da criminalidade e da insegurança social. Registrou que a responsabilidade por essa situação não poderia ser atribuída a um único e exclusivo poder, mas aos três — Legislativo, Executivo e Judiciário —, e não só os da União, como também os dos Estados-Membros e do Distrito Federal. Ponderou que haveria problemas tanto de formulação e implementação de políticas públicas, quanto de interpretação e aplicação da lei penal. Além disso, faltaria coordenação institucional. A ausência de medidas legislativas, administrativas e orçamentárias eficazes representaria falha estrutural a gerar tanto a ofensa reiterada dos direitos, quanto a perpetuação e o agravamento da situação. O Poder Judiciário também seria responsável, já que aproximadamente 41% dos presos estariam sob custódia provisória e pesquisas demonstrariam que, quando julgados, a maioria alcançaria a absolvição ou a condenação a penas alternativas. Ademais, a manutenção de elevado número de presos para além do tempo de pena fixado evidenciaria a inadequada assistência judiciária. A violação de direitos fundamentais alcançaria a transgressão à dignidade da pessoa humana e ao próprio mínimo existencial e justificaria a atuação mais assertiva do STF. Assim, caberia à Corte o papel de retirar os demais poderes da inércia, catalisar os debates e novas políticas públicas, coordenar as ações e monitorar os resultados. A intervenção judicial seria reclamada ante a incapacidade demonstrada pelas instituições legislativas e administrativas. Todavia, não se autorizaria o STF a substituir-se ao Legislativo e ao Executivo na consecução de tarefas próprias. O Tribunal deveria superar bloqueios políticos e institucionais sem afastar esses poderes dos processos de formulação e implementação das soluções necessárias. Deveria agir em diálogo com os outros poderes e com a sociedade. Não lhe incumbira, no entanto, definir o conteúdo próprio dessas políticas, os detalhes dos meios a serem empregados. Em vez de desprezar as capacidades institucionais dos outros poderes, deveria coordená-las, a fim de afastar o estado de inércia e deficiência estatal permanente. Não se trataria de substituição aos demais poderes, e sim de oferecimento de incentivos, parâmetros e objetivos indispensáveis à atuação de cada qual, deixando-lhes o estabelecimento das minúcias para se alcançar o equilíbrio entre respostas efetivas às violações de direitos e as limitações institucionais reveladas. (STF – ADPF 347 nºMC-DF, Rel. Marco Aurélio, 9.9.2015).

- **STF – 640 – "Habeas corpus" e direito de detento a visitas**

É cabível "habeas corpus" para apreciar toda e qualquer medida que possa, em tese, acarretar constrangimento à liberdade de locomoção ou, ainda, agravar as restrições a esse direito. Esse o entendimento da Turma ao deferir "habeas corpus" para assegurar a detento em estabelecimento prisional o direito de receber visitas de seus filhos e enteados (HC nº 107701, Rel. Gilmar Mendes, j. 13.9.2011).

- **STJ – "Habeas corpus" e direito de detento a visitas**

Não se presta o remédio constitucional do habeas corpus à discussão acerca do direito de visitas íntimas do apenado, pois, neste caso, o que se procura proteger é o direito à intimidade da pessoa humana, sua integridade física e moral, e não seu direito de ir e vir (locomoção).(STJ, Quinta Turma, AgRg no HC 425.115/RN, Rel. Min. Reynaldo Soares Da Fonseca, julgado em 15/03/2018)

3. QUESTÕES DE CONCURSOS

01. (Defensoria Pública – SP – 2013 – FCC) Sobre a relação entre o sistema penal brasileiro contemporâneo e a Constituição Federal, é correto afirmar que:

a) o princípio constitucional da humanidade das penas encontra ampla efetividade no Brasil, diante da adequação concreta das condições de aprisionamento aos tratados internacionais de direitos humanos.

b) o princípio constitucional da legalidade restringe-se à tipificação de condutas como crimes, não abarcando as faltas disciplinares em execução penal.

c) o estereótipo do criminoso não contribui para o processo de criminalização, pois violaria o princípio constitucional da não discriminação.

d) a seletividade do sistema penal brasileiro, por ser um problema conjuntural, poderia ser resolvida com a aplicação do princípio da igualdade nas ações policiais.

e) o princípio constitucional da intranscendência da pena não é capaz de impedir a estigmatização e práticas violadoras de direitos humanos de familiares de pessoas presas.

02. (Agente Penitenciário – CESPE – 2009 – SEJUS-ES) Em relação à Lei de Execução Penal (LEP), julgue o item a seguir.

O objetivo da execução penal é efetivar as disposições de decisão criminal condenatória, ainda que não definitiva, de forma a proporcionar condições para a integração social do condenado, do internado e do menor infrator.

GAB	1	E	2	ERRADO

Art. 2º A jurisdição penal dos Juízes ou Tribunais da Justiça ordinária, em todo o Território Nacional, será exercida, no processo de execução, na conformidade desta Lei e do Código de Processo Penal.

Parágrafo único. Esta Lei aplicar-se-á igualmente ao preso provisório e ao condenado pela Justiça Eleitoral ou Militar, quando recolhido a estabelecimento sujeito à jurisdição ordinária.

Jurisdição – Todo condenado ficará sujeito à jurisdição comum, isto é, jurisdição ordinária (federal ou estadual).

ATENÇÃO: Compete ao Juízo das Execuções penais do Estado a execução das penas impostas a sentenciados pela Justiça Federal, Militar ou Eleitoral, quando recolhidos a estabelecimentos sujeitos à administração estadual (STJ – súmula 192), e, no mesmo espírito, ao juiz federal da execução criminal compete a execução da pena dos condenados que estiverem cumprindo pena em presídios federais, mesmo que condenados pela Justiça Estadual, Militar ou Eleitoral (art. 4º, parágrafo 1º e art. 6º da Lei 11.671/08).

A edição da LEP representou, em 1984, "um dos marcos iniciais do Estado Democrático de Direito" (Luiz Guilherme Mendes de Paiva, "Diagnostico da Política Criminal Brasileira (1984-2009), FGV Direito SP, 2016, p. 86) ao reconhecer a pessoa presa como sujeito de direitos; priorizar o caráter educativo e reabilitador do cumprimento da pena; criar órgãos administrativos especializados e assegurar o controle jurisdicional de legalidade sobre a pena.

O presente dispositivo anuncia o princípio da legalidade na execução penal: a execução das sanções penais "não pode ficar submetida ao poder de arbítrio do diretor, dos funcionários e dos carcereiros das instituições penitenciárias, como se a intervenção do juiz, do Ministério Público e de outros órgãos fosse algo de alheio aos costumes e aos hábitos do estabelecimento" (René Ariel Dotti, "Problemas atuais da execução penal". RT 563/286).

A Lei 7.210/84, por ser especial, atua como norma primária, ficando a aplicação das regras do CPP na dependência de lacuna na Lei de Execução Penal.

Preso provisório – Por força do art. 2º, parágrafo único, a LEP aplica-se também ao preso provisório e ao condenado pela Justiça Eleitoral, quando recolhido a estabelecimento sujeito à jurisdição ordinária (impedindo, assim, tratamento discriminatório de presos ou internados submetidos a jurisdições diversas).

Os presos que estiverem recolhidos em estabelecimento penal militar, devido à omissão da Lei castrense, também serão submetidos aos preceitos desta Lei. Nesse sentido: STF, HC 104174 / RJ – RIO DE JANEIRO, julgado em 29/03/2011 e STJ, HC 215.765-RS, Rel. Min. Gilson Dipp, julgado em 8/11/2011.

Logo, sabendo que estão assegurados aos presos cautelares (prisão temporária e preventiva, abrangendo, por óbvio, os condenados provisórios) os mesmos direitos dos condenados definitivos (no que couber), conclui-se ser possível execução penal provisória (ou melhor, antecipação de benefícios de execução penal) na hipótese de condenado em 1º grau, **preso**, aguardando julgamento do seu recurso. Nesse sentido, temos não apenas as Súmulas 716 e 717, ambas do STF, mas, em especial, a Resolução 113 do CNJ, que disciplina o procedimento.

Explica Renato Marcão:

> "A execução provisória [antecipação de benefícios] pressupõe, nesses termos, o encarceramento cautelar decorrente da prisão preventiva e a existência de sentença penal condenatória, sem trânsito em julgado definitivo. Assim, não havendo recurso do Ministério Público, do assistente de acusação ou do querelante, restando somente o da defesa, a execução pode ser iniciada em caráter provisório" (Curso de Execução Penal, Ed. Saraiva, p. 37).
>
> **Execução provisória da pena após julgamento em 2º. Grau** – Percebam que a hipótese acima trabalha com o condenado em 1º. grau que se encontra preso. E no caso do réu condenado em 2º grau, mas que aguarda **solto** o julgamento de

recursos constitucionais (especial e extraordinário)? A possibilidade de execução da pena após a decisão do recurso em segunda instância foi inicialmente estabelecida pelo STF no julgamento do habeas corpus 126.292, em 17 de fevereiro de 2016. À época, o tribunal modificou orientação firmada em 2009, quando, ao julgar o habeas corpus 84.078, havia considerado impossível que se executasse a pena antes do trânsito em julgado da sentença condenatória e estabeleceu a possibilidade de encarceramento apenas se verificada a necessidade de que isso ocorresse por meio de cautelar (prisão preventiva).

A decisão proferida em 2016 provocou muita controvérsia e suscitou debates a respeito da constitucionalidade da execução da pena antes de percorrida toda a cadeia recursal. O argumento central dos que advogam a tese de que a pena não pode ser executada até que a sentença condenatória se torne definitiva se baseia no art. 5º, inc. LVII, da Constituição Federal, segundo o qual "ninguém será considerado culpado até o trânsito em julgado de sentença penal condenatória". Tamanha foi a celeuma que, no mesmo ano, foram ajuizadas duas ações declaratórias de constitucionalidade (43 e 44), nas quais se pretendia a declaração de plena vigência e compatibilidade constitucional do art. 283 do CPP, que dispõe: "Ninguém poderá ser preso senão em flagrante delito ou por ordem escrita e fundamentada da autoridade judiciária competente, em decorrência de sentença condenatória transitada em julgado ou, no curso da investigação ou do processo, em virtude de prisão temporária ou prisão preventiva". Pretendia-se, com isso, evitar os efeitos da decisão tomada no habeas corpus já citado, ou seja, que a prisão se tornasse possível após o julgamento de recursos em segunda instância.

À época, o pleno do STF indeferiu medida cautelar para que fossem suspensas execuções antecipadas em curso e para que fossem impedidas novas execuções enquanto não julgado o mérito das ações constitucionais. Considerou-se, basicamente, que a presunção de inocência tem sentido dinâmico, modificando-se conforme se avança a marcha processual. Dessa forma, se no início do processo a presunção pende efetivamente para a inocência, uma vez proferido julgamento em recurso de segunda instância essa presunção passa a ser de não culpa, pois, nessa altura, encerrou-se a análise de questões fáticas e probatórias. Portanto, uma vez que o tribunal (TJ/TRF) tenha considerado bem provados o fato e suas circunstâncias, os recursos constitucionais não abordarão esses aspectos, pois estarão adstritos aos limites que lhe são impostos constitucional e legalmente. O acórdão foi publicado nos seguintes termos:

"1. No julgamento do Habeas Corpus 126.292/SP, a composição plenária do Supremo Tribunal Federal retomou orientação antes predominante na Corte e assentou a tese segundo a qual "A execução provisória de acórdão penal condenatório proferido em grau de apelação, ainda que sujeito a recurso especial ou extraordinário, não compromete o princípio constitucional da presunção de inocência afirmado pelo artigo 5º, inciso LVII da Constituição Federal". 2. No âmbito criminal, a possibilidade de atribuição de efeito suspensivo aos recursos extraordinário e especial detém caráter excepcional (art. 995 e art. 1.029, § 5º, ambos do CPC c/c art. 3º e 637 do CPP), normativa compatível com a regra do art. 5º, LVII, da Constituição da República. Efetivamente, o acesso individual às instâncias extraordinárias visa a propiciar a esta Suprema Corte e ao Superior Tribunal de Justiça exercer seus papéis de estabilizadores, uniformizadores e pacificadores da interpretação das normas constitucionais e do direito infraconstitucional. 3. Inexiste antinomia entre a especial regra que confere eficácia imediata aos acórdãos somente atacáveis pela via dos recursos excepcionais e a disposição geral que exige o trânsito em julgado como pressuposto para a produção de efeitos da prisão decorrente de sentença condenatória a que alude o art. 283 do CPP. 4. O retorno à compreensão emanada anteriormente pelo Supremo Tribunal Federal, no sentido de conferir

> efeito paralisante a absolutamente todas decisões colegiadas prolatadas em segundo grau de jurisdição, investindo os Tribunais Superiores em terceiro e quarto graus, revela-se inapropriado com as competências atribuídas constitucionalmente às Cortes de cúpula. 5. A irretroatividade figura como matéria atrelada à aplicação da lei penal no tempo, ato normativo idôneo a inovar a ordem jurídica, descabendo atribuir ultratividade a compreensões jurisprudenciais cujo objeto não tenha reflexo na compreensão da ilicitude das condutas. Na espécie, o debate cinge-se ao plano processual, sem reflexo, direto, na existência ou intensidade do direito de punir, mas, tão somente, no momento de punir. 6. Declaração de constitucionalidade do art. 283 do Código de Processo Penal, com interpretação conforme à Constituição, assentando que é coerente com a Constituição o principiar de execução criminal quando houver condenação assentada em segundo grau de jurisdição, salvo atribuição expressa de efeito suspensivo ao recurso cabível. 7. Medida cautelar indeferida".

Em abril de 2018, nova ação declaratória de constitucionalidade (54) foi ajuizada com o mesmo propósito das anteriores. Em dezembro do mesmo ano, o ministro Marco Aurélio (relator) chegou a deferir liminar para suspender as execuções penais em curso, mas a decisão foi imediatamente suspensa pelo presidente da Corte.

Quando do julgamento do mérito das três ações, o tribunal, contrariando a tendência que se desenhava desde 2016, decidiu que a pena só pode ser executada após esgotados todos os recursos, marco do trânsito em julgado.

Na qualidade de relator de todas as ações, o ministro Marco Aurélio foi o primeiro a votar para julgar procedentes os pedidos e, consequentemente, declarar a constitucionalidade do art. 283 do CPP, com a consequente proibição de que penas sejam executadas antes do julgamento dos recursos (trânsito em julgado da sentença condenatória). De acordo com o ministro, o art. 5º, inc. LVII, da Constituição Federal, é claro e não deixa margem para dúvidas a respeito da necessidade da condenação definitiva.

Abrindo a divergência, o ministro Alexandre de Moraes votou pela possibilidade de que a pena seja executada após o julgamento dos recursos em segunda instância. O argumento é basicamente o mesmo que fundamentou o indeferimento da cautelar em 2016: observado o devido processo legal, a decisão condenatória em segunda instância afasta o princípio da presunção de inocência e abre o caminho para a execução da pena. Para o ministro Alexandre, é necessário dar efetividade às decisões das instâncias ordinárias, competentes para o exame dos fatos e das provas, decisões estas que, em caso de ilegalidade ou inconstitucionalidade, podem ser atacadas por meio de habeas corpus ou medida cautelar para que se aguarde o pronunciamento dos tribunais superiores em recursos de índole extraordinária.

Na mesma linha seguiu o ministro Edson Fachin, para quem a execução antecipada da pena é legítima a não ser que se confira efeito suspensivo ao recurso cabível contra a decisão de segunda instância. É inviável, no seu entendimento, impor que se aguarde a prisão até que "o último recurso da última corte constitucional tenha sido examinado".

Também alinhado a decisões anteriores, o ministro Luís Roberto Barroso acompanhou a divergência e ressaltou que o requisito para a imposição de prisão não é o trânsito em julgado, mas a ordem escrita e fundamentada da autoridade judicial. Não se confunde, portanto, o inciso LVII do art. 5º, segundo o qual não é possível considerar alguém culpado até o trânsito em julgado, com o inciso LXI, que trata da garantia de que ninguém será preso senão em flagrante delito ou por ordem escrita e fundamentada de autoridade competente. Condicionar a execução da pena ao trânsito em julgado serve apenas para incentivar a interposição de recursos protelatórios e contribui para a promoção da impunidade.

A ministra Rosa Weber, por sua vez, votou pela procedência das ações e, portanto, pela proibição da execução penal prévia ao trânsito em julgado. Após destacar que, até este momento, aderiu às decisões anteriormente proferidas pelo tribunal em respeito ao princípio da colegialidade, afirmou que o julgamento de mérito das ações constitucionais é o momento adequado para fazer valer sua interpretação de que a Constituição Federal garante a presunção de inocência até que a sentença condenatória tome caráter definitivo. A ministra ressaltou como um ponto capital, no seu entender, a diferença entre a prisão de natureza cautelar e a prisão com propósito punitivo, que só pode ser imposta quando formada definitivamente a culpa; qualquer prisão antes disso só pode ser decretada se presentes as circunstâncias características da cautelar.

O ministro Luiz Fux manteve sua orientação e divergiu do relator. Enxerga como viável a execução antecipada da pena. Mencionou diversos exemplos de graves crimes cujos autores estariam soltos se se exigisse o trânsito em julgado, não parecendo razoável impor limitação tão severa à imposição da consequência penal. A presunção de inocência não tem relação com a possibilidade de execução da pena após o pronunciamento de segunda instância, mas decorre do fato de que outrora cabia ao réu provar sua inocência, o que atualmente não ocorre, tendo em vista que o ônus recai na acusação. Isto quer dizer que até o trânsito em julgado o réu tem a possibilidade de contestar a acusação. Mas trata-se de uma presunção que admite prova em contrário, e à medida em que o processo tramita ocorre uma mitigação da mesma presunção. Esgotadas as instâncias ordinárias, há declaração de que o réu é culpado e sua prisão é necessária, seguindo-se, com isso, outras regras que relativizam a necessidade do trânsito em julgado, como a Lei Complementar 135/10 ("Lei da Ficha Limpa"). Concluiu destacando que a modificação da jurisprudência do tribunal é injustificável e prejudicial à segurança jurídica.

Votando em seguida, o ministro Ricardo Lewandowski manteve o tom de suas decisões anteriores sobre o tema, ou seja, considerou inconstitucional a execução antecipada da pena. Para o ministro, hão de ser consideradas as circunstâncias do sistema judiciário brasileiro, extremamente congestionado e disfuncional, com metas de produtividade cada vez mais severas, em que a possibilidade de erros na primeira e na segunda instâncias se multiplica. Nestas circunstâncias, a presunção de inocência como óbice à execução antecipada da pena serve como garantia de que inocentes não sejam submetidos a penas ilegítimas. Ainda segundo o ministro, a execução antecipada é um retrocesso que contraria frontalmente a vontade do legislador constituinte originário no sentido de que não é possível restringir a liberdade pela aplicação da pena antes da formação cabal da culpa.

A ministra Cármen Lúcia manteve seu convencimento já exposto nos julgamentos anteriores. Segundo a ministra, a disposição constitucional de que ninguém pode ser considerado culpado até o trânsito em julgado da sentença penal condenatória deve ser lida em conjunto com outros dispositivos, como o inciso LXI do art. 5º, segundo o qual ninguém será preso senão em flagrante delito ou por ordem escrita e fundamentada de autoridade judiciária competente. Isto revela que pode haver prisão independentemente do trânsito em julgado, bastando a obediência ao devido processo legal, que se cumpre com o esgotamento da matéria de fato nas instâncias ordinárias. Exigir o trânsito em julgado para a execução da pena desvirtua a ordem processual na medida em que confere a recursos de índole extraordinária um efeito suspensivo que não lhes é característico, embora seja possível, excepcionalmente, quando presente alguma justificativa, o que, aliás, afasta alegações de que direitos fundamentais seriam necessariamente ofendidos com a execução antecipada. A ministra fez, ainda, referência à necessidade de segurança jurídica e de efetividade do Direito Penal, que, no caso, se afirmam pela certeza da aplicação da pena e pela imposição de limites para que alguns indivíduos não se valham do intrincado e sofisticado sistema recursal para adiar indefinidamente as consequências de seus atos criminosos.

O ministro Gilmar Mendes modificou sua orientação – como, aliás, já vinha sinalizando – para considerar inconstitucional a execução antecipada da pena. O ministro iniciou sua explanação elencando situações em que o tribunal modificou sua própria orientação a respeito de questões de fundamental importância, bem como mencionou situações não menos relevantes em que o tribunal foi obrigado a decidir sobre a recepção de normas anteriores à atual ordem constitucional. O ministro seguiu seu voto afirmando que desde os primeiros debates sobre a matéria demonstrou sua inquietação a respeito da determinação automática de execuções penais após o julgamento em segunda instância, sem a devida individualização frente aos casos concretos. Na sua acepção, mudanças nos contextos normativo e fático subjacentes ao debate fizeram com que sua posição evoluísse diante da necessidade de proteção real do princípio da presunção de inocência. O que o tribunal admitiu nos julgamentos anteriores foi a possibilidade de que a pena fosse executada após a decisão de segunda instância, mas não a obrigatoriedade de que isso fosse feito. A imposição indiscriminada da execução antecipada e a decretação de prisões preventivas que, na sua visão, assumiam caráter permanente e eram decretadas sem fundamentação concreta fizeram com que se enfraquecesse sua esperança de que os tribunais de segunda instância seriam capazes de evitar abusos. Considerou, portanto, impossível a execução da pena até que sobrevenha o trânsito em julgado da sentença penal condenatória.

O ministro Celso de Mello também votou pela inconstitucionalidade da execução antecipada da pena. Iniciou afirmando que não se há de confundir o princípio da presunção de inocência com óbice às atividades investigativas e jurisdicionais contra a prática de crimes. O princípio revela uma garantia de todos os cidadãos contra a arbitrariedade e não impõe nenhuma barreira à punição decorrente do devido processo legal. Após ressaltar os efeitos nefastos da dominação da atividade política pelos atos de corrupção amplamente divulgados nos últimos anos, destacou que todos os ministros da corte, independentemente de sua orientação a respeito da necessidade do trânsito em julgado, são comprometidos com a repressão da prática da corrupção governamental e com a efetividade da justiça penal. A respeito especificamente do mérito das ações, o ministro assentou que o princípio da presunção de inocência impede que o poder público trate o réu como culpado até que a decisão condenatória se torne definitiva, e certamente a execução da pena tem como pressuposto a formação da culpa. Apontou ainda que não é possível relacionar a execução antecipada da pena a uma forma de evitar a impunidade em virtude da interposição de recursos de natureza extraordinária, destacando que restringir o trâmite desses recursos não é um problema a ser resolvido pelo Judiciário, mas pelo Legislativo, que pode limitar as possibilidades recursais. Também afirmou que o fato de impedir a execução da pena antes do trânsito em julgado não significa que ninguém pode ser preso, pois há situações que, em plena consonância com a ordem constitucional, autorizam as prisões cautelares, bastando que se cumpram os requisitos característicos desses meios restritivos de liberdade. Por isso, votou pela procedência das ações para considerar inconstitucional a execução da pena após a condenação na segunda instância.

Finalmente, o ministro Dias Toffoli modificou sua orientação anterior para votar pela procedência das ações e, consequentemente, pela inconstitucionalidade da execução antecipada da pena. Segundo o ministro, a redação do art. 283 do CPP é clara ao dispor que ninguém poderá ser preso senão em flagrante delito ou por ordem escrita e fundamentada da autoridade judiciária competente, em decorrência de sentença condenatória transitada em julgado ou, no curso da investigação ou do processo, em virtude de prisão temporária ou prisão preventiva. O dispositivo, considerado compatível com a Constituição Federal, não trata de considerar alguém culpado somente após o trânsito em julgado, mas, sim, estabelece limites à própria prisão, que só pode ser imposta em flagrante delito, em prisão cautelar ou em decorrência de sentença condenatória definitiva. Isto, segundo os termos do voto, revela que a vontade do legislador, que impôs esta redação ao art. 283 em 2012, é de que a execução da pena se torne possível apenas com a formação definitiva da responsabilidade penal.

Com a decisão, portanto, voltamos à situação em que estávamos até o julgamento do *habeas corpus* 126.292: a prisão para execução da pena só pode ser determinada após o trânsito em julgado da sentença penal condenatória. Qualquer prisão antes disso deve ser fundamentada, inicialmente, no artigo 312 do Código de Processo Penal: garantia da ordem pública, da ordem econômica, por conveniência da instrução criminal, ou para assegurar a aplicação da lei penal, quando houver prova da existência do crime e indício suficiente de autoria; ou ainda em caso de descumprimento de qualquer das obrigações impostas por força de outras medidas cautelares. A isto se deve somar o disposto no art. 313, segundo o qual a prisão preventiva é cabível: nos crimes dolosos punidos com pena privativa de liberdade máxima superior a quatro anos; se o agente tiver sido condenado por outro crime doloso, em sentença transitada em julgado; se o crime envolver violência doméstica e familiar contra a mulher, criança, adolescente, idoso, enfermo ou pessoa com deficiência, para garantir a execução das medidas protetivas de urgência.

Em resumo:

a) réu preso provisoriamente sem condenação: aplica-se a LEP no que couber (em especial, para assegurar-lhe direitos e impor deveres de comportamento).

b) réu preso, condenado em 1º. grau, mas aguarda julgamento de recurso em 2ª instância: aplica-se a LEP para antecipar benefícios (como progressão de regime etc).

ATENÇÃO – Nos termos da Súmula 716 do STF, admite-se a progressão de regime de cumprimento da pena ou a aplicação imediata de regime menos severo nela determinada, antes do trânsito em julgado da sentença condenatória.

c) réu solto, condenado em 1º. grau, mas a pena ainda não foi confirmada pelo Tribunal: não se aplica a LEP.

d) réu solto, condenado em 2º. grau, mas aguarda julgamento de recursos constitucionais: a condenação em segundo grau não autoriza, por si só, a prisão.

ATENÇÃO – A Lei 13.964/19 (Pacote Anticrime) alterou o art. 492, inc. I, e, do CPP, admitindo a execução provisória da pena no júri quando a condenação for igual ou superior a quinze anos de reclusão. Não se trata, contudo, de uma regra absoluta, pois o § 3º do mesmo artigo admite que o juiz deixe de ordenar a execução imediata se houver questão substancial cuja resolução possa plausivelmente levar à revisão da condenação pelo tribunal ao qual competir o julgamento do recurso. Aliás, em regra a apelação contra a decisão dos jurados não tem efeito suspensivo (§ 4º), a não ser que se verifique, cumulativamente, que o recurso não tem propósito meramente protelatório e que levanta questão substancial capaz de provocar absolvição, anulação da sentença, novo julgamento ou redução da pena para patamar inferior a quinze anos de reclusão (§ 5º).

Acordo de não persecução penal (art. 28-A CPP) – A Lei 13.964/19 positivou no CPP o acordo de não persecução (art. 28-A), já previsto na Res. 181/17 do CNMP. A Resolução, contudo, teve, em pouco tempo de vigência, sua constitucionalidade questionada pela AMB (ADI 5790) e pela OAB (ADI 5793). Em resumo, a AMB se insurgiu "Porque a despeito de agora haver a submissão ao Poder Judiciário do acordo firmado, é inegável que diante da inexistência de lei dispondo sobre ela, resultará uma insegurança jurídica sem tamanho, diante da possibilidade de magistrados recusarem ou aceitarem esses acordos, com base exclusivamente no fato de a Resolução não poder dispor sobre a matéria sem prévia previsão legal". No mesmo sentido a OAB: "O texto fere os princípios de reserva legal, segurança jurídica, extrapolando também o poder regulamentar conferido ao CNMP". A violação da reserva legal, como se percebe, era o grande motivo de irresignação dos críticos. Agora, com a introdução do instituto no CPP, a crítica desaparece.

Tomado pelo espírito de justiça consensual, compreende-se o acordo de não persecução penal como sendo o ajuste obrigacional celebrado entre o órgão de acusação e o investigado (assistido por advogado), devidamente homologado pelo juiz, no qual o indigitado assume sua responsabilidade, aceitando cumprir, desde logo, condições menos severas do que a sanção penal aplicável ao fato a ele imputado.

São pressupostos cumulativos do acordo, todos previstos, mesmo que implicitamente, no *caput*:

> a) existência de procedimento investigatório.
>
> b) não ser o caso de arquivamento dos autos.
>
> c) cominada pena mínima inferior a 4 (quatro) anos e o crime não for cometido com violência ou grave ameaça à pessoa.
>
> d) o investigado tiver confessado formal e circunstanciadamente a prática do crime.

Como já alertado acima, compreende-se o acordo de não persecução penal como sendo o ajuste obrigacional celebrado entre o órgão de acusação e o investigado (assistido por advogado), devidamente homologado pelo juiz, no qual o indigitado assume sua responsabilidade, aceitando cumprir, desde logo, condições menos severas do que a sanção penal aplicável ao fato a ele imputado. As condições do acordo, ajustadas cumulativa ou alternativamente, estão estampadas nos incisos que acompanham o *caput* do art. 28-A:

> I – reparar o dano ou restituir a coisa à vítima, exceto na impossibilidade de fazê-lo.
>
> II – renunciar voluntariamente a bens e direitos indicados pelo Ministério Público como instrumentos, produto ou proveito do crime.
>
> III – prestar serviço à comunidade ou a entidades públicas por período correspondente à pena mínima cominada ao delito, diminuída de um a dois terços, em

local a ser indicado pelo juízo da execução, na forma do art. 46 do Decreto-Lei n. 2.848, de 7 de dezembro de 1940 (Código Penal).

IV – pagar prestação pecuniária, a ser estipulada nos termos do art. 45 do Decreto-Lei n. 2.848, de 7 de dezembro de 1940 (Código Penal), a entidade pública ou de interesse social, a ser indicada pelo juízo da execução, que tenha, preferencialmente, como função proteger bens jurídicos iguais ou semelhantes aos aparentemente lesados pelo delito.

V – cumprir, por prazo determinado, outra condição indicada pelo Ministério Público, desde que proporcional e compatível com a infração penal imputada.

Percebam que nos incisos III e IV temos condições inspiradas em sanções alternativas tradicionalmente utilizadas pelo juiz criminal para evitar pena de prisão. Deve ser alertado, contudo, que a natureza dos incisos é de condição para o ANPP, isto é, cláusula que estabelece realização de uma situação ou de uma ação, para que ocorra o negócio jurídico. Não se trata de sanção penal. Tanto que, se descumprida a condição ajustada, não pode o Ministério Público executá-la, mas oferecer denúncia e perseguir a devida condenação.

Diante desse quadro, fica fácil perceber o equívoco do legislador ao determinar que a concretização do acordo se dê no juízo das execuções penais. Erro crasso. Na VEC executa-se sanção penal. No ANPP não temos sanção penal imposta (e nem poderia, pois impede o devido processo legal). A sua execução deveria ficar a cargo do Ministério Público (como determina a Res. 181/17) ou do juízo do conhecimento.

1. QUESTÕES DE CONCURSOS

01. (Defensor Público – MA – 2015 – FCC) A autonomia da execução penal implica a compreensão de que

a) há uma feição jurisdicional da execução da pena e plenitude das garantias constitucionais penais e processuais penais.

b) há um caráter misto de regras administrativas e jurisdicionais e aplicação mitigada das regras constitucionais.

c) os incidentes de execução são impulsionados somente pela defesa técnica. (D) há distinção das atividades da administração penitenciária e da função jurisdicional ressalvado o procedimento administrativo que apura falta.

e) o título executivo delimita o alcance e os limites da execução em processo em que não há alteração fática.

02. (Procurador da República – MPF – 2014) ASSINALE A ALTERNATIVA CORRETA:

a) Não obstante evidente conexão entre crimes de competência da Justiça Federal e contravenções penais, compete à Justiça Estadual julgar acusado da contravenção penal, devendo haver desmembramento da persecução penal;

b) Pessoa condenada na Justiça Estadual é transferida de presídio estadual para presídio federal. A competência para a execução penal permanece na Justiça Estadual;

c) A competência para julgamento de crimes ambientais é, em regra, da Justiça Federal, com exceção daqueles cometidos em terras indígenas;

d) Segundo a Lei nº 9.613/98, os crimes de lavagem de capitais não têm persecução penal na Justiça Estadual.

03. (IDECAN/2017 – SEJUC-RN – Agente Penitenciário) Segundo a Lei nº 7.210, de 11 de julho de 1984 – Lei de Execução Penal, é INCORRETO afirmar que:

a) O Estado deverá recorrer à cooperação da comunidade nas atividades de execução da pena e da medida de segurança.

b) A execução penal tem por objetivo efetivar as disposições de sentença ou decisão criminal e proporcionar condições para a harmônica integração social do condenado e do internado.

c) A Lei de Execuções Penais não aplicar-se-á ao preso provisório e ao condenado pela Justiça Eleitoral ou Militar, quando recolhido a estabelecimento sujeito à jurisdição ordinária.

d) Ao condenado e ao internado serão assegurados todos os direitos não atingidos pela sentença ou pela lei. Não haverá qualquer distinção de natureza racial, social, religiosa ou política.

GAB	1	A	2	A	3	C

Art. 3º Ao condenado e ao internado serão assegurados todos os direitos não atingidos pela sentença ou pela lei.

Parágrafo único. Não haverá qualquer distinção de natureza racial, social, religiosa ou política.

Direitos do executado – Embora todos os direitos dos condenados e dos internados continuem assegurados (art. 5º, inciso XLIX e art. 38 do CP) alguns deles, obviamente, sofrem restrições após a sentença penal condenatória, como por exemplo, a perda temporária da liberdade.

Suspensão dos direitos políticos – Questão interessante, no entanto, diz respeito à suspensão dos direitos políticos, conforme estabelece a CF (art. 15): "É vedada a cassação de direitos políticos, cuja perda ou suspensão só se dará nos casos de: (...) III – condenação criminal transitada em julgado, enquanto durarem seus efeitos".

Prevalece que a condenação definitiva, não importando crime, quantidade ou tipo de pena, suspende a capacidade ativa do reeducando enquanto durarem os seus efeitos. Nesse sentido, aliás, o art. 18 da Resolução 113 do CNJ: "O juiz do processo de conhecimento expedirá ofícios ao Tribunal Regional Eleitoral com jurisdição sobre o domicílio eleitoral do apenado para os fins do artigo 15, inciso III, da Constituição Federal".

Entretanto, o STF admitiu que "possui repercussão geral a controvérsia sobre a suspensão de direitos políticos, versada no artigo 15, inciso III, da Constituição Federal, no caso de substituição da pena privativa de liberdade pela restritiva de direitos" (RE 601182 RG, Relator: Min. MARCO AURÉLIO, j 03/03/2011). De acordo com o voto (vencido) do Ministro relator Marco Aurélio, não seria possível conferir ao dispositivo constante no art. 15, III, da CF/88, alcance irrestrito, isto é, aplicá-lo a qualquer título condenatório que não verse sobre a liberdade de ir e vir, como é o caso da pena restritiva de direitos, especialmente quando em questão o exercício da cidadania. Todavia, por maioria de votos, firmou-se a seguinte tese proposta pelo Ministro Alexandre de Moraes em maio de 2019: "A suspensão dos direitos políticos prevista no artigo 15, inciso III, da Constituição Federal aplica-se no caso de substituição da pena privativa de liberdade pela restritiva de direitos". Segundo o Ministro, "a pena substituída, nesta hipótese, não tem o condão de descaracterizar o decreto condenatório, haja vista que qualquer condenação criminal, seja ela privativa de liberdade ou restritivas de direitos, suspenderá os direitos políticos".

Quanto ao preso provisório, em prestígio ao princípio da presunção de inocência (ou de não culpa), poderá este votar e ser votado, devendo o Estado adotar as medidas cabíveis para que sejam instaladas seções nos estabelecimentos coletivos (Lei 4737/65, art. 136). Impedir todo e qualquer condenado provisório de exercer seus direitos políticos não fere apenas os seus direitos, mas também o direito da população a ter eleições livres. Tanto é que em julho de 2016 a Bulgária foi condenada pela Corte Europeia de Direitos Humanos por ter impedido todo condenado preso de votar. Porém, embora seja esse o entendimento da Corte, o Reino Unido, em junho de 2016, desrespeitou (pela segunda vez) a jurisprudência e não deixou nenhum preso votar.

Duração da suspensão – A suspensão dos direitos políticos decorrente de condenação criminal transitada em julgado cessa com o cumprimento ou extinção da pena, independendo de reparação de danos ou reabilitação. Este é o teor da Súmula 9 do TSE.

ATENÇÃO: Nos termos da Lei Complementar 135/10, são inelegíveis os que forem condenados em decisão transitada em julgado ou proferida por órgão judicial colegiado, desde a condenação até o transcurso do prazo de 8 (oito) anos após o cumprimento da pena, pelos crimes: 1. contra a economia popular, a fé pública, a administração pública e o patrimônio público; 2. contra o patrimônio privado, o sistema financeiro, o mercado de capitais e os previstos na lei que regula a falência; 3. contra o meio ambiente e a saúde pública; 4. eleitorais, para os quais a lei comine pena privativa de liberdade; 5. de abuso de autoridade, nos casos em que houver condenação à perda do cargo ou à inabilitação para o exercício de função pública; 6. de lavagem ou ocultação de bens, direitos e valores; 7. de tráfico de entorpecentes e drogas afins, racismo, tortura, terrorismo e hediondos; 8. de redução à condição análoga à de escravo; 9. contra a vida e a dignidade sexual; e 10. praticados por organização criminosa (Lei 12.850/13) ou quadrilha ou bando (associação criminosa, art. 288 do CP). No que diz respeito ao crime de racismo, o STF a ele equiparou o crime de injúria racial (preconceito envolvendo raça, cor, etnia, religião e origem). Já se discute se essa forma de crime contra a honra se insere no rol dos crimes anunciados pela lei de inelegibilidades.

Outros direitos – Inúmeras questões envolvendo direitos do preso pululam diariamente nos tribunais brasileiros e estrangeiros. A obrigatoriedade de raspar a barba ao entrar no estabelecimento penal, por exemplo, gera discussões que extrapolam nosso território. Juízes brasileiros entendem que raspar a barba não somente é legal como recomendável por motivos de higiene. Sobre a questão, uma das Câmaras da Corte Europeia de Direitos Humanos, em junho de 2016, atendeu ao apelo de um condenado na Lituânia e considerou arbitrário proibir um preso de deixar a barba crescer, pois não há motivos razoáveis que justifiquem tamanha interferência na individualidade das pessoas. Já nos Estados Unidos, um departamento penitenciário foi processado por ter cortado repetidamente as tranças (*dreadocks*) de um detento, adepto da religião Rastafari, sob o argumento de que o corte das tranças fere os direitos civis e a liberdade religiosa. No mesmo sentido, a Suprema Corte norteamericana decidiu que detentos adeptos ao islamismo têm direito, no âmbito do exercício livre da sua religião, a deixar a barba crescer.

Por fim, o parágrafo único do artigo em comento reforça preceitos garantidos constitucionalmente: art. 3º, IV, art. 4º, VIII, e art. 5º, XLII, todos da Carta Magna.

Art. 4º O Estado deverá recorrer à cooperação da comunidade nas atividades de execução da pena e da medida de segurança.

Ressocialização e a participação da comunidade – A aproximação entre cárcere e sociedade civil é medida recomendada mundialmente, especialmente diante das graves e persistentes violações de direitos humanos ocorridas nas prisões brasileiras. É de suma importância a cooperação da comunidade no que toca a execução da sanção penal (pena e medida de segurança), ressaltada inclusive no artigo 25 da Exposição de Motivos da Lei de Execução Penal:

> "Muito além da passividade ou da ausência de reação quanto às vítimas mortas ou traumatizadas, a comunidade participa ativamente do procedimento da execução, quer através de um Conselho, quer através das pessoas jurídicas ou naturais que assistem ou fiscalizam não somente as reações penais em meios fechados (penas privativas da liberdade e medida de segurança detentiva) como também em meio livre (pena de multa e penas restritivas de direitos)".

Para o auxílio da execução da pena e medida de segurança, a LEP prevê dois importantes órgãos (setores de participação): Patronato (vide arts. 78 e 79) e Conselho da Comunidade (vide arts. 80 e 81), ambos estudados mais adiante.

TÍTULO II – DO CONDENADO E DO INTERNADO

CAPÍTULO I – DA CLASSIFICAÇÃO

Art. 5º Os condenados serão classificados, segundo os seus antecedentes e personalidade, para orientar a individualização da execução penal.

Classificação dos condenados – A individualização da pena está expressamente prevista no art. 5º, XLVI, da Constituição da República. Como bem observa Mirabete (Execução Penal, Ed. Atlas, p. 48), "é uma das chamadas garantias repressivas, constituindo postulado básico de justiça. Pode ser ela determinada no plano legislativo, quando se estabelecem e se disciplinam as sanções cabíveis nas várias espécies delituosas (individualização *inabstracto*), no plano judicial consagrada no emprego do prudente arbítrio e descrição do juiz, e no momento executório, processada no período de cumprimento da pena e que abrange medidas judiciais e administrativas, ligadas ao regime penitenciário, à suspensão da pena, ao livramento condicional etc.".

Na primeira fase, ou plano legislativo, a individualização da pena se dá sob a forma da previsão de uma pena mínima a ser observada na esfera judicial. No Brasil, a produção legislativa em matéria penal aposta quase que exclusivamente na pena de prisão como resposta estatal por excelência e tem se mostrado bastante reativa à opinião pública e a eventos sociais ou políticos.

No plano judicial, o processo de imputação criminal termina com a sentença condenatória, na qual o juiz – no âmbito da sua discricionariedade, mas adstrito à pena abstrata cominada no tipo legal – elege e aplica a pena ao caso concreto. Observa-se, assim, uma divisão de tarefas entre legislador e juiz, ou seja, entre a política e o direito. Caso interessante para se discutir os limites dessa divisão de tarefas é o julgamento do HC n. 82.959, no qual o STF declarou inconstitucional a vedação à progressão de regime constante na Lei de Crimes Hediondos (§ 1º do art. 2º da Lei n. 8.072), sob o argumento, dentre outros, de que o dispositivo obsta a plena individualização da pena às particularidades do caso concreto.

No plano executório, o art. 5º visa a individualização da pena ao determinar que os condenados serão classificados segundo os seus antecedentes e personalidade, buscando, desse modo, separar os presos primários dos reincidentes, os condenados por crimes graves dos condenados por delitos menos graves etc, com o intuito de propiciar as condições adequadas ao perfil da pessoa sentenciada.

a) **antecedentes:** retratam o "histórico de vida" criminal do reeducando.

b) **personalidade:** envolve uma estrutura complexa de fatores que determinam as formas de comportamento da pessoa do executado. Conforme lição de Guilherme de Souza Nucci, "é um conjunto somatopsíquico (ou psicossomático) no qual se integra um componente morfológico, estático, que é a conformação física; um componente dinâmico-humoral ou fisiológico, que é o temperamento; e o caráter, que é a expressão psicológica do temperamento. Na configuração da personalidade congregam-se elementos hereditários e socioambientais, o que vale dizer que as experiências da vida contribuem para a sua evolução." (Leis Penais e Processuais Comentadas, ed. RT, p. 458).

1. QUESTÕES DE CONCURSOS

01. (Promotor de Justiça – MPE-SC – 2013) Julgue o item a seguir.

Consoante a Lei nº 7210/84, os condenados serão classificados, na sua totalidade, segundo os seus antecedentes, personalidade e culpabilidade, para orientar a individualização da execução penal.

02. (Analista Jurídico – TJ-SC – 2009) De acordo a Lei nº 7210 de 11 de julho de 1984 (Lei de Execução Penal), assinale a alternativa correta:

I. Os condenados serão classificados, por Comissão Técnica de Classificação, segundo os seus antecedentes e personalidade, para orientar a individualização da execução penal.

II. Constituem sanções disciplinares: advertência verbal; repreensão; suspensão ou restrição de direitos; incomunicabilidade; inclusão no regime disciplinar diferenciado.

III. A execução penal competirá ao Juiz indicado na lei local de organização judiciária e, na sua ausência, ao da sentença.

IV. O preso provisório ficará separado do condenado por sentença transitada em julgado. Também o preso que, ao tempo do fato, era funcionário da Administração da Justiça Criminal ficará em dependência separada.

a) Somente as assertivas I, III e IV estão corretas.
b) Somente as assertivas I, II e III estão corretas.
c) Somente as assertivas II, III e IV estão corretas.
d) Somente as assertivas III e IV estão corretas.
e) Todas as assertivas estão corretas.

GAB	1	ERRADO	2	A

Art. 6º A classificação será feita por Comissão Técnica de Classificação que elaborará o programa individualizador da pena privativa de liberdade adequada ao condenado ou preso provisório.

Art. 7º A Comissão Técnica de Classificação, existente em cada estabelecimento, será presidida pelo diretor e composta, no mínimo, por 2 (dois) chefes de serviço, 1 (um) psiquiatra, 1 (um) psicólogo e 1 (um) assistente social, quando se tratar de condenado à pena privativa de liberdade.

Parágrafo único. Nos demais casos a Comissão atuará junto ao Juízo da Execução e será integrada por fiscais do serviço social.

Comissão Técnica de Classificação – Com o objetivo de orientar a individualização da execução penal, os condenados serão classificados segundo seus antecedentes e personalidade. Essa classificação deve ser feita por uma Comissão Técnica de Classificação (CTC), incumbida de elaborar o programa individualizador adequado ao reeducando. Para tanto, contará com a ajuda do Centro de Observação Criminológica, que realizará os exames necessários para que a CTC tenha subsídios suficientes para construir seu estudo de execução da pena com foco na reinserção social do apenado.

A redação original do art. 6º assinava um papel de maior destaque à CTC, a quem cabia, além de elaborar o programa individualizador, propor pedidos de progressão ou regressão de regime e conversões.

Todo estabelecimento possuirá uma Comissão, cuja composição depende do tipo de pena a ser executada:

Pena privativa e liberdade	Demais casos
2 (dois) chefes de serviço, 1 (um) psiquiatra, 1 (um) psicólogo, 1 (um) assistente social e será presidida pelo diretor	Atuará junto ao Juízo da Execução e será composta dos fiscais do serviço social

1. QUESTÕES DE CONCURSOS

01. (FHSTE – RS Prova: OBJETIVA – 2019 – FHSTE – RS – Assistente Social) Considerando-se o programa individualizador a que se refere o art. 6º da Lei de Execução Penal, que apoia-se no princípio da individualização da pena que abrange, numerar a 2ª coluna de acordo com a 1ª e, após, assinalar a alternativa que apresenta a sequência CORRETA:

(1) O Princípio da Personalidade. (2) O Princípio da Proporcionalidade. (3) O Princípio da Humanidade.

( ) A cada sentenciado, conhecida a sua personalidade e analisando o fato cometido, corresponda o tratamento penitenciário adequado.

( ) A pena deve ser dirigida a determinada pessoa, de forma que atenda às suas características individuais, bem como oferecer meios para seu retorno ao convívio social, oferecendo trabalho, acesso à instrução e à formação profissional.

( ) Toda pessoa será tratada com o devido respeito à dignidade humana. A pena deve adequar-se ao homem.

a) 1 – 2 – 3.
b) 3 – 1 – 2.
c) 1 – 3 – 2.
d) 2 – 1 – 3.

02. (Inspetor de Segurança e Administração Penitenciária – SEAP-RJ – 2012) Consoante a Lei de Execução Penal, os condenados serão classificados, segundo seus antecedentes e sua personalidade, para orientar a individualização da execução penal. Essa classificação será feita por Comissão Técnica de Classificação presidida pelo:

a) Diretor do estabelecimento
b) Juiz da Execução
c) Promotor de Justiça
d) Secretário de Justiça
e) Presidente do Conselho Criminal

03. (Analista de Promotoria I – VUNESP – 2010 – MP/SP) Determina a Lei de Execução Penal (Lei nº 7.210/84) que, a fim de orientar a individualização do cumprimento da pena do sentenciado condenado à privação de liberdade, os estabelecimentos prisionais devem contar com Comissão Técnica de Classificação, a qual obrigatoriamente deve ser composta, entre outros, por

I. psiquiatra;

II. psicólogo;
III. assistente social.

É correto o que se afirma em

a) I, apenas.
b) III, apenas.
c) I e II, apenas.
d) II e III, apenas.
e) I, II e III.

04. (Promotor de Justiça – ES – 2009 – Adaptada) Eduardo foi condenado a 25 anos de reclusão, em regime inicialmente fechado, pela prática do crime de homicídio qualificado com o uso de veneno. Transitada em julgado a condenação, o sentenciado foi recolhido a estabelecimento prisional em Vitória, no Espírito Santo. A partir dessa situação hipotética e com base na legislação aplicável às execuções penais, analise o item a seguir:

Para orientar a individualização da execução penal, Eduardo deve ser submetido à classificação a cargo de comissão técnica, presidida pelo juízo das execuções, responsável por elaborar o programa individualizador da pena privativa de liberdade adequada ao condenado. A aplicação desse programa condiciona-se à aquiescência e aprovação do membro do MP com atuação junto à vara de execuções penais.

05. (IDECAN/2017 – SEJUC-RN – Agente Penitenciário) Segundo a Lei nº 7.210, de 11 de julho de 1984 – Lei de Execução Penal, os condenados serão classificados, segundo os seus antecedentes e personalidade, para orientar a individualização da execução penal. A classificação será feita por Comissão Técnica de Classificação que elaborará o programa individualizador da pena privativa de liberdade. Esta Comissão deverá ser composta, no mínimo, por dois chefes de serviço e:

a) Um psiquiatra, um psicólogo e um assistente social.
b) Um psicólogo, um assistente social e um enfermeiro.
c) Um psiquiatra, um assistente social e um enfermeiro.
d) Um assistente social, um farmacêutico e um psicólogo.

GAB	01	D	02	A	03	E	04	FALSO	05	A

Art. 8º O condenado ao cumprimento de pena privativa de liberdade, em regime fechado, será submetido a exame criminológico para a obtenção dos elementos necessários a uma adequada classificação e com vistas à individualização da execução.

Parágrafo único. Ao exame de que trata este artigo poderá ser submetido o condenado ao cumprimento da pena privativa de liberdade em regime semiaberto.

Exame criminológico – O exame criminológico, usado para individualizar determinadas execuções envolvendo fatos mais graves e/ou presos rotulados como perigosos, serve, não raras vezes, para orientar o Magistrado nos incidentes de progressão e livramento condicional, não se confundindo com o exame de classificação tratado no art. 5º da LEP. Vejamos, em resumo, as diferenças no quadro abaixo:

Exame de Classificação	Exame Criminológico
Amplo e genérico	Específico
Orienta o modo de cumprimento da pena, guia seguro visando a ressocialização.	Busca construir um prognóstico de periculosidade – temibilidade – do reeducando, partindo do binômio delito-delinquente.

Exame de Classificação	Exame Criminológico
Envolve aspectos relacionados à personalidade do condenado, seus antecedentes, sua vida familiar e social, sua capacidade laborativa.	Envolve a parte psicológica e psiquiátrica, atestando a maturidade do condenado, sua disciplina e capacidade de suportar frustrações (prognóstico criminológico).

Antes da Lei 10.792/03, o exame criminológico era considerado obrigatório na execução da pena no regime fechado, e facultativo na pena cumprida no regime semiaberto, em especial quando se tratava de condenação por crime doloso praticado com violência ou grave ameaça à pessoa.

Hoje, porém, o entendimento que prevalece nos Tribunais Superiores é de que se trata de estudo facultativo (não importando o regime de cumprimento de pena), devendo o Magistrado fundamentar sua necessidade aquilatando as peculiaridades do caso concreto (gravidade da infração penal e condições pessoais do agente). Nesse sentido STF e STJ:

STF – Súmula Vinculante 26. Para efeito de progressão de regime no cumprimento de pena por crime hediondo, ou equiparado, o juízo da execução observará a inconstitucionalidade do art. 2º da Lei nº 8.072, de 25 de julho de 1990, sem prejuízo de avaliar se o condenado preenche, ou não, os requisitos objetivos e subjetivos do benefício, podendo determinar, para tal fim, de modo fundamentado, a realização de exame criminológico.

STJ – Súmula 439. Admite-se o exame criminológico pelas peculiaridades do caso, desde que em decisão motivada.

Aplicando referidos enunciados, o STJ deferiu liminar em habeas corpus (HC 457.052/SP) para restabelecer decisão de primeira instância que, sem determinar a perícia, havia concedido livramento condicional a um condenado por crime de roubo.

No caso julgado, o juízo de execuções penais deferiu o benefício considerando que o preso havia cumprido os requisitos objetivos e subjetivos, destacando-se o bom comportamento carcerário. O Ministério Público, no entanto, recorreu e o Tribunal de Justiça de São Paulo reformou a decisão sob o argumento de que o bom comportamento carcerário não é suficiente para justificar a liberdade, especialmente porque o agente cumpre pena por crime grave – roubo majorado – e lhe resta longa parcela da pena a cumprir, o que tornaria necessária uma avaliação mais acurada a respeito das condições pessoais para o retorno ao convívio social.

A ministra Laurita Vaz, no entanto, considerou que o exame criminológico só pode ser determinado se efetivamente necessário, assim compreendido aquele baseado em elementos concretos, apurados a partir da avaliação pessoal. Não é possível invocar a gravidade abstrata do crime e desconsiderar dados importantes como o bom comportamento carcerário para impor a realização do exame. Não houve, segundo a ministra, nenhuma indicação sobre fato concreto que impedisse a concessão do livramento.

Sobre a Súmula 439, o Centro de Apoio Operacional das Promotorias Criminais do Estado de São Paulo, órgão auxiliar da Procuradoria-Geral de Justiça, formulou o seguinte enunciado:

> "Enunciado 12 – O exame criminológico e, depois deste e se possível, o denominado teste de Rorschach, poderá ser realizado sempre que as especiais circunstâncias do caso concreto o exigirem, não se devendo descartar, para tal consideração, a

> constância na prática criminosa, a gravidade dos delitos e as sanções elevadas, devendo-se se emprestar maior rigor aos autores de delitos hediondos e equiparados e aos que, quando do pleito, contém saldo a cumprir superior a dez anos de reclusão, manejando-se com a sumula 439 STJ."

Em sentido contrário, Renato Marcão (Curso de Execução Penal, p. 38) entende que, com a mudança legislativa, o exame criminológico deixou de ser requisito para a concessão da progressão, a qual exige apenas o cumprimento do lapso temporal (requisito objetivo) e o atestado de bom comportamento carcerário (requisito subjetivo). Este último já suficiente para indicar o estado psicológico e emocional da pessoa presa. Nesse sentido, para o autor, "não é lícito ao juiz da execução negar progressão de regime com base em informações ou interpretações que possa extrair do laudo respectivo".

1. ENUNCIADOS DE SÚMULAS DE JURISPRUDÊNCIA

- **STF – Súmula Vinculante 26.** Para efeito de progressão de regime no cumprimento de pena por crime hediondo, ou equiparado, o juízo da execução observará a inconstitucionalidade do art. 2º da Lei nº 8.072, de 25 de julho de 1990, sem prejuízo de avaliar se o condenado preenche, ou não, os requisitos objetivos e subjetivos do benefício, podendo determinar, para tal fim, de modo fundamentado, a realização de exame criminológico.

- **STJ – Súmula 439.** Admite-se o exame criminológico pelas peculiaridades do caso, desde que em decisão motivada.

2. INFORMATIVOS DE JURISPRUDÊNCIA

- **STF – Exame criminológico. Justificativa**

Não há ilegalidade na exigência de laudo criminológico, como medida prévia à avaliação judicial quanto à progressão de regime, quando respaldada, dentre outros fundamentos, no envolvimento do Paciente com facção criminosa. A realização do exame criminológico, apesar de não mais considerada obrigatória, permanece viável, nos casos em que justificada sua relevância para melhor elucidação das condições subjetivas do apenado na concessão do benefício. (STF, 1ª Turma. HC 199901 AgR, Rel. Min. Rosa Weber, julgado em 14/06/2021).

- **STF – 687 – Exame criminológico e livramento condicional**

A 1ª Turma extinguiu habeas corpus, uma vez que substituto de recurso constitucional, mas concedeu, de ofício, a ordem para restabelecer decisão do juízo das execuções que implementara o livramento condicional do paciente. Na situação dos autos, após o citado deferimento, o parquet interpusera agravo em execução, provido pelo Tribunal local, ao entender que se imporia o exame criminológico. Qualificou-se que, com a edição da Lei 10.792/2003, o mencionado exame teria sido expungido da ordem jurídica. Além disso, repisou-se que o magistrado admitira o livramento condicional. Alfim, ponderou-se ter havido o desprezo às condições impostas pela lei para a benesse: decurso do tempo e certidão de bom comportamento carcerário (STF HC n 109565-SP, Rel. Marco Aurélio, j. 6.11.2012).

A partir das modificações determinadas pela Lei 10.792/2003, a realização do exame criminológico, apesar de não mais considerada obrigatória, permanece viável, nos casos em que justificada sua relevância para melhor elucidação das condições subjetivas do apenado na concessão do benefício. 2. O Supremo Tribunal Federal, por jurisprudência consolidada, admite que pode ser exigido fundamentadamente o exame criminológico pelo juiz para avaliar pedido de livramento condicional. (STF, RHC 125279-SP, Rel. Rosa Weber, j. 26/05/15).

- **STF – Exame criminológico e progressão de regime**

A Súmula Vinculante 26 estabelece que "Para efeito de progressão de regime no cumprimento de pena por crime hediondo, ou equiparado, o juízo da execução observará a inconstitucionalidade do art. 2º da Lei n. 8.072, de 25 de julho de 1990, sem prejuízo de avaliar se o condenado preenche, ou não, os requisitos objetivos e subjetivos do benefício, podendo determinar, para tal fim, de modo fundamentado, a realização de exame criminológico". (b) O enunciado 26 da Súmula Vinculante não proibiu a determinação de prévia realização do exame criminológico, para análise do cabimento da progressão de regime. Exige-se, apenas, que a decisão seja fundamentada. Precedentes. 2. In casu, verifica-se que a decisão que determinou a realização do exame criminológico encontra-se fundamentada em elementos concretos dos autos, não se podendo falar em ausência de fundamentação do decisum ora impugnado. (STF, Rcl 40068 AgR, Relator(a): LUIZ FUX, Primeira Turma, julgado em 22/05/2020).

▸ **STJ – 435 – Exame criminológico. Série. Crimes.**

A jurisprudência do STJ já se firmou no sentido de que, embora a referida lei não o exija mais, o exame criminológico pode ser determinado pelo juízo mediante decisão fundamentada (Súm. 439/STJ), pois cabe ao magistrado verificar os requisitos subjetivos à luz do caso concreto. Ao juízo também é lícito negar o benefício quando recomendado pelas peculiaridades da causa, desde que também haja a necessária fundamentação, em observância do princípio da individualização da pena (art. 5º, XLVI, da CF). Na hipótese, a cassação do benefício encontra-se devidamente fundamentada, pois amparada na aferição concreta de dados acerca do paciente, condenado, pela prática de uma série de crimes, a uma longa pena a cumprir, o que recomenda uma melhor avaliação do requisito subjetivo mediante a submissão ao exame criminológico (STJ – HC nº 159.644, Rel. Laurita Vaz, j. 18.5.2010.).

3. QUESTÕES DE CONCURSOS

01. (Defensoria Pública da União – 2015 – CESPE) Gerson, com vinte e um anos de idade, e Gilson, com dezesseis anos de idade, foram presos em flagrante pela prática de crime. Após regular tramitação de processo nos juízos competentes, Gerson foi condenado pela prática de extorsão mediante sequestro e Gilson, por cometimento de infração análoga a esse crime. Com relação a essa situação hipotética, julgue o item a seguir:

Conforme entendimento dos tribunais superiores, tendo sido condenado pela prática de crime hediondo, Gerson deverá ser submetido ao exame criminológico para ter direito à progressão de regime.

02. (Agente Penitenciário – CESPE – 2009 – SEJUS-ES) Em relação à Lei de Execução Penal (LEP), julgue o item a seguir.

O condenado ao cumprimento de pena privativa de liberdade e restritiva de direitos deve ser submetido a exame criminológico a fim de que sejam obtidos os elementos necessários à adequada classificação e individualização da execução.

GAB	01	ERRADO	02	ERRADO

Art. 9º A Comissão, no exame para a obtenção de dados reveladores da personalidade, observando a ética profissional e tendo sempre presentes peças ou informações do processo, poderá:

I – entrevistar pessoas;

II – requisitar, de repartições ou estabelecimentos privados, dados e informações a respeito do condenado;

III – realizar outras diligências e exames necessários.

Dados para o exame – Andou bem o legislador ao ampliar as possibilidades de obter dados reveladores da personalidade do preso, verdadeiro estranho aos membros da Comissão. Quanto mais informações, mais preciso será o seu trabalho.

Como bem observa Mirabete (ob. cit. p. 60):

> "Os exames do condenado constituem, como já visto, o estudo científico da constituição, temperamento, caráter, inteligência e aptidão do preso, ou seja, da sua

personalidade. Assim, os membros da Comissão Técnica de Classificação devem recolher o maior número de informações a respeito do examinado, não só através de entrevistas e peças de informação do processo, o que restringiria a visão do condenado a certo trecho de sua vida, mas não a ela toda, mas de outras fontes. Por essa razão, concede à lei a possibilidade ao perito de entrevistar pessoas, requisitar de repartições ou estabelecimentos privados dados e informações a respeito do condenado ou realizar outras diligências e exames necessários".

Art. 9º-A. O condenado por crime doloso praticado com violência grave contra a pessoa, bem como por crime contra a vida, contra a liberdade sexual ou por crime sexual contra vulnerável, será submetido, obrigatoriamente, à identificação do perfil genético, mediante extração de DNA (ácido desoxirribonucleico), por técnica adequada e indolor, por ocasião do ingresso no estabelecimento prisional.

§ 1º A identificação do perfil genético será armazenada em banco de dados sigiloso, conforme regulamento a ser expedido pelo Poder Executivo.

§ 1º-A. A regulamentação deverá fazer constar garantias mínimas de proteção de dados genéticos, observando as melhores práticas da genética forense.

§ 2º A autoridade policial, federal ou estadual, poderá requerer ao juiz competente, no caso de inquérito instaurado, o acesso ao banco de dados de identificação de perfil genético.

§ 3º Deve ser viabilizado ao titular de dados genéticos o acesso aos seus dados constantes nos bancos de perfis genéticos, bem como a todos os documentos da cadeia de custódia que gerou esse dado, de maneira que possa ser contraditado pela defesa.

§ 4º O condenado pelos crimes previstos no caput deste artigo que não tiver sido submetido à identificação do perfil genético por ocasião do ingresso no estabelecimento prisional deverá ser submetido ao procedimento durante o cumprimento da pena.

§ 5º A amostra biológica coletada só poderá ser utilizada para o único e exclusivo fim de permitir a identificação pelo perfil genético, não estando autorizadas as práticas de fenotipagem genética ou de busca famlllar.

§ 6º Uma vez identificado o perfil genético, a amostra biológica recolhida nos termos do **caput** deste artigo deverá ser correta e imediatamente descartada, de maneira a impedir a sua utilização para qualquer outro fim.

§ 7º A coleta da amostra biológica e a elaboração do respectivo laudo serão realizadas por perito oficial.

§ 8º Constitui falta grave a recusa do condenado em submeter-se ao procedimento de identificação do perfil genético.

Redação antes da Lei 13.964/19	Redação depois da Lei 13.964/19
Art. 9º-A. Os condenados por crime praticado, dolosamente, com violência de natureza grave contra pessoa, ou por qualquer dos crimes previstos no art. 1º da Lei nº 8.072, de 25 de julho de 1990, serão submetidos, obrigatoriamente, à identificação do perfil genético, mediante extração de DNA – ácido desoxirribonucleico, por técnica adequada e indolor. § 1º A identificação do perfil genético será armazenada em banco de dados sigiloso, conforme regulamento a ser expedido pelo Poder Executivo.	**Art. 9º-A.** O condenado por crime doloso praticado com violência grave contra a pessoa, bem como por crime contra a vida, contra a liberdade sexual ou por crime sexual contra vulnerável, será submetido, obrigatoriamente, à identificação do perfil genético, mediante extração de DNA (ácido desoxirribonucleico), por técnica adequada e indolor, por ocasião do ingresso no estabelecimento prisional. § 1º A identificação do perfil genético será armazenada em banco de dados sigiloso, conforme regulamento a ser expedido pelo Poder Executivo.

§ 2º A autoridade policial, federal ou estadual, poderá requerer ao juiz competente, no caso de inquérito instaurado, o acesso ao banco de dados de identificação de perfil genético.	§ 1º-A. A regulamentação deverá fazer constar garantias mínimas de proteção de dados genéticos, observando as melhores práticas da genética forense. § 2º A autoridade policial, federal ou estadual, poderá requerer ao juiz competente, no caso de inquérito instaurado, o acesso ao banco de dados de identificação de perfil genético. § 3º Deve ser viabilizado ao titular de dados genéticos o acesso aos seus dados constantes nos bancos de perfis genéticos, bem como a todos os documentos da cadeia de custódia que gerou esse dado, de maneira que possa ser contraditado pela defesa. § 4º O condenado pelos crimes previstos no caput deste artigo que não tiver sido submetido à identificação do perfil genético por ocasião do ingresso no estabelecimento prisional deverá ser submetido ao procedimento durante o cumprimento da pena. § 5º A amostra biológica coletada só poderá ser utilizada para o único e exclusivo fim de permitir a identificação pelo perfil genético, não estando autorizadas as práticas de fenotipagem genética ou de busca familiar. § 6º Uma vez identificado o perfil genético, a amostra biológica recolhida nos termos do **caput** deste artigo deverá ser correta e imediatamente descartada, de maneira a impedir a sua utilização para qualquer outro fim. § 7º A coleta da amostra biológica e a elaboração do respectivo laudo serão realizadas por perito oficial. § 8º Constitui falta grave a recusa do condenado em submeter-se ao procedimento de identificação do perfil genético." (NR)

Identificação do perfil genético – Com o advento da Lei 12.654/12, passou a ser obrigatória para os condenados por crime praticado, dolosamente, com violência de natureza grave contra pessoa, ou por qualquer dos crimes etiquetados como hediondos, a identificação do perfil genético, mediante extração de DNA, devendo seguir técnica adequada e indolor.

A Lei 13.964/19 alterou o *caput* do art. 9º-A. Agora, submete-se à extração de DNA o condenado por crime doloso praticado com violência grave contra a pessoa, bem como por crime contra a vida, contra a liberdade sexual e por crime sexual contra vulnerável.

O presidente da República havia vetado a alteração do *caput*:

> "A proposta legislativa, ao alterar o caput do art. 9º-A, suprimindo a menção expressa aos crimes hediondos, previstos na Lei nº 8.072, de 1990, em substituição somente a tipos penais específicos, contraria o interesse público, tendo em vista que a redação acaba por excluir alguns crimes hediondos considerados de alto potencial ofensivo, a exemplo do crime de genocídio e o de posse ou porte ilegal

> de arma de fogo de uso restrito, além daqueles que serão incluídos no rol de crimes hediondos com a sanção da presente proposta, tais como os crimes de comércio ilegal de armas, de tráfico internacional de arma e de organização criminosa".

Com a derrubada do veto, a redação modificada prevaleceu.

Esta identificação (tratando-se da fase de execução da pena) não serve, necessariamente, para subsidiar qualquer investigação criminal em curso ou esclarecer dúvida eventualmente gerada pela identificação civil (ou mesmo datiloscópica), tendo como fim principal abastecer banco de dados sigiloso, a ser regulamentado pelo Poder Executivo (podendo servir para investigação futura).

Já a coleta de perfil genético durante a fase de investigação policial obedece às disposições previstas na Lei n. 12.037/09 que versa sobre a identificação criminal de civis. A lei permite a extração de material genético, mediante autorização judicial, caso seja essencial à investigação.

ATENÇÃO – Esta Lei (12.037/09), também alterada pelo Pacote Anticrime, agora determina que a exclusão do perfil genético do banco de dados deve ocorrer em caso de absolvição ou, caso haja condenação, mediante requerimento depois de 20 (vinte) anos do cumprimento da pena (a redação original da lei previa a exclusão ao tempo da prescrição do delito). Outra novidade inserida na Lei pelo Pacote Anticrime foi a criação de um Banco Nacional Multibiométrico e de Impressões Digitais, que prevê a coleta, não só de material genético, mas também de registros biométricos, impressões digitais, de íris, face e voz de presos provisórios e definitivos, bem como de investigados.

Temos, assim, duas situações que permitem a coleta de material genético:

i) identificação genética determinada antes do trânsito em julgado da sentença condenatória, seguindo as disposições previstas na Lei n. 12.037/09;

ii) a coleta de material genético dos presos com condenação definitiva por crime doloso praticado com violência grave contra a pessoa, bem como por crime contra a vida, contra a liberdade sexual ou por crime sexual contra vulnerável, concretizada quando por ocasião do seu ingresso na unidade prisional. O condenado pelos crimes previstos no *caput* do art. 9º-A que não tiver sido submetido à identificação do perfil genético por ocasião do ingresso no estabelecimento prisional deverá ser submetido ao procedimento durante o cumprimento da pena (§ 4º).

De acordo com o § 5º do art. 9º-A, a amostra biológica coletada só pode ser utilizada para o único e exclusivo fim de permitir a identificação pelo perfil genético, vedadas as práticas de fenotipagem genética ou de busca familiar. Uma vez identificado o perfil genético, a amostra biológica recolhida nos termos do *caput* deve ser correta e imediatamente descartada, de maneira a impedir a sua utilização para qualquer outro fim (§ 6º). O § 7º, por sua vez, impõe que a coleta da amostra biológica e a elaboração do respectivo laudo sejam realizadas por perito oficial.

Os parágrafos 5º, 6º e 7º também haviam sido vetados pelo Presidente da República, sob o argumento de que contrariaria o "interesse público", uma vez que dificultaria o "desvendamento de crimes" (§ 5º), impediria o controle de qualidade das amostras e a possibilidade de nova realização do teste (§ 6º) e, por fim, dificultaria a realização de "mero procedimento de retirada do material" (§ 7º).

Constitucionalidade – Para muitos, a inovação é inconstitucional, configurando verdadeiro direito penal do autor (remontando ao conceito de "criminoso nato" de Enrico Ferri), ferindo a segurança jurídica, desequilibrando a balança da punição X garantias, sendo campo fértil para abusos.

Pensamos diferente. A medida é salutar quando se pensa num Estado que deve ser eficiente no combate à crescente criminalidade (garantismo positivo), sem desconsiderar as garantias do cidadão (garantismo negativo), especialmente quando consideradas as baixas taxas de elucidação de crimes contra a vida e sexuais. A sua constitucionalidade já foi reconhecida pela nossa Corte Maior (STF, RCL 24484, j. 05/07/16).

Criticamos, apenas, o caráter compulsório do fornecimento do material pelo condenado, cuja recusa agora passa a ser punível como falta grave (§ 8º). Isso nos parece inconstitucional e inconvencional, ferindo o direito da pessoa presa de não produzir prova contra si mesma (*nemo tenetur se detegere*), a sua integridade física e a sua privacidade.

Logo, deve o Estado, através de métodos não invasivos (salvo se o preso concordar com tais procedimentos) colher material desprendido do corpo do reeducando para servir à identificação genética. O Estado não está impedido de usar vestígios para colher material útil na identificação do indivíduo. Não há nenhum obstáculo para sua apreensão e verificação (ou análise ou exame). São partes do corpo humano (vivo) que já não pertencem a ele. Logo, materiais análogos podem ser apreendidos e submetidos a exame normalmente, sem nenhum tipo de consentimento da pessoa (ex: exame do DNA da saliva que se achava nos cigarros fumados e jogados fora pelo condenado). Nesse sentido, aliás, decidiu o STJ. Ao julgar HC impetrado pela Defensoria Pública de Minas Gerais, em 2018, deliberou que a produção de prova por meio de exame de DNA sem o consentimento do investigado é permitida se o material biológico já está fora de seu corpo e foi abandonado, ocasião em que se tornou objeto público. No caso, o investigado se encontrava preso e havia se recusado a ceder material genético. Diante disso, a coleta foi realizada a partir de utensílios usados e descartados, possibilitando o esclarecimento de um crime ocorrido 10 anos antes. Para o Ministro relator Reynaldo Soares da Fonseca, "o que não se permite é o recolhimento do material genético à força (violência moral ou física), o que não ocorreu na espécie, em que o copo e a colher de plásticos utilizados pelo paciente já haviam sido descartados" (o número deste processo não é divulgado em razão de segredo judicial).

Falta grave – Não nos parece razoável que a recusa em se submeter à identificação de perfil genético acarrete, ao condenado, qualquer sanção disciplinar, especialmente falta grave, com implicações severas no tempo e na qualidade da pena a ser cumprida. Tal como prevista no § 8º, a nova hipótese de falta disciplinar se traduz em uma punição ao exercício do direito constitucional de não autoincriminação.

O debate acerca da constitucionalidade da coleta obrigatória de material genético certamente será intensificado com a presente modificação legislativa. O tema já era objeto do Recurso Extraordinário 973.837, com repercussão geral reconhecida, ainda pendente de julgamento pelo STF.

ATENÇÃO – O Tribunal Europeu de Direitos Humanos já enfrentou alguns casos envolvendo o mesmo assunto, decidindo que as informações genéticas encontram proteção jurídica na inviolabilidade da vida privada. Em um dos casos, julgado em 2008, o Reino Unido foi condenado pela Corte Europeia de Direitos Humanos (caso S. AND MARPER vs. THE UNITED KINGDOM – UK, 2008), A Corte decidiu que os Estados que possuem amostras de DNA de indivíduos presos, mas que foram posteriormente absolvidos ou tiveram suas ações retiradas, não devem manter as informações dos custodiados, devendo destruí-las.

Cadastro Nacional de Pessoas Condenadas por Crime de Estupro – A Lei 14.069 com vigência a partir de 1º de outubro de 2020, instituiu o Cadastro Nacional de Pessoas Condenadas por Crime de Estupro, que deverá conter as seguintes informações: características físicas e identificação datiloscópica, identificação do perfil genético, fotos. Para condenados em livramento condicional, devem constar o local de moradia e atividade laboral nos últimos 3 anos. A inclusão das informações, bem como o acesso às informações, deverá constar de termo de cooperação firmado entre União e Estados.

Trata-se de um banco de dados nacional e específico para crimes de estupro, contendo informações de pessoas já condenadas. Não se trata de uma lista pública de agressores sexuais, mas de dados de identificação criminal armazenados para uso de autoridades públicas, o que afasta qualquer alegação de inconstitucionalidade.

Embora a constitucionalidade do artigo 9º-A esteja em debate no STF, o STJ entendeu em decisão de 2020 (transcrita abaixo) não haver constrangimento ilegal na coleta de perfil genético de condenado.

No Brasil, ocorrem **66.000 estupros por ano**, 180 por dia, contra 81,8% vítimas do sexo feminino. São 4 estupros de meninas e mulheres por hora (Anuário do Fórum Brasileiro de Segurança Pública, 2019). Apesar da hediondez desse crime, há muita dificuldade de se coletar provas seguras de autoria e materialidade, ou mesmo traçar estratégias que impeçam a reincidência do agente.

O cadastro nacional permitirá concentrar informações de todos os Estados, relacionar casos de vários locais e até mesmo esclarecer ou demonstrar crimes de estupro, já que grande parte desses agressores pratica crimes contra diversas vítimas.

1. INFORMATIVO DE JURISPRUDÊNCIA

- **STJ – Coleta de material genético. Constitucionalidade.**

  Segundo o art. 9º-A da Lei de Execução Penal, Os condenados por crime praticado, dolosamente, com violência de natureza grave contra pessoa, ou por qualquer dos crimes previstos no art. 1º da Lei n. 8.072, de 25 de julho de 1990, serão submetidos, obrigatoriamente, à identificação do perfil genético, mediante extração de DNA – ácido desoxirribonucleico, por técnica adequada e indolor. No caso em exame, o paciente cumpre pena pela prática dos crimes de homicídio qualificado (duas vezes), ocultação de cadáver, crueldade contra animais e posse irregular de arma de fogo de uso permitido, restando atendidos, assim, os requisitos legais estatuídos pelo dispositivo supracitado: condenação por crime com violência de natureza grave contra pessoa ou aqueles constantes do rol do art. 1º da Lei n. 8.072/1990 (HC 536114/MG, 6ª Turma, Relator Ministro Nefi Cordeiro, j. 04.02.20).

2. QUESTÃO DE CONCURSO

01. (Promotor de Justiça – MP/SC – 2016) Assinale se verdadeira ou falsa:

A Lei n. 7.210/84 (Execução Penal) tratou em capítulo próprio acerca da classificação dos condenados, com o objetivo de orientar a individualização da execução penal. Quanto à identificação dos condenados, todavia, a referida lei padece pela desatualização, inexistindo previsão de coleta de perfil genético como forma de identificação criminal, a exemplo do que já ocorre em outros países.

GAB	01	FALSA

▸CAPÍTULO II – DA ASSISTÊNCIA

▸SEÇÃO I – DISPOSIÇÕES GERAIS

Art. 10. A assistência ao preso e ao internado é dever do Estado, objetivando prevenir o crime e orientar o retorno à convivência em sociedade.

Parágrafo único. A assistência estende-se ao egresso.

Art. 11. A assistência será:

I – material;

II – à saúde;

III – jurídica;

IV – educacional;

V – social;

VI – religiosa.

Da assistência – Visando evitar a reincidência e garantir a dignidade humana, criando condições suficientes ao preso ou internado retornar ao convívio social (transformando o criminoso em não criminoso), o Estado deve prestar-lhe assistência *material, saúde, jurídica, educacional, social* e *religiosa*, estendendo-se o tratamento especial também ao egresso (liberado definitivo, pelo prazo de 1 ano a contar da saída do estabelecimento, e liberado condicional, durante o período de prova, nos termos do art. 26, desta Lei). O amparo ao egresso representa etapa indispensável ao reestabelecimento no convívio social, tendo em vista as inúmeras dificuldades que certamente enfrentará depois de solto. É determinante, também, na possibilidade de reincidência: egressos se veem, com frequência, sem perspectiva de emprego ou estudo e sem uma rede de apoio que os auxilie nesse primeiro momento.

A realidade nos mostra um cenário onde a maioria dos presos não trabalha, não estuda e não tem assistência efetiva para a sua ressocialização, manifesta contradição quando lembramos dos itens 38 e 48, ambos da exposição de motivos da LEP:

> *38. A assistência aos condenados e aos internados é exigência básica para se conceber a pena e a medida de segurança como processo de diálogo entre os seus destinatários e a comunidade.*
>
> *48. A assistência ao egresso consiste em orientação e apoio para reintegrá-lo à vida em liberdade e na concessão, se necessária, de alojamento e alimentação em estabelecimento adequado, por dois meses, prorrogável por uma única vez mediante comprovação idônea de esforço na obtenção de emprego.*

ATENÇÃO – À pessoa travesti, mulher ou homem transexual em privação de liberdade, serão garantidos a manutenção do seu tratamento hormonal e o acompanhamento de saúde específico (art. 7º, parágrafo único, da Resolução Conjunta nº 1 "que define novas regras para acolhimento da comunidade LGBT em unidades prisionais", do Conselho Nacional de Combate à Discriminação).

1. QUESTÃO DE CONCURSO

01. (Agente Penitenciário – CESPE – 2009 – ES) Em relação à Lei de Execução Penal (LEP), julgue o item a seguir.

A assistência ao preso e ao egresso é dever do Estado, e visa prevenir o crime e orientar o retorno do indivíduo à convivência em sociedade.

02. (FCC/2017 – DPE-SC – Defensor Público) Sobre a assistência na execução penal, é correto afirmar:

a) Assistência religiosa viola a laicidade do Estado, tendo sido reconhecida sua não recepção pela Constituição de 1988 segundo o Supremo Tribunal Federal.

b) A assistência educacional na Lei de Execução Penal prevê o princípio da universalização, bem como modalidade de ensino de educação de jovens e adultos – EJA.

c) É vedada a assistência à saúde fora do estabelecimento prisional no regime fechado.

d) A assistência humanitária por meio de organizações não governamentais de direitos humanos tem previsão expressa na Lei de Execução Penal, sendo garantida mediante autorização judicial.

e) Ao contrário das Regras de Mandela, a Lei de Execução Penal prevê no âmbito da assistência à saúde a atuação psicológica, que, no entanto, não tem a garantia da confidencialidade e pode ser utilizada em exames criminológicos.

03. (Defensor Público – DPE/AM – 2018) A assistência material ao preso

a) compreende a garantia de instalações higiênicas, além do fornecimento de alimentação e vestuário, que podem ser exigidos judicialmente tanto no plano individual como por meio de tutela coletiva.

b) garante o apoio assistencial ao preso por entidades de caridade e organizações não-governamentais.

c) revela o caráter assistencialista da execução penal em prol da ressocialização por meio do trabalho e do estudo.

d) é um exemplo de contrariedade e oposição entre o disposto na Lei de Execução Penal e nas Regras de Mandela.

e) consiste na entrega de materiais para trabalho pela direção da unidade prisional, de modo a possibilitar a remição.

GAB	01	CERTO	2	B	3	A

SEÇÃO II – DA ASSISTÊNCIA MATERIAL

Art. 12. A assistência material ao preso e ao internado consistirá no fornecimento de alimentação, vestuário e instalações higiênicas.

Art. 13. O estabelecimento disporá de instalações e serviços que atendam aos presos nas suas necessidades pessoais, além de locais destinados à venda de produtos e objetos permitidos e não fornecidos pela Administração.

Assistência material – De acordo com as Regras Mínimas da ONU para Tratamento de Reclusos (atualizadas pelas Regras de Mandela), o Estado é encarregado de fornecer aos presos alimentação (preceito 22), vestuário (preceitos 19 a 21) e instalações higiênicas (preceito 17).

As roupas (normalmente, uniformes) devem ser limpas, mantidas em bom estado, não atentando contra a dignidade do preso. Quando o preso se afastar do estabelecimento para fins autorizados, ser-lhe-á permitido usar suas próprias roupas (Regras de Mandela, preceito 19.3).

A alimentação deve ser preparada conforme as normas de higiene e de dieta, controlada por nutricionista, devendo apresentar valor nutritivo suficiente para manutenção da saúde e do vigor físico do habitante do sistema prisional (Regras de Mandela, preceito 22).

Citando Luiz Garrido Guzman, alerta Mirabete:

> "O tema de alimentação nas prisões é de grande importância, não só porque o interno tem direito a uma alimentação sã e suficiente para sua subsistência normal, podendo ressentir-se sua saúde da sua insuficiência ou baixa qualidade, mas também porque é esse um poderoso fator que pode incidir positiva ou negativamente, conforme o caso, no regime disciplinar dos estabelecimentos penitenciários" (ob. cit. p. 66).

Em ocasiões especiais (ou nos dias reservados às visitas), autoriza-se a família, por exemplo, a fornecer comida ao preso. Cada unidade prisional conta com regras próprias a respeito dos itens permitidos aos presos, que podem ser periodicamente enviados por familiares. Chamado de "jumbo", a remessa desses itens de higiene, alimentação, vestuário e outros, acaba por suprir, em parte, necessidades básicas das pessoas presas diante da precariedade material do cárcere.

Para o egresso, prevê a LEP a concessão, se necessário, de alojamento e alimentação, em estabelecimento adequado, pelo prazo de 2 (dois) meses (art. 25).

Necessidades pessoais do preso – Há determinadas necessidades naturais particulares de cada preso, não previstas pelo legislador. Na busca da manutenção da ordem e da disciplina internas, bem como da eficiência do processo de ressocialização, deve o estabelecimento dispor de instalações e serviços que atendam aos habitantes do sistema prisional nas suas necessidades pessoais, além de locais destinados à venda de produtos e objetos permitidos e não fornecidos pela Administração (cigarros, por exemplo).

1. QUESTÕES DE CONCURSOS

01. (Inspetor de Segurança e Administração Penitenciária – SEAP-RJ – 2012) A assistência material ao preso e ao internado, nos termos da Lei de Execução Penal, consistirá no fornecimento de:

a) jornais e revistas
b) alimentação e vestuário
c) remuneração e instalações higiênicas
d) esporte e lazer
e) educação e saúde

02. (Promotor de Justiça – 2012 – MP/TO) De acordo com a Lei de Execução Penal, incumbe ao:

a) serviço de assistência material colaborar com o egresso do sistema prisional para que ele obtenha trabalho.
b) serviço de assistência social relatar, por escrito, ao diretor do estabelecimento os problemas e as dificuldades enfrentadas pelo preso assistido.
c) serviço de assistência jurídica acompanhar o resultado das permissões de saídas e das saídas temporárias dos presos.
d) serviço de assistência social acompanhar a formação profissional do preso e do internado.
e) serviço de assistência à saúde conhecer os resultados dos diagnósticos ou exames.

GAB	01	B	02	B

▸SEÇÃO III – DA ASSISTÊNCIA À SAÚDE

Art. 14. A assistência à saúde do preso e do internado de caráter preventivo e curativo, compreenderá atendimento médico, farmacêutico e odontológico.

§ 1º (Vetado).

§ 2º Quando o estabelecimento penal não estiver aparelhado para prover a assistência médica necessária, esta será prestada em outro local, mediante autorização da direção do estabelecimento.

§ 3º Será assegurado acompanhamento médico à mulher, principalmente no pré-natal e no pós-parto, extensivo ao recém-nascido. (Incluído pela Lei nº 11.942, de 2009).

Assistência à saúde – O provimento de serviços médicos é responsabilidade do Estado. De acordo com as Regras Mínimas da ONU (atualizadas pelas Regras de Mandela, preceitos 24 e ss):

I) os presos devem usufruir dos mesmos padrões de serviços de saúde disponíveis à comunidade, e os serviços de saúde necessários devem ser gratuitos, sem discriminação motivada pela sua situação jurídica.

II) toda unidade prisional deve contar com um serviço de saúde incumbido de avaliar, promover, proteger e melhorar a saúde física e mental dos presos, prestando particular atenção aos presos com necessidades especiais ou problemas de saúde que dificultam sua reabilitação.

III) os serviços de saúde devem ser compostos por equipe interdisciplinar, com pessoal qualificado suficiente, atuando com total independência clínica, e deve abranger a experiência necessária de psicologia e psiquiatria. Serviço odontológico qualificado deve ser disponibilizado a todo preso.

IV) o médico deve examinar cada preso, logo após o seu recolhimento, o quanto antes possível e, posteriormente, deverá fazê-lo sempre que seja necessário, tendo principalmente em vista: a) Identificar as necessidades de atendimento médico e adotar as medidas de tratamento necessárias; b) Identificar quaisquer maus-tratos a que o preso recém-admitido tenha sido submetido antes de sua entrada na unidade prisional; c) Identificar qualquer sinal de estresse psicológico, ou de qualquer outro tipo, causado pelo encarceramento, incluindo, mas não apenas, risco de suicídio ou lesões autoprovocadas, e sintomas de abstinência resultantes do uso de drogas, medicamentos ou álcool; além de administrar todas as medidas ou tratamentos apropriados individualizados; d) Nos casos em que há suspeita de o preso estar com doença infectocontagiosa, deve-se providenciar o asilamento clínico, durante o período infeccioso, e tratamento adequado; e) Determinar a aptidão do preso para trabalhar, praticar exercícios e participar das demais atividades, conforme for o caso.

Contudo, antevendo as dificuldades que enfrentaria o Estado para equipar-se como mandam as regras internacionais, o legislador previu que, na falta de aparelhamento para prover assistência médica necessária (acrescentamos a odontológica), esta será prestada em outro local, mediante autorização da direção do estabelecimento (art. 120 da LEP).

Ocorre que a rede pública de saúde também é carente de estrutura. Diante desse quadro, em casos excepcionais, os Tribunais têm concedido prisão domiciliar ao preso doente, mesmo que cumprindo sua pena em regime diverso do aberto (regime pressuposto dessa espécie de prisão, nos exatos termos do que dispõe o art. 117 da LEP).

Permite-se ao não imputável internado ou em tratamento ambulatorial, por seus familiares ou dependentes, contratar médico de confiança pessoal a fim de orientar e acompanhar o tratamento (art. 43 da LEP).

A Lei 11.942/09, alterando vários dispositivos da LEP (arts. 14, 83, § 2º e 89), buscou humanizar o tratamento dispensado às presas grávidas, com filhos recém-nascidos ou de tenra idade, criando condições para que elas tenham acompanhamento médico necessário desde o pré-natal (§ 3º) até o infante completar 07 anos (art. 89).

Em meio à pandemia do coronavírus, o CNJ (na Recomendação n. 62, de 17 de março de 2020) propôs a adoção de diversas medidas para conter o avanço do vírus nos estabelecimentos prisionais e socioeducativos. Entre elas: substituição da pena privativa de liberdade por domiciliar, concessão de saída antecipada para apenados que fazem parte do grupo de risco, adoção de medidas preventivas de higiene, isolamento de casos suspeitos, entre outras.

1. INFORMATIVOS DE JURISPRUDÊNCIA

STJ – Recomendação n. 62/2020 do CNJ.

A Recomendação CNJ n. 62/2020 não tem caráter cogente nem institui direito subjetivo à prisão domiciliar, cabendo às autoridades judiciais a análise do caso concreto – realidade do ambiente prisional e condições pessoais de cada sentenciado – a fim de decidir sobre a possibilidade de concessão do benefício. (STJ – HC nº 588.787/BA)

A Recomendação n. 62/2020 do Conselho Nacional de Justiça -CNJ não prescreve a substituição da prisão cautelar pela domiciliar de forma automática, sendo indispensável a demonstração: do enquadramento do preso no grupo de vulneráveis à covid-19; da impossibilidade de receber tratamento médico na unidade carcerária em que se encontra e da exposição a maior risco de contaminação no estabelecimento prisional do que no ambiente social. (STJ – AgRg no HC 696334/SP, Rel. Ministro REYNALDO SOARES DA FONSECA, QUINTA TURMA, julgado em 05/10/2021)

A Recomendação n. 62/2020 do CNJ não implica automática substituição da prisão preventiva por outras medidas cautelares alternativas.(STJ – AgRg no HC 644278/SP, Rel. Ministro FELIX FISCHER, QUINTA TURMA, julgado em 20/04/2021)

A Recomendação n. 62/2020 do CNJ não é aplicável ao acusado em situação regular no exterior, sem risco de ser extraditado para o Brasil, pois não se trata de pessoa privada de liberdade no sistema penal brasileiro. (STJ – AgRg no HC 575112/RJ, Rel. Ministro ROGERIO SCHIETTI CRUZ, SEXTA TURMA, julgado em 02/06/2020).

Embora se reconheça ser o ora paciente idoso e portador de diabetes, não se pode olvidar que goza de bom estado de saúde e cumpre pena em regime fechado pela prática de crime de tráfico de drogas. Não foi demonstrada a preexistência de grave risco à saúde a partir a inexistência de tratamento médico adequado no local, não estando, de forma evidente, portanto, o manifesto constrangimento ilegal que mereça reparos de ofício. Tampouco há notícia de descontrole da doença no ambiente carcerário em que se encontra, de forma que não se mostra evidente a necessidade de se antecipar a progressão para o regime aberto ou domiciliar. (STJ – AgRg no HC 610.013/SP, Rel. Ministro Joel Ilan Paciornik, Quinta Turma, julgado em 09/12/2020).

2. QUESTÕES DE CONCURSOS

01. (Agente Penitenciário Federal – DEPEN – 2015) Acerca das políticas de assistência à saúde de pessoas privadas de liberdade no Brasil, julgue o item a seguir.

Conforme previsto na LEP, a assistência à saúde devida à pessoa privada de liberdade no sistema prisional compreende atendimento médico, farmacêutico, odontológico e psicológico.

02. (Agente penitenciário – PR – 2013) Quanto aos atendimentos de caráter preventivo que integram a assistência à saúde do preso e do internado, considere os itens a seguir.

I. Psicológico.
II. Médico.
III. Farmacêutico.
IV. Odontológico.

Assinale a alternativa correta.

a) Somente as afirmativas I e II são corretas.
b) Somente as afirmativas I e IV são corretas.
c) Somente as afirmativas III e IV são corretas.
d) Somente as afirmativas I, II e III são corretas.
e) Somente as afirmativas II, III e IV são corretas.

03. (Promotor de Justiça – ES – 2009 – Adaptada) Eduardo foi condenado a 25 anos de reclusão, em regime inicialmente fechado, pela prática do crime de homicídio qualificado com o uso de veneno. Transitada em julgado a condenação, o sentenciado foi recolhido a estabelecimento prisional em Vitória, no Espírito Santo. A partir dessa situação hipotética e com base na legislação aplicável às execuções penais, analise o item a seguir:

É dever do Estado prestar a Eduardo assistência material, consistente no fornecimento de alimentação, vestuário e instalações higiênicas, e também assistência à saúde, de caráter preventivo e curativo. Diante da impossibilidade de se prover a assistência médica necessária no estabelecimento prisional, esta deve ser prestada em outro local à custa da família do sentenciado e mediante autorização expressa do juízo das execuções penais.

04. (Exame de Ordem – Set/2008 – CESPE – OAB) Com base na Lei de Execução Penal, assinale a opção correta.

a) A assistência material ao preso consiste no fornecimento de alimentação, vestuário, objetos de higiene pessoal e da limpeza da cela, bem como instrumentos de trabalho e educacionais.
b) A assistência à saúde do preso, de caráter preventivo e curativo, compreende atendimento médico, farmacêutico e odontológico.
c) A autoridade administrativa pode decretar o isolamento preventivo do preso faltoso e incluí-lo em regime disciplinar diferenciado, por interesse da disciplina, independentemente de despacho do juiz competente.
d) Os presos, sem distinção, têm direito a contato com o mundo exterior por meio de visitas, inclusive íntimas, correspondência escrita, leitura e demais meios de comunicação e informação.

05. (Inspetor de Segurança e Administração Penitenciária – SEAP-RJ – CEPERJ – 2012) A assistência à saúde do preso e do internado, nos termos da Lei de Execução Penal, abrangerá a:

a) médica
b) fisioterápica
c) estética
d) religiosa
e) trabalhista

06. (Promotor de Justiça – CESPE – 2012 – MPE-TO) De acordo com a Lei de Execução Penal, incumbe ao

a) serviço de assistência material colaborar com o egresso do sistema prisional para que ele obtenha trabalho.

b) serviço de assistência social relatar, por escrito, ao diretor do estabelecimento os problemas e as dificuldades enfrentadas pelo preso assistido.

c) serviço de assistência jurídica acompanhar o resultado das permissões de saídas e das saídas temporárias dos presos.

d) serviço de assistência social acompanhar a formação profissional do preso e do internado.

e) serviço de assistência à saúde conhecer os resultados dos diagnósticos ou exames.

GAB	01	ERRADO	02	E	03	ERRADO	04	B	05	A	06	B

▸SEÇÃO IV – DA ASSISTÊNCIA JURÍDICA

Art. 15. A assistência jurídica é destinada aos presos e aos internados sem recursos financeiros para constituir advogado.

Art. 16. As Unidades da Federação deverão ter serviços de assistência jurídica, integral e gratuita, pela Defensoria Pública, dentro e fora dos estabelecimentos penais. (Redação dada pela Lei nº 12.313, de 2010).

§ 1º As Unidades da Federação deverão prestar auxílio estrutural, pessoal e material à Defensoria Pública, no exercício de suas funções, dentro e fora dos estabelecimentos penais. (Incluído pela Lei nº 12.313, de 2010).

§ 2º Em todos os estabelecimentos penais, haverá local apropriado destinado ao atendimento pelo Defensor Público. (Incluído pela Lei nº 12.313, de 2010).

§ 3º Fora dos estabelecimentos penais, serão implementados Núcleos Especializados da Defensoria Pública para a prestação de assistência jurídica integral e gratuita aos réus, sentenciados em liberdade, egressos e seus familiares, sem recursos financeiros para constituir advogado. (Incluído pela Lei nº 12.313, de 2010).

Assistência jurídica – O cidadão sem condições para custear a contratação de um advogado não pode ficar à margem, sem assistência. O direito à defesa técnica é garantia constitucional (art. 5º, inciso LXXIV), reforçada pelo presente dispositivo.

A Lei 12.313/10, alterando diversos artigos da LEP (em especial, o art. 16), atribui à Defensoria Pública, dentro e fora dos estabelecimentos penais, importante papel no processo executivo, garantindo efetiva assistência jurídica ao habitante prisional. Mas dar à Defensoria Pública esse importante mister não resolve. As Unidades da Federação **deverão** prestar auxílio estrutural, pessoal e material à Defensoria Pública, no exercício de suas funções (§ 1º). Em todos os estabelecimentos penais, haverá local apropriado destinado ao atendimento pelo Defensor Público (§ 2º). Por fim, fora dos estabelecimentos penais, serão implementados Núcleos Especializados da Defensoria Pública para a prestação de assistência jurídica integral e gratuita aos réus, sentenciados em liberdade, egressos e seus familiares, sem recursos financeiros para constituir advogado (§ 3º).

Como bem observa Renato Marcão:

> "A assistência jurídica, muitas vezes não observada, é de fundamental importância para os destinos da execução da pena. Aliás, sua ausência no processo de execução

acarreta flagrante violação aos princípios da ampla defesa, do contraditório e do devido processo legal, que também devem ser observados em sede de execução" (ob. cit. p. 55).

1. QUESTÕES DE CONCURSOS

01. (Promotor de Justiça – CESPE – 2012 – MPE-TO) De acordo com a Lei de Execução Penal, incumbe ao

a) serviço de assistência material colaborar com o egresso do sistema prisional para que ele obtenha trabalho.

b) serviço de assistência social relatar, por escrito, ao diretor do estabelecimento os problemas e as dificuldades enfrentadas pelo preso assistido.

c) serviço de assistência jurídica acompanhar o resultado das permissões de saídas e das saídas temporárias dos presos.

d) serviço de assistência social acompanhar a formação profissional do preso e do internado.

e) serviço de assistência à saúde conhecer os resultados dos diagnósticos ou exames.

02. (Inspetor de Segurança e Administração Penitenciária – SEAP-RJ – CEPERJ – 2012) Nos termos da Lei de Execução Penal, as Unidades da Federação deverão ter serviços de assistência jurídica, integral e gratuita, dentro fora dos estabelecimentos penais, prestados pelo seguinte órgão:

a) Ordem dos Advogados do Brasil

b) Assistência Jurídica municipal

c) Defensoria Pública

d) Ministério Público estadual

e) Procuradoria do Estado

GAB	01	B	02	C

SEÇÃO V – DA ASSISTÊNCIA EDUCACIONAL

Art. 17. A assistência educacional compreenderá a instrução escolar e a formação profissional do preso e do internado.

Assistência educacional – instrução escolar e a formação profissional é um direito garantido pela Constituição Federal, arts. 205 e 208, *in verbis:*

> Art. 205. A educação, direito de todos e dever do Estado e da família, será promovida e incentivada com a colaboração da sociedade, visando ao pleno desenvolvimento da pessoa, seu preparo para o exercício da cidadania e sua qualificação para o trabalho
>
> Art. 208. O dever do Estado com a educação será efetivado mediante a garantia de (...)

As Regras Mínimas da ONU (atualizadas pelas Regras de Mandela) recomendam que os estabelecimentos prisionais tomem "medidas no sentido de melhorar a educação de todos os reclusos que daí tirem proveito, incluindo instrução religiosa nos países em tal for possível" (92.1).

ATENÇÃO: de acordo com a nova Lei do Fundeb (Lei 14.113), art. 50, a União desenvolverá e apoiará políticas de estímulo às iniciativas de melhoria de qualidade do ensino, de acesso e de permanência na escola, promovidas pelas unidades federadas, em especial aquelas direcionadas à inclusão de crianças e adolescentes em situação de risco social. Seu pará grafo único acrescenta que a União, os Estados e o Distrito Federal desenvolverão, em regime de colaboração, programas de apoio ao esforço para conclusão da educação básica dos alunos regularmente matriculados no sistema público de educação que cumpram pena no sistema penitenciário, ainda que na condição de presos provisórios.

Veremos, mais adiante, que a LEP, no seu art. 122, permite que os condenados que cumprem pena em regime semiaberto obtenham autorização para saída temporária do estabelecimento, sem vigilância direta, para frequência a curso supletivo profissionalizante, bem como de instrução do 2º grau ou superior, na Comarca do Juízo da Execução.

ATENÇÃO – Com a entrada em vigor da Lei 12.433/11, a remição pelo estudo, há tempos admitida pela jurisprudência (Súmula 341 STJ), passou a ser regulada pela LEP (arts. 126 e ss.).

1. QUESTÃO DE CONCURSO

01. **(Inspetor de Segurança e Administração Penitenciária – SEAP-RJ – CEPERJ – 2012)** A assistência educacional compreenderá, nos termos da Lei de Execução Penal, o seguinte aspecto:

a) instrução escolar básica

b) formação superior geral

c) ensino especial fundamental

d) pós-graduação em Direito

e) formação de magistério popular

GAB	01	A

Art. 18. O ensino de 1º grau será obrigatório, integrando-se no sistema escolar da Unidade Federativa.

Art. 18-A. O ensino médio, regular ou supletivo, com formação geral ou educação profissional de nível médio, será implantado nos presídios, em obediência ao preceito constitucional de sua universalização. (Incluído pela Lei nº 13.163, de 2015)

§ 1º O ensino ministrado aos presos e presas integrar-se-á ao sistema estadual e municipal de ensino e será mantido, administrativa e financeiramente, com o apoio da União, não só com os recursos destinados à educação, mas pelo sistema estadual de justiça ou administração penitenciária. (Incluído pela Lei nº 13.163, de 2015)

§ 2º Os sistemas de ensino oferecerão aos presos e às presas cursos supletivos de educação de jovens e adultos. (Incluído pela Lei nº 13.163, de 2015)

§ 3º A União, os Estados, os Municípios e o Distrito Federal incluirão em seus programas de educação à distância e de utilização de novas tecnologias de ensino, o atendimento aos presos e às presas. (Incluído pela Lei nº 13.163, de 2015).

Ensino para os condenados – A educação dos não alfabetizados e jovens presos deve ser compulsória, e a administração prisional deve destinar atenção especial a isso.

Na medida do possível, a educação dos presos deve ser integrada ao sistema educacional do país, para que após sua liberação eles possam continuar seus estudos sem maiores dificuldades (Regras de Mandela, preceito 104).

ATENÇÃO Com o advento da Lei 9.394, de 20 de dezembro de 2006 (Lei de Diretrizes e Bases), o que se denominava ensino de 1º grau passou a chamar de ensino fundamental.

Conforme já destacamos, a instrução escolar e a formação profissional é direito do preso, assegurado pela Constituição (arts. 205 e 208) e por documentos internacionais.

Contudo, era ofertado ao habitante prisional apenas o ensino de 1º grau – fundamental – (art. 18). Com o advento da Lei 13.163/15, que adicionou o artigo 18-A, garante-se a continuidade nos estudos, assegurando ao preso acesso ao ensino médio, regular ou supletivo, com formação geral ou educação profissional.

No projeto de lei, foi destacado pelos parlamentares que "o resgate da dívida educacional não se restringe à oferta de formação equivalente às quatro séries iniciais do ensino fundamental. A oferta do ciclo completo de oito séries àqueles que lograrem completar as séries iniciais é parte integrante dos direitos assegurados pela Constituição Federal e deve ser ampliada gradativamente. Da mesma forma, deve ser garantido, aos que completarem o ensino fundamental, o acesso ao ensino médio".

Ensino à distância – Por fim, o novo dispositivo (art. 18-A) prevê o uso de novas tecnologias e de educação à distância para implementação do estudo dentro dos presídios, ficando a União, Estados, Municípios e Distrito Federal encarregados de incluir em seu programa de educação o atendimento aos presos.

1. QUESTÃO DE CONCURSO

01. (Agente Penitenciário – PI – 2016) Acerca da Assistência destinada aos presos nos Estabelecimentos Prisionais, pode-se afirmar:

a) a assistência jurídica integral e gratuita é destinada aos presos, independentemente, de seus recursos financeiros para constituir advogado.

b) o ensino de 1º grau será obrigatório, integrando-se no sistema escolar da Unidade Federativa.

c) a assistência social tem por finalidade amparar o preso, doando-lhe auxílio reclusão.

d) o Brasil sendo um país laico, não é possível assistência religiosa ao preso.

e) a assistência à saúde do preso terá caráter preventivo e curativo, desde que, exclusivamente, no estabelecimento prisional.

GAB	01	B

Art. 19. O ensino profissional será ministrado em nível de iniciação ou de aperfeiçoamento técnico.

Parágrafo único. A mulher condenada terá ensino profissional adequado à sua condição.

Ensino profissionalizante – O ensino profissional, diferentemente da instrução escolar, é facultativo, o que não diminui a sua importância na ressocialização do preso, pois facilita (e muito) a reinserção no convívio familiar, comunitário e social.

O parágrafo único, endereçado à mulher condenada, nos parece discriminatório (e ultrapassado), não havendo razão legítima para não se lhe aplicar aos homens (qual profissão, hoje, é exclusiva do homem? Ou da mulher?).

Art. 20. As atividades educacionais podem ser objeto de convênio com entidades públicas ou particulares, que instalem escolas ou ofereçam cursos especializados.

Convênios para assistência à educação – O objetivo desse artigo é que se firmassem convênios, tanto públicos como privados, com instituições de ensino, ajudando a viabilizar a assistência educacional.

Na prática, a maioria dos estabelecimentos carece de condições mínimas para dar assistência educacional aos presos. Em São Paulo temos a FUNAP (Fundação Dr. Manoel Pedro Pimentel), que trabalha na escolarização dos reclusos (homens e mulheres).

Art. 21. Em atendimento às condições locais, dotar-se-á cada estabelecimento de uma biblioteca, para uso de todas as categorias de reclusos, provida de livros instrutivos, recreativos e didáticos.

Direito à leitura – Pesquisa realizada pela Universidade de Sussex, na Inglaterra, revelou que seis minutos diários de leitura já seriam suficientes para alívio do estresse e de pressão.

Não é difícil imaginar que presos convivam diariamente nesse clima de tensão. Conhecendo os benefícios da leitura, o legislador previu a obrigatoriedade de bibliotecas nos estabelecimentos prisionais. Se esse dispositivo fosse efetivamente observado, seria mais uma forma de fomentar e promover a educação do preso. Todavia, mesmo estando expresso na LEP (e nas Regras de Mandela, preceito 64), pouco se vê na prática.

Mirabete, a respeito do tema, nos deixa importante sugestão, extraída da prática comum em outros países:

> "Além da utilização para o acompanhamento dos estudos e aprimoramento intelectual, permite-se a saudável recreação para os que têm o gosto e o interesse pela leitura. Pode ainda ser estabelecido o sistema de biblioteca circulante, viabilizando-se assim a leitura nas próprias celas. É o sistema, por exemplo, na Lei Geral Penitenciária da Espanha (art. 75) e no sistema de execução penal português" (ob. cit. p. 78).

Reforçando a importância da leitura, em diversas unidades prisionais já se admite a remição por leitura, prevista originalmente na Recomendação n. 44, de 2013, do CNJ, e mais recentemente na Lei Estadual n. 16.648/18 do Estado de São Paulo. A referida lei prevê o desconto de quatro dias de pena a cada 30 dias de leitura, que deverá ser atestada pelo juízo por meio de resenhas sobre a obra escolhida.

Art. 21-A. O censo penitenciário deverá apurar: (Incluído pela Lei nº 13.163, de 2015)

I – o nível de escolaridade dos presos e das presas; (Incluído pela Lei nº 13.163, de 2015)

II – a existência de cursos nos níveis fundamental e médio e o número de presos e presas atendidos; (Incluído pela Lei nº 13.163, de 2015)

III – a implementação de cursos profissionais em nível de iniciação ou aperfeiçoamento técnico e o número de presos e presas atendidos; (Incluído pela Lei nº 13.163, de 2015)

IV – a existência de bibliotecas e as condições de seu acervo; (Incluído pela Lei nº 13.163, de 2015)

V – outros dados relevantes para o aprimoramento educacional de presos e presas. (Incluído pela Lei nº 13.163, de 2015)

Censo penitenciário – É a reunião de dados estatísticos que informa as características dos habitantes do sistema. Em posse dessas informações é possível concretizar o princípio da eficiência e da individualização no âmbito da execução criminal.

A administração pública deve traçar um retrato educacional dos presos, analisando dados reais dos reeducandos estudantes, bem como a estrutura colocada à disposição para o exercício da atividade discente. O censo, portanto, aparece como importante instrumento para a concretização desse mister.

SEÇÃO VI – DA ASSISTÊNCIA SOCIAL

Art. 22. A assistência social tem por finalidade amparar o preso e o internado e prepará-los para o retorno à liberdade.

Art. 23. Incumbe ao serviço de assistência social:

I – conhecer os resultados dos diagnósticos ou exames;

II – relatar, por escrito, ao Diretor do estabelecimento, os problemas e as dificuldades enfrentadas pelo assistido;

III – acompanhar o resultado das permissões de saídas e das saídas temporárias;

IV – promover, no estabelecimento, pelos meios disponíveis, a recreação;

V – promover a orientação do assistido, na fase final do cumprimento da pena, e do liberando, de modo a facilitar o seu retorno à liberdade;

VI – providenciar a obtenção de documentos, dos benefícios da Previdência Social e do seguro por acidente no trabalho;

VII – orientar e amparar, quando necessário, a família do preso, do internado e da vítima.

Assistência social – é mais um instrumento a ser utilizado na busca da ressocialização do preso. Deve ter como propósito criar no reeducando a vontade de levar uma vida correta após sua soltura.

Não sem razão, recomendam as Regras Mínimas da ONU (atualizadas pelas Regras de Mandela) que, para atingir esse propósito, "todos os meios apropriados devem ser usados, inclusive cuidados religiosos em países onde isso é possível, educação, orientação e capacitação vocacionais, assistência social direcionada, aconselhamento profissional, desenvolvimento físico e fortalecimento de seu caráter moral. Tudo isso deve ser feito de acordo com as necessidades individuais de cada preso, levando em consideração sua história social e criminal, suas capacidades e aptidões mentais, seu temperamento pessoal, o tempo da sentença e suas perspectivas para depois da liberação" (preceito 92.1).

O art. 23 da LEP enumera os instrumentos a serem utilizados pelo serviço social na reinserção do preso ou do internado. Como bem resume Mirabete:

> "Seu método básico consiste no estudo do indivíduo, do grupo ou da comunidade em seus elementos essenciais, bem como na interpretação e diagnóstico as necessidades e potencialidades do assistido, para ajudá-lo a desenvolver o próprio senso de responsabilidade e a ter condições pessoais para o ajustamento ou reajustamento social" (ob. cit. p. 80/81).

Essa forma de assistência, quando necessária, se estende à família do preso, do internado e da vítima (art. 23, VII), buscando minimizar as consequências diretas e indiretas do crime, da condenação e execução da sanção penal.

Na prática, lamentavelmente, como vários outros dispositivos da LEP, esse comando carece de aplicação prática por falta de estrutura do Estado.

1. QUESTÃO DE CONCURSO

01. (Promotor de Justiça – CESPE – 2012 – MPE-TO) De acordo com a Lei de Execução Penal, incumbe ao

a) serviço de assistência material colaborar com o egresso do sistema prisional para que ele obtenha trabalho.

b) serviço de assistência social relatar, por escrito, ao diretor do estabelecimento os problemas e as dificuldades enfrentadas pelo preso assistido.

c) serviço de assistência jurídica acompanhar o resultado das permissões de saídas e das saídas temporárias dos presos.

d) serviço de assistência social acompanhar a formação profissional do preso e do internado.

e) serviço de assistência à saúde conhecer os resultados dos diagnósticos ou exames.

GAB	01	B

▸SEÇÃO VII – DA ASSISTÊNCIA RELIGIOSA

Art. 24. A assistência religiosa, com liberdade de culto, será prestada aos presos e aos internados, permitindo-se-lhes a participação nos serviços organizados no estabelecimento penal, bem como a posse de livros de instrução religiosa.

§ 1º No estabelecimento haverá local apropriado para os cultos religiosos.

§ 2º Nenhum preso ou internado poderá ser obrigado a participar de atividade religiosa.

Assistência religiosa – Todo preso deve ter o direito de atender às necessidades de sua vida religiosa, que pode ser por meio de celebrações de cultos, leitura de livros, ensino religioso etc. (Regras de Mandela, preceito 66).

A assistência religiosa exerce importante papel na recuperação do condenado, ajudando também a sua família, que precisará lidar com a drástica realidade de ter um ente recluso.

Renato Marcão, citando as lições de Armida Bergamini Miotto, explica a importância dessa forma de assistência:

> "É reconhecido que a religião é um dos fatores mais decisivos na ressocialização do recluso. Dizia Pio XII que o crime e a culpa não chegam a destruir no fundo humano do condenado o selo impresso pelo Criador. É este selo que ilumina a via da reabilitação. O Capelão Peiró afirmava que a missão da instituição penitenciária é despertar o senso de responsabilidade de recluso, abrir-lhe as portas dos sentimentos nobres, nos quais Deus mantém acesa a chama da fé e da bondade capaz de produzir o milagre da redenção do homem" (ob. cit. p. 57).

A religião como ferramenta de reinserção social tem sido amplamente usada nas unidades prisionais que adotam o método APAC (Associação de Proteção e Assistência aos Condenados). O método envolve uma série de medidas que buscam humanizar a experiência no cárcere; aproximar o preso da família e da sociedade civil; promover a cooperação entre presos e valorizar o trabalho terapêutico e a espiritualidade.

Por fim, garantida constitucionalmente a liberdade de crença (art. 5º, VI), ainda que seja em nada crer, evidente que nenhum preso ou internado é obrigado a participar de atividade religiosa (§ 2º).

1. QUESTÕES DE CONCURSOS

01. (FEPESE Órgão: SAP-SC Prova: FEPESE – 2019 – SAP-SC – Agente Penitenciário) De acordo com a Lei de Execução Penal, é correto afirmar:

a) Nenhum preso ou internado poderá ser obrigado a participar de atividade religiosa.

b) A critério do gestor da unidade, poderá ser destinado, no estabelecimento prisional, um local apropriado para os cultos religiosos.

c) A assistência religiosa será prestada aos presos e aos internados como forma de ressocialização e como um indicativo para a progressão da pena.

d) A posse de livros de instrução religiosa somente será permitida nos locais próprios para os cultos religiosos.

e) A atividade religiosa, com liberdade de culto, será obrigatória, integrando-se no sistema de assistência social.

GAB	01	A

▸SEÇÃO VIII – DA ASSISTÊNCIA AO EGRESSO

Art. 25. A assistência ao egresso consiste:

I – na orientação e apoio para reintegrá-lo à vida em liberdade;

II – na concessão, se necessário, de alojamento e alimentação, em estabelecimento adequado, pelo prazo de 2 (dois) meses.

Parágrafo único. O prazo estabelecido no inciso II poderá ser prorrogado uma única vez, comprovado, por declaração do assistente social, o empenho na obtenção de emprego.

Art. 26. Considera-se egresso para os efeitos desta Lei:

I – o liberado definitivo, pelo prazo de 1 (um) ano a contar da saída do estabelecimento;

II – o liberado condicional, durante o período de prova.

Assistência ao egresso – A seção em comento anuncia como se dá o processo de assistência ao egresso, pessoa definida no art. 26 como sendo o liberado definitivo pelo prazo de 1 (um) ano (ex-presidiário), bem como o liberado condicional (beneficiário do livramento condicional).

ATENÇÃO – Referindo-se a "liberado definitivo", leciona a maioria da doutrina que a lei acaba por abranger no conceito de egresso o desinternado, leia-se, pessoa submetida que foi à medida de segurança, encontrando-se no período de prova (art. 97, § 3º, do CP).

De acordo com as Regras Mínimas da ONU (atualizadas pelas Regras de Mandela), os serviços e órgãos, oficiais ou não, que ajudam os liberados (e egressos) a reencontrar o seu lugar na sociedade devem, na medida do possível, conseguir os documentos de que necessitam, moradia, trabalho, roupa decente e adequada ao clima e à estação e, ademais, meios suficientes para chegarem ao lugar a que se destinam e subsistirem logo no início da liberdade (preceito 108).

Lamentamos, entretanto, a falta de políticas públicas no sentido de cumprir eficazmente a assistência ao egresso, indivíduo que, presumivelmente, encontrará resistências que dificultam ou impedem sua rápida reinserção ao convívio social.

1. QUESTÕES DE CONCURSOS

01. (FEPESE – 2019 – SAP-SC – Agente Penitenciário) De acordo com a Lei de Execução Penal, para fins de execução penal, considera-se egresso:

1. o preso em regime aberto.
2. o liberado definitivo, pelo prazo de 1 ano a contar da saída do estabelecimento.
3. o liberado condicional, durante o período de prova.
4. o acusado que tiver a prisão ilegal relaxada até o julgamento final do processo.

Assinale a alternativa que indica todas as afirmativas corretas.

a) São corretas apenas as afirmativas 1 e 4.
b) São corretas apenas as afirmativas 2 e 3.
c) São corretas apenas as afirmativas 1, 2 e 3.
d) São corretas apenas as afirmativas 2, 3 e 4.
e) São corretas as afirmativas 1, 2, 3 e 4.

02. (Agente Penitenciário Federal – DEPEN – 2015) Com relação ao trabalho e à assistência social realizados no âmbito do sistema prisional, julgue o item subsequente.

Entre as ações de assistência ao egresso do sistema prisional incluem-se a orientação e o apoio para reintegrá-lo à vida em liberdade e a concessão, quando necessária, de alojamento e de alimentação em estabelecimento adequado, nos prazos determinados em lei.

03. (Agente Penitenciário Federal – DEPEN – 2015) Julgue o item subsequente.

De acordo com a LEP, são considerados egressos tanto o liberado definitivo, pelo prazo de um ano a contar da data de saída do estabelecimento prisional, quanto o liberado condicional, durante o período de prova.

04. (Promotor de Justiça – MP/SC – 2014) Julgue o item subsequente.

Considera-se egresso para efeitos da Lei de Execução Penal o liberado definitivo, pelo prazo de um ano a contar da saída do estabelecimento no qual estava recolhido, e o que estiver cumprindo livramento condicional, durante o período da prova.

05. (Agente Penitenciário – PR – 2013) Para os efeitos da Lei de Execução Penal, a contar da saída do estabelecimento, o liberado definitivo é considerado egresso pelo prazo de

a) 3 meses.
b) 6 meses.
c) 1 ano.
d) 1 ano e 6 meses.
e) 2 anos.

06. (Inspetor de Segurança e Administração Penitenciária – SEAP-RJ – CEPERJ – 2012) Considera-se egresso, para fins da Lei de Execução Penal, o liberado em definitivo, a contar da saída do estabelecimento, pelo prazo de:

a) seis meses
b) dois anos
c) três anos
d) um ano
e) cinco anos

07. (Fundação La Salle/2017 – SUSEPE-RS – Agente Penitenciário) Considera-se egresso para os efeitos da Lei nº 7.210/84 (Lei de Execução Penal):

I. o liberado definitivo, pelo prazo de 1 (um) ano a contar da saída do estabelecimento.
II. o liberado condicional, durante o período de prova.
III. o preso provisório, após o trânsito em julgado da sentença penal condenatória.
IV. o reincidente por crime doloso ou culposo.

Das afirmações acima, qual(is) está(ão) correta(s)?

a) Apenas I, II e III.
b) Apenas I e II.
c) Apenas II, III e IV.
d) Apenas a II.
e) I, II, III e IV.

GAB	01	B	02	ERRADO	03	CERTO	04	CERTO	05	C	06	D	07	B

Art. 27. O serviço de assistência social colaborará com o egresso para a obtenção de trabalho.

Assistência social – Ao sair do estabelecimento penitenciário e voltar a conviver em sociedade, uma das grandes dificuldades do egresso é encontrar trabalho, pois carrega o rótulo de ex-presidiário. Sabendo disso, o legislador encarregou o serviço social de colaborar com o egresso para iniciar ocupação lícita.

Atualmente, o programa que tem feito grande esforço nesse sentido, inclusive com propagandas veiculadas na grande mídia, é o "Começar de Novo", do Conselho Nacional de Justiça, buscando sensibilizar órgãos públicos e a sociedade civil para que forneçam postos de trabalho e cursos de capacitação profissional para presos e egressos do sistema carcerário. O objetivo do programa é promover a cidadania e consequentemente reduzir a reincidência de crimes.

Para tanto, o Conselho Nacional de Justiça (CNJ) criou o Portal de Oportunidades (www.cnj.jus.br). Trata-se de página na internet que reúne as vagas de trabalho e cursos de capacitação oferecidos para presos e egressos do sistema carcerário. As oportunidades são oferecidas tanto por instituições públicas como por entidades privadas, que são responsáveis por atualizar o Portal.

ATENÇÃO – O art. 6º da Resolução 113 do CNJ, em cumprimento ao artigo 1º da Lei nº 7.210/84, determina: "o juízo da execução deverá, dentre as ações voltadas à integração social do condenado e do internado, e para que tenham acesso aos serviços sociais disponíveis, diligenciar para que sejam expedidos seus documentos pessoais, dentre os quais o CPF, que pode ser expedido de ofício, com base no artigo 11, V, da Instrução Normativa RFB nº 864, de 25 de julho de 2008".

▸CAPÍTULO III – DO TRABALHO

▸SEÇÃO I – DISPOSIÇÕES GERAIS

Art. 28. O trabalho do condenado, como dever social e condição de dignidade humana, terá finalidade educativa e produtiva.

§ 1º Aplicam-se à organização e aos métodos de trabalho as precauções relativas à segurança e à higiene.

§ 2º O trabalho do preso não está sujeito ao regime da Consolidação das Leis do Trabalho.

Laborterapia – É uma das mais importantes ferramentas na reinserção do preso ao convívio social. Lembrando as lições de Alfredo I. Ássaly:

> "O trabalho presidiário, consagrado em todas as legislações hodiernas, constitui uma das pedras fundamentais dos sistemas penitenciários vigentes e um dos elementos básicos da política criminal" (*Trabalho Penitenciário*, Ed. Martins, p. 15).

Sobre o tema, as Regras Mínimas da ONU (atualizadas pelas Regras de Mandela) preveem:

a) que o trabalho penitenciário não deve ter natureza estressante (preceito 97.1);

b) na medida do possível deverá contribuir, por sua natureza, para manter ou aumentar a capacidade do preso para ganhar honradamente sua vida depois da liberação (preceito 98.1);

c) sua organização e métodos devem assemelhar-se o mais possível à dos que realizam um trabalho similar fora do estabelecimento a fim de preparar o preso para as condições normais do trabalho (preceito 99.1);

d) devem ser tomadas nos estabelecimentos penitenciários as mesmas precauções prescritas para proteger a segurança e a saúde dos trabalhadores livres (preceito 101.1);

e) devem ser tomadas as providências necessárias para indenizar os presos pelos acidentes do trabalho e enfermidades profissionais em condições similares àquelas que a lei dispõe para os trabalhadores livres (preceito 101.2).

ATENÇÃO – O condenado por crime político não está obrigado ao trabalho (art. 200 da LEP). Para o preso provisório, no entanto, o trabalho é facultativo, e só poderá ser executado no interior do estabelecimento (art. 31, parágrafo único, da LEP).

O trabalho penitenciário é encarado na LEP como um dever social e condição de dignidade humana, tendo finalidade educativa e produtiva. É um misto de **dever** (art. 39, V) e **direito** (art. 41, II) do preso. **Dever**, pois sua recusa injustificada configura falta grave (art. 50, VI, da LEP), podendo gerar, inclusive, prejuízos na difícil conquista de alguns benefícios na execução. **Direito**, porque a labuta, além de essencial para sua ressocialização, garante ao preso remuneração (art. 29 da LEP), podendo ainda descontar 1 dia de pena para cada 3 dias trabalhados (art. 126 da LEP). O presidiário, contudo, não está sujeito ao regime da Consolidação das Leis do Trabalho.

No entanto, o que se tem, na prática, é a baixíssima oferta de postos de trabalho nas unidades prisionais brasileiras. De acordo com dados do Levantamento Nacional de Informações

Penitenciárias (INFOPEN), de 2017, produzido pelo DEPEN, somente 17,5% da população prisional se encontra em atividade laboral. Destas, quase metade (46,7%) não recebe qualquer remuneração pelo trabalho realizado. São atividades exercidas na própria unidade, como limpeza, cozinha e manutenção. Nesse cenário, é bastante incomum que as pessoas presas se recusem a trabalhar, tendo em vista que o trabalho, além de descontar tempo de pena, possibilita maiores possibilidades de circulação e interação intramuros.

ATENÇÃO O trabalho penitenciário não pode ser confundido com pena de trabalho forçado, esta proibida pela CF/88 (art. 5º, inc. XLVII, "c"). O intuito da labuta no presídio é contribuir para a ressocialização do preso e impedir que se instale o ócio no sistema prisional. O preso que se recusa a trabalhar jamais será punido com castigos corporais por conta do ócio. Ademais, deve ser remunerado pelos serviços diários (art. 29).

1. QUESTÃO DE CONCURSO

01. **(Promotor de Justiça – ES/2009/CESPE – Adaptada)** Eduardo foi condenado a 25 anos de reclusão, em regime inicialmente fechado, pela prática do crime de homicídio qualificado com o uso de veneno. Transitada em julgado a condenação, o sentenciado foi recolhido a estabelecimento prisional em Vitória, no Espírito Santo. A partir dessa situação hipotética e com base na legislação aplicável às execuções penais, analise o item a seguir:

Cumprido um sexto da pena e preenchidos os demais requisitos legais, a execução da pena pelo delito cometido por Eduardo não é incompatível com o trabalho externo, sendo certo que o trabalho do preso não se sujeita ao regime da Consolidação das Leis do Trabalho e pode ser remunerado em valores inferiores ao do salário mínimo.

02. **(Engenheiro de Segurança do Trabalho – SUSIPE/PA – 2018)** A Lei de Execução Penal dispõe sobre o trabalho do condenado, como dever social e condição de dignidade humana. Quanto às previsões legais dessa matéria, assinale a alternativa correta.

a) O trabalho do preso está sujeito ao regime da Consolidação das Leis do Trabalho.

b) O trabalho do preso será remunerado, mediante prévia tabela, não podendo ser inferior a 2/4 (dois quartos) do salário mínimo.

c) As tarefas executadas como prestação de serviço à comunidade serão remuneradas.

d) O trabalho externo será admissível para os presos em regime fechado somente em serviço ou obras públicas realizadas por órgãos da Administração Direta ou Indireta, ou entidades privadas, desde que tomadas as cautelas contra a fuga e em favor da disciplina.

e) A prestação de trabalho externo, a ser autorizada pela direção do estabelecimento, dependerá de aptidão, disciplina e responsabilidade, além do cumprimento mínimo de 1/5 (um quinto) da pena.

GAB	01	CORRETO	02	D

Art. 29. O trabalho do preso será remunerado, mediante prévia tabela, não podendo ser inferior a 3/4 (três quartos) do salário mínimo.

§ 1º O produto da remuneração pelo trabalho deverá atender:

a) à indenização dos danos causados pelo crime, desde que determinados judicialmente e não reparados por outros meios;

b) à assistência à família;

c) a pequenas despesas pessoais;

d) ao ressarcimento ao Estado das despesas realizadas com a manutenção do condenado, em proporção a ser fixada e sem prejuízo da destinação prevista nas letras anteriores.

§ 2º Ressalvadas outras aplicações legais, será depositada a parte restante para constituição do pecúlio, em Caderneta de Poupança, que será entregue ao condenado quando posto em liberdade.

Art. 30. As tarefas executadas como prestação de serviço à comunidade não serão remuneradas.

Remuneração – O trabalho do preso deve ser remunerado adequadamente, imperativo reconhecido pelas Regras Mínimas da ONU (atualizadas pelas Regras de Mandela, preceito 103.1).

No mesmo sentido, o artigo 39 do CP estabelece que o trabalho do preso será sempre remunerado e que terá garantidos os benefícios da previdência social.

Apesar de a lei anunciar que a remuneração não pode ser inferior a 3/4 do salário mínimo, o PGR, na ADPF 338, sustenta que o estabelecimento de contrapartida monetária pelo trabalho realizado por preso em valor inferior ao salário mínimo viola os princípios constitucionais da isonomia e da dignidade da pessoa humana, além do disposto no artigo 7º, inciso IV, que garante a todos os trabalhadores urbanos e rurais o direito ao salário mínimo.

No entanto, conforme apontado nos comentários ao artigo anterior, a realidade dos presídios brasileiros mostra que a maioria não tem acesso a atividades laborais e, tampouco, recebem remuneração. Segundo dados coletados no INFOPEN 2019, dos custodiados que trabalham, 44,6% não recebe qualquer remuneração, 25,4% recebe remuneração inferior a 3/4 do salário-mínimo e apenas 29,8% recebe o quanto estipulado neste artigo (ao menos 3/4 do salário-mínimo). No caso das mulheres custodiadas, o quadro é ligeiramente melhor: somente 19,8% não recebe remuneração pelas atividades laborais realizadas na unidade prisional.

ATENÇÃO – O trabalho do preso não está sujeito ao regime da CLT (art. 28, § 2º).

A LEP vincula a destinação do salário, devendo atender, em ordem de preferência:

a) indenização dos danos causados pelo crime, desde que determinados judicialmente e não reparados por outros meios (é indispensável decisão judicial definitiva estabelecendo o montante da indenização);

b) assistência à família do preso (que, não raras vezes, sofre as consequências da clausura do responsável pela sua manutenção);

c) pequenas despesas pessoais;

d) ao ressarcimento ao Estado das despesas realizadas com a manutenção do condenado, em proporção a ser fixada e sem prejuízo da destinação prevista nas letras anteriores.

O sistema deve também possibilitar que uma parte dos ganhos seja reservada pela administração prisional para constituir um fundo de poupança a ser destinado ao preso quando da sua liberação (Regras de Mandela, preceito 103.3).

Prestação de serviços à comunidade – A prestação de serviços à comunidade ou a entidades públicas não será remunerada, logo, não gera vínculo empregatício com o Estado (art. 28, § 2º desta Lei). Trata-se de pena alternativa à prisão, e nesse sentido, é uma sanção, uma forma de o condenado reparar o dano que causou à sociedade, sem que ela pague por isso. Como bem explica Mirabete (ob. cit. p. 95):

> "Trata-se, portanto, de pena amplamente aceitável, de um ônus para o condenado, como outros decorrentes das demais penas, e não de uma relação de emprego, onde deve existir a liberdade de celebração e execução de um contrato trabalhista. Certamente o sentenciado preferirá submeter-se a esse ônus a afrontar a pena privativa de liberdade, quando o trabalho também é obrigatório. Essa pena atende às exigências da retribuição sem degradar ou corromper, mas é sanção e não uma oportunidade de trabalho ao sentenciado".

1. QUESTÕES DE CONCURSOS

01. (Juiz Substituto – TJ/RR – 2015 – FCC) O trabalho é reconhecido como um dever e um direito. Nesse sentido, segundo a Lei de Execução Penal, é correto afirmar que

a) o trabalho externo será permitido nos regimes aberto e semiaberto, sendo proibido no regime fechado.

b) o condenado perderá sempre 1/3 dos dias remidos pelo trabalho em caso de cometimento de falta grave, desde que devidamente apurada em processo administrativo e homologada pelo juiz da execução.

c) a remuneração deverá atender, dentre outras finalidades, as pequenas despesas pessoais do condenado.

d) a autoridade administrativa deverá encaminhar ao juiz, semestralmente, uma cópia dos registros de todos os condenados que estejam trabalhando com informação dos dias trabalhados.

e) o juiz, ao conceder o livramento condicional, poderá, em caráter complementar e facultativo, subordinar o livramento a obtenção de ocupação lícita pelo liberado.

02. (Inspetor de Segurança e Administração Penitenciária – SEAP-RJ – CEPERJ – 2012) O trabalho do preso será remunerado, mediante prévia tabela, não podendo ser inferior, em relação ao salário mínimo, à seguinte fração:

a) 3/5

b) 1/2

c) 1/5

d) 2/4

e) 3/4

03. (Agente Penitenciário – NUCEPE – 2010 – SEJUS-PI) No que se refere ao trabalho do preso, é INCORRETO afirmar:

a) o trabalho do preso será remunerado, não podendo ser inferior a um salário mínimo;

b) terá finalidade educativa e produtiva;

c) as tarefas executadas como prestação de serviços à comunidade não serão remuneradas;

d) a jornada de trabalho não será inferior a 6 (seis), nem superior a 8 (oito) horas, com descanso nos domingos e feriados;

e) o trabalho externo será admissível para os presos em regime fechado somente em serviços ou obras públicas, desde que tomadas as cautelas contra a fuga e em favor da disciplina.

GAB	01	C	02	E	03	A

SEÇÃO II – DO TRABALHO INTERNO

Art. 31. O condenado à pena privativa de liberdade está obrigado ao trabalho na medida de suas aptidões e capacidade.

Parágrafo único. Para o preso provisório, o trabalho não é obrigatório e só poderá ser executado no interior do estabelecimento.

Art. 32. Na atribuição do trabalho deverão ser levadas em conta a habilitação, a condição pessoal e as necessidades futuras do preso, bem como as oportunidades oferecidas pelo mercado.

§ 1º Deverá ser limitado, tanto quanto possível, o artesanato sem expressão econômica, salvo nas regiões de turismo.

§ 2º Os maiores de 60 (sessenta) anos poderão solicitar ocupação adequada à sua idade.

§ 3º Os doentes ou deficientes físicos somente exercerão atividades apropriadas ao seu estado.

Trabalho interno – Na medida de suas aptidões e capacidade, o condenado definitivo está obrigado ao trabalho.

ATENÇÃO Como já alertamos nos comentários ao art. 28, o trabalho penitenciário, rotulado no art. 31 como sendo obrigatório, não pode ser confundido com pena de trabalho forçado, esta proibida pela CF/88 (art. 5º, inc. XLVII, "c"). A recusa injustificada do condenado definitivo ao trabalho, no entanto, constitui falta grave (STJ, HC 264.989-SP).

Já para o preso provisório, o trabalho é facultativo. Contudo, diante da possibilidade de execução provisória da pena, é interessante que ele, ostentando condenação em grau de recurso, trabalhe, aproveitando esse tempo de labuta para pleitear futura remição de pena (art. 126 LEP).

Na atribuição do trabalho deverão ser levadas em conta a habilitação, a condição pessoal e as necessidades futuras do preso, aptidões identificadas por meio do exame de classificação, realizado no início da execução da pena (vide arts. 5º e 6º).

As atividades de artesanato sem expressão econômica não são proibidas, mas apenas limitadas, devendo ser executadas em regiões de turismo. Mirabete, entretanto, não sem razão, alerta:

> "Como a proibição, porém, não é absoluta, deve ser permitido o trabalho artesanal se não for possível a execução de outras tarefas diante da impossibilidade de recursos materiais da Administração" (ob. cit. p. 97).

No mesmo sentido já decidiu o Tribunal de Justiça de São Paulo: "restando comprovado pelo órgão da execução, o trabalho artesanal é reconhecido como trabalho para fins de remição" (Agravo em Execução nº 346.391.3/8).

Preveem as Regras Mínimas da ONU (atualizadas pelas de Mandela) que a obrigação do trabalho do preso deve levar em conta inclusive a aptidão física e mental, de acordo com a orientação médica (preceito 96.1).

Seguindo a orientação internacional, o artigo 32 da LEP assegura aos maiores de 60 (sessenta) anos o direito de solicitar ocupação adequada à sua idade (condição pessoal) e aos doentes e deficientes físicos o direito de exercer atividades apropriadas ao seu estado.

ATENÇÃO – Nos termos do art. 2º. da Lei 13.146/15, considera-se pessoa com deficiência aquela que tem impedimento de longo prazo de natureza física (mental, intelectual ou sensorial), o qual, em interação com uma ou mais barreiras, pode obstruir sua participação plena e efetiva na sociedade em igualdade de condições com as demais pessoas.

1. QUESTÕES DE CONCURSOS

01. (Defensoria Pública de São Paulo – 2015 – Fundação Carlos Chagas) Sobre o regime disciplinar na execução penal é correto afirmar que

a) o descumprimento do dever de executar tarefas e ordens recebidas pelo preso configura falta disciplinar de natureza grave, conforme a Lei de Execução Penal.

b) é destinado às penas privativas de liberdade, não existindo faltas graves na execução de pena restritiva de direitos.

c) a condenação em falta disciplinar de natureza grave implica a revogação de um terço do tempo remido pelo trabalho ou estudo.

d) a jurisprudência do STF não admite a relativização da legalidade nas faltas disciplinares, como a aplicação de falta grave pela posse de chip de telefone celular.

e) o cumprimento de sanção disciplinar em cela escura deve ser comunicado pelo diretor ao juiz competente em até dez dias.

02. (Promotor de Justiça – MPE-MG – 2010 – MPE-MG) Segundo o que dispõe a Lei de Execução Penal (Lei nº 7.210/1984), é INCORRETO afirmar

a) que, para o preso provisório, o trabalho interno é obrigatório.

b) que o direito à assistência material estende-se ao egresso.

c) que a tentativa de falta disciplinar é punida com a sanção da falta consumada.

d) que o Patronato é Órgão da Execução Penal.

03. (Titular de Serviços de Notas e de Registros – Provimento por ingresso – IESES – 2011 – TJ-MA) É certo afirmar:

I. A LEP prevê que o trabalho é obrigatório, tanto para o preso definitivo quanto para o provisório.

II. O infrator quando menor de vinte e um anos e maior de dezoito, em virtude de sua idade, não possui capacidade plena para a prática de atos processuais, razão através da qual é obrigatória a nomeação de "curador", que lhe "assista" em todo transcurso do processo e, de alguns atos realizados no inquérito policial, tal como o seu interrogatório.

III. A denúncia ou queixa será rejeitada quando faltar justa causa para o exercício da ação penal.

IV. No caso de perseguição, o executor poderá efetuar a prisão no local onde alcançar o capturando, podendo assim, invadir uma jurisdição diversa da sua, e, após, capturado, apresentá-lo a autoridade do local em que ocorreu o crime.

Analisando as proposições, pode-se afirmar:

a) Somente as proposições II e III estão corretas.

b) Somente as proposições III e IV estão corretas.

c) Somente as proposições I e II estão corretas.

d) Somente as proposições I e IV estão corretas.

04. (Agente Penitenciário – CESPE – 2009 – SEJUS/ES) De acordo com o que estabelece a LEP quanto ao trabalho do preso, julgue o item a seguir.

Ao condenado à pena privativa de liberdade é facultativa a atividade laboral, respeitadas suas aptidões, sua capacidade e sua necessidade.

05. (MPE/PR – Promotor de Justiça – PR – 2011 – Adaptada) Julgue o item a seguir.

Embora aplicáveis ao preso provisório as regras da execução penal, o trabalho, para ele, será sempre facultativo e sempre realizado somente no interior do estabelecimento em que se encontra.

GAB	01	A	02	A	03	B	04	ERRADO	05	CERTO

Art. 33. A jornada normal de trabalho não será inferior a 6 (seis) nem superior a 8 (oito) horas, com descanso nos domingos e feriados.

Parágrafo único. Poderá ser atribuído horário especial de trabalho aos presos designados para os serviços de conservação e manutenção do estabelecimento penal.

Jornada de trabalho – De acordo comas Regras Mínimas da ONU (atualizadas pelas de Mandela):

a) o trabalho deve ser suficiente para ocupar o preso durante um dia normal de trabalho (preceito 96.2);
b) a lei ou regulamento deve fixar o número máximo de horas da atividade laboral, tendo em conta os regulamentos ordinários e os usos locais referentes ao emprego do trabalhador livre (preceito 102.1);
c) as horas fixadas devem permitir um dia de descanso por semana e tempo suficiente para o estudo e para outras atividades exigidas como parte do tratamento e reinserção dos presos (preceito 102.2).

O dispositivo em comento trata exatamente da jornada de trabalho do preso, dispondo que não deverá ser inferior a 6 e nem superior a 8 horas, com descanso nos domingos e feriados, prevendo, o parágrafo único, horário especial aos presos designados para os serviços de conservação e manutenção do estabelecimento penal.

E no caso de o preso trabalhar menos do que 6 (seis) horas ou mais do que 8 (oito), como será computado o tempo para fins de remição de pena?

Temos jurisprudência do STJ no sentido de que se deve considerar a cada 6 (seis) horas extras realizadas além da jornada normal de 8 (oito) horas diárias como um dia de trabalho para fins de remição (HC 39.540/SP); quando o apenado trabalhar aquém da jornada mínima legal, computar-se-ão a cada 6 (seis) horas como um dia de trabalho (REsp nº 836.952/RS). Recentemente, contudo, a Corte mudou seu entendimento e passou a considerar o dia trabalhado e não a relação de horas para fins de remição. Nesse cenário, proibiu a utilização das horas excedentes para contar um novo período de remição.

1. INFORMATIVOS DE JURISPRUDÊNCIA

- **STJ – 567 – Recusa injustificada do condenado ao exercício de trabalho interno. Falta grave**

O art. 31 da Lei 7.210/1984 (LEP) determina a obrigatoriedade do trabalho ao apenado condenado à pena privativa de liberdade, na medida de suas aptidões e capacidades, sendo sua execução, nos termos do art. 39, V, da referida Lei, um dever do apenado. O art. 50, VI, da LEP, por sua vez, classifica como falta grave a inobservância do dever de execução do trabalho. Ressalte-se, a propósito, que a pena de trabalho forçado, vedada no art. 5º, XLVIII, "c", da CF, não se confunde com o dever de trabalho imposto ao apenado, ante o disposto no art. 6º, 3, da Convenção Americana de Direitos Humanos (Pacto San José da Costa Rica), segundo o qual os trabalhos ou serviços normalmente exigidos de pessoa reclusa em cumprimento de sentença ou resolução formal expedida pela autoridade judiciária competente não constituem trabalhos forçados ou obrigatórios vedados pela Convenção (STJ – HC nº 264.989-SP, Rel. Ericson Maranho, j. 4.8.2015, DJe 19.8.2015).

STF – 619 – Jornada de trabalho e remição de pena

A Turma concedeu "habeas corpus" para restabelecer sentença que fixara regime de 6 horas diárias para a jornada de trabalho do paciente, interno do sistema prisional. Na espécie, a decisão fora reformada no sentido de estabelecer, para fins de remição, a jornada de 8 horas diárias e, eventualmente, computado mais um dia, caso somadas a ela mais 6 horas. Considerou-se que, em razão de o paciente trabalhar como auxiliar de cozinha, ele estaria submetido a horário especial de labor, não restrito apenas aos dias da semana. Assim, tendo em conta o que disposto no parágrafo único do art. 33 da LEP, concluiu que jornada superior a 6 horas diárias seria desproporcional (STF – HC nº 96740, Rel. Gilmar Mendes, j. 15.3.2011).

STJ – Remição da pena pelo trabalho e horas extras.

PROCESSUAL PENAL. AGRAVO REGIMENTAL. EXECUÇÃO PENAL. REMIÇÃO DA PENA PELO TRABALHO. ARTS. 33 E 126 DA LEP. DIVISOR EM NÚMERO DE DIAS DE TRABALHO, COM JORNADAS DE SEIS A OITO HORAS. PRECEDENTES. PRETENSÃO DE SIMPLES REFORMA. DECISÃO MANTIDA POR SEUS PRÓPRIOS FUNDAMENTOS. RECURSO A QUE SE NEGA PROVIMENTO. "O art. 126, § 1º, II, da Lei de Execução Penal é claro ao afirmar que a contagem do tempo a ser remido será feita com base em dias, e não em horas de trabalho. Assim, se o trabalho do preso se restringir ao lapso temporal considerado pela lei como jornada normal (seis a oito horas diárias – art. 33), deve ser considerado como um dia, para efeito de remição" (REsp n.o 1.302.924/RS). Mantidos os fundamentos da decisão agravada, porquanto não infirmados por razões eficientes, é de ser negada simples pretensão de reforma. Agravo regimental a que se nega provimento (AgRg no HC 426.574/ES, Rel. Ministra MARIA THEREZA DE ASSIS MOURA, SEXTA TURMA, julgado em 19/06/2018, DJe 27/06/2018).

AGRAVO REGIMENTAL NO RECURSO ESPECIAL. EXECUÇÃO PENAL. REMIÇÃO DE PENA. CÁLCULO COM BASE NOS DIAS TRABALHADOS. RECURSO NÃO PROVIDO. A remição de pena se dá por dias trabalhados, e não por horas, sendo que a contagem de tempo será feita à razão de um dia de pena a cada 3 dias trabalhados, exigindo-se, para cada dia a ser remido, o labor de no mínimo 6 e no máximo 8 horas. Não obstante a remição da pena pelo trabalho seja um direito do condenado, é necessário que sejam observados os parâmetros fixados na norma, vale dizer, máximo de 8 horas diárias e remição de 1 dia a cada 3 de trabalho. Assim, ainda que o condenado trabalhe mais de 6 horas por dia, não é possível que sejam utilizadas as horas excedentes para contar um novo período de remição. Agravo regimental não provido. (AgRg no REsp 1653679/MG, Rel. Ministro ROGERIO SCHIETTI CRUZ, SEXTA TURMA, julgado em 06/04/2017, DJe 20/04/2017).

STF – Remição da pena pelo trabalho e horas extras.

EMENTA: HABEAS CORPUS. EXECUÇÃO PENAL. REMIÇÃO DE PENA. JORNADA DE TRABALHO. PRETENSÃO DO CÔMPUTO DA REMIÇÃO EM HORAS, E NÃO EM DIAS TRABALHADOS: IMPROCEDÊNCIA. ORDEM DENEGADA. Para fins de remição de pena, a legislação penal vigente estabelece que a contagem de tempo de execução é realizada à razão de um dia de pena a cada três dias de trabalho, sendo a jornada normal de trabalho não inferior a seis nem superior a oito horas, o que impõe ao cálculo a consideração dos dias efetivamente trabalhados pelo condenado e não as horas. Ordem denegada (HC no 114.393/RS, Rel. Ministra CÁRMEN LÚCIA, DJe 10/12/13).

Art. 34. O trabalho poderá ser gerenciado por fundação, ou empresa pública, com autonomia administrativa, e terá por objetivo a formação profissional do condenado.

§ 1º Nessa hipótese, incumbirá à entidade gerenciadora promover e supervisionar a produção, com critérios e métodos empresariais, encarregar-se de sua comercialização, bem como suportar despesas, inclusive pagamento de remuneração adequada. (Renumerado pela Lei nº 10.792, de 2003)

§ 2º Os governos federal, estadual e municipal poderão celebrar convênio com a iniciativa privada, para implantação de oficinas de trabalho referentes a setores de apoio dos presídios. (Incluído pela Lei nº 10.792, de 2003)

Sistema de organização do trabalho – São três os sistemas:

1º) **sistema de monopólio:** organizado exclusivamente pela administração pública;

2º) **sistema privado:** organizado pelas empresas privadas, por meio de contrato;

3º) **sistema misto:** organizado pela administração pública e/ou iniciativa privada.

O art. 34, aproximando-se do terceiro sistema, anuncia que o gerenciamento do trabalho dos presos poderá ser feito por fundação ou empresa pública, tendo como objetivo a formação profissional do condenado.

Responsabilidade da entidade gerenciadora – promover e supervisionar a produção (com critérios e métodos empresariais), encarregar-se da comercialização e suportar as despesas (inclusive com pagamento de remuneração adequada).

Participação da iniciativa privada – poderá ocorrer por meio de convênios com os governos federal, estadual e municipal. A parceria será feita com fulcro na implantação de oficinas de trabalho referentes a setores de apoio dos presídios. No Estado de São Paulo temos como exemplo a FUNAP (www.funap.sp.gov.br).

Art. 35. Os órgãos da Administração Direta ou Indireta da União, Estados, Territórios, Distrito Federal e dos Municípios adquirirão, com dispensa de concorrência pública, os bens ou produtos do trabalho prisional, sempre que não for possível ou recomendável realizar-se a venda a particulares.

Parágrafo único. Todas as importâncias arrecadadas com as vendas reverterão em favor da fundação ou empresa pública a que alude o artigo anterior ou, na sua falta, do estabelecimento penal.

Aquisição dos bens ou produtos do trabalho prisional – Os bens ou produtos gerados pelo trabalho dos presos poderão ser adquiridos, com dispensa de concorrência pública, pelos órgãos da Administração Direta ou Indireta da União, Estados, Territórios, Distrito Federal e Municípios. Destaque-se que, caso seja possível ou recomendável realizar a venda dos produtos ou bens a particulares, essa via será preferível.

O lucro auferido na venda dos produtos ou bens será revertido em favor da fundação ou empresa pública responsável por gerenciar o trabalho, e na sua ausência, pelo estabelecimento penal onde é executado o trabalho.

Mirabete assim interpreta a intenção do legislador: "com a comercialização do produto do trabalho prisional junto às empresas particulares, cria-se pelo consumo, maior mercado de trabalho, a ser aproveitado eventualmente pelo preso quando atingir a liberdade. Como, porém, o principal objetivo do trabalho penitenciário é o de dar preparação profissional ao preso, ao Estado cumpre o dever de adquirir a produção se não for ela comercializável em condições razoavelmente vantajosas com os particulares" (ob. cit. p. 101).

SEÇÃO III – DO TRABALHO EXTERNO

Art. 36. O trabalho externo será admissível para os presos em regime fechado somente em serviço ou obras públicas realizadas por órgãos da Administração Direta ou Indireta, ou entidades privadas, desde que tomadas as cautelas contra a fuga e em favor da disciplina.

§ 1º O limite máximo do número de presos será de 10% (dez por cento) do total de empregados na obra.

§ 2º Caberá ao órgão da administração, à entidade ou à empresa empreiteira a remuneração desse trabalho.

§ 3º A prestação de trabalho à entidade privada depende do consentimento expresso do preso.

Trabalho externo – Fazemos questão de frisar que o trabalho constitui importante ferramenta para a ressocialização do apenado. Contudo, para evitar problemas de indisciplina e fuga, a autorização para o trabalho externo deve ser precedida de criteriosa avaliação.

O preso que cumpre pena em regime fechado poderá executar trabalhos externos, desde que em serviços ou obras públicas realizadas por órgãos da Administração Direta ou Indireta, ou entidades privadas.

Tendo em vista que os estabelecimentos penais carecem de estrutura para oferecer trabalho a todos os habitantes prisionais, o trabalho externo poderia ser uma alternativa. Contudo, correr-se-ia o risco de, ao solucionar um problema, criar-se outro, já que faltariam policiais para servirem na vigilância dos trabalhadores. Por isso, na prática, é raro ver preso servindo nesse tipo de atividade. De acordo com o levantamento realizado no INFOPEN 2019, somente 20,9% da população prisional realiza trabalho extramuros.

Reconhecendo a importância e a dificuldade que o preso tem em conseguir trabalho externo, o Superior Tribunal de Justiça, no julgamento do HC 310.515-RS, considerou que o fato de o irmão do apenado ser um dos sócios da empresa empregadora não constitui obstáculo à concessão do benefício do trabalho externo, ainda que se argumente sobre o risco de ineficácia da realização do trabalho externo devido à fragilidade na fiscalização.

ATENÇÃO: A prestação de trabalho à entidade privada depende do consentimento expresso do preso. A autorização para o trabalho externo não se insere no rol de atos jurisdicionais do juiz da execução, cabendo ao diretor do estabelecimento autorizar essa forma de labuta (art. 37 LEP).

1. ENUNCIADOS DE SÚMULAS DE JURISPRUDÊNCIA

- **STJ – Súmula 40**

Para obtenção dos benefícios de saída temporária e trabalho externo, considera-se o tempo de cumprimento da pena no regime fechado.

2. INFORMATIVOS DE JURISPRUDÊNCIA

- **STJ – Suspensão do trabalho externo. Coronavírus. Possibilidade**

Não há constrangimento ilegal na suspensão temporária do trabalho externo, pois, embora este constitua meio importante para a ressocialização do apenado, diante do cenário de crise em que o Brasil se encontra em razão da pandemia, tem-se que a suspensão do benefício encontra justificativa na proteção de um bem maior, qual seja, a saúde do próprio reeducando e da coletividade. Dessa forma, considerando que a vedação do ingresso de pessoas nas unidades prisionais devido à pandemia visa a proteger, de modo eficiente, a integridade física dos apenados, seria incongruente permitir que os executados deixassem o presídio para realizar trabalho externo e a ele retornassem diariamente, enquanto o restante da população é solicitada a permanecer em isolamento em suas residências. Ademais, a recomendação contida na Resolução n. 62, de 18 de março de 2020, do CNJ não implica automática substituição da prisão decorrente da sentença condenatória pela domiciliar. É necessário que o eventual beneficiário do instituto demonstre: a) sua inequívoca adequação ao chamado grupo de vulneráveis da covid-19; b) a impossibilidade de receber tratamento no estabelecimento prisional em que se encontra; e c) risco real de que o estabelecimento em que se encontra, e que o segrega do convívio social, cause mais risco do que o ambiente em que a sociedade está inserida. (STJ, AgRg no HC 580.495/SC, Quinta Turma, j. 09/06/2020).

STJ – Suspensão do trabalho externo. Coronavírus. Impossibilidade

A revogação dos benefícios concedidos aos reeducandos configura flagrante ilegalidade, sobretudo diante do recrudescimento da situação em que estavam na execução da pena, todos em regime semiaberto, evoluídos à condição menos rigorosa, trabalhando e já em contato com a sociedade. A adoção de medidas preventivas de combate à pandemia da covid-19 extremamente restritivas não levaram em conta os princípios norteadores da execução penal (legalidade, individualização da pena e dignidade da pessoa humana), nem a finalidade da sanção penal de reinserção dos condenados no convívio social, pois a suspensão do exercício do trabalho externo daqueles em regime semiaberto traz degradação à situação vivida pelos custodiados que diariamente saem do estabelecimento prisional para laborar, readaptando-se à sociedade; portanto, a obrigação de voltar a permanecer em tempo integral na prisão representa alteração na situação carcerária de cada um dos atingidos pela medida de extrema restrição. É preciso ter em mente que o recrudescimento da situação prisional somente é admitido em nosso ordenamento jurídico como forma de penalidade em razão de cometimento de falta disciplinar, cuja imposição definitiva exige prévio procedimento disciplinar, com observância dos princípios constitucionais, sobretudo da ampla defesa e do contraditório. (STJ, HC 575.495/MG, Sexta Turma, j. 02/06/2020)

STJ – 569 – DIREITO PENAL. Concessão de trabalho externo em empresa da família.

O fato de o irmão do apenado ser um dos sócios da empresa empregadora não constitui óbice à concessão do benefício do trabalho externo, ainda que se argumente sobre o risco de ineficácia da realização do trabalho externo devido à fragilidade na fiscalização. Com efeito, a execução criminal visa ao retorno do condenado ao convívio em sociedade, com o escopo de reeducá-lo e ressocializá-lo, sendo que o trabalho é essencial para esse processo. Nesse contexto, é importante considerar que os riscos de ineficácia da realização de trabalho externo em empresa familiar, sob o argumento de fragilidade na fiscalização, não podem ser óbice à concessão do referido benefício. Em primeiro lugar, porque é muito difícil para o apenado conseguir emprego. Impedir que o preso seja contratado por parente é medida que reduz ainda mais a possibilidade de vir a conseguir uma ocupação lícita e, em consequência, sua perspectiva de reinserção na sociedade. Em segundo lugar, porque o Estado deve envidar todos os esforços possíveis no sentido de ressocializar os transgressores do Direito Penal, a fim de evitar novas agressões aos bens jurídicos da coletividade. Ademais, o Estado possui a atribuição de fiscalizar o efetivo cumprimento do trabalho extramuros, estando autorizado a revogar a benesse nas hipóteses elencadas no parágrafo único do art. 37 da LEP. Além disso, não há qualquer vedação na LEP quanto à concessão de trabalho externo em empresa da família do sentenciado (STJ HC nº 310.515-RS, Rel. Felix Fischer, j. 1./9.2015, DJe 25.9.2015).

STJ – 475 – Trabalho extramuros. Região. Crime organizado.

Constatou-se que a sociedade empresária em que o paciente apenado pretendia realizar trabalho extramuros (art. 35, § 2º, do CP) situa-se em região tomada pelo crime organizado a ponto de impedir a fiscalização do cumprimento do benefício pelos fiscais da vara de execuções penais. Assim, mostra-se irrepreensível a cassação da decisão concessiva da benesse determinada pelo TJ, pois, apesar de o paciente apresentar mérito carcerário, o trabalho extramuros em tal localidade poderia servir de estímulo à delinquência e até de meio à burla da execução da pena, o que desvirtuaria sobremaneira a própria finalidade do instituto do trabalho extramuros, qual seja, de contribuir para a reinserção social do apenado (STJ – HC nº 165.081, Rel. Gilson Dipp, j. 31.5.2011).

3. QUESTÕES DE CONCURSOS

01. **(Defensor Público Substituto – PA – 2015 – FMP)** De acordo com a Lei nº 7.210/84, é **CORRETO** afirmar que:

a) admite-se o trabalho externo aos presos em regime fechado, devendo a atividade laborai ser executada em serviço ou obras públicas realizadas por órgãos da Administração Direta ou Indireta, ou entidades privadas.

b) a prestação de trabalho externo aos presos em regime fechado depende de autorização da direção do estabelecimento prisional, e será concedida aos presos que houverem cumprido, como mínimo, 1/3 da pena, e demonstrarem aptidão, disciplina e responsabilidade.

c) a prestação de trabalho externo aos presos em regime fechado depende de autorização do juiz da execução criminal, e será concedida aos presos que houverem cumprido, como mínimo, 1/6 da pena, e demonstrarem aptidão, disciplina e responsabilidade.

d) admite-se o trabalho externo aos presos em regime fechado e semiaberto, devendo a atividade laborai ser executada unicamente em serviço ou obras públicas realizadas por órgãos da Administração Direta ou Indireta, ou entidades privadas.

e) admite-se o trabalho externo aos presos em regime fechado e semiaberto, podendo a atividade laborai ser executada em entidade privada, independentemente do consentimento expresso do preso.

02. **(Inspetor de Segurança e Administração Penitenciária – SEAP-RJ – CEPERJ – 2012)** O trabalho externo será admissível, para presos em regime fechado, somente em serviço ou obras públicas realizadas por órgãos da Administração Direta ou Indireta, ou entidades privadas, desde que tomadas as cautelas contra fuga e em favor da disciplina, e nos termos da Lei de Execução Penal, poderá, em relação ao total de empregados da obra, corresponder ao limite máximo de:

a) 10%

b) 20%

c) 30%

d) 40%

e) 50%

03. **(MPE/PR – Promotor de Justiça – PR/2011 – Adaptada)** Julgue o item a seguir:

É vedada a concessão de autorização para trabalho externo para condenados pela prática de crimes hediondos.

04. **(FCC/2017 – TJ/SC – Juiz Substituto)** Sobre o trabalho externo do preso, é correto afirmar que

a) é possível na realização de serviços e obras públicas prestados por entidades privadas.

b) só é possível em entidades públicas.

c) a autorização será revogada com a prática de qualquer infração penal.

d) somente poderá ser concedida após o cumprimento de 1/3 da pena.

e) o limite máximo de presos será de 20% do total de empregados.

GAB	01	A	02	A	03	FALSO	4	A

Art. 37. A prestação de trabalho externo, a ser autorizada pela direção do estabelecimento, dependerá de aptidão, disciplina e responsabilidade, além do cumprimento mínimo de 1/6 (um sexto) da pena.

Parágrafo único. Revogar-se-á a autorização de trabalho externo ao preso que vier a praticar fato definido como crime, for punido por falta grave, ou tiver comportamento contrário aos requisitos estabelecidos neste artigo.

Trabalho externo e seus requisitos – A prestação de trabalho externo será autorizada pela direção do estabelecimento que o preso cumpre pena, e terá como requisitos:

a) aptidão para exercer o referido trabalho (será conhecida por meio do exame de classificação na individualização da pena);

b) disciplina e responsabilidade;

c) cumprimento de 1/6 da pena.

ATENÇÃO – O Plenário do STF decidiu que a exigência objetiva de prévio cumprimento do mínimo de 1/6 da pena, para fins de trabalho externo, não se aplica aos condenados que se encontrarem em regime semiaberto (EP 2 TrabExt-AgR/DF, rel. Min. Roberto Barroso).

A autorização será revogada caso o preso pratique fato definido como crime, for punido por falta grave, tiver comportamento contrário aos requisitos estabelecidos nesse artigo (não mostrar aptidão ao serviço, faltar com disciplina, responsabilidade).

ATENÇÃO – O fato de o executado estar cumprindo pena pela prática de crime hediondo ou equiparado não impede de trabalhar no ambiente. Nesse sentido: STJ, HC 33.414-0 DF.

1. ENUNCIADOS DE SÚMULAS DE JURISPRUDÊNCIA

STJ – Súmula 40

Para obtenção dos benefícios de saída temporária e trabalho externo, considera-se o tempo de cumprimento da pena no regime fechado.

2. INFORMATIVOS DE JURISPRUDÊNCIA

STF – 752 –Trabalho externo e cumprimento mínimo de pena

A exigência objetiva de prévio cumprimento do mínimo de 1/6 da pena, para fins de trabalho externo, não se aplica aos condenados que se encontrarem em regime semiaberto. Essa a conclusão do Plenário ao dar provimento, por maioria, a agravo regimental, interposto de decisão proferida em sede de execução penal, para afastar a exigência do referido requisito temporal a condenado pela prática do crime de corrupção ativa (STF – .EP 2 TrabExt-AgR-DF, Rel.. Roberto Barroso, j 25.6.2014).

STF – 651 – Microempresário e trabalho externo

A 2ª Turma concedeu habeas corpus para permitir a réu exercer trabalho externo nas condições a serem estabelecidas pelo juízo da execução. No caso, o paciente fora condenado à pena de 25 anos de reclusão pela prática dos crimes de estupro e atentado violento ao pudor. Posteriormente, progredira para o regime semiaberto e, pelo seu trabalho, remira, até a data da impetração, 564 dias da sanção imposta. Então, pedira autorização para realizar trabalho externo. Apresentara registro como microempresário – com o número do CNPJ e endereço comercial – e documento a atestar que sua atividade seria de instalação e manutenção elétrica. O pleito fora indeferido por sucessivas decisões sob o fundamento de que o reeducando não teria empregador que pudesse elaborar relatórios mensais e controlar suas atividades. Asseverou-se que o paciente seria microempresário e dispor-se-ia a trabalhar. Consignou-se não haver impedimento para que ele mesmo apresentasse, periodicamente, ao juiz da execução notas fiscais dos serviços prestados. Ademais, seria preciosismo exigir a condição de empregado, especialmente em momento de crise econômica (STF – HC nº 110605-RS, Rel. Ricardo Lewandowski, j. 6.12.2011).

- **Crime hediondo e trabalho externo**

A Constituição Federal, o Código Penal e a Lei de Execução Penal garantem ao preso o direito de trabalhar. O condenado por crime hediondo, por força dos arts. 6º, CR, 34, parágrafo 3º, CP e 36, LEP, pode exercer atividade laboral externa, não havendo qualquer incompatibilidade desses dispositivos com o art. 2º, parágrafo 1º, Lei 8.072/90. (STJ, HC 35004-DF, j. 24/02/2005)

3. QUESTÕES DE CONCURSOS

01. (Delegado de Polícia – SC – 2014) De acordo com o Código de Penal e com relação ao cumprimento da pena em regime fechado, analise as afirmações a seguir a assinale a alternativa correta.

I. O condenado fica sujeito a trabalho no período diurno e a isolamento durante o repouso noturno.

II. O trabalho será em comum dentro do estabelecimento, na conformidade das aptidões ou ocupações anteriores do condenado, desde que compatíveis com a execução da pena.

III. O trabalho externo é inadmissível.

IV. O trabalho externo é admissível, desde que o condenado frequente cursos supletivos profissionalizantes, de instrução de segundo grau ou superior.

a) Apenas I, II e III estão corretas.

b) Apenas I e II estão corretas.

c) Apenas II, III e IV estão corretas.

d) Todas as afirmações estão corretas.

e) Todas as afirmações estão incorretas.

02. (Delegado de Polícia – CESPE – 2009 – PC-RN) De acordo com a Lei de Execução Penal, assinale a opção correta.

a) O trabalho externo é inadmissível para os presos em regime fechado, tendo em vista o alto grau de periculosidade dos condenados.

b) A prestação de trabalho externo, a ser autorizada pela direção do estabelecimento penal, dependerá de aptidão, disciplina e responsabilidade, além do cumprimento mínimo de dois terços da pena.

c) Se o preso for punido por falta média, será revogada a autorização de trabalho externo.

d) Se o preso praticar fato definido como crime, revogar-se – á a autorização de trabalho externo.

e) Para o preso provisório, o trabalho é obrigatório e só poderá ser executado no interior do estabelecimento.

GAB	01	B	02	D

CAPÍTULO IV – DOS DEVERES, DOS DIREITOS E DA DISCIPLINA

Estatuto jurídico do preso – Em termos teóricos, a execução da pena privativa de liberdade submete os indivíduos a uma relação especial de sujeição frente ao Estado, ou seja, a um regime jurídico diferenciado com a imposição de regras específicas e a limitação de certas garantias constitucionais por um período de tempo determinado. O consentimento nessa relação é substituído pelo interesse estatal em processar manifestado na sentença condenatória. Isso não significa dizer que a pessoa condenada figura como objeto da relação. Pelo contrário, é titular de todos os direitos não atingidos pela pena, que garantem a sua segurança perante o Estado, em um sistema normativo pautado pelo princípio da legalidade, que coloca como principal finalidade a reabilitação social da pessoa condenada (LEP, artigo 1º).

Meio para efetivar a sentença e garantir a ordem e segurança nas unidades prisionais, o capítulo IV da LEP, arts. 38 a 43, traça verdadeiro estatuto jurídico do preso (definitivo ou provisório), elencando, de maneira minuciosa, os seus deveres (rol exaustivo) e direitos (rol exemplificativo), tudo visando a boa convivência entre as partes processuais, bem como entre os habitantes do sistema prisional.

Esta nova etapa na vida do condenado está, portanto, repleta de direitos e deveres mútuos (Estado e acusado), sendo importante lembrar que o *jus executionis* não é absoluto, incondicionado ou ilimitado. Encontra limites traçados na própria sentença condenatória (privar de liberdade o condenado pelo tempo nela expressamente determinado) e na Lei de Execução Penal (LEP), que cria para o prisioneiro alguns direitos (invioláveis, imprescritíveis e irrenunciáveis) não atingidos pelo internamento prisional (art. 3º da LEP). Busca-se, assim, evitar a *hipertrofia da punição*, que viola não só o princípio constitucional da proporcionalidade, mas transforma-se em poderoso fator de reincidência.

Aliás, sabendo que as prisões são verdadeiros agrupamentos humanos, e que todos os grupos humanos necessitam de ordem e disciplina para que seja possível a convivência harmônica entre seus componentes, nos arts. 44 a 60 estão previstas normas atinentes à disciplina do preso (definitivo e provisório), fundamentando-se em um jogo equilibrado entre um sistema de recompensas que estimula a boa conduta dos internos e uma série de sanções para aqueles que realizam ações que ponham em perigo a convivência ordenada que se requer em um centro penitenciário (Mirabete, ob. cit. p. 130). A disciplina consiste na colaboração com a ordem, na obediência às determinações das autoridades e seus agentes e no desempenho do trabalho.

Na esteira da lição deixada por Manoel Pedro Pimentel, explica Renato Marcão: "ingressando no meio carcerário o sentenciado se adapta, paulatinamente, aos padrões da prisão. Seu aprendizado nesse mundo novo e peculiar é estimulado pela necessidade de se manter vivo e, se possível, ser aceito no grupo. Portanto, longe de estar sendo ressocializado para a vida livre, está, na verdade, sendo socializado para viver na prisão. É claro que o preso aprende rapidamente as regras disciplinares na prisão, pois está interessado em não sofrer punições. Assim, um observador desprevenido pode supor que um preso de bom comportamento é um homem regenerado, quando o que se dá é algo inteiramente diverso: trata-se apenas de um homem *prisonizado*" (ob. cit. p. 64-5).

Pesquisas empíricas, especialmente no campo das ciências sociais, têm se dedicado a explorar e compreender os arranjos de poder e estratégias de controle que permeiam a convivência prisional, tanto a partir da perspectiva do corpo administrativo, quanto das pessoas presas. Segundo essa literatura, a disciplina vigente na prática prisional depende de condições intramuros que variam conforme a unidade, a quantidade de funcionários, a infraestrutura, as condições de aprisionamento, as taxas de lotação e a existência de grupos organizados de pessoas presas com regras de conduta próprias (como o Primeiro Comando da Capital-PCC). Depende ainda, em uma dimensão relacional e individual, da qualidade da relação entre o(a) funcionário(a) e a pessoa em privação de liberdade, em que o registro da falta se torna uma atividade negociada não só com os funcionários, mas também entre as próprias pessoas presas. É um ambiente marcado por hierarquias e disputas de poder, instáveis e mutáveis, entre esses atores e também entre o corpo administrativo e a direção prisional.

SEÇÃO I - DOS DEVERES

Art. 38. Cumpre ao condenado, além das obrigações legais inerentes ao seu estado, submeter-se às normas de execução da pena.

Art. 39. Constituem deveres do condenado:

I – comportamento disciplinado e cumprimento fiel da sentença;

II – obediência ao servidor e respeito a qualquer pessoa com quem deva relacionar-se;

III – urbanidade e respeito no trato com os demais condenados;

IV – conduta oposta aos movimentos individuais ou coletivos de fuga ou de subversão à ordem ou à disciplina;

V – execução do trabalho, das tarefas e das ordens recebidas;

VI – submissão à sanção disciplinar imposta;

VII – indenização à vitima ou aos seus sucessores;

VIII – indenização ao Estado, quando possível, das despesas realizadas com a sua manutenção, mediante desconto proporcional da remuneração do trabalho;

IX – higiene pessoal e asseio da cela ou alojamento;

X – conservação dos objetos de uso pessoal.

Parágrafo único. Aplica-se ao preso provisório, no que couber, o disposto neste artigo.

Deveres do preso – Na admissão no estabelecimento prisional, o recluso deverá tomar ciência das normas legais, regulamentares e regimentais, para que possa cumprir e obedecê-las. A instituição dos deveres gerais do preso e do conjunto de regras inerentes à boa convivência representa uma tomada de posição da lei em face do fenômeno da prisionalização, visando a depurá-lo, tanto quanto possível, das distorções e dos estigmas que encerra. Sem característica infamante ou aflitiva, os deveres do condenado se inserem no repertório normal das obrigações do apenado como ônus naturais da existência comunitária (item 63 da Exposição de Motivos da Lei de Execução Penal).

Constituem deveres dos habitantes prisionais, elencados no art. 39:

I – comportamento disciplinado e fiel cumprimento da sentença: trata-se de uma exigência natural. Se mesmo vivendo em sociedade, livres, temos que cumprir regras, leis, nada mais lógico que os sujeitos presos também vivam sob preceitos e a eles se submetam. O preso deve cumprir a sentença, ou seja, se submeter à privação de liberdade imposta pelo Estado, e não fugir, pois nessa hipótese (de fuga) estará incorrendo em falta grave (art. 50, II, desta lei);

II – obediência ao servidor e qualquer pessoa: conforme comentamos acima, o preso, que não deixa de estar em uma comunidade (a carcerária), deve obedecer as regras e respeitar as pessoas com quem se relaciona, seja servidor ou não. A não obediência ou desrespeito pode caracterizar crime (resistência, desobediência, desacato etc.) e falta grave (art. 50, VI, LEP);

III – urbanidade e respeito com os demais condenados: o mesmo sentido dos comentários aos itens "a" e "b" supra, o preso deve respeitar e tratar com urbanidade os demais condenados;

IV – conduta oposta aos movimentos de fuga ou subversão à ordem ou disciplina: no caso de movimentos de fuga, quer a lei não só um comportamento passivo do preso (não adesão), como um comportamento ativo (oposição). O incitamento ou a participação de movimento para subverter a ordem ou disciplina pode configurar falta grave (art. 50, I, LEP) e infração penal (art. 352 do CP);

V – execução do trabalho, das tarefas e das ordens recebidas: o trabalho é um dever do preso, e caso não seja observado, além de deixar de receber os benefícios, incorre em falta grave (art. 50, VI e 51, III, desta Lei).

> **ATENÇÃO** – Como já alertamos nos comentários ao art. 28, o trabalho penitenciário, rotulado no art. 31 como sendo obrigatório, não pode ser confundido com pena de trabalho forçado, esta proibida pela CF/88 (art. 5º, inc. XLVII, "c").

VI – submissão à sanção disciplinar imposta: se o Estado pode submeter o preso à sanção disciplinar, legalmente prevista, obviamente o preso deverá submissão a ela. Explica Mirabete:

> "Deve o preso acatar a sanção disciplinar regularmente imposta e a sua recusa ou resistência poderá constituir, conforme a lei regulamentadora, uma nova falta disciplinar, sem prejuízo da execução coercitiva da primeira. Em contrapartida, se a sanção disciplinar não for imposta regularmente, de acordo com o procedimento previsto em lei federal ou complementar, tem o condenado o direito de a ela opor-se" (ob. cit. p. 116);

VII – indenização à vítima ou aos seus sucessores: a obrigação de reparar o dano causado à vítima está prevista não apenas no rol de deveres, como também em vários outros dispositivos dispersos na LEP, Código Penal e Código de Processo Penal.

> **ATENÇÃO:** O produto da remuneração pelo trabalho prisional deverá atender à indenização dos danos causados pelo crime (art. 29, § 1º, LEP).

VIII – indenização ao Estado: quase uma utopia. O preso, quando tem a possibilidade de trabalhar, vê sua remuneração servindo a vários fins (indenização à vítima, assistência à família, pequenos gastos pessoais) e, raramente, é suficiente para também indenizar o Estado;

IX – higiene pessoal e asseio da cela: os locais onde o preso frequenta, principalmente a cela, precisam ser mantidos limpo. Além dos locais, deve ser exigido do preso que mantenha sua higiene pessoal. Claro que para esse fim deverão ser oferecidas as condições necessárias (água e artigos de higiene). No mesmo sentido, preceitos 17 e 18 das Regras Mínimas da ONU (atualizadas pelas de Mandela);

X – conservação dos objetos de uso pessoal: por razões óbvias, os presos não podem destruir aquilo que o Estado fornece para uso pessoal, por exemplo: colchão e vestimenta.

> **ATENÇÃO:** Aplica-se ao preso provisório, no que couber, o disposto neste artigo 39.

1. INFORMATIVOS DE JURISPRUDÊNCIA

- **STJ – 382 – Falta grave. Interpretação extensiva.**

A conduta de o paciente, durante a execução da pena de reclusão, não ter comparecido perante o oficial de Justiça para ser citado não pode ser considerada como falta grave, uma vez que referida conduta não está propriamente ligada aos deveres do preso durante a execução penal. As faltas graves devem ser expressamente dispostas na Lei de Execução Penal, não cabendo interpretação extensiva quer do art. 39 quer do art. 50, para que sejam aplicadas (STJ HC nº108.616, Rel. Jane Silva, 6.2.2009).

2. QUESTÕES DE CONCURSOS

01. (Defensoria Pública de São Paulo – 2015 – Fundação Carlos Chagas) Sobre o regime disciplinar na execução penal é correto afirmar que

a) o descumprimento do dever de executar tarefas e ordens recebidas pelo preso configura falta disciplinar de natureza grave, conforme a Lei de Execução Penal.

b) é destinado às penas privativas de liberdade, não existindo faltas graves na execução de pena restritiva de direitos.

c) a condenação em falta disciplinar de natureza grave implica a revogação de um terço do tempo remido pelo trabalho ou estudo.

d) a jurisprudência do STF não admite a relativização da legalidade nas faltas disciplinares, como a aplicação de falta grave pela posse de chip de telefone celular.

e) o cumprimento de sanção disciplinar em cela escura deve ser comunicado pelo diretor ao juiz competente em até dez dias.

02. (Inspetor de Segurança e Administração Penitenciária – SEAP-RJ – CEPERJ – 2012) O condenado possui inúmeros deveres a cumprir previstos na Lei de Execução Penal, dentre os quais não se inclui:

a) comportamento disciplinado e cumprimento fiel da sentença

b) obediência ao servidor e respeito a todos com quem deva relacionar-se

c) urbanidade e respeito no trato com os demais condenados

d) participação dos movimentos coletivos de fuga ou de subversão à ordem

e) execução do trabalho, das tarefas e das ordens recebidas

GAB	01	A	02	D

SEÇÃO II – DOS DIREITOS

Art. 40. Impõe-se a todas as autoridades o respeito à integridade física e moral dos condenados e dos presos provisórios.

Respeito à integridade física e moral- é um direito garantido não só pela Lei de Execução Penal, mas também pela Constituição Federal (art. 5º, XLIX): "é assegurado aos presos o respeito à integridade física e moral" e pela Convenção Americana de Direito Humanos (Pacto de San Jose da Costa Rica – art. 5º, item 1): "Toda pessoa tem direito a que se respeite sua integridade física, psíquica e moral".

Na luta contra os efeitos nocivos da prisionalização, mostra-se de suma importância estabelecer a garantia jurídica dos direitos do condenado, configurando o seu reconhecimento uma exigência fundamental nos métodos e meios da execução penal (itens 65 e 68 da Exposição de Motivos).

Art. 41. Constituem direitos do preso:

I – alimentação suficiente e vestuário;

II – atribuição de trabalho e sua remuneração;

III – Previdência Social;

IV – constituição de pecúlio;

V – proporcionalidade na distribuição do tempo para o trabalho, o descanso e a recreação;

VI – exercício das atividades profissionais, intelectuais, artísticas e desportivas anteriores, desde que compatíveis com a execução da pena;

VII – assistência material, à saúde, jurídica, educacional, social e religiosa;

VIII – proteção contra qualquer forma de sensacionalismo;

IX – entrevista pessoal e reservada com o advogado;

X – visita do cônjuge, da companheira, de parentes e amigos em dias determinados;

XI – chamamento nominal;

XII – igualdade de tratamento salvo quanto às exigências da individualização da pena;

XIII – audiência especial com o diretor do estabelecimento;

XIV – representação e petição a qualquer autoridade, em defesa de direito;

XV – contato com o mundo exterior por meio de correspondência escrita, da leitura e de outros meios de informação que não comprometam a moral e os bons costumes.

XVI – atestado de pena a cumprir, emitido anualmente, sob pena da responsabilidade da autoridade judiciária competente. (Incluído pela Lei nº 10.713, de 2003)

Parágrafo único. Os direitos previstos nos incisos V, X e XV poderão ser suspensos ou restringidos mediante ato motivado do diretor do estabelecimento.

Art. 42. Aplica-se ao preso provisório e ao submetido à medida de segurança, no que couber, o disposto nesta Seção.

Direitos do preso – O artigo 41 apresenta rol não exaustivo anunciando os direitos do habitante prisional, aplicando-se, no que couber, ao preso provisório. Lembre-se, nesse aspecto, do teor do art. 38 do Código Penal, *in verbis*: "O preso conserva todos os direitos não atingidos pela perda da liberdade, impondo-se a todas as autoridades o respeito à sua integridade física e moral". Analisemos um a um:

I – alimentação suficiente e vestuário: a administração fornecerá a cada preso, em horas determinadas, uma alimentação de boa qualidade, bem preparada e servida, cujo valor nutritivo seja suficiente para a manutenção da sua saúde e das suas forças. Todo o preso deverá ter a possibilidade de dispor de água potável quando dela necessitar (preceitos 20.1 e 20.2 das Regras Mínimas da ONU).

A Resolução nº 3, de 5 de outubro de 2017, do Ministério da Justiça e Segurança Pública e do Conselho Nacional de Política Criminal e Penitenciária, dispõe sobre a prestação de serviços de alimentação e nutrição às pessoas privadas de liberdade e aos trabalhadores no sistema prisional. Tal diploma dispõe que "às pessoas privadas de liberdade, deverão ser ofertadas, minimamente, cinco refeições diárias: o desjejum, o almoço, o lanche, o jantar e a ceia", devendo "ser planejadas para cobrir, 100% das necessidades nutricionais diárias dos indivíduos e grupos atendidos". (art. 3º, *caput* e § 1º). A mesma resolução prevê, ainda, "a criação de condições e ambientes que permitam o aleitamento materno exclusivo até o sexto mês e o aleitamento materno continuado até os dois anos da criança ou mais, que está em companhia da mãe que cumpre pena privativa de liberdade, em caráter transitório" e "o fornecimento de uma alimentação adequada e saudável para a lactante, de modo que suas necessidades nutricionais sejam alcançadas para a produção do leite materno" (art. 1º, incs. II e III). Obriga, ainda, "a oferta de alimentos adequados e saudáveis para as crianças que estão em companhia das mães que cumprem pena privativa de liberdade" (art. 1º, inc. IV).

ATENÇÃO – À pessoa travesti ou transexual em privação de liberdade serão facultados o uso de roupas femininas ou masculinas, conforme o gênero, e a manutenção de cabelos compridos, se o tiver, garantindo seus caracteres secundários de acordo com sua identidade de gênero (art. 5º da Resolução Conjunta nº 1 "que define novas regras para acolhimento da comunidade LGBT em unidades prisionais", do Conselho Nacional de Combate à Discriminação).

II – atribuição de trabalho e sua remuneração: O trabalho é um dos direitos sociais do homem (art. 6º da CF/88). Dentro desse espírito, o Estado tem o dever de atribuir (também) ao preso, limitado na sua liberdade de locomoção, trabalho remunerado, mesmo porque, com a labuta, o habitante prisional resgatará parcela da pena (vide comentários aos arts. 28 a 37);

III – Previdência Social: os benefícios inerentes à previdência social são garantidos ao preso (art. 39 do CP) e, consoante inteligência do art. 23, VI, da LEP, incumbe ao serviço social providenciar a obtenção de documentos, dos benefícios da Previdência Social e do seguro por acidente no trabalho. Questão polêmica orbita o auxílio-reclusão. Não faltam reivindicações para que ele seja extinto ou recrudescido. Em 2019, foi editada Medida Provisória n. 871, convertida na Lei n. 13.846/19, que alterou significativamente os requisitos para aquisição do benefício. A partir de 18.01.19, passa a valer com as seguintes características:

i) não mais se aplica a presos no regime semiaberto, mas apenas a dependentes de presos em regime fechado;

ii) define o segurado de baixa renda como aquele que no mês de competência de recolhimento à prisão, tenha renda (calculada com base na média dos salários-de-contribuição apurados no período de doze meses anteriores ao mês da prisão) de valor igual ou inferior àquela prevista no art. 13 da Emenda Constitucional nº 20/98, atualizada na data da prisão;

iii) antes dispensado, agora o período de carência é de 24 contribuições mensais, exigido para prisões ocorridas a partir de 18.01.2019.

Todavia, é preciso ter cautela. Trata-se de benefício previdenciário devido aos dependentes de segurado preso (de baixa renda), desde que o segregado não esteja recebendo outros benefícios, tais como aposentadoria de qualquer espécie, auxílio doença ou até mesmo remuneração da empresa. Importante ressaltar que só é segurado o cidadão filiado ao INSS que possua inscrição e faça pagamentos mensais a título da Previdência Social. Não é difícil deduzir que raros presos cumprem esse requisito. O valor a ser recebido é proporcional ao que ele contribuiu à Previdência. O objetivo é não deixar desamparados os dependentes do preso. Na prática, pouquíssimos conseguem cumprir todos os requisitos necessários (ver art. 80 da Lei 8.213/91 e Lei 13.846/19). De acordo com o Contas Abertas (entidade da sociedade civil que dentre suas atividades está a fiscalização das contas públicas), apenas 7,1% da população carcerária recebe auxílio reclusão (informações de março de 2016);

IV – **constituição de pecúlio:** sobre o tema, ver comentários aos art. 29, § 2º;

V – **proporcionalidade na distribuição do tempo para o trabalho, o descanso e a recreação:** embora o trabalho seja importante na ressocialização do preso, equilibrar o tempo de labuta com o de descanso e recreação também é necessário, tanto que assim previu a lei. O preso pode fazer horas extras, mas não pode virar uma atitude frequente e frenética, devendo a administração observar o desejável equilíbrio. Assim recomendam as Regras Mínimas da ONU (preceito 78);

> **ATENÇÃO** – Temos jurisprudência do STJ no sentido de que se deve considerar a cada 6 (seis) horas extras realizadas além da jornada normal de 8 (oito) horas diárias como um dia de trabalho para fins de remição (HC 39.540/SP); quando o apenado trabalhar aquém da jornada mínima legal, computar-se-ão a cada 6 (seis) horas como um dia de trabalho (REsp nº 836.952/RS). Recentemente, contudo, a Corte mudou seu entendimento e passou a considerar o dia trabalhado e não a relação de horas para fins de remição. Nesse cenário, proibiu a utilização das horas excedentes para contar um novo período de remição (AgRg no HC 426.574/ES, Rel. Ministra MARIA THEREZA DE ASSIS MOURA, SEXTA TURMA, julgado em 19/06/2018, DJe 27/06/2018).

VI – **exercício das atividades profissionais, intelectuais, artísticas e desportivas anteriores, desde que compatíveis com a execução da pena:** sobre o tema, ver comentários ao art. 83;

VII – **assistência material, à saúde, jurídica, educacional, social e religiosa:** sobre o tema, ver comentários aos arts. 10 a 27;

VIII – **proteção contra qualquer forma de sensacionalismo:** tem o condão de evitar a exposição desnecessária do preso, submetendo-o ao sensacionalismo dos meios de comunicação, expondo o reeducando à execração pública. A honra do preso é assegurada pela CF/88 (art. 5º, X) e pela Convenção Americana de Direitos Humanos (arts. 11, itens 1 e 2, e 14, item 3).

Há pouco tempo, no Complexo Penitenciário do Curado, em Recife, presos foram expostos em rede nacional utilizando facas e travando uma "verdadeira" disputa de "gladiadores" no pátio. Além de o vídeo mostrar a falência do sistema penitenciário brasileiro, provocou questionamentos de muitos estudiosos a respeito da violação da imagem, de forma sensacionalista, dos presos, principalmente os provisórios.

Não são poucos os casos de desrespeito à imagem do habitante prisional, tanto é que o Ministério Público Federal, no estado da Paraíba, expediu a recomendação 09/2009, onde proíbe presos ou pessoas sob guarda estatal de manter contato com a imprensa, salvo se consentido. Aliás, o caos de Curado é um problema que ultrapassou a fronteira e foi bater à porta da Corte Interamericana de Direito Humanos (CIDH), que em novembro de 2016 expediu medida cautelar requerendo ao Brasil que implemente todas as medidas necessárias para proteger a vida e a integridade das pessoas privadas de liberdade no Complexo Penitenciário de Curado.

> **ATENÇÃO:** a nova Lei de Abuso de Autoridade (Lei n. 13.869/19) prevê como crime punível com detenção, de 1 a 4 anos, e multa (art. 13), "constranger o preso ou o detento, mediante violência, grave ameaça ou redução de sua capacidade de resistência, a: exibir-se ou ter seu corpo ou parte dele exibido à curiosidade pública; submeter-se a situação vexatória ou a constrangimento não autorizado em lei".

IX – entrevista pessoal e reservada com o advogado: como desdobramento lógico do princípio da ampla defesa, o art. 7º, III, da Lei 8.906/94 (Estatuto da Advocacia e da Ordem dos Advogados do Brasil), garante ao advogado e, consequentemente, ao preso, o direito de comunicar-se pessoal e reservadamente. A LEP, nesse tanto, observou o óbvio. Discute-se, contudo, se a comunicação entre advogado e cliente pode ser gravada pelo sistema penitenciário. Entendemos que, em regra, não, ferindo garantias constitucionais indisponíveis. Entretanto, sabendo que as liberdades públicas não são mais entendidas em sentido absoluto, desaparecerá a ilicitude de qualquer violação quando houver fundadas suspeitas de as entrevistas estarem servindo, na verdade, para a prática de infrações penais. Nesse caso, a gravação se legitima como importante instrumento para a garantia da ordem pública e das liberdades alheias;

> **ATENÇÃO:** a nova Lei de Abuso de Autoridade (Lei n. 13.869/19) incluiu como crime (art. 20), com pena de detenção, de 6 meses a 2 anos, e multa, "impedir, sem justa causa, a entrevista pessoal e reservada do preso com seu advogado". No mesmo sentido o art. 7º.-B da Lei 8.906/94, figurando como vítima o causídico.

X – visita do cônjuge, da companheira, de parentes e amigos em dias determinados: o contato com os familiares é fundamental para a ressocialização do preso, especialmente para as mulheres, que notadamente recebem menos visitas e se encontram presas em unidades distantes do seu local de origem. O encarceramento de mulheres gera custos socioeconômicos significativos para a sua família e comunidade, provocando a reorganização da estrutura familiar, razão pela qual os laços familiares devem ser preservados na medida do possível.

As Regras de Mandela estabelecem que se deve velar particularmente para que se mantenham e melhorem as boas relações entre o preso e sua família, conforme apropriado para ambos (preceito 106). No tocante à chamada visita íntima, embora não exista previsão legal, a tendência moderna é considera-la um direito do preso (e não uma regalia ou recompensa).

Em 2017, o DEPEN (Departamento Penitenciário Nacional) publicou a Portaria 718/2017 que restringe consideravelmente as hipóteses para a realização de visitas íntimas em presídios federais, sob o fundamento de que representam grave risco para a segurança de unidades destinadas a presos "especiais", de alta periculosidade. Assim, as visitas íntimas ficam suspensas a presos associados a organizações criminosas; que tenham praticado crime que colocou em risco a sua integridade física na unidade penal de origem; inclusos em RDD e que tenham se envolvido em incidentes de fuga, violência ou indisciplina na unidade de origem. Desde então, a norma tem sido alvo de anulações pela Justiça Federal, mas posteriormente reafirmada pelo TRF-1. Aguarda julgamento pelo STF, a Arguição de Preceito Fundamental (ADPF) 518, ajuizada em 2018, pelo Instituto Anjos da Liberdade e pela Associação Brasileira dos Advogados Criminalistas (Abracrim), questionando a adequação da Portaria a preceitos nacionais e internacionais, como a CF/88, a LEP e as Regras de Mandela.

> **ATENÇÃO** – O Conselho Nacional de Combate à Discriminação editou a Resolução Conjunta nº 1 (que define novas regras para acolhimento da comunidade LGBT em unidades prisionais) e em seu art. 6º garantiu a visita íntima à população LGBT. Na mesma esteira, o art. 95 da Resolução nº 01 de 1999, do Conselho Nacional de Política Criminal e Penitenciária.

Alerta Mirabete:

> "Têm-se anotado também os inconvenientes de serem os encontros mantidos na própria cela, recomendando-se que os estabelecimentos penais mantenham em pavilhões anexos um local com certa autonomia e mínimo de conforto a fim de se preservar a intimidade do preso e do visitante" (ob. cit. p. 126);

ATENÇÃO: a Lei 12.962/14, alterando o Estatuto da Criança e do Adolescente, garante a convivência da criança e do adolescente com a mãe ou o pai privado de liberdade, por meio de visitas periódicas promovidas pelo responsável, **independentemente de autorização judicial** (art. 19, § 4º.).

Revista íntima – Trata-se, em síntese, de inspeção reservada em pessoas (notadamente familiares) que visitam os habitantes prisionais. Dessa revista não escapa ninguém, mulheres e homens, sejam crianças, adolescentes, jovens, adultos ou idosos. Todos são inspecionados!

Mas em que consiste tal revista (íntima)? Por que é tão criticada?

De acordo com a praxe, os visitantes inspecionados são obrigados a se despir por completo e agachar três vezes sobre um espelho, abrir com as mãos o ânus e a vagina, contraindo os músculos para que servidores do estabelecimento penal possam verificar se estão carregando instrumentos ilegais (drogas, material bélicos, acessórios para celulares etc.) ou qualquer outro objeto proibido para dentro do presídio.

É praticamente unânime a opinião dos estudiosos no sentido de que a revista íntima contraria não apenas a Constituição Federal, mas também Convenções Internacionais (em especial, a Convenção Americana sobre Direitos Humanos).

Temos corrente lecionando que submeter familiares do preso ao sistema de inspeção vexatória e humilhante é, de certa forma, fazer com que a pena do preso, mesmo que indiretamente, passe para terceiros, violando o art. 5º, XLV, da nossa Bíblia Política.

Vale lembrar que a Argentina, por exemplo, já foi condenada pela Comissão Interamericana de Direitos Humanos por ter submetido mulheres e crianças a procedimento similar. Trata-se de um caso envolvendo a Sra. X e sua filha Y, de 13 anos, que foram submetidas a "revistas vaginais".

A Comissão concluiu que, "ao impor uma condição ilegal para a realização das visitas à penitenciária sem dispor de mandado judicial ou oferecer as garantias médicas apropriadas, e ao efetuar revistas e inspeções nessas condições, o Estado argentino violou os direitos da Senhora X e sua filha Y consagrados nos artigos 5, 11 e 17 da Convenção, em correlação com o artigo 1.1, que dispõe pela obrigação do Estado argentino de respeitar e garantir o pleno e livre exercício de todas as disposições reconhecidas na Convenção. No caso da criança Y, a Comissão conclui que o Estado argentino também transgrediu o artigo 19 da Convenção".

A questão é objeto do Tema 998 de repercussão geral, pendente de julgamento, no qual o Ministro Edson Fachin reconheceu "controvérsia relativa à ilicitude da prova obtida a partir de revista íntima de visitante em estabelecimento prisional, por ofensa ao princípio da dignidade da pessoa humana e à proteção ao direito à intimidade, à honra e à imagem" (ARE 959.620 RG, j. 01/06/2019). Em seu voto, em 28.10.2020, o Ministro propôs a seguinte tese:

"É inadmissível a prática vexatória da revista íntima em visitas sociais nos estabelecimentos de segregação compulsória, vedados sob qualquer forma ou modo o desnudamento de visitantes e a abominável inspeção de suas cavidades corporais, e a prova a partir dela obtida é ilícita, não cabendo como escusa a ausência de equipamentos eletrônicos e radioscópicos".

Temos pesquisas advertindo que a revista íntima não tem a efetividade que se pretende (ou se imagina). Trocando em miúdos, não é a falta de revista íntima que permite a entrada de drogas, armas e celulares em presídios. Isso porque, de acordo com estudos realizados pela Rede de Justiça Criminal, baseada em documentos oficiais fornecidos pela Secretaria de Administração Penitenciária do Estado de São Paulo, somente 0,03% dos visitantes carregavam objetos considerados proibidos, isto é, 3 visitantes de cada 10 mil. Importante frisar, ainda, que em nenhum dos casos foi registrada a tentativa de entrar no presídio com armas. Para a pesquisa, foram contabilizados dados coletados pelo Governo de fevereiro a abril dos anos 2010, 2011, 2012 e 2013 (ver – http://www.conectas.org/arquivos/editor/files/Informativo_JusticaCriminal_6_2014%20(1).pdf).

Em contrapartida, a apreensão de itens ilegais no interior das celas foi quatro vezes superior à quantidade apreendida com os parentes dos presos, o que demonstra que não são eles os grandes responsáveis pelo ingresso de tais objetos nas dependências prisionais, existindo, ao que tudo indica, "meios" mais eficazes.

Interessante situação a reforçar a ineficiência e prejudicialidade da revista íntima ocorreu na Vara de Execução Penal de Joinville-SC, onde o juiz João Marcos Buch proibiu essa inspeção vexatória. Durante a proibição não se constatou aumento da apreensão de objetos proibidos relacionados com a vedação da revista. Muito pelo contrário. Segundo Buch, o sistema "passou a funcionar com mais tranquilidade. Inclusive os agentes perceberam que a dinâmica de segurança não mudou e que seu trabalho foi otimizado". Lamentavelmente, o Tribunal de Justiça suspendeu a medida, a pedido do Ministério Público.

Mas seria possível, então, evitar a revista íntima? Quais mecanismos poderiam ser utilizados em substituição?

Alguns estados já adotam a "revista íntima humanizada". Funciona da seguinte maneira: logo ao chegar à unidade, a visitante faz um cadastro, onde os agentes identificam se essa pessoa está apta ou não a fazer a visita. A aptidão é avaliada levando-se em consideração características do apenado (comportamento, incidentes por atos de indisciplina, desacatos, ameaças, brigas internas etc.). Realizado esse procedimento preliminar, inicia-se a revista manual, denominada "triagem". Os agentes revistam manualmente os objetos que os visitantes querem levar para dentro do presídio e determinam o que pode ou não entrar. Em seguida, passam os objetos pelo raio x, onde é possível verificar o seu interior. O visitante é convidado a se sentar num detector de metal em forma de banco, que apontará qualquer objeto de metal que possa ter sido inserido da cintura para baixo. Como etapa seguinte, passa por um "portal", que detecta possíveis metais ocultos em outras partes do corpo. Desse modo, seguindo essas fases, finaliza-se a revista sem humilhação.

Nessa linha de política pública penitenciária mais humanizada, diversos estados já proíbem a revista íntima, dentre eles o de São Paulo, que editou a Lei 15.552/14. A norma estadual anunciou um prazo de 180 dias (iniciado dia 12 de agosto de 2014) para o governo do Estado adquirir scanners, detectores de metais e equipamentos de Raio-X para todas as suas unidades prisionais. Após a instalação dos equipamentos, os servidores ficariam proibidos de exigir que as visitas se dispam e sejam tocadas. Todos os visitantes passariam, então, por scanner; caso algo de interesse fosse detectado, os visitantes passariam por outro equipamento (raio-x e/ou detectores de metal). Permanecendo o alerta, o visitante seria impedido de entrar na unidade; se insistir, deveria ser encaminhado a um ambulatório para que um médico fizesse a verificação. Localizado algo ilícito escondido no corpo, o visitante seria encaminhado à delegacia. A ideia contida na lei parece ideal, mas, infelizmente, ainda não é realidade no Estado, em que pese, no mês de janeiro de 2016, ter sido condenado a pagar indenização no valor de 10 mil reais por danos morais a uma mulher que, ao visitar o filho em uma penitenciária, foi submetida a revista íntima excessiva e vexatória por suspeita de portar entorpecentes (Apelação nº 0006133-85.2011.8.26.0224).

XI – **chamamento nominal:** respeito à dignidade da pessoa humana, evitando que o preso seja tratado como objeto.

ATENÇÃO – Os presos da população LGBT devem ser tratados pelo seu nome social. Entende-se por nome social o que a pessoa prefere ser chamada cotidianamente, isto é, a forma como ela já é conhecida por todos.

XII – **igualdade de tratamento, salvo quanto às exigências da individualização da pena:** sobre o tema, ver comentários ao art. 3º;

XIII – **audiência especial com o diretor do estabelecimento:** o preso tem direito de se comunicar com o diretor do estabelecimento, oportunidade em que pode transmitir eventual reclamação, retratar abuso etc., sem que para isso precise do intermédio de outro funcionário. As audiências não podem ser negadas, podendo a administração criar regras para disciplinar o encontro, evitando, assim, atrapalhar o regular funcionamento do estabelecimento e a rotina do setor de comando;

XIV – **representação e petição a qualquer autoridade, em defesa de direito:** o preso tem o direito de, em qualquer dia, fazer solicitações ou reclamações ao diretor da unidade prisional ou seu representante. Reforça-se, com isso, o direito de petição, constitucionalmente previsto (art. 5º, XXXIV);

XV – **contato com o mundo exterior por meio de correspondência escrita, da leitura e de outros meios de informação que não comprometam a moral e os bons costumes:** o contato com o mundo exterior é um direito do preso e poderá ser feito por meio de correspondências, jornais, revistas etc. (no mesmo sentido, Regras de Mandela, preceito 58). A Constituição Federal garante ser inviolável o sigilo de correspondência e comunicações. Pode a administração penitenciária violar essa garantia? Partindo da premissa – por nós já utilizada noutro inciso – de que as liberdades públicas não são absolutas, desaparecerá a ilicitude de qualquer violação quando houver fundadas suspeitas das comunicações estarem servindo para a preparação ou a prática de infrações penais. Nesse caso, a interceptação se legitima como importante instrumento para a garantia da ordem pública e das liberdades alheias. Para exemplificar, é o que supostamente ocorreu recentemente na operação "Lava Jato", onde a Polícia Federal interceptou um bilhete escrito por um dos presos, nele contendo instruções para destruição de provas com o objetivo de ocultar crimes;

XVI – atestado de pena a cumprir, emitido anualmente, sob pena da responsabilidade da autoridade judiciária competente: buscando evitar a hipertrofia da punição bem como prejuízos desnecessários ao condenado, a lei prevê que é direito do preso receber anualmente atestado de pena a cumprir. O procedimento a ser adotado na emissão do atestado está previsto na Resolução 113 do CNJ (arts. 12 e 13). Em agosto de 2016, o mesmo Conselho aprovou a inclusão do parágrafo único ao art. 1º da referida resolução, para determinar que os tribunais brasileiros sempre comuniquem ao juízo da execução, imediatamente, casos de redução de pena de réus presos.

> **ATENÇÃO** – Os direitos previstos nos incisos V, X e XV poderão ser suspensos, por meio de decisão motivada do diretor do estabelecimento penal.

1. INFORMATIVOS DE JURISPRUDÊNCIA

- **Direitos do preso. Banho de sol**

  O direito à saída da cela por 02 (duas) horas diárias para banho de sol como prerrogativa inafastável de todos aqueles que compõem o universo penitenciário brasileiro, mesmo em favor daqueles sujeitos ao regime disciplinar diferenciado (LEP, art. 52, IV). Há, lamentavelmente, no Brasil, no plano do sistema penitenciário nacional, um claro, indisfarçável e anômalo "estado de coisas inconstitucional" resultante da omissão do Poder Público em implementar medidas eficazes de ordem estrutural que neutralizem a situação de absurda patologia constitucional gerada, incompreensivelmente, pela inércia do Estado, que descumpre a Constituição Federal, que ofende a Lei de Execução Penal, que vulnera a essencial dignidade dos sentenciados e dos custodiados em geral, que fere o sentimento de decência dos cidadãos desta República e que desrespeita as convenções internacionais de direitos humanos (como o Pacto Internacional sobre Direitos Civis e Políticos, a Convenção contra a Tortura e outros Tratamentos ou Penas Cruéis, Desumanos ou Degradantes, a Convenção Americana de Direitos Humanos e as Regras Mínimas das Nações Unidas para o Tratamento de Reclusos – "Regras de Nelson Mandela", entre outros relevantes documentos internacionais). – O Estado brasileiro, agindo com absoluta indiferença em relação à gravidade da questão penitenciária, tem permitido, em razão de sua própria inércia, que se transgrida o direito básico do sentenciado de receber tratamento penitenciário justo e adequado, vale dizer, tratamento que não implique exposição do condenado (ou do preso provisório) a meios cruéis, lesivos ou moralmente degradantes (CF, art. 5º, incisos XLVII, "e", e XLIX), fazendo-se respeitar, desse modo, um dos mais expressivos fundamentos que dão suporte ao Estado democrático de direito: a dignidade da pessoa humana (CF, art. 1º, III). (STF, Medida cautelar em HC 172.136-SP, Min. Celso de Mello, j. 01.07.19).

- **STF – Correspondência do preso. Interceptação.**

  A Primeira Turma do Supremo, em habeas corpus impetrado por condenado a três anos de reclusão, entendeu que "a administração penitenciária, com fundamento em razões de segurança pública, de disciplina prisional ou de preservação da ordem jurídica, pode, sempre excepcionalmente, e desde que respeitada a norma inscrita no art. 41, parágrafo único, da Lei n. 7.210/84, proceder a interceptação da correspondência remetida pelos sentenciados, eis que a clausula tutelar da inviolabilidade do sigilo epistolar não pode constituir instrumento de salvaguarda de praticas ilícitas. – O reexame da prova produzida no processo penal condenatório não tem lugar na ação sumaríssima de habeas corpus."(STF, HC 70.814-5, Min. Rel. Celso de Mello, j. 01.03.1994)

- **STF – "Habeas corpus" e autorização para visitas**

  O "habeas corpus" não é meio processual adequado para o apenado obter autorização de visita de sua companheira no estabelecimento prisional. Com base nessa orientação, a Segunda Turma não conheceu de "writ" em que se alegava a ilegalidade da decisão do juízo das execuções criminais que não consentira na referida visita (STF – HC nº 127685-DF, Rel. Dias Toffoli, 30.6.2015).

- **STJ – "Habeas corpus" e direito de detento a visitas**

  Não se presta o remédio constitucional do habeas corpus à discussão acerca do direito de visitas íntimas do apenado, pois, neste caso, o que se procura proteger é o direito à intimidade da pessoa humana, sua integridade física e moral, e não seu direito de ir e vir (locomoção).(STJ, Quinta Turma, AgRg no HC 425.115/RN, Rel. Min. Reynaldo Soares Da Fonseca, julgado em 15/03/2018)

- **STF – 620 – HC e transferência de presídio**

  A Turma deferiu "habeas corpus" para autorizar ao paciente – recolhido em estabelecimento localizado no Estado de São Paulo – transferência para presídio em Mato Grosso do Sul. Observou-se a boa conduta carcerária do apenado, a existência de vínculos familiares nesse Estado e a disponibilidade de vaga em presídio localizado nesta mesma unidade da Federação. O Min. Celso de Mello ressaltou que a execução penal, além de objetivar a efetivação da condenação penal imposta ao sentenciado, buscaria propiciar condições para a harmônica integração social daquele que sofre a ação do magistério punitivo do Estado. Por esta razão, aduziu que a LEP autorizaria ao juiz da execução determinar o cumprimento da pena em outra comarca ou, até mesmo, permitir a remoção do condenado para Estado-membro diverso daquele em que cometida a infração penal, conforme disposto no caput do art. 86 da referida lei. Ressalvou-se o posicionamento da Corte no sentido de não haver direito subjetivo do sentenciado à transferência de presídio, mas asseverou-se que, no caso, estar-se-ia a permitir ao reeducando melhor ressocialização, na medida em que garantido seu direito à assistência familiar (STF – HC nº 105175, Rel. Gilmar Mendes, j. 22.3.2010).

- **STF – 579 – Cumprimento de pena e remoção para presídio de outra unidade da Federação.**

  A Turma deferiu "habeas corpus" para autorizar a remoção de condenado para estabelecimento penal localizado em outra unidade da federação. No caso, sustentava a impetração que o paciente encarcerado em presídio paulista teria o direito de ver cumprida sua pena corporal em município localizado no Estado da Bahia, na medida em que nesse residiriam os seus familiares. Alegava, ainda, que o próprio Diretor do Conjunto Penal baiano informara haver disponibilidade de vaga e que a unidade prisional comportaria presos em regime fechado. Entendeu-se que, pelo que se poderia constatar dos autos, as penitenciárias seriam congêneres, haja vista que ambas seriam aptas a receber presos condenados no regime fechado, não havendo preponderância do estabelecimento atual em relação àquele para o qual se pretenderia a transferência, sobretudo no concernente ao quesito segurança máxima. Asseverou-se, ademais, que, ao adotar tal posicionamento, ter-se-ia que o direito à assistência familiar e seu respectivo exercício ficariam sobremaneira facilitados, assim como deflagrado o processo de ressocialização, mitigando a distância e a dificuldade do contato do preso com a família (STF – HC nº 100087, Rel. Ellen Gracie, j. 16.3.2010).

2. QUESTÕES DE CONCURSOS

01. **(FEPESE – 2019 – SAP-SC – Agente Penitenciário)** De acordo com a Lei de Execução Penal, constituem direitos dos presos:

1. audiência especial com o diretor do estabelecimento. 2. ser chamado nominalmente. 3. atribuição de trabalho, remuneração e horário de lazer. 4. representação e petição a qualquer autoridade, em defesa de direito.

Assinale a alternativa que indica todas as afirmativas corretas.

a) São corretas apenas as afirmativas 1 e 2.
b) São corretas apenas as afirmativas 3 e 4.
c) São corretas apenas as afirmativas 1, 2 e 3.
d) São corretas apenas as afirmativas 1, 2 e 4.
e) São corretas as afirmativas 1, 2, 3 e 4.

02. **(Médico Psiquiatra – TJ/RS – 2016)** Tendo em vista as disposições da Lei Federal nº 7.210/1984, assinale a alternativa que NÃO constitui um direito do preso.

a) Atribuição de trabalho e sua remuneração.
b) Previdência Social.

c) Constituição de pecúlio.

d) Alimentação suficiente e vestuário.

e) Exercício pleno e irrestrito das atividades profissionais e intelectuais anteriores à condenação.

03. (Agente Penitenciário – PR – 2013) Sobre os elementos que constituem direitos do preso, considere as afirmativas a seguir.

I. Previdência social.

II. Constituição de pecúlio.

III. Chamamento numérico.

IV. Escolha de local de trabalho.

Assinale a alternativa correta.

a) Somente as afirmativas I e II são corretas.

b) Somente as afirmativas I e IV são corretas.

c) Somente as afirmativas III e IV são corretas.

d) Somente as afirmativas I, II e III são corretas.

e) Somente as afirmativas II, III e IV são corretas.

04. (Agente Penitenciário – NUCEPE – 2010 – SEJUS-PI) Constituem direitos dos presos, previstos na Lei de Execuções Penais, EXCETO:

a) previdência social;

b) audiência especial com o diretor do estabelecimento prisional;

c) asseio da cela ou alojamento;

d) proteção contra qualquer forma de sensacionalismo;

e) chamamento nominal.

05. (FCC – Promotor de Justiça-CE/2011) Constitui sanção disciplinar aplicável por ato motivado do diretor do estabelecimento prisional:

a) inclusão no regime disciplinar diferenciado.

b) suspensão do direito de representação e petição a qualquer autoridade, em defesa de direito.

c) isolamento na própria cela, ou em local adequado, por até sessenta dias.

d) suspensão do direito de visita do cônjuge ou da companheira por até trinta dias.

e) restrição à constituição de pecúlio.

06. (FCC/2017 – DPE-SC – Defensor Público) Sobre o acesso à água no sistema prisional,

a) a Lei de Execução Penal garante o acesso à água para fins de higiene pessoal na temperatura apropriada ao clima da região em que a pessoa está presa.

b) o suprimento do fornecimento de água por meio dos familiares dos presos não configura irregularidade no funcionamento do estabelecimento prisional, pois o fim pode ser atingido.

c) as Regras de Mandela preveem o direito de todo preso a ter acesso a água sempre que necessitar como parte do direito à alimentação, mencionando expressamente a qualidade de água potável.

d) em recente decisão, o STJ afirmou que o acesso à água aquecida para banho é uma questão administrativa, que não pode ser pleiteada por via de ação civil pública.

e) ao contrário da dieta alimentar, a redução do acesso à água potável é permitida de modo excepcional pelas Regras de Mandela, desde que não configure ausência completa do fornecimento.

GAB	01	E	02	E	03	A	04	C	05	D	06	C

Art. 43. É garantida a liberdade de contratar médico de confiança pessoal do internado ou do submetido a tratamento ambulatorial, por seus familiares ou dependentes, a fim de orientar e acompanhar o tratamento.

Parágrafo único. As divergências entre o médico oficial e o particular serão resolvidas pelo Juiz da execução.

Perícia particular – É cediço que o Estado não consegue atender como deveria as necessidades médicas da população e, quando o assunto envolve presos, não é diferente. Diante desse quadro, é coerente que, tanto o preso como os seus familiares e dependentes, possam contratar médico particular de confiança pessoal com o fim de orientar e acompanhar seu tratamento, mesmo onde o Estado disponha de meios para tanto.

As divergências entre o médico oficial e o particular serão resolvidas pelo juiz da execução, podendo a autoridade judiciária determinar, se o caso, nova perícia por outros médicos oficiais.

1. QUESTÕES DE CONCURSOS

01. (Promotor de Justiça – CESPE – 2012 – MPE-TO) Nilo, definitivamente condenado pela prática de diversos crimes hediondos a uma pena total de setenta e dois anos de reclusão, a ser cumprida inicialmente em regime fechado, foi capturado pela polícia, após passar determinado período de tempo foragido, e, então, começou a cumprir sua pena. Logo após a prisão, Nilo adoeceu e teve de ser encaminhado ao serviço médico oficial do presídio, setor onde deveria, segundo laudo emitido por um dos profissionais que o atenderam, permanecer para que fosse submetido a tratamento. Ciente da condição de Nilo, sua família contratou um médico particular, de sua confiança, para acompanhar o tratamento. Esse médico emitiu um laudo em que apontava que Nilo, dada a gravidade de seu estado de saúde, deveria ser tratado em estabelecimento médico particular, fora do presídio, portanto.

Nessa situação hipotética, de acordo com a Lei de Execução Penal – Lei nº 7.210/1984 –, as divergências existentes nos referidos laudos deverão ser resolvidas pelo(a)

a) comissão técnica que atua junto ao juízo da execução.
b) chefe do serviço médico prisional.
c) diretor do presídio.
d) conselho penitenciário.
e) juiz da execução.

GAB	01	E

SEÇÃO III – DA DISCIPLINA

SUBSEÇÃO I – DISPOSIÇÕES GERAIS

Art. 44. A disciplina consiste na colaboração com a ordem, na obediência às determinações das autoridades e seus agentes e no desempenho do trabalho.

Parágrafo único. Estão sujeitos à disciplina o condenado à pena privativa de liberdade ou restritiva de direitos e o preso provisório.

Da disciplina – Com o início do cumprimento da pena, a gestão direta da sanção é realizada pela administração que, diante da impossibilidade de prever todas as situações do cotidiano prisional, tem espaço discricionário para atuar, visando a manutenção da ordem e a concretização das finalidades da pena. Para tanto, os condenados à pena privativa de liberdade e restritiva de direitos e os presos provisórios deverão colaborar com a ordem, obedecendo às determinações emanadas das autoridades e seus agentes.

Nos termos das Regras Mínimas da ONU (atualizadas pelas de Mandela): "A disciplina e a ordem devem ser mantidas, mas sem maiores restrições do que as necessárias para garantir a custódia segura, a segurança da unidade prisional e uma vida comunitária bem organizada" (preceito 36).

Aliás, sabendo que as prisões são verdadeiros agrupamentos humanos, e que todos os grupos humanos necessitam de ordem e disciplina para que seja possível a convivência harmônica, a LEP traz, além do extenso rol de deveres e direitos, comportamentos proibidos, as sanções aplicáveis em caso de violação e os ritos e exigências para a sua apuração, conforme abordaremos a seguir.

Art. 45. Não haverá falta nem sanção disciplinar sem expressa e anterior previsão legal ou regulamentar.

§ 1º As sanções não poderão colocar em perigo a integridade física e moral do condenado.

§ 2º É vedado o emprego de cela escura.

§ 3º São vedadas as sanções coletivas.

Sanção disciplinar e o princípio da legalidade – A LEP, no art. 45, *caput*, traz a garantia da legalidade para o campo do regime disciplinar prisional, firmando, em sede de execução penal, os princípios da legalidade, da reserva legal e da taxatividade. As Regras de Mandela também orientam que o preso só poderá ser punido por conduta considerada, por lei ou regulamento, infração disciplinar, obedecendo a duração cominada (preceitos 39 e seguintes). Disso decorre que as regras disciplinares devem ter redação clara e certa "de modo que o poder discricionário seja restrito e se exerça dentro de limites definidos" como ensina Ela Wiecko de Castilho (Controle da Legalidade na Execução Penal, 1988, p. 25).

Ocorre que, conforme abordaremos nos comentários ao art. 50, as normas de comportamento tipificadas na LEP (e a própria definição de disciplina) trazem, em sua redação, conceitos amplos, vagos e abstratos, possibilitando uma enorme discricionariedade na imputação das faltas disciplinares. Por esta razão, muitos autores consideram que tais dispositivos violam o princípio da legalidade, provocando incerteza jurídica e favorecendo arbitrariedades por parte da administração prisional.

As sanções não poderão colocar em perigo a integridade física e moral do condenado, sob pena de infringir não só a LEP (art. 45, § 1º), como também a Constituição Federal (art. 5º, X, e XLVII), a Convenção Americana de Direitos Humanos (art. 11, itens 1 e 2), dentre outros tratados da mesma natureza.

ATENÇÃO: As sanções cruéis, desumanas e degradantes podem, conforme o caso, caracterizar crime de tortura (art. 1º, § 1º, da Lei 9.455/97).

Celas escuras – O emprego de celas escuras era prática punitiva recorrente em diversos locais do mundo, e podem atualmente ser visitadas por turistas, em países como Letônia,

Rússia e Brasil. Foi expressamente proibida, em diversos ordenamentos jurídicos, por ser degradante, cruel e insalubre. As Regras de Mandela dispõem (Regra 45):

1. Em nenhuma circunstância devem as restrições ou sanções disciplinares implicar tortura, punições ou outra forma de tratamentos cruéis, desumanos ou degradantes. As seguintes práticas, em particular, devem ser proibidas:
   (a) Confinamento solitário indefinido;
   (b) Confinamento solitário prolongado;
   (c) Detenção em cela escura ou constantemente iluminada;
   (d) Castigos corporais ou redução da alimentação ou água potável do recluso;
   (e) Castigos coletivos.

Ainda assim, nos dias de hoje, uma simples busca na internet resulta em inúmeras notícias, relatórios e denúncias de casos de maus tratos e uso de celas escuras em prisões brasileiras.

Sanções coletivas – Estão vedadas as sanções coletivas, desdobramento lógico do princípio constitucional da personalidade da pena (art. 5º, XLV). Por isso, determina o art. 57 da LEP: "Na aplicação das sanções disciplinares, levar-se-ão em conta a natureza, os motivos, as circunstâncias e as consequências do fato, bem como a pessoa do faltoso e seu tempo de prisão".

1. INFORMATIVOS DE JURISPRUDÊNCIA

▸ **STJ 496 – Falta Grave. Sanção Coletiva**

Por violação da determinação expressa no art. 45, § 3º, da LEP (que proíbe a aplicação de sanções coletivas) e ao art. 5º, XLV, da CF (princípio da responsabilidade pessoal), a Turma anulou a punição aplicada ao paciente pela prática de falta grave. No caso, vários detentos estavam dentro de uma viatura, cujo interior foi danificado durante o transporte, mais especificamente a tela de proteção de uma das lâmpadas do corredor direito. Questionados sobre o responsável pelo dano, todos os presos permaneceram silentes. Com esses fatos, a Justiça estadual entendeu que todos deveriam ser responsabilizados pelo fato ocorrido e aplicou a punição por falta grave aos detentos transportados naquela oportunidade. Nesse contexto, a Turma anulou a referida punição, reconhecendo que não houve a individualização da conduta a ponto de poder atribuir ao paciente a responsabilidade pelo dano provocado na viatura (STJ – HC nº 177.293-SP, Rel. Maria Thereza de Assis Moura, j. 24.4.2012.).

▸ **STJ – 421 – Falta grave. Trabalho externo**

O paciente cumpre a pena em regime de semiliberdade, com a autorização para o trabalho externo na função de assessor jurídico de uma sociedade empresária. Consta dos autos que, em determinado dia, laborou pela manhã e solicitou dispensa com o fito de atender a um detento em comarca próxima, o que foi plenamente acolhido pelo empregador. Consta, também, seu retorno ao estabelecimento prisional na data e na hora determinadas. Nesse contexto, a Turma, ao prosseguir o julgamento, entendeu, por maioria, conceder a ordem ao fundamento de que esse fato não caracteriza falta disciplinar de natureza grave que esteja prevista no art. 50 da Lei 7.210/84 (LEP). O art. 45 dessa mesma lei é claro ao determinar que o apenado só pode sofrer punição disciplinar se houver previsão legal (STJ – HC nº 141.127, Rel. Celso Limongi, j. 4.2.2010).

2. QUESTÃO DE CONCURSO

01. (Agente Penitenciário – NUCEPE – 2010 – SEJUS-PI) No que concerne à disciplina do preso e às sanções aplicáveis, é INCORRETO afirmar:

a) é vedado o emprego de cela escura;

b) não haverá falta nem sanção disciplinar sem expressa e anterior previsão legal;

c) as sanções coletivas são permitidas, excepcionalmente;

d) comete falta grave o condenado que fugir;

e) no regime disciplinar diferenciado, o preso terá direito à saída da cela por 2 horas diárias para banho de sol.

GAB	01	C

Art. 46. O condenado ou denunciado, no início da execução da pena ou da prisão, será cientificado das normas disciplinares.

Art. 47. O poder disciplinar, na execução da pena privativa de liberdade, será exercido pela autoridade administrativa conforme as disposições regulamentares.

Poder disciplinar – A LEP, no art. 46, assegura que todos que ingressarem nos presídios deverão tomar ciência das normas disciplinares. O preso receberá por escrito as regras que orientarão seu tratamento, as imposições de caráter disciplinar bem como seus direitos e deveres.

Embora não esteja previsto expressamente no dispositivo em comento, ele também se aplica aos presos provisórios (LEP, art. 44).

ATENÇÃO – Em se tratando de preso analfabeto, as informações serão prestadas verbalmente (art. 31, da Resolução 14 do CNPCP).

O artigo 47 ilustra a divisão de tarefas entre administração e judiciário no regime disciplinar prisional. Embora caiba à primeira o exercício da disciplina, a imputação de faltas e aplicação de certas sanções, o procedimento, em caso de falta grave, deve ser remetido à apreciação judicial que irá inclusive aplicar um novo conjunto de sanções, além de examinar o procedimento conduzido pela administração.

ATENÇÃO – As sanções disciplinares dos incisos I a IV do art. 53 LEP (advertência verbal, repreensão, suspensão ou restrição de direitos e isolamento na própria cela, ou em local adequado) serão aplicadas **por ato motivado do diretor do estabelecimento,** e a do inciso V (inclusão no regime disciplinar diferenciado), por prévia e fundamentada **decisão do juiz competente** (art. 54 LEP).

1. QUESTÃO DE CONCURSO

01. (Agente Penitenciário – CESPE – 2009 – SEJUS-ES) Acerca da disciplina na execução penal, julgue o item que se segue.

O poder disciplinar só pode ser exercido pelo juiz da execução penal.

GAB	01	ERRADO

Art. 48. Na execução das penas restritivas de direitos, o poder disciplinar será exercido pela autoridade administrativa a que estiver sujeito o condenado.

Parágrafo único. Nas faltas graves, a autoridade representará ao Juiz da execução para os fins dos artigos 118, inciso I, 125, 127, 181, § § 1º, letra d, e 2º desta Lei.

A disciplina na execução das penas alternativas – O poder disciplinar na execução das penas restritivas de direitos será exercido pela autoridade administrativa a que estiver sujeito o condenado. Tal poder, entretanto, limita-se às hipóteses de cometimento de faltas leves e médias, infrações que não repercutem na execução da pena. Já nas faltas graves, deve a autoridade providenciar o registro no prontuário do reeducando e em seguida representar ao juiz da execução para que tome as medidas cabíveis (aplicar não somente as sanções, mas decidir sobre conversão de pena, regressão de regime, perda de dias remidos etc.).

1. INFORMATIVOS DE JURISPRUDÊNCIA

▸ **STJ – Decisão administrativa. Controle de legalidade**

A decisão proferida pela autoridade administrativa prisional em processo administrativo disciplinar – PAD que apura o cometimento de falta grave disciplinar no âmbito da execução penal é ato administrativo, portanto, passível de controle de legalidade pelo Poder Judiciário. (AgRg no AREsp 1439580/SP, Rel. Ministro RIBEIRO DANTAS, QUINTA TURMA, j. em 15/10/2019)

▸SUBSEÇÃO II – DAS FALTAS DISCIPLINARES

Art. 49. As faltas disciplinares classificam-se em leves, médias e graves. A legislação local especificará as leves e médias, bem assim as respectivas sanções.

Parágrafo único. Pune-se a tentativa com a sanção correspondente à falta consumada.

Faltas disciplinares – A Lei de Execução Penal disciplina as faltas graves (arts. 50, 51 e 52), competindo à legislação local definir as faltas médias e leves.

Escreve Pedro de Jesus Juliotti:

> "Não há exigência expressa de lei formal, na sua concepção formal e estrita, emanada e aprovada pelo Poder Legislativo, por meio de procedimento adequado, pois a expressão 'legislação local' tem sentido amplo e deve ser interpretada como qualquer norma de âmbito estadual. Assim, a própria Lei de Execução Penal autoriza a previsão das faltas médias e leves por ato infralegal (medidas provisórias, decretos, resoluções etc.). No Estado de São Paulo as faltas de natureza leve e médias estão previstas nos arts. 47 (leves) e 48 (médias) do Regimento Interno Padrão dos Estabelecimentos Penais, aprovado pela Resolução SAP-144, de 29-6-2010" (Lei de Execução Penal anotada, 2011, pág. 81).

A Resolução da Secretaria de Administração Penitenciário (SAP) traz um longo rol de condutas puníveis com falta leve ou média em São Paulo, assim como o Regulamento do Sistema Penal do Estado do Rio de Janeiro (Decreto Estadual n. 8.897/86), o Estatuto Penitenciário do Estado da Bahia (Decreto Estadual 12.247/10), entre outros. Contudo, parece improvável, diante da realidade de superlotação e escassez de funcionários e recursos, que as minuciosas proibições constantes nesses dispositivos sejam aplicadas. Na prática, a aplicação de faltas disciplinares se resume às graves previstas no artigo a seguir.

ATENÇÃO – Pune-se a tentativa com sanção correspondente à falta consumada (parágrafo único), o que não impede o juiz de considerar o *conatus* na fixação da natureza ou duração da punição.

1. INFORMATIVOS DE JURISPRUDÊNCIA

- **STF – 591 – Premissas fáticas e natureza da falta.**

A Turma deferiu "habeas corpus" impetrado contra decisão de ministro do STJ que, ao prover monocraticamente recurso especial interposto pelo Ministério Público, reformara acórdão do TJ/RS para assentar que a conduta praticada pelo reeducando fuga e porte de um cigarro de maconha caracterizaria falta grave e não média. Inicialmente, salientou-se que o recurso especial configura exceção, no campo da recorribilidade, e surge de forma extraordinária. Consignou-se que o julgamento de tal recurso seria feito a partir das premissas fáticas estabelecidas soberanamente pela Corte de origem. Tendo isso em conta, asseverou-se que restara afirmado que o paciente não lograra adentrar ao estabelecimento prisional com cigarro de maconha e que fora alcançado logo depois de tentar fugir. Assim, entendeu-se que a classificação da falta como média, presente o recurso do "parquet", não poderia ser afastada do cenário jurídico em sede extraordinária. Esclareceu-se que as premissas do acórdão do tribunal de origem deveriam ter sido consideradas quando do julgamento, monocrático, do recurso especial interposto. Ordem concedida para afirmar a subsistência do que decido pelas instâncias ordinárias (STF – HC nº 97043, Rel. Marco Aurélio, j. 16.6.2010).

2. QUESTÃO DE CONCURSO

01. (Agente Penitenciário 2013 – MA – FGV) As faltas disciplinares classificam-se em leves, médias e graves. As alternativas a seguir apresentam faltas graves segundo a lei de execução penal, **à exceção de uma.** Assinale-a.

a) Deixar de conservar em ordem os objetos de uso pessoal.

b) Fugir.

c) Tiver em sua posse, utilizar ou fornecer aparelho telefônico, de rádio ou similar, que permita a comunicação com outros presos ou com o ambiente externo.

d) Descumprir, no regime aberto, as condições impostas.

e) Faltar com o dever de obediência ao servidor e respeito a qualquer pessoa com quem deve relacionar-se.

GAB	01	A

Art. 50. Comete falta grave o condenado à pena privativa de liberdade que:

I – incitar ou participar de movimento para subverter a ordem ou a disciplina;

II – fugir;

III – possuir, indevidamente, instrumento capaz de ofender a integridade física de outrem;

IV – provocar acidente de trabalho;

V – descumprir, no regime aberto, as condições impostas;

VI – inobservar os deveres previstos nos incisos II e V, do artigo 39, desta Lei.

VII – tiver em sua posse, utilizar ou fornecer aparelho telefônico, de rádio ou similar, que permita a comunicação com outros presos ou com o ambiente externo.

VIII – recusar submeter-se ao procedimento de identificação do perfil genético.

Parágrafo único. O disposto neste artigo aplica-se, no que couber, ao preso provisório.

Redação antes da Lei 13.964/19	Redação depois da Lei 13.964/19
Art. 50. Comete falta grave o condenado à pena privativa de liberdade que: I – incitar ou participar de movimento para subverter a ordem ou a disciplina;	Art. 50. Comete falta grave o condenado à pena privativa de liberdade que: I – incitar ou participar de movimento para subverter a ordem ou a disciplina;

Redação antes da Lei 13.964/19	Redação depois da Lei 13.964/19
II – fugir; III – possuir, indevidamente, instrumento capaz de ofender a integridade física de outrem; IV – provocar acidente de trabalho; V – descumprir, no regime aberto, as condições impostas; VI – inobservar os deveres previstos nos incisos II e V, do artigo 39, desta Lei. VII – tiver em sua posse, utilizar ou fornecer aparelho telefônico, de rádio ou similar, que permita a comunicação com outros presos ou com o ambiente externo. Parágrafo único. O disposto neste artigo aplica-se, no que couber, ao preso provisório.	II – fugir; III – possuir, indevidamente, instrumento capaz de ofender a integridade física de outrem; IV – provocar acidente de trabalho; V – descumprir, no regime aberto, as condições impostas; VI – inobservar os deveres previstos nos incisos II e V, do artigo 39, desta Lei. VII – tiver em sua posse, utilizar ou fornecer aparelho telefônico, de rádio ou similar, que permita a comunicação com outros presos ou com o ambiente externo. VIII – recusar submeter-se ao procedimento de identificação do perfil genético. Parágrafo único. O disposto neste artigo aplica-se, no que couber, ao preso provisório.

Rol de faltas consideradas graves – O artigo 50 da Lei de Execuções Penais traz o rol taxativo das faltas graves. A criação de falta grave por outro instrumento que não a lei é inviável e configura manifesta violação ao princípio da legalidade. Logo, por falta de previsão legal, a embriaguez do habitante prisional, por si só, não configura falta grave, ainda que possa ser enquadrada como descumprimento de ordens (art. 50, VI, LEP).

ATENÇÃO – Nos exatos termos do que anuncia a Súmula 526 do STJ, "O reconhecimento de falta grave decorrente do cometimento de fato definido como crime doloso no cumprimento da pena prescinde do trânsito em julgado de sentença penal condenatória no processo penal instaurado para apuração do fato". A absolvição criminal só afasta a responsabilidade administrativa quando restar proclamada a inexistência do fato ou de autoria. Embora não se possa negar a independência entre as esferas – segundo a qual, em tese, admite-se repercussão da absolvição penal nas demais instâncias apenas nos casos de inexistência material ou de negativa de autoria –, não há como ser mantida a incoerência de se ter o mesmo fato por não provado na esfera criminal e por provado na esfera administrativa. Assim, quando o único fato que motivou a penalidade administrativa resultou em absolvição no âmbito criminal, ainda que por ausência de provas, a autonomia das esferas há que ceder espaço à coerência que deve existir entre as decisões sancionatórias. Nesse sentido se posicionou o STJ no AgRg nos EDcl no HC 601.533-SP.

Embora sejam infrações administrativas, as faltas graves poderão gerar para o preso sancionado drásticos efeitos na execução da pena – a par da sua sanção –, como por exemplo, a regressão de regime, perda dos dias remidos, o reinício do lapso temporal para progressão de regime etc.

ATENÇÃO – Nesse tema, duas súmulas devem ser lembradas:

"A prática de falta grave não interrompe o prazo para fim de comutação de pena ou indulto" (STJ – Súmula 535);

"A falta grave não interrompe o prazo para obtenção de livramento condicional" STJ – Súmula 441).

Passaremos a examinar cada um dos incisos do art. 50, descritivos de condutas faltosas:

I – incitar ou participar de movimento para subverter a ordem ou a disciplina: esta falta guarda similaridade ao crime de motim (art. 354 do Código Penal), mas com ele não se confunde.

Crime de motim (art. 354 do CP)	Falta grave (art. 50, I da LEP)
Exige dolo	Não exige dolo
Exige pluralidade de presos (delito coletivo ou multitudinário)	Basta a participação de um único preso

ATENÇÃO: Para a caracterização da falta, alerta Mirabete: "**DESNECESSÁRIO** (...) que se pratique violência ou ameaças, não exigidos no dispositivo em estudo, configurando-se a falta também nos movimentos pacíficos de recusa ao trabalho, de volta às celas, de 'greve de fome', de algazarra etc. Não importa, também, o fim visado pelo movimento, que pode até ser considerado 'justo', como é o de pretender melhores condições de trabalho, oportunidade de recreações etc.; tais reivindicações devem ser efetuadas na forma dos regulamentos" (ob. cit. p. 142/143).

II – fugir: a legislação penal considera crime a evasão quando praticada mediante violência (art. 352 do CP), circunstância esta dispensável na caracterização da falta em estudo (bastando que o preso fuja ou não retorne da saída temporária, por exemplo).

ATENÇÃO – O preso que estiver fora do estabelecimento (saídas temporárias, trabalho externo etc.) e fugir, também comete o ilícito disciplinar em comento. O art. 146-B da Lei de Execução Penal permite ao juiz definir a fiscalização por meio da monitoração eletrônica quando autorizar a saída temporária no regime semiaberto ou determinar a prisão domiciliar. Caso o condenado descumpra suas obrigações, o juiz pode determinar a regressão de regime, a revogação da saída temporária, a revogação da prisão domiciliar ou pode advertir o condenado por escrito, caso decida não aplicar alguma das medidas anteriores. Não obstante o condenado possa sofrer as medidas acima mencionadas, o descumprimento de determinadas obrigações não caracteriza falta grave, segundo decidiu o STJ. É certo que, a depender das circunstâncias, a conduta irregular pode equivaler mesmo à fuga. É o que ocorre, por exemplo, quando o condenado viola o aparelho com o intuito de evitar o monitoramento. No caso de o condenado descumprir a restrição relativa à área em que deveria permanecer, sem impedir o monitoramento, a jurisprudência é se essa circunstância configura ou não falta. A jurisprudência mais recente do STJ é no sentido de que comete falta grave o condenado à pena privativa de liberdade que inobservar as ordens recebidas (art. 39, V, da LEP), como é a hipótese de violação da zona de monitoramento (AgRg no AREsp 1.704.010/TO, j. 04/08/2020).

III – possuir, indevidamente, instrumento capaz de ofender a integridade física de outrem: o preso que traz consigo ou guarda instrumentos, como faca, canivete, estilete etc., comete falta grave. Importante ressaltar que para configurar a referida falta basta que o preso possua tal instrumento, sendo dispensável o efetivo porte ou uso. Tampouco se exige exame pericial para atestar a potencialidade lesiva do artefato, por ausência de previsão legal, bastando a sua apreensão (STJ, AgRg no HC 475585/DF, Sexta Turma, j. 07/11/2019).

IV – provocar acidente de trabalho: o preso que provocar (dolosamente) acidente de trabalho comete falta grave. O acidente provocado culposamente não caracteriza esta falta, podendo ser rotulado como falta leve ou média, desde que prevista na legislação local.

> **ATENÇÃO:** Pratica essa falta o preso trabalhando interna ou externamente, exceto o trabalho do preso albergado, que está submetido às regras do "trabalho livre" (CLT etc.).

V – descumprir, no regime aberto, as condições impostas: o preso que descumprir as condições impostas pelo art. 115 desta lei incorre em falta grave (ver comentários ao artigo 115).

VI – inobservar os deveres previstos nos incisos II e V, do artigo 39, desta Lei: a desobediência ao servidor e o desrespeito a qualquer pessoa com quem deva relacionar-se (art. 39, inciso II) e a não execução do trabalho, das tarefas e das ordens recebidas (art. 39, inciso V) ensejam falta grave. O art. 146-B da Lei de Execução Penal permite ao juiz definir a fiscalização por meio da monitoração eletrônica quando autorizar a saída temporária no regime semiaberto ou determinar a prisão domiciliar. Caso o condenado descumpra suas obrigações, o juiz pode determinar a regressão de regime, a revogação da saída temporária, a revogação da prisão domiciliar ou pode advertir o condenado por escrito, caso decida não aplicar alguma das medidas anteriores. Não obstante o condenado possa sofrer as medidas acima mencionadas, o descumprimento de determinadas obrigações caracteriza falta grave, conforme observado na edição n. 145 da Jurisprudência em Teses do STJ. A inobservância do perímetro estabelecido para o monitoramento (AgRg no HC 537620/SP, Rel. Ministro Quinta Turma, j. em 05/12/2019), a utilização de tornozeleira sem bateria (REsp 1848164/RS, Sexta Turma, j. em 18/12/2019) e o rompimento de tornozeleira (HC 527117/RS, Quinta Turma, j. em 03/12/2019) são condutas que configuram falta grave de descumprimento de regras prevista no art. 50, VI, c.c. art. 39, V.

> **ATENÇÃO** – O trabalho é dever do preso, sendo a recusa injustificada falta grave. (STJ, HC 264.989-SP)

VII – tiver em sua posse, utilizar ou fornecer aparelho telefônico, de rádio ou similar, que permita a comunicação com outros presos ou com o ambiente externo: a introdução de aparelho de comunicação no presídio, antes de março de 2007, não gerava, em regra, qualquer consequência para o preso surpreendido na posse do aparelho, para o agente público que se omitisse diante a obrigação de vigilância ou mesmo para o particular que o introduzisse no sistema penitenciário. Os dois primeiros comportamentos, com o advento da Lei 11.466/07, foram tipificados como falta grave (art. 50, inc. VII, da LEP) e crime (art. 319-A do CP), respectivamente. Posteriormente, a Lei 12.012/09 tipificou também a conduta do particular de ingressar, promover, intermediar, auxiliar ou facilitar a entrada do aparelho, sem autorização, em estabelecimento prisional (art. 349-A do CP).

Aparelho telefônico, de rádio ou similar, que permita a comunicação com outros presos ou com o ambiente externo – como se nota, o dispositivo legal faz expressa menção tão somente ao aparelho telefônico, de rádio ou similar, mas não a baterias, carregadores e outros acessórios que possam viabilizar ou facilitar o uso dos aparelhos de comunicação.

A omissão gera controvérsia a respeito das consequências da posse de objetos outros que não os aparelhos. Embora possa se argumentar no sentido de que neste caso a punição por falta grave ofende o princípio da reserva legal, o STJ (e também o STF) orienta-se no sentido contrário: a falta existe tanto se o preso tem sob sua posse o aparelho de comunicação quanto se tem carregadores, fones, baterias ou chips, acessórios essenciais para o funcionamento dos aparelhos e que viabilizam a comunicação:

"1. Há pacífico entendimento jurisprudencial desta Corte Superior no sentido de que, "após o advento da Lei n. 11.466/2007, a posse de aparelho celular bem como de seus componentes essenciais, tais como chip, carregador ou bateria, constitui falta disciplinar de natureza grave." (HC 300337, Rel. Ministro ERICSON MARANHO, Desembargador convocado do TJ/SP, SEXTA TURMA, DJe 30/06/15). 2. Agravo regimental desprovido." (AgRg no REsp 1.708.448/RJ, j. 07/06/2018).

A perícia no aparelho celular é dispensável para configuração da falta de acordo com a jurisprudência do STJ, bastando somente a sua apreensão (AgRg no HC 501489/SP, Quinta Turma, julgado em 01/10/2019). Portanto, não é necessário atestar a capacidade de comunicação externa do celular, ainda que o dispositivo normativo a mencione expressamente.

VIII – recusar submeter-se ao procedimento de identificação do perfil genético – O condenado por crime doloso praticado com violência grave contra a pessoa, bem como por crime contra a vida, contra a liberdade sexual ou por crime sexual contra vulnerável, será submetido, obrigatoriamente, à identificação do perfil genético, mediante extração de DNA (ácido desoxirribonucleico), por técnica adequada e indolor, por ocasião do ingresso no estabelecimento prisional. É o que determina o art. 9º-A da LEP.

A identificação do perfil genético do habitante prisional mostra-se como medida salutar quando se pensa num Estado que deve ser eficiente no combate à crescente criminalidade (garantismo positivo), sem desconsiderar as garantias do cidadão (garantismo negativo), especialmente quando consideradas as baixas taxas de elucidação de crimes contra a vida e sexuais. A sua constitucionalidade já foi reconhecida pela nossa Corte Maior (STF, RCL 24484, j. 05/07/16).

A sua importância é de tal monta que a Lei 13.964/19 tipificou como falta grave recusar o preso submeter-se ao procedimento de identificação do perfil genético. E aqui reside nossa crítica. O caráter compulsório do fornecimento do material pelo condenado, cuja recusa agora passa a ser punível com sanção disciplinar, nos parece inconstitucional e inconvencional, ferindo o direito da pessoa presa de não produzir prova contra si mesma (*nemo tenetur se detegere*), a sua integridade física e a sua privacidade.

Logo, deve o Estado, através de métodos não invasivos (salvo se o preso concordar com tais procedimentos) colher material desprendido do corpo do reeducando para servir à identificação genética. O Estado não está impedido de usar vestígios para colher material útil na identificação do indivíduo. Não há nenhum obstáculo para sua apreensão e verificação (ou análise ou exame). São partes do corpo humano (vivo) que já não pertencem a ele. Logo, materiais análogos podem ser apreendidos e submetidos a exame normalmente, sem nenhum tipo de consentimento da pessoa (ex: exame do DNA da saliva que se achava nos cigarros fumados e jogados fora pelo condenado).

Ver nossos comentários ao art. 9º.-A da LEP.

Falta grave e o preso provisório – O disposto nesse artigo, no que couber, aplica-se também ao preso provisório (parágrafo único).

Falta grave e devido processo legal – Sempre que há notícia de falta disciplinar, é indispensável que o condenado tenha a oportunidade de exercer a ampla defesa e o contraditório antes de sofrer as consequências. A esse respeito, o STJ editou a súmula 533, segundo a qual "Para o reconhecimento da prática de falta disciplinar no âmbito da execução penal, é imprescindível a instauração de procedimento administrativo pelo diretor do estabelecimento prisional, assegurado o direito de defesa, a ser realizado por advogado constituído ou defensor público nomeado". Mas a súmula tem sido relativizada em situações nas quais, embora não tenha sido instaurado o procedimento pelo diretor do estabelecimento prisional, o condenado foi ouvido em audiência judicial a respeito de sua falta disciplinar. É a tese firmada pelo STF: "A oitiva do condenado pelo Juízo da Execução Penal, em audiência de justificação realizada na presença do defensor e do Ministério Público, afasta a necessidade de prévio Procedimento Administrativo Disciplinar (PAD), assim como supre eventual ausência ou insuficiência de defesa técnica no PAD instaurado para apurar a prática de falta grave durante o cumprimento da pena" (RE 972.598/RS, j. 04/05/2020). O STJ tem seguido a mesma orientação (AgRg no HC 442.560/PR, j. 02/03/2021).

Concurso de faltas disciplinares – Não prevê a lei qualquer dispositivo a respeito do concurso de faltas disciplinares. Conclui Mirabete: "na hipótese da prática de duas ou mais infrações, devem-se aplicar as sanções previstas isoladamente para cada uma delas e, pelo princípio geral, serem elas executadas na forma progressiva se não for possível a execução delas simultaneamente. Não há que se falar, por falta de previsão legal, em falta disciplinar continuada. A continuação delitiva é uma ficção criada pela lei penal e não uma realidade intrínseca a ser reconhecida na esfera disciplinar das prisões. De outro lado, porém, somente poderá ser aplicada uma sanção, e nesse caso a mais grave, se um fato constituir, em tese, duas faltas disciplinares. A isso obriga o princípio non bis in idem, que veda a punição múltipla por um só fato" (ob. cit. p. 146).

Falta grave e prescrição – a prática de falta grave provoca diversas consequências na execução da pena, como a interrupção do prazo para a progressão de regime e o óbice à concessão de benefícios que pressupõem comprometimento e responsabilidade da parte do condenado. Mas essas consequências só podem incidir após apuração por meio de procedimento administrativo que garanta ao preso o exercício da defesa.

Embora a Lei de Execução Penal discipline as formas de falta grave e suas consequências, não há menção a prazo limite para que, uma vez cometida a infração, a direção do estabelecimento prisional instaure o procedimento que pode culminar na imposição de sanções disciplinares. Diante da lacuna, convencionou-se que a falta grave deve se submeter ao prazo prescricional mínimo estabelecido no Código Penal para as infrações penais.

Note-se, no entanto, que esse prazo mínimo sofreu alteração em 2010. Com efeito, até a edição da Lei 12.234/10, o prazo prescricional mínimo era de dois anos (art. 109, VI, do CP). Com a lei, foi reajustado para três.

Temos, portanto, que a falta grave cometida até a entrada em vigor da Lei 12.234/10 fica submetida à prescrição de dois anos; as posteriores prescrevem em três anos:

> "2. As Turmas que compõem a Terceira Seção desta Corte firmaram o entendimento de que, em razão da ausência de legislação específica, a prescrição da pretensão de se apurar falta disciplinar, cometida no curso da execução penal, deve ser regulada, por analogia, pelo prazo do art. 109 do Código Penal, com a incidência do menor lapso previsto, atualmente de três anos, conforme dispõe o inciso VI do aludido artigo. 3. In casu, a falta grave foi cometida em 11/3/2012, tendo sido homologada pelo Juízo das Execuções Penais da Comarca do Rio de

Janeiro/RJ somente no dia 19/6/2017. 4. A conduta foi praticada após a edição da Lei n. 12.234/2010, cujo menor lapso prescricional é de 3 anos, prazo já implementado na data da homologação da infração disciplinar. Existência, portanto, de constrangimento ilegal." (HC 426.905/RJ, j. 27/02/2018).

No mesmo sentido decidiu o STF: (Min. Gilmar Mendes, HC-114422).

ATENÇÃO – O Ministério Público do Estado de São Paulo aprovou enunciado, no âmbito do Centro de Apoio às Promotorias Criminais, órgão auxiliar da Procuradoria-Geral de Justiça, no seguinte sentido: "O prazo prescricional da falta grave é o menor previsto no artigo 109 do Código Penal, salvo se a falta consistir na prática de crime, hipótese em que o referido prazo terá a mesma duração estabelecida no Código Penal e/ou na Legislação Especial".

1. ENUNCIADOS DE SÚMULAS DE JURISPRUDÊNCIA

- **STF – Súmula Vinculante 5.** A falta de defesa técnica por advogado no processo administrativo disciplinar não ofende a Constituição.
- **STJ – Súmula 535.** "A prática de falta grave não interrompe o prazo para fim de comutação de pena ou indulto."
- **STJ – Súmula 533. "Para o reconhecimento da prática de falta disciplinar no âmbito da execução penal, é imprescindível a instauração de procedimento administrativo pelo diretor do estabelecimento prisional, assegurado o direito de defesa, a ser realizado por advogado constituído ou defensor público nomeado".**
- **STJ – Súmula 526.** "O reconhecimento de falta grave decorrente do cometimento de fato definido como crime doloso no cumprimento da pena prescinde do trânsito em julgado de sentença penal condenatória no processo penal instaurado para apuração do fato."
- **STJ – Súmula 441.** A falta grave não interrompe o prazo para obtenção de livramento condicional.

2. INFORMATIVOS DE JURISPRUDÊNCIA

- **STJ – Falta grave. Rol taxativo**

O Superior Tribunal de Justiça possui o entendimento de ser taxativo o rol de faltas graves previsto no art. 50 da Lei de Execução Penal, não sendo cabível a realização de interpretação extensiva ou complementar a fim de ampliar o alcance das condutas ali previstas. (STJ, HC 481699 / RS, Sexta Turma, j. 12/03/2019).

- **STF – 745 – Código Penal e prescrição de infrações disciplinares**

Ante a inexistência de legislação específica quanto à prescrição de infrações disciplinares de natureza grave, aplica-se, por analogia, o Código Penal. Com base nessa orientação, a 2ª Turma indeferiu "habeas corpus" no qual se pretendia restabelecer decisão de tribunal local, que reconhecera a prescrição de Processo Administrativo Disciplinar – PAD, instaurado para apurar suposta prática de falta grave. Na espécie, o paciente empreendera fuga do sistema prisional e, recapturado, contra ele fora instaurado o aludido PAD. Na sequência, o juízo das execuções deixara de homologar o PAD ao fundamento de não ter sido observado o prazo máximo de 30 dias para a sua conclusão, conforme previsto no Regime Disciplinar Penitenciário do Rio Grande do Sul, porém, reconhecera a prática de falta grave e determinara a regressão de regime, a perda dos dias remidos e a alteração da data-base para a concessão de novos benefícios para a data da recaptura. Interposto agravo em execução, o tribunal local reconhecera a prescrição do PAD e, por consequência, restabelecera o regime semiaberto, a data-base anterior e devolvera os dias remidos perdidos. No presente "habeas corpus", a defesa afirmava que o tribunal "a quo" teria reconhecido a prescrição do PAD e não a da falta grave e, prescrito aquele, não poderia prevalecer a falta grave. A Turma sublinhou que, em razão da ausência de norma específica, aplicar-se-ia, à evasão do estabelecimento prisional (infração disciplinar de natureza grave), o prazo prescricional de dois anos, em conformidade com o artigo 109, VI, do CP, com redação anterior à Lei 12.234/2010, que alterou esse prazo para três anos. Assinalou, ainda, que o Regime Penitenciário do Rio Grande do Sul não teria o condão de regular a prescrição. Destacou que essa matéria seria de competência legislativa privativa da União (CF, art. 22, I). Precedentes citados: HC 92.000/SP (DJe de 23.11.2007) e HC 97.611/RS (DJe de 5.6.2009) (STF – HC nº 114422-RS, Rel. Gilmar Mendes, j. 6.5.2014).

STF – 687 – Falta grave: regressão e benefícios diversos

A 1ª Turma extinguiu habeas corpus em que se pleiteava assegurar ao paciente, em face de cometimento de falta grave, direito a não ter interrompida a contagem do tempo para progressão de regime prisional. Para tanto, reputou-se inadequada a impetração de writ substitutivo de recurso ordinário. Contudo, concedeu-se, de ofício, a ordem para assentar que o termo inicial da contagem de prazo concerniria, estritamente, à progressão no regime de cumprimento da pena, descabendo observá-lo no tocante a outros direitos. A princípio, salientou-se ser incongruente interpretar os preceitos alusivos à matéria a ponto de concluir que, ocorrida a regressão, no dia seguinte, poderia o preso progredir no regime. Observou-se, então, que o princípio da legalidade estrita afastaria interpretação analógica prejudicial ao réu. A par disso, aduziu-se que a Lei de Execução Penal silenciaria quanto ao surgimento de novo termo inicial para reconhecer-se o direito do preso a benefícios diversos (STF – HC nº 109389-RS, Rel. Marco Aurélio, j. 6.11.2012).

STF – 605 – Execução de pena e falta grave decorrente de fuga

Nesta assentada, o Min. Dias Toffoli, em divergência, julgou prejudicado o "writ", em face da perda superveniente de seu objeto. Inicialmente, entendeu que o caso se subsumiria ao teor da Súmula Vinculante 9, a ensejar a denegação da ordem. Em seguida, repeliu a existência de "bis in idem" decorrente de simultânea decretação de perda dos dias remidos e imposição de regime de isolamento, haja vista que uma questão seria disciplinar e a outra penal. Nesse aspecto, assinalou que estaria correta a decisão emanada do STJ, que não poderia simplesmente desconsiderar as questões postas. Reputou que o conhecimento do recurso especial não implicaria revolvimento de matéria fática, porque o sentenciado: a) evadira-se durante o cumprimento de sua pena e b) fora recapturado por força de prisão em flagrante, ao praticar novo fato definido como crime doloso, pelo qual, conforme informação obtida, já teria sido condenado em primeira instância e estaria aguardando, em liberdade, a apreciação do recurso interposto contra a sentença condenatória. Mencionou que a fuga revelaria causa suficiente para o reconhecimento de cometimento de falta grave, a ensejar, por si só, a regressão de regime prisional. Frisou que a perda dos dias remidos seria consequência jurídica, prevista em lei, do cometimento de falta grave. Enfatizou que obtivera, por meio da consulta de juiz auxiliar de seu gabinete ao juiz da execução, a notícia de que o paciente encontrar-se-ia, desde 9.11.2009, em liberdade condicional, por força de decisão proferida em execução, com término de cumprimento de pena previsto para 21.12.2010. Assentou que, ante a superveniente concessão da liberdade – sem que eventual denegação da ordem e restabelecimento da decisão do STJ, nesta altura, tivesse algum efeito prático sobre o benefício –, o "writ" estaria prejudicado, por ausência de objeto, eis que buscaria, exclusivamente, o restabelecimento do regime prisional aberto. Concluiu que se tornaria despiciendo qualquer debate em torno do direito à concessão de regime prisional mais brando na execução criminal atualmente em curso, sem prejuízo de eventual revogação do livramento e readequação do regime prisional por força de condenação posterior a ele imposta, cuja execução, todavia, ainda não se iniciara. A Turma, então, determinou a juntada das certidões relativas à atual situação do paciente, já colhidas pelo juiz auxiliar do Min. Dias Toffoli. Após, diante do fato novo suscitado, pediu vista o Min. Marco Aurélio (STF – HC nº 96246, Rel. Marco Aurélio, j 19.10.2010).

STF – 576 – Falta grave e fuga de clínica de tratamento de dependência química

A Turma, por maioria, indeferiu "habeas corpus" em que a Defensoria Pública da União pleiteava o restabelecimento de acórdão proferido pelo TJ/RS no qual se afirmara que a evasão de apenado de clínica de tratamento de dependência química não equivaleria à prática de falta grave prevista no art. 50, II, da LEP ("Comete falta grave o condenado à pena privativa de liberdade que: ... II – fugir;"). Tratava-se, na espécie, de "writ" impetrado contra decisão de ministro do STJ que provera recurso especial ao fundamento de que o mencionado abandono do estabelecimento prisional caracterizaria falta grave, com as consequências próprias: perda dos dias remidos, regressão no regime de pena, reinício da contagem do prazo para futuros benefícios e cassação de saídas temporárias. Asseverou-se que, conquanto o paciente não estivesse enclausurado uma vez que, condenado a cumprimento da pena em regime semiaberto, fora-lhe concedida pelo juízo das execuções a permissão de saída para tratamento de dependência química, encontrava-se sob a custódia do Estado, não perdendo a condição de preso, sujeito às demais condições estabelecidas na LEP, inclusive à pena de regressão. Assim, entendeu-se configurada a falta grave, porquanto o paciente aproveitara-se dessa situação para fugir várias vezes da clínica. Ressaltou-se, por fim, que o fato de o paciente retornar ao regime fechado não o impede de, caso reapresente os sintomas da doença que o acometera, ser novamente internado para tratamento. Vencido o Min. Marco Aurélio, relator, que concedia a ordem para assentar que o recurso especial não merecia o provimento dado pelo STJ. Aduzia que o usuário de droga deveria receber tratamento e não postura rígida do Estado que, ao término, apenas levaria ao agravamento da situação. Ademais, consignava a inviabilidade de interpretação analógica quanto à falta grave de fugir de estabelecimento prisional (LEP, art. 50, II) a reverter em prejuízo do réu, passando-se a considerar como enquadrável na previsão legal hipótese em que o viciado deixa a clínica de tratamento, vindo, espontaneamente, a procurar correção de rumos em clínica diversa (STF – HC nº 97980, red. p/ ac. Min. Dias Toffoli, j. 23.2.2010).

- **STF – 572 – Falta grave: regressão e devido processo legal**

Por reputar violados os princípios do contraditório e da ampla defesa, a Turma deu provimento a recurso extraordinário para anular decisão do Juízo de Execuções Penais da Comarca de Erechim – RS, que decretara a regressão de regime de cumprimento de pena em desfavor do recorrente, o qual não fora assistido por defensor durante procedimento administrativo disciplinar instaurado para apurar falta grave. Asseverou-se que, não obstante a aprovação do texto da Súmula Vinculante 5 ("A falta de defesa técnica por advogado no processo administrativo disciplinar não ofende a Constituição."), tal verbete seria aplicável apenas em procedimentos de natureza cível e não em procedimento administrativo disciplinar promovido para averiguar o cometimento de falta grave, tendo em vista estar em jogo a liberdade de ir e vir. Assim, neste caso, asseverou-se que o princípio do contraditório deve ser observado amplamente, com a presença de advogado constituído ou defensor público nomeado, impondo ser-lhe apresentada defesa, em obediência às regras específicas contidas na Lei de Execução Penal, no Código de Processo Penal e na Constituição (STF – RE nº 398269-RS, Rel. Gilmar Mendes, j.15.12.2009).

- **STJ – 595 – Uso de tornozeleira eletrônica. Perímetro estabelecido para monitoramento. Não observância. Constituição de falta grave. Não ocorrência. Aplicação de sanção disciplinar.**

Cingiu-se a discussão a verificar se a conduta do apenado, de estar fora da área de inclusão de rastreamento da tornozeleira eletrônica configura, em tese, possível falta disciplinar de natureza grave – apta à instauração de sindicância administrativa. Inicialmente, cabe destacar que resta incontroverso na doutrina e na jurisprudência que é taxativo o rol do artigo 50 da Lei de Execuções Penais, que prevê as condutas que configuram falta grave. No caso em apreço, o apenado foi identificado fora do endereço declarado no período noturno (área de inclusão), descumprindo assim uma das condições impostas na decisão que lhe concedera saída temporária. Todavia, tal conduta não está prevista no rol supracitado – o que veda o seu reconhecimento, mesmo em tese, como falta disciplinar de natureza grave, sob pena de ofensa ao princípio da legalidade. Trata-se, sim, de descumprimento de condição obrigatória que autoriza sanção disciplinar diversa, podendo ser aplicada, a critério do juiz da execução, a regressão do regime, a revogação da saída temporária, da prisão domiciliar ou a advertência por escrito, nos termos do artigo 146-C, parágrafo único da Lei de Execuções Penais, incluído pela Lei n. 12.258, de 2010, bem como a revogação do próprio benefício de monitoração, por descumprimento do disposto no art. 146-D do referido diploma legal. (REsp 1.519.802-SP, Rel. Min. Maria Thereza de Assis Moura, por unanimidade, julgado em 10/11/2016, DJe 24/11/2016.)

- **STJ – 591 – DIREITO PROCESSUAL PENAL. Falta grave homologada após publicação do decreto que previu comutação de penas.**

O benefício da comutação de penas previsto no Decreto n. 8.172/2013 deve ser negado quando o apenado tiver praticado falta disciplinar de natureza grave nos doze meses anteriores à publicação do Decreto, mesmo que a respectiva decisão homologatória tenha sido proferida posteriormente. Inicialmente, no julgamento do REsp 1.364.192-RS (DJe 17/9/2014), em regime repetitivo, a Terceira Seção definiu que "não é interrompido automaticamente o prazo pela falta grave no que diz respeito à comutação de pena ou indulto, mas a sua concessão deverá observar o cumprimento dos requisitos previstos no Decreto Presidencial pelo qual foram instituídos". O Decreto n. 8.172/2013, que tratou da matéria de concessão de indulto natalino e comutação de penas, assim dispôs: "Art. 5º A declaração do indulto e da comutação de penas previstos neste Decreto fica condicionada à inexistência de aplicação de sanção, reconhecida pelo juízo competente, em audiência de justificação, garantido o direito ao contraditório e à ampla defesa, por falta disciplinar de natureza grave, prevista na Lei de Execução Penal, cometida nos doze meses de cumprimento da pena, contados retroativamente à data de publicação deste Decreto." A Quinta Turma, interpretando de forma literal o artigo, firmou-se no sentido de que o prazo de 12 (doze) meses limita tão somente a expressão "por falta disciplinar grave" e não todo o artigo, uma vez que a homologação não fica condicionada ao mencionado tempo. Em outras palavras, somente a falta grave está condicionada a lapso anterior ao Decreto, mas o processo administrativo para apuração e a homologação da falta podem ocorrer após à publicação do Decreto (AgRg no REsp 1.478.459-RS, Quinta Turma, DJe 25/2/2015; AgRg no REsp 1.593.381-MG, Quinta Turma, DJe 24/8/2016; HC 317.211-MG, Quinta Turma, DJe 30/5/2016; HC 350.021-SP, Quinta Turma, DJe 28/4/2016). A manutenção do entendimento adotado pacificamente pela Quinta Turma harmoniza-se com a orientação de ser de natureza declaratória a decisão proferida pelo Juízo da execução, seja deferindo progressão seja determinando regressão por faltas graves (STF, HC 115.254-SP, Segunda Turma, DJe 26/2/2016) (STJ – EREsp nº 1.549.544-RS, Rel. Felix Fischer, j. 14.9.2016, DJe 30.9.2016.

- **STJ – 567 – DIREITO PENAL. Recusa injustificada do apenado ao trabalho constitui falta grave.**

Constitui falta grave na execução penal a recusa injustificada do condenado ao exercício de trabalho interno. O art. 31 da Lei 7.210/1984 (LEP) determina a obrigatoriedade do trabalho ao apenado condenado à pena privativa de liberdade, na medida de suas aptidões e capacidades, sendo sua execução, nos termos do art. 39, V, da referida Lei, um dever do apenado. O art. 50, VI, da LEP, por sua vez, classifica como falta grave a inobservância do dever de execução do trabalho. Ressalte-se, a propósito, que a pena de trabalho forçado, vedada no art. 5º, XLVIII, "c", da CF, não se confunde com o dever de trabalho imposto ao apenado, ante o disposto no art. 6º, 3, da Convenção Americana de Direitos Humanos (Pacto San José da Costa Rica), segundo o qual os trabalhos ou serviços normalmente exigidos de pessoa reclusa em cumprimento de sentença ou resolução formal expedida pela autoridade judiciária competente não constituem trabalhos forçados ou obrigatórios vedados pela Convenção (STJ – HC nº 264.989-SP, Rel. Ericson Maranho, j. 4.8.2015, DJe 1./8.2015).

- **STJ – 532 – DIREITO PROCESSUAL PENAL. Ilegalidade no reconhecimento de falta grave decorrente da mudança de endereço**

A mudança de endereço sem autorização judicial durante o curso do livramento condicional, em descumprimento a uma das condições impostas na decisão que concedeu o benefício, não configura, por si só, falta disciplinar de natureza grave. Com efeito, essa conduta não está prevista no art. 50 da LEP, cujo teor estabelece, em rol taxativo, as hipóteses de falta grave, a saber, as situações em que o condenado à pena privativa de liberdade: a) incitar ou participar de movimento para subverter a ordem ou a disciplina; b) fugir; c) possuir, indevidamente, instrumento capaz de ofender a integridade física de outrem; d) provocar acidente de trabalho; e) descumprir, no regime aberto, as condições impostas; f) inobservar os deveres previstos nos incisos II e V do artigo 39 da LEP; e g) tiver em sua posse, utilizar ou fornecer aparelho telefônico, de rádio ou similar, que permita a comunicação com outros presos ou com o ambiente externo. Desse modo, não é possível o reconhecimento da falta grave com fundamento na simples mudança de endereço durante o curso do livramento condicional, sem que evidenciada situação de fuga, sob pena de ofensa ao princípio da legalidade (STJ – HC nº 203.015-SP, Rel. Maria Thereza de Assis Moura, j. 26.11.2013).

- **STJ – 529 – DIREITO PENAL. Prazo para a comutação da pena.**

O cometimento de falta grave não interrompe o prazo estipulado como critério objetivo para concessão de comutação da pena caso o decreto presidencial concessivo assim não preveja. Precedentes citados: HC 138.361/RS, Quinta Turma, DJe de 19/10/2009; e HC 131.880/SP, Quinta Turma, Rel. DJe de 5/10/2009 (STJ HC nº 266.280-SP, Rel. Laurita Vaz, j. 15.8.2013.

- **STJ – 529 – DIREITO PENAL. Requisitos para a comutação da pena.**

Na hipótese em que decreto presidencial de comutação de pena estabeleça, como requisito para sua concessão o não cometimento de falta grave durante determinado período, a prática de falta grave pelo apenado em momento diverso não constituirá, por si só, motivo apto a justificar a negativa de concessão do referido benefício pelo juízo da execução. Precedentes citados: HC 161.603-RS, Quinta Turma, DJe de 21/6/2010; e HC 138.361-RS, Quinta Turma, DJe de 19/10/2009 (STJ – HC nº 266.280-SP, Rel. Laurita Vaz, j. 15.8.2013).

- **STJ – 527 – DIREITO PENAL. Requisitos para a comutação da pena.**

Na hipótese em que decreto presidencial de comutação de pena estabeleça, como requisito para a concessão desta, o não cometimento de falta grave durante determinado período, a prática de falta grave pelo apenado em momento diverso não constituirá, por si só, motivo apto a justificar a negativa de concessão do referido benefício pelo juízo da execução. Com efeito, não cabe ao magistrado criar pressupostos não previstos no decreto presidencial, para que não ocorra violação do princípio da legalidade. De fato, preenchidos os requisitos estabelecidos no mencionado decreto, não há como condicionar ou impedir a concessão da comutação da pena ao reeducando sob nenhum outro fundamento, tendo a sentença natureza jurídica meramente declaratória. Precedentes citados: HC 233.348-SP, Quinta Turma, DJe 15/6/2012; e HC 121.802-RJ, Sexta Turma, DJe 4/4/2011 (STJ RHC nº 36.925-SP, Rel. Sebastião Reis Júnior, j. 6.6.2013).

- **STJ – 519 – DIREITO PROCESSUAL PENAL Inocorrência de falta grave pela posse de um cabo usb, um fone de ouvido e um microfone por visitante de preso.**

No âmbito da execução penal, não configura falta grave a posse, em estabelecimento prisional, de um cabo USB, um fone de ouvido e um microfone por visitante de preso. Primeiramente, os referidos componentes eletrônicos não se amoldam às hipóteses previstas no art. 50, VII, da Lei 7.210/1984 porque, embora sejam considerados acessórios eletrônicos, não são essenciais ao funcionamento de aparelho de telefonia celular ou de rádio de comunicação e, por isso, não se enquadram na finalidade da norma proibitiva que é a de impedir a comunicação intra e extramuros. Além disso, também não há como falar em configuração de falta grave, pois a conduta praticada por visitante não pode alcançar a pessoa do preso, tendo em vista que os componentes eletrônicos não foram apreendidos com o detento, mas com seu visitante (STJ – HC nº 255.569-SP, Rel. Marco Aurélio Bellizze, j. 21.3.2013).

- **STJ – 517 – DIREITO PROCESSUAL PENAL. Falta grave decorrente da posse de chip de telefonia móvel por preso.**

No âmbito da execução penal, configura falta grave a posse de chip de telefonia móvel por preso. Essa conduta se adéqua ao disposto no art. 50, VII, da LEP, de acordo com o qual constitui falta grave a posse de aparelho telefônico, de rádio ou similar que permita a comunicação com outros presos ou com o ambiente externo. Trata-se de previsão normativa cujo propósito é conter a comunicação entre presos e seus comparsas que estão no ambiente externo, evitando-se, assim, a deletéria conservação da atividade criminosa que, muitas vezes, conduziu-os ao aprisionamento. Portanto, há de se ter por configurada falta grave também pela posse de qualquer outra parte integrante do aparelho celular. Conclusão diversa permitiria o fracionamento do aparelho entre cúmplices apenas com o propósito de afastar a aplicação da lei e de escapar das sanções nela previstas (STJ – HC nº 260.122-RS, Rel. Marco Aurélio Bellizze, j. 21.3.2013).

- **STJ – 479 – Falta grave. Prazo. Prescrição.**

É consabido que a prescrição da falta grave deve ser regulada pelo menor prazo previsto no art. 109 do CP. Todavia, apesar de o prazo fixado nessa norma ser atualmente de três anos, esse prazo era de dois anos à época dos fatos. Sucede que, da própria impetração, vê-se que transcorrido pouco mais de um ano, o que afasta perquirir a prescrição (STJ – HC nº 111.650, Rel. Og Fernandes, j. 28.6.2011).

▸ **STJ – 475 – Sindicância. Falta grave. Oitiva. Ausência. Advogados. Nulidade.**

Foi instaurada sindicância para apuração do cometimento de falta grave imputada ao paciente em sede de execução penal; ao final reconheceu-se o cometimento da falta grave (posse de aparelho celular dentro do presídio), contudo sem a presença do defensor quando da oitiva do acusado. A Turma entendeu não aplicável a Súmula Vinculante 5/STF, pois os precedentes que a embasam estão vinculados ao Direito Administrativo. Não se está a tratar de um mero procedimento administrativo disciplinar em que um sujeito sobre o qual recai a suspeita de uma falta pode, investido de plenos poderes, exercer seus direitos e prerrogativas e demonstrar sua inocência. Diante das condições a que submetidos os detentos, qualquer tentativa de equiparação com os sujeitos que, do lado de cá das grades, podem, per si, fazer valer a dignidade da pessoa humana, soa descontextualizado. Daí a Turma concedeu a ordem para, cassando o acórdão atacado, anular a sindicância (STJ – HC nº 193.321, Rel. Maria Trereza de Assis Moura, j. 31.5.2011).

▸ **STJ – Falta grave. Autoria mediata.**

Quem, de qualquer modo, concorre para uma conduta, incide nas penas a esta cominadas. No caso, o apenado foi responsabilizado por ser o idealizador da falta grave, o seu autor mediato. De acordo com a prova oral produzida durante o procedimento administrativo disciplinar, ele determinou o transporte de droga e o realizou, não diretamente, mas pelas mãos da visitante do presídio, seu instrumento. Assim, não se pode dizer que tenha havido responsabilização objetiva por ato de terceiro. O apenado não foi responsabilizado por ato de terceiro, mas por ter efetivamente concorrido para o transporte de droga e a tentativa do seu ingresso no ambiente carcerário. Ele dominou a vontade alheia e, desse modo, se serviu da visitante como instrumento da prática ilícita. (STJ. 6ª Turma. AgRg no HC 613729/SP, Rel. Min. Rogerio Schietti Cruz, julgado em 20/04/2021).

▸ **STJ – 382 – Falta grave. Interpretação extensiva.**

A conduta de o paciente, durante a execução da pena de reclusão, não ter comparecido perante o oficial de Justiça para ser citado não pode ser considerada como falta grave, uma vez que referida conduta não está propriamente ligada aos deveres do preso durante a execução penal. As faltas graves devem ser expressamente dispostas na Lei de Execução Penal, não cabendo interpretação extensiva quer do art. 39 quer do art. 50, para que sejam aplicadas (STJ – HC nº 108.616, Rel. Jane Silva, j. 6.2.09).

3. QUESTÕES DE CONCURSOS

01. (Agente Penitenciário – PI – 2016) A Lei de Execução Penal estabelece que as faltas disciplinares são classificadas em leves, médias e graves. Marque a alternativa que **NÃO** trata de falta grave quanto ao condenado à pena privativa de liberdade:

a) tiver de posse de aparelho celular.
b) fugir.
c) participar de movimento para subverter a ordem ou a disciplina.
d) provocar acidente de trabalho.
e) não manter sua higiene pessoal e de sua cela.

02. (Juiz Substituto – TJ/RR – 2015 – FCC) NÃO comete falta grave o condenado a pena privativa de liberdade que

a) provocar acidente de trabalho.
b) inobservar o dever de obediência ao servidor.
c) descumprir, no regime aberto, as condições impostas.
d) inobservar o dever de execução do trabalho, das tarefas e das ordens recebidas.
e) não revelar urbanidade e respeito no trato com os demais condenados.

03. (Juiz Substituto – TJ/AL – 2015 – FCC) Com relação à Lei de Execução Penal (Lei nº 7.210/1984) e sua interpretação pelo Superior Tribunal de Justiça,

a) a saída temporária poderá ser concedida pelo diretor do estabelecimento penal sempre que preenchidos os requisitos objetivos e subjetivos previstos na lei.
b) a prática de falta grave interrompe a contagem do prazo para a progressão de regime, mas não interrompe o prazo para fins de indulto e comutação
c) o reconhecimento da prática de falta grave é imprescindível a instauração de procedimento administrativo, assegurado o direito de defesa, não constituindo a ausência de defesa técnica por advogado violação à ampla defesa, nos termos da Súmula Vinculante nº 5 do STF.
d) a medida de segurança não possui prazo determinado, não possuindo relevância o limite máximo cominado abstratamente para o delito praticado.
e) se a falta grave consistir no cometimento de fato definido como crime doloso, seu reconhecimento dependerá do trânsito em julgado da sentença penal condenatória no processo penal instaurado para a apuração do fato.

04. (Defensoria Pública de São Paulo – 2015 – Fundação Carlos Chagas) Sobre o regime disciplinar na execução penal é correto afirmar que

a) o descumprimento do dever de executar tarefas e ordens recebidas pelo preso configura falta disciplinar de natureza grave, conforme a Lei de Execução Penal.
b) é destinado às penas privativas de liberdade, não existindo faltas graves na execução de pena restritiva de direitos.
c) a condenação em falta disciplinar de natureza grave implica a revogação de um terço do tempo remido pelo trabalho ou estudo.
d) a jurisprudência do STF não admite a relativização da legalidade nas faltas disciplinares, como a aplicação de falta grave pela posse de chip de telefone celular.
e) o cumprimento de sanção disciplinar em cela escura deve ser comunicado pelo diretor ao juiz competente em até dez dias.

05. (Defensor Público – PE – 2015 – CESPE) Enquanto cumpria pena no regime fechado, João foi acusado da prática de falta disciplinar de natureza grave, cometida em 2/1/2012, consistente na posse de um chip para aparelho celular. Em 14/7/2014, o promotor de justiça requereu o reconhecimento da prática da falta grave e a revogação de todo o tempo remido de João. A respeito dessa situação hipotética, julgue os próximos itens, com base na jurisprudência dominante dos tribunais superiores pertinente a esse tema.

I. A posse exclusivamente de chip para aparelho celular não caracteriza falta disciplinar de natureza grave.
II. A falta disciplinar de natureza grave imputada a João estava prescrita quando da requisição do promotor de justiça.

06. (Defensor Público – FCC – 2013 – AM) Em relação à execução penal, é INCORRETO afirmar:

a) A pena unificada para atender ao limite de trinta anos de cumprimento, determinado pelo artigo 75 do Código Penal, não é considerada para a concessão de outros benefícios, como o livramento condicional ou regime mais favorável de execução.
b) Admite-se a progressão de regime de cumprimento da pena ou a aplicação imediata de regime menos severo nela determinada, antes do trânsito em julgado da sentença condenatória.
c) Não impede a progressão de regime de execução da pena, fixada em sentença não transitada em julgado, o fato de o réu se encontrar em prisão especial.
d) Admite-se o exame criminológico pelas peculiaridades do caso, desde que em decisão motivada.
e) A falta grave interrompe o prazo para obtenção de livramento condicional.

07. (Agente Penitenciário – CESPE – 2009 – SEJUS-ES) Acerca da disciplina na execução penal, julgue o item que se segue.

A tentativa de fuga do estabelecimento prisional é classificada como falta disciplinar grave, punida com a sanção correspondente à falta consumada.

08. **(Inspetor de Segurança e Administração Penitenciária – SEAP-RJ –2012)** No âmbito das faltas disciplinares que podem ser cometidas pelo condenado preso, segundo a Lei de Execução Penal, é considerado de natureza grave:

a) trabalhar voluntariamente
b) conservar objetos de uso pessoal
c) usar de bebida alcoólica
d) não indenizar o Estado das despesas realizadas
e) possuir, indevidamente, instrumento capaz de ofender a integridade física de outrem

09. **(CETRO/2017 – TJ/RJ – Titular de Serviços de Notas e de Registros)** Acerca da apuração de conduta do detento preso e da identificação da falta e aplicação de eventual sanção, de acordo com o que dispõe a Lei das Execuções Penais e a jurisprudência acerca do tema, marque V para verdadeiro ou F para falso e, em seguida, assinale a alternativa que apresenta a sequência correta.

( ) De acordo com entendimento majoritário do STJ, é prescindível a instauração de procedimento administrativo pelo diretor do estabelecimento prisional para apuração de falta grave quando já instaurado procedimento judicial, com oitiva do preso e a presença do advogado.

( ) Com base na Súmula Vinculante nº 5 do STF, a falta de defesa técnica por advogado no processo administrativo disciplinar, inclusive, aqueles referentes à execução penal, não ofende a Constituição.

( ) Cabe ao diretor do presídio utilizar-se de procedimento administrativo, quando se identificarem tipos de falta leve ou média, comunicando o caso, ato contínuo, ao juiz da Vara das Execuções Penais para decidir acerca da sanção a ser imposta ao detento.

a) V/ V/ V
b) F/ F/ F
c) V/ F/ V
d) F/ V/ V
e) V/ F/ F

10. **(MPE-PR/2017 – MPE/PR – Promotor Substituto)** O sentenciado Afonso Garante, que cumpria pena em regime semiaberto, empreendeu fuga da Colônia Penal Agrícola, resultando na regressão do regime prisional. O juiz da execução proferiu decisão nos seguintes termos: "O apenado fora sancionado com falta grave consubstanciada em fuga, através de procedimento disciplinar administrativo, com observância do contraditório e ampla defesa. Assim, entendo desnecessária nova oitiva em juízo e homologo a falta grave. Com isso, nos termos do inciso I do artigo 118 da LEP, regrido o sentenciado para o regime fechado, devendo ser considerada como data base para nova progressão de regime a data da sua recaptura, por se tratar de infração disciplinar de natureza permanente."

As soluções apresentadas pelo magistrado, consideradas isoladamente – referentes à dispensa da oitiva judicial do apenado e à interrupção do prazo para progressão – na decisão, foram corretas? Analise as assertivas abaixo e responda:

I. Não, porque a audiência de justificação para prévia oitiva do condenado se constitui em exigência obrigatória na regressão definitiva ao regime mais severo, nos termos da Lei de Execução Penal.

II. Sim, pois se inexiste dúvida sobre a falta grave, a oitiva em juízo se constituiria em medida procrastinatória, apenas repetindo o procedimento já realizado na via administrativa.

III. Não, porque não deve existir alteração da data base para nova progressão, na medida em que o sentenciado foi recapturado e não houve a prática de novo crime durante o período em que ficou foragido.

IV. Sim, porque a prática de falta grave interrompe a contagem do prazo para a progressão de regime de cumprimento de pena, nos termos de entendimento sumular do STJ.

V. Não, pois a fuga não se constitui em falta grave e, portanto, não pode gerar regressão de regime e interrupção da contagem do prazo para a progressão de regime de cumprimento de pena.

a) Apenas as assertivas I e III estão corretas.

b) Somente as assertivas I e IV estão corretas.

c) Apenas as assertivas II e III estão corretas.

d) Somente a assertiva II e IV estão corretas.

e) Apenas a assertiva V está correta.

GAB	1	E	02	E	03	B	04	A	05	I – ERRADO II – ERRADO
	06	E	07	CERTO	8	E	9	B	10	B

Art. 51. Comete falta grave o condenado à pena restritiva de direitos que:

I – descumprir, injustificadamente, a restrição imposta;

II – retardar, injustificadamente, o cumprimento da obrigação imposta;

III – inobservar os deveres previstos nos incisos II e V, do artigo 39, desta Lei.

Restritiva de direitos – Os três incisos do art. 51 estão relacionados com a desídia do reeducando no cumprimento da pena alternativa imposta (descumprir a restrição imposta, retardar o cumprimento da obrigação ou não observar os deveres legais), sujeitando seu autor, em especial, à sanção do art. 181, § 1º, *d*, e § 2º, da LEP (conversão da pena alternativa em privativa de liberdade).

Art. 52. A prática de fato previsto como crime doloso constitui falta grave e, quando ocasionar subversão da ordem ou disciplina internas, sujeitará o preso provisório, ou condenado, nacional ou estrangeiro, sem prejuízo da sanção penal, ao regime disciplinar diferenciado, com as seguintes características:

I – duração máxima de até 2 (dois) anos, sem prejuízo de repetição da sanção por nova falta grave de mesma espécie;

II – recolhimento em cela individual;

III – visitas quinzenais, de 2 (duas) pessoas por vez, a serem realizadas em instalações equipadas para impedir o contato físico e a passagem de objetos, por pessoa da família ou, no caso de terceiro, autorizado judicialmente, com duração de 2 (duas) horas;

IV – direito do preso à saída da cela por 2 (duas) horas diárias para banho de sol, em grupos de até 4 (quatro) presos, desde que não haja contato com presos do mesmo grupo criminoso;

V – entrevistas sempre monitoradas, exceto aquelas com seu defensor, em instalações equipadas para impedir o contato físico e a passagem de objetos, salvo expressa autorização judicial em contrário;

VI – fiscalização do conteúdo da correspondência;

VII – participação em audiências judiciais preferencialmente por videoconferência, garantindo-se a participação do defensor no mesmo ambiente do preso.

§ 1º O regime disciplinar diferenciado também será aplicado aos presos provisórios ou condenados, nacionais ou estrangeiros:

I – que apresentem alto risco para a ordem e a segurança do estabelecimento penal ou da sociedade;

II – sob os quais recaiam fundadas suspeitas de envolvimento ou participação, a qualquer título, em organização criminosa, associação criminosa ou milícia privada, independentemente da prática de falta grave.

§ 2º (Revogado).

§ 3º Existindo indícios de que o preso exerce liderança em organização criminosa, associação criminosa ou milícia privada, ou que tenha atuação criminosa em 2 (dois) ou mais Estados da Federação, o regime disciplinar diferenciado será obrigatoriamente cumprido em estabelecimento prisional federal.

§ 4º Na hipótese dos parágrafos anteriores, o regime disciplinar diferenciado poderá ser prorrogado sucessivamente, por períodos de 1 (um) ano, existindo indícios de que o preso:

I – continua apresentando alto risco para a ordem e a segurança do estabelecimento penal de origem ou da sociedade;

II – mantém os vínculos com organização criminosa, associação criminosa ou milícia privada, considerados também o perfil criminal e a função desempenhada por ele no grupo criminoso, a operação duradoura do grupo, a superveniência de novos processos criminais e os resultados do tratamento penitenciário.

§ 5º Na hipótese prevista no § 3º deste artigo, o regime disciplinar diferenciado deverá contar com alta segurança interna e externa, principalmente no que diz respeito à necessidade de se evitar contato do preso com membros de sua organização criminosa, associação criminosa ou milícia privada, ou de grupos rivais.

§ 6º A visita de que trata o inciso III do caput deste artigo será gravada em sistema de áudio ou de áudio e vídeo e, com autorização judicial, fiscalizada por agente penitenciário.

§ 7º Após os primeiros 6 (seis) meses de regime disciplinar diferenciado, o preso que não receber a visita de que trata o inciso III do caput deste artigo poderá, após prévio agendamento, ter contato telefônico, que será gravado, com uma pessoa da família, 2 (duas) vezes por mês e por 10 (dez) minutos.

Redação antes da Lei 13.964/19	Redação depois da Lei 13.964/19
Art. 52. A prática de fato previsto como crime doloso constitui falta grave e, quando ocasione subversão da ordem ou disciplina internas, sujeita o preso provisório, ou condenado, sem prejuízo da sanção penal, ao regime disciplinar diferenciado, com as seguintes características: I – duração máxima de trezentos e sessenta dias, sem prejuízo de repetição da sanção por nova falta grave de mesma espécie, até o limite de um sexto da pena aplicada; II – recolhimento em cela individual; III – visitas semanais de duas pessoas, sem contar as crianças, com duração de duas horas; IV – o preso terá direito à saída da cela por 2 horas diárias para banho de sol. § 1º O regime disciplinar diferenciado também poderá abrigar presos provisórios ou condenados, nacionais ou estrangeiros, que apresentem alto risco para a ordem e a segurança do estabelecimento penal ou da sociedade.	"Art. 52. A prática de fato previsto como crime doloso constitui falta grave e, quando ocasionar subversão da ordem ou disciplina internas, sujeitará o preso provisório, ou condenado, nacional ou estrangeiro, sem prejuízo da sanção penal, ao regime disciplinar diferenciado, com as seguintes características: I – duração máxima de até 2 (dois) anos, sem prejuízo de repetição da sanção por nova falta grave de mesma espécie; II – recolhimento em cela individual; III – visitas quinzenais, de 2 (duas) pessoas por vez, a serem realizadas em instalações equipadas para impedir o contato físico e a passagem de objetos, por pessoa da família ou, no caso de terceiro, autorizado judicialmente, com duração de 2 (duas) horas; IV – direito do preso à saída da cela por 2 (duas) horas diárias para banho de sol, em grupos de até 4 (quatro) presos, desde que não haja contato com presos do mesmo grupo criminoso;

§ 2º Estará igualmente sujeito ao regime disciplinar diferenciado o preso provisório ou o condenado sob o qual recaiam fundadas suspeitas de envolvimento ou participação, a qualquer título, em organizações criminosas, quadrilha ou bando.

V – entrevistas sempre monitoradas, exceto aquelas com seu defensor, em instalações equipadas para impedir o contato físico e a passagem de objetos, salvo expressa autorização judicial em contrário;

VI – fiscalização do conteúdo da correspondência;

VII – participação em audiências judiciais preferencialmente por videoconferência, garantindo-se a participação do defensor no mesmo ambiente do preso.

§ 1º O regime disciplinar diferenciado também será aplicado aos presos provisórios ou condenados, nacionais ou estrangeiros:

I – que apresentem alto risco para a ordem e a segurança do estabelecimento penal ou da sociedade;

II – sob os quais recaiam fundadas suspeitas de envolvimento ou participação, a qualquer título, em organização criminosa, associação criminosa ou milícia privada, independentemente da prática de falta grave.

§ 2º (Revogado).

§ 3º Existindo indícios de que o preso exerce liderança em organização criminosa, associação criminosa ou milícia privada, ou que tenha atuação criminosa em 2 (dois) ou mais Estados da Federação, o regime disciplinar diferenciado será obrigatoriamente cumprido em estabelecimento prisional federal.

§ 4º Na hipótese dos parágrafos anteriores, o regime disciplinar diferenciado poderá ser prorrogado sucessivamente, por períodos de 1 (um) ano, existindo indícios de que o preso:

I – continua apresentando alto risco para a ordem e a segurança do estabelecimento penal de origem ou da sociedade;

II – mantém os vínculos com organização criminosa, associação criminosa ou milícia privada, considerados também o perfil criminal e a função desempenhada por ele no grupo criminoso, a operação duradoura do grupo, a superveniência de novos processos criminais e os resultados do tratamento penitenciário.

§ 5º Na hipótese prevista no § 3º deste artigo, o regime disciplinar diferenciado deverá contar com alta segurança interna e externa, principalmente no que diz respeito à necessidade de se evitar contato do preso com membros de sua organização criminosa, associação criminosa ou milícia privada, ou de grupos rivais.

	§ 6º A visita de que trata o inciso III do caput deste artigo será gravada em sistema de áudio ou de áudio e vídeo e, com autorização judicial, fiscalizada por agente penitenciário. § 7º Após os primeiros 6 (seis) meses de regime disciplinar diferenciado, o preso que não receber a visita de que trata o inciso III do caput deste artigo poderá, após prévio agendamento, ter contato telefônico, que será gravado, com uma pessoa da família, 2 (duas) vezes por mês e por 10 (dez) minutos." (NR)

Regime disciplinar diferenciado – O art. 52 trata das hipóteses que autorizam a inclusão do preso faltoso no regime disciplinar diferenciado (RDD), espécie mais drástica de sanção disciplinar.

Como o próprio nome já anuncia, a disciplina imposta com a medida é diferenciada, restringindo, como nenhuma outra, a já limitada liberdade de locomoção do preso e alguns dos seus direitos.

O RDD foi implantado primeiramente pela Secretaria de Administração Penitenciária do Estado de São Paulo (SAP), em 2001, por meio da Resolução n. 26. A medida foi criada como resposta direta à atuação de organizações criminosas, notadamente o PCC (Primeiro Comando da Capital), nos presídios paulistas. A partir da Lei n. 10.792/03, foi incluído de modo definitivo na LEP apesar das diversas críticas formuladas por juristas e pesquisadores. Dentre elas, sobressai a de que o RDD representa, para além de uma sanção disciplinar, uma nova modalidade de cumprimento de pena, significativamente mais severo que, para Salo de Carvalho e Christiane Freire, "rompe a lógica do sistema progressivo e, sobretudo, viola o núcleo duro da Constituição que são os direitos e garantias individuais" (Crítica à execução penal, 2007, p. 277).

A "ressignificação normativa da disciplina" (Carvalho; Freire, ob. cit., p. 277) se deve ao fato de que esta sanção, imensamente mais restritiva do que as demais, não depende do registro de falta grave para ser aplicada. As hipóteses previstas no artigo 52 da LEP autorizam a inclusão no RDD em casos de "alto risco para a ordem e segurança do estabelecimento penal ou da sociedade" ou de "suspeita de participação ou envolvimento em organizações criminosas, associação criminosa ou milícia privada", bem como com a prática de crime doloso que ocasione "subversão da ordem e disciplina". Se antes o isolamento da pessoa sancionada não podia ultrapassar 30 dias e decorria exclusivamente do registro de falta grave, depois da criação do RDD passa a valer por longos períodos e prescinde da apuração de uma infração, disciplinar ou penal.

Modificado significativamente pelo Pacote Anticrime (Lei 13.964/19), o RDD passa a ter as seguintes características:

I – duração máxima de até 2 (dois) anos, sem prejuízo de repetição da sanção por nova falta grave de mesma espécie.

De acordo com o texto original deste artigo, o RDD, na primeira ocorrência, tinha duração de até um ano. A partir da nova redação, o período máximo foi estendido para dois anos, contado na forma do artigo 10 do CP.

Pela simples leitura do inciso parece, a *prima facie*, que a sanção poderá ser imposta tantas vezes quantas forem as faltas graves repetidamente praticadas, sem limites.

II – recolhimento em cela individual.

O cumprimento da sanção se dará em cela individual (a conhecida solitária), com acompanhamento psicológico. O isolamento deve ser implantado sem se desconsiderar as proibições trazidas pelo artigo 45 da LEP, onde, no seu segundo parágrafo, veda o emprego de cela escura, acrescentando a doutrina, ainda, os alojamentos inabitáveis ou insalubres.

III – visitas quinzenais de duas pessoas, por vez, a serem realizadas em instalações equipadas para impedir o contato físico e a passagem de objetos, por pessoa da família ou, no caso de terceiro, autorizado judicialmente, com duração de 2 (duas) horas;

A redação original deste inciso permitia o recebimento de "visitas semanais de duas pessoas, sem contar as crianças, com duração de duas horas". Percebe-se, então, que esse direito foi ainda mais restringido pelo novo dispositivo, que agora prevê visitas quinzenais. Se o interessado for alguém fora da relação familiar, a visita dependerá de autorização judicial. O § 6º dispõe, ainda, que a visita será gravada e, mediante decisão judicial, fiscalizada por agente penitenciário.

Criança pode visitar preso no RDD? Sabemos todos ser fundamental para a ressocialização do preso não romper seus contatos com o mundo exterior, de forma a não debilitar as relações que une o habitante prisional e seus familiares e amigos. Não há dúvida de que os laços mantidos principalmente com a família são essencialmente benéficos para o reeducando, porque o leva a sentir que, mantendo contatos, embora com limitações, com as pessoas que se encontram fora do presídio, não foi excluído da comunidade (Mirabete, ob. cit. p. 124). Não sem razão, as Regras de Mandela, no seu preceito 106, dispõem que se deve velar para que se mantenham e melhorem as boas relações entre o preso e sua família, conforme apropriado ao melhor interesse de ambos. O Estatuto da Criança e do Adolescente assegura a convivência da criança e do adolescente com a mãe ou pai privado de liberdade, por meio de visitas periódicas promovidas pelo responsável, independentemente de autorização judicial (art. 19, § 4º).

Dentro desse espírito, mesmo quando incluído no regime mais drástico de cumprimento de pena, deve ser garantido ao interno sancionado o direito de relacionar-se com seus entes queridos.

Contudo, considerando os princípios basilares traçados pelo próprio Estatuto da Criança e do Adolescente (Lei nº 8.069/90) – princípios da prevenção geral e especial do atendimento integral à criança; garantia prioritária; proteção estatal; prevalência dos interesses do menor; indisponibilidade dos interesses do menor – evitar as visitas de crianças em unidades de segurança máxima parece mais recomendável. Afinal, são locais destinados para abrigar presos perigosos, devendo ser absolutamente constatada a segurança daqueles que visitam, especialmente quando crianças. Entendemos, portanto, que a possibilidade de visitação de crianças depende de circunstâncias concretas relativas à unidade prisional, bem como ao perfil da pessoa presa.

Nos termos do § 7º., após os primeiros 6 (seis) meses de regime disciplinar diferenciado, o preso que não receber a visita de que trata o inciso III do *caput* deste artigo poderá, após prévio agendamento, ter contato telefônico, que será gravado, com uma pessoa da família, 2 (duas) vezes por mês e por 10 (dez) minutos.

IV – o preso terá direito à saída da cela por 2 horas diárias para banho de sol, em grupos de até 4 (quatro) presos, desde que não haja contato com presos do mesmo grupo criminoso;

Pouco foi alterado no novo dispositivo. O preso continua a ter direito à saída da cela por duas horas diárias para o banho de sol, agora limitada a grupos de até quatro presos que não pertençam ao mesmo grupo criminoso.

O banho de sol é prerrogativa importante do preso, especialmente porque constitui uma das únicas oportunidades de circulação fora da cela. Proibi-lo ou restringi-lo significa grave afronta aos seus direitos e à sua integridade física e psicológica. Nesse sentido, em 01.07.19, o STF, concedeu medida cautelar no HC coletivo n. 172.136-SP, impetrado pela Defensoria Pública, para garantir o cumprimento, pela administração prisional da Penitenciária de Martinópolis/SP, do comando normativo. Ressalte-se que a decisão sequer versava sobre presos em cumprimento de RDD, mas sim em cumprimento de sanção disciplinar. Na decisão, o Ministro Celso de Mello entendeu esclareceu:

> "Constitui verdadeiro paradoxo reconhecer-se, de um lado, o 'direito à saída da cela por 2 (duas) horas diárias para banho de sol' (LEP, art. 52, IV), em favor de quem se acha submetido, por razões de 'subversão da ordem ou disciplina internas' no âmbito penitenciário, ao rigorosíssimo regime disciplinar diferenciado (RDD) e negar, de outro, o exercício de igual prerrogativa de ordem jurídica a quem se acha recolhido a pavilhões destinados à execução de medidas disciplinares ordinárias ("Pavilhão Disciplinar") e à proteção de detentos ameaçados ("Pavilhão de Seguro")".

V – entrevistas sempre monitoradas, exceto aquelas com seu defensor, em instalações equipadas para impedir o contato físico e a passagem de objetos, salvo expressa autorização judicial em contrário;

As três últimas características do RDD (incs. V, VI e VII) foram incluídas pelo Pacote Anticrime. São medidas que se prestam a garantir a segurança das unidades prisionais e da sociedade, intensificando a vigilância sobre os presos em regime diferenciado de cumprimento de pena.

O inciso V prevê o monitoramento de qualquer contato do preso com o mundo externo, exceto a comunicação com o seu defensor, resguardando, assim, o direito de defesa e o exercício livre da advocacia. Havendo autorização judicial, mesmo a entrevista com advogado será monitorada. Sabendo que as liberdades públicas não são entendidas em sentido absoluto, desaparecerá a ilicitude de qualquer violação quando houver fundadas suspeitas de as entrevistas estarem servindo, na verdade, para a prática de infrações penais. Nesse caso, a gravação se legitima como importante instrumento para a garantia da ordem pública e das liberdades alheias.

VI – fiscalização do conteúdo da correspondência;

A LEP prevê no art. 41, parágrafo único, que o direito de comunicação com o mundo externo pode ser suspenso ou restringido por decisão da administração prisional. Diante da imprecisão da LEP, há muito se discute sobre a possibilidade de monitoramento das correspondências do preso e sua constitucionalidade.

A inviolabilidade do sigilo de correspondência é garantia constitucional. No entanto, para boa parte da doutrina e jurisprudência, "a cláusula tutelar da inviolabilidade do sigilo epistolar não pode constituir instrumento de salvaguarda de práticas ilícitas" (STF, HC 70814/SP). Neste caso, a fiscalização se legitima como importante instrumento para a garantia da ordem pública e das liberdades alheias.

O problema apontado por alguns autores era que a legislação não estabelecia, de modo específico, as hipóteses nas quais o sigilo de correspondência poderia ser violado. A previsão genérica contida no art. 41 acabava por afrontar os princípios da legalidade e da proporcionalidade na execução penal.

Temos, assim, com este novo inciso, que a fiscalização de correspondências é expressamente permitida durante o cumprimento de RDD, por ser, como já afirmamos, um regime significativamente mais rígido, que tem como objetivo principal isolar e neutralizar o preso sancionado, restringindo drasticamente suas possibilidades de articulação intra e entramuros.

VII – participação em audiências judiciais preferencialmente por videoconferência, garantindo-se a participação do defensor no mesmo ambiente do preso.

Visando reduzir os deslocamentos do preso enclausurado, este dispositivo prevê, para o reeducando no RDD, a participação em audiências por meio de videoconferência.

Divergindo de muitos, sempre nos colocamos favoravelmente à implantação da participação à distância do preso. O avanço da tecnologia, com a sensível melhoria na qualidade das transmissões, permite que o juiz sinta as reações do acusado da mesma maneira que o faria caso ele estivesse na sua presença, preservando-se, assim, o princípio da imediação do juiz com as partes.

A propósito, essa questão que envolve a presença da pessoa, em vista do estágio atual da tecnologia e da informática, é algo a ser considerado. Estar presente, nos dias atuais, não implica, necessariamente, na ocupação do mesmo espaço físico. Basta ver que, no feminicídio, aumenta-se a pena quando o crime é cometido na presença, física ou virtual, dos ascendentes e descendentes (§ 7º, do art. 121 do CP). Percebam: ainda que virtual, é possível estar presente.

Daí a pertinência da observação formulada pelo jornalista Marcelo Coelho, em artigo que publicou no jornal Folha de São Paulo, em 1º de março de 2006, ao salientar que "o desaparecimento da distância, assegurado pelos meios eletrônicos, faz com, que ninguém, na verdade, esteja totalmente próximo dos seus semelhantes: não está ausente, quando se afasta, nem presente, quanto está junto" (Caderno Ilustrada, p. 6).

A grande vantagem do sistema, sem dúvida, consiste na possibilidade de se conferir maior celeridade ao processo. Celeridade que, se antes, era um mero argumento de retórica vazia, presente em discursos dos operadores do Direito, ganhou, atualmente, ganhou status de norma constitucional, face ao conteúdo da Emenda Constitucional nº 45, de 08 de dezembro de 2004, que introduziu o inc. LXXVIII, ao art. 5º, assegurando a todos, no âmbito judicial e administrativo, "a razoável duração do processo e os meios que garantam a celeridade de sua tramitação". Celeridade, que é preciso se ressaltar, não é benéfica apenas à sociedade, que tem uma resposta mais eficaz frente ao delito cometido, mas, principalmente, ao réu que, preso, vê sua situação mais rapidamente definida. As constantes delongas que assolam o regular andamento do processo, causadas por problemas no deslocamento dos réus presos (isso sem falar nas megaoperações organizadas para o transporte de réus perigosos, onde até helicópteros são utilizados e enorme contingente de pessoal mobilizado), são evitadas com a participação à distância.

O novo é sempre visto com desconfiança. Por curiosidade histórica, convém recordar da lição de Jorge Americano, professor catedrático da Faculdade de Direito de São Paulo, citado por Câmara Leal (ob. cit., vol. III, p. 21), quando, em 1941, se opunha ao Código de Processo Penal ao criticar a inovação consistente na possibilidade de ser datilografada a sentença do Juiz, em observação que hoje soa ridícula. Confira-se: "A sentença deve ser escrita do próprio punho, datada e assinada por seu prolator. São considerados essenciais estes requisitos porque servem para fiscalizar a autenticidade da sentença, e ao mesmo tempo asseguram o sigilo que sobre ela se deve manter até a respectiva publicação [...] Ora, permitir que a sentença seja datilografada é tolerar o seu conhecimento pelo datilógrafo, antes de publicada. É certo que a sentença, enquanto em estado de rascunho, pode ser modificada, e só adquire força depois de publicada. Basta uma hesitação da parte do juiz, em presença do datilógrafo, um erro que corrija, uma modificação que introduza, para criar no espírito desse auxiliar uma suspeita sobre a integridade do juiz ou, quando tal não se dê, trazer a público incidentes curiosos ou anedóticos quanto à maneira de lavrar a sentença [...] Eis porque parece mais sábio manter a tradição, segundo a qual o juiz lavra, data e assina a sentença do próprio punho".

RDD e as hipóteses de cabimento – A inclusão no regime disciplinar diferenciado (RDD) tem cabimento nos casos expressamente definidos pelo artigo 52, *caput* e parágrafos.

São eles:

a) a prática de fato previsto como crime doloso constitui falta grave e, quando ocasionar subversão da ordem ou disciplina internas, sujeita o preso provisório, ou condenado, nacional ou estrangeiro, sem prejuízo da sanção penal, ao regime disciplinar diferenciado (...):

A primeira hipótese de cabimento da medida extrema se dá com a prática de fato previsto como crime doloso, que ocasione subversão da ordem ou disciplina internas. Logo, não será todo e qualquer crime doloso que sujeitará o seu agente ao RDD, mas apenas aqueles que causam tumulto carcerário.

Aqui incluímos, também, a prática de crime preterdoloso (ou preterintencional), pois este nada mais é que um crime doloso agravado pelo resultado culposo. Aliás, para reforçar esse entendimento, basta colocarmos a seguinte situação hipotética: dois pavilhões de um presídio se deparam com alguns internos promovendo uma rebelião, oportunidade em que colocam fogo nos colchões. Num dos pavilhões, o fogo destrói vários cômodos e, apesar de causar subversão na ordem, não traz maiores danos ao local. No outro, o fogo, além de subverter a ordem do local, causa, culposamente, a morte de um integrante da polícia penal (antigo agente penitenciário). Excluir o preterdolo do alcance da norma seria aplicar o RDD para os faltosos do primeiro pavilhão, e não para os do segundo, cujo resultado foi até mais grave. A situação ficaria, no mínimo, esquisita.

Mesmo que o crime doloso, causador de desordem carcerária, fique no campo da tentativa, será punido com a sanção correspondente à falta consumada (art. 49, parágrafo único, da LEP). No entanto, a circunstância do conatus será considerada na duração da punição.

Sem prejuízo da sanção administrativa, o preso faltoso responderá penalmente pelo crime doloso praticado, não se cogitando de *bis in idem* em face da diferente natureza das punições.

A única modificação inserida neste dispositivo se refere à expressão "nacional ou estrangeiro". Embora o texto original do *caput* não fizesse menção à nacionalidade, já se entendia que a lei, implicitamente, incluía estrangeiros, uma vez que brasileiros e estrangeiros, na execução penal, têm os mesmos direitos e deveres. Conclusão diversa nos obrigaria a excluir os estrangeiros de outras consequências negativas previstas na LEP (como regressão, por exemplo), apenas porque não se fez referência a eles.

ATENÇÃO – A prática de crime doloso configura falta grave em sede de execução, admitindo consequências várias para o reeducando, como a regressão de regimes e a imposição de sanção disciplinar. Sem implicar na violação do princípio da presunção de inocência, essas consequências (e outras) não pressupõem sentença condenatória transitada em julgado, bastando a prova de que o preso praticou crime ou fato definido como falta grave. Foi essa a tese de repercussão geral fixada no julgamento pelo STF (Tema 758): "O reconhecimento de falta grave consistente na prática de fato definido como crime doloso no curso da execução penal dispensa o trânsito em julgado da condenação criminal no juízo do conhecimento, desde que a apuração do ilícito disciplinar ocorra com observância do devido processo legal, do contraditório e da ampla defesa, podendo a instrução em sede executiva ser suprida por sentença criminal condenatória que verse sobre a materialidade, a autoria e as circunstâncias do crime correspondente à falta grave". É sabido, aliás, que a absolvição criminal só afasta a responsabilidade administrativa quando restar proclamada a inexistência do fato ou de autoria. Embora não se possa negar a independência entre as esferas – segundo a qual, em tese, admite-se repercussão da absolvição penal nas demais instâncias apenas nos casos de inexistência material ou de negativa de autoria –, não há como ser mantida a incoerência de se ter o mesmo fato por não provado na esfera criminal e por provado na esfera administrativa. Assim, quando o único fato que motivou a penalidade administrativa resultou em absolvição no âmbito criminal, ainda que por ausência de provas, a autonomia das esferas há que ceder espaço à coerência que deve existir entre as decisões sancionatórias. Nesse sentido se posicionou o STJ no AgRg nos EDcl no HC 601.533-SP.

b) O regime disciplinar diferenciado também será aplicado aos presos provisórios ou condenados, nacionais ou estrangeiros, que apresentem alto risco para a ordem e a segurança do estabelecimento penal ou da sociedade;

O RDD também se aplica ao preso provisório ou definitivo que, independentemente do crime praticado ou condenado, apresenta alto risco para a segurança interna do estabelecimento prisional ou para a sociedade. É o caso do interno que, mesmo dentro do presídio ou estabelecimento prisional, comanda crimes do lado de fora (extra muro), colocando em risco a coletividade.

O alto risco apresentado pelo preso deve derivar de fato pretérito ou presente para o qual concorreu ou concorre, direta ou indiretamente, o reeducando.

c) sob os quais recaiam fundadas suspeitas de envolvimento ou participação, a qualquer título, em organização criminosa, associação criminosa ou milícia privada, independentemente da prática de falta grave.

Outra hipótese de cabimento do RDD repousa no caso do preso provisório ou definitivo, nacional ou estrangeiro, que integre organização criminosa (definida no art. 1º da Lei

12.850/13), associação criminosa (prevista no art. 288 do CP) ou milícia privada (prevista no art. 288-A do CP). A redação original deste dispositivo citava apenas a participação em organizações criminosas, quadrilha ou bando.

Eis aqui a preocupação do legislador pátrio em coibir, de maneira firme e convincente, os integrantes dos grupos criminosos, verdadeiros líderes, com seguidores dentro e fora do sistema carcerário, merecendo, por isso, isolamento como forma de desmantelar o malfazejo grupo.

> **ATENÇÃO** – A Lei 13.260/16 regulamenta o disposto no inciso XLIII do art. 5º da Constituição Federal, disciplinando o terrorismo, tratando de disposições investigatórias e processuais e reformulando o conceito de organização terrorista. Com a vigência da novel Lei, fica a pergunta: pessoa suspeita de integrar organização terrorista pode ser incluída no RDD? Numa interpretação afoita do art. 52, § 2º, da LEP, pode parecer que não, por falta de previsão legal. No entanto, não se pode ignorar que a Lei 12.850/13, que define organização criminosa, também se aplica às organizações terroristas (art. 1º., § 2º, II). Conclusão: numa interpretação sistemática, entendemos que organização terrorista nada mais é do que uma forma especial de organização criminosa, sendo passível de sanção disciplinar da espécie RDD.

Merece cuidado, no entanto, a interpretação da expressão "fundadas suspeitas" utilizada pelo dispositivo em estudo. Entendemos inaplicável medida tão drástica quando presentes meros suspeitas. O *standard* probatório exigido é de caráter normativamente intermediário, caracterizado por um grau de probabilidade suficiente a fundar a suspeita do ilícito, comum àquele exigível dos demais incidentes executivos de pena.

O mesmo raciocínio deve ser empregado sobre os §§ 3º e 4º., que utilizam o termo "indícios".

O § 3º determina que o preso deve ser obrigatoriamente transferido para estabelecimento prisional federal em caso de indícios de liderança em organização criminosa, associação criminosa ou milícia privada ou de atuação criminosa em dois ou mais Estados. Demonstrado esse cenário, o § 5º determina que o preso deve ser submetido à alta segurança, especialmente para evitar seu contato com outros membros do grupo criminoso.

O § 4º, por sua vez, autoriza a prorrogação sucessiva do RDD por períodos de um ano, caso haja indícios de que o preso: I) continua apresentando alto risco para a segurança e ordem; ou ainda II) mantém vínculos com grupos criminosos (organização, associação ou milícia), considerando seu perfil, a função desempenhada no grupo, a atividade duradoura do grupo, a superveniência de novos processos e os resultados do tratamento penitenciário.

Constitucionalidade do RDD – O debate que toma nossos Tribunais diz respeito à constitucionalidade do RDD, havendo duas posições bem definidas, como se percebe do quadro abaixo:

Inconstitucional	Constitucional
O RDD fere a dignidade da pessoa humana, constituindo sanção de caráter cruel, desumano e degradante.	O RDD não representa, per si, a submissão do encarcerado a padecimentos físicos e psíquicos, impostos de modo vexatório, o que somente restaria caracterizado nas hipóteses em que houvesse, por exemplo, o isolamento em celas insalubres, escuras ou sem ventilação.

Inconstitucional	Constitucional
O RDD configura sanção desproporcional aos fins da pena (da execução).	O sistema penitenciário, em nome da ordem e da disciplina, bem como da regular execução das penas, há que se valer de medidas disciplinadoras, e o regime em questão atende ao primado da proporcionalidade entre a gravidade da falta e a severidade da sanção.
O RDD ofende coisa julgada, representando quarta modalidade de regime de cumprimento de pena.	Transitada em julgado a sentença condenatória, surge entre o condenado e o Estado, na execução da pena, uma nova relação jurídica. O regime instituído pela Lei nº 10.792/2003 (RDD) visa propiciar a manutenção da ordem interna dos presídios, não representando, portanto, uma quarta modalidade de regime de cumprimento de pena, em acréscimo àqueles previstos pelo Código Penal (art. 33, CP).
O RDD desrespeita o princípio da legalidade, gerando verdadeiro *bis in idem*.	É expressa a lei (art. 52 da LEP) no sentido de que, havendo a prática de crime, devem ser instaurados os dois processos (penal e administrativo) de que resultarão as sanções de duas espécies. Não se trata, evidentemente, de violar o princípio non *bis in idem*, pois, de acordo com a melhor doutrina, constituem-se em infrações a ordenamentos jurídicos diversos (de direito penal e de execução penal), como, aliás, ocorre também com a aplicação de sanções penais e civis quando da prática de crime de que resulta prejuízo.

1. ENUNCIADOS DE SÚMULAS DE JURISPRUDÊNCIA

- **STF – Súmula Vinculante 5.** A falta de defesa técnica por advogado no processo administrativo disciplinar não ofende a Constituição.

2. JURISPRUDÊNCIA

- **Regime disciplinar diferenciado. Constitucionalidade**

Regime Disciplinar Diferenciado. Alegada inconstitucionalidade e desproporcionalidade da medida. Inocorrência. Inconstitucionalidade do RDD já afastada por decisão do Órgão Especial do TJSP. Ademais, "(...) correto o reconhecimento da infração disciplinar de natureza grave, consistente em subversão à ordem e disciplina internas, ameaça e danos ao patrimônio". Imposição do redime diferenciado, "amparada no artigo 52, § 1º, I, da Lei de Execução Penal, com a redação dada pela Lei nº 13.964/2019" (TJSP, Agravo em Execução nº 0010730-49.2020.8.26.0041, rel. Des. Mário Devienne Ferraz, 1ª Câm. Criminal, j. 31/08/2020).

Regime Disciplinar Diferenciado. Alegada inconstitucionalidade, por impingir tratamento cruel, desumano e degradante. Afastamento da medida ou redução de seu prazo. Inadmissibilidade. "O Regime Disciplinar Diferenciado, previsto no artigo 52 da Lei de Execução Penal, com a nova redação determinada pela Lei nº 13.964/19, consiste em um sistema de disciplina carcerária especial, dotado de regras mais rígidas do que os demais regimes de cumprimento de pena, sendo aplicável em caráter repressivo, como sanção disciplinar (caput), ou como medida cautelar (parágrafo 1º), destinada a prevenir condutas que possam acarretar subversão da ordem ou da disciplina interna do estabelecimento prisional." Medida imposta em razão da gravidade da conduta do sentenciado, que liderou rebelião na penitenciária, causando subversão à ordem e à disciplina interna, dano ao patrimônio público e motim de presos. (Agravo em Execução nº 0008863-21.2020.8.26.0041, rel. Des. Xavier de Souza, 11ª Câm. Criminal, j. 20/07/2020).

3. QUESTÕES DE CONCURSOS

01. (Juiz Substituto – TJDF – 2015 – CESPE) Assinale a opção correta no que se refere à execução penal.

a) Preso provisório que cometer fato tipificado como crime doloso enquanto estiver no estabelecimento prisional poderá ser submetido a regime disciplinar diferenciado.

b) É ato privativo do juízo da vara de execuções penais aplicar as sanções disciplinares de suspensão de direitos e de isolamento na própria cela ao condenado que cumpre pena em regime fechado.

c) Compete ao juízo prolator da sentença decidir os incidentes de detração, remissão e suspensão condicional da pena.

d) Ocorrendo *abolitio criminis* após o trânsito em julgado da sentença penal condenatória, caberá à vara de execuções penais competente, mediante revisão criminal, conhecer e aplicar a lei mais benéfica.

e) É cabível recurso de agravo em execução, no prazo de dez dias, contra decisão do juízo da vara de execução penal que negou pedido de conversão de pena privativa de liberdade em restritiva de direitos.

02. (Defensor Público – MS – 2014) Com relação à Lei de Execução Penal, é correto afirmar que:

a) o regime disciplinar diferenciado previsto no art. 52 da Lei de Execução Penal é aplicável somente aos presos condenados em cumprimento de pena privativa de liberdade.

b) são sanções disciplinares: a advertência verbal, repreensão, censura, suspensão ou restrição de direitos e inclusão no regime disciplinar diferenciado.

c) cabem apenas ao juiz da execução penal e ao ministério público a obrigatoriedade de visitas aos estabelecimentos prisionais.

d) ao condenado em regime fechado é assegurado o direito de cela individual contendo dormitório, lavatório e aparelho sanitário, contendo área mínima de 6 m2 e ambiente salubre.

03. (Juiz Substituto – TJPA – 2014) Com relação ao regime disciplinar diferenciado, é correto afirmar que

a) consiste em um rigoroso regime de cumprimento de pena.

b) a previsão legal do instituto encontra-se no Código Penal, havendo divergências sobre sua constitucionalidade.

c) sua previsão legal decorre das modificações introduzidas na Lei de Execução Penal.

d) se trata de uma sanção disciplinar destinada apenas aos presos condenados.

e) se trata de um incidente no cumprimento da pena, devidamente previsto na Lei de Execução Penal.

GAB	01	A	02	D	03	C

▸SUBSEÇÃO III – DAS SANÇÕES E DAS RECOMPENSAS

Art. 53. Constituem sanções disciplinares:

I – advertência verbal;

II – repreensão;

III – suspensão ou restrição de direitos (artigo 41, parágrafo único);

IV – isolamento na própria cela, ou em local adequado, nos estabelecimentos que possuam alojamento coletivo, observado o disposto no artigo 88 desta Lei.

V – inclusão no regime disciplinar diferenciado. (Incluído pela Lei nº 10.792, de 2003)

Sanções disciplinares – estão previstas num rol taxativo, não admitindo ampliação, em respeito ao princípio da legalidade.

I – advertência verbal: geralmente adotada quando da prática de falta leve pelo condenado. Apesar de verbal, deve constar no prontuário do reeducando;

II – repreensão: forma escrita de advertência, geralmente adotada diante da prática reincidente de falta leve ou quando da prática da falta média;

III – suspensão ou restrição de direitos: são direitos que poderão ser restringidos ou suspensos: proporcionalidade na distribuição do tempo para trabalho, descanso e recreação (art. 41, V, desta lei); visita do cônjuge, da companheira, de parentes e amigos em dias determinados (art. 41, X, desta lei); contato com o mundo exterior por meio de correspondência escrita, da leitura e de outros meios de informação que não comprometam a moral e os bons costumes (art. 41, XV, desta lei);

IV – isolamento na própria cela, ou em local adequado, nos estabelecimentos que possuam alojamento coletivo, observado o disposto no artigo 88 desta lei: dispositivo de difícil aplicação, pois na atual conjuntura, o sistema penitenciário brasileiro não possui sequer celas coletivas suficientes para todos os condenados. De toda forma, havendo cela para isolamento individual, deverá respeitar o disposto no art. 88, isto é, área mínima, salubridade etc. O que costuma ocorrer é o envio das pessoas sancionadas para celas chamadas de "seguro" que, embora coletivas, têm por objetivo isolar os presos do restante dos fluxos que abastecem o sistema prisional. São, assim, espaços cujas condições de habitação são ainda mais insalubres do que nas demais celas;

V – inclusão no regime disciplinar diferenciado: o preso poderá sofrer a sanção de inclusão no regime disciplinar diferenciado (ver comentários ao art. 52).

1. QUESTÃO DE CONCURSO

01. **(FCC Órgão: TJ-MS Prova: FCC – 2020 – TJ-MS – Juiz Substituto)** No que toca às sanções disciplinares na fase de execução penal, correto afirmar que

a) a advertência verbal e a repreensão serão aplicadas por ato do diretor do estabelecimento, desnecessárias motivação e comunicação ao juiz da execução.

b) compete ao juiz da execução a aplicação da suspensão ou restrição de direitos.

c) a autorização para inclusão de preso em regime disciplinar diferenciado dependerá de requerimento circunstanciado elaborado pelo diretor do estabelecimento, decidindo o juiz no prazo máximo de quinze dias, ouvida apenas a defesa.

d) o isolamento na própria cela, ou em local adequado, nos estabelecimentos que possuam alojamento coletivo, será determinado pelo diretor do presídio e comunicado ao juiz da execução.

e) cabe exclusivamente ao juiz da execução decretar o isolamento preventivo do faltoso pelo prazo de até dez dias.

GAB	01	D

ATENÇÃO – A aplicação de qualquer das sanções disciplinares deverá constar no prontuário do preso.

Art. 54. As sanções dos incisos I a IV do art. 53 serão aplicadas por ato motivado do diretor do estabelecimento e a do inciso V, por prévio e fundamentado despacho do juiz competente. (Redação dada pela Lei nº 10.792, de 2003)

§ 1º A autorização para a inclusão do preso em regime disciplinar dependerá de requerimento circunstanciado elaborado pelo diretor do estabelecimento ou outra autoridade administrativa. (Incluído pela Lei nº 10.792, de 2003)

§ 2º A decisão judicial sobre inclusão de preso em regime disciplinar será precedida de manifestação do Ministério Público e da defesa e prolatada no prazo máximo de quinze dias. (Incluído pela Lei nº 10.792, de 2003)

Aplicação das sanções disciplinares – Da leitura do dispositivo, percebe-se que a aplicação de sanções disciplinares, em regra, ficará a cargo da autoridade administrativa. Cabe, então, ao diretor prisional, no final do procedimento de apuração de falta disciplinar, decidir pela natureza (leve, média ou grave) e qualificação jurídica da falta, e aplicar as sanções previstas no art. 53. Em caso de falta grave, a administração prisional pode aplicar as sanções de perda ou restrição de direitos e de isolamento, mas deve remeter o procedimento ao juízo da execução penal que irá aplicar um novo pacote sancionatório ao preso faltoso, cujos efeitos incidem diretamente no desenvolvimento progressivo da pena (previstos no art. 48, parágrafo único).

RDD – No que se refere ao Regime Disciplinar Diferenciado, no entanto, a Lei 10.792/03 adotou o sistema da judicialização, confiando apenas ao juiz o império da sua aplicação.

ATENÇÃO – Apesar de constar do dispositivo em comento o termo despacho, cuida-se, na verdade, de sentença, desafiando, desse modo, todo o sistema de recursos vigente.

A autorização para inclusão no RDD, então, dependerá de requerimento circunstanciado elaborado pelo diretor do estabelecimento ou outra autoridade administrativa (§ 1º).

A questão que aqui se coloca é a seguinte: o Ministério Público pode, como órgão da execução penal, requerer também a aplicação dessa sanção máxima?

Analisando o disposto na alínea "a", inc. II, do artigo 68 da LEP, a resposta só pode ser afirmativa.

Aliás, a amplitude da presente alínea torna inúteis as demais, todas, de certa forma, ligadas ao desenvolvimento regular do processo executivo.

Nos termos do § 2º do art. 54, a decisão judicial sobre a inclusão de preso em regime disciplinar será precedida do devido processo legal, manifestando-se o Ministério Público (ou como requerente ou como *custos legis*) e o indigitado faltoso, que terá oportunidade de exercer seu sagrado direito de defesa, consubstanciado no contraditório.

Individualização da sanção – Com a nova redação do artigo 57 da LEP, na aplicação das sanções disciplinares, levar-se-ão em conta a natureza, os motivos, as circunstâncias e as consequências do fato, bem como a pessoa do faltoso e seu tempo de prisão (princípio constitucional da individualização da pena, vedando, como já faz o artigo 45, § 3º, as sanções coletivas).

1. QUESTÃO DE CONCURSO

01. (Analista Judiciário – CESPE – 2011 – TJ-ES) Com relação a direitos, deveres e disciplina do preso, julgue o próximo item:

As sanções disciplinares de isolamento na própria cela, ou em local adequado, assim como a inclusão no regime disciplinar diferenciado, deverão ser aplicadas mediante prévio e fundamentado despacho do juiz competente.

GAB	01	ERRADO

Art. 55. As recompensas têm em vista o bom comportamento reconhecido em favor do condenado, de sua colaboração com a disciplina e de sua dedicação ao trabalho.

Art. 56. São recompensas:

I – o elogio;

II – a concessão de regalias.

Parágrafo único. A legislação local e os regulamentos estabelecerão a natureza e a forma de concessão de regalias.

Recompensas ao preso – Trata-se de uma contrapartida em reconhecimento a comportamentos positivos do preso (colaboração com a disciplina e dedicação ao trabalho).

O sistema de recompensas também é estimulado pelas Regras Mínimas da ONU (atualizadas pelas de Mandela, preceito 95):

> "Toda unidade prisional deve estabelecer sistemas de privilégios adequados para as diferentes classes de presos e diferentes métodos de tratamento, a fim de incentivar uma boa conduta, desenvolver o senso de responsabilidade e assegurar o interesse e a cooperação dos presos no seu tratamento".

Diversas pesquisas dão conta da efetividade do sistema de recompensas quando comparado ao sistema punitivo vigente atualmente. O reforço positivo seria, assim, mais produtivo em termos de manutenção da ordem e disciplina e desestímulo à prática de faltas disciplinares.

São recompensas para aqueles que ostentam bom comportamento, colaboram para a disciplina e se dedicam ao trabalho:

I – elogio: será feito verbalmente e anotado no prontuário, servindo para, futuramente, atestar o comportamento do preso.

II – regalias: geralmente noticiadas de forma pejorativa, as regalias consistem, na realidade, em privilégios para presos merecedores, aplicando-se de modo transparente, com critérios preestabelecidos, importante meio de incentivo ao bom comportamento carcerário, disciplina e trabalho.

Alerta Nucci: "não se deve permitir que a administração *invente* regalias, critérios e demais formas para privilegiar determinados presos em detrimento de outros. Exige-se respeito ao princípio da legalidade. É fundamental que a legislação estadual forneça o regramento básico, permitindo que, conforme as peculiaridades de cada presídio, a direção edite regulamentos internos, complementando a atividade do legislador" (ob. cit. p. 506).

Na prática, a administração prisional costuma, a título de recompensa, oferecer postos de trabalho privilegiados, que conferem maior possibilidade de circulação pela unidade prisional; itens materiais básicos; acesso ampliado a espaços como biblioteca; entre outros.

1. QUESTÕES DE CONCURSOS

01. (Agente Penitenciário – ES – 2013 – VUNESP) As recompensas têm em vista o bom comportamento reconhecido em favor do condenado, de sua colaboração com a disciplina e de sua dedicação ao trabalho. É (são) recompensa(s):

a) o recolhimento em cela individual ou abrigo.

b) a inclusão no regime disciplinar diferenciado e multi-disciplinar.

c) o elogio e a concessão de regalias.

d) as visitas semanais de duas pessoas além de crianças.

e) o direito à saída da cela por 2 horas diárias para banho de sol.

02. (Analista Judiciário – CESPE – 2011 – TJ-ES) Com relação a direitos, deveres e disciplina do preso, julgue o próximo item.

Ao preso podem ser concedidas as recompensas do elogio e da concessão de regalias, tendo como base o bom comportamento do condenado, sua colaboração com a disciplina e sua dedicação ao trabalho.

03. (Inspetor de Segurança e Administração Penitenciária – 2012 – SEAP/RJ) Nos termos da Lei de Execução Penal, são considerados recompensas:

a) banho de sol e visita íntima

b) elogio e concessão de regalias

c) trabalho interno e visita dos filhos

d) abatimento da pena e estudo externo

e) regime aberto e tratamento médico

04. (Agente Penitenciário – CESPE – 2009 – SEJUS/ES) Acerca da disciplina na execução penal, julgue o item a seguir.

A concessão de regalias é modalidade de recompensa e visa reconhecer o bom comportamento do condenado, sua colaboração com a disciplina e sua dedicação ao trabalho.

GAB	01	C	02	CERTO	03	B	04	CERTO

▸SUBSEÇÃO IV – DA APLICAÇÃO DAS SANÇÕES

Art. 57. Na aplicação das sanções disciplinares, levar-se-ão em conta a natureza, os motivos, as circunstâncias e as consequências do fato, bem como a pessoa do faltoso e seu tempo de prisão. (Redação dada pela Lei nº 10.792, de 2003)

Parágrafo único. Nas faltas graves, aplicam-se as sanções previstas nos incisos III a V do art. 53 desta Lei. (Redação dada pela Lei nº 10.792, de 2003)

Individualização da sanção- Recomendam as normas internacionais, como as Regras de Mandela, que, na aplicação das sanções disciplinares, a autoridade competente procederá a um exame completo do fato. Isto é, a autoridade deverá analisar a natureza, os motivos, as circunstâncias e as consequências do fato, para só então aplicar a sanção disciplinar, com base nas informações colhidas.

O art. 57 da LEP obedece não apenas a recomendação alienígena, mas também o princípio constitucional da individualização da pena e da responsabilidade pessoal.

1. INFORMATIVOS DE JURISPRUDÊNCIA

- **STJ – 481 – Nova lei. Perda. Dias remidos. Princípio. Retroatividade.**

A Turma concedeu "habeas corpus" de ofício para, reformando o acórdão e a decisão de primeiro grau, na parte referente à perda total dos dias remidos, determinar o retorno dos autos ao juízo de execuções, para que se complete o julgamento, aferindo o novo patamar da penalidade à luz da superveniente disciplina do art. 127 da LEP. Os ministros entenderam que, a partir da vigência da Lei 12.433/2011, que alterou a redação do art. 127 da LEP, a penalidade consistente na perda de dias remidos pelo cometimento de falta grave passa a ter nova disciplina, não mais incide sobre a totalidade do tempo remido, mas apenas até o limite de 1/3 desse montante, cabendo ao juízo das execuções, com certa margem de discricionariedade, aferir o "quantum" ao levar em conta a natureza, os motivos, as circunstâncias e as consequências do fato, bem como a pessoa do faltoso e seu tempo de prisão, consoante o disposto no art. 57 da LEP. Por se tratar de norma penal mais benéfica, deve a nova regra incidir retroativamente, em obediência ao art. 5º, XL, da CF/88 (STJ – HC nº 200.046, Rel. Laurita Vaz, j. 18.8.2011).

Art. 58. O isolamento, a suspensão e a restrição de direitos não poderão exceder a trinta dias, ressalvada a hipótese do regime disciplinar diferenciado. (Redação dada pela Lei nº 10.792, de 2003)

Parágrafo único. O isolamento será sempre comunicado ao Juiz da execução.

Duração das sanções disciplinares – As Regras Mínimas da ONU (atualizadas pelas de Mandela) preveem que deve ser determinada por lei ou por regulamento a duração das sanções disciplinares (preceito 37).

Dentro desse espírito, o art. 58 anuncia que o isolamento, a suspensão e a restrição de direitos não poderão exceder a trinta dias, ressalvada a hipótese do regime disciplinar diferenciado, que poderá chegar a 2 anos (art. 52).

Ressalte-se que esse é o limite, podendo as sanções ser aplicadas por menos tempo, conforme a necessidade.

Observa Mirabete:

> "Limitando a lei a duração do isolamento, da suspensão ou restrição de direitos a trinta dias, não poderá ser excedido esse prazo na execução dessas sanções, mesmo na hipótese de concurso de infrações disciplinares. Entendeu o legislador que a execução por um período contínuo superior a esse limite poderia comprometer a saúde do preso ou comprometer o seu processo de reintegração social. O dispositivo guarda similitude com o art. 75 do CP que prevê o máximo de duração para a pena privativa de liberdade por isso, se ocorrer a prática de falta grave durante a execução de uma dessas sanções, nada impede que se aplique, por analogia, o princípio que inspirou o art. 75, § 2º, do citado Estatuto. Aplicando-se nova sanção durante a execução da anterior deve se desprezar o período já cumprido" (ob. cit. p. 160/161).

ATENÇÃO – Embora o art. 58 fale em trinta dias, as Regras de Mandela prescrevem que o confinamento solitário deve prolongar-se por no máximo quinze dias consecutivos (preceito 44), havendo, nesse tanto, um indisfarçável conflito entre a nossa legislação e a norma internacional de direitos humanos. Nesses casos, deve prevalecer o documento alienígena ratificado pelo Brasil, ingressando no nosso ordenamento com hierarquia superior à lei ordinária.

O isolamento será sempre comunicado ao juiz da execução, detentor de funções legais de fiscalização do cumprimento da pena (art. 66, VI e VII, da LEP).

1. QUESTÕES DE CONCURSOS

01. (Agente Penitenciário – PR – 2013) Ressalvada a hipótese do regime disciplinar diferenciado, o isolamento, a suspensão e a restrição de direitos não podem exceder a

a) 15 dias.

b) 30 dias.

c) 45 dias.

d) 60 dias.

e) 90 dias.

02. (Analista Judiciário – CESPE – 2011 – TJ-ES) Com relação a direitos, deveres e disciplina do preso, julgue o próximo item.

Salvo o regime disciplinar diferenciado, as sanções de suspensão, isolamento e restrição de direitos não poderão ser superiores a trinta dias.

03. (MPE/PR – Promotor de Justiça – PR/2009 – Adaptada) Julgue o item a seguir.

Ocorrerá a regressão de regime se o sentenciado cumpre a pena em regime aberto e pratica falta grave, independentemente de sua oitiva prévia pelo juízo.

04. (VUNESP/2017 – TJ/OS – Juiz Substituto) As faltas disciplinares

a) sujeitam à regressão de regime, após prévia oitiva do condenado, e à perda de até 1/3 (um terço) do tempo remido, recomeçando a contagem a partir da data do reconhecimento administrativo da infração.

b) exigem, para seu reconhecimento no âmbito da execução penal, a instauração de procedimento administrativo pelo diretor do estabelecimento prisional, assegurado o direito de autodefesa, não ofendendo a Constituição a ausência de defesa técnica.

c) estão sujeitas ao princípio da legalidade, cabendo à legislação local especificar as leves e as médias, admitida a imposição de sanções coletivas e punida a tentativa com a sanção correspondente à falta consumada.

d) de natureza grave permitem a imposição da sanção de isolamento celular por ato motivado do diretor do estabelecimento, com necessária comunicação ao juiz da execução, não podendo exceder a trinta dias.

GAB	01	B	02	CERTO	03	ERRADO	04	D

▸SUBSEÇÃO V – DO PROCEDIMENTO DISCIPLINAR

Art. 59. Praticada a falta disciplinar, deverá ser instaurado o procedimento para sua apuração, conforme regulamento, assegurado o direito de defesa.

Parágrafo único. A decisão será motivada.

Devido processo legal – Sempre que houver notícia de falta disciplinar, é indispensável que seja instaurado devido procedimento para sua apuração. A decisão administrativa que aplica falta disciplinar deve seguir parâmetros de fundamentação, clareza, impessoalidade e, sobretudo, vinculada ao caso concreto.

Existia discussão a respeito da necessidade de defesa técnica. Havia quem sustentasse que no processo disciplinar não há necessidade de defesa técnica (bastando a autodefesa), usando como argumento os termos da Súmula Vinculante nº 5: "A falta de defesa técnica por advogado no processo administrativo disciplinar não ofende a Constituição".

Com o devido respeito, discordamos. A referida súmula deve ser aplicada em procedimentos de natureza cível, não em procedimento para averiguar falta disciplinar de natureza execucional, onde está em jogo o direito de ir e vir do condenado (nesse sentido, Min. Gilmar Mendes RE 398269/RS). Não obstante, a Lei 12.313/10 incumbiu à Defensoria Pública a manifestação no processo executivo e nos incidentes de execução, sendo, portanto, necessária, sob pena de nulidade (STJ, HC nº 103.450/SC).

Pondo fim à discussão, o Superior Tribunal de Justiça editou a súmula 533:

> "Para o reconhecimento da prática de falta disciplinar no âmbito da execução penal, é imprescindível a instauração de procedimento administrativo pelo diretor do estabelecimento prisional, assegurado o direito de defesa, a ser realizado por advogado constituído ou defensor público nomeado."

Mas a súmula 533 tem sido relativizada em situações nas quais, embora não tenha sido instaurado o procedimento pelo diretor do estabelecimento prisional, o condenado foi ouvido em audiência judicial a respeito de sua falta disciplinar. É a tese firmada pelo STF: "A oitiva do condenado pelo Juízo da Execução Penal, em audiência de justificação realizada na presença do defensor e do Ministério Público, afasta a necessidade de prévio Procedimento Administrativo Disciplinar (PAD), assim como supre eventual ausência ou insuficiência de defesa técnica no PAD instaurado para apurar a prática de falta grave durante o cumprimento da pena" (RE 972.598/RS, j. 04/05/2020). O STJ tem seguido a mesma orientação (AgRg no HC 442.560/PR, j. 02/03/2021).

Art. 60. A autoridade administrativa poderá decretar o isolamento preventivo do faltoso pelo prazo de até dez dias. A inclusão do preso no regime disciplinar diferenciado, no interesse da disciplina e da averiguação do fato, dependerá de despacho do juiz competente. (Redação dada pela Lei nº 10.792, de 2003)

Parágrafo único. O tempo de isolamento ou inclusão preventiva no regime disciplinar diferenciado será computado no período de cumprimento da sanção disciplinar. (Redação dada pela Lei nº 10.792, de 2003)

Medidas preventivas – Com a nova redação dada pela Lei nº 10.792/03, foram previstas duas medidas preventivas:

a) **isolamento cautelar do preso**: decretado pela autoridade administrativa, comunicando, em seguida, a autoridade judiciária, tão logo registrada a falta ou ao longo do procedimento administrativo disciplinar.

b) **aplicação preventiva do regime disciplinar diferenciado**: autorizada pelo juiz competente. Aqui surge a dúvida: a autorização judicial deve preceder a medida, ou apenas referendá-la?

As duas interpretações parecem possíveis. Contudo, considerando a posição topográfica do mandamento, bem como a necessidade de decisões rápidas diante de situações inesperadas, causadoras de subversão da ordem interna do presídio, sugerem que a inclusão provisória está também inserida entre as atribuições cautelares da autoridade administrativa, que deverá, *incontinenti*, submeter a sua decisão à apreciação do juiz competente, podendo este referendá-la ou não.

O tempo de isolamento ou inclusão preventivo no regime disciplinar diferenciado será computado no período de cumprimento da sanção disciplinar (art. 60, parágrafo único).

1. QUESTÕES DE CONCURSOS

01. (Agente Penitenciário – ES – 2013 – VUNESP) A autoridade administrativa poderá decretar o isolamento preventivo do faltoso pelo prazo de até

a) uma semana.
b) 24 (vinte e quatro) horas.
c) 3 (três) dias.
d) 30 (trinta) dias.
e) 10 (dez) dias.

02. (Agente Penitenciário – CESPE – 2009 – SEJUS/ES) Acerca da disciplina na execução penal, julgue o item a seguir.

A autoridade administrativa pode decretar o isolamento preventivo do faltoso pelo prazo de até 10 dias, sendo esse tempo computado no período de cumprimento da sanção disciplinar.

GAB	01	E	02	CERTO

TÍTULO III – DOS ÓRGÃOS DA EXECUÇÃO PENAL

CAPÍTULO I – DISPOSIÇÕES GERAIS

Art. 61. São órgãos da execução penal:

I – o Conselho Nacional de Política Criminal e Penitenciária;

II – o Juízo da Execução;

III – o Ministério Público;

IV – o Conselho Penitenciário;

V – os Departamentos Penitenciários;

VI – o Patronato;

VII – o Conselho da Comunidade.

VIII – a Defensoria Pública. (Incluído pela Lei nº 12.313, de 2010).

Órgãos de execução penal – São oito os órgãos da execução penal previstos no rol do art. 61 da LEP, sendo que o último a ser inserido foi a Defensoria Pública, pela Lei 12.313, de 2010. Nos artigos seguintes analisaremos cada órgão individualmente.

ATENÇÃO – A Lei 12.847, de agosto de 2013, instituiu o Conselho Nacional de Política Criminal e Penitenciária (SNPCT), que será integrado pelos órgãos e entidades públicas e privadas com atribuições legais ou estatutárias de realizar o monitoramento, a supervisão e o controle de estabelecimentos e unidades onde se encontrem pessoas privadas de liberdade, ou de promover a defesa dos direitos e interesses dessas pessoas (art. 2º).No seu art. 3º, inciso II, para fins da referida Lei, considera-se pessoa privada de liberdade "aquelas obrigadas, por mandado ou ordem de autoridade judicial, ou administrativa ou policial, a permanecerem em determinados locais públicos ou privados, dos quais não possam sair de modo independente de sua vontade, abrangendo locais de internação de longa permanência, centros de detenção, estabelecimentos penais, hospitais psiquiátricos, casas de custódia, instituições socioeducativas para adolescentes em conflito com a lei e centros de detenção disciplinar em âmbito militar, bem como nas instalações mantidas pelos órgãos elencados no art. 61 da Lei nº 7.210, de 11 de julho de 1984." Sem prejuízo dos órgãos da execução penal previstos no artigo 61 da LEP, a Lei 12.847 criou o Mecanismo Nacional de Prevenção e Combate à Tortura-MNPCT, anunciado no seu artigo 8º, com o objetivo de prevenir e combater a tortura e outros tratamentos ou penas cruéis, desumanos ou degradantes. Suas atribuições, elencadas no art. 9º, muito se assemelham com as dos órgãos da execução penal.

1. QUESTÕES DE CONCURSOS

01. (Psicólogo Judiciário – TJ/RS – 2016) Tendo em vista as disposições da Lei Federal nº 7.210/1984, assinale a alternativa que NÃO contempla órgão da execução penal.

a) O Juízo da Execução.

b) O Ministério Público.

c) A Defensoria Pública.

d) A Procuradoria-Geral do Estado.

e) O Patronato.

02. (Defensor Público – PB – 2014) Segundo a Lei de Execução Penal, são órgãos da execução penal:

a) o Conselho da Comunidade e a direção do estabelecimento prisional.

b) a Defensoria Pública e o Patronato, mas não o Ministério Público.

c) o Juízo da Execução Penal e o Conselho Penitenciário.

d) o Conselho Nacional de Política Criminal e Penitenciária, mas não o Patronato.

e) a direção do estabelecimento prisional e os Departamentos Penitenciários, mas não a Defensoria Pública.

03. (Promotor de Justiça – MP/SC – 2014) Julgue o item a seguir.

São considerados órgãos da execução penal, segundo a Lei nº 7.210/84, o Patronato, o Conselho da Comunidade e a Defensoria Pública.

04. (Agente Penitenciário – 2013 – MA – FGV) Na forma do art. 61 da LEP, assinale a alternativa que indica órgãos da execução penal.

a) OAB e Ministério Público.

b) Secretaria de Polícia Civil e Juízo da Execução.

c) Patronato e Conselho da Comunidade.

d) Defensoria Pública e OAB.

e) Conselho Penitenciário e Conselho Tutelar.

05. (Inspetor de Segurança e Administração Penitenciária – SEAP-RJ –2012) Nos termos da Lei de Execução Penal são considerados órgãos da execução, exceto o(a):

a) Juízo da Execução

b) Conselho Penitenciário
c) Patronato
d) Defensoria Pública
e) Associação das Vítimas

06. (MPE-PR/2017 – MPE/PR – Promotor Substituto – Adaptada) De acordo com o art. art. 61, da Lei nº 7.210/84 (LEP), não está elencado(a) dentre os órgãos de execução:

a) O Conselho da Comunidade.
b) O Patronato.
c) O Conselho Penitenciário.
d) A Defensoria Pública.
e) A Polícia Civil.

GAB	01	D	02	C	03	VERDADEIRO	04	C	05	E	06	E

▸CAPÍTULO II – DO CONSELHO NACIONAL DE POLÍTICA CRIMINAL E PENITENCIÁRIA

Art. 62. O Conselho Nacional de Política Criminal e Penitenciária, com sede na Capital da República, é subordinado ao Ministério da Justiça.

Art. 63. O Conselho Nacional de Política Criminal e Penitenciária será integrado por 13 (treze) membros designados através de ato do Ministério da Justiça, dentre professores e profissionais da área do Direito Penal, Processual Penal, Penitenciário e ciências correlatas, bem como por representantes da comunidade e dos Ministérios da área social.

Parágrafo único. O mandato dos membros do Conselho terá duração de 2 (dois) anos, renovado 1/3 (um terço) em cada ano.

Art. 64. Ao Conselho Nacional de Política Criminal e Penitenciária, no exercício de suas atividades, em âmbito federal ou estadual, incumbe:

I – propor diretrizes da política criminal quanto à prevenção do delito, administração da Justiça Criminal e execução das penas e das medidas de segurança;

II – contribuir na elaboração de planos nacionais de desenvolvimento, sugerindo as metas e prioridades da política criminal e penitenciária;

III – promover a avaliação periódica do sistema criminal para a sua adequação às necessidades do País;

IV – estimular e promover a pesquisa criminológica;

V – elaborar programa nacional penitenciário de formação e aperfeiçoamento do servidor;

VI – estabelecer regras sobre a arquitetura e construção de estabelecimentos penais e casas de albergados;

VII – estabelecer os critérios para a elaboração da estatística criminal;

VIII – inspecionar e fiscalizar os estabelecimentos penais, bem assim informar-se, mediante relatórios do Conselho Penitenciário, requisições, visitas ou outros meios, acerca do desenvolvimento da execução penal nos Estados, Territórios e Distrito Federal, propondo às autoridades dela incumbida as medidas necessárias ao seu aprimoramento;

IX – representar ao Juiz da execução ou à autoridade administrativa para instauração de sindicância ou procedimento administrativo, em caso de violação das normas referentes à execução penal;

X – representar à autoridade competente para a interdição, no todo ou em parte, de estabelecimento penal.

Conselho Nacional de Política Criminal e Penitenciária – trata-se de órgão vinculado ao Ministério da Justiça, com sede em Brasília, e já existia mesmo antes da vigência da LEP (desde 1980).

> **ATENÇÃO** – Com o advento da Lei 12.847/13, o Conselho passou a compor, também, o Sistema Nacional de Prevenção e Combate à Tortura (artigo 2º, § 1º).

O Conselho Nacional de Política Criminal e Penitenciária será integrado por treze membros designados pelo Ministério da Justiça, dentre professores e profissionais de Direito Penal, Processual Penal, Penitenciário e ciências correlatas (Criminologia, por exemplo), bem como por representantes da comunidade e dos Ministérios da área social.

Fazemos nossa a pertinente observação crítica feita por Mirabete:

> "A expressão *membros da comunidade* é ampla e permite, a rigor, a designação de qualquer pessoa, ainda que não possua conhecimentos específicos a respeito do Direito ou das ciências correlatas, o que, evidentemente, é de se criticar, já que se trata de um órgão normativo e de fiscalização com tarefas eminentemente técnicas e especializadas. Aliás, é destituída de conteúdo a expressão representante da comunidade, já que não se delimita quem pode ser assim considerado" (ob. cit. p. 172).

O mandato dos membros do Conselho terá duração de 2 (dois) anos, renovado 1/3 (um terço) em cada ano, ficando proibida a imediata recondução, o que não impede a nomeação de um ex-conselheiro, desde que respeitado o intervalo de um ano do término do seu mandato.

Lendo os vários incisos do art. 64, conclui-se incumbir ao Conselho Nacional de Política Criminal e Penitenciária, em resumo, realizar atividades de fiscalização, pesquisa (para aprimoramentos etc.) e correto funcionamento dos estabelecimentos penais.

1. QUESTÕES DE CONCURSOS

01. (FEPESE Órgão: SAP-SC Prova: FEPESE – 2019 – SAP-SC – Agente Penitenciário) De acordo com a Lei de Execução Penal, assinale a alternativa que indica corretamente que órgão possuiu a incumbência de estimular e promover a pesquisa criminológica.

a) Ministério Público

b) Juízo da Execução

c) Conselho Penitenciário

d) Departamento Penitenciário Local

e) Conselho Nacional de Política Criminal e Penitenciária

02. (Inspetor de Segurança e Administração Penitenciária – SEAP-RJ – CEPERJ – 2012) O Conselho Nacional de Política Criminal e Penitenciária, nos termos da Lei de Execução Penal, é integrado pelo seguinte número de membros:

a) vinte

b) quinze

c) onze

d) treze

e) dez

03. (Promotor de Justiça – ES – 2009 -CESPE – desmembrada) Julgue o item a seguir.

O Conselho Nacional de Política Criminal e Penitenciária é integrado por quinze membros com mandato de quatro anos designados por meio de ato do presidente da República, e também por representantes da comunidade e dos ministérios da área social. Sua competência é determinar a forma de cumprimento da pena restritiva de direitos e fiscalizar sua execução.

GAB	01	E	02	D	03	ERRADO

▸CAPÍTULO III – DO JUÍZO DA EXECUÇÃO

Art. 65. A execução penal competirá ao Juiz indicado na lei local de organização judiciária e, na sua ausência, ao da sentença.

Princípio da jurisdicionariedade – O art. 65 da LEP confirma o controle jurisdicional de legalidade durante todo o processo de execução, nomeando o juízo da execução como um dos seus órgãos.

A competência do Juiz de Execuções inicia-se, em regra, com o trânsito em julgado da sentença condenatória e será exercida por um juízo especializado, de acordo com a Lei de Organização Judiciária.

> **ATENÇÃO** – Em comarcas menores, onde ainda existem varas únicas, o mesmo juiz que profere a sentença será o responsável pela execução da pena. Nesse mesmo sentido, artigo 668 do Código de Processo Penal. O STF, admitindo execução penal provisória, acaba refletindo sua conclusão no início da competência do juízo das execuções, agora estabelecida com o julgamento em 2º. grau.

É importante ressaltar que a competência na LEP não é ditada pelo local onde transitou em julgado o processo de conhecimento. Vejamos:

I – para o sentenciado a pena privativa de liberdade, a execução correrá **onde ele estiver preso**. Mesmo que o sentenciado tenha várias execuções a serem cumpridas, todas serão reunidas na comarca onde ele estiver preso. Caso seja transferido, o rol de execuções o acompanha.

> **ATENÇÃO** – Compete ao Juízo das Execuções Penais do Estado a execução das penas impostas a sentenciados pela Justiça Federal, Militar ou Eleitoral, quando recolhidos a estabelecimentos sujeitos à administração estadual (Súmula 192 do STJ). Na mesma linha, a execução das penas impostas a sentenciados pela Justiça Estadual, quando recolhidos em estabelecimentos sujeitos à administração federal, compete ao juízo das Execuções Penais Federais (art. 4º, parágrafo 1º e art. 6º da Lei 11.671/08).

II – em se tratando de *sursis* e pena restritiva de direitos, a comarca competente é a do domicílio do sentenciado.

III – para a pena de multa, a competência para execução é, em regra, da Vara de Execuções Criminais (ver comentários ao art. 164 da LEP).

> **ATENÇÃO** – "Na hipótese de condenação concomitante a pena privativa de liberdade e multa, o inadimplemento da sanção pecuniária, pelo condenado que comprovar impossibilidade de fazê-lo, não obsta o reconhecimento da extinção da punibilidade." Essa foi a tese fixada pela Terceira Seção do Superior Tribunal de Justiça (STJ), sob a sistemática dos recursos repetitivos, ao revisar o entendimento firmado anteriormente pelo colegiado no Tema 931. Os ministros estabeleceram um tratamento diferente para o caso de não pagamento da multa pelos condenados hipossuficientes ou insolventes.

IV – no caso de sentenciado com **foro por prerrogativa de função**, a execução será da competência do próprio Tribunal que julgou o processo (enquanto persistir a prerrogativa).

V – para a execução da medida de segurança, competente é o juízo da execução da comarca em que estiver sendo cumprida. Renato Marcão alerta interessante situação prática:

"Pode ocorrer, todavia, que o executado resida em uma determinada comarca e se submeta a medida de tratamento ambulatorial em comarca diversa – em uma comarca contigua que melhor atenda às suas necessidades, por exemplo. Nesse caso excepcional, competente para o processo execucional será o juízo da comarca em que reside" (ob. cit. p. 93).

> **ATENÇÃO** – No Estado de São Paulo, por meio da Lei Complementar 1.208/13, foi criado o Departamento Estadual de Execuções Criminais, ao qual serão vinculadas as unidades prisionais do Estado. Os Departamentos funcionarão por meio de unidades regionais, a serem instaladas nas 10 (dez) sedes administrativas do Tribunal de Justiça. Os processos de execuções criminais iniciados após a vigência da citada lei, de novos executados, serão processados exclusivamente no ambiente digital e distribuídos às unidades regionais.

Por fim, não podemos confundir a competência do Juízo da Execução, que se dá, em regra, com o trânsito em julgado da sentença, como início da execução, o qual depende da prisão do sentenciado, expedindo-se, em seguida, a guia de recolhimento (peça processual que formaliza o início da execução).

1. INFORMATIVOS DE JURISPRUDÊNCIA

- **STJ – Competência. Transferência. Presídio federal.**

  A rejeição da renovação de permanência do apenado em presídio federal autoriza seja suscitado conflito de competência, nos termos do art. 10, § 5º, da Lei n. 11.671/2008. Persistindo as razões que ensejaram a transferência do preso para o presídio federal de segurança máxima, a renovação da permanência do apenado é providência indeclinável, como medida excepcional e adequada para resguardar a ordem pública. Incidência do art. 3º do Decreto 6.877/2009, que regulamenta a Lei supramencionada.

  "A Lei n. 11.671/2008 não estabeleceu qualquer limite temporal para a renovação de permanência do preso em estabelecimento penal federal de segurança máxima". (RHC 44.915/PR, Rel. Ministro FELIX FISCHER, QUINTA TURMA, julgado em 03/02/2015, DJe 10/02/2015).

  Prevalece no Superior Tribunal de Justiça o entendimento no sentido de que, acaso devidamente motivado pelo Juízo estadual o pedido de manutenção do preso em presídio federal, não cabe ao Magistrado Federal exercer juízo de valor sobre a fundamentação apresentada, mas apenas aferir a legalidade da medida. Ressalva do ponto de vista do Relator. (AgRg no CC 169.193/AM, Rel. Ministro REYNALDO SOARES DA FONSECA, TERCEIRA SEÇÃO, julgado em 24/06/2020, DJe 30/06/2020)

2. QUESTÕES DE CONCURSOS

01. (Juiz de Direito Substituto – TJM-SP – 2016) Assinale a alternativa correta:

a) Compete ao Juízo da Execução Penal do Estado a execução da pena imposta a sentenciado pela Justiça Federal, quando recolhido a estabelecimento sujeito à administração estadual.

b) O livramento condicional poderá ser requerido pelo Ministério Público, em favor do sentenciado, sendo certo que as condições de admissibilidade, conveniência e oportunidade serão verificadas pelo Conselho Penitenciário, a cujo relatório ficará adstrito o Juiz.

c) A pena de multa, não paga pelo sentenciado, será convertida em título executivo de dívida, ficando a cargo do Ministério Público propor a execução no Juízo da Execução Criminal do local em que tramitou o processo.

d) A suspensão condicional da pena compreende, além da privativa de liberdade, as penas acessórias.

e) A concessão do livramento condicional da pena competirá ao Juiz que proferiu a sentença condenatória.

02. (Analista Jurídico – TJ-SC – 2009) De acordo a Lei nº 7210 de 11 de julho de 1984 (Lei de Execução Penal), assinale a alternativa correta:

I. Os condenados serão classificados, por Comissão Técnica de Classificação, segundo os seus antecedentes e personalidade, para orientar a individualização da execução penal.

II. Constituem sanções disciplinares: advertência verbal; repreensão; suspensão ou restrição de direitos; incomunicabilidade; inclusão no regime disciplinar diferenciado.

III. A execução penal competirá ao Juiz indicado na lei local de organização judiciária e, na sua ausência, ao da sentença.

IV. O preso provisório ficará separado do condenado por sentença transitada em julgado. Também o preso que, ao tempo do fato, era funcionário da Administração da Justiça Criminal ficará em dependência separada.

a) Somente as assertivas I, III e IV estão corretas.

b) Somente as assertivas I, II e III estão corretas.

c) Somente as assertivas II, III e IV estão corretas.

d) Somente as assertivas III e IV estão corretas.

e) Todas as assertivas estão corretas.

03. (Promotor de Justiça – ES – 2009 – CESPE – desmembrada) Julgue o item a seguir.

Na ausência de juiz indicado na lei local de organização judiciária, a execução penal compete ao juízo prolator da sentença penal condenatória, com competência para autorizar saídas temporárias dos sentenciados e para compor e instalar o conselho da comunidade.

04. (MPE/PR – Promotor de Justiça – PR/2011 – Adaptada) Julgue o item a seguir.

Mesmo enquanto recolhido em prisão estadual, o agente condenado por crime de competência da Justiça Federal tem o trâmite da execução de sua pena submetido a este Juízo.

05. (MPE/PR – Promotor de Justiça – PR/2009 – Adaptada) Julgue o item a seguir.

No Estado do Paraná, o juízo da sentença, inexistindo na comarca Vara de Execução Penal, é competente para analisar os pedidos de progressão do regime fechado para o semi-aberto.

GAB	01	A	02	A	03	CERTO	04	ERRADO	05	CERTO

Art. 66. Compete ao Juiz da execução:

I – aplicar aos casos julgados lei posterior que de qualquer modo favorecer o condenado;

II – declarar extinta a punibilidade;

III – decidir sobre:

a) soma ou unificação de penas;

b) progressão ou regressão nos regimes;

c) detração e remição da pena;

d) suspensão condicional da pena;

e) livramento condicional;

f) incidentes da execução.

IV – autorizar saídas temporárias;

V – determinar:

a) a forma de cumprimento da pena restritiva de direitos e fiscalizar sua execução;

b) a conversão da pena restritiva de direitos e de multa em privativa de liberdade;

c) a conversão da pena privativa de liberdade em restritiva de direitos;

d) a aplicação da medida de segurança, bem como a substituição da pena por medida de segurança;

e) a revogação da medida de segurança;

f) a desinternação e o restabelecimento da situação anterior;

g) o cumprimento de pena ou medida de segurança em outra comarca;

h) a remoção do condenado na hipótese prevista no § 1º, do artigo 86, desta Lei.

i) (VETADO); (Incluído pela Lei nº 12.258, de 2010)

VI – zelar pelo correto cumprimento da pena e da medida de segurança;

VII – inspecionar, mensalmente, os estabelecimentos penais, tomando providências para o adequado funcionamento e promovendo, quando for o caso, a apuração de responsabilidade;

VIII – interditar, no todo ou em parte, estabelecimento penal que estiver funcionando em condições inadequadas ou com infringência aos dispositivos desta Lei;

IX – compor e instalar o Conselho da Comunidade.

X – emitir anualmente atestado de pena a cumprir. (Incluído pela Lei nº 10.713, de 2003)

Competência do juiz das execuções – apesar de inúmeras as atribuições do juízo da execução, comentaremos abaixo apenas as que não serão abordadas no decorrer deste trabalho.

I – **aplicação da lei mais benigna ao condenado:** transitada em julgado a sentença condenatória, compete ao juízo das execuções a aplicação da lei mais benigna (Súmula 611 do STF). Há, no entanto, quem diferencie duas situações: se a aplicação da lei mais favorável exigir simples operação matemática (minorante em razão da idade do agente, por exemplo), é o juiz da execução, prevalecendo a súmula; se a aplicação da novel lei conduzir a juízo de valor (pequeno prejuízo para a vítima, por exemplo), depende de revisão criminal. Essa lição, no entanto, é criticada por Mirabete, para quem a aplicação da lei nova mais favorável não está entre as hipóteses da revisão previstas taxativamente no art. 621 do CPP, aplicando-se, sempre, o espírito da Súmula 611 do STF (ob. cit. p. 187);

II – **extinção da punibilidade:** ocorrendo qualquer das causas de extinção da punibilidade (prescrição, morte do agente, anistia, graça, indulto etc.) após o trânsito em julgado da decisão condenatória, será de competência do juiz da execução declarar extinto o poder de punir do Estado;

ATENÇÃO – O STJ consolidou a tese de que nos casos em que haja condenação a pena privativa de liberdade e multa, cumprida a primeira (ou a restritiva de direitos que eventualmente a tenha substituído), o inadimplemento da sanção pecuniária não obsta o reconhecimento da extinção da punibilidade. "Na hipótese de condenação concomitante a pena privativa de liberdade e multa, o inadimplemento da sanção pecuniária, pelo condenado que comprovar impossibilidade de fazê-lo, não obsta o reconhecimento da extinção da punibilidade." Essa foi a tese fixada pela Terceira Seção do Superior Tribunal de Justiça (STJ), sob a sistemática dos recursos repetitivos, ao revisar o entendimento firmado anteriormente pelo colegiado no Tema 931. Os ministros estabeleceram um tratamento diferente para o caso de não pagamento da multa pelos condenados hipossuficientes ou insolventes.

III – **decidir sobre**

a) **soma de penas:** existindo mais de uma condenação contra a mesma pessoa (e não se observando a regra da unidade de processo e julgamento imposta pelos arts. 76 a 82 do CPP), compete ao juiz da execução, de posse do prontuário do condenado contendo as várias guias organizadas segundo a ordem cronológica de chegada e registradas em livro especial (art. 107, § 2º), somar as penas impostas.

ATENÇÃO – Mesmo que as condenações sejam provenientes de vários Estados, compete ao juiz da execução onde o condenado se encontrar preso proceder à soma das penas.

b) **unificação das penas:** como bem resume Mirabete, a unificação "concretiza na execução a unidade estabelecida pela lei penal referente às penas dos crimes praticados em concurso. Havendo, assim, duas ou mais condenações em que tenha ocorrido concurso formal, crime continuado, erro na execução ou resultado diverso do pretendido, será efetuada a unificação das penas impostas em processos diversos" (ob. cit. p. 195).

ATENÇÃO – No caso de concurso material (art. 69 do CP) ou formal impróprio (art. 70, 2ª parte, o CP) as penas são somadas.

Também ocorrerá a unificação de penas para atender o limite máximo de 40 anos estabelecido no Código Penal (art. 75 do CP). Todavia, só será unificada a pena para efeito de cumprimento, pois os benefícios serão todos calculados sobre o total da pena a que foi condenado (Súmula 715 do STF).

ATENÇÃO – Unificadas as penas e sobrevindo nova condenação, deve ser procedida nova unificação, desprezando-se, entretanto, o período de pena já cumprido.

c) **progressão ou regressão nos regimes:** depois de fixado o regime inicial pelo juiz da sentença (art. 59, inciso III do CP), a pena privativa de liberdade será executada em forma progressiva com a transferência para regime menos rigoroso, a ser determinada pelo juiz da execução, quando o preso tiver cumprido parcela da pena e ostentar bom comportamento carcerário, comprovado pelo diretor do estabelecimento.

ATENÇÃO – A Lei 13.964/19 alterou sensivelmente o art. 112 da LEP. A pena privativa de liberdade será executada em forma progressiva com a transferência para regime menos rigoroso, a ser determinada pelo juiz, quando o preso tiver cumprido ao menos:

I – 16% (dezesseis por cento) da pena, se o apenado for primário e o crime tiver sido cometido sem violência à pessoa ou grave ameaça;

II – 20% (vinte por cento) da pena, se o apenado for reincidente em crime cometido sem violência à pessoa ou grave ameaça;

III – 25% (vinte e cinco por cento) da pena, se o apenado for primário e o crime tiver sido cometido com violência à pessoa ou grave ameaça;

IV – 30% (trinta por cento) da pena, se o apenado for reincidente em crime cometido com violência à pessoa ou grave ameaça;

V – 40% (quarenta por cento) da pena, se o apenado for condenado pela prática de crime hediondo ou equiparado, se for primário;

VI – 50% (cinquenta por cento) da pena, se o apenado for:

A) condenado pela prática de crime hediondo ou equiparado, com resultado morte, se for primário, vedado o livramento condicional;

B) condenado por exercer o comando, individual ou coletivo, de organização criminosa estruturada para a prática de crime hediondo ou equiparado; ou

C) condenado pela prática do crime de constituição de milícia privada;

VII – 60% (sessenta por cento) da pena, se o apenado for reincidente na prática de crime hediondo ou equiparado;

VIII – 70% (setenta por cento) da pena, se o apenado for reincidente em crime hediondo ou equiparado com resultado morte, vedado o livramento condicional.

A execução da pena privativa de liberdade ficará sujeita à forma regressiva, com a transferência para qualquer dos regimes mais rigorosos, quando o condenado: praticar fato definido como crime doloso ou falta grave; sofrer condenação, por crime anterior, cuja pena, somada ao restante da pena em execução, torne incabível o regime; frustrar os fins da execução (art. 118 LEP).

Existe na jurisprudência indisfarçável divergência acerca da natureza jurídica da decisão que defere a progressão de regime de cumprimento de pena, questão que não tem somente interesse acadêmico, mas relevante importância prática.

Para quem entende ser a decisão meramente declaratória, define-se o marco inicial da progressão a partir do implemente dos requisitos objetivos e subjetivos do art. 112 da LEP.

Contudo, para quem entende ser constitutiva, a partir da sua publicação começa a contar o prazo para novo benefício.

O STJ tem adotado a primeira corrente, leia-se, uma vez deferido o direito de progressão, o lapso inicial para contagem deve retroagir ao tempo que o reeducando preencheu os requisitos permissivos do benefício.

d) detração e remição da pena: detração é o cômputo, na execução da pena ou medida de segurança, do tempo de prisão provisória (art. 42 do CP). Remição significa a possibilidade que tem o reeducando de reduzir o tempo de cumprimento da pena pelo trabalho e/ou estudo.

ATENÇÃO – Com o advento da Lei 12.403/11 (Prisão e Medidas Cautelares), admite-se detração também do tempo de cumprimento de medidas cautelares substitutivas da preventiva, desde que obedecida a homogeneidade. Assim, por exemplo, a prisão domiciliar cautelar (art. 318 do CPP) pode ser computada na execução de pena privativa de liberdade. Mirabete entende possível a detração, por analogia com o art. 42 do CP, quando se trata de descontar-se de pena restritiva de direitos o tempo da sanção administrativa idêntica, tal como ocorre, por exemplo, na interdição temporária para dirigir veículo (ob. cit. p. 208). A Lei 12.736/12, alterando a redação do art. 387 do CPP, anuncia no seu § 2º: "O tempo de prisão provisória, prisão administrativa ou de internação, no Brasil ou no estrangeiro, será computado para fins de determinação do regime inicial de pena privativa de liberdade". O legislador, desse modo, antecipou a análise da detração para o momento da sentença, para fins de fixação do regime inicial de cumprimento da pena. Defendemos, porém, que a detração, nessa fase, só é capaz de permitir regime menos rigoroso se o tempo de prisão provisória, administrativa ou internação coincidir com o requisito temporal autorizador da progressão, sem desconsiderar os demais requisitos objetivos inerentes ao incidente (como a reparação do dano nos crimes contra a administração pública, por exemplo). Sobre remição, vide comentários aos artigos 126 a 130.

Acordo de não persecução penal (art. 28-A CPP) – Nos termos do que disposto no art. 28-A CPP, não sendo o caso de arquivamento e tendo o investigado confessado formal e circunstanciadamente a prática de infração penal sem violência ou grave ameaça e com pena mínima inferior a 4 anos, o Ministério Público poderá propor acordo de não persecução penal, desde que necessário e suficiente para a reprovação e prevenção do crime, mediante seguintes condições. O mesmo artigo **determina que a execução do ANPP ocorrerá no juízo das execuções, opção objeto de críticas, pois nele, acordo, não se pactua pena, mas condição (medida despenalizadora). Certamente, por conta dessa equivocada competência da VEC, surgirá corrente lecionando ser possível, em caso de rescisão do ANPP, a detração das condições parcialmente cumpridas na pena ser imposta em eventual sentença condenatória. Ousamos discordar. Não** possuindo as condições fixadas na avença natureza de sanções penais, posto que são pactuadas e não impostas pelo Estado, se descumprido o ANPP, não há que se falar em posterior aplicação de detração. A perda do referido tempo é, pois, consequência natural do descumprimento, ônus da desídia e deslealdade do investigado.

e) **suspensão condicional da pena:** consoante art. 77 do CP, é de competência do juiz da condenação fixar a suspensão condicional da pena. Entretanto, o juiz da execução poderá conceder o mesmo benefício quando, imotivadamente, o juiz ou Tribunal que proferiu a sentença não se pronunciou ou quando surgir situação nova que elimine obstáculo existente anteriormente que impedia a suspensão;

f) **livramento condicional:** ver comentários aos artigos 131 a 146 desta lei;

g) **incidentes da execução:** ver comentários aos artigos 180 a 193 desta lei;

IV – **autorizar saídas temporárias:** ver comentários aos artigos 122 a 125 desta lei;

V – as alíneas "a" a "i" do inciso V serão comentadas no decorrer deste trabalho;

VI – **zelar pelo correto cumprimento da pena e da medida de segurança:** incumbe também ao juiz zelar pelo cumprimento das disposições da sentença ou decisão judicial no que diz respeito à execução penal;

VII – **inspecionar, mensalmente, os estabelecimentos penais, tomando providências para o adequado funcionamento e promovendo, quando for o caso, a apuração de responsabilidade:** o juiz da execução é responsável por cuidar do correto funcionamento dos estabelecimentos penais, inspecionando-os mensalmente. O estabelecimento prisional deve garantir a dignidade da pessoa humana, a segurança, saúde, respeito às leis e preceitos constitucionais, sob pena de responsabilidade.

Em razão das condições precárias das habitações prisionais (superlotação, falta de segurança, de saúde, de higiene etc.), são corriqueiras as notícias informando mortes de presos dentro dos estabelecimentos penais. Nesse cenário, de quem é a responsabilidade por essas mortes?

A garantia da segurança e integridade física e mental dos presos custodiados em estabelecimentos prisionais é dever jurídico do Estado (art. 5º, inciso XLIV da CF). Atuando como verdadeiro garantidor, comprovada a sua omissão, impõe-se a responsabilidade civil do poder público.

Esse tema foi debatido no Supremo Tribunal Federal. Num caso envolvendo preso, sob a custódia do poder público, que morreu por asfixia mecânica, o Estado garantidor alegou tratar-se de suicídio, procurando, assim, eximir-se de qualquer responsabilidade. A tese não convenceu a Corte Maior, que, no RE 841526, asseverou: "...a responsabilidade civil estatal, segundo a CF/1988, em seu art. 37, § 6º, subsume-se à teoria do risco administrativo, tanto para as condutas estatais comissivas quanto para as omissivas, uma vez rejeitada a teoria do risco integral. Assim, a omissão do Estado reclama nexo de causalidade em relação ao dano sofrido pela vítima nas hipóteses em que o Poder Público ostenta o dever legal e a efetiva possibilidade de agir para impedir o resultado danoso. Além disso, é dever do Estado e direito subjetivo do preso a execução da pena de forma humanizada, garantindo-se-lhe os direitos fundamentais, e o de ter preservada a sua incolumidade física e moral. Esse dever constitucional de proteção ao detento somente se considera violado quando possível a atuação estatal no sentido de garantir os seus direitos fundamentais, pressuposto inafastável para a configuração da responsabilidade civil objetiva estatal. Por essa razão, nas situações em que não seja possível ao Estado agir para evitar a morte do detento (que ocorreria mesmo que o preso estivesse em liberdade), rompe-se o nexo de causalidade. Afasta-se, assim, a responsabilidade do Poder Público, sob pena de adotar-se a teoria do risco integral, ao arrepio do texto constitucional. A morte do detento pode ocorrer por várias causas, como homicídio, suicídio, acidente ou morte natural, não sendo sempre possível ao Estado evitá-la, por mais que adote as precauções exigíveis. Portanto, a responsabilidade civil estatal fica excluída nas hipóteses em que o Poder Público comprova causa impeditiva da sua atuação protetiva do detento, rompendo o nexo de causalidade da sua omissão com o resultado danoso. Na espécie, entretanto, o tribunal "a quo" não assentara haver causa capaz de romper o nexo de causalidade da omissão do Estado-Membro com o óbito. Correta, portanto, a decisão impositiva de responsabilidade civil estatal. RE 841526/RS, rel. Min. Luiz Fux, 30.3.2016". (RE-841526).

De fato, infelizmente, episódios similares continuam a ocorrer por todo o Brasil. Para se ter uma ideia, a tese supramencionada foi tomada num recurso especial com repercussão geral reconhecida, devendo a solução encontrada ser repetida em ao menos 108 processos sobrestados em outras instâncias.

Recentemente, aliás, a 13ª Câmara de Direito Público do Tribunal de Justiça de São Paulo condenou a Fazenda do Estado a indenizar a família de um detento que se suicidou dentro do estabelecimento prisional.

O valor da indenização foi fixado em R$ 35 mil para a mãe e o mesmo valor para a filha, menor de idade, que além desse quantum, receberá pensão mensal equivalente a 2/3 do salário mínimo nacional até que complete a maioridade, ou, se optar por cursar ensino superior, até completar 25 anos.

A desembargadora Flora Maria Nesi Tossi Silva, relatora do recurso, afirmou que, "uma vez constatada omissão e identificada como causa do evento danoso, está caracterizada a responsabilidade patrimonial da pessoa política" (Apelação nº 0001440-59.2013.8.26.0589).

VIII – **interditar, no todo ou em parte, estabelecimento penal que estiver funcionando em condições inadequadas ou com infringência aos dispositivos desta Lei:** como bem alerta Mirabete: "Evidentemente, tal determinação somente se justifica na hipótese de graves irregularidades ou deficiências, que não possam ser sanadas por outros meios menos drásticos, já que a interdição, principalmente nos estabelecimentos penais de grande porte, provoca sérios problemas de acomodação da população carcerária (ob. cit. p. 225);

IX – **compor e instalar o Conselho da Comunidade:** ver comentários aos artigos 80 e 81 desta lei;

X – **emitir anualmente atestado de pena a cumprir:** a expedição de atestado anual pelo juiz foi regulamentada pelos arts. 12 e 13 da Resolução 113 do Conselho Nacional de Justiça. Lembrando que em agosto de 2016, o CNJ aprovou a inclusão do parágrafo único ao art. 1º da referida resolução, para determinar que os tribunais brasileiros sempre comuniquem ao juízo da execução, imediatamente, casos de redução de pena de réus presos.

1. ENUNCIADOS DE SÚMULAS DE JURISPRUDÊNCIA

- **STF – Súmula 611.** Transitada em julgado a sentença condenatória, compete ao juízo das execuções a aplicação de lei mais benigna.

2. INFORMATIVOS DE JURISPRUDÊNCIA

- **STF – 819 – Morte de detento e responsabilidade civil do Estado**

  Em caso de inobservância do seu dever específico de proteção previsto no art. 5º, XLIX, da CF, o Estado é responsável pela morte de detento. Essa a conclusão do Plenário, que desproveu recurso extraordinário em que discutida a responsabilidade civil objetiva do Estado por morte de preso em estabelecimento penitenciário. No caso, o falecimento ocorrera por asfixia mecânica, e o Estado-Membro alegava que, havendo indícios de suicídio, não seria possível impor-lhe o dever absoluto de guarda da integridade física de pessoa sob sua custódia. O Colegiado asseverou que a responsabilidade civil estatal, segundo a CF/1988, em seu art. 37, § 6º, subsume-se à teoria do risco administrativo, tanto para as condutas estatais comissivas quanto paras as omissivas, uma vez rejeitada a teoria do risco integral. Assim, a omissão do Estado reclama nexo de causalidade em relação ao dano sofrido pela vítima nas hipóteses em que o Poder Público ostenta o dever legal e a efetiva possibilidade de agir para impedir o resultado danoso. Além disso, é dever do Estado e direito subjetivo do preso a execução da pena de forma humanizada, garantindo-se-lhe os direitos fundamentais, e o de ter preservada a sua incolumidade física e moral. Esse dever constitucional de proteção ao detento somente se considera violado quando possível a atuação estatal no sentido de garantir os seus direitos fundamentais, pressuposto inafastável para a configuração da responsabilidade civil objetiva estatal. Por essa razão, nas situações em que não seja possível ao Estado agir para evitar a morte do detento (que ocorreria mesmo que o preso estivesse em liberdade), rompe-se o nexo de causalidade. Afasta-se, assim, a responsabilidade do Poder Público, sob pena de adotar-se a teoria do risco integral, ao arrepio do texto constitucional. A morte do detento pode ocorrer por várias causas, como homicídio, suicídio, acidente ou morte natural, não sendo sempre possível ao Estado evitá-la, por mais que adote as precauções exigíveis. Portanto, a responsabilidade civil estatal fica excluída nas hipóteses em que o Poder Público comprova causa impeditiva da sua atuação protetiva do detento, rompendo o nexo de causalidade da sua omissão com o resultado danoso. Na espécie, entretanto, o tribunal "a quo" não assentara haver causa capaz de romper o nexo de causalidade da omissão do Estado-Membro com o óbito. Correta, portanto, a decisão impositiva de responsabilidade civil estatal. (STF – RE nº 841526-RS, Rel. Luiz Fux, j. 30.3.2016).

- **STF – 738 – Prisão federal: competência e prorrogação**

Cabe ao Poder Judiciário verificar se o preso tem perfil apropriado para a transferência ou a permanência nos presídios federais, em controle exercido tanto pelo juiz de origem como pelo juiz federal responsável pelo presídio federal. Deferido o requerimento pelo magistrado de execução estadual, não cabe ao juiz federal exercer juízo de valor sobre a gravidade das razões do solicitante, salvo se evidenciadas condições desfavoráveis ou inviáveis da unidade prisional (STF – HC nº 112650-RJ, Rel. Rosa Weber, j. 11.3.2014).

- **STF – 591 – Saídas temporárias automatizadas**

A Turma deferiu "habeas corpus" para tornar subsistente entendimento do TJ/RS que deferira o benefício de saída temporária ao paciente. No caso, ante o caótico quadro penitenciário, a Corte local assentara a possibilidade de, após o exame do perfil do reeducando, conceder automaticamente aos encarcerados saídas temporárias, sem a necessidade de, em relação a cada uma, acionar-se o Ministério Público e movimentar-se a máquina judiciária. Considerou-se que, uma vez observada a forma alusiva à saída temporária, gênero, manifestando-se os órgãos técnicos, o "parquet" e o juízo da vara de execuções criminais, as subsequentes mostrar se-iam consectários legais, descabendo a burocratização a ponto de a cada uma delas no máximo de 3 saídas temporárias ter-se que formalizar novo processo, potencializando-se a forma pela forma. No ponto, enfatizou-se que a primeira decisão, não vindo o preso a cometer falta grave, respaldaria as saídas posteriores. Aduziu-se que se cuidaria de conferir interpretação teleológica à ordem jurídica em vigor, consentânea com a organicidade do Direito e com o princípio básico da República, a direcionar a preservação da dignidade do homem (STF – HC nº 98067, Rel. Marco Aurélio, j. 6.4.2010).

3. QUESTÕES DE CONCURSOS

01. **(Juiz – Tribunal de Justiça do DF – 2016)** Transitada em julgado a sentença penal condenatória, no caso de ser editada lei de natureza penal mais benéfica, competirá ao juiz da vara de execução penal

a) devolver a carta de guia ao juízo de origem, a fim de que o juiz do processo de conhecimento aplique a pena mais benéfica ou remeta o feito diretamente ao tribunal local ou ao tribunal superior que porventura tenha aplicado, em grau de recurso, a condenação que até então vinha sendo executada.

b) aplicá-la em benefício do condenado, independentemente de a condenação ter sido estabelecida pelo juízo singular, pelo tribunal ou pelos tribunais superiores.

c) aplicá-la em benefício do condenado, salvo se a condenação tiver sido estabelecida pelo STF em ação penal originária, hipótese em que competirá aos ministros modificar seus julgados e ao juiz, remeter carta de guia ao ministro relator.

d) aplicá-la em benefício do condenado, salvo se a condenação tiver sido aplicada pelo STJ, hipótese em que deverá remeter a carta de guia ao ministro relator.

e) intimar o réu e seu defensor para lhes dar conhecimento da lei, a fim de que eles, se desejarem, ajuízem ação de revisão criminal, medida apta a desconstituir o título penal até então executado, dado o princípio da segurança das relações judiciais, conforme o qual a coisa julgada faz lei entre as partes.

02. (Juiz Federal Substituto – 2015 – TRF 1ª Região – CESPE) Com base nos dispositivos legais que tratam da execução penal e da transferência de presos para estabelecimento prisional federal, bem como na jurisprudência do STF e do STJ, assinale a opção correta.

a) Segundo a jurisprudência do STF e do STJ, para a obtenção do benefício do trabalho externo, o preso que passar a cumprir sua pena em regime semiaberto deverá ter cumprido, pelo menos, um sexto da pena.

b) Conforme a jurisprudência do STJ, a única sanção a que se sujeitará o condenado que, cumprindo pena no regime fechado, cometer falta grave será a perda de até um terço dos dias remidos pelo trabalho ou estudo, se a falta for homologada pelo juízo, uma vez que esse condenado está recolhido no mais gravoso dos regimes.

c) Admite-se a remição de pena pelo estudo, desde que presencial no estabelecimento prisional ou na instituição de ensino, uma vez que não há previsão na Lei de Execuções Penais sobre a possibilidade de remição pelo ensino a distância.

d) São legitimados para requerer o processo de transferência do preso para o presídio federal a autoridade administrativa, o MP e o próprio preso, devendo o processo ser iniciado a partir da admissibilidade exclusiva do juízo federal da necessidade da transferência.

e) Configurada situação de extrema necessidade, o juiz federal poderá autorizar a imediata transferência do preso antes da oitiva das partes, podendo, após a instrução do incidente, decidir pela manutenção ou revogação da medida adotada.

03. (Promotor de Justiça – MP/SC – 2014) Julgue o item a seguir.

Segundo a LEP, compete somente ao Juiz da Execução Penal inspecionar, mensalmente, os estabelecimentos penais existentes na sua comarca de atuação, encaminhando relatório ao representante do Ministério Público, o qual, constando alguma irregularidade deverá se deslocar até o ergástulo para checar a situação e tomar as medidas legais pertinentes.

04. (Inspetor de Segurança e Administração Penitenciária – SEAP-RJ – CEPERJ – 2012) Dentre as competências do Juízo da Execução, nos termos da Lei de Execução Penal, não se inclui decidir sobre:

a) aplicação de pena disciplinar de isolamento
b) detração da pena
c) suspensão condicional da pena
d) livramento condicional
e) incidentes da execução

GAB	01	B	02	E	03	ERRADO	04	A

▸CAPÍTULO IV – DO MINISTÉRIO PÚBLICO

Art. 67. O Ministério Público fiscalizará a execução da pena e da medida de segurança, oficiando no processo executivo e nos incidentes da execução.

Ministério Público – Instituição permanente, essencial à função jurisdicional do Estado, incumbe ao Ministério Público a defesa da ordem jurídica, do regime democrático e dos interesses sociais e individuais indisponíveis (art. 127 CF/88).

Dentro desse espírito, determina o art. 67 a obrigatória intervenção do Ministério Público na fase da execução da pena e da medida de segurança, fiscalizando e intervindo nos procedimentos judiciais (recorrendo, requerendo etc.).

ATENÇÃO: nos termos do art. 196 da LEP, o Ministério Público tem o prazo de 3 (três) dias para manifestação nos autos de execução, quando não figure como requerente da medida.

Ministério Público e a execução da pena de multa – em face da sistemática imposta pela Lei 13.964/19, que alterou o art. 51 do Código Penal para estabelecer "transitada em julgado a sentença condenatória, a multa será executada perante o juiz da execução penal e será considerada dívida de valor, aplicáveis as normas relativas à dívida ativa da Fazenda Pública, inclusive no que concerne às causas interruptivas e suspensivas da prescrição", restou solucionada a divergência a respeito da legitimidade para a execução em caso de inadimplência. Temos, assim, que o dispositivo passou a prever expressamente a competência do juízo da execução penal, no qual, evidentemente, deve atuar o Ministério Público.

O rito a ser seguido é o estabelecido entre os artigos 164 e 170 da LEP, com aplicação da Lei 6.830/80 no que for cabível. Para mais informações, remetemos o leitor aos comentários do art. 164.

Art. 68. Incumbe, ainda, ao Ministério Público:

I – fiscalizar a regularidade formal das guias de recolhimento e de internamento;

II – requerer:

a) todas as providências necessárias ao desenvolvimento do processo executivo;

b) a instauração dos incidentes de excesso ou desvio de execução;

c) a aplicação de medida de segurança, bem como a substituição da pena por medida de segurança;

d) a revogação da medida de segurança;

e) a conversão de penas, a progressão ou regressão nos regimes e a revogação da suspensão condicional da pena e do livramento condicional;

f) a internação, a desinternação e o restabelecimento da situação anterior.

III – interpor recursos de decisões proferidas pela autoridade judiciária, durante a execução.

Parágrafo único. O órgão do Ministério Público visitará mensalmente os estabelecimentos penais, registrando a sua presença em livro próprio.

Atribuições do MP – o rol de atribuições previsto no artigo 68 é meramente exemplificativo, havendo muitas outras espalhadas pela Lei de Execução Penal, como por exemplo, manifestar-se nas autorizações de saída. Vejamos as atribuições específicas do Ministério Público elencadas no artigo em comento:

I – fiscalizar a regularidade formal das guias de recolhimento e de internamento;

Nos termos do art. 2º da Resolução 113 do CNJ, a guia de recolhimento para cumprimento da pena privativa de liberdade e a guia de internação para cumprimento de medida de segurança obedecerão aos modelos previstos nos anexos da própria Resolução e serão expedidas em duas vias, remetendo-se uma à autoridade administrativa que custodia o executado e a outra ao juízo da execução penal competente.

Estando preso o executado, a guia de recolhimento definitiva ou de internação será expedida ao juízo competente no prazo máximo de cinco dias, a contar do trânsito em julgado da sentença ou acórdão, ou do cumprimento do mandado de prisão ou de internação (§ 1º).

Em se tratando de condenação em regime aberto a guia de execução será expedida no prazo fixado no parágrafo anterior, a contar da data da realização da audiência admonitória pelo juízo da condenação nos termos do artigo 113 da LEP (§ 2º).

Recebida a guia de recolhimento, o estabelecimento penal onde está preso o executado promoverá a sua imediata transferência à unidade penal adequada, conforme o regime inicial fixado na sentença, salvo se estiver preso por outro motivo, assegurado o controle judicial posterior (§ 3º).

Expedida a guia de recolhimento definitiva, os autos da ação penal serão remetidos à distribuição para alteração da situação de parte para "arquivado" e baixa na autuação para posterior arquivamento (§ 4º).

II – requerer:

a) todas as providências necessárias ao desenvolvimento do processo executivo;

A amplitude da presente alínea torna desnecessárias as demais, todas, de certa forma, ligadas ao desenvolvimento regular do processo executivo.

b) a instauração dos incidentes de excesso ou desvio de execução;

Haverá excesso ou desvio de execução sempre que algum ato for praticado além dos limites fixados na sentença, em normas legais ou regulamentares (ver comentários ao art. 185 LEP).

c) a aplicação de medida de segurança, bem como a substituição da pena por medida de segurança;

Ver comentários aos arts. 99 e ss. da LEP

d) a revogação da medida de segurança;

Ver comentários aos arts. 99 e ss. da LEP

e) a conversão de penas, a progressão ou regressão nos regimes e a revogação da suspensão condicional da pena e do livramento condicional;

f) a internação, a desinternação e o restabelecimento da situação anterior.

III – interpor recursos de decisões proferidas pela autoridade judiciária, durante a execução.

Lembra Mirabete:

> "Esse direito inclui o recurso em favor do condenado se este é o caminho para se fazer cumprir norma e ordem pública ou de defender interesse indisponível. Quando no processo executivo estiver em jogo a observância da lei ou um interesse irrenunciável, uma situação jurídica que não pertence ao homem, mas da qual ele usufrui em nome de coisas superiores (interesse público primário), justifica-se o recurso em benefício do condenado" (ob. cit. p. 232).

Anuncia o parágrafo único que o órgão do Ministério Público visitará mensalmente os estabelecimentos penais, registrando a sua presença em livro próprio. A visita (mensal) aos estabelecimentos penais permite ao membro do Ministério Público verificar a regularidade da execução da pena, ouvindo, sempre que possível, os reclamos dos habitantes prisionais, rica fonte na apuração de desvios e excessos.

1. INFORMATIVOS DE JURISPRUDÊNCIA

- **STJ – Pandemia. Desnecessidade de prévia oitiva do MP.**

  A urgência e a excepcionalidade geradas pela pandemia da covid-19 afastam a nulidade decorrente da ausência de prévia oitiva do Ministério Público acerca da concessão de benefícios na execução da pena -art. 67 da Lei de Execução Penal. (STJ – AgRg no AREsp 1848731/MG, Rel. Ministro RIBEIRO DANTAS, QUINTA TURMA, julgado em 14/09/2021)

2. QUESTÃO DE CONCURSO

01. (Promotor de Justiça – ES/2009/CESPE – desmembrada) Julgue o item a seguir.

O MP fiscaliza a execução da pena e da medida de segurança, oficiando no processo executivo e nos incidentes da execução, estando incumbido, ainda, de emitir parecer sobre indulto e comutação de pena, até mesmo na hipótese de pedido de indulto com base no estado de saúde do preso.

GAB	01	ERRADO

CAPÍTULO V – DO CONSELHO PENITENCIÁRIO

Art. 69. O Conselho Penitenciário é órgão consultivo e fiscalizador da execução da pena.

§ 1º O Conselho será integrado por membros nomeados pelo Governador do Estado, do Distrito Federal e dos Territórios, dentre professores e profissionais da área do Direito Penal, Processual Penal, Penitenciário e ciências correlatas, bem como por representantes da comunidade. A legislação federal e estadual regulará o seu funcionamento.

§ 2º O mandato dos membros do Conselho Penitenciário terá a duração de 4 (quatro) anos.

Art. 70. Incumbe ao Conselho Penitenciário:

I – emitir parecer sobre indulto e comutação de pena, excetuada a hipótese de pedido de indulto com base no estado de saúde do preso; (Redação dada pela Lei nº 10.792, de 2003)

II – inspecionar os estabelecimentos e serviços penais;

III – apresentar, no 1º (primeiro) trimestre de cada ano, ao Conselho Nacional de Política Criminal e Penitenciária, relatório dos trabalhos efetuados no exercício anterior;

IV – supervisionar os patronatos, bem como a assistência aos egressos.

Conselho Penitenciário – Integrado por membros nomeados pelo Governador do Estado, escolhidos dentre professores e profissionais da área do Direito Penal, Processual Penal, Penitenciário, ciências correlatas e representantes da comunidade, o Conselho Penitenciário tem função consultiva (emitir parecer em pedidos de indulto e comutação de pena), função fiscalizatória (inspecionar os estabelecimentos e serviços penais, bem como supervisionar os patronatos) e, ainda, apresentar no 1º (primeiro) trimestre de cada ano, ao Conselho

Nacional de Política Criminal e Penitenciária, relatório dos trabalhos efetuados no exercício anterior. Ressalte-se que esse rol não é taxativo, pois dentre os artigos da LEP existem outras atividades atribuídas ao Conselho (ex.: arts. 137, 143, 144, 145, 146 etc.).

> **ATENÇÃO** – O rol de atribuições do Conselho não é exaustivo, estabelecendo a LEP outras atividades para o colegiado (art. 143, por exemplo).

1. QUESTÕES DE CONCURSOS

01. (Defensor Público – MA – 2015 – Fundação Carlos Chagas) Os decretos presidenciais dos anos de 2013 e 2014 preveem que para a declaração do indulto e da comutação das penas não se exigirá requisito outro senão os previstos nestes textos legais. A partir deste comando legal, é correto afirmar:

a) Não há dispensa de parecer do Conselho Penitenciário em nenhuma hipótese uma vez que esta é a sua incumbência precípua prevista na Lei de Execução Penal.

b) Há sempre a dispensa de parecer do Conselho Penitenciário porquanto é órgão auxiliar do Poder Executivo que tem competência privativa para editar decretos.

c) O parecer do Conselho Penitenciário poderá ser determinado pelo juiz da execução quando entender necessário ao julgamento do indulto ou da comutação.

d) A Defensoria Pública e o Ministério Público poderão requerer a realização de parecer do Conselho Penitenciário.

e) Não é possível a dispensa de parecer do Conselho Penitenciário a exceção do pedido de indulto humanitário.

02. (Promotor de Justiça – MPE-MG – 2010) Nos termos do que dispõe a Lei de Execução Penal (Lei nº 7.210/1984), compete ao Conselho Penitenciário emitir parecer sobre os pedidos de

a) saídas temporárias.

b) comutação de pena.

c) anistia.

d) regressão no regime prisional.

e) detração penal.

03. (Juiz – EJEF – 2007 – TJ/MG) Na condição de órgão da execução penal, incumbe ao Conselho Penitenciário, **EXCETO**

a) emitir parecer sobre comutação de pena.

b) supervisionar os patronatos.

c) emitir parecer sobre indulto com base no estado de saúde do preso.

d) apresentar, no primeiro trimestre de cada ano, ao Conselho Nacional de Política Criminal e Penitenciária, relatório dos trabalhos efetuados no exercício anterior.

04. (Inspetor de Segurança e Administração Penitenciária – SEAP-RJ – 2012) Ao Conselho Penitenciário, órgão consultivo e fiscalizador da execução da pena, incumbe, nos termos da Lei de Execução Penal, a seguinte atividade:

a) emitir parecer sobre indulto, mesmo na hipótese de pedido com base no estado de saúde do preso

b) inspecionar os estabelecimentos e serviços penais, inclusive órgãos da Defensoria Pública e Ministério Público

c) apresentar, ao Conselho Nacional de Política Criminal e Penitenciária, em dezembro de cada ano, relatório dos trabalhos efetuados no exercício anterior

d) supervisionar os patronatos, estabelecendo regulamentos para os mesmos

e) supervisionar a assistência aos egressos

05. (FCC – Promotor de Justiça – CE/2011) Incumbe ao Conselho Penitenciário emitir parecer sobre

a) progressão de regime nas condenações por crimes hediondos.

b) comutação de pena.

c) permissão de saída e saída temporária.

d) indulto, ainda que fundado o pedido no estado de saúde do preso.

e) regressão de regime.

GAB	01	B	02	B	03	C	04	E	05	B

CAPÍTULO VI – DOS DEPARTAMENTOS PENITENCIÁRIOS

SEÇÃO I – DO DEPARTAMENTO PENITENCIÁRIO NACIONAL

Art. 71. O Departamento Penitenciário Nacional, subordinado ao Ministério da Justiça, é órgão executivo da Política Penitenciária Nacional e de apoio administrativo e financeiro do Conselho Nacional de Política Criminal e Penitenciária.

Art. 72. São atribuições do Departamento Penitenciário Nacional:

I – acompanhar a fiel aplicação das normas de execução penal em todo o Território Nacional;

II – inspecionar e fiscalizar periodicamente os estabelecimentos e serviços penais;

III – assistir tecnicamente as Unidades Federativas na implementação dos princípios e regras estabelecidos nesta Lei;

IV – colaborar com as Unidades Federativas mediante convênios, na implantação de estabelecimentos e serviços penais;

V – colaborar com as Unidades Federativas para a realização de cursos de formação de pessoal penitenciário e de ensino profissionalizante do condenado e do internado.

VI – estabelecer, mediante convênios com as unidades federativas, o cadastro nacional das vagas existentes em estabelecimentos locais destinadas ao cumprimento de penas privativas de liberdade aplicadas pela justiça de outra unidade federativa, em especial para presos sujeitos a regime disciplinar. (Incluído pela Lei nº 10.792, de 2003)

VII – acompanhar a execução da pena das mulheres beneficiadas pela progressão especial de que trata o § 3º do art. 112 desta Lei, monitorando sua integração social e a ocorrência de reincidência, específica ou não, mediante a realização de avaliações periódicas e de estatísticas criminais. (Incluído pela Lei nº 13.769, de 2018)

§ 1º Incumbem também ao Departamento a coordenação e supervisão dos estabelecimentos penais e de internamento federais. (Redação dada pela Lei nº 13.769, de 2018)

§ 2º Os resultados obtidos por meio do monitoramento e das avaliações periódicas previstas no inciso VII do **caput** deste artigo serão utilizados para, em função da efetividade da progressão especial para a ressocialização das mulheres de que trata o § 3º do art. 112 desta Lei, avaliar eventual desnecessidade do regime fechado de cumprimento de pena para essas mulheres nos casos de crimes cometidos sem violência ou grave ameaça. (Incluído pela Lei nº 13.769, de 2018)

Departamento Penitenciário Nacional – Está subordinado ao Ministério da Justiça e exerce importante e ampla função sobre a política penitenciária nacional, tendo como atribuições:

I – acompanhar a fiel aplicação das normas de execução penal em todo o Território Nacional;

Sem intervir diretamente nas atividades administrativas dos estabelecimentos penais, compete ao Departamento Penitenciário Nacional acompanhar a correta aplicação das normas de execução em todo o Território Nacional, colaborando com as administrações locais.

II – inspecionar e fiscalizar periodicamente os estabelecimentos e serviços penais;

Nessa atividade de inspeção e fiscalização, o Departamento Penitenciário Nacional deve solicitar, indicar ou determinar providências para que princípios constitucionais (em especial do preso ou do internado), regras e normas federais sejam cumpridas.

III – assistir tecnicamente as Unidades Federativas na implementação dos princípios e regras estabelecidos nesta Lei;

Explica Mirabete:

> "Como a viabilização da política nacional penitenciária exige condições especiais, no aspecto material, de instalações e de funcionamento, uma das atividades mais importantes do Departamento é justamente assistir tecnicamente os Estados para essa implementação. A colaboração efetiva, com a orientação de pessoas especializadas no assunto, e a elaboração de planos específicos para a construção ou instalação de estabelecimentos e de serviços são as formas mais evidentes dessa assistência" (ob. cit. p. 238).

IV – colaborar com as Unidades Federativas mediante convênios, na implantação de estabelecimentos e serviços penais;

A colaboração financeira, como se percebe, depende de prévio convênio a ser firmado entre o Departamento Nacional e os departamentos ou entidades estaduais encarregadas da execução penal.

V – colaborar com as Unidades Federativas para a realização de cursos de formação de pessoal penitenciário e de ensino profissionalizante do condenado e do internado.

A eficiência (eficácia de resultados) na execução penal depende, e muito, da atuação pessoal daqueles que, direta ou indiretamente, lidam com o preso. Portanto, a preparação do pessoal penitenciário ter importância ímpar, dela participando o Departamento, colaborando para a realização de cursos de formação. Deve colaborar, ainda, com a criação de cursos de ensino profissionalizantes do condenado (e do internado), formas de ressocialização e remição da pena (art. 126 da LEP).

VI – estabelecer, mediante convênios com as unidades federativas, o cadastro nacional das vagas existentes em estabelecimentos locais destinadas ao cumprimento de penas privativas de liberdade aplicadas pela justiça de outra unidade federativa, em especial para presos sujeitos a regime disciplinar.

O cadastro nacional das vagas existentes em estabelecimentos penais permite ao governo ter à sua disposição uma radiografia da realidade carcerária, norteando políticas voltadas ao aprimoramento do sistema penitenciário.

VII – acompanhar a execução da pena das mulheres beneficiadas pela progressão especial de que trata o § 3º do art. 112 desta Lei, monitorando sua integração social e a ocorrência de reincidência, específica ou não, mediante a realização de avaliações periódicas e de estatísticas criminais.

Com o advento da Lei 13.769/18, o art. 112, que trata da progressão de regime, passa a contar com o § 3º para disciplinar de forma específica a progressão da mulher gestante, mãe ou responsável por crianças ou pessoas com deficiência. Neste caso, são requisitos cumulativos para a progressão:

I – não ter cometido crime com violência ou grave ameaça a pessoa;

II – não ter cometido o crime contra seu filho ou dependente;

III – ter cumprido ao menos 1/8 (um oitavo) da pena no regime anterior;

IV – ser primária e ter bom comportamento carcerário, comprovado pelo diretor do estabelecimento;

V – não ter integrado organização criminosa.

Ao prever a progressão especial para a mulher gestante, mãe ou responsável por crianças ou pessoas com deficiência, a Lei 13.76/18, através do presente inciso conferiu ao Departamento Nacional, auxiliado pelos departamentos locais (art. 74) a missão de acompanhar a execução da sua pena, monitorando sua integração social e a ocorrência de reincidência, específica ou não, mediante a realização de avaliações periódicas e de estatísticas criminais.

E o § 2º do art. 72 – também inserido pela Lei 13.769/18 – dispõe que "Os resultados obtidos por meio do monitoramento e das avaliações periódicas previstas no inciso VII do caput serão utilizados para, em função da efetividade da progressão especial para a ressocialização das mulheres de que trata o § 3º do art. 112, avaliar eventual desnecessidade do regime fechado de cumprimento de pena para essas mulheres nos casos de crimes cometidos sem violência ou grave ameaça". Considerando que as mulheres que são monitoradas já foram beneficiadas pela progressão mais branda, o que torna dispensável a avaliação da desnecessidade do regime fechado, a nosso ver este dispositivo cria um procedimento de política criminal em que a efetividade da ressocialização de mulheres que progrediram de regime com base na regra especial do § 3º do art. 112 pode indicar a desnecessidade de que se imponha o regime inicial fechado nas futuras condenações de outras mulheres que estejam na mesma condição e que tenham cometido crimes sem violência ou grave ameaça. Dessa forma, provando-se efetiva a progressão especial criada pela Lei 13.769/18, seria possível, mesmo diante da quantidade da pena aplicada, que o juiz afastasse o regime inicial fechado e determinasse desde logo o acompanhamento da condenada pelos órgãos incumbidos da fiscalização da execução penal.

Por fim, incumbem também ao Departamento a coordenação e supervisão dos estabelecimentos penais e de internamento federais (§ 1º).

ATENÇÃO – Sem prejuízo ao rol de atribuições elencado neste artigo, o Decreto nº 6.061, de 15 de março de 2007, no seu art. 25, atribui ao Departamento Penitenciário Nacional: I – planejar e coordenar a política penitenciária nacional; II – acompanhar a fiel aplicação das normas de execução penal em todo o território nacional; III – inspecionar e fiscalizar periodicamente os estabelecimentos e serviços penais; IV – assistir tecnicamente às unidades federativas na implementação dos princípios e regras da execução penal; V – colaborar com as unidades federativas, mediante convênios, na implantação de estabelecimentos e serviços penais; VI – colaborar com as unidades federativas na realização de cursos de formação de pessoal penitenciário e de ensino profissionalizante do condenado e do internado; VII – coordenar e supervisionar os estabelecimentos penais e de internamento federais; VIII – processar, estudar e encaminhar, na forma prevista em lei, os pedidos de indultos individuais; IX – gerir os recursos do Fundo Penitenciário Nacional – FUNPEN; e X – apoiar administrativa e financeiramente o Conselho Nacional de Política Criminal e Penitenciária.

1. QUESTÃO DE CONCURSO

01. (Agente Penitenciário – PR – 2013) É atribuição do Departamento Penitenciário Nacional

a) supervisionar os patronatos, bem como a assistência aos egressos.

b) emitir parecer sobre indulto e comutação de pena.

c) requerer a aplicação de medida de segurança.

d) requerer a internação, a desinternação e o restabelecimento da situação anterior.

e) inspecionar e fiscalizar periodicamente os estabelecimentos e serviços penais.

GAB	01	E

▸SEÇÃO II – DO DEPARTAMENTO PENITENCIÁRIO LOCAL

Art. 73. A legislação local poderá criar Departamento Penitenciário ou órgão similar, com as atribuições que estabelecer.

Art. 74. O Departamento Penitenciário local, ou órgão similar, tem por finalidade supervisionar e coordenar os estabelecimentos penais da Unidade da Federação a que pertencer.

Parágrafo único. Os órgãos referidos no **caput** deste artigo realizarão o acompanhamento de que trata o inciso VII do **caput** do art. 72 desta Lei e encaminharão ao Departamento Penitenciário Nacional os resultados obtidos. (Incluído pela Lei nº 13.769, de 2018)

Departamento Penitenciário local – A Lei de Execução Penal autoriza a legislação local a criar Departamento Penitenciário (ou órgão similar) tendo por finalidade supervisionar e coordenar os estabelecimentos penais da Unidade da Federação a que pertencer, compreendendo a distribuição dos condenados (e internados) pelos diferentes estabelecimentos prisionais.

Apenada mulher gestante, mãe ou responsável por crianças ou pessoas com deficiência – ao prever a progressão especial para a mulher gestante, mãe ou responsável por crianças ou pessoas com deficiência, a Lei 13.76/18, no art. 72, VII, conferiu ao Departamento Nacional, auxiliado pelos departamentos locais (art. 74) a missão de acompanhar a execução da sua pena, monitorando sua integração social e a ocorrência de reincidência, específica ou não, mediante a realização de avaliações periódicas e de estatísticas criminais.

▸SEÇÃO III – DA DIREÇÃO E DO PESSOAL DOS ESTABELECIMENTOS PENAIS

Art. 75. O ocupante do cargo de diretor de estabelecimento deverá satisfazer os seguintes requisitos:

I – ser portador de diploma de nível superior de Direito, ou Psicologia, ou Ciências Sociais, ou Pedagogia, ou Serviços Sociais;

II – possuir experiência administrativa na área;

III – ter idoneidade moral e reconhecida aptidão para o desempenho da função.

Parágrafo único. O diretor deverá residir no estabelecimento, ou nas proximidades, e dedicará tempo integral à sua função.

Direção dos estabelecimentos penais – De acordo com as Regras Mínimas da ONU (atualizadas pelas de Mandela), o diretor de estabelecimento penal deverá achar-se devidamente qualificado para a função, por seu caráter, capacidade administrativa, formação adequada e experiência apropriada (preceito 79).

Dentro desse espírito, a LEP reservou especial atenção aos predicados que deve reunir o Diretor de estabelecimento penal, exigindo formação profissional (ser portador de diploma de nível superior de Direito, ou Psicologia, ou Ciências Sociais, ou Pedagogia ou Serviços Sociais), experiência administrativa na área, idoneidade moral e reconhecida aptidão para o desempenho da função.

Ao Diretor cabem importantes funções, dentre elas as de compor a Comissão Técnica de Classificação (incumbida de elaborar o programa de individualização e de orientação da pena).

ATENÇÃO – Como bem ressalta Pedro de Jesus Juliotti (Lei de Execução Anotada, ed. Verbatim, 2011, p. 202), "não exige a Lei de Execução Penal que o diretor de Hospital de Custódia e Tratamento Psiquiátrico, destinados aos inimputáveis, seja profissional formado em medicina".

1. QUESTÃO DE CONCURSO

01. (Inspetor de Segurança e Administração Penitenciária – SEAP-RJ – CEPERJ – 2012) O ocupante do cargo de diretor de estabelecimento deverá satisfazer como requisito, nos termos da Lei de Execução Penal ser portador de diploma de nível superior em Direito ou em:

a) Pedagogia

b) Filosofia

c) Contabilidade

d) Engenharia

e) Letras

GAB	01	A

Art. 76. O Quadro do Pessoal Penitenciário será organizado em diferentes categorias funcionais, segundo as necessidades do serviço, com especificação de atribuições relativas às funções de direção, chefia e assessoramento do estabelecimento e às demais funções.

Art. 77. A escolha do pessoal administrativo, especializado, de instrução técnica e de vigilância atenderá a vocação, preparação profissional e antecedentes pessoais do candidato.

§ 1º O ingresso do pessoal penitenciário, bem como a progressão ou a ascensão funcional dependerão de cursos específicos de formação, procedendo-se à reciclagem periódica dos servidores em exercício.

§ 2º No estabelecimento para mulheres somente se permitirá o trabalho de pessoal do sexo feminino, salvo quando se tratar de pessoal técnico especializado.

Especialização dos servidores do sistema prisional – A execução penal é um processo complexo e que requer extrema habilidade e competência para nele trabalhar e administrar. Diversos países, durante a reforma penitenciária, têm primado pela formação de um quadro especializado de funcionários, a fim de melhorar o processo executório.

O art. 76 da LEP anuncia que o quadro pessoal deve ser organizado em diferentes categorias funcionais, segundo as necessidades do serviço e especificando-se as atribuições relativas às funções de direção, chefia e assessoramento do estabelecimento e às demais funções, ficando a cargo da legislação local sua regulamentação.

Já o artigo 77 prevê que a escolha do pessoal administrativo, especializado, de instrução técnica e de vigilância atenderá a vocação, preparação profissional e antecedentes pessoais do candidato. O ingresso dos funcionários penitenciários, a progressão ou a ascensão funcional dependerão de cursos específicos de formação, devendo, periodicamente, frequentar curso de reciclagem.

Nos estabelecimentos para mulheres só poderão trabalhar pessoal do sexo feminino, salvo quando se tratar de pessoal técnico especializado. Uma iniciativa que visa evitar o risco de relacionamentos afetivos e sexuais entre agentes penitenciários e presas. A lei contempla especialmente os agentes responsáveis pela vigilância e custódia, consoante artigos 83, § 3º.

ATENÇÃO – "Podem os presos exercer certas funções no presídio, mas é inteiramente desaconselhável que desempenhem as atividades que impliquem autoridade ou chefia sobre outros presos, possibilitem o manuseio dos prontuários dos demais condenados ou acesso a documentos dos estabelecimentos penais etc." (Mirabete, ob. cit. p. 243).

1. QUESTÕES DE CONCURSOS

01. (Agente Penitenciário – ES – 2013 – VUNESP) No estabelecimento para mulheres, somente se permitirá o trabalho de pessoal do sexo feminino, salvo quando tratar-se de

a) ocupante do cargo de diretor.

b) pessoal técnico especializado.

c) portador de diploma de nível superior em Psicologia.

d) portador de diploma de nível superior em Direito.

e) ocupante do cargo de vistoriador.

02. (Promotor de Justiça – ES – 2009 – CESPE – desmembrada) Em relação às disposições da Lei de Execução Penal pertinentes aos órgãos da execução penal, assinale verdadeiro ou falso.

No estabelecimento prisional para mulheres, somente é permitido o trabalho de pessoal do sexo feminino, até mesmo na área de pessoal técnico especializado, devendo a diretora ser portadora de diploma de curso superior em direito.

GAB	01	B	02	FALSO

CAPÍTULO VII – DO PATRONATO

Art. 78. O Patronato público ou particular destina-se a prestar assistência aos albergados e aos egressos (artigo 26).

Art. 79. Incumbe também ao Patronato:

I – orientar os condenados à pena restritiva de direitos;

II – fiscalizar o cumprimento das penas de prestação de serviço à comunidade e de limitação de fim de semana;

III – colaborar na fiscalização do cumprimento das condições da suspensão e do livramento condicional.

Patronato – É um órgão público ou particular de assistência ao condenado em regime aberto (albergado) e ao liberado definitivo, pelo prazo de 1 ano a contar da saída do estabelecimento e o liberado condicional, durante o período de prova (egresso). Sua missão está umbilicalmente ligada a minimizar a marginalização social do preso, em especial após a sua saída do estabelecimento prisional.

Afora a função de assistência aos albergados e aos egressos, o Patronato tem incumbências sociais e fiscalizadoras, destacando-se: orientar os condenados à pena restritiva de direitos; fiscalizar o cumprimento das penas de prestação de serviço à comunidade e de limitação de fim de semana; colaborar na fiscalização do cumprimento das condições da suspensão e do livramento condicional.

ATENÇÃO – A inspeção do Patronato incumbe ao Conselho Penitenciário (art. 70 da LEP).

CAPÍTULO VIII – DO CONSELHO DA COMUNIDADE

Art. 80. Haverá, em cada comarca, um Conselho da Comunidade composto, no mínimo, por 1 (um) representante de associação comercial ou industrial, 1 (um) advogado indicado pela Seção da Ordem dos Advogados do Brasil, 1 (um) Defensor Público indicado pelo Defensor Público Geral e 1 (um) assistente social escolhido pela Delegacia Seccional do Conselho Nacional de Assistentes Sociais. (Redação dada pela Lei nº 12.313, de 2010).

Parágrafo único. Na falta da representação prevista neste artigo, ficará a critério do Juiz da execução a escolha dos integrantes do Conselho.

Conselho da Comunidade – A participação da sociedade é de suma importância no procedimento de execução, tanto é que o legislador determinou na LEP a criação de um Conselho da Comunidade. Na Exposição de Motivos fica evidente a importância do órgão:

> "Nenhum programa destinado a enfrentar os problemas referentes ao delito, ao delinquente e à pena se completaria sem o indispensável e contínuo apoio comunitário" (item 24).

E continuou no item seguinte:

> "Muito além da passividade ou da ausência de reação quanto às vítimas mortas ou traumatizadas, a comunidade participa ativamente do procedimento da execução, quer através de um Conselho, quer através das pessoas jurídicas ou naturais que assistem ou fiscalizam não somente as reações penais em meios fechados (penas privativas)" (item 25).

René Ariel Dotti bem observa:

> "A *abertura do cárcere* para a sociedade através do Conselho da Comunidade, instituído como órgão da execução para colaborar com o juiz e a Administração, visa a neutralizar os efeitos danosos da marginalização. Não somente os estabelecimentos fechados mas também as unidades semi-abertas e abertas devem receber a contribuição direta e indispensável da sociedade" (A lei de execução penal. Perspectivas fundamentais. RT 598/283).

O Conselho será composto por no mínimo 1 (um) representante de associação comercial ou industrial, 1 (um) advogado indicado pela Seção da Ordem dos Advogados do Brasil, 1 (um) Defensor Público indicado pelo Defensor Público Geral e 1 (um) assistente social escolhido pela Delegacia Seccional do Conselho Nacional de Assistentes Sociais.

O parágrafo único prevê, ainda, que na falta de representação prevista nesse artigo, ficará a critério do juiz da execução a escolha dos integrantes do Conselho. Na prática, há várias Comarcas que não contam com Conselho da Comunidade e nem com a iniciativa do juiz da execução na sua criação.

1. QUESTÕES DE CONCURSOS

01. (CESPE / CEBRASPE Órgão: MPE-CE Prova: CESPE – 2020 – MPE-CE – Promotor de Justiça de Entrância Inicial) De acordo com a Lei de Execução Penal (LEP), o órgão da execução penal destinado especificamente a prestar assistência aos albergados e aos egressos é

a) o patronato.

b) a casa de albergado.

c) o conselho penitenciário.

d) o conselho da comunidade.

e) o departamento penitenciário.

02. (Promotor de Justiça – ES – 2009 – CESPE – desmembrada) Em relação às disposições da Lei de Execução Penal pertinentes aos órgãos da execução penal, assinale certo ou errado.

Há, em cada comarca, um conselho da comunidade, composto, no mínimo, por um representante de associação comercial ou industrial, um advogado indicado pela seção da OAB e um assistente social escolhido pela delegacia seccional do Conselho Nacional de Assistentes Sociais. Na falta desses representantes, fica a critério do departamento penitenciário a escolha dos integrantes desse conselho.

03. (Inspetor de Segurança e Administração Penitenciária – SEAP-RJ –2012) Nos termos da Lei de Execução Penal, deve haver, em cada Comarca, um Conselho da Comunidade composto de, no mínimo, por:

a) 1 representante de associação comercial ou industrial, 1 advogado indicado pela Seção da Ordem dos Advogados do Brasil, 1 Defensor Público indicado pelo Defensor Público Geral e 1 assistente social escolhido pela Delegacia Seccional do Conselho Nacional de Assistentes Sociais.

b) 1 representante de associação comercial ou industrial, 1 advogado indicado pela Seção da Ordem dos Advogados do Brasil, 1 Defensor Público indicado pelo Defensor Público Geral e 1 psicólogo escolhido pela Seccional do Conselho Federal de Psicologia

c) 1 representante de associação comercial ou industrial, 1 advogado indicado pela Seção da Ordem dos Advogados do Brasil, 1 Defensor Público indicado pelo Defensor Público Geral e 1 cientista social escolhido pela Vara de Execução Penais

d) 1 representante de associação comercial ou industrial, 1 advogado indicado pela Seção da Ordem dos Advogados do Brasil, 1 Defensor Público indicado pelo Defensor Público Geral e 1 pedagogo escolhido pela Secretaria Estadual de Educação.

e) 1 representante de associação comercial ou industrial, 1 advogado indicado pela Seção da Ordem dos Advogados do Brasil, 1 Defensor Público indicado pelo Defensor Público Geral e 1 representante das famílias dos presos, indicado em votação majoritária pelos detentos.

GAB	01	A	02	ERRADO	03	A

Art. 81. Incumbe ao Conselho da Comunidade:

I – visitar, pelo menos mensalmente, os estabelecimentos penais existentes na comarca;

II – entrevistar presos;

III – apresentar relatórios mensais ao Juiz da execução e ao Conselho Penitenciário;

IV – diligenciar a obtenção de recursos materiais e humanos para melhor assistência ao preso ou internado, em harmonia com a direção do estabelecimento.

Atribuições do Conselho da Comunidade – Previstas no art. 81, as atribuições do Conselho são as seguintes:

I – visitar, pelo menos mensalmente, os estabelecimentos penais existentes na comarca;

Comparecendo *in loco*, o Conselho conhece a realidade do sistema de execução em operação na comarca.

II – entrevistar presos;

A entrevista consiste num importante subsídio de colheita de informações, se inteirando da visão dos presos de como está sendo o cumprimento da sua sanção penal.

III – apresentar relatórios mensais ao juiz da execução e ao Conselho Penitenciário;

Os relatórios servem para apresentar ao magistrado e ao Conselho Penitenciário os problemas detectados nos estabelecimentos, sugerindo, desde logo, as possíveis soluções.

IV – diligenciar a obtenção de recursos materiais e humanos para melhor assistência ao preso ou internado, em harmonia com a direção do estabelecimento.

Contudo, sem prejuízo das atribuições aqui apresentadas, cabe, ainda, ao Conselho da Comunidade, a observação cautelar e a proteção realizada por serviço social penitenciário (art. 139 desta lei).

ATENÇÃO – Da comparação dos arts. 79 e 81 percebe-se que, enquanto o Patronato cuida dos condenados soltos, o Conselho de Comunidade cuida dos presos.

▸CAPÍTULO IX – DA DEFENSORIA PÚBLICA (INCLUÍDO PELA LEI Nº 12.313, DE 2010).

Art. 81-A. A Defensoria Pública velará pela regular execução da pena e da medida de segurança, oficiando, no processo executivo e nos incidentes da execução, para a defesa dos necessitados em todos os graus e instâncias, de forma individual e coletiva. (Incluído pela Lei nº 12.313, de 2010).

Art. 81-B. Incumbe, ainda, à Defensoria Pública: (Incluído pela Lei nº 12.313, de 2010).

I – requerer: (Incluído pela Lei nº 12.313, de 2010).

a) todas as providências necessárias ao desenvolvimento do processo executivo; (Incluído pela Lei nº 12.313, de 2010).

b) a aplicação aos casos julgados de lei posterior que de qualquer modo favorecer o condenado; (Incluído pela Lei nº 12.313, de 2010).

c) a declaração de extinção da punibilidade; (Incluído pela Lei nº 12.313, de 2010).

d) a unificação de penas; (Incluído pela Lei nº 12.313, de 2010).

e) a detração e remição da pena; (Incluído pela Lei nº 12.313, de 2010).

f) a instauração dos incidentes de excesso ou desvio de execução; (Incluído pela Lei nº 12.313, de 2010).

g) a aplicação de medida de segurança e sua revogação, bem como a substituição da pena por medida de segurança; (Incluído pela Lei nº 12.313, de 2010).

h) a conversão de penas, a progressão nos regimes, a suspensão condicional da pena, o livramento condicional, a comutação de pena e o indulto; (Incluído pela Lei nº 12.313, de 2010).

i) a autorização de saídas temporárias; (Incluído pela Lei nº 12.313, de 2010).

j) a internação, a desinternação e o restabelecimento da situação anterior; (Incluído pela Lei nº 12.313, de 2010).

k) o cumprimento de pena ou medida de segurança em outra comarca; (Incluído pela Lei nº 12.313, de 2010).

l) a remoção do condenado na hipótese prevista no § 1º do art. 86 desta Lei; (Incluído pela Lei nº 12.313, de 2010).

II – requerer a emissão anual do atestado de pena a cumprir; (Incluído pela Lei nº 12.313, de 2010).

III – interpor recursos de decisões proferidas pela autoridade judiciária ou administrativa durante a execução; (Incluído pela Lei nº 12.313, de 2010).

IV – representar ao Juiz da execução ou à autoridade administrativa para instauração de sindicância ou procedimento administrativo em caso de violação das normas referentes à execução penal; (Incluído pela Lei nº 12.313, de 2010).

V – visitar os estabelecimentos penais, tomando providências para o adequado funcionamento, e requerer, quando for o caso, a apuração de responsabilidade; (Incluído pela Lei nº 12.313, de 2010).

VI – requerer à autoridade competente a interdição, no todo ou em parte, de estabelecimento penal. (Incluído pela Lei nº 12.313, de 2010).

Parágrafo único. O órgão da Defensoria Pública visitará periodicamente os estabelecimentos penais, registrando a sua presença em livro próprio. (Incluído pela Lei nº 12.313, de 2010).

Defensoria Pública – Dispõe o art. 1º da Lei Complementar nº 80, de 1994 (com redação dada pela Lei Complementar 132, de 2009), que: "A Defensoria Pública é instituição permanente, essencial à função jurisdicional do Estado, incumbindo-lhe, como expressão e instrumento do regime democrático, fundamentalmente, a orientação jurídica, a promoção dos direitos humanos e a defesa, em todos os graus, judicial ou extrajudicial, dos direitos individuais e coletivos, de forma integral e gratuita, aos necessitados, assim considerados na forma do inciso LXXIV do art. 5º da Constituição Federal".

Dentro desse espírito, a Lei 12.313, de agosto de 2010, finalmente alterou a LEP para garantir assistência jurídica ao preso em processo de execução da pena, fixando as atribuições do órgão.

Em linhas gerais, incumbe à Defensoria Pública o acompanhamento da execução da pena, fazendo valer todos os direitos do preso assistido. O rol do artigo 81-B, incluído pela Lei 12.313, de 19 de agosto de 2010, é meramente exemplificativo, conclusão que se extrai do inciso I, letra "a" (*requerer todas as providências necessárias ao desenvolvimento do processo executivo*).

ATENÇÃO – Assim como incumbe ao representante do Ministério Público e ao Juiz da execução, a Defensoria Pública deverá visitar periodicamente os estabelecimentos penais, registrando a sua presença em livro próprio.

1. QUESTÕES DE CONCURSOS

01. (Defensor Público – Estado de Goiás – 2014) Nos termos da Lei nº 7.210/1984, a Defensoria Pública velará pela regular execução da pena e da medida de segurança, oficiando, no processo executivo e nos incidentes da execução, para a defesa dos necessitados em todos os graus e instâncias, de forma individual e coletiva. Incumbe, ainda, à Defensoria Pública

a) fiscalizar a regularidade formal das guias de recolhimento e de internamento.

b) supervisionar os patronatos, bem como a assistência aos egressos.

c) estimular e promover a pesquisa criminológica.

d) compor e instalar o Conselho da Comunidade.

e) requerer a emissão anual do atestado de pena a cumprir.

02. (Promotor de Justiça – MPE-SC – 2013) Julgue o item a seguir

Uma das incumbências da Defensoria Pública no processo de execução penal é requerer à autoridade competente a interdição, no todo ou em parte, de estabelecimento penal.

03. (Defensor Público – CESPE – 2010 – DPE-BA) Acerca da execução penal, julgue o item a seguir.

O atual sistema de execução penal legitima a DP, de forma individual ou coletiva, a tutelar a regularidade da execução. Entre as prerrogativas, autoriza expressamente a requisição de interdição de estabelecimentos prisionais e assegura o direito de recebimento mensal de cópia dos registros dos presos que trabalharam, para fins de remição penal.

GAB	01	E	02	CERTO	03	CERTO

▸TÍTULO IV – DOS ESTABELECIMENTOS PENAIS

▸CAPÍTULO I – DISPOSIÇÕES GERAIS

Art. 82. Os estabelecimentos penais destinam-se ao condenado, ao submetido à medida de segurança, ao preso provisório e ao egresso.

§ 1º A mulher e o maior de sessenta anos, separadamente, serão recolhidos a estabelecimento próprio e adequado à sua condição pessoal. (Redação dada pela Lei nº 9.460, de 1997)

§ 2º – O mesmo conjunto arquitetônico poderá abrigar estabelecimentos de destinação diversa desde que devidamente isolados.

Estabelecimentos penais – são destinados aos condenados (regime fechado, semiaberto e aberto), aos submetidos à medida de segurança, ao preso provisório e ao egresso. Em resumo, abrangem:

a) Penitenciária (destina-se ao condenado à pena de reclusão, em regime fechado);
b) Colônia Agrícola, Industrial ou Similar (destina-se ao cumprimento da pena em regime semiaberto);
c) Casa do Albergado (destina-se ao cumprimento de pena privativa de liberdade, em regime aberto, e da pena de limitação de fim de semana);
d) Centro de Observação (onde se realizam os exames gerais e o criminológico);
e) Hospital de Custódia e Tratamento Psiquiátrico (destina-se aos inimputáveis e semi-imputáveis referidos no artigo 26 e seu parágrafo único do Código Penal);
f) Cadeia Pública (destina-se ao recolhimento de presos provisórios).

A lei, atendendo ao que dispõe o art. 5º, XLVIII, da CF (*a pena será cumprida em estabelecimentos distintos, de acordo com a natureza do delito, a idade e o sexo do apenado*), bem como preceito 11 das Regras Mínimas da ONU (atualizadas pelas de Mandela), assegura proteção às mulheres (com o intuito de protegê-las de violências sexuais) e idosos (em virtude da fragilidade física e emocional não raras vezes advindas da avançada idade).

ATENÇÃO – Com base em normativa aprovada pelo CNJ em 02.10.2020, as pessoas têm direito a se autodeclararem como pertencentes à comunidade LGBTQI+. Em caso de prisão da pessoa autodeclarada parte da população LGBTI, o local de privação de liberdade será determinado pelo magistrado em decisão fundamentada após consulta à pessoa acerca de sua escolha, que poderá se dar a qualquer momento do processo penal ou execução da pena, devendo ser assegurada, ainda, a possibilidade de alteração do local, visando assegurar a dignidade, a integridade física e moral e os direitos específicos dessa população. As Regras de Mandela recordam que para que tal princípio seja concretizado, "as administrações prisionais devem levar em conta as necessidades individuais dos presos, particularmente daqueles em situação de maior vulnerabilidade" (preceito 2.2).

O mesmo local (terreno/espaço) poderá abrigar estabelecimentos diversos, desde que devidamente isolados de acordo com o tipo de habitante prisional. Eventuais dificuldades materiais podem exigir do Estado que construa estabelecimentos no mesmo sítio, observando, porém, prédios próprios para mulheres, idosos, presos provisórios, condenados perigosos etc.

Abuso de autoridade – o art. 21, *caput*, tipifica como abuso de autoridade o fato de manter presos de ambos os sexos na mesma cela ou espaço de confinamento.

O núcleo *manter* abrange não somente a conduta do agente ou autoridade que determina a inclusão indevida, como daquele que, ao tomar conhecimento da situação abusiva, se abstém de corrigi-la, mesmo tendo atribuição ou competência para tanto, mantendo o constrangimento ilegal.

Aparecem como elementos espaciais do tipo a *cela* ou o *espaço de confinamento. Cela* abrange o local destinado ao recolhimento dos presos, cautelares ou definitivos. *Espaço de confinamento*, por sua vez, alcança qualquer área ou ambiente não projetado para ocupação contínua do preso, como sítios de triagem, ambiente de custódia nos fóruns, veículos de transporte de presos (caminhão baú) etc.

O parágrafo único do art. 21 pune na mesma pena quem mantém, na mesma cela, criança ou adolescente na companhia de maior de idade ou em ambiente inadequado, observado o disposto no Estatuto da Criança e do Adolescente.

Tal como ocorre com a impossibilidade de existir cela compartilhada por pessoas de ambos os sexos, da mesma forma essa impossibilidade se estende para o compartilhamento de cela entre criança ou adolescente e pessoa maior de idade.

O art. 123 do Estatuto de Criança e do Adolescente (Lei 8.069, de 13 de julho de 1990) diz textualmente que:

> Art. 123. A internação deverá ser cumprida em entidade exclusiva para adolescentes, em local distinto daquele destinado ao abrigo, obedecida rigorosa separação por critérios de idade, compleição física e gravidade da infração.

É importante alertar que, a depender das circunstâncias, as condutas descritas no artigo em comento podem configurar delito de tortura, art. 1º, § 1º, da Lei 9.455/1997.

Lei de Abuso de Autoridade	Lei de Tortura
Art. 21. Manter presos de ambos os sexos na mesma cela ou espaço de confinamento: Pena – detenção, de 1 (um) a 4 (quatro) anos, e multa.	Art. 1º Constitui crime de tortura: (...) § 1º Na mesma pena [reclusão de 2 a 8 anos] incorre quem submete pessoa presa ou sujeita a
Parágrafo único. Incorre na mesma pena quem mantém, na mesma cela, criança ou adolescente na companhia de maior de idade ou em ambiente inadequado, observado o disposto no Estatuto da Criança e do Adolescente.	medida de segurança a sofrimento físico ou mental, por intermédio da prática de ato não previsto em lei ou não resultante de medida legal.

A violação à regra de separação de custodiados, acompanhada de sofrimento físico ou mental do custodiado (resultado quase sempre presente), fará com que a conduta melhor se subsuma ao crime da Lei de Tortura, infração penal mais grave, equiparada a delito hediondo, sofrendo todos os consectários da Lei 8.072/1990. Mais uma vez se exigirá muita atenção do intérprete ao aquilatar o caso concreto.

Nesse ponto, vale lembrar que no ano de 2007, a sociedade brasileira tomou conhecimento de um fato que chocou o país. Mais especificamente, foi noticiado pela imprensa que, no dia 21 de setembro do mesmo ano, no município de Abaetetuba, no Pará, uma adolescente, com apenas 15 anos de idade, foi presa e colocada numa cela com mais de 20 detentos do sexo masculino. Pelo que foi divulgado à época, a adolescente havia sido flagrada furtando alguns pertences na casa onde trabalhava como empregada doméstica. Irritado, seu "patrão" a trancou no banheiro e ligou para seu tio, um investigador de polícia. Agindo frontalmente contra lei, alguns policiais se dirigiram à residência onde se encontrava a adolescente e, querendo "corrigi-la", em vez de a conduzirem à presença da autoridade judiciária competente, começaram a espancá-la.

Importante ressaltar, contudo, que a adolescente portava uma identidade que não revelava sua verdadeira idade, fazendo-se passar por pessoa imputável, constando como se tivesse 19 anos de idade. Como na cidade onde foi presa não havia penitenciária feminina, a delegada plantonista, após lavrar o auto de prisão em flagrante, acreditando ser ela maior de 18 anos, determinou a sua prisão juntamente com os demais presos do sexo masculino.

A adolescente ficou presa, em cela comum, juntamente com esses presos do sexo masculino, por 26 dias, tendo sido estuprada inúmeras vezes, muitas delas para que tivesse acesso a comida e a materiais de higiene pessoal, além de ter sido frequentemente espancada.

Ora, como não poderia ser diferente, o caso foi tratado como tortura. Os responsáveis foram condenados não apenas pelo crime de tortura, como também pelos crimes que vitimaram a adolescente na habitação prisional, na condição de garante ou garantidor.

Infelizmente, o crescimento da população prisional feminina é um fenômeno observado mundialmente. Segundo dados do Departamento Penitenciário Nacional, no Brasil, o número de mulheres encarceradas aumentou, desde 2000, em 656%, totalizando 44.355 presas em 2016, posicionando-o atrás apenas dos Estados Unidos, China e Rússia (Infopen, 2018, p. 14).

Especialmente em relação às mulheres, a severa repressão às drogas resulta na criminalização daquelas que ocupam majoritariamente posições subalternas nas redes de tráfico, cujo contato direto com a droga, seja no transporte ou armazenamento, aumenta significativamente o risco da prisão. O envolvimento no tráfico, para muitas, está relacionado a questões socioeconômicas e de gênero, que envolvem dificuldades de acesso ao mercado de trabalho formal, vulnerabilidade social, relacionamentos afetivos e a responsabilidade pelo cuidado da família. Nesse sentido, o tráfico pode representar uma alternativa que permite às mulheres, ao mesmo tempo, prover financeiramente e exercer as atividades de cuidado da família, tendo em vista que é uma atividade que pode ser exercida dentro do ambiente doméstico.

O aumento drástico da população prisional feminina coloca uma série de questões no centro do debate sobre o sistema prisional. Primeiramente, surge a necessidade de expansão física do sistema prisional, composto majoritariamente por unidades masculinas. Em segundo lugar, foi preciso adaptar as unidades já existentes e a própria legislação às especificidades das mulheres, que, como já abordamos, são frequentemente as únicas responsáveis pelo sustento e cuidado dos filhos. Nesse sentido, destaca-se as mudanças promovidas pela Lei n. 11.942/09 e, mais recentemente, pela Lei n. 13.769/18, que preveem a construção de espaços destinados ao exercício da maternidade, a conversão da prisão preventiva em domiciliar e diferentes lapsos temporais de progressão de regime para gestantes e mães.

Art. 83. O estabelecimento penal, conforme a sua natureza, deverá contar em suas dependências com áreas e serviços destinados a dar assistência, educação, trabalho, recreação e prática esportiva.

§ 1º Haverá instalação destinada a estágio de estudantes universitários. (Renumerado pela Lei nº 9.046, de 1995)

§ 2º Os estabelecimentos penais destinados a mulheres serão dotados de berçário, onde as condenadas possam cuidar de seus filhos, inclusive amamentá-los, no mínimo, até 6 (seis) meses de idade. (Redação dada pela Lei nº 11.942, de 2009)

§ 3º Os estabelecimentos de que trata o § 2º deste artigo deverão possuir, exclusivamente, agentes do sexo feminino na segurança de suas dependências internas. (Incluído pela Lei nº 12.121, de 2009).

§ 4º Serão instaladas salas de aulas destinadas a cursos do ensino básico e profissionalizante. (Incluído pela Lei nº 12.245, de 2010)

§ 5º Haverá instalação destinada à Defensoria Pública. (Incluído pela Lei nº 12.313, de 2010).

O estabelecimento penal e a ressocialização do preso – Como esclarecemos nos comentários ao art. 1º, a pena tem como principal finalidade prevenir o crime, reeducar e ressocializar o preso. Para que esses objetivos sejam atingidos, os estabelecimentos penais devem oferecer educação, formação profissional e trabalho, bem como outros tipos de assistências apropriadas (moral, espiritual, saúde, esportiva etc.).

O artigo em comento traz, justamente, as características que as instalações dos estabelecimentos penais devem ter para que neles possam ser exercidos os direitos do preso, bem como contribuir na sua ressocialização, permitindo-lhe valer-se das várias espécies de assistência enunciadas no artigo 11 da LEP.

Os estabelecimentos penais destinados a mulheres, por exemplo, serão estruturados com ambiente para amamentação e cuidado com os filhos, exigência garantida na Carta Maior: "às presidiárias serão asseguradas condições para que possam permanecer com seus filhos durante o período de amamentação" (art. 5º, L). No mesmo sentido, preceito 29 das Regras de Mandela.

A Lei Complementar 153, de dezembro de 2015, estabelece que a implantação e manutenção de berçário, creche e seção destinadas à gestante e à parturiente nos estabelecimentos penais serão custeadas pelos recursos do FUNPEN (Fundo Penitenciário Nacional).

A previsão de salas de aulas é medida positiva na ressocialização do condenado, além de necessária para que o preso em regime fechado consiga remir a sua pena.

O dispositivo reforça a determinação prevista no art. 16, § 2º desta lei, no que tange à instalação da Defensoria Pública, garantindo ao órgão desempenhar regularmente suas atribuições.

1. QUESTÃO DE CONCURSO

01. (Agente Penitenciário Federal – DEPEN – 2015) Julgue o item a seguir

Entre outros dispositivos legais pertinentes, o direito da pessoa privada de liberdade à educação é assegurado pela LEP, que contém previsão específica para aulas do ensino profissionalizante e para a realização de estágios de nível superior.

02. (Inspetor de Segurança e Administração Penitenciária – SEAP-RJ – CEPERJ – 2012) Nos termos da Lei de Execução Penal, os estabelecimentos penais destinados a mulheres serão dotados de berçário, onde as condenadas possam cuidar de seus filhos, inclusive amamentá-los, até, no mínimo, a seguinte idade:

a) doze meses
b) dez meses
c) três meses
d) seis meses
e) nove meses

GAB	01	CERTO	02	D

Art. 83-A. Poderão ser objeto de execução indireta as atividades materiais acessórias, instrumentais ou complementares desenvolvidas em estabelecimentos penais, e notadamente: (Incluído pela Lei nº 13.190, de 2015).

I – serviços de conservação, limpeza, informática, copeiragem, portaria, recepção, reprografia, telecomunicações, lavanderia e manutenção de prédios, instalações e equipamentos internos e externos; (Incluído pela Lei nº 13.190, de 2015).

II – serviços relacionados à execução de trabalho pelo preso. (Incluído pela Lei nº 13.190, de 2015).

§ 1º A execução indireta será realizada sob supervisão e fiscalização do poder público. (Incluído pela Lei nº 13.190, de 2015).

§ 2º Os serviços relacionados neste artigo poderão compreender o fornecimento de materiais, equipamentos, máquinas e profissionais. (Incluído pela Lei nº 13.190, de 2015).

Regime diferenciado de contratações – A Medida Provisória 678, de junho de 2015, convertida na Lei 13.190/15, dentre outras providências, adicionou à Lei de Execução Penal dos novos artigos: 83-A e 83-B.

O artigo em comento prevê que poderão ser objeto de execução indireta as atividades materiais acessórias, instrumentais ou complementares desenvolvidas em estabelecimentos penais, tais como: serviços de conservação, limpeza, informática, copeiragem, portaria, recepção, reprografia, telecomunicações, lavanderia e manutenção de prédios, instalações e equipamentos internos e externos; bem como os serviços relacionados à execução de trabalho pelo preso.

Para entendermos a mudança precisamos lembrar que a Lei 12.462/11 instituiu o Regime Diferenciado de Contratações Públicas (RDC), aplicável às licitações e contratos relativos aos eventos esportivos que foram realizados no Brasil nos anos de 2013, 2014 e 2016, assim como para as obras de infraestrutura e de contratação de serviços para os aeroportos das capitais dos Estados da Federação distantes até 350 km das cidades sedes dos mundiais referidos nos incisos I, II do art. 1º da aludida lei (Copa das Confederações, Jogos Olímpicos etc.).

Em apertada síntese, o Regime Diferenciado de Contratações Públicas foi criado com o objetivo de otimizar os processos licitatórios e contratos necessários para a execução dos eventos e obras acima mencionados. Com o intuito de dar às licitações e contratos realizados no âmbito das ações de segurança pública a mesma otimização e celeridade conferida aos eventos esportivos, criou-se a Lei 13.190/15.

Nos termos art. 8º da lei 12.462/15, a execução indireta de obras e serviços poderá ser feita pelos regimes: 1. empreitada por preço unitário; 2. empreitada por preço global; 3. contratação por tarefa; 4. empreitada integral; ou 5. contratação integrada.

A referida Lei (12.462/15), com vigência programada por mais 2 anos, foi revogada pela nova Lei de Licitações e Contratos Administrativos, que, por sua vez, nasce num clima de desburocratização, assemelhando-se, e muito, a forma de contratação da lei revogada.

Vale observar que além das atividades mencionadas acima, também poderão ser realizados por meio de execução indireta o fornecimento de materiais, equipamentos, máquinas e profissionais. Além disso, importante notar que tudo deve ser supervisionado e fiscalizado pelo Poder Público.

Art. 83-B. São indelegáveis as funções de direção, chefia e coordenação no âmbito do sistema penal, bem como todas as atividades que exijam o exercício do poder de polícia, e notadamente: (Incluído pela Lei nº 13.190, de 2015).

I – classificação de condenados; (Incluído pela Lei nº 13.190, de 2015).

II – aplicação de sanções disciplinares; (Incluído pela Lei nº 13.190, de 2015).

III – controle de rebeliões; (Incluído pela Lei nº 13.190, de 2015).

IV – transporte de presos para órgãos do Poder Judiciário, hospitais e outros locais externos aos estabelecimentos penais. (Incluído pela Lei nº 13.190, de 2015).

Indelegabilidade do poder de polícia – Hely Lopes Meirelles conceitua poder de polícia como "a faculdade de que dispõe a Administração Pública para condicionar e restringir o uso, o gozo de bens, atividades e direitos individuais, em benefício da coletividade ou do próprio Estado" (*Direito Administrativo Brasileiro*, São Paulo: Malheiros, 1999. p. 120).

Sabendo da responsabilidade que deve guardar os agentes que exercem o poder de polícia, a Lei 13.190/15 adicionou à Lei de Execução Penal o art. 83-B, que assegura serem indelegáveis as funções de direção, chefia e coordenação no âmbito do sistema penal, bem como todas as atividades que exijam o exercício do poder de polícia, tais como: classificação de condenados, aplicação de sanções disciplinares, controle de rebeliões e transporte de presos.

Questão importante surge com a realização de parcerias público-privadas (PPPs) na gestão do sistema prisional ou a "privatização dos presídios". Trata-se de modalidade de contrato administrativo, prevista na Lei n. 11.079/04, que consiste essencialmente na concessão temporária de certas atividades realizadas pelo Estado à iniciativa privada. Firmadas no âmbito do sistema prisional, as PPPs estabelecem uma cooperação na gestão das unidades entre Estado e empresa privada, sendo que o primeiro continua incumbido das funções mencionadas neste artigo e o segundo se encarrega da realização de obras e da prestação de serviços, como alimentação, vestuário, assistência médica, entre outros. Como exemplos, temos as experiências do Complexo Penitenciário de Ribeirão das Neves-MG e do Complexo Penitenciário Anísio Jobim-AM.

Art. 84. O preso provisório ficará separado do condenado por sentença transitada em julgado.

§ 1º Os presos provisórios ficarão separados de acordo com os seguintes critérios: (Redação dada pela Lei nº 13.167, de 2015)

I – acusados pela prática de crimes hediondos ou equiparados; (Incluído pela Lei nº 13.167, de 2015)

II – acusados pela prática de crimes cometidos com violência ou grave ameaça à pessoa; (Incluído pela Lei nº 13.167, de 2015)

III – acusados pela prática de outros crimes ou contravenções diversos dos apontados nos incisos I e II. (Incluído pela Lei nº 13.167, de 2015)

§ 2º O preso que, ao tempo do fato, era funcionário da Administração da Justiça Criminal ficará em dependência separada.

§ 3º Os presos condenados ficarão separados de acordo com os seguintes critérios: (Incluído pela Lei nº 13.167, de 2015)

I – condenados pela prática de crimes hediondos ou equiparados; (Incluído pela Lei nº 13.167, de 2015)

II – reincidentes condenados pela prática de crimes cometidos com violência ou grave ameaça à pessoa; (Incluído pela Lei nº 13.167, de 2015)

III – primários condenados pela prática de crimes cometidos com violência ou grave ameaça à pessoa; (Incluído pela Lei nº 13.167, de 2015)

IV – demais condenados pela prática de outros crimes ou contravenções em situação diversa das previstas nos incisos I, II e III. (Incluído pela Lei nº 13.167, de 2015)

§ 4º O preso que tiver sua integridade física, moral ou psicológica ameaçada pela convivência com os demais presos ficará segregado em local próprio. (Incluído pela Lei nº 13.167, de 2015).

Separação dos presos – A exigência de o preso provisório ficar separado do condenado por sentença transitada em julgado está assegurada tanto nas Regras Mínimas da ONU (atualizadas pelas de Mandela, preceito 11, "b") como também na Convenção Americana de Direitos Humanos (Pacto de San Jose da Costa Rica, artigo 5º, item 4): "os processados devem ficar separados dos condenados, salvo em circunstâncias excepcionais, e devem ser submetidos a tratamento adequado à sua condição de pessoas não condenadas."

Além disso, determina-se a separação entre o preso primário e o preso reincidente, merecendo cada qual processos diferentes de reabilitação. Como bem esclarece Mirabete: "Evitam-se o mais que possível contágio e as nocivas influências do condenado contumaz m relação ao primário, que os pode levar à corrupção, a uma fácil integração à 'subcultura carcerária' e às maiores dificuldades no caminho da reinserção social" (ob. cit. p. 254/255).

No caso de preso (provisório ou não) funcionário da Administração Criminal, como forma de garantir a sua segurança diante de possíveis represálias, atritos etc., a lei prevê seu recolhimento em prisão especial, isto é, em dependência separada. A guia de recolhimento deve fazer menção acerca dessa qualidade do condenado (art. 106, § 3º, LEP).

ATENÇÃO – O nosso ordenamento jurídico prevê inúmeras outras hipóteses de prisão especial (I – para dirigentes de entidades sindicais; II – pilotos de aeronaves mercantes; III – oficiais da Marinha Mercante; IV – juízes de paz etc.). Contudo, somente o funcionário da Administração Criminal tem garantido, mesmo depois do trânsito em julgado da condenação, prisão especial. No mais dos casos, a providência de cautela só tem sentido durante o período de prisão provisória.

O art. 439 do CPP, com a nova redação dada pela lei 12.403/11, não mais assegura prisão especial àquele que tenha exercido efetivamente a função de jurado.

A Lei 13.167/15 altera o art. 84 para estabelecer critérios objetivos e subjetivos aptos a orientar a separação dos presos (provisórios e definitivos), considerando, essencialmente, a sua primariedade ou reincidência e gravidade dos crimes pelos quais são acusados ou cumprem pena.

Todavia, devido à precariedade do sistema prisional brasileiro, o Estado não é capaz de garantir a organização dos presos com base nas características previstas aqui. Na prática, o que se tem é a manutenção de presos provisórios e definitivos nas mesmas unidades, tendo em vista que cerca de 40% da população prisional sequer ostenta condenação definitiva (INFOPEN, 2017).

1. ENUNCIADOS DE SÚMULAS DE JURISPRUDÊNCIA

- **STF – Súmula 717.** Não impede a progressão de regime de execução da pena, fixada em sentença não transitada em julgado, o fato de o réu se encontrar em prisão especial.

2. QUESTÃO DE CONCURSO

01. (Analista Jurídico – TJ-SC – 2009) De acordo a Lei nº 7210 de 11 de julho de 1984 (Lei de Execução Penal), assinale a alternativa correta:

I. Os condenados serão classificados, por Comissão Técnica de Classificação, segundo os seus antecedentes e personalidade, para orientar a individualização da execução penal.

II. Constituem sanções disciplinares: advertência verbal; repreensão; suspensão ou restrição de direitos; incomunicabilidade; inclusão no regime disciplinar diferenciado.

III. A execução penal competirá ao Juiz indicado na lei local de organização judiciária e, na sua ausência, ao da sentença.

IV. O preso provisório ficará separado do condenado por sentença transitada em julgado. Também o preso que, ao tempo do fato, era funcionário da Administração da Justiça Criminal ficará em dependência separada.

a) Somente as assertivas I, III e IV estão corretas.

b) Somente as assertivas I, II e III estão corretas.

c) Somente as assertivas II, III e IV estão corretas.

d) Somente as assertivas III e IV estão corretas.

e) Todas as assertivas estão corretas.

GAB	01	A

Art. 85. O estabelecimento penal deverá ter lotação compatível com a sua estrutura e finalidade.

Parágrafo único. O Conselho Nacional de Política Criminal e Penitenciária determinará o limite máximo de capacidade do estabelecimento, atendendo a sua natureza e peculiaridades.

Estabelecimento penal e sua lotação máxima – O estabelecimento penal deverá ter lotação compatível com a sua estrutura e finalidade. É do conhecimento de todos que esse comando não é respeitado no Brasil, onde a superlotação carcerária há muito vem sendo um problema crônico. Nesse sentido, é o teor da Súmula 56 do STF:

> "A falta de estabelecimento penal adequado não autoriza a manutenção do condenado em regime prisional mais gravoso, devendo-se observar, nessa hipótese, os parâmetros fixados no RE 641.320/RS"

O RE 641.320, por sua vez, determinou que: "havendo déficit de vagas, deverão ser determinados: (i) a saída antecipada de sentenciado no regime com falta de vagas; (ii) a liberdade eletronicamente monitorada ao sentenciado que sai antecipadamente ou é posto em prisão domiciliar por falta de vagas; (iii) o cumprimento de penas restritivas de direito e/ou estudo ao sentenciado que progride ao regime aberto. Até que sejam estruturadas as medidas alternativas propostas, poderá ser deferida a prisão domiciliar ao sentenciado." (RE 641.320, rel. min. Gilmar Mendes, P, j. 11-5-2016, *DJE* 159 de 1º-8-2016, Tema 423).

Buscando disciplinar a ocupação dos estabelecimentos penais, prevê o parágrafo único que o Conselho Nacional de Política Criminal determinará o seu limite máximo de capacidade, atendendo a sua natureza e peculiaridades.

O descumprimento injustificado do dever aqui estabelecido implicará para a Unidade da Federação respectiva não apenas a suspensão de qualquer ajuda financeira a ela destinada pela União, para atender às despesas de execução das penas e medidas de segurança (art. 203, § 4º, LEP), como também a interdição do local (art. 66, inciso III, LEP).

ATENÇÃO – Presos submetidos a condições degradantes em presídios devem ser indenizados em dinheiro. O STF definiu a responsabilidade civil do Estado pelas pessoas que mantém presas. E se elas estão sem condições mínimas de humanidade, devem ser indenizadas, inclusive por danos morais. "Considerando que é dever do Estado, imposto pelo sistema normativo, manter em seus presídios os padrões mínimos de humanidade previstos no ordenamento jurídico, é de sua responsabilidade, nos termos do artigo 37, parágrafo 6º, da Constituição, a obrigação de ressarcir os danos, inclusive morais, comprovadamente causados aos detentos em decorrência da falta ou insuficiência das condições legais de encarceramento" (RE 580.252).

Art. 86. As penas privativas de liberdade aplicadas pela Justiça de uma Unidade Federativa podem ser executadas em outra unidade, em estabelecimento local ou da União.

§ 1º A União Federal poderá construir estabelecimento penal em local distante da condenação para recolher os condenados, quando a medida se justifique no interesse da segurança pública ou do próprio condenado. (Redação dada pela Lei nº 10.792, de 2003)

§ 2º Conforme a natureza do estabelecimento, nele poderão trabalhar os liberados ou egressos que se dediquem a obras públicas ou ao aproveitamento de terras ociosas.

§ 3º Caberá ao juiz competente, a requerimento da autoridade administrativa definir o estabelecimento prisional adequado para abrigar o preso provisório ou condenado, em atenção ao regime e aos requisitos estabelecidos. (Incluído pela Lei nº 10.792, de 2003)

Transferência do preso – Em regra, o preso cumpre a reprimenda no local onde foi julgado. Entretanto, inúmeras circunstâncias podem indicar que a sua transferência para outro estabelecimento, mesmo que de Estado diverso, seja uma necessidade. Não sem razão, alerta Mirabete:

> "A permissão do artigo 86, porém, não outorga ao sentenciado direito líquido e certo à concessão do pedido; a transferência é uma faculdade do juiz, fundada em razões de conveniência e oportunidade. Por isso mesmo, não pode ser concedida por meio de via do processo sumário do *habeas corpus*" (ob. cit. p. 259).

A construção de estabelecimentos penais de segurança máxima pela União se deu, principalmente, com o escopo de receber presos de alta periculosidade, cuja permanência em presídios estaduais ponha em risco a ordem ou incolumidade pública (art. 3º da Lei 8.072/90).

A transferência deve ser previamente admitida pelo próprio juiz federal com jurisdição sobre o estabelecimento penal (art. 4º), sendo que no caso de prisão provisória o juízo de origem depreca apenas a execução e a fiscalização da medida, mantendo-se competente para o processo. Excepcionalmente, *em caso de extrema necessidade*, o juiz federal pode autorizar a inclusão do preso no estabelecimento antes do processo de instrução da transferência (art. 5º, § 6º), que pode ser provocado, após admissibilidade pelo juiz da origem, pela autoridade administrativa, pelo Ministério Público e pelo próprio preso, cabendo à Defensoria Pública da União prestar a assistência judiciária necessária.

Nada impede que a defesa seja ouvida antes da transferência, mas, como é comum em situações desta natureza, as circunstâncias podem demandar o deslocamento imediato do preso, normalmente envolvido em atividades criminosas dentro do próprio estabelecimento em que originalmente cumpre a pena ou está cautelarmente recolhido. Sendo este o caso, é evidente que a prévia oitiva pode contribuir para agravar a situação de insegurança no estabelecimento prisional. Por isso, a Terceira Seção do Superior Tribunal de Justiça (STJ) aprovou a Súmula 639, que dispõe sobre a transferência ou permanência de presidiário em penitenciária federal sem anterior consulta ao advogado. O enunciado tem a seguinte redação:

> "Não fere o contraditório e o devido processo decisão que, sem ouvida prévia da defesa, determine transferência ou permanência de custodiado em estabelecimento penitenciário federal".

> **ATENÇÃO** – Referindo-se expressamente às penas privativas de liberdade, o artigo 86 não autoriza a transferência do sentenciado para o cumprimento de outras penas, como restritivas de direitos.

1. ENUNCIADOS DE SÚMULAS DE JURISPRUDÊNCIA

- **STF – Súmula 718.** A opinião do julgador sobre a gravidade em abstrato do crime não constitui motivação idônea para a imposição de regime mais severo do que o permitido segundo a pena aplicada.

- **STF – Súmula 719**

  A imposição do regime de cumprimento mais severo do que a pena aplicada permitir exige motivação idônea.

2. INFORMATIVOS DE JURISPRUDÊNCIA

- **STF – 620 – HC e transferência de presídio**

  A Turma deferiu "habeas corpus" para autorizar ao paciente – recolhido em estabelecimento localizado no Estado de São Paulo – transferência para presídio em Mato Grosso do Sul. Observou-se a boa conduta carcerária do apenado, a existência de vínculos familiares nesse Estado e a disponibilidade de vaga em presídio localizado nesta mesma unidade da Federação. O Min. Celso de Mello ressaltou que a execução penal, além de objetivar a efetivação da condenação penal imposta ao sentenciado, buscaria propiciar condições para a harmônica integração social daquele que sofre a ação do magistério punitivo do Estado. Por esta razão, aduziu que a LEP autorizaria ao juiz da execução determinar o cumprimento da pena em outra comarca ou, até mesmo, permitir a remoção do condenado para Estado-membro diverso daquele em que cometida a infração penal, conforme disposto no caput do art. 86 da referida lei. Ressalvou-se o posicionamento da Corte no sentido de não haver direito subjetivo do sentenciado à transferência de presídio, mas asseverou-se que, no caso, estar-se-ia a permitir ao reeducando melhor ressocialização, na medida em que garantido seu direito à assistência familiar. HC 105175, Rel. Min. Gilmar Mendes, 22.3.2010. 2ª T.

▸ **STF – 579 – Cumprimento de pena e remoção para presídio de outra unidade da Federação**

A Turma deferiu "habeas corpus" para autorizar a remoção de condenado para estabelecimento penal localizado em outra unidade da federação. No caso, sustentava a impetração que o paciente encarcerado em presídio paulista teria o direito de ver cumprida sua pena corporal em município localizado no Estado da Bahia, na medida em que nesse residiriam os seus familiares. Alegava, ainda, que o próprio Diretor do Conjunto Penal baiano informara haver disponibilidade de vaga e que a unidade prisional comportaria presos em regime fechado. Entendeu-se que, pelo que se poderia constatar dos autos, as penitenciárias seriam congêneres, haja vista que ambas seriam aptas a receber presos condenados no regime fechado, não havendo preponderância do estabelecimento atual em relação àquele para o qual se pretenderia a transferência, sobretudo no concernente ao quesito segurança máxima. Asseverou-se, ademais, que, ao adotar tal posicionamento, ter-se-ia que o direito à assistência familiar e seu respectivo exercício ficariam sobremaneira facilitados, assim como deflagrado o processo de ressocialização, mitigando a distância e a dificuldade do contato do preso com a família. HC 100087, rel. Min. Ellen Gracie, 16.3.2010. 2ª T.

▸CAPÍTULO II – DA PENITENCIÁRIA

Art. 87. A penitenciária destina-se ao condenado à pena de reclusão, em regime fechado.

Parágrafo único. A União Federal, os Estados, o Distrito Federal e os Territórios poderão construir Penitenciárias destinadas, exclusivamente, aos presos provisórios e condenados que estejam em regime fechado, sujeitos ao regime disciplinar diferenciado, nos termos do art. 52 desta Lei. (Incluído pela Lei nº 10.792, de 2003)

Regime fechado – A Lei de Execução Penal fixa o estabelecimento penal próprio para cada um dos regimes (aberto, semiaberto e fechado). O artigo em comento cuida da penitenciária, destinada ao condenado à pena de reclusão, em regime fechado. Nos comentários aos artigos 91 e 93 falaremos dos estabelecimentos destinados aos regimes semiaberto e aberto, respectivamente. Quanto ao RDD, ver comentários ao artigo 52 desta lei.

ATENÇÃO – A Lei 11.671/08 regula a transferência e inclusão de presos, condenados ou provisórios, em estabelecimentos penais federais de segurança máxima.

1. QUESTÕES DE CONCURSOS

01. (Promotor de Justiça – MP/SC – 2014) Julgue o item a seguir

Segundo dispõe a Lei nº 7.210/84, a Penitenciária destina-se ao condenado à pena de reclusão, cumpri-la nos regimes fechado e semiaberto, sendo vedado expressamente para o cumprimento do regime aberto.

02. (Agente Penitenciário – ES – 2013 – VUNESP) A penitenciária destina-se ao condenado à pena de reclusão em

a) regime fechado.

b) medida de segurança.

c) penas alternativas.

d) detenção forçada.

e) regime semiaberto.

03. (Inspetor de Segurança e Administração Penitenciária – SEAP-RJ – CEPERJ – 2012) Nos termos da Lei de Execução Penal, a penitenciária destina-se ao condenado à pena de:

a) detenção, em regime fechado

b) reclusão, em regime fechado

c) detenção, em regime aberto

d) reclusão, em regime aberto

e) restritiva de direitos, em regime fechado

GAB	01	FALSO	02	A	03	B

Art. 88. O condenado será alojado em cela individual que conterá dormitório, aparelho sanitário e lavatório.

Parágrafo único. São requisitos básicos da unidade celular:

a) salubridade do ambiente pela concorrência dos fatores de aeração, insolação e condicionamento térmico adequado à existência humana;

b) área mínima de 6,00 m2 (seis metros quadrados).

Cela e a sua arquitetura – Trata-se de mais um artigo "simbólico" da LEP, prevendo a arquitetura mínima que deverá conter uma cela. Todavia, é conhecido o problema da superlotação das habitações prisionais enfrentado pelo Brasil, onde a realidade demonstra muitos presos dividindo o mesmo espaço criado para, na verdade, abrigar um único reeducando. Patente violação ao princípio da dignidade da pessoa humana.

Em 2015 foram aprovadas as Regras de Mandela, que atualizaram as Regras Mínimas da ONU para Tratamento de Reclusos. A regra 12, item 1, reforça a importância das celas ou quartos destinados ao descanso noturno não serem ocupados por mais de um preso.

Art. 89. Além dos requisitos referidos no art. 88, a penitenciária de mulheres será dotada de seção para gestante e parturiente e de creche para abrigar crianças maiores de 6 (seis) meses e menores de 7 (sete) anos, com a finalidade de assistir a criança desamparada cuja responsável estiver presa. (Redação dada pela Lei nº 11.942, de 2009)

Parágrafo único. São requisitos básicos da seção e da creche referidas neste artigo: (Incluído pela Lei nº 11.942, de 2009)

I – atendimento por pessoal qualificado, de acordo com as diretrizes adotadas pela legislação educacional e em unidades autônomas; e (Incluído pela Lei nº 11.942, de 2009)

II – horário de funcionamento que garanta a melhor assistência à criança e à sua responsável. (Incluído pela Lei nº 11.942, de 2009)

Penitenciária para mulheres – O art. 5º, L, da CF, garante que "às presidiárias serão asseguradas condições para que possam permanecer com seus filhos durante o período de amamentação".

No mesmo sentido dos arts. 14 e 83 da LEP, o presente dispositivo traz garantias para que as presas possam criar seus filhos sem que os infantes fiquem desamparados enquanto as genitoras cumprem pena encarceradas. Prevê, ainda, que os profissionais que auxiliarão durante esse período sejam qualificados para tanto.

Sem prejuízo, foi publicada a Lei 13.257/16, que alterou o art. 8º da Lei 8.069/90 (Estatuto da Criança e do Adolescente) para assegurar a todas as mulheres o acesso aos programas e às políticas de saúde e de planejamento reprodutivo e, às gestantes, nutrição adequada, atenção humanizada à gravidez, ao parto e ao puerpério e atendimento pré-natal, perinatal e pós-natal integral no âmbito do Sistema Único de Saúde.

Além disso, a nova lei incumbiu ao poder público a obrigação de garantir, à gestante e à mulher com filho na primeira infância (abrange os primeiros 6 anos completos ou 72 meses de vida da criança), que se encontrem sob custódia em unidade de privação de liberdade, ambiência que atenda às normas sanitárias e assistenciais do Sistema Único de Saúde para o acolhimento do filho, em articulação com o sistema de ensino competente, visando ao desenvolvimento integral da criança.

Por fim, a Lei 13.257/16 anuncia competir ao poder público proporcionar assistência psicológica à gestante e à mãe, no período pré e pós-natal, inclusive como forma de prevenir ou minorar as consequências do estado puerperal.

Art. 90. A penitenciária de homens será construída, em local afastado do centro urbano, à distância que não restrinja a visitação.

Local de construção – Por razões de segurança, as penitenciárias deverão ser construídas em local afastado do centro urbano, mas que não impossibilitem a visitação, medida importante para que se mantenham e melhorem as boas relações entre o preso e sua família.

CAPÍTULO III – DA COLÔNIA AGRÍCOLA, INDUSTRIAL OU SIMILAR

Art. 91. A Colônia Agrícola, Industrial ou Similar destina-se ao cumprimento da pena em regime semi-aberto.

Art. 92. O condenado poderá ser alojado em compartimento coletivo, observados os requisitos da letra a, do parágrafo único, do artigo 88, desta Lei.

Parágrafo único. São também requisitos básicos das dependências coletivas:

a) a seleção adequada dos presos;

b) o limite de capacidade máxima que atenda os objetivos de individualização da pena.

Regime semiaberto – O condenado que tiver que cumprir pena em regime semiaberto fica sujeito a trabalho em Colônia Agrícola, Industrial ou Similar. Explica Mirabete, citando as lições de Armida Bergamini Miotto: "entre a prisão fechada, servida de aparatos físicos ou materiais que lhe garantem segurança máxima em favor da disciplina e contra as fugas, e a prisão aberta, despida de quaisquer aparatos semelhantes, existe um meio-termo, que é constituído pela prisão semiaberta" (ob. cit. p. 273).

Nesse regime as precauções de segurança são menores, havendo maior liberdade de movimento para o reeducando, importante instrumento de transição do preso para o regime de liberdade. O trabalho externo é admissível, inclusive na iniciativa privada (para tanto a jurisprudência tem exigido prévia autorização judicial).

Os presos serão alojados em compartimentos coletivos, desde que feita uma prévia seleção adequada dos habitantes e respeite os limites de capacidade máxima que atenda os objetivos da individualização da pena.

ATENÇÃO – Anuncia a Súmula Vinculante 56: "A falta de estabelecimento penal adequado não autoriza a manutenção do condenado em regime prisional mais gravoso, devendo-se observar, nessa hipótese, os parâmetros fixados no RE 641.320/RS".

1. ENUNCIADOS DE SÚMULAS DE JURISPRUDÊNCIA

▸ **Súmula Vinculante 56**

A falta de estabelecimento penal adequado não autoriza a manutenção do condenado em regime prisional mais gravoso, devendo-se observar, nessa hipótese, os parâmetros fixados no RE 641.320/RS.

2. INFORMATIVOS DE JURISPRUDÊNCIA

▸ **STJ – Monitoramento eletrônico. Regime aberto. Súmula 56**

A manutenção do monitoramento eletrônico ao apenado agraciado com a progressão ao regime aberto não implica constrangimento ilegal, pois atende aos parâmetros referenciados na Súmula Vinculante 56 (STJ – AgRg no HC 691.963, rel. Min. Sebastião Reis Junior, j. em 19.10.21).

▸ **STF – 861 – Cumprimento de pena em regime semiaberto ou aberto e estabelecimento prisional adequado**

A Segunda Turma julgou improcedente reclamação ajuizada para garantir a observância, pela instância de origem, da Súmula Vinculante 56 (1). A Turma deliberou no sentido de serem aceitáveis estabelecimentos não qualificados como colônia agrícola ou industrial (regime semiaberto) ou casa de albergado ou estabelecimento adequado (regime aberto). Entretanto, não é permitido o alojamento conjunto de presos dos regimes semiaberto e aberto com presos do regime fechado. (Rcl 25123/SC, rel. Min. Ricardo Lewandowski, julgamento em 18.4.2017)

▸ **STF – 832 – PSV: Regime de cumprimento de pena e vaga em estabelecimento penal – 2 (Enunciado 56 da Súmula Vinculante)**

O Plenário, em conclusão de julgamento e por maioria, acolheu proposta de edição de enunciado de súmula vinculante com o seguinte teor: "A falta de estabelecimento penal adequado não autoriza a manutenção do condenado em regime prisional mais gravoso, devendo-se observar, nessa hipótese, os parâmetros fixados no RE 641.320/RS" — v. Informativo 777. O Ministro Ricardo Lewandowski (Presidente) reajustou voto proferido em assentada anterior, acatando, assim, proposta redacional sugerida pelo Ministro Roberto Barroso. Vencido o Ministro Marco Aurélio, que aprovava a proposta originalmente apresentada pelo Defensor Público-Geral Federal ("O princípio constitucional da individualização da pena impõe seja esta cumprida pelo condenado, em regime mais benéfico, aberto ou domiciliar, inexistindo vaga em estabelecimento adequado, no local da execução"). (STF – PSV nº 57-DF, j. 29.6.2016).

3. QUESTÕES DE CONCURSOS

01. (Agente Penitenciário – PR – 2013) A Colônia Agrícola, Industrial ou Mista destina-se ao condenado ao cumprimento de pena

a) privativa de liberdade, em regime aberto.
b) privativa de liberdade, em regime fechado.
c) de reclusão, em regime semiaberto.
d) de reclusão, em regime fechado.
e) privativa de liberdade, em regime semiaberto.

02. (Exame de Ordem – 1 – Primeira Fase – 2007 – OAB-SC) No tocante a lei de Execuções Penais, pode-se afirmar que:

a) Ao condenado no regime semi-aberto e aberto será admitida prisão domiciliar.
b) A colônia agrícola, industrial ou similar destina-se ao cumprimento da pena em regime semi-aberto.
c) A pena privativa de liberdade será executada em forma progressiva com a transferência para regime menos rigoroso, quando o preso tiver cumprido ao menos dois sextos da pena no regime anterior e ostentar bom comportamento carcerário.
d) Os condenados que cumprem pena privativa de liberdade, e ostentarem bom comportamento, poderão obter autorização para saída temporária.

03. (Inspetor de Segurança e Administração Penitenciária – SEAP-RJ – CEPERJ – 2012) Nos termos da Lei de Execução Penal, a Colônia Agrícola, Industrial ou similar destina-se ao cumprimento da pena em regime:

a) fechado
b) aberto
c) semiaberto
d) restritivo
e) condicional

GAB	01	E	02	B	03	C

▸CAPÍTULO IV – DA CASA DO ALBERGADO

Art. 93. A Casa do Albergado destina-se ao cumprimento de pena privativa de liberdade, em regime aberto, e da pena de limitação de fim de semana.

Art. 94. O prédio deverá situar-se em centro urbano, separado dos demais estabelecimentos, e caracterizar-se pela ausência de obstáculos físicos contra a fuga.

Art. 95. Em cada região haverá, pelo menos, uma Casa do Albergado, a qual deverá conter, além dos aposentos para acomodar os presos, local adequado para cursos e palestras.

Parágrafo único. O estabelecimento terá instalações para os serviços de fiscalização e orientação dos condenados.

Regime aberto – A pena privativa de liberdade em regime aberto e a pena restritiva de limitação de fim de semana serão cumpridas em Casa do Albergado. Manoel Pedro Pimentel bem assinalava:

> "Se a personalidade do criminoso é uma estrutura complexa de fatores que agiram negativamente sobre ele, essa experiência real de liberdade, sob a motivação de readquirir a liberdade plena, permite que essa fatoração seja posta em cheque, reavaliada e substituída por comportamento diverso, o que jamais seria possível

no ambiente da prisão fechada, porque é impossível treinar um homem para viver em liberdade" (O crime e a pena na atualidade, p. 144).

ATENÇÃO: Não se admite o cumprimento da prisão civil em regime aberto, sob pena de frustrar sua finalidade (coação para que o inadimplente cumpra seu dever alimentar).

Por basear-se na autodisciplina e senso de responsabilidade do condenado, o regime aberto permite que o condenado trabalhe, frequente curso ou exerça outra atividade lícita fora do estabelecimento, tudo sem vigilância (ausência de obstáculos físicos contra a fuga), devendo recolher-se durante o período noturno e nos dias de folga (prisão noturna, art. 36 do CP).

ATENÇÃO – Na prática, considerando a carência de estabelecimentos desse gênero, o juiz da execução vem substituindo a necessidade de recolhimento em Casa do Albergado pela prisão domiciliar. Quanto à limitação de final de semana, na ausência da Casa poderá ela ser substituída pela apresentação mensal em juízo (art. 151, desta Lei).

O prédio que serve ao abrigo dos reeducandos em regime aberto deverá situar-se em centro urbano (facilitando o acesso ao trabalho e escola), sem obstáculos físicos contra a fuga.

Em que pese o art. 94 mandar separar o executado em regime aberto dos demais, não significa que tenham que cumprir as penas em conjuntos arquitetônicos distintos, mas em estabelecimentos isolados, mesmo que abrigados no mesmo conjunto físico (art. 82, § 2º, LEP).

O art. 95 prevê que haja uma Casa do Albergado em cada região, sem definir o alcance do termo "região". Alguns adotam o entendimento de que por região se entende o espaço físico abarcado pela circunscrição judiciária. Na prática, lamentavelmente, são poucas as Casas do Albergado existentes, e dentre essas dificilmente há vagas.

1. INFORMATIVOS DE JURISPRUDÊNCIA

- **STJ – 490 – Sexta Turma – Progressão de regime. Ausência de vaga em estabelecimento adequado. Prisão domiciliar.**

  A Turma concedeu a ordem para que o paciente cumpra a pena em prisão domiciliar até que surja vaga em estabelecimento prisional com as condições necessárias ao adequado cumprimento da pena em regime aberto. Isso porque, apesar de existir casa de albergado no estado-membro, faltam vagas para atender todos os presos que têm direito ao regime aberto. Além disso, ante a inexistência de vagas para o cumprimento de pena no regime semiaberto, os presos com o direito de cumprimento neste regime foram alojados nas casas de albergados, nas quais foram colocadas barreiras para evitar fugas, tais como portões, grades, cadeados, galerias e guardas. Assim, a administração penitenciária passou a tratar igualmente presos com direito a regimes de cumprimento de pena distintos, submetendo aqueles com direito ao regime aberto a tratamento mais gravoso. Nesse contexto, a Turma entendeu que o cumprimento de pena em regime aberto nas condições relatadas ofende princípios constitucionais, tais como o da dignidade da pessoa humana (art. 1º, III), o da humanidade da pena (art. 5º, XLVII) e o da individualização da pena (art. 5º, XLVI e XLVIII). Ademais, as condições em que se encontram as casas de albergado mostram inobservância dos princípios da autodisciplina e do senso de responsabilidade do preso, basilares do cumprimento de pena do regime aberto (STJ HC nº 216.828-RS, Rel. Maria Thereza de Assis Moura, j. 2.2.2012.)

2. QUESTÃO DE CONCURSO

01. (Agente Penitenciário – ES – 2013 – VUNESP) A Casa do Albergado destina-se ao cumprimento de pena privativa de liberdade em regime aberto, e da pena de

a) detenção.

b) reclusão.

c) limitação de fim de semana.

d) interdição temporária de direitos.

e) multa.

GAB	01	C

CAPÍTULO V – DO CENTRO DE OBSERVAÇÃO

Art. 96. No Centro de Observação realizar-se-ão os exames gerais e o criminológico, cujos resultados serão encaminhados à Comissão Técnica de Classificação.

Parágrafo único. No Centro poderão ser realizadas pesquisas criminológicas.

Art. 97. O Centro de Observação será instalado em unidade autônoma ou em anexo a estabelecimento penal.

Art. 98. Os exames poderão ser realizados pela Comissão Técnica de Classificação, na falta do Centro de Observação.

Centro de Observação – Para a realização dos exames gerais, criminológicos e outras pesquisas criminológicas, prevê a LEP a existência do Centro de Observação.

Não sem razão, nota Mirabete:

> "Prevendo as dificuldades para a instalação de Centros de Observação em várias unidades federativas, a lei concede que, na sua falta, os exames gerais e criminológicos sejam feitos pela Comissão Técnica de Classificação instalada no estabelecimento penal em que se encontra o condenado" (ob. cit. p. 282).

Criminologia – No dizer de Garcia-Pablos de Molina, "a Criminologia é uma ciência. Reúne uma informação válida, confiável e contrastada sobre o problema criminal, que é obtida graças a um método (empírico) que se baseia na análise e observação da realidade. Não se trata de, pois de uma 'arte' ou de uma 'práxis', senão de uma genuína 'ciência'. Precisamente, por isso a Criminologia dispõe de um objeto de conhecimento próprio, de um método ou métodos e de um sólido corpo doutrinário sobre o fenômeno delitivo, confirmado, por certo, por mais de um século de investigações" (*Criminologia*, São Paulo: Ed. Revista dos Tribunais, 5ª edição, SP, 2006, p. 29).

Objetos da criminologia – Por ser ciência, a Criminologia mantém definidos objeto, método e finalidade. São objetos da criminologia: delito, delinquente, vítima e controle social.

Estudos criminológicos – A Criminologia detém método, objetos e desenvolvimento de estudos doutrinários próprios, predicados de verdadeira ciência. Porém, indaga-se: as conclusões oriundas do desenvolvimento científico da Criminologia são dignas de exatidão?

Evidente que não. Como toda e qualquer ciência humana e que estuda o comportamento e desenvolvimento do homem, a Criminologia não traz conclusões exatas e imodificáveis. No dizer de Shecaira, "a criminologia reúne uma informação válida e confiável sobre o problema criminal, que se baseia em um método empírico de análise e observação da realidade. É claro que tal informação traz, necessariamente, uma forma absoluta, concludente e definitiva de ver toda realidade fenomênica. Como ciência do 'ser', não é uma ciência exata, que traz pretensões de segurança e certeza inabaláveis. Não é considerada uma ciência 'dura', como são aquelas que possuem conclusões que as aproximam das universais. Como qualquer ciência "humana", apresenta um conhecimento parcial, fragmentado, provisório, fluido, adaptável à realidade e compatível com evoluções históricas sociais" ("Criminologia", Ed. RT, SP, 2004, p. 37).

1. QUESTÃO DE CONCURSO

01. (Agente Penitenciário – ES – 2013 – VUNESP) No Centro de Observação realizar-se-ão os exames gerais e o criminológico, cujos resultados serão encaminhados

a) ao defensor público do preso primário.

b) ao defensor particular do preso provisório.

c) ao Juiz da condenação.

d) à Comissão Técnica de Classificação.

e) ao Diretor do Hospital de Custódia e Tratamento Psiquiátrico.

GAB	01	D

▸CAPÍTULO VI – DO HOSPITAL DE CUSTÓDIA E TRATAMENTO PSIQUIÁTRICO

Art. 99. O Hospital de Custódia e Tratamento Psiquiátrico destina-se aos inimputáveis e semi-imputáveis referidos no artigo 26 e seu parágrafo único do Código Penal.

Parágrafo único. Aplica-se ao hospital, no que couber, o disposto no parágrafo único, do artigo 88, desta Lei.

Art. 100. O exame psiquiátrico e os demais exames necessários ao tratamento são obrigatórios para todos os internados.

Art. 101. O tratamento ambulatorial, previsto no artigo 97, segunda parte, do Código Penal, será realizado no Hospital de Custódia e Tratamento Psiquiátrico ou em outro local com dependência médica adequada.

Medidas de segurança – O Hospital de Custódia e Tratamento Psiquiátrico se destina ao tratamento dos indivíduos que irão cumprir medida de segurança.

ATENÇÃO: Não há exigência de cela individual. Dispõe o item 99 da Exposição de Motivos da Lei de Execução Penal: "a estrutura e as divisões de tal unidade estão na dependência de planificação especializada, dirigida segundo os padrões da medicina psiquiátrica. Estabelecem-se, entretanto, as garantias mínimas de salubridade do ambiente e área física de cada aposento".

Conforme inteligência do artigo 96, inciso I, do CP, na falta de hospital de custódia e tratamento psiquiátrico a internação ocorrerá em outro estabelecimento adequado (diverso, obviamente, dos locais para cumprimento de pena ou prisão provisória). Já decidiu o TJ/SP:

> "O Estado só pode exigir o cumprimento de medida de segurança de internação (detentiva, portanto), se estiver aparelhado para tanto. A falta de vaga, pela desorganização, omissão ou imprevidência do Estado-Administração, não justifica o desrespeito ao direito individual, pois, além de ilegal, não legitima a finalidade de tal instituto. Não é admissível o cumprimento de medida de segurança em cadeia pública, mesmo diante da ausência de vaga em estabelecimento adequado" (HC 41.405/3).

No que se refere ao tratamento ambulatorial (mais brando do que a internação), poderá ser realizado em Hospital de Custódia e Tratamento Psiquiátrico ou em outro local com dependência médica adequada, tanto público como privado.

> **ATENÇÃO:** Nos termos da Resolução 113 CNJ, art. 17, o juiz competente para a execução da medida de segurança, sempre que possível buscará implementar políticas antimanicomiais, conforme sistemática da Lei nº 10.216, de 06 de abril de 2001.

1. INFORMATIVOS DE JURISPRUDÊNCIA

- **STJ – 522 – DIREITO PROCESSUAL PENAL. Impossibilidade de cumprimento de medida de segurança em estabelecimento prisional comum.**

  O inimputável submetido à medida de segurança de internação em hospital de custódia e tratamento psiquiátrico não poderá cumpri-la em estabelecimento prisional comum, ainda que sob a justificativa de ausência de vagas ou falta de recursos estatais. Isso porque não pode o paciente ser submetido a situação mais gravosa do que aquela definida judicialmente. Precedentes citados: HC 211.750-SP, Sexta Turma, DJe 26/10/2011; HC 207.019-SP, Quinta Turma, DJe 31/8/2011 (STJ – HC nº 231.124-SP, Rel. Laurita Vaz, j. 23.4.2013.

2. QUESTÕES DE CONCURSOS

01. (Agente Penitenciário Federal – DEPEN – 2015) Acerca das políticas de assistência à saúde de pessoas privadas de liberdade no Brasil, julgue o item a seguir.

Os hospitais de custódia e tratamento psiquiátrico, além de presos que necessitem eventualmente de tratamento clínico, abrigam internos que, por apresentarem graves transtornos mentais, são considerados inimputáveis.

02. (Agente Penitenciário – ES – 2013 – VUNESP) O Hospital de Custódia e Tratamento Psiquiátrico destina-se aos inimputáveis e

a) semi-imputáveis.
b) gestantes e parturientes.
c) condenados acometidos de doença grave.
d) imputáveis.
e) presos provisórios doentes.

GAB	01	ERRADO	02	A

▸CAPÍTULO VII – DA CADEIA PÚBLICA

Art. 102. A cadeia pública destina-se ao recolhimento de presos provisórios.

Art. 103. Cada comarca terá, pelo menos 1 (uma) cadeia pública a fim de resguardar o interesse da Administração da Justiça Criminal e a permanência do preso em local próximo ao seu meio social e familiar.

ATENÇÃO: A jurisprudência dominante do Superior Tribunal de Justiça é no sentido de que o direito do apenado a cumprir pena em local próximo ao seu meio social e familiar não é absoluto, podendo o juiz da execução indeferir pleito nesse sentido se houver fundadas razões para tanto. A inexistência de local adequado para que o paciente pudesse cumprir sua pena no regime semiaberto, foi motivo para que o STJ inferisse seu pedido de transferência (cf., *Informativo do STJ* n. 482, de 28 de agosto a 9 de setembro de 2011).

1. INFORMATIVOS DE JURISPRUDÊNCIA

▸ **PLEITO DE TRANSFERÊNCIA** DO APENADO A OUTRA UNIDADE DA FEDERAÇÃO. INDEFERIMENTO FUNDAMENTADO. DIREITO NÃO ABSOLUTO. DECISÃO MANTIDA. AGRAVO IMPROVIDO – "A decisão agravada deve ser mantida por seus próprios fundamentos, porquanto, nos termos da jurisprudência pacífica do STJ, o direito do preso ao cumprimento de pena em local próximo ao seu meio familiar, a teor do disposto no art. 103 da LEP, não é absoluto, podendo ser indeferido pelo magistrado, desde que fundamentadamente. Hipótese em que o apenado foi processado e condenado no distrito da culpa, sendo esclarecido que não seria do interesse da Administração sua transferência a outro estabelecimento prisional em Estado da Federação diverso, tendo em conta, inclusive, o dispêndio de dinheiro público na efetivação da medida, sendo, ainda consignado no acórdão impugnado que o paciente, além de não ter comprovado a ocorrência do trânsito em julgado de sua condenação, não instruiu seu pedido com documento atestando a existência de vaga" (STJ – HC 357673/SP, Rel. Felix Fischer, j. 27.9.2016).

Art. 104. O estabelecimento de que trata este Capítulo será instalado próximo de centro urbano, observando-se na construção as exigências mínimas referidas no artigo 88 e seu parágrafo único desta Lei.

Preso provisório – O preso em razão de flagrante, ou em razão de prisão preventiva ou mesmo temporária, ficará recolhido em cadeia pública, em ambiente separado dos presos definitivos, separação essa garantida na Convenção Americana de Direitos Humanos (art. 5º, item 4) e Regras de Mandela (preceito 11, "b").

ATENÇÃO O preso provisório tem os mesmos deveres (art. 39, parágrafo único) e direitos (art. 42) do preso definitivo, no que couber.

A recomendação de permanência do preso em estabelecimento próximo ao seu meio social e familiar (art. 103) é salutar, porém não se apresenta como direito absoluto, mas relativo, cabendo ao juiz competente, a requerimento da autoridade administrativa definir o estabelecimento prisional adequado para abrigar o preso provisório, em atenção ao regime e aos requisitos estabelecidos (art. 86, § 3º, LEP). Nesse sentido: STJ HC 84931.

1. INFORMATIVOS DE JURISPRUDÊNCIA

▸ **STJ – 482 – Execução penal. Transferência. Comarca. Proximidade. Família.**

Trata-se de "habeas corpus" em que a controvérsia reside em saber se caracteriza constrangimento ilegal o indeferimento do pedido da paciente (que progredira ao regime semiaberto) para transferir-se para comarca próxima à sua família. A Turma denegou a ordem ao entendimento de que, no caso, tanto a decisão do juízo de primeiro grau quanto do acórdão do tribunal estadual de negativa de transferência da paciente para estabelecimento prisional em localidade próxima à família estão devidamente fundamentados, não havendo que falar em constrangimento ilegal a ser sanado, uma vez que não existe estabelecimento adequado ao regime semiaberto para que a paciente possa cumprir pena na comarca pleiteada. Observou-se que a execução da pena deve ocorrer, sempre que possível, em local próximo ao meio social e familiar do apenado, conforme previsto no art. 103 da Lei de Execução Penal. Entretanto, o direito do preso de ter suas reprimendas executadas onde reside sua família não é absoluto, devendo o magistrado fundamentar devidamente a sua decisão, analisando a conveniência e real possibilidade e necessidade da transferência, o que, como visto, ocorreu na hipótese (STJ – HC nº 166.837, Rel. Og Fernandes, j. 1º.9.2011).

▸ **STJ – 462 – Presídio. Segurança máxima. Renovação.**

A Seção asseverou que a renovação do período de permanência do apenado em estabelecimento penal federal de segurança máxima, nos termos do art. 10, § 1º, da Lei 11.671/08, dá-se de forma excepcional, não bastando, para tanto, o mero reaproveitamento dos fundamentos já utilizados em requerimentos prévios – "in casu", o juízo suscitante (juízo de origem do preso) formulou o segundo pedido de prorrogação da transferência ao juízo suscitado (juízo da vara de execuções penais federais) sob a justificativa de interesse da segurança pública. Para a min. rel., a situação do cárcere nos presídios federais deve ser avaliada pelo julgador com enfoque no princípio da prevalência dos direitos humanos, na legalidade e na dignidade da pessoa humana. Com essas considerações, declarou-se competente o juízo suscitante para apreciar a execução da pena do preso, que deverá retornar ao estado de origem (STJ – CC nº 114.478, Rel. Maria Thereza de Assis Moura, j. 9.2.2011).

2. QUESTÃO DE CONCURSO

01. (MPE/PR – Promotor de Justiça – PR/2008 – Adaptada) Julgue o item a seguir.

A Cadeia Pública destina-se ao recolhimento de presos provisórios.

GAB	01	CERTO

▸TÍTULO V – DA EXECUÇÃO DAS PENAS EM ESPÉCIE

▸CAPÍTULO I – DAS PENAS PRIVATIVAS DE LIBERDADE

▸SEÇÃO I – DISPOSIÇÕES GERAIS

Art. 105. Transitando em julgado a sentença que aplicar pena privativa de liberdade, se o réu estiver ou vier a ser preso, o Juiz ordenará a expedição de guia de recolhimento para a execução.

Execução da pena privativa de liberdade – só terá início com a expedição da guia de recolhimento, instrumento do título executivo, orientando a individualização da sanção, fornecendo elementos sobre os antecedentes e o grau de instrução do condenado, o relato do fato criminoso e outras peças do processo reputadas indispensáveis ao adequado tratamento penitenciário (art. 106 da LEP).

ATENÇÃO – Não se confundem o início do processo de execução, que exige o trânsito em julgado da sentença, com o início da execução da pena, demandando recolhimento do condenado à prisão.

Para que a guia seja expedida é fundamental a prisão do condenado. E se o condenado estiver solto? O juiz do processo de conhecimento determina que seja expedido mandado de prisão e aguarda a sua captura para, só então, expedir a guia.

Hoje, entretanto, como já alertamos nos comentários aos artigos iniciais dessa Lei, admite-se execução penal provisória (antecipando-se benefícios de execução penal) na hipótese de condenado em 1º grau **preso**, aguardando julgamento do seu recurso. Para aprofundar o tema, remetemos o leitor aos comentários que fizemos ao artigo 2º da LEP.

1. QUESTÃO DE CONCURSO

01. (TRF5 – Juiz Federal – 2009) Julgue o item a seguir.

Com relação às penas, consoante entendimento mais recente do STF, a execução da pena privativa de liberdade antes do trânsito em julgado da sentença penal condenatória, chamada de execução provisória, não ofende o princípio da não culpabilidade, desde que íntegros os requisitos autorizadores da prisão cautelar do réu. Ao contrário, tal medida propicia que o condenado aufira, de imediato, dos benefícios previstos na Lei de Execução Penal, tais como a progres-são de regime e o ingresso imediato no regime inicial fixado na sentença.

02. (MPE/PR – Promotor de Justiça – PR – 2011 – Adaptada) Julgue o item a seguir.

É possível a execução provisória, inclusive com progressão de regime prisional, estando pendente apenas recurso manejado pela defesa.

GAB	01	ERRADO	02	CERTO

Art. 106. A guia de recolhimento, extraída pelo escrivão, que a rubricará em todas as folhas e a assinará com o Juiz, será remetida à autoridade administrativa incumbida da execução e conterá:

I – o nome do condenado;

II – a sua qualificação civil e o número do registro geral no órgão oficial de identificação;

III – o inteiro teor da denúncia e da sentença condenatória, bem como certidão do trânsito em julgado;

IV – a informação sobre os antecedentes e o grau de instrução;

V – a data da terminação da pena;

VI – outras peças do processo reputadas indispensáveis ao adequado tratamento penitenciário.

§ 1º Ao Ministério Público se dará ciência da guia de recolhimento.

§ 2º A guia de recolhimento será retificada sempre que sobrevier modificação quanto ao início da execução ou ao tempo de duração da pena.

§ 3º Se o condenado, ao tempo do fato, era funcionário da Administração da Justiça Criminal, far-se-á, na guia, menção dessa circunstância, para fins do disposto no § 2º, do artigo 84, desta Lei.

Guia de recolhimento – Verdadeiro instrumento do título executivo, deve ser extraída pelo escrivão, que a rubricará em todas as folhas e a assinará com o Juiz, remetendo o documento, em seguida, à autoridade administrativa incumbida da execução, observando, entretanto, os requisitos trazidos pelo art. 106 da LEP.

Além desses requisitos, com base no art. 1º, parágrafo único, da recém-editada Resolução Conjunta nº 1 (que define novas regras para acolhimento da comunidade LGBT em unidades prisionais), do Conselho Nacional de Combate à Discriminação, o registro de admissão no estabelecimento prisional deverá conter o *nome social da pessoa presa*.

ATENÇÃO: A guia deverá ser expedida pelo escrivão no prazo de 2 dias (art. 799 do CPP).

Em se tratando de guia provisória, a par dos requisitos supracitados, deve obedecer às regras previstas na Resolução nº 113 do Conselho Nacional de Justiça.

Ao Ministério Público se dará ciência da guia de recolhimento, já que a este órgão a LEP impõe o dever de fiscalizar a regularidade formal do documento (art. 68, I).

Apesar de a LEP, diferentemente do art. 677 do CPP, não fazer referência à remessa da cópia da carta de guia ao Conselho Penitenciário, considerando as importantes atribuições do órgão colegiado, bem como a não revogação do citado dispositivo, prevalece que a exigência continua existindo.

A guia de recolhimento será retificada sempre que sobrevier modificação quanto ao início da execução ou ao tempo de duração da pena.

Por fim, se o condenado, ao tempo do fato, era funcionário da Administração da Justiça Criminal, far-se-á, na guia, menção dessa circunstância, para fins da execução da pena em prisão especial. De acordo com as lições de Mirabete: "Esse dispositivo tutela inclusive o funcionário que foi demitido, antes ou durante a execução, como deixa clara a sua redação" (ob. cit. p. 313).

ATENÇÃO: Cuidando-se de condenado pessoa jurídica por crime ambiental, é imprescindível que o Juízo do conhecimento, quando do trânsito em julgado da sentença condenatória, expeça uma guia para orientar a execução, devendo ser instruída, no que for aplicável, com os documentos mencionados no art. 106.

Art. 107. Ninguém será recolhido, para cumprimento de pena privativa de liberdade, sem a guia expedida pela autoridade judiciária.

§ 1º A autoridade administrativa incumbida da execução passará recibo da guia de recolhimento para juntá-la aos autos do processo, e dará ciência dos seus termos ao condenado.

§ 2º As guias de recolhimento serão registradas em livro especial, segundo a ordem cronológica do recebimento, e anexadas ao prontuário do condenado, aditando-se, no curso da execução, o cálculo das remições e de outras retificações posteriores.

Guia de recolhimento como condição de legalidade da prisão – O presente dispositivo assegura, inteligentemente, que a execução, mesmo que provisória, só pode ter início com a guia expedida pela autoridade judiciária (instrumento do título executivo). Trata-se de medida de cautela, exigência formal, a fim de que o Estado não perca o controle de quem está preso.

ATENÇÃO: A nova Lei de Abuso de Autoridade (Lei n. 13.869/19) prevê no art. 9º as seguintes condutas típicas: "decretar medida de privação da liberdade em manifesta desconformidade com as hipóteses legais"; "relaxar a prisão manifestamente ilegal"; "substituir a prisão preventiva por medida cautelar diversa ou de conceder liberdade provisória, quando manifestamente cabível"; "deferir liminar ou ordem de habeas corpus, quando manifestamente cabível."

O juiz da execução receberá a guia contendo, sobretudo, a pena a ser executada, o seu regime inicial de cumprimento e as características necessárias para a sua individualização.

Autuada a guia de recolhimento no juízo da execução, deverá ser providenciado imediatamente o cálculo de liquidação de pena com informações quanto ao término e provável data dos benefícios, tais como progressão de regime e livramento condicional (art. 5º, da Resolução 113 do Conselho Nacional de Justiça).

Existindo mais de uma condenação contra o mesmo preso, o juiz da execução receberá as guias referentes a cada título executivo, registradas em livro especial, segundo a ordem cronológica do recebimento e anexadas ao prontuário do condenado (§ 2º). As penas devem ser somadas e, após manifestação das partes (Ministério Público e condenado), o cálculo será homologado pelo juiz. A execução de várias penas deve obedecer às regras do art. 76 do Código Penal, que determina que: "no concurso de infrações, executar-se-á primeiramente a pena mais grave".

Art. 108. O condenado a quem sobrevier doença mental será internado em Hospital de Custódia e Tratamento Psiquiátrico.

Superveniência de anomalia psíquica – Agente imputável na época dos fatos deve cumprir pena. Já o inimputável será submetido à medida de segurança. E no caso de agente capaz na data da conduta, mas que desenvolve anomalia psíquica no curso da execução da pena (superveniência de doença mental)? Dois artigos tratam do assunto: arts. 108 e 183, ambos da LEP.

Analisando o caso concreto, o juiz da execução optará entre uma simples internação para tratamento e cura de doença passageira, hipótese em que o tempo de tratamento considera-se como pena cumprida, ou a substituição da pena privativa de liberdade em medida de segurança em se tratando de anomalia não passageira, seguindo, no caso, os ditames dos arts. 96 e ss. do CP. Nesse sentido: STJ, HC 44972/SP.

Art. 108 da LEP	Art. 183 da LEP
Aplicável no caso de anomalia passageira	Aplicável no caso de anomalia não passageira
A medida de segurança é reversível	A medida de segurança é irreversível
O tempo de internação é computado como de cumprimento de pena (deve observar o prazo da pena corporal imposta)	O tempo de internação não é computado como de cumprimento de pena, seguindo as regras dos arts. 96 e ss. do CP
Transcorrido o prazo de duração da pena sem o restabelecimento do internado, a pena deve ser considerada extinta pelo seu cumprimento.	Deve o juiz fixar prazo mínimo de internação, variando de 1 a 3 anos (art. 97, § 1º, CP).

1. QUESTÃO DE CONCURSO

01. (MPE/PR – Promotor de Justiça – PR – 2008 – Adaptada) Julgue o item a seguir.

O condenado a quem sobrevier doença mental será internado em Hospital de Custódia e Tratamento Psiquiátrico.

GAB	01	CERTO

Art. 109. Cumprida ou extinta a pena, o condenado será posto em liberdade, mediante alvará do Juiz, se por outro motivo não estiver preso.

Cumprida ou extinta a pena (por qualquer causa) – o condenado será colocado em liberdade, se por outro motivo não estiver preso, por meio de alvará de soltura que deverá ser expedido pelo juiz da execução responsável.

ATENÇÃO: A nova Lei de Abuso de Autoridade (Lei n. 13.869/19) prevê no art. 12, parágrafo único, IV, as seguintes condutas típicas: "prolongar a execução de pena privativa de liberdade, de prisão temporária, de prisão preventiva, de medida de segurança ou de internação, deixando, sem motivo justo e excepcionalíssimo, de executar o alvará de soltura imediatamente após recebido ou de promover a soltura do preso quando esgotado o prazo judicial ou legal."

Observa Renato Marcão:

> "Embora existam decisões em sentido contrário, previamente à extinção da pena, é imperioso se proceda à oitiva do Ministério Público, cuja presença em todos os atos referente à execução da pena e seus incidentes constitui formalidade essencial" (ob. cit. p. 152).

▸SEÇÃO II – DOS REGIMES

Art. 110. O Juiz, na sentença, estabelecerá o regime no qual o condenado iniciará o cumprimento da pena privativa de liberdade, observado o disposto no artigo 33 e seus parágrafos do Código Penal.

Regime inicial de cumprimento da pena – O juiz, na sentença, estabelecerá o regime inicial do cumprimento da pena privativa de liberdade (art. 59, inciso III do CP), conforme parâmetros estabelecidos pelo art. 33 e parágrafos do CP, o qual considera a quantidade da pena como principal (mas não único) critério orientador.

<table>
<tr><th>Espécies de pena privativa de liberdade</th><th colspan="3">Regimes iniciais de cumprimento de pena</th></tr>
<tr><td>Reclusão (para crimes mais graves)</td><td>Fechado</td><td>Semiaberto</td><td>Aberto</td></tr>
<tr><td>Detenção (para crimes menos graves)</td><td rowspan="2">Semiaberto</td><td rowspan="2" colspan="2">Aberto</td></tr>
<tr><td>Prisão simples (para as contravenções penais)</td></tr>
</table>

Mirabete corretamente observa:

> "Na omissão da sentença transitada em julgado quanto ao regime inicial de cumprimento da pena, aplica-se o regime mais brando, desde que compatível com o disposto no art. 33, § 2º, do CP" (ob. cit. p. 326).

Algumas leis especiais subtraem do magistrado a possibilidade de fixar o regime inicial de cumprimento da pena. É o que fazem a Lei de Crimes Hediondos e a Lei de Tortura, determinando, para esses crimes, regime (obrigatório) inicialmente fechado, independentemente da pena e das condições pessoais do condenado. Não obstante a dicção legal, ressaltamos que o STF, nos autos do HC nº 111.840, em decisão do Tribunal Pleno, julgou inconstitucional o artigo 2º, § 1º, da Lei nº 8.072/90, determinando ao juiz que analise as circunstâncias do caso concreto para a fixação do (justo) regime inicial de cumprimento da pena (no mesmo sentido, STJ – HC 286.925-RR).

ATENÇÃO – **No tema fixação do regime inicial de cumprimento de pena, quatro súmulas devem ser observadas pelo magistrado, duas do STF e duas do STJ:**

STF – Súmula 719. A imposição do regime de cumprimento mais severo do que a pena aplicada permitir exige motivação idônea.

STF – Súmula 718. A opinião do julgador sobre a gravidade em abstrato do crime não constitui motivação idônea para a imposição de regime mais severo do que o permitido segundo a pena aplicada.

STJ – Súmula 440. Fixada a pena-base no mínimo legal, é vedado o estabelecimento de regime prisional mais gravoso do que o cabível em razão da sanção imposta, com base apenas na gravidade abstrata do delito.

STJ – Súmula 269. É admissível a adoção do regime prisional semiaberto aos reincidentes condenados a pena igual ou inferior a quatro anos se favoráveis às circunstâncias judiciais.

Art. 111. **Quando houver condenação por mais de um crime, no mesmo processo ou em processos distintos, a determinação do regime de cumprimento será feita pelo resultado da soma ou unificação das penas, observada, quando for o caso, a detração ou remição.**

Parágrafo único. Sobrevindo condenação no curso da execução, somar-se-á a pena ao restante da que está sendo cumprida, para determinação do regime.

Concurso de crimes – Quando houver mais de uma condenação contra a mesma pessoa, no mesmo processo ou em processos distintos, deve o juiz somar as penas impostas, observando a possibilidade de detração (art. 42 do CP) e a remição (art. 126, desta Lei), determinando, então, o regime inicial para seu cumprimento.

A pena de reclusão deve ser cumprida, inicialmente, em regime fechado, semiaberto ou aberto. A de detenção, em regime semiaberto ou aberto, salvo necessidade de transferência a regime fechado.

Dispõe o art. 33, § 2º, do CP:

a) o condenado a pena superior a 8 (oito) anos deverá começar a cumpri-la em regime fechado;

b) o condenado não reincidente, cuja pena seja superior a 4 (quatro) anos e não exceda a 8 (oito), poderá, desde o princípio, cumpri-la em regime semiaberto;

c) o condenado não reincidente, cuja pena seja igual ou inferior a 4 (quatro) anos, poderá, desde o início, cumpri-la em regime aberto.

Analisa Mirabete:

> "Sendo todas as penas de detenção, o regime inicial será o semi-aberto ou aberto, mas se houver uma de reclusão, poderá ser determinado o fechado. Além disso, se a soma ultrapassar quatro anos, não poderá ser imposto regime aberto, seja qual for a espécie da pena privativa de liberdade e, se superar oito anos, sendo uma delas ao menos de reclusão, deve ser determinado o regime fechado" (ob. cit. p. 381).

Suponhamos que "A" tenha sido condenado a nove anos de reclusão em regime inicial fechado. Após ter cumprido um ano e meio, progrediu para o semiaberto, mas foi condenado a mais seis anos de reclusão pela prática de outro crime do qual também estava sendo acusado. Neste caso, o juiz da execução deve unificar as penas descontando o ano e meio já cumprido, o que resulta em treze anos e meio de reclusão ainda a cumprir. Considerando que a soma das penas é incompatível com o regime semiaberto, deve ainda o juiz determinar a regressão para o regime fechado.

No nosso exemplo, o condenado havia progredido de regime e, após a concessão do benefício, transcorreu outro tanto em que já se fazia o cômputo para a nova progressão. Mas, com a unificação, altera-se a data-base (marco inicial) para os futuros benefícios?

De acordo com a orientação firmada pela Terceira Seção do STJ – e reiterada em liminares de habeas corpus –, o marco inicial deve permanecer inalterado, não obstante o rearranjo provocado pela unificação das penas.

Até há algum tempo, o STJ seguia a orientação ainda adotada pelo STF, segundo a qual, uma vez unificada a pena, não há sentido na manutenção do marco inicial para a concessão de futuros benefícios da execução, como a progressão de regime e o livramento condicional. Com isso, sobrevindo condenação definitiva e unificadas as penas, interrompe-se a contagem de prazo para a concessão de benefícios:

> "(...) 2. A jurisprudência do Supremo Tribunal Federal se fixou no sentido de que "a superveniência de nova condenação definitiva no curso da execução criminal sempre altera a data-base para concessão de benefícios, ainda que o crime tenha sido cometido antes do início de cumprimento da pena. A data do trânsito em julgado da nova condenação é o termo inicial de contagem para concessão de benefícios, que passa a ser calculado a partir do somatório das penas que restam a ser cumpridas" (HC 101.023, Primeira Turma, Rel. Min. Ricardo Lewandowski, DJe de 26/3/2010). 3. In casu, o recorrente, em sede de execução da pena privativa de liberdade, sofreu nova condenação, a qual resultou na soma das penas com interrupção do lapso temporal para contagem do prazo para aquisição de benefícios, dentre eles a progressão de regime. (...)" (RHC 135.826 AgR/MG, j. 26/05/2017)

Embora não haja previsão legal expressa a respeito da interrupção do prazo, o STF considera que a interpretação conjunta dos artigos 111, parágrafo único e 118, inc. II, da LEP leva à conclusão de que reiniciar a contagem é a solução mais adequada. Nas palavras do ministro Ricardo Lewandowski, "se a legislação prevê a possibilidade de regressão de regime, quando a unificação das penas resultar na necessidade de sua alteração, resta evidente que a data-base também deve ser alterada, uma vez que seria ilógico regredir o regime do sentenciado sem se alterar o termo inicial para concessão de benefícios, pois chegar-se-ia à situação absurda de, ao mesmo tempo em que se reconhece a necessidade de regressão em razão de condenação superveniente, esta não surtiria efeito pelo fato de o preso já ter direito à progressão" (HC 101.023/RS).

Ocorre que, no julgamento do recurso especial 1.557.461/SC, proferido em 22 de fevereiro de 2018, a Terceira Seção do STJ firmou orientação divergente, que contraria inclusive o que vinham decidindo ambas as turmas que compõem aquele colegiado.

O fundamento primário para a mudança de orientação foi a ausência de disposição legal que determine a interrupção do prazo.

Segundo observou o ministro Rogério Schietti Cruz, impor a interrupção do prazo para a concessão de benefícios ofende a legalidade e pode levar a situações de injustiça. Ofende-se a legalidade porque, como já destacado, a Lei de Execução Penal não contempla a interrupção, e inferir que a contagem de tempo para benefícios é consectário puro e simples da regressão não é razoável. Além disso, apontou o ministro, há situações em que o condenado pode ser prejudicado duas vezes, como no caso em que o crime cuja condenação gerou a unificação das penas tenha sido cometido durante a própria execução.

Com efeito, a prática de crime doloso durante a execução caracteriza falta grave, que, nos termos da súmula 534 do STJ, interrompe o prazo para a progressão de regime. E, segundo a orientação do próprio STJ, basta, para isso, a notícia da prática do crime, dispensando-se que se aguarde o trânsito em julgado. Logo, o condenado que praticasse crime doloso durante a execução poderia ter o prazo de progressão interrompido no momento da prática do crime e também depois, quando a pena decorrente desse novo crime fosse unificada com o restante da pena que já estava sendo cumprida. Haveria, portanto, indevido "bis in idem".

Também se considerou o fato de que a unificação decorrente de crime cometido anteriormente à execução penal em curso tem ainda menos razão para interromper o prazo para a concessão de benefícios, pois se trata de fato que não tem nenhuma relação com o período em que o condenado se submetia à execução da pena, cujos benefícios são regidos sobretudo pelo princípio do merecimento. Se o agente não praticou o fato criminoso enquanto cumpria a pena, não há razão para que a nova condenação prejudique a avaliação de seu merecimento para obter benefícios.

Concluiu-se o julgamento com destaque para o fato de "que a unificação de nova condenação definitiva já possui o condão de recrudescer o quantum de pena restante a ser cumprido pelo reeducando; logo, a alteração da data-base para concessão de novos benefícios, a despeito da ausência de previsão legal, configura excesso de execução, com base apenas em argumentos extrajurídicos. O período de cumprimento de pena desde a última prisão ou desde a última infração disciplinar não pode ser desconsiderado, seja por delito ocorrido antes do início da execução da pena, seja por crime praticado depois e já apontado como falta grave".

Em razão disso, o STJ concedeu liminares nos habeas corpus 456.819/SC, 456.818/SC e 456.820/SC.

Nos três casos, ao promover a unificação das penas os magistrados consideraram a data do último trânsito em julgado – e não a da última prisão – como marco inicial para o cálculo de futuros benefícios da execução. As decisões foram mantidas em agravos julgados pelo Tribunal de Justiça, mas a ministra Laurita Vaz, considerando a nova orientação adotada pelo STJ, deferiu as liminares reconhecendo a ausência de amparo legal para a interrupção do prazo, razão pela qual os benefícios das execuções relativas aos impetrantes deveriam ser calculados a partir da última prisão.

1. ENUNCIADOS DE SÚMULAS DE JURISPRUDÊNCIA

▶ **STF – Súmula 715**

A pena unificada para atender ao limite de trinta anos de cumprimento, determinado pelo art. 75 do código penal, não é considerada para a concessão de outros benefícios, como o livramento condicional ou regime mais favorável de execução.

2. INFORMATIVOS DE JURISPRUDÊNCIA

▶ **STF – 623 – Superveniência de condenação e regressão de regime.**

A superveniência de sentença condenatória no curso de execução criminal determina o reinício da contagem do prazo para concessão do benefício da progressão de regime, tendo como base a soma das penas restantes a serem cumpridas. Esse o entendimento da Turma ao indeferir "habeas corpus" em que se sustentava a ilegalidade da alteração da data-base para fins dos direitos executórios. Entendeu-se que seriam aplicáveis, à espécie, os arts. 111, parágrafo único, e 118, II, da LEP Asseverou-se que, uma vez ocorrida a unificação da pena, pouco importaria a data da prática do delito referente à condenação subsequente, pois o somatório apurado nortearia a fixação do seu regime de cumprimento (STF – HC nº 96824, Rel. Marco Aurélio, j. 12.4.2011).

▶ **STJ – Unificação de penas. Pena restritiva de direitos e de liberdade.**

Esta Corte pacificou entendimento no sentido de que, no caso de nova condenação a penas restritivas de direito a quem esteja cumprindo pena privativa de liberdade em regime fechado ou intermediário, é inviável a suspensão do cumprimento daquelas – ou a execução simultânea das penas. Nesses casos, nos termos do art. 111 da LEP, deve-se proceder à unificação das penas, não sendo aplicável o art. 76 do Código Penal. (STJ – AgRg no HC 627.731/SP, Rel. Ministro REYNALDO SOARES DA FONSECA, QUINTA TURMA, julgado em 23/02/2021, DJe 01/03/2021.

▶ **STF – 606 – Unificação de penas e alteração de data-base**

A unificação de penas decorrente de condenação transitada em julgado, durante o cumprimento de reprimenda atinente a outro crime, altera a data-base para a obtenção de benefícios executórios e progressão de regime, a qual passa a ser contada a partir da soma da nova condenação e tem por parâmetro o restante de pena a ser cumprido. De acordo com esse entendimento, a 1ª Turma indeferiu "habeas corpus" em que a defesa pretendia fosse estabelecido como marco inicial para essa finalidade a data da última infração disciplinar de natureza grave praticada pelo apenado, que havia empreendido fuga, ou a data de sua recaptura. Reputou-se que a execução da pena subsequente, considerado o número de anos e as circunstâncias judiciais, poderia provocar a observância de regime mais gravoso do que o relativo à anterior, motivo pelo qual, inalterada a data-base, impossibilitar-se-ia eventualmente o cumprimento da nova reprimenda. Aduziu-se, também, que o somatório de penas decorrente da unificação teria por consequências lógicas tanto a limitação do tempo total que o sujeito deverá permanecer preso (CP, art. 75) quanto a implementação de regime próprio relativo à totalidade de anos em que deva o condenado ficar recluso (STF – HC nº 100499, Rel. Min. Marco Aurélio, 26.10.2010).

▶ **STF – 606 – Superveniência de condenação e alteração da data-base.**

A superveniência de nova condenação definitiva no curso da execução criminal altera a data-base para a concessão de benefícios futuros, sendo indiferente que o crime tenha ocorrido antes ou após o início do cumprimento da pena. Com base nesse entendimento, a Turma indeferiu "habeas corpus" em que se sustentava a ilegalidade da alteração da data-base para a concessão de benefício, em virtude de nova condenação, decorrente de fato cometido antes do início da execução da pena. Entenderam-se aplicáveis, à espécie, os arts. 111, parágrafo único, e 118, II, da LEP. Ressaltou-se, ainda, que, caso sobrevenha condenação definitiva no curso da execução penal, deverão ser somadas a nova pena e o restante da que está sendo cumprida (STF – HC nº102492, Rel. Gilmar Mendes, j. 5.10.2010).

- **STJ – 492 – Sexta Turma – Execução penal. Superveniência de condenação. Unificação das penas. Termo inicial. Novos benefícios. Execução penal. Superveniência de condenação. Unificação das penas. Termo inicial. Novos benefícios.**

A Turma reafirmou a orientação sedimentada nesta Corte de que, sobrevindo nova condenação ao apenado no curso da execução seja por fato anterior ou seja posterior ao início do cumprimento da reprimenda, a contagem do prazo para concessão de benefícios é interrompida, devendo ser feito novo cálculo com base no somatório das penas restantes a serem cumpridas. O marco inicial da contagem do novo prazo é o trânsito em julgado da sentença condenatória superveniente. (STJ – HC nº 210.637-MA, Rel. Maria Thereza de Assis Moura, j. 6.3.2012.)

- **STJ – 476 – Detração. Custódia cautelar.**

A Turma denegou a ordem de "habeas corpus" e reafirmou ser inviável aplicar o instituto da detração penal nos processos relativos a crimes cometidos após a custódia cautelar. (STJ – HC nº 178.129, Rel. Min. Og Fernandes, j. 7.6.2011).

- **STJ – 465 – Detração. Cômputo. Período anterior.**

A Turma reiterou o entendimento de que se admite a detração por prisão ocorrida em outro processo, desde que o crime pelo qual o sentenciado cumpre pena tenha sido praticado anteriormente à prisão cautelar proferida no processo do qual não resultou condenação. Contudo, nega-se a detração do tempo de recolhimento quando o crime é praticado posteriormente à prisão provisória, para que o criminoso não se encoraje a praticar novos delitos, como se tivesse a seu favor um crédito de pena cumprida. (STJ – HC nº 155.049, Rel. Celso Limongi, j. 1º.3.2011)

3. QUESTÕES DE CONCURSOS

01. (Delegado de Polícia – UEPA – 2013 – PA) De acordo com a Lei de Execução Penal é correto afirmar que:

a) indivíduo que tenha sido condenado, em processos distintos, a duas penas privativas de liberdade em regime inicial semiaberto, pode iniciar a execução em regime fechado, se o somatório das penas importar em valor incompatível com esse regime.

b) a inclusão do apenado no regime aberto depende da comprovação de que o mesmo já está trabalhando, porque deve comprovar a capacidade prévia de sustentar-se por meios lícitos.

c) a regressão de regime pode ser imposta ao apenado que, no curso da execução, seja condenado, por sentença transitada em julgado, pela prática de crime doloso ou, nos termos do regulamento da casa penal, da prática de falta grave.

d) o regime disciplinar diferenciado pode ser imposto tanto ao condenado quanto ao preso provisório, tendo como fundamento a prática de qualquer crime doloso, porque todos os crimes dolosos constituem faltas graves.

e) razões de segurança ou disciplinares autorizam o diretor do estabelecimento penal a suspender ou restringir certos direitos do preso, dentre eles o de receber visitas íntimas, mas não pode ser suspenso o direito às visitas normais dos familiares, porque essa é uma condição básica de ressocialização.

02. (MPE/PR – Promotor de Justiça – PR – 2008 – Adaptada) Julgue o item a seguir.

Quando houver condenação por mais de um crime, no mesmo processo ou em processos distintos, a determinação do regime de cumprimento será feita pelo resultado da soma ou unificação das penas, observada, quando for o caso, a detração ou remição.

03. (MPE/PR – Promotor de Justiça – 2011 – Adaptada) Julgue o item a seguir.

É perfeitamente possível a fixação do regime semiaberto para o cumprimento de pena, a partir da unificação de várias e sucessivas condenações a penas em regime aberto.

04. (MPE/PR – Promotor de Justiça – 2009 – Adaptada) Julgue o item a seguir.

Sobrevindo condenação no curso da execução, para determinação do regime de cumprimento de pena, serão somadas as penas fixadas nas sentenças condenatórias.

GAB	01	E	02	CERTO	03	CERTO	04	ERRADO

Art. 112. A pena privativa de liberdade será executada em forma progressiva com a transferência para regime menos rigoroso, a ser determinada pelo juiz, quando o preso tiver cumprido ao menos:

I – 16% (dezesseis por cento) da pena, se o apenado for primário e o crime tiver sido cometido sem violência à pessoa ou grave ameaça;

II – 20% (vinte por cento) da pena, se o apenado for reincidente em crime cometido sem violência à pessoa ou grave ameaça;

III – 25% (vinte e cinco por cento) da pena, se o apenado for primário e o crime tiver sido cometido com violência à pessoa ou grave ameaça;

IV – 30% (trinta por cento) da pena, se o apenado for reincidente em crime cometido com violência à pessoa ou grave ameaça;

V – 40% (quarenta por cento) da pena, se o apenado for condenado pela prática de crime hediondo ou equiparado, se for primário;

VI – 50% (cinquenta por cento) da pena, se o apenado for:

a) condenado pela prática de crime hediondo ou equiparado, com resultado morte, se for primário, vedado o livramento condicional;

b) condenado por exercer o comando, individual ou coletivo, de organização criminosa estruturada para a prática de crime hediondo ou equiparado; ou

c) condenado pela prática do crime de constituição de milícia privada;

VII – 60% (sessenta por cento) da pena, se o apenado for reincidente na prática de crime hediondo ou equiparado;

VIII – 70% (setenta por cento) da pena, se o apenado for reincidente em crime hediondo ou equiparado com resultado morte, vedado o livramento condicional.

§ 1º Em todos os casos, o apenado só terá direito à progressão de regime se ostentar boa conduta carcerária, comprovada pelo diretor do estabelecimento, respeitadas as normas que vedam a progressão.

§ 2º A decisão do juiz que determinar a progressão de regime será sempre motivada e precedida de manifestação do Ministério Público e do defensor, procedimento que também será adotado na concessão de livramento condicional, indulto e comutação de penas, respeitados os prazos previstos nas normas vigentes.

§ 3º No caso de mulher gestante ou que for mãe ou responsável por crianças ou pessoas com deficiência, os requisitos para progressão de regime são, cumulativamente:

I – não ter cometido crime com violência ou grave ameaça a pessoa;

II – não ter cometido o crime contra seu filho ou dependente;

III – ter cumprido ao menos 1/8 (um oitavo) da pena no regime anterior;

IV – ser primária e ter bom comportamento carcerário, comprovado pelo diretor do estabelecimento;

V – não ter integrado organização criminosa.

§ 4º O cometimento de novo crime doloso ou falta grave implicará a revogação do benefício previsto no § 3º deste artigo.

§ 5º Não se considera hediondo ou equiparado, para os fins deste artigo, o crime de tráfico de drogas previsto no § 4º do art. 33 da Lei nº 11.343, de 23 de agosto de 2006.

§ 6º O cometimento de falta grave durante a execução da pena privativa de liberdade interrompe o prazo para a obtenção da progressão no regime de cumprimento da pena, caso em que o reinício da contagem do requisito objetivo terá como base a pena remanescente.

§ 7º O bom comportamento é readquirido após 1 (um) ano da ocorrência do fato, ou antes, após o cumprimento do requisito temporal exigível para a obtenção do direito.

Redação antes da Lei 13.964/19	Redação depois da Lei 13.964/19
Art. 112. A pena privativa de liberdade será executada em forma progressiva com a transferência para regime menos rigoroso, a ser determinada pelo juiz, quando o preso tiver cumprido ao menos um sexto da pena no regime anterior e ostentar bom comportamento carcerário, comprovado pelo diretor do estabelecimento, respeitadas as normas que vedam a progressão. § 1º A decisão será sempre motivada e precedida de manifestação do Ministério Público e do defensor. § 2º Idêntico procedimento será adotado na concessão de livramento condicional, indulto e comutação de penas, respeitados os prazos previstos nas normas vigentes. § 3º No caso de mulher gestante ou que for mãe ou responsável por crianças ou pessoas com deficiência, os requisitos para progressão de regime são, cumulativamente: I – não ter cometido crime com violência ou grave ameaça a pessoa; II – não ter cometido o crime contra seu filho ou dependente; III – ter cumprido ao menos 1/8 (um oitavo) da pena no regime anterior; IV – ser primária e ter bom comportamento carcerário, comprovado pelo diretor do estabelecimento; V – não ter integrado organização criminosa.	"Art. 112. A pena privativa de liberdade será executada em forma progressiva com a transferência para regime menos rigoroso, a ser determinada pelo juiz, quando o preso tiver cumprido ao menos: I – 16% (dezesseis por cento) da pena, se o apenado for primário e o crime tiver sido cometido sem violência à pessoa ou grave ameaça; II – 20% (vinte por cento) da pena, se o apenado for reincidente em crime cometido sem violência à pessoa ou grave ameaça; III – 25% (vinte e cinco por cento) da pena, se o apenado for primário e o crime tiver sido cometido com violência à pessoa ou grave ameaça; IV – 30% (trinta por cento) da pena, se o apenado for reincidente em crime cometido com violência à pessoa ou grave ameaça; V – 40% (quarenta por cento) da pena, se o apenado for condenado pela prática de crime hediondo ou equiparado, se for primário; VI – 50% (cinquenta por cento) da pena, se o apenado for: a) condenado pela prática de crime hediondo ou equiparado, com resultado morte, se for primário, vedado o livramento condicional; b) condenado por exercer o comando, individual ou coletivo, de organização criminosa estruturada para a prática de crime hediondo ou equiparado; ou c) condenado pela prática do crime de constituição de milícia privada;

§ 4º O cometimento de novo crime doloso ou falta grave implicará a revogação do benefício previsto no § 3º deste artigo.	VII – 60% (sessenta por cento) da pena, se o apenado for reincidente na prática de crime hediondo ou equiparado; VIII – 70% (setenta por cento) da pena, se o apenado for reincidente em crime hediondo ou equiparado com resultado morte, vedado o livramento condicional. § 1º Em todos os casos, o apenado só terá direito à progressão de regime se ostentar boa conduta carcerária, comprovada pelo diretor do estabelecimento, respeitadas as normas que vedam a progressão. § 2º A decisão do juiz que determinar a progressão de regime será sempre motivada e precedida de manifestação do Ministério Público e do defensor, procedimento que também será adotado na concessão de livramento condicional, indulto e comutação de penas, respeitados os prazos previstos nas normas vigentes. § 3º No caso de mulher gestante ou que for mãe ou responsável por crianças ou pessoas com deficiência, os requisitos para progressão de regime são, cumulativamente: I – não ter cometido crime com violência ou grave ameaça a pessoa; II – não ter cometido o crime contra seu filho ou dependente; III – ter cumprido ao menos 1/8 (um oitavo) da pena no regime anterior; IV – ser primária e ter bom comportamento carcerário, comprovado pelo diretor do estabelecimento; V – não ter integrado organização criminosa. § 4º O cometimento de novo crime doloso ou falta grave implicará a revogação do benefício previsto no § 3º deste artigo. § 5º Não se considera hediondo ou equiparado, para os fins deste artigo, o crime de tráfico de drogas previsto no § 4º do art. 33 da Lei nº 11.343, de 23 de agosto de 2006. § 6º O cometimento de falta grave durante a execução da pena privativa de liberdade interrompe o prazo para a obtenção da progressão no regime de cumprimento da pena, caso em que o reinício da contagem do requisito objetivo terá como base a pena remanescente. § 7º O bom comportamento é readquirido após 1 (um) ano da ocorrência do fato, ou antes, após o cumprimento do requisito temporal exigível para a obtenção do direito.

Sistema progressivo de cumprimento de pena – Levando em conta a finalidade reeducativa da pena, a progressão de regime consiste na execução da reprimenda privativa de liberdade de forma a permitir a transferência do condenado para regime menos rigoroso (mutação de regime), desde que cumpridos determinados requisitos.

O incidente pode ser iniciado por determinação do juiz (*ex officio*) ou mediante requerimento do Ministério Público, do advogado ou Defensor Público ou do próprio sentenciado.

Requisitos – Os requisitos para a progressão de regimes podem ser divididos em objetivos e subjetivos. Os primeiros (objetivos) foram sensivelmente alterados pelo Pacote Anticrime (Lei n. 13.964/19), que criou uma variedade de lapsos temporais a serem observados antes da permissão do benefício. Vamos primeiro estudar a progressão do regime fechado para o semiaberto. Depois, do semiaberto para o aberto.

Progressão do regime *fechado para o semiaberto* – a passagem do regime mais rigoroso par ao regime intermediário deve observar os seguintes requisitos:

a) condenação (ainda que pendente recurso sem efeito suspensivo);

> **ATENÇÃO** – Admite-se a progressão de regime de cumprimento da pena ou a aplicação imediata de regime menos severo nela determinada, antes do trânsito em julgado da sentença condenatória (STF – Súmula 716). Aqui não se trata de fomentar a execução provisória da pena (vedada pelo STF no julgamento das ADCs 43. 44 e 54), mas antecipação de benefício de execução penal.

b) cumprimento de parcela da pena. O reeducando para progredir do regime fechado para o semiaberto deve cumprir parcela da pena no regime mais rigoroso, variando esse tempo conforme a natureza do delito e as condições pessoais do beneficiário. Aqui, como já alertado, está a maior novidade trazida pela Lei 13.964/19. Vejamos.

b1) cumprimento de 16% da pena, se primário o reeducando e o crime tiver sido cometido sem violência ou grave ameaça;

Este prazo corresponde ao lapso de 1/6. Antes da alteração legislativa, era o prazo regra (1/6), aplicável a todos os delitos, exceto para os crimes hediondos ou equiparados (2/5 ou 3/5), ou, ainda, para as determinadas condenações envolvendo crimes cometidos por gestantes, mães ou responsáveis por crianças ou pessoas com deficiência (1/8).

Com a modificação inserida pela Lei 13.964/19, o cumprimento de 16% da pena passa a ser observado na progressão de regime para apenados primários, cujo crime não tenha sido cometido com violência ou grave ameaça. Se reincidente, o prazo é o seguinte (20%).

b2) cumprimento de 20% da pena, se o reeducando for reincidente em crime cometido sem violência à pessoa ou grave ameaça;

A nova Lei 13.964/19 diferencia o prazo para progressão a depender se o condenado foi ou não considerado reincidente. Aumenta-se ligeiramente o lapso para progressão de regime para reincidentes em crime sem violência ou grave ameaça. Antes, na redação original, o prazo seguia a regra geral (1/6). Agora, passa a ser 20% (ou 1/5).

> **ATENÇÃO** – De acordo com o STJ, a reincidência, por ser condição pessoal do condenado, influi sobre o requisito objetivo de todas as condenações, mesmo aquelas quando ainda primário:

> "(...) consistindo a reincidência em condição pessoal que, uma vez adquirida pelo sentenciado, influi sobre o requisito objetivo dos benefícios da execução, em relação a todas as suas condenações" (HC 468756/RS, Rel. Min. Felix Fischer, 5ª T., j. 26/03/2019, v.u.).

Dentro desse espírito, se o reeducando, enquanto cumpre pena por crime cometido quando primário, vem a ser condenado definitivamente por novo crime, agora reconhecido reincidente, será tratado como reincidente para fins de progressão em relação aos dois crimes.

b3) cumprimento de 25% da pena, se primário, mas o crime tiver sido cometido com violência ou grave ameaça;

O lapso temporal também foi estendido aos apenados primários, porém autores de crimes executados com violência ou grave ameaça. Antes, seguiam a regra geral (1/6). Na nova sistemática, devem aguardar o cumprimento de 25% (ou 1/4) para conquistarem regime menos severo.

b4) cumprimento de 30% da pena, se reincidente em crime cometido com violência ou grave ameaça;

Na hipótese de reincidência em crime cometido com violência ou grave ameaça, o lapso temporal para progressão foi praticamente dobrado em comparação com a lei anterior. Agora, com o advento da Lei n. 13.964/19, o reeducando precisa cumprir 30% no regime mais severo.

> **ATENÇÃO** – O dispositivo faz referência à reincidência específica em crime com violência ou grave ameaça. Mas e se o reeducando for reincidente, mas não específico, ou seja, somente um dos crimes, passado ou presente, tiver sido cometido com violência ou grave ameaça? Lendo e relando o artigo em comento, concluímos que estamos diante de uma lacuna, cuja integração, por óbvio, deverá observar o princípio do *in dubio pro reo*. A fração deve ser a mesma do primário, levando-se em conta o crime pelo qual foi considerado reincidente: se violento, aplica-se a mesma fração do inciso III (25%); se não violento, a fração do inc. II (20%). Vamos deixar ainda mais claro nosso raciocínio com um exemplo: se o agente, tendo cumprido pena pelo crime de furto, comete delito de roubo, é reincidente, mas não específico em crime violento. Sendo o crime violento o delito pelo qual foi declarado reincidente, a fração da progressão segue o inc. III (25%). Num cenário diametralmente oposto, isto é, o roubo é o crime pretérito, sendo o furto o crime presente, a progressão nesse caso, segue o inc. II (20%). Esse é o posicionamento adotado pelo STJ na solução da lacuna presente no art. 112, VII.

b5) cumprimento de 40% da pena, se primário e condenado por crime hediondo ou equiparado;

No caso de apenado primário, mas condenado por crime hediondo ou equiparado, a nova Lei n. 13.964/19 manteve o lapso temporal previsto originalmente na Lei de Crimes Hediondos (art. 2º, § 2º), qual seja, cumprimento de 2/5 (ou 40%) da pena em regime anterior.

b6) cumprimento de 50% da pena, se primário e condenado por crime hediondo ou equiparado com resultado morte (vedado o livramento condicional);

Já para os condenados primários por crimes hediondos ou equiparados, mas qualificados pelo resultado morte, foi criado um novo lapso, qual seja, de 50% de cumprimento da pena em regime anterior.

Para esses crimes, o legislador indisfarçavelmente implementou tratamento diferenciado, deveras rigoroso, não somente dificultando a progressão de regime, como também vedando o benefício do livramento condicional.

b7) cumprimento de 50% da pena, se condenado por exercer comando, individual ou coletivo, de organização criminosa estruturada para prática de crime hediondo ou comparado;

O mesmo lapso de 50% passa a ser exigido na progressão de regime para condenados rotulados na sentença como comandantes, individual ou coletivo, de organização criminosa (art. 2º, § 3º, da Lei 12.850/13), estruturada para a prática de crimes hediondos ou equiparados.

> **ATENÇÃO** – A Lei n. **13.964/19** também promoveu importantes alterações na Lei de Organizações Criminosas, alcançando o regime inicial de cumprimento de pena. O § 8º do art. 2º da Lei 12.850/13 determina que as lideranças de organizações criminosas armadas ou que tenham armas à disposição devem iniciar a pena em unidades penais de segurança máxima. O § 9º do mesmo artigo, por sua vez, dispõe que o condenado por integrar organização criminosa ou por crime cometido no âmbito da organização não poderá progredir de regime ou usufruir de livramento condicional e outros direitos se houver elementos probatórios que indiquem a manutenção do vínculo com a organização. O standard probatório, aqui exigido, é de caráter normativamente intermediário, caracterizado por um grau de probabilidade suficiente a fundar a suspeita do ilícito, comum àquele exigível dos demais incidentes executivos de pena. De todo modo, resta absolutamente adequado observar um relativo ônus argumentativo decisório, o que resulta na necessidade de uma qualificada fundamentação decisória, proferida em procedimento que assegure ao condenado exercício pleno de seu direito constitucional a ampla defesa.

b8) cumprimento de 50% da pena, se condenado pelo crime de constituição de milícia privada;

A nova redação prevê o cumprimento de 50% da pena em regime anterior ao condenado pelo crime de constituição de milícia privada. Reparem que o legislador, ao se referir ao de "constituição de milícia privada", quer abranger todas as figuras do art. 288-A, citando seu *nomen juris*. O prazo estendido alcança as três formas do crime: organização paramilitar, milícia privada e grupo ou esquadrão (grupo de extermínio).

i) *Organização paramilitar* – Paramilitares são associações civis, armadas e com estrutura semelhante à militar. Possuem as características de uma força militar, têm a estrutura e organização de uma tropa ou exército, sem sê-lo.

ii) *Milícia particular* – Grupo de pessoas, civis ou não, tendo como finalidade devolver a segurança retirada das comunidades mais carentes, restaurando a paz. Para tanto, mediante coação, os agentes ocupam determinado espaço territorial. A proteção oferecida nesse espaço ignora o monopólio estatal de controle social, valendo-se de violência e grave ameaça.

iii) *Grupo ou esquadrão (grupo de extermínio)* – Entende-se como tal a reunião de pessoas, matadores, justiceiros que atuam na ausência ou inércia do poder público, tendo como finalidade a matança generalizada, chacina de pessoas supostamente rotuladas como marginais ou perigosas.

> **ATENÇÃO** – Observa-se que, ao contrário do anterior, este inciso não exige o exercício de posição de comando na organização paramilitar, milícia ou grupo de extermínio, e, tampouco, estar ela estruturada para a prática de crimes hediondos ou equiparados.

b9) cumprimento de 60% da pena, se reincidente em crime hediondo ou equiparado;

Este lapso não foi alterado pela Lei n. 13.964/19, repetindo, em percentagem, o prazo de 3/5 previsto na Lei de Crimes Hediondos (art. 2º, § 2º).

> **ATENÇÃO** – Discute-se se o dispositivo em comento abrange somente a reincidência específica em crime hediondo ou equiparado. Prevalece a tese de que sim, o inciso em comento abre uma lacuna legislativa que impõe ao intérprete a analogia *in bonam partem* (em favor do réu). De acordo com o STJ, "ainda que provavelmente não tenha sido essa a intenção do legislador, é irrefutável que *de lege lata*, a incidência retroativa do art. 112, V, da Lei n. 7.210/1984, quanto à hipótese da lacuna legal relativa aos apenados condenados por crime hediondo ou equiparado e reincidentes genéricos, instituiu conjuntura mais favorável que o anterior lapso de 3/5, a permitir, então, a retroatividade da lei penal mais benigna" (REsp 1910240/MG, Rel. Ministro ROGERIO SCHIETTI CRUZ, TERCEIRA SEÇÃO, j. em 26/05/2021, DJe 31/05/2021). Assim, em caso de reincidência não específica em crime hediondo ou equiparado, deve-se observar o percentual previsto no inc. V, qual seja, 40% ou 50%, a depender do crime. O STF decidiu no mesmo sentido. Para a Corte, a reforma da sistemática da progressão de regime de condenados promovida pela Lei 13.964/2019 (Pacote Anticrime) não disciplinou, de forma expressa, a circunstância para progressão de pessoa condenada anteriormente por crime não hediondo e, em seguida, por crime hediondo, ou seja, reincidente não específico em crime hediondo. Inexistindo a previsão exata na norma regente, impõe-se a interpretação mais favorável à defesa. Trata-se de imposição decorrente da presunção de inocência, base fundamental ao sistema penal de um Estado Democrático de Direito. Com base nesse entendimento, o Plenário do STF, por unanimidade, reconheceu a existência de repercussão geral da questão constitucional suscitada (ARE 1327963/SP, rel. Min. Gilmar Mendes, j. em 17.9.2021). No mérito, por maioria, reafirmou a jurisprudência dominante sobre a matéria.

b10) cumprimento de 70% da pena, se reincidente por crime hediondo ou equiparado com resultado morte (vedado o livramento condicional).

Trata-se do prazo mais rigoroso previsto na nova redação do art. 112, reservado aos reincidentes específicos em crime hediondo ou equiparado qualificado pelo resultado morte.

Caso o apenado não seja reincidente específico, aplica-se o mesmo entendimento adotado nas demais lacunas deixadas pela nova Lei: a vedação à analogia *in malam partem* implica na adoção do lapso de 50% previsto para primários condenados por crime hediondo ou equiparado com resultado morte.

Como já alertado, para crimes dessa natureza, a mesma Lei vedou a concessão do livramento condicional, conforme já figurava no art. 83, V, do Código Penal (que impede o benefício para aqueles que são reincidentes específicos em crimes hediondos em geral, independentemente da presença do resultado morte).

Alerta-se que a Lei 13.964/19 é irretroativa, não alcançando os fatos esgotados antes da sua vigência.

ATENÇÃO – A pena unificada para atender ao limite determinado pelo art. 75 do Código Penal, não é considerada para a concessão de outros benefícios, como o livramento condicional ou regime mais favorável de execução (súmula 715 do STF), lembrando que esse limite, com a Lei 13.964/19, passou a ser de 40 anos. A prática de falta grave interrompe a contagem do prazo para a progressão de regime de cumprimento de pena, o qual se reinicia a partir do cometimento dessa infração, tendo como base o tempo remanescente de pena (súmula 534 do STJ e novo artigo 112, § 6º, LEP).

c) **bom comportamento carcerário durante a execução.** O bom comportamento decorre da ausência de registro de falta disciplinar – leve, média ou grave – no prontuário do preso. Deve ser atestado pela administração prisional. A prática de falta grave interrompe a contagem do prazo para a progressão de regime de cumprimento de pena, o qual se reinicia a partir do cometimento da infração, tendo como base o tempo remanescente de pena (súmula 534 do STJ e novo artigo 112, § 6º, LEP). Para lograr nova progressão, o condenado deve se reabilitar. De acordo com o § 7º do art. 112 da Lei de Execução Penal, que havia sido vetado e foi exumado pela Casa de Leis, essa reabilitação depende do decurso do prazo de um ano, salvo se, antes, o preso cumprir o requisito temporal para a progressão.

d) **oitiva do Ministério Público (e da defesa).** O novo § 2º, incluído pela Lei n. 13.964/19, exige que a decisão judicial no incidente de progressão seja motivada e precedida de manifestações do MP e da defesa, garantindo-se o contraditório e a ampla defesa.

e) **dependendo das peculiaridades do caso ou se tratando de crime hediondo, o juiz poderá, fundamentadamente, requisitar o exame criminológico.** Nesse sentido, Súmula Vinculante 26 e Súmula 439 do Superior Tribunal de Justiça.

ATENÇÃO: Duas observações devem ser feitas antes de encerrar os requisitos da progressão do regime fechado para o semiaberto:

I – Vem decidindo o STF que o inadimplemento deliberado da pena de multa cumulativamente aplicada ao sentenciado impede a progressão, salvo se comprovada a absoluta impossibilidade econômica do apenado em pagar o valor, ainda que parceladamente.

II – O condenado por crime contra a administração pública terá a progressão de regime do cumprimento da pena condicionada à mais um requisito, objetivo, qual seja, a reparação do dano que causou, ou à devolução do produto do ilícito praticado, com os acréscimos legais (art. 33, § 4º do CP). No entanto, de acordo com entendimento do STJ, exige-se determinação expressa de reparação do dano ou de devolução do produto do ilícito, de forma individualizada e em observância aos princípios da ampla defesa e do contraditório, na sentença transitada em julgado; caso contrário, não pode o juízo das execuções inserir referida condição para fins de progressão, sob pena de se ter verdadeira revisão criminal contra o réu (HC 686.334-PE). Trata-se, a nosso ver, de um erro, pois estamos diante de efeito automático da condenação, que dispensa determinação expressa na sentença.

Progressão do regime *semiaberto para o aberto* – Na progressão do regime semiaberto para o aberto, além dos requisitos subjetivos e objetivos genéricos, a LEP exige, ainda, que sejam observadas as condições e os pressupostos previstos nos arts. 113, 114 e 115.

Termo inicial do prazo para a progressão do regime semiaberto para o aberto – Ao progredir do regime fechado para o semiaberto, novo prazo começa a correr para o reeducando progredir do semiaberto para o aberto. Mas quando qual o termo inicial desse novo prazo? Existe na jurisprudência indisfarçável divergência, e que envolve a natureza jurídica da decisão que defere a progressão de regime de cumprimento de pena.

Para quem entende ser a decisão meramente declaratória, define-se o marco inicial da progressão seguinte a partir do implemento dos requisitos do art. 112 da LEP. Contudo, para quem entende ser constitutiva, o termo inicial se dá com a sua publicação. O STJ e o STF têm adotado a primeira corrente. A decisão que defere a progressão de regime tem natureza meramente declaratória. O lapso temporal para aquisição de benefícios deve ser a data em que foi efetivamente alcançado o rol de requisitos (objetivos e subjetivos) para a concessão da benesse. Deferido o direito de progressão, o lapso inicial para contagem deve retroagir ao tempo que o reeducando alcançou o direito à progressão.

Tráfico de drogas – O recém incluído § 5º esclarece, confirmando entendimento já pacificado na jurisprudência, que o tráfico de drogas privilegiado (art. 33, § 4º, Lei 11.343/06) não será considerado ou equiparado a crime hediondo.

Interrupção do lapso – De acordo com o § 6º., o cometimento de falta grave durante a execução da pena privativa de liberdade interrompe o prazo para a obtenção da progressão no regime de cumprimento da pena, caso em que o reinício da contagem do requisito objetivo terá como base a pena remanescente. Antes da Lei 13.964/19, a LEP não fazia qualquer referência à interrupção do lapso temporal para a progressão como consequência do cometimento de falta grave. Ainda assim, a sanção era aceita pela jurisprudência, mas criticada por parte da doutrina devido à falta de previsão legal. Agora, o desdobramento da falta disciplinar está expressamente previsto em lei.

ATENÇÃO – A Primeira Turma do STF entendeu que a custódia cautelar necessariamente deve ser computada para fins de obtenção de progressão de regime e demais benefícios executórios, desde que não ocorra condenação posterior apta a configurar falta grave

Progressão em salto – Prevalece o entendimento de que não existe progressão em saltos (do regime fechado para o aberto). A Exposição de Motivos da LEP, no item 120, afirma que se o condenado estiver no regime fechado não poderá ser transferido diretamente para o regime aberto. Nesse mesmo sentido temos a súmula 491 do STJ.

Em agosto de 2016, o STF editou a súmula vinculante 56, anunciando que "a falta de estabelecimento penal adequado não autoriza a manutenção do condenado em regime prisional mais gravoso, devendo-se observar, nessa hipótese, os parâmetros fixados no RE 641.320/RS". No citado Recurso Extraordinário, facilita-se a progressão, mas sem permitir que ocorra "saltando" o regime intermediário. Quais seriam esses parâmetros referidos na súmula? Vejamos:

I) a saída antecipada de sentenciado no regime com falta de vagas: os ministros lembraram que as vagas no regime semiaberto e aberto não são inexistentes, mas sim insuficientes. Diante disso, como alternativa, antecipa-se a saída de sentenciados que já estejam no regime de destino, abrindo vaga para aquele que acaba de progredir. Por exemplo, "A" progrediu para o semiaberto e não existem vagas em estabelecimento apropriado. "A" não deve ir direto ao aberto, pois antes deve cumprir parcela da pena no semiaberto. A sua vaga nasce da progressão de preso do semiaberto que se encontra mais próximo da progressão para o aberto. Evita-se, com isso, a progressão por salto;

II) a liberdade eletronicamente monitorada: utilização de tornozeleiras eletrônicas para permitir a fiscalização do cumprimento da pena;

III) o cumprimento de penas restritivas de direito e/ou estudo ao sentenciado que progride ao regime aberto: para os ministros, "se não há estabelecimentos adequados ao regime aberto, a melhor alternativa não é a prisão domiciliar, mas a substituição da pena privativa de liberdade por penas restritivas de direitos". Tendo em vista que as penas restritivas de direito são menos gravosas do que a pena privativa de liberdade (mesmo em regime aberto), os ministros entenderam que "ao condenado que progride ao regime aberto, seria muito mais proveitoso aplicar penas restritivas de direito, observando-se as condições dos parágrafos do art. 44 do CP, do que aplicar a prisão domiciliar". Aqui, vale observar, o STF contrariou a súmula 493 do STJ, segundo a qual "é inadmissível a fixação de pena substitutiva (art. 44 do CP) como condição especial ao regime aberto".

Dentro desse espírito da Súmula Vinculante 56, a Terceira Seção do STJ fixou, pelo rito dos recursos repetitivos, a tese de que a inexistência de estabelecimento penal adequado não autoriza a automática concessão de prisão domiciliar. No caso julgado (REsp 1.710.674, j. 22/08/2018), o Ministério Público pleiteava a reforma de decisão que havia concedido a prisão domiciliar a um condenado sem a observância dos parâmetros estabelecidos no RE 641.320. Além disso, sustentava-se que a situação do preso não se subsumia às disposições do artigo 117 da LEP. O ministro Reynaldo Soares da Fonseca lembrou manifestação do ministro Gilmar Mendes, relator do RE 641.320, no sentido de que a prisão domiciliar pode ser pouco efetiva quando, alternativa ao regime menos severo, restringe totalmente o direito de deixar a residência, impedindo, por exemplo, o exercício de trabalho externo. Isso fica mais evidente quando esta forma de prisão é imposta no lugar do regime aberto, hipótese em que pode haver substituição pelo cumprimento de penas alternativas e/ou por estudo. Assim, para que se cumpram com a maior eficácia possível as finalidades da pena, veda-se a imposição de prisão domiciliar como primeira opção, sem prévia observância dos parâmetros traçados no recurso extraordinário já citado. A tese foi firmada nos seguintes termos:

> "A inexistência de estabelecimento penal adequado ao regime prisional determinado para o cumprimento da pena não autoriza a concessão imediata do benefício da prisão domiciliar, porquanto, nos termos da Súmula Vinculante nº 56, é imprescindível que a adoção de tal medida seja precedida das providências estabelecidas no julgamento do RE nº 641.320/RS".

Progressão e o Regime Disciplinar Diferenciado – Preso cumprindo Regime Disciplinar Diferenciado (RDD) pode progredir de regime? Na ausência de proibição legal expressa, Renato Marcão, não sem razão, conclui: "É de admitir, portanto, a possibilidade de progressão de regime prisional estando preso submetido a Regime Disciplinar Diferenciado. Cumpre seja cada caso apreciado com especial atenção, ficando afastada a genérica e superficial conclusão no sentido da impossibilidade por incompatibilidade. Importa observar, também, que, mesmo recebendo a progressão, por exemplo, para o regime semiaberto, o preso deverá cumprir a sanção disciplinar integralmente, antes de ir, de fato, para o novo regime. Vale dizer: deverá cumprir todo o tempo restante de Regime Disciplinar Diferenciado antes de ver efetivada sua transferência para o novo regime" (ob. cit. p. 190).

Recusa do reeducando em progredir – Discute-se se o reeducando pode se recusar a progredir de regime. Uma primeira corrente sustenta que a lei não deixou escolha para o juiz e muito menos para quem se encontra na iminência de progredir. Se um preso preencheu os requisitos legais, deve obrigatoriamente ser transferido para o regime menos gravoso. Essa passagem na execução não está condicionada à vontade do reeducando. Outra corrente, no entanto, leciona ser possível o reeducando recusar o benefício. Tratando-se de direito do preso, pode ser por ele recusado. Aliás, violaria o princípio da dignidade da pessoa humana exigir de uma pessoa que ela usufrua um direito que não pretende. A conquista de regime menos severo deve observar a vontade do preso (ressocialização voluntária). De nada adiantaria transferi-lo forçadamente. Essa imposição poderia redundar numa conduta negativa do reeducando para poder retornar ao regime do qual jamais quis abandonar. Caso notável foi o de Suzane von Richthofen. Condenada pelo assassinato dos pais, no ano de 2014, se insurgiu contra a sua progressão de regime, requerendo ao juízo da execução para não ser obrigada a deixar o regime fechado. A discussão foi reacendida, recentemente, quando o ex-presidente Lula, também preso no regime fechado, se recusou, em 2019, a cumprir eventual determinação de progressão para o regime semiaberto.

Condenada mulher gestante ou que for mãe ou responsável por crianças ou pessoas com deficiência – Além das regras a respeito da prisão domiciliar, a Lei 13.769/18 promoveu alterações em dispositivos da Lei de Execução Penal, dentre eles, o art. 112. Nele foram acrescentados dois parágrafos, inalterados pela Lei n. 13.964/19.

O § 3º disciplina de forma específica a progressão de regime para a apenada mulher gestante, mãe ou responsável por crianças ou pessoas com deficiência, estabelecendo os seguintes requisitos cumulativos:

I – não ter cometido crime com violência ou grave ameaça a pessoa;

II – não ter cometido o crime contra seu filho ou dependente;

IV – ser primária e ter bom comportamento carcerário, comprovado pelo diretor do estabelecimento;

V – não ter integrado organização criminosa.

A fração de pena a ser cumprida (1/8) é menor do que a fração mais benevolente do *caput* do art. 112 (16%). E essa fração mínima (1/8) deve ser observada, mesmo em se tratando de crimes hediondos e equiparados.

O § 4º do art. 112 – também inserido pela Lei 13.769/18 – estabelece que o cometimento de novo crime doloso ou falta grave implica "a revogação do benefício previsto no § 3º", ou seja, provoca a regressão de regime. Sem implicar na violação do princípio da presunção de inocência (ou de não culpa), não se exige – assim como ocorre na regressão disposta no art. 118 da LEP – sentença condenatória transitada em julgado, bastando prova, no incidente próprio, de que a condenada praticou crime ou fato definido como falta grave.

Dada a redação do § 4º do art. 112, uma dúvida pode surgir: "revogação do benefício" quer dizer apenas a regressão de regime ou também a impossibilidade de que nova progressão seja concedida com base nas regras mais amenas? Trata-se, pensamos, de vedação a nova progressão de regime com base no § 3º do art. 112. Caso a condenada cumpra os requisitos do § 3º, progrida de regime e cometa novo crime ou falta grave, deverá regredir e cumprir os requisitos gerais – da LEP ou da Lei 8.072/90 – para que possa progredir de regime novamente. Assim é porque não faria sentido se referir a "revogação do benefício" se a intenção fosse apenas a regressão, que já é uma consequência necessária do cometimento de crime ou falta grave durante a execução da pena, como estabelece o art. 118, I, da LEP. Como o § 3º do art. 112 estabelece uma forma de progressão especial, devem ser beneficiadas somente as condenadas que se mostrem aptas à ressocialização, pois, caso contrário, não se justifica o tratamento menos severo.

Não integrante de organização criminosa – Entre os cinco requisitos cumulativos para a concessão do benefício executório, está o de "não ter integrado organização criminosa". O argumento de que o termo "organização criminosa" não se refere ao crime previsto na Lei n 12.850/2013, tratando-se, na verdade, de uma expressão genérica, a qual abrange todas as espécies de sociedades criminosas, não se coaduna com a correta exegese da norma. Com efeito, a referida regra tem conteúdo material (norma híbrida), porquanto trata de progressão de regime prisional, relacionado com o *jus libertatis*, o que impõe, ao intérprete, a submissão a todo o conjunto de princípios inerentes às normas penais.

O inciso V do § 3º do art. 112 é um exemplo de norma penal em branco com complemento normativo, pois o próprio legislador, respeitando o princípio da taxatividade (decorrente do princípio da estrita legalidade), desincumbiu-se do ônus de apresentar, expressamente, a definição de organização criminosa ao editar a Lei n. 12.850/2013 (art. 1º e § 1º).

Não é legítimo que o julgador, em explícita violação ao princípio da taxatividade da lei penal, interprete extensivamente o significado de organização criminosa a fim de abranger todas as formas de *societas sceleris*. Tal proibição fica ainda mais evidente quando se trata de definir requisito que restringe direito executório implementado por lei cuja finalidade é aumentar o âmbito de proteção às crianças ou pessoas com deficiência, reconhecidamente em situação de vulnerabilidade em razão de suas genitoras ou responsáveis encontrarem-se reclusas em estabelecimentos prisionais. A teleologia da norma e a existência de complemento normativo impõem interpretação restritiva e não extensiva.

O legislador, quando teve o intuito de referir-se a hipóteses de sociedades criminosas, o fez expressamente, conforme previsão contida no art. 52, § 1º, inciso I, § 3º, § 4º, inciso II, e § 5º, da Lei n. 7.210/1984, que distinguem organização criminosa de associação criminosa e milícia privada. Nesse sentido: HC 522.651-SP, Rel. Min. Laurita Vaz, Sexta Turma, por unanimidade, julgado em 04/08/2020, DJe 19/08/2020.

> **ATENÇÃO** – As frações exigidas neste dispositivo para progressão de regime incidirão para os condenados por fato cometido a partir da eficácia da Lei n.º 13.964/19, salvo se, aplicadas no caso concreto, beneficiarem o sentenciado.

1. ENUNCIADOS DE SÚMULAS DE JURISPRUDÊNCIA

▸ **STF – Súmula Vinculante 26.** Para efeito de progressão de regime no cumprimento de pena por crime hediondo, ou equiparado, o juízo da execução observará a inconstitucionalidade do art. 2º da Lei nº

8.072, de 25 de julho de 1990, sem prejuízo de avaliar se o condenado preenche, ou não, os requisitos objetivos e subjetivos do benefício, podendo determinar, para tal fim, de modo fundamentado, a realização de exame criminológico.

- **STF – Súmula 717.** Não impede a progressão de regime de execução da pena, fixada em sentença não transitada em julgado, o fato de o réu se encontrar em prisão especial.

- **STF – Súmula 716.** Admite-se a progressão de regime de cumprimento da pena ou a aplicação imediata de regime menos severo nela determinada, antes do trânsito em julgado da sentença condenatória.

- **STF – Súmula 715.** A pena unificada para atender ao limite de trinta anos de cumprimento, determinado pelo art. 75 do código penal, não é considerada para a concessão de outros benefícios, como o livramento condicional ou regime mais favorável de execução.

- **STJ – Súmula 534.** "A prática de falta grave interrompe a contagem do prazo para a progressão de regime de cumprimento de pena, o qual se reinicia a partir do cometimento dessa infração."

- **STJ – Súmula 491.** É inadmissível a chamada progressão *per saltum* de regime prisional.

- **STJ – Súmula 471.** Os condenados por crimes hediondos ou assemelhados cometidos antes da vigência da Lei nº 11.464/2007 sujeitam-se ao disposto no art. 112 da Lei nº 7.210/1984 (Lei de Execução Penal) para a progressão de regime prisional.

- **STJ – Súmula 439.** Admite-se o exame criminológico pelas peculiaridades do caso, desde que em decisão motivada.

2. JURISPRUDÊNCIA

- **Progressão de regime.** Novo lapso. Reincidência específica.

  Não sendo o delito anterior hediondo "(...) não deve incidir o percentual de 60%, previsto no art. 112, VII, da LEP, introduzido pela Lei 13.964/2019, uma vez que lá o executado deve ser reincidente específico (reincidência em crime hediondo). "Também não deve incidir a fração de 3/5, do anterior art. 2º, § 2º, da Lei de Crimes Hediondos, sobre a pena para fins de lapso temporal para progressão de regime, uma vez que foi revogado pela nova lei acima citada, cuja revogação foi mais benéfica ao executado, porquanto o texto do dispositivo considerava reincidência de qualquer crime, comum ou hediondo". Ordem concedida de ofício "para cassar o acórdão coator, determinando, em consequência, que o Juízo das execuções afaste, para fins de progressão, a alegada reincidência formal do crime previsto no art. 309, do CTB, aplicando, assim, o percentual de progressão de regime previsto no art. 112, V, da Lei de Execuções Penais, ou a fração de 2/5 previsto no revogado art. 2º, § 2º, da Lei de Crimes Hediondos (já que são equivalentes). (STJ, *Habeas Corpus* nº 533.016-MG, rel. Min. Reynaldo Soares da Fonseca, Decisão Monocrática, j. 13/02/2020).

  A Lei nº 13.964/2019 trouxe alterações no tocante aos percentuais de cumprimento de pena exigidos para a progressão de regime a apenados condenados pela prática de crimes hediondos, revogando expressamente o contido no § 2º do art. 2º da Lei n. 8.072/1990". "(...) em relação aos apenados que foram condenados por crime hediondo, mas que são reincidentes em razão da prática anterior de crimes comuns, tal como acontece no caso dos autos, não há percentual previsto na Lei de Execuções Penais, em sua nova redação, para fins de progressão de regime, visto que os percentuais de 60% e 70% se destinam apenas à hipótese de reincidência específica". "(...) para o condenado por crime hediondo que seja reincidente genérico, como se dá no caso em tela, deverá incidir o percentual equivalente ao que é previsto para o primário, vale dizer, de 40% ou 50%, na forma do art. 112, V e VI, a, da LEP, a depender do caso (se houve ou não resultado morte)". Liminar deferida "para que seja observado o quantum de 50% do cumprimento de pena para a progressão de regime". (STJ, *Habeas Corpus* nº 588.535-PR, rel. Min. Sebastião Reis Júnior, Decisão Monocrática, j. 18/06/2020).

  O inciso VII do artigo 112 da LEP, com redação dada pela Lei 13.964/2019, não utiliza o termo "reincidente específico", mas, ao exigir que o condenado seja reincidente na prática de crime hediondo ou equiparado, cria como requisito uma nova espécie de reincidência, nem a específica, nem a genérica, mas sim a genérica limitada à categoria ou qualificada. Ou seja, não será preciso que o condenado tenha cometido crimes da mesma espécie em ambas oportunidades, bastando que tenha cometido crimes que se enquadrem na categoria dos hediondos e equiparados. E à falta de norma específica para o reincidente simplesmente genérico, como é o caso, aplica-se a mais favorável do inciso V (40 por cento), destinada aos primários. Recurso provido. (TJSP, Agravo em Execução Penal nº 0001551-45.2020.8.26.0509, rel. Des. Xisto Rangel, 13ª Câm. Criminal, j. 12/08/2020).

- **Unificação de penas** e alteração de data-base

A unificação de penas decorrente de condenação transitada em julgado, durante o cumprimento de reprimenda atinente a outro crime, altera a data-base para a obtenção de benefícios executórios e progressão de regime, a qual passa a ser contada a partir da soma da nova condenação e tem por parâmetro o restante de pena a ser cumprido. De acordo com esse entendimento, a 1ª Turma indeferiu "habeas corpus" em que a defesa pretendia fosse estabelecido como marco inicial para essa finalidade a data da última infração disciplinar de natureza grave praticada pelo apenado, que havia empreendido fuga, ou a data de sua recaptura. Reputou-se que a execução da pena subsequente, considerado o número de anos e as circunstâncias judiciais, poderia provocar a observância de regime mais gravoso do que o relativo à anterior, motivo pelo qual, inalterada a data-base, impossibilitar-se-ia eventualmente o cumprimento da nova reprimenda. Aduziu-se, também, que o somatório de penas decorrente da unificação teria por consequências lógicas tanto a limitação do tempo total que o sujeito deverá permanecer preso (CP, art. 75) quanto a implementação de regime próprio relativo à totalidade de anos em que deva o condenado ficar recluso (STF – HC n° 100499, Rel. Min. Marco Aurélio, 26.10.2010).

- **Bom comportamento.**

"Ocorre que 'comportamento carcerário' deve ser avaliado de forma 'lato senso', ou seja, não somente o desempenho disciplinar individual, principalmente diante da nova redação do artigo 83, do Código Penal trazida pela Lei nº 13.964/19, a exigir não mais comportamento satisfatório, mas sim bom comportamento carcerário além do não cometimento de falta grave nos últimos 12 (doze) meses." (TJSP, Agravo em Execução Penal nº 0003861-82.2020.8.26.0037; rel. Des. Ivana David, Acórdão, 4ª Câm. Criminal; 28/08/2020).

- **Retroatividade benéfica ao réu. Art. 112, V. Nova redação**

É reconhecida a retroatividade do patamar estabelecido no art. 112, V, da LEP, incluído pela Lei nº 13.964/2019, àqueles apenados que, embora tenham cometido crime hediondo ou equiparado sem resultado morte, não sejam reincidentes em delito de natureza semelhante. (STJ. 3ª Seção. REsp 1910240-MG, Rel. Min. Rogerio Schietti Cruz, julgado em 26/05/2021).

Art. 113. O ingresso do condenado em regime aberto supõe a aceitação de seu programa e das condições impostas pelo Juiz.

Progressão para o regime aberto – Para que o condenado ingresse no regime menos severo deverá não apenas cumprir os requisitos (objetivos e subjetivos) comuns a qualquer transferência, previstos no art. 112, mas também aceitar o programa e as condições impostas pelo juiz (art. 113), as condições obrigatórias previstas em lei (art. 115), demonstrar capacidade para o trabalho e aptidão para viver em semiliberdade (art. 114).

ATENÇÃO: Na transferência do semiaberto para o aberto, o requisito temporal deve observar o restante da pena.

1. INFORMATIVOS DE JURISPRUDÊNCIA

▸ **STJ – 405 – Tráfico. Progressão. Regime. Estrangeiro irregular.**

É cediço que este Superior Tribunal tem admitido ao estrangeiro condenado em situação irregular a progressão ao regime semiaberto. Justificam-se tais decisões porque o art. 114 da Lei de Execução Penal somente exige que o condenado esteja trabalhando ou possa trabalhar para a inserção no regime aberto, além de que o princípio constitucional da igualdade estabelece que os estrangeiros gozam dos mesmos direitos individuais que os brasileiros, entre os quais, do direito de individualização da pena. Sucede que, nesse caso, a Turma concedeu a ordem de habeas corpus, mas, devido à condição de estrangeiro irregular, comunicou o Ministério da Justiça para que seja promovida a sua expulsão. Vencido em parte o min. Napoleão nº Maia Fº., que concedia a ordem de habeas corpus, mas votava pela comunicação antes da progressão de regime. HC 122.662, Rel. Min. Arnaldo Esteves, 3.9.09. 5ª T.

Art. 114. Somente poderá ingressar no regime aberto o condenado que:

I – estiver trabalhando ou comprovar a possibilidade de fazê-lo imediatamente;

II – apresentar, pelos seus antecedentes ou pelo resultado dos exames a que foi submetido, fundados indícios de que irá ajustar-se, com autodisciplina e senso de responsabilidade, ao novo regime.

Parágrafo único. Poderão ser dispensadas do trabalho as pessoas referidas no artigo 117 desta Lei.

Regime aberto e seus requisitos específicos – Além dos requisitos gerais, a transferência do reeducando para o regime menos severo tem como requisitos:

I – que o condenado esteja trabalhando ou comprovar a possiblidade de fazê-lo.

Como bem alerta Mirabete:

> "Não basta, para a satisfação do primeiro requisito, que o condenado tenha aptidão física para o trabalho, mas exige a comprovação de que tem oferta idônea de emprego" (ob. cit. p. 461).

O STJ tem decisões admitindo a progressão de regime sem a comprovação prévia de trabalho lícito, sob o argumento de que essa regra deve ser interpretada conforme a realidade social, para que não torne inviável o objetivo de ressocialização desejado na execução penal.

ATENÇÃO – As pessoas referidas no art. 117 LEP (o condenado maior de 70 anos, acometido de doença grave, condenada com filho menor ou deficiente físico ou mental ou gestante) podem ser dispensadas do trabalho (art. 114, parágrafo único).

A doutrina é copiosa ao ensinar que o regime aberto não pode servir ao estrangeiro em situação irregular ou ilegal no país (em especial quando já existe decreto de expulsão), pois não pode exercer atividade laboral remunerada fora do estabelecimento carcerário.

II – que apresente, pelos seus antecedentes ou pelo resultado dos exames a que foi submetido, fundados indícios de que irá ajustar-se, com autodisciplina e senso de responsabilidade, ao novo regime.

Esse requisito normalmente é extraído dos exames de personalidade realizados durante a execução da pena.

1. INFORMATIVOS DE JURISPRUDÊNCIA

- **STJ – 504 – Quinta Turma – Progressão. Regime aberto. Comprovação de trabalho. Razoabilidade**

  A Turma concedeu a ordem por entender que deve ser interpretada com temperamento a regra descrita no art. 114, I, da LEP, que exige do condenado, para a progressão ao regime aberto, a comprovação de trabalho ou a possibilidade imediata de fazê-lo. Isso porque a realidade mostra que, estando a pessoa presa, raramente tem condições de, desde logo, comprovar a existência de proposta efetiva de emprego ou de demonstrar estar trabalhando por meio de apresentação de carteira assinada. No caso, o paciente cumpriu os requisitos exigidos pelo art. 112 da LEP, deixando, apenas, de obter a pretendida progressão prisional ante a ausência de apresentação de carta de proposta de emprego, o que configura o alegado constrangimento ilegal. Ademais, somente a superveniente inércia do apenado em demonstrar o exercício de atividade laboral lícita poderá autorizar a cassação do benefício. (STJ – HC nº 229.494-RJ, Rel. Marco Aurélio Bellizze, j. 11.9.2012).

2. QUESTÃO DE CONCURSO

01. (Defensoria Pública de SP 2013 – FCC) Analise as assertivas abaixo.

I. Por tratar-se de direito subjetivo do acusado, o juízo competente deverá, no âmbito de ação penal de iniciativa pública, oferecer o benefício da suspensão condicional do processo ao acusado caso constate, me – diante provocação da parte interessada, a insubsistência dos fundamentos utilizados pelo Ministério Público para negar o benefício, bem como o preenchimento dos requisitos previstos na Lei Federal nº 9.099/95.

II. Em sede de execução penal é inadmissível a fixação de pena substitutiva como condição especial para a concessão do regime aberto.

III. Nos termos da jurisprudência do Supremo Tribunal Federal, não constitui nulidade processual a não intimação da Defensoria Pública do local de cumprimento de carta precatória quando, na origem, o acusado fora assistido por defensor público e existir, no juízo deprecado, Defensoria Pública estruturada.

IV. Caso o Tribunal de Justiça, em sede de apelação, determine a realização de novo júri em razão do reconhecimento de que a decisão dos jurados fora manifestamente contrária à prova dos autos, não é possível que se conceda às partes o direito de inovar no conjunto probatório mediante a apresentação de novo rol de testemunhas a serem ouvidas em plenário.

Está correto APENAS o que se afirma em

a) I, III e IV.

b) I e II.

c) III e IV.

d) II e III.

e) I, II e IV.

GAB	01	E

Art. 115. O Juiz poderá estabelecer condições especiais para a concessão de regime aberto, sem prejuízo das seguintes condições gerais e obrigatórias:

I – permanecer no local que for designado, durante o repouso e nos dias de folga;

II – sair para o trabalho e retornar, nos horários fixados;

III – não se ausentar da cidade onde reside, sem autorização judicial;

IV – comparecer a Juízo, para informar e justificar as suas atividades, quando for determinado.

Art. 116. O Juiz poderá modificar as condições estabelecidas, de ofício, a requerimento do Ministério Público, da autoridade administrativa ou do condenado, desde que as circunstâncias assim o recomendem.

Regime aberto condicionado – São condições gerais para a transferência do reeducando para o regime menos rigoroso:

a) permanecer no local que for designado, durante o repouso e nos dias de folga;
b) sair para o trabalho e retornar, nos horários fixados;
c) não se ausentar da cidade onde reside, sem autorização judicial;
d) comparecer a Juízo, para informar e justificar as suas atividades, quando for determinado.

O juiz poderá estabelecer condições outras, chamadas de especiais, o que não significa impor ao condenado pena que a lei não comina ao delito praticado, respeitando o princípio da legalidade.

ATENÇÃO: É inadmissível a fixação de pena substitutiva (art. 44 do CP) como condição especial ao regime aberto (STJ – Súmula 493).

O art. 116 autoriza ao juiz modificar as condições anteriormente estabelecidas a fim de que possa adaptá-las à nova realidade do condenado. Imaginemos que o reeducando mude o horário ou local de trabalho, ou qualquer outra situação que dificulte a sua reinserção social, ele deverá comunicar ao juiz para que sejam realizadas as modificações necessárias.

ATENÇÃO – O período em que o sentenciado deixou de cumprir as condições impostas no regime aberto não pode ser computado para fins de extinção da pena.

1. ENUNCIADOS DE SÚMULAS DE JURISPRUDÊNCIA

- **Súmula 493 STJ.** É inadmissível a fixação de pena substitutiva (art. 44 do CP) como condição especial ao regime aberto.

2. INFORMATIVOS DE JURISPRUDÊNCIA

- **STJ – 694 – Pandemia. Suspensão do comparecimento mensal**

  Diante da situação de pandemia decorrente da Covid-19, o CNJ recomendou a suspensão temporária do dever de apresentação regular em juízo das pessoas em cumprimento de pena no regime aberto (art. 5º, inciso V, da Recomendação nº 62/2020 do CNJ). O TJ acolheu a recomendação, assim como o juiz das execuções penais. O período de suspensão do dever de apresentação mensal em juízo, em razão da pandemia de Covid-19, pode ser reconhecido como pena efetivamente cumprida (STJ. 6ª Turma. HC 657382/SC, Rel. Min. Laurita Vaz, julgado em 27/04/2021).

- **STJ – 460 – Repetitivo. Serviço. Comunidade. Regime aberto.**

  Não se admite impor a prestação de serviços à comunidade (pena substitutiva) como condição especial à concessão do regime prisional aberto. É certo que o juízo pode estabelecer condições além das gerais previstas na lei (art. 115 da LEP), mas não pode submeter o condenado a outra sanção penal ("bis in idem") tal como no caso, mesmo que esteja lastreado em normas da corregedoria de Justiça estadual. Ressalte-se ser possível, como é consabido, não impor o regime aberto em razão da substituição da pena. Esse entendimento foi acolhido pela maioria dos Ministros integrantes da Seção em julgamento de recurso repetitivo (art. 543-C do CPC) (STJ – REsp nº 1.107.314, Rel. p/ ac. Napoleão Maia Filho, j. 13.12.2010).

3. QUESTÕES DE CONCURSOS

01. (Juiz Substituto – TJ/AL – 2015 – FCC) Segundo entendimento sumulado dos Tribunais Superiores acerca das penas privativas de liberdade,

a) é admissível a chamada progressão *per saltum* de regime prisional.

b) a falta grave interrompe o prazo para a obtenção de livramento condicional.

c) é admissível a adoção do regime prisional semiaberto aos reincidentes condenados a pena igual ou inferior a quatro anos, ainda que desfavoráveis as circunstâncias judiciais.

d) é inadmissível a fixação de pena substitutiva como condição especial ao regime aberto.

e) é admissível o exame criminológico pelas peculiaridades do caso, independentemente de motivação da determinação.

02. (MPE/PR – Promotor de Justiça – 2008 – Adaptada) Julgue o item a seguir.

O Juiz não poderá estabelecer condições especiais para a concessão de regime aberto, sem prejuízo das seguintes condições gerais e obrigatórias.

03. (MPE/PR – Promotor de Justiça – PR – 2009 – Adaptada) Julgue o item a seguir.

O juiz não poderá estabelecer ao sentenciado, como condição de cumprimento de pena no regime aberto, a obrigação de permanecer no local que for designado, durante o repouso e nos dias de folga.

GAB	01	D	02	ERRADO	03	ERRADO

Art. 117. Somente se admitirá o recolhimento do beneficiário de regime aberto em residência particular quando se tratar de:

I – condenado maior de 70 (setenta) anos;

II – condenado acometido de doença grave;

III – condenada com filho menor ou deficiente físico ou mental;

IV – condenada gestante.

Prisão domiciliar – Prevista na Lei de Execução Penal diferencia-se da prevista no Código de Processo Penal. Para explicar os institutos e as suas diferenças, vejamos o quadro a seguir:

	Prisão domiciliar	
	Art. 117 LEP	**Art. 318 CPP**
Natureza jurídica	Substitui casa do albergado (regime aberto), não substituindo penitenciária (regime fechado) ou colônia agrícola, industrial ou similar (regime semiaberto).	Substitui prisão preventiva.
	Prisão-penal.	Medida cautelar.

	Prisão domiciliar	
	Art. 117 LEP	**Art. 318 CPP**
Hipóteses de Cabimento	1) Condenado maior de 70 anos (não foi alterado pelo Estatuto do Idoso).	1) Agente maior de 80 anos.
	2) Condenado acometido de doença grave (doença cujo tratamento fica difícil ou impossível no sistema penitenciário). O STF entendeu que o HIV por si só não é doença grave.	2) Agente extremamente debilitado por doença grave.
Hipóteses de Cabimento	3) Condenada com filho menor ou deficiente. Obs. 1: em face do art. 5º, inciso I, da CF (isonomia do homem com a mulher), o art. 117, inciso III da LEP também será aplicado ao sentenciado do sexo masculino, desde que comprove a dependência do filho. Obs. 2: nos termos do art. 2º da Lei 13.146/15 (Estatuto da Pessoa com Deficiência), considera-se pessoa com deficiência aquela que tem impedimento de longo prazo de natureza física, mental, intelectual ou sensorial, o qual, em interação com uma ou mais barreiras, pode obstruir sua participação plena e efetiva na sociedade em igualdade de condições com as demais pessoas.	3) Agente com filho menor de 6 anos ou deficiente.
Hipóteses de Cabimento	4) Condenada gestante.	4) Gestante; (Redação dada pela Lei nº 13.257, de 2016)
Hipóteses de Cabimento		5) Mulher com filho de até 12 (doze) anos de idade incompletos; (Incluído pela Lei nº 13.257, de 2016) 6) Homem, caso seja o único responsável pelos cuidados do filho de até 12 (doze) anos de idade incompletos. (Incluído pela Lei nº 13.257, de 2016)
Atenção	De acordo com o STJ, admite-se a concessão da prisão domiciliar quando o sentenciado se encontra cumprindo pena em estabelecimento destinado ao regime mais rigoroso, por inexistência de vaga, situações que poderiam resultar em desvio de execução.	O preso provisório em regime domiciliar também pode ser obrigado a usar aparelho de monitoração eletrônica (art. 319, inciso IX do CPP).
	O condenado beneficiado pelo art. 117 da LEP pode ser obrigado ao uso de aparelho que permita sua monitoração eletrônica (art. 146-B, inciso IV da LEP).	

ATENÇÃO – a Lei 13.769/18 altera a legislação processual penal determinando que a prisão preventiva será substituída por domiciliar para presa gestante ou que for mãe ou responsável por crianças ou pessoas com deficiência, desde: I – não tenha cometido crime com violência ou grave ameaça a pessoa; II – não tenha cometido o crime contra seu filho ou dependente (ver comentários ao art. 318-A CPP).

Lembra Renato Marcão existir jurisprudência detectando "algumas situações excepcionais em que se tem concedido a modalidade domiciliar mesmo quando o sentenciado não está no regime aberto e dentre elas sobressaem aquelas em que o preso se encontra em estado grave de saúde" (ob. cit. p. 186).

Além disso, o STF tem admitido a prisão domiciliar em caso de ausência de casa de albergado, sob o argumento de que não é admissível o recolhimento do paciente em regime mais severo do que o fixado na sentença condenatória e, portanto, diante da ausência de vagas o condenado deve permanecer em prisão domiciliar até que surja vaga no regime adequado (ver comentários ao art. 112).

ATENÇÃO – O STJ entendeu que se o preso estiver cumprindo a reprimenda em local compatível com as regras do regime aberto (infraestrutura etc.), a inexistência de casa de albergado na localidade da execução da pena não gera o reconhecimento do direito a prisão domiciliar.

Prisão provisória do advogado – O inciso V do art. 7º da Lei 8.906/1941, que teve sua constitucionalidade confirmada em julgamento realizado pelo Pretório Excelso (ADI 1.127-8), assegura aos advogados presos provisoriamente o recolhimento em sala de Estado Maior ou, na sua falta, em prisão domiciliar. Sua violação pode caracterizar crime (art. 7º.-B).

Por Estado Maior se entende o grupo de oficiais que assessoram o Comandante de uma organização militar (Exército, Marinha, Aeronáutica, Corpo de Bombeiros e Polícia Militar). "Assim sendo, sala de Estado Maior é o compartimento de qualquer unidade militar que, ainda que potencialmente, possa por eles ser utilizado para exercer suas funções. A distinção que se deve fazer é que, enquanto uma cela tem por finalidade típica o aprisionamento de alguém – e, por isso, de regra contém grades –, uma sala apenas ocasionalmente é destinada para esse fim (STJ – HC 45393-SP, Rel. Paulo Gallotti, j. em 28.08.2007, DJe 17.09.2007, p. 358)".

Na falta de sala, reza o Estatuto que o advogado deve ser colocado em prisão domiciliar. Contudo, a jurisprudência é copiosa no sentido de que ausência, por si só, não autoriza seja deferida prisão domiciliar ao advogado preso provisoriamente. Estando recolhido em cela especial, sem registro de eventual inobservância das condições mínimas de salubridade e dignidade humana, separado dos outros presos e sem o rigor e a insalubridade do cárcere comum, não há falar em ilegalidade. Nesse sentido: STJ – RE 1.648.174 –MT – Rel. Sebastião Reis Júnior, j. em 28.03.2017.

É importante esclarecer, ainda, que não fará jus ao recolhimento provisório em sala de Estado Maior advogado suspenso dos quadros da OAB. Nesse sentido:

> "Segundo previsão do art. 7º, V, da Lei 8.906/1994 (EOAB), o advogado tem direito de ser recolhido provisoriamente em sala de Estado Maior, o que, por certo,

não se conserva diante da suspensão do exercício profissional, *ex vi* da dicção do art. 37, § 1º, do EOAB, a qual pressupõe a interdição dos direitos decorrentes da atuação profissional" (STJ – HC n. 368.393-MG, Rel. Maria Thereza de Assis Moura, j. em 20.09.2016, DJe 30.09.2016).

1. INFORMATIVOS DE JURISPRUDÊNCIA

▸ **STF – 756 – Prisão domiciliar e doença grave**

O Plenário, por maioria, negou provimento a agravo regimental, interposto de decisão proferida em sede de execução penal, que indeferira pedido de conversão de regime semiaberto em prisão domiciliar humanitária. No caso, o agravante fora condenado à pena de 7 anos e 11 dias de reclusão em regime semiaberto pela prática dos crimes de corrupção passiva e lavagem de dinheiro. A defesa requerera a autorização para cumprimento da pena em regime domiciliar, tendo em conta o fato de o agravante sofrer de diabetes tipo II, hipertensão arterial sistêmica e histórico de obesidade mórbida, além de ter sido submetido à cirurgia oncológica para a remoção de parte do pâncreas. O Ministro Joaquim Barbosa (então Presidente e relator) indeferira o pedido pelos seguintes fundamentos: a) ausência de doença grave, atestada por junta médica oficial; e b) possibilidade de o sistema penitenciário oferecer a dieta e o acompanhamento médico e nutricional prescritos para o tratamento do sentenciado. O Tribunal afirmou que o laudo médico oficial, elaborado por médicos do Instituto Nacional do Câncer – INCA, ressaltara que o agravante não apresentaria qualquer evidência de doença neoplásica em atividade. Frisou que se teria constatado que, embora o estado clínico do agravante exigisse o uso continuado de medicamentos, sua situação não demandaria permanência em prisão domiciliar fixa. Recordou que o juízo da vara de execuções penais teria informado ao STF não haver impedimentos para o fornecimento da dieta e medicação necessárias. Salientou que, assim como referido no parecer ministerial, não haveria vedação que a família encaminhasse à unidade prisional eventuais medicamentos ou gêneros alimentícios que integrassem a prescrição médica e que não estivessem disponíveis no sistema. Vencidos os Ministros Luiz Fux, Marco Aurélio e Ricardo Lewandowski, que davam provimento ao agravo regimental por considerarem a situação do agravante notória (STF – EP nº 23 AgR-DF, Rel. Roberto Barroso, j. 27.8.2014).

▸ **STF – 736 – Ausência de casa de albergado e prisão domiciliar**

Constatada pelo juízo da execução competente a inexistência, no Estado-membro, de estabelecimento prisional para cumprimento de pena em regime aberto, nos termos da sentença, permite-se o início do cumprimento em prisão domiciliar, até ser disponibilizada vaga no regime adequado. Com base nesse entendimento, em conclusão, a 1ª Turma, por maioria, concedeu em parte a ordem de habeas corpus, para assegurar ao paciente o direito de iniciar o cumprimento da pena em prisão domiciliar. Na espécie, ele fora condenado à pena de reclusão, em regime aberto e, à falta de estabelecimento carcerário que atendesse à Lei de Execução Penal, fora colocado em prisão domiciliar. Ao fundamento de que o tribunal a quo teria subtraído a competência do juízo das execuções penais, o STJ cassara aquela determinação, objeto do presente writ. A Turma asseverou que, com ressalva das hipóteses legais de regressão, não seria admissível o recolhimento do paciente em regime mais severo do que o fixado na sentença condenatória. Aduziu que a prisão domiciliar deveria ser estabelecida pelo magistrado responsável pela execução apenas se inexistentes casas prisionais que atendessem a todos os requisitos da Lei de Execução Penal. Vencida a Ministra Rosa Weber, relatora, que denegava a ordem. O Ministro Roberto Barroso reajustou seu voto para conceder a ordem. (STF – HC nº 113334-RS, Rel. Rosa Weber, j. 18.2.2014).

▸ **STF – 537 – Cumprimento de pena e prisão domiciliar**

Ante o empate na votação, a Turma deferiu habeas corpus para conceder ao paciente prisão domiciliar. Na espécie, a impetração insurgia-se contra as precárias condições de higiene, bem como a superlotação na casa de albergado em que o paciente – condenado a cumprimento de pena em regime aberto – se encontrava, aduzindo que, no ponto, inexistiria separação entre condenados que cumprem pena em regime semi-aberto e aberto. O pleito da defesa fora indeferido nas demais instâncias ao argumento de que não se enquadraria no rol do art. 117 da Lei de Execução Penal – LEP Enfatizou-se o fato de o paciente estar em estabelecimento cuja população superaria o viável, além de haver a junção de presos que cumprem a pena em regime aberto e aqueles que a cumprem no semi-aberto. Ademais, asseverou-se que o STF tem afastado o caráter taxativo da LEP relativamente ao direito, em si, da custódia domiciliar e que o faz quando não se tem casa do albergado. Nesse sentido, afirmou-se que a situação concreta seria em tudo semelhante à inexistência da casa do albergado. Vencidos os Ministros Ricardo Lewandowski, relator, e Menezes Direito que, assentando que o writ não se presta a revolver matéria fático-probatória, denegavam a ordem ao fundamento de que o paciente não se enquadraria em nenhuma das taxativas hipóteses de prisão domiciliar previstas pelo art. 117 da LEP (STF – HC nº 95334-RS, Rel. p/ ac. Marco Aurélio, j. 3.3.2009).

- **STJ – 463 – Apenado. Pena. Local. Trabalho.**

O apenado cumpre pena em regime semiaberto pela prática de roubo e conseguiu um emprego em cidade distante da comarca do juízo da execução. Logo, a Turma negou provimento ao recurso do MP e manteve o réu em prisão domiciliar, não se aplicando o art. 117 da LEP. Assim, em razão da peculiaridade do caso, visando à ressocialização do condenado e levando em consideração suas condições pessoais, entendeu ser possível enquadrá-lo como exceção às hipóteses discriminadas no referido artigo. O condenado tem direito garantido de trabalho, além de possuir obrigação de fazê-lo como meio de promover a cidadania e a sua ressocialização, objetivo principal da pena na moderna concepção de Estado democrático de direito (STJ – REsp nº 962.078, Rel. Adilson Macabu, j. 17.2.2011).

- **Prisão domiciliar. Mulheres.**

A Segunda Turma do Supremo Tribunal Federal (STF) decidiu conceder Habeas Corpus coletivo para determinar a substituição da prisão preventiva por domiciliar de mulheres presas, em todo o território nacional, que sejam gestantes ou mães de crianças de até 12 anos ou de pessoas com deficiência, sem prejuízo da aplicação das medidas alternativas previstas no artigo 319 do Código de Processo Penal (CPP). (STF, HC 143641, Rel. Ricardo Lewandowski, j. 20/02/18)

2. QUESTÕES DE CONCURSOS

01. **(Titular de Serviços de Notas e de Registros – TJ/MG – 2016)** De acordo com a Lei de Execução Penal, Lei nº 7.210/1984, somente se admitirá o recolhimento do beneficiário de regime aberto em residência particular quando se tratar de

a) condenado acometido de doença suave.
b) condenada com filho deficiente físico.
c) condenada com filho maior.
d) condenado maior de 60 anos.

02. **(Juiz Substituto – TJSC – 2015 – FCC)** De acordo com previsão na Lei de Execução Penal, somente se admitirá o recolhimento do beneficiário de regime aberto em residência particular quando se tratar de condenado(a):

a) maior de 70 (setenta) anos; não reincidente em crime doloso; que tenha reparado o dano.
b) maior de 70 (setenta) anos; acometido de doença grave; com filho menor ou deficiente físico ou mental; gestante.
c) maior de 60 (sessenta) anos; acometido de doença grave; não reincidente em crime doloso.
d) acometido de doença grave; com filho menor ou deficiente físico ou mental; gestante; não reincidente em crime doloso.
e) maior de 70 (setenta) anos; mulher acometida de doença grave; gestante; que tenha reparado o dano.

03. (Defensor Público Substituto – PA – 2015 – FMP) Assinale a alternativa **CORRETA.**

a) De acordo com a Lei nº 7.210/84, a prisão domiciliar será admitida ao preso em regime aberto quando se tratar de condenado maior de oitenta anos, extremamente debilitado por motivo de doença grave, imprescindível aos cuidados especiais de pessoa com menos de seis anos de idade ou com deficiência, e gestante a partir do 7º mês gravidez ou sendo esta de alto risco.

b) De acordo com a Lei nº 7.210/84, a execução da pena privativa de liberdade, não superior a dois anos, poderá ser suspensa, por dois a quatro anos, desde que o condenado seja maior de setenta anos de idade.

c) De acordo com a Lei nº 7.210/84, a condenação anterior à pena de multa não impede a concessão da suspensão condicional da execução da pena.

d) De acordo com o Código Penal, a execução da pena privativa de liberdade, não superior a dois anos, poderá ser suspensa, por dois a quatro anos, desde que, entre outros fatores, o condenado não seja reincidente.

e) De acordo com o Código Penal, a suspensão condicional da pena deverá ser revogada se o beneficiário, entre outros fatores, é irrecorrivelmente condenado, por crime culposo ou por contravenção, a pena privativa de liberdade ou restritiva de direitos.

04. (Defensor Público – MS – 2014) Reformando decisão anterior, o STF, em recurso regimental, recentemente decidiu, nos autos da ação penal 470 ("mensalão"), que

a) os condenados com mais de 70 (setenta) anos não têm, como regra, direito a prisão domiciliar.

b) os condenados com doenças graves não têm direito a prisão domiciliar.

c) o trabalho externo é direito dos condenados, sem necessidade de cumprimento de 1/6 da pena, seja qual for o regime de cumprimento.

d) os condenados em regime inicial semiaberto não precisam cumprir 1/6 da pena para ter direito ao trabalho externo.

05. (Defensor Público – Estado de Goiás – 2014) A prisão domiciliar consiste no recolhimento do indiciado ou acusado em sua residência, só podendo dela ausentar-se com autorização judicial. Segundo o Código de Processo Penal, poderá o juiz substituir a prisão preventiva pela domiciliar quando o agente for

a) necessário aos cuidados de pessoa menor de sete anos de idade.

b) imprescindível aos cuidados especiais de pessoa com deficiência.

c) maior de setenta anos de idade.

d) enfraquecido por motivo de qualquer doença.

e) gestante a partir do sexto mês de gravidez.

06. (Juiz – EJEF – 2007 – TJ-MG) Segundo as disposições da Lei de Execução Penal (LEP, artigo 117), o recolhimento em residência particular será admitido, quando se tratar de:

a) condenada gestante, independentemente do regime prisional.

b) condenado acometido de doença grave, ainda que em regime fechado.

c) condenada com filho menor ou deficiente físico ou mental, desde que em regime semiaberto.

d) condenado maior de 70 (setenta) anos, desde que em regime aberto.

07. (Promotor de Justiça – RO/2008) Julgue o item a seguir.

De acordo com o entendimento mais recente do STJ, se o sistema prisional mantido pelo Estado não possui meios para manter, em estabelecimento apropriado, o condenado a pena de detenção em regime aberto, deve-se autorizar, excepcionalmente, que a pena seja cumprida em prisão domiciliar.

GAB	01	B	02	B	03	C	04	D	05	B	06	D	07	CERTO

Art. 118. A execução da pena privativa de liberdade ficará sujeita à forma regressiva, com a transferência para qualquer dos regimes mais rigorosos, quando o condenado:

I – praticar fato definido como crime doloso ou falta grave;

II – sofrer condenação, por crime anterior, cuja pena, somada ao restante da pena em execução, torne incabível o regime (artigo 111).

§ 1º O condenado será transferido do regime aberto se, além das hipóteses referidas nos incisos anteriores, frustrar os fins da execução ou não pagar, podendo, a multa cumulativamente imposta.

§ 2º Nas hipóteses do inciso I e do parágrafo anterior, deverá ser ouvido previamente o condenado.

Regressão de regime – Existem situações em que a pena privativa de liberdade ficará sujeita à regressão, isto é, transferência do preso para regime mais gravoso.

ATENÇÃO – Da simples leitura do artigo, percebe-se que a regressão pode gerar a transferência do reeducando para qualquer dos regimes mais rigorosos (em salto). Logo, o sentenciado, dando causa à regressão, pode saltar do aberto direto para o fechado, não havendo necessidade de passar antes pelo semiaberto.

As causas de regressão estão elencadas no artigo 118, vejamos:

a) **praticar fato definido como crime doloso ou falta grave:**

A prática de fato definido como crime doloso gera a regressão, pouco importando a sua natureza ou espécie. Apesar de a doutrina silenciar sobre o tema, entendemos que o delito preterdoloso também causa a mesma sanção, pois nada mais é do que um crime doloso qualificado pelo resultado (culposo).

ATENÇÃO – Crime culposo e contravenção penal não geram, por si só, a regressão, mas podem indicar que o reeducando frustra os fins da execução, possibilitando a sua transferência do regime aberto para qualquer outro mais rigoroso (art. 118, § 1º).

No caso do inciso I do art. 118, sem implicar na violação do princípio da presunção de inocência, a regressão não pressupõe sentença condenatória transitada em julgado, bastando a prova de que o preso praticou crime ou fato definido como falta grave. Isto porque a regressão deve ser baseada em procedimento administrativo que garanta ao condenado o exercício do contraditório e da ampla defesa, ocasião em que lhe será possível alegar o que considerar conveniente para evitar a regressão. Além disso, considerando a importância de respostas rápidas a más condutas ocorridas durante o cumprimento da pena, seria inviável, na prática, aguardar o trânsito em julgado de uma sentença condenatória para aplicar sanções disciplinares.

ATENÇÃO – Foi essa a tese de repercussão geral fixada no julgamento pelo STF (Tema 758): "O reconhecimento de falta grave consistente na prática de fato definido como crime doloso no curso da execução penal dispensa o trânsito em julgado da condenação criminal no juízo do conhecimento, desde que a apuração do ilícito disciplinar ocorra com observância do devido processo legal, do contraditório e da ampla defesa, podendo a instrução em sede executiva ser suprida por sentença criminal condenatória que verse sobre a materialidade, a autoria e as circunstâncias do crime correspondente à falta grave". É sabido, aliás, que a absolvição criminal só afasta a responsabilidade administrativa quando restar proclamada a inexistência do fato ou de autoria. Embora não se possa negar a independência entre as esferas – segundo a qual, em tese, admite-se repercussão da absolvição penal nas demais instâncias apenas nos casos de inexistência material ou de negativa de autoria –, não há como ser mantida a incoerência de se ter o mesmo fato por não provado na esfera criminal e por provado na esfera administrativa. Assim, quando o único fato que motivou a penalidade administrativa resultou em absolvição no âmbito criminal, ainda que por ausência de provas, a autonomia das esferas há que ceder espaço à coerência que deve existir entre as decisões sancionatórias. Nesse sentido se posicionou o STJ no AgRg nos EDcl no HC 601.533-SP.

A depender das circunstâncias, inclusive o aguardo do procedimento administrativo para que se determine a regressão pode contrariar a ordem pública, razão pela qual se admite a regressão cautelar sem que o condenado seja previamente ouvido. É o que se dá, por exemplo, no caso de prisão em flagrante por crimes graves como tráfico de drogas e roubo:

> "1. Em se tratando de regressão cautelar, não é necessária a prévia instauração ou conclusão do procedimento administrativo – PAD e a oitiva do sentenciado em juízo, exigíveis apenas no caso de regressão definitiva. Inaplicabilidade do enunciado sumular 533 desta Corte. 2. Nos termos do art. 118 da Lei de Execução Penal, a execução da pena privativa de liberdade está sujeita à forma regressiva, com a transferência para um regime mais rigoroso do que o estabelecido no édito condenatório, o que não configura constrangimento ilegal." (RHC 92.446/BA, j. 08/02/2018)

Uma vez determinada a regressão cautelar, deve-se instaurar imediatamente o procedimento para apurar a falta e, se o caso, tornar definitiva a medida imposta.

Note-se que há decisões segundo as quais o procedimento é obrigatório apenas para fatos cometidos no interior dos estabelecimentos prisionais, não para condutas criminosas cometidas enquanto o condenado se encontra fora do presídio, em razão das quais a regressão pode ser determinada diretamente. O STJ, no entanto, não aceita a tese. Para o tribunal, inclusive a regressão decorrente de crime cometido fora do estabelecimento deve ser baseada no procedimento administrativo que garanta o exercício da defesa:

> "1. A tese da imprescindibilidade da instauração de um Procedimento Administrativo Disciplinar – PAD para reconhecimento da prática de falta disciplinar amolda-se à jurisprudência desta Corte, consolidada em seu enunciado sumular n.º 533. O entendimento em testilha deve ser aplicado, inclusive, no tocante ao cometimento de falta disciplinar consistente na prática de crime doloso durante a execução da pena. 2. Para fins de regressão cautelar, no entanto, não é necessária a prévia instauração ou conclusão do procedimento administrativo – PAD e a oitiva do sentenciado em juízo, exigíveis apenas no caso de regressão definitiva. 3. In casu, o magistrado a quo determinou a dispensa de procedimento administrativo disciplinar para ambas as hipóteses (regressão cautelar e definitiva), devendo a decisão subsistir apenas no tocante ao aspecto acautelatório, mantida a anulação parcial." (AgRg no HC 423.979/RS, j. 06/03/2018)

O procedimento é dispensado se o condenado foi ouvido em audiência judicial a respeito de sua falta disciplinar (STF: RE 972.598/RS, j. 04/05/2020; STJ AgRg no HC 442.560/PR, j. 02/03/2021).

Em decorrência deste dispositivo, caso o condenado pratique falta grave enquanto no regime fechado, a jurisprudência entendia que o lapso temporal para a progressão devia ser reiniciado, sob o argumento de que "decorre de uma interpretação sistemática das regras legais existentes" (STF, HC 102.365-SP, Rel. Min. Luiz Fux, j. 14/06/2011). Havia, no entanto, quem sustentasse que tal sanção não tinha previsão legal. Assim, embora fosse possível considerar a falta grave na análise dos requisitos subjetivos para a progressão, não se justificava o reinício da contagem do prazo para a concessão do benefício. Tratava-se de posição minoritária: a possibilidade de reinício do lapso foi sedimentada na Súmula n. 534 do STJ ("A prática de falta grave interrompe a contagem do prazo para a progressão de regime de cumprimento de pena, o qual se reinicia a partir do cometimento dessa infração"). Atualmente, a discussão foi resolvida pela Lei n. 13.964/19, que passou a prever expressamente, em caso de falta grave, o reinício do lapso temporal nos termos do § 6º do art. 112.

ATENÇÃO – O art. 118, inc. I, da LEP impõe a regressão de quem pratica fato definido como crime doloso ou falta grave. É possível que o preso inicie o cumprimento da pena em regime fechado, progrida ao semiaberto, mas, cometida a falta grave, regrida novamente ao fechado. A possibilidade dessa operação não se discute. Mas e se o preso, conforme estabelece a sentença condenatória, inicia o cumprimento da pena em regime semiaberto ou em regime aberto, é possível a regressão no caso de falta grave? Há quem sustente que nessa situação a regressão ofende a coisa julgada, tendo em vista que o regime menos rigoroso foi imposto na sentença condenatória. A tese, no entanto, não se sustenta, pois a sentença estabelece apenas o regime inicial, baseado na pena aplicada, nas circunstâncias do crime e nas condições pessoais do acusado. Durante a execução da pena imposta, há regras específicas que devem ser seguidas pelo condenado, que, mostrando-se renitente, deve sofrer as consequências disciplinares. Impedir a regressão caso cometida a falta grave incentiva a indisciplina.

b) **sofrer condenação, por crime anterior, cuja pena, somada ao restante da pena em execução, torne incabível o regime:**

Durante o cumprimento da pena o condenado poderá sofrer novas condenações que, somadas, tornam incompatível o regime que ele esteja cumprindo pena. Nesse caso, o juiz poderá impor a regressão para regime mais gravoso, atendendo o que preceitua a lei (art. 33 do CP) e adequando o preso à nova condição.

Essa hipótese dispensa a prévia oitiva do condenado.

c) **frustrar os fins da execução ou, podendo, não pagar a multa imposta:**

A execução da pena tem cunho ressocializador, portanto, se o condenado frustra, injustificadamente, seus objetivos (descumprindo condições impostas pelo juiz, art. 115 desta lei), dará ensejo à regressão de regime.

ATENÇÃO – Com o advento da Lei 9.268/96, o não pagamento da multa imposta não mais acarreta a regressão de regime, devendo ser executado como dívida de valor. Essa opção legislativa foi mantida pela Lei 13.964/19, quando novamente alterou o art. 51 do CP.

Veremos, quando do estudo do art. 146-B, que a violação de deveres relacionados com o monitoramento eletrônico também é causa de regressão de regime.

1. INFORMATIVOS DE JURISPRUDÊNCIA

- **STJ – Regressão para regime mais gravoso do que o fixado na sentença.**
De acordo com o entendimento do Superior Tribunal de Justiça, o cometimento de falta grave ou de crime doloso, no curso da execução da pena, autoriza a regressão do regime de cumprimento de pena do reeducando, mesmo que seja estabelecido de forma mais gravosa do que a fixada na sentença condenatória (LEP, art. 118, I), não havendo falar em ofensa a coisa julgada. Precedentes. 2. Agravo regimental não provido" (AgRg no REsp 1.778.649/PA, j. 18/02/2020).

- **STJ – Progressão. Requisito subjetivo. Falta reabilitada.**
Tendo sido reabilitada a última falta grave do paciente em 9/12/2017, e constando registro de boa conduta carcerária e preenchimento do requisito objetivo, ilegal o indeferimento da progressão do regime prisional com base no não preenchimento do requisito subjetivo quando inexistente o apontamento de fundamento idôneo para impedir o benefício" (STJ, AgRg no HC 547.113/SP, j. 16/6/2020).

- **STF – 832 – Regressão de regime: Inadimplemento de pena de multa e cometimento de novo crime**
O Plenário, em julgamento conjunto e por maioria, negou provimento a agravos regimentais em execuções penais referentes a condenados nos autos da AP 470/MG (DJe de 22.4.2013). No primeiro caso, o agravante, durante o cumprimento da pena em regime semiaberto, fora condenado pela justiça comum em outro processo, tendo em conta crimes praticados concomitantemente ao cumprimento da reprimenda. Insurgia-se, então, contra a decisão que determinara a regressão de regime. O Colegiado aduziu que a prática de fato definido como crime doloso no curso da execução penal acarreta a regressão de regime. Vencido o Ministro Marco Aurélio, que provia o agravo. Reputava que o processo-crime ainda estaria em curso na justiça comum, sem poder repercutir, portanto, no cumprimento de pena já formalizada. No segundo caso, a progressão de regime da sentenciada fora condicionada ao adimplemento da pena de multa. Para obter esse direito, a agravante realizara acordo de parcelamento do valor, razão pela qual progredira. Posteriormente, deixara de pagar as parcelas, a implicar a regressão. O Tribunal entendeu que o inadimplemento injustificado das parcelas da pena de multa autoriza a regressão no regime prisional. Vencido o Ministro Marco Aurélio, que provia o agravo, ao fundamento de que o descumprimento de pena de multa não implicaria a sua transformação em reprimenda restritiva de liberdade (STF – EP nº 8 ProgReg-AgR/DF, Rel. Roberto Barroso, j. 1º.7.2016.

- **STF – 705 – Art. 118, I, da LEP e princípio da não culpabilidade**
Em conclusão, ante a inadequação da via processual, a 1ª Turma julgou extinta a ordem de habeas corpus em que se pleiteava o retorno do cumprimento de pena em regime semiaberto. Ademais, por maioria, denegou-se a concessão da ordem de ofício. Na espécie, após o juízo das execuções ter concedido a progressão, o paciente fora preso em flagrante pelo cometimento de outro crime, o que ensejara a regressão ao regime mais gravoso – v. Informativo 689. Asseverou-se inexistir o alegado bis in idem, porquanto o magistrado não necessitaria aguardar o trânsito em julgado do segundo crime para determinar a regressão. Aduziu-se que, diante a prática de novo fato delitivo, a transferência para regime mais rigoroso não significara condenação, apenas fora considerada a circunstância. Vencido o Min. Marco Aurélio, que concedia a ordem, de ofício. Assentava a regra da não culpabilidade, nos termos do art. 118, I, da LEP ("Art. 118. A execução da pena privativa de liberdade ficará sujeita à forma regressiva, com a transferência para qualquer dos regimes mais rigorosos, quando o condenado: I – praticar fato definido como crime doloso ou falta grave"). Pontuava que, antes de encerrado o processo no qual ele fora acusado da prática criminosa, não se poderia ter o fato como incontroverso (STF – HC nº 110881-MT, Rel. p/ o acórdão Rosa Weber, j. 7.5.2013).

- **STF – 623 – Superveniência de condenação e regressão de regime**
A superveniência de sentença condenatória no curso de execução criminal determina o reinício da contagem do prazo para concessão do benefício da progressão de regime, tendo como base a soma das penas restantes a serem cumpridas. Esse o entendimento da Turma ao indeferir "habeas corpus" em que se sustentava a ilegalidade da alteração da data-base para fins dos direitos executórios.

Entendeu-se que seriam aplicáveis, à espécie, os arts. 111, parágrafo único, e 118, II, da LEP Asseverou-se que, uma vez ocorrida a unificação da pena, pouco importaria a data da prática do delito referente à condenação subsequente, pois o somatório apurado nortearia a fixação do seu regime de cumprimento (STF – HC nº 96824, Rel. Marco Aurélio, j. 12.4.2011).

- **STJ – Audiência** de justificação

De acordo com o art. 118, § 2º, da LEP, a regressão só pode ser determinada após a oitiva do condenado, que deve ter oportunidade de ampla defesa. Se, no entanto, o preso comete o crime ou a falta já em regime fechado, não há, obviamente, regressão a outro regime, razão pela qual é dispensável a audiência de justificação. De acordo com o entendimento pacificado neste Superior Tribunal de Justiça, quando não houver regressão de regime prisional, é dispensável a realização de audiência de justificação no procedimento administrativo disciplinar para apuração de falta grave. (AgRg no REsp 1.827.686/MS, j. 17/09/2019).

- **STF – Audiência de justificação**

O Supremo Tribunal Federal tem entendido que a oitiva do condenado pelo Juízo da Execução Penal, em audiência de justificação realizada na presença do defensor e do Ministério Público, afasta a necessidade de prévio Procedimento Administrativo Disciplinar (PAD), assim como supre eventual ausência ou insuficiência de defesa técnica no PAD instaurado para apurar a prática de falta grave durante o cumprimento da pena. (STF – RE 972598, Relator: ROBERTO BARROSO, Tribunal Pleno, julgado em 04.05.20)

2. QUESTÕES DE CONCURSOS

01. (TJ-PA Prova: CESPE – 2019 – TJ-PA – Juiz de Direito Substituto) Durante revista regular no interior de um presídio, um revólver foi encontrado na posse de Antônio, que cumpria pena no regime semiaberto, o que constitui falta grave.

A partir dessa situação hipotética, assinale a opção correta.

a) Antônio estará sujeito a regressão do regime de cumprimento da pena, desde que condenado pelo juízo competente pela posse da arma.

b) Em se tratando de situação de flagrância, o diretor do presídio poderá, desde já, efetuar a inclusão do detento em regime disciplinar diferenciado.

c) O prazo para a autoridade aplicar a pena correspondente à falta grave cometida é de dois anos; findo esse prazo, estará preclusa qualquer possibilidade de regressão.

d) Caso o juízo da execução decida pela regressão do regime, em razão da conduta de Antônio, caberá recurso em sentido estrito no prazo de quinze dias.

e) O juízo de execução poderá determinar regressão do regime, baseado em procedimento instaurado pelo diretor do presídio, sendo garantidos o contraditório e a ampla defesa.

02. (Juiz Substituto – TJMG – 2014) Analise as afirmativas a seguir.

I. As medidas despenalizadoras previstas na Lei nº 9.099/95 aplicam-se aos casos de violência doméstica, se a pena cominada não exceder a dois anos.

II. Em qualquer fase da persecução criminal relativa aos crimes previstos na Lei de Drogas (Lei nº 11.343/06) são permitidos procedimentos investigatórios, além dos previstos em lei e independentemente de autorização judicial, consistente na infiltração por agentes de polícia e ação controlada.

III. Ensejam a regressão de regime prisional a prática de fato definido como crime doloso ou a condenação do sentenciado por crime anterior, cuja pena, somada ao restante da pena em execução, torne incabível o regime.

IV. Configura-se a suspeição do juiz na hipótese em que ele próprio ou seu cônjuge ou parente, consanguíneo ou afim em linha reta ou colateral até o terceiro grau, inclusive, for parte ou diretamente interessado no feito.

A partir da análise, conclui-se que está(ão) CORRETA(S) a(s) afirmativa(s)

a) I apenas.
b) II apenas.
c) III apenas.
d) I, II, III e IV

03. (Agente Penitenciário – ES – 2013 – VUNESP) A execução da pena privativa de liberdade ficará sujeita à forma regressiva, com a transferência para qualquer dos regimes mais rigorosos, quando o condenado

a) ficar impossibilitado, por acidente, de prosseguir no trabalho.
b) praticar fato definido como crime doloso ou falta grave.
c) ficar impossibilitado, por acidente, de prosseguir nos estudos.
d) for ameaçado de morte.
e) estiver acometido de doença grave.

04. (Defensor Público – TO – 2013) Com relação à regressão de regime prisional e às faltas disciplinares, assinale a opção correta com base no disposto na LEP e no entendimento dos tribunais superiores.

a) A falta disciplinar de natureza grave cometida pelo executando acarreta o reinício do cômputo do interstício necessário ao preenchimento do requisito objetivo para a concessão do benefício da progressão de regime bem como a perda total do tempo remido.
b) Segundo os princípios da estrita legalidade e da anterioridade, consideram-se faltas disciplinares, classificadas em leves, médias, graves e gravíssimas, apenas as que sejam previstas expressamente na LEP e que sejam anteriores à prática do fato.
c) Admite-se a regressão de regime prisional, com a transferência para qualquer dos regimes mais rigorosos, quando o condenado frustrar os fins da execução ou não pagar a multa cumulativamente imposta.
d) Considera-se falta média a inobservância, pelo condenado à pena privativa de liberdade, do dever de obediência ao servidor e do respeito a qualquer pessoa com quem se relacione no ambiente prisional, bem como do dever de cumprir as ordens recebidas.
e) A autoridade administrativa é detentora do poder disciplinar exercido sobre o preso na execução das penas restritivas de direitos, podendo, em caso de falta grave do sentenciado, suspender-lhe automaticamente o direito às saídas temporárias e decidir pela regressão de regime, ouvido previamente o condenado.

05. (Defensor Público – CESPE – 2013 – TO) Assinale a opção correta de acordo com interpretação dos tribunais superiores a respeito da progressão de regime prisional.

a) O tempo remido será computado como pena efetivamente cumprida, para todos os efeitos, salvo para progressão de regime e livramento condicional.
b) A tentativa da prática de crime hediondo, reconhecida na sentença penal condenatória com trânsito em julgado, afasta os rigores da norma no que tange ao lapso temporal para a progressão de regime, visto que o *iter criminis* não foi integralmente percorrido e ausente previsão legal expressa acerca da forma tentada do crime, o que afasta o caráter hediondo do delito.
c) A pena unificada, restrita ao limite de trinta anos de encarceramento, é considerada para definir a base de cálculo da progressão do regime prisional.
d) No que se refere aos crimes hediondos, a progressão de regime prisional tem a peculiaridade do lapso temporal diferenciado, sendo necessário o cumprimento de dois quintos da pena, se o sentenciado for primário, e três quintos, se reincidente, além do exame criminológico como requisito indispensável à concessão da progressão de regime.
e) A superveniência de nova condenação definitiva interrompe o lapso temporal para a concessão da progressão de regime, estabelecendo-se como data-base para o cálculo do novo benefício a data do trânsito em julgado da decisão condenatória.

06. (FCC – Promotor de Justiça – CE – 2011) A execução da pena privativa de liberdade está sujeita à forma regressiva, com a transferência para qualquer dos regimes mais rigorosos, quando o condenado

a) praticar fato definido como crime doloso ou culposo.

b) praticar falta grave especificada em lei estadual.

c) sofrer condenação, por crime anterior, mesmo que a pena, somada ao restante da pena em execução, permita a manutenção do regime.

d) praticar fato definido como crime ou falta grave, exigindo-se a sua prévia oitiva apenas na primeira hipótese.

e) descumprir, no regime aberto, condição especial estabelecida pelo juiz e não prevista em lei.

07. (MPE/BA – Promotor de Justiça – BA – 2008 – Adaptada) Julgue o item a seguir.

O sentenciado condenado a cumprimento de pena inicialmente em regime aberto pode ser submetido a uma regressão de regime de cumprimento de pena, a fim de ser colocado imediatamente no regime fechado.

GAB	01	E	02	C	03	B	04	C	05	E	06	E	07	CERTO

Art. 119. A legislação local poderá estabelecer normas complementares para o cumprimento da pena privativa de liberdade em regime aberto (artigo 36, § 1º, do Código Penal).

Legislação estadual– Norma estadual pode criar normas complementares para aprimorar o cumprimento da pena privativa de liberdade em regime aberto. Na prática, dificilmente encontramos normas complementares a esse respeito, o que denota a centralidade da pena de prisão em nosso ordenamento.

1. INFORMATIVOS DE JURISPRUDÊNCIA

- **STJ – 438 – Regime aberto. Prestação. Serviços. Comunidade.**

  Apesar de poder ser cumulada com outra pena restritiva de direitos, a pena de prestação de serviços à comunidade, de caráter substitutivo e autônomo, não pode ser fixada como condição especial (arts. 115 e 119 da LEP) para o cumprimento de pena privativa de liberdade em regime aberto. Como cediço, as penas privativas de direitos aplicam-se alternativamente às privativas de liberdade, mas não podem ser cumuladas com elas, pois sequer há previsão legal nesse sentido. A intenção do legislador ao facultar a estipulação de condições especiais para o cumprimento do regime aberto foi englobar circunstâncias inerentes ao próprio regime que não constavam das condições obrigatórias previstas no art. 115 da LEP e não fixar outra pena, o que resultaria duplo apenamento para um mesmo ilícito penal sem autorização legal ou mesmo aval da sentença condenatória ("bis in idem") (STJ – HC nº 164.056, Rel. Maria T. A. Moura, j. 10.6.2010).

SEÇÃO III – DAS AUTORIZAÇÕES DE SAÍDA

SUBSEÇÃO I – DA PERMISSÃO DE SAÍDA

Art. 120. Os condenados que cumprem pena em regime fechado ou semi-aberto e os presos provisórios poderão obter permissão para sair do estabelecimento, mediante escolta, quando ocorrer um dos seguintes fatos:

I – falecimento ou doença grave do cônjuge, companheira, ascendente, descendente ou irmão;

II – necessidade de tratamento médico (parágrafo único do artigo 14).

Parágrafo único. A permissão de saída será concedida pelo diretor do estabelecimento onde se encontra o preso.

Art. 121. A permanência do preso fora do estabelecimento terá a duração necessária à finalidade da saída.

Permissão de saída – É a primeira espécie de autorização de saída.

Tem como beneficiários os presos definitivos (em regime fechado ou semiaberto) e provisórios (temporária ou preventiva).

As hipóteses autorizadoras do benefício são:

a) falecimento ou doença grave do cônjuge, companheira, ascendente, descendente ou irmão;
b) necessidade de tratamento médico (abrangendo o odontológico de urgência).

A autoridade que concede é a administrativa (diretor do estabelecimento), podendo o juiz suprir a ordem, quando negada ilegalmente.

Tem como características:

1) existência de escolta policial;
2) inexistência de prazo predeterminado. O diretor do estabelecimento deverá avaliar o tempo estritamente necessário para o preso ficar fora do estabelecimento, com base na finalidade de sua saída.

1. QUESTÕES DE CONCURSOS

01. (Defensor Público Substituto – PA – 2015 – FMP) De acordo com a Lei nº 7.210/84, é correto afirmar que:

a) a permissão de saída mediante escolta atinge somente os condenados em regime fechado e semiaberto, e será concedida pelo médico responsável, caso o condenado necessite de tratamento médico.
b) a permissão de saída mediante escolta atinge somente os condenados em regime fechado e semiaberto, e será concedida pelo juiz competente sempre que houver a necessidade de tratamento médico por parte do condenado.
c) a permissão de saída, em caso de falecimento de cônjuge, companheira, ascendente, descendente ou irmão, será concedida pelo diretor do estabelecimento quando o requerente for condenado em regime fechado ou semiaberto, e será concedida pelo juiz quando o requerente for preso provisório.
d) em se verificando o caso de falecimento ou doença grave de cônjuge, companheira, ascendente, descendente ou irmão, os condenados em regime fechado ou semiaberto, bem como os presos provisórios, têm direito à permissão de saída, que será concedida pelo diretor do estabelecimento prisional.
e) em se verificando o caso de falecimento ou doença grave de cônjuge, companheira, ascendente, descendente ou irmão, somente os presos provisórios têm direito à permissão de saída, que será concedida pelo diretor do estabelecimento prisional.

02. (Promotor de Justiça – MG – 2014) No que tange a permissão de saída, assinale a resposta incorreta:

a) pode ser concedida em caso de falecimento da companheira
b) pode ser concedida em caso de doença grave de ascendente
c) pode ser concedida para tratamento médico
d) pode ser concedida para estudo em estabelecimento fora do presídio.

03. (Defensor Público – Estado do Paraná – 2014) A Permissão de Saída do estabelecimento penal (art. 120 da Lei de Execução Penal) é possível para:

a) a realização de tratamento médico necessário.
b) a visita à família.
c) a frequência a curso supletivo profissionalizante, bem como de instrução do 2º grau ou superior, na Comarca do Juízo da Execução.
d) a participação em atividades que concorram para o retorno ao convívio social.
e) a fruição de indulto.

04. (Agente Penitenciário – ES – 2013 – VUNESP) Os condenados que cumprem pena em regime fechado ou semiaberto e os presos provisórios poderão obter permissão para sair do estabelecimento, mediante escolta, quando ocorrer um dos seguintes fatos:

a) condenada gestante ou parturiente.
b) estiver trabalhando ou comprovar a possibilidade de fazê-lo imediatamente.
c) sair para o trabalho e retornar, nos horários fixados.
d) condenada com filho menor ou deficiente físico ou mental.
e) falecimento ou doença grave do cônjuge.

05. (FCC/2017 – DPE-SC – Defensor Público) NÃO sofrem influência da reincidência e da hediondez do crime na execução penal os seguintes direitos:

a) Comutação e saída temporária.
b) Indulto e autorização de saída.
c) Progressão de regime e saída temporária.
d) Livramento condicional e remição.
e) Remição e permissão de saída.

GAB	01	D	02	D	03	A	04	E	05	E

▸SUBSEÇÃO II – DA SAÍDA TEMPORÁRIA

Art. 122. Os condenados que cumprem pena em regime semi-aberto poderão obter autorização para saída temporária do estabelecimento, sem vigilância direta, nos seguintes casos:

I – visita à família;

II – freqüência a curso supletivo profissionalizante, bem como de instrução do 2º grau ou superior, na Comarca do Juízo da Execução;

III – participação em atividades que concorram para o retorno ao convívio social.

1º. A ausência de vigilância direta não impede a utilização de equipamento de monitoração eletrônica pelo condenado, quando assim determinar o juiz da execução.

§ 2º Não terá direito à saída temporária a que se refere o caput deste artigo o condenado que cumpre pena por praticar crime hediondo com resultado morte."

Redação antes da Lei 13.964/19	Redação depois da Lei 13.964/19
Art. 122. Os condenados que cumprem pena em regime semi-aberto poderão obter autorização para saída temporária do estabelecimento, sem vigilância direta, nos seguintes casos:	Art. 122. Os condenados que cumprem pena em regime semi-aberto poderão obter autorização para saída temporária do estabelecimento, sem vigilância direta, nos seguintes casos:

I – visita à família; II – freqüência a curso supletivo profissionalizante, bem como de instrução do 2º grau ou superior, na Comarca do Juízo da Execução; III – participação em atividades que concorram para o retorno ao convívio social. Parágrafo único. A ausência de vigilância direta não impede a utilização de equipamento de monitoração eletrônica pelo condenado, quando assim determinar o juiz da execução.	I – visita à família; II – freqüência a curso supletivo profissionalizante, bem como de instrução do 2º grau ou superior, na Comarca do Juízo da Execução; III – participação em atividades que concorram para o retorno ao convívio social. 1º. A ausência de vigilância direta não impede a utilização de equipamento de monitoração eletrônica pelo condenado, quando assim determinar o juiz da execução. § 2º Não terá direito à saída temporária a que se refere o caput deste artigo o condenado que cumpre pena por praticar crime hediondo com resultado morte."

Saída temporária – A segunda espécie de autorização de saída é a saída temporária.

Apesar de a lei destinar o benefício aos condenados que se encontram no regime semiaberto, o STF já entendeu possível sua concessão no caso de prisão albergue.

As hipóteses que autorizam o benefício são:

a) visita à família;

b) frequência a curso supletivo profissionalizante, bem como de instrução do 2º grau ou superior, na Comarca do Juízo da Execução;

c) participação em atividades que concorram para o retorno ao convívio social.

A autorização será concedida por ato motivado do Juiz da execução, ouvidos o Ministério Público e a Administração Penitenciária.

ATENÇÃO – O STF decidiu (HC-130502) ser legítima a decisão judicial que estabelece calendário anual de saídas temporárias para visita à família do preso (HC-128763). Para os ministros, não há necessidade que se ouça o Ministério Público e a Administração Penitenciária a cada saída. Basta que eles sejam ouvidos inicialmente (no momento da elaboração do calendário) e, caso ocorra alguma falta por parte do condenado, o calendário é revisto e os referidos órgãos são ouvidos novamente. Trata-se de uma medida que otimiza o trabalho das sobrecarregadas varas de execuções criminais. Em setembro de 2016, o STJ reviu a sua jurisprudência – que até então não admitia o calendário anual sem que fossem ouvidos MP e Defensoria em cada saída – e passou também a permitir a adoção do calendário anual, pois a demora excessiva do Estado em analisar cada pedido de saída não pode prejudicar o direito subjetivo do reeducando (**REsp 1.544.036-RJ**).

Características da saída temporária – A lei elenca de forma expressa as caraterísticas do benefício:

1) a autorização será concedida por prazo não superior a 7 (sete) dias, podendo ser renovada por mais 4 (quatro)vezes durante o ano. Quando se tratar de frequência a curso profissionalizante, de instrução de ensino médio ou superior, o tempo de saída será o necessário para o cumprimento das atividades discentes.

ATENÇÃO – Prevalece entendimento consagrado pela Terceira Seção do STJ nos REsps 1.166.251-RJ (DJe 4/9/2012) e 1.176.264-RJ (DJe 3/9/2012), julgados sob o rito dos recursos repetitivos, de que é possível à autoridade judicial, atenta às peculiaridades da execução penal, conceder maior número de saídas temporárias (mais de 5 vezes durante o ano), de menor duração (inferior a 7 dias), desde que respeitado o limite de 35 dias no ano, pois o fracionamento do benefício é coerente com o processo reeducativo e com a reinserção gradativa do apenado ao convívio social (REsp 1.544.036-RJ). As autorizações de saída temporária para visita à família e para participação em atividades que concorram para o retorno ao convívio social, se limitadas a cinco vezes durante o ano, deverão observar o prazo mínimo de 45 dias de intervalo entre uma e outra. Na hipótese de maior número de saídas temporárias de curta duração, já intercaladas durante os doze meses do ano e muitas vezes sem pernoite, não se exige tal intervalo.

2) não há escolta. A ausência de vigilância direta não impede a utilização de equipamento de monitoração eletrônica pelo condenado, quando assim determinar o juiz da execução (vigilância indireta).

3) pode ser revogada (art. 125).

4) não será concedida àqueles condenados por crime hediondo com resultado morte. Esta vedação foi incluída pela Lei 13.964/19. Portanto, condenados por homicídio, latrocínio, extorsão ou extorsão mediante sequestro qualificadas pela morte, estupro qualificado pela morte, epidemia com resultado morte e genocídio não serão beneficiados com a saída temporária.

ATENÇÃO – Ao proibir para crimes hediondos, o legislador esqueceu dos equiparados, que também podem ser qualificados pela morte, como a tortura. Essa omissão, voluntária ou involuntária, não pode ser corrigida pelo intérprete, sob pena de analogia *in malam partem*. Parte da doutrina, bem como o Ministério Público do Estado de São Paulo, entendem que a vedação ao direito de saída temporária, prevista no §2º do artigo 122, se aplica ao condenado que cumpre pena por crime elencado no artigo 5º, inciso XLIII da Constituição Federal, do qual tenha resultado morte.

1. ENUNCIADOS DE SÚMULAS

- **STJ – 520 – O** benefício de saída temporária no âmbito da execução penal é ato jurisdicional insuscetível de delegação à autoridade administrativa do estabelecimento prisional.

2. INFORMATIVOS DE JURISPRUDÊNCIA

- **Saída temporária. Prisão domiciliar. Ausência de vagas no semiaberto**

  Ao apenado em regime semiaberto que preencher os requisitos objetivos e subjetivos do art. 122 e seguintes da Lei de Execuções Penais, deve ser concedido o benefício das saídas temporárias. Observado que o benefício da saída temporária tem como objetivo a ressocialização do preso e é concedido ao apenado em regime mais gravoso – semiaberto –, não se justifica negar a benesse ao reeducando que se encontra em regime menos gravoso – aberto, na modalidade de prisão domiciliar –, em razão de ausência de vagas em estabelecimento prisional compatível com o regime semiaberto. Habeas corpus concedido para restabelecer a decisão do Juízo das execuções que deferiu o benefício de saídas temporárias ao paciente" (STJ, HC 489.106/RS, j. 13/08/2019).

- **Saída temporária e decisão judicial**

É legítima a decisão judicial que estabelece calendário anual de saídas temporárias para que o preso possa visitar a família. Esse o entendimento da Primeira Turma, que concedeu a ordem em "habeas corpus" para restabelecer ato do Juízo das Execuções Penais do Estado do Rio de Janeiro, que concedera autorização de saída temporária para visita periódica à família do paciente. Essa decisão, mantida em grau de recurso, fora, no entanto, reformada pelo STJ, que assentara o descabimento da concessão de saídas automatizadas. Segundo aquela Corte, seria necessária a manifestação motivada do juízo da execução, com intervenção do Ministério Público, em cada saída temporária. A Turma afirmou que a saída temporária autorizada repercutiria sobre outras saídas, desde que não houvesse cometimento de falta grave pelo custodiado (STF – HC nº 130502-RJ, Rel. Marco Aurélio, j. 21.6.2016).

- **Saída temporária e decisão judicial – 1**

É recomendável que cada autorização de saída temporária do preso seja precedida de decisão judicial motivada. Entretanto, se a apreciação individual do pedido estiver, por deficiência exclusiva do aparato estatal, a interferir no direito subjetivo do apenado e no escopo ressocializador da pena, deve ser reconhecida, excepcionalmente, a possibilidade de fixação de calendário anual de saídas temporárias por ato judicial único, observadas as hipóteses de revogação automática do art. 125 da LEP. (STJ. 3ª Seção. REsp 1.544.036-RJ, Rel. Min. Rogerio Schietti Cruz, julgado em 14/9/2016 (recurso repetitivo)

- **Saída temporária e decisão judicial – 2**

O Colegiado ressaltou que, de qualquer forma, poder-se-ia argumentar que a decisão do STJ não afetaria diretamente direito do sentenciado. De fato, se o juízo das execuções penais determinasse saídas temporárias em várias decisões sucessivas, ao invés de em única decisão, a situação do preso seria a mesma. No entanto, a realidade da execução penal demonstraria que esse tipo de decisão colocaria em risco o direito do sentenciado ao benefício. A força de trabalho das varas de execuções penais seria um recurso escasso, que precisaria ter sua eficiência maximizada. Na medida em que as decisões pudessem ser concentradas, sem perda substancial de qualidade, seria recomendável que assim se fizesse. Se a força de trabalho não fosse usada com eficiência, provavelmente os pedidos de autorização de saída só seriam apreciados após a data da saída pretendida. A rigor, esse direito seria negligenciado. No caso em comento, o juiz das execuções penais deferira autorizações de saída para visita periódica à família do paciente, fixando, desde logo, calendário com as saídas autorizadas: duas mensais, além de aniversário, páscoa, dia das mães e dos pais, natal e ano novo. O Estado do Rio de Janeiro concentraria suas execuções penais em uma única vara, na capital. Essa vara processaria todas as execuções penais, fossem de penas privativas de liberdade, restritivas de direito ou medidas de segurança, na capital e no interior do referido Estado-Membro. Relatório do mutirão carcerário promovido pelo CNJ no período de 26.10.2011 a 16.12.2011 teria apontado diversas dificuldades operacionais na serventia, ressaltando a demora no cumprimento dos atos de ofício e o sistêmico atraso na tramitação de expedientes para concessão de benefícios aos apenados. Assim, esse cenário de insuficiência deveria ser considerado para a análise da questão, presente, portanto, a ameaça concreta de lesão ao direito do paciente. (STF – HC nº 128763-RJ, Rel. Gilmar Mendes, j. 4.8.2015.

3. QUESTÕES DE CONCURSOS

01. (Defensor Público Substituto – PA – 2015 – FMP) De acordo com a Lei nº 7.210/84, é **CORRETO** afirmar que:

a) a saída temporária do estabelecimento é direito que atinge os condenados em regime semiaberto e fechado, a ser exercido mediante vigilância direta e prévia autorização judicial, entre outras hipóteses, quando ele participar em atividades que concorram para o seu retorno ao convívio social.

b) a saída temporária do estabelecimento é direito que atinge somente os condenados em regime fechado, a ser exercido sem vigilância direta, mediante autorização do diretor do estabelecimento, entre outras hipóteses, quando ele participar em atividades que concorram para o seu retorno ao convívio social.

c) incumbe somente ao juiz da execução autorizar a saída temporária dos condenados em regime semiaberto, ainda que mediante a utilização de equipamento de monitoração eletrônica, entre outras hipóteses, quando o condenado pretender visitar sua família.

d) poderá o diretor do estabelecimento autorizar a saída temporária dos condenados em regime semiaberto, cabendo tal autorização somente ao juiz da execução, quando houver a necessidade de utilização de equipamento de monitoração eletrônica.

e) a saída temporária do estabelecimento é direito que atinge os condenados em regime semiaberto, a ser exercido com vigilância direta ou utilização de equipamento de monitoração eletrônica, mediante prévia autorização judicial, entre outras hipóteses, quando o condenado participar de curso supletivo profissionalizante.

02. (Promotor de Justiça – PE – 2014) No tocante às autorizações de saída, pode-se assegurar que

a) a autorização de saída temporária será concedida por ato motivado do juiz da execução, ouvida unicamente a administração penitenciária.

b) apenas os condenados que cumprem pena no regime fechado poderão obter permissão para sair do estabelecimento em virtude de falecimento ou doença grave do cônjuge, companheira, ascendente, descendente ou irmão.

c) indevida a determinação de utilização de equipamento de monitoração eletrônica pelo condenado durante saída temporária, possível apenas como medida cautelar diversa da prisão.

d) apenas os condenados que cumprem pena em regime semiaberto poderão obter autorização para saída temporária do estabelecimento, sem vigilância direta, para visita à família.

e) os presos provisórios não poderão obter permissão de saída do estabelecimento.

03. (Defensoria Pública – DF – CESPE – 2013) De acordo com a Lei de Execução Penal, julgue o item subsequente.

A autorização para saída temporária, sem vigilância direta, do estabelecimento prisional, para participação em atividades que concorram para o retorno ao convívio social, pode ser obtida por condenados que cumpram pena em regime fechado e semiaberto.

04. (Magistratura – FCC – 2013 – TJ/PE) No que se refere à execução penal,

a) a frequência a curso de ensino formal é causa de remição de parte do tempo de execução sob regime semiaberto, unicamente.

b) segundo entendimento majoritário do Superior Tribunal de Justiça, é cabível mandado de segurança pelo Ministério Público para conferir efeito suspensivo ao agravo de execução.

c) o regime disciplinar diferenciado tem duração máxima de 360 (trezentos e sessenta) dias, podendo ser aplicado uma única vez.

d) a falta grave interrompe o prazo para obtenção de livramento condicional.

e) o juiz poderá definir a fiscalização por meio da monitoração eletrônica quando autorizar a saída temporária no regime semiaberto.

05. (Agente Penitenciário – CESPE – 2009 – SEJUS/ES) Em relação à Lei de Execução Penal (LEP), julgue o item a seguir.

Os condenados que cumprem pena em regime fechado ou semiaberto podem obter autorização para saída temporária do estabelecimento prisional, nos casos de falecimento de cônjuge, companheira, ascendente, descendente ou irmão, sendo dispensada, conforme o caso, a vigilância direta.

06. (MPE/BA – Promotor de Justiça/2008 – Adaptada) Julgue o item a seguir.

A saída temporária poderá ser concedida a sentenciados que cumprem pena nos regimes fechado, semi-aberto ou aberto, enquanto a saída especial só poderá ser concedida a sentenciados que cumprem pena nos regimes semi-aberto e aberto.

07. (MPE/PR – Promotor de Justiça – PR – 2009 – Adaptada) Julgue o item a seguir.

O condenado que cumpre pena em regime semi-aberto poderá frequentar curso superior na comarca do juízo da execução, se for deferida autorização para saída temporária.

GAB	01	C	02	D	03	ERRADO	04	D	05	ERRADO	06	ERRADO	07	CERTO

Art. 123. A autorização será concedida por ato motivado do Juiz da execução, ouvidos o Ministério Público e a administração penitenciária e dependerá da satisfação dos seguintes requisitos:

I – comportamento adequado;

II – cumprimento mínimo de 1/6 (um sexto) da pena, se o condenado for primário, e 1/4 (um quarto), se reincidente;

III – compatibilidade do benefício com os objetivos da pena.

Concessão do benefício – Diferentemente da permissão de saída, a saída temporária será concedida por ato motivado do juiz da execução, ouvidos o Ministério Público e a Administração Penitenciária (que atestará bom comportamento).

ATENÇÃO – "O benefício de saída temporária no âmbito da execução penal é ato jurisdicional insuscetível de delegação à autoridade administrativa do estabelecimento prisional" (súmula 520 do STJ).

O reeducando deve preencher os seguintes requisitos:

1) **comportamento adequado (atestado de bom comportamento carcerário decorrente da ausência de faltas disciplinares no prontuário)**;
2) **cumprimento mínimo de um sexto da pena, se o condenado for primário, e um quarto, se reincidente** (computando-se o tempo de duração no regime fechado – súmula 40 do STJ);
3) **compatibilidade do benefício com os objetivos da pena** (depende de avaliação do juiz a cada caso concreto).

1. ENUNCIADOS DE SÚMULAS DE JURISPRUDÊNCIA

- **STJ – Súmula 520.** "O benefício de saída temporária no âmbito da execução penal é ato jurisdicional insuscetível de delegação à autoridade administrativa do estabelecimento prisional."

- **STJ – Súmula 40.** Para obtenção dos benefícios de saída temporária e trabalho externo, considera-se o tempo de cumprimento da pena no regime fechado.

2. INFORMATIVOS DE JURISPRUDÊNCIA

- **STF – 581 – Saídas temporárias automatizadas**

O calendário prévio das saídas temporárias deverá ser fixado, obrigatoriamente, pelo Juízo das Execuções, não se lhe permitindo delegar à autoridade prisional a escolha das datas específicas nas quais o apenado irá usufruir os benefícios. (STJ. 3ª Seção. REsp 1.544.036-RJ, Rel. Min. Rogerio Schietti Cruz, julgado em 14/9/2016 (recurso repetitivo)

3. QUESTÕES DE CONCURSOS

01. (Promotor de Justiça – ES/2009/CESPE – desmembrada) Assinale a certo ou errado com referência à execução das penas e medidas de segurança.

Segundo a jurisprudência do STJ, é admissível a concessão automática de saídas temporárias ao condenado que esteja cumprindo pena em regime semiaberto, sem a avaliação pelo juízo da execução e a manifestação do MP a respeito da conveniência da medida, desde que haja delegação do juízo competente à autoridade penitenciária para o exame do pleito, com a devida aquiescência do membro do MP.

02. (Inspetor de Segurança e Administração Penitenciária – SEAP-RJ – CEPERJ – 2012) Para que seja possível a saída temporária por autorização judicial, nos termos da Lei de Execução Penal, devem concorrer os seguintes requisitos:

a) cumprimento mínimo de 1/6 da pena, se o condenado for primário, e de 1/4, se reincidente
b) cumprimento mínimo de 1/2 da pena, se o condenado for primário, e de 1/4, se reincidente
c) cumprimento mínimo de 1/4 da pena, se o condenado for primário, e de 1/2, se reincidente
d) cumprimento mínimo de 1/5 da pena, se o condenado for primário, e de 1/4, se reincidente
e) cumprimento mínimo de 1/2 da pena, se o condenado for primário, e de 1/3, se reincidente

GAB	01	ERRADO	02	A

Art. 124. A autorização será concedida por prazo não superior a 7 (sete) dias, podendo ser renovada por mais 4 (quatro) vezes durante o ano.

§ 1º Ao conceder a saída temporária, o juiz imporá ao beneficiário as seguintes condições, entre outras que entender compatíveis com as circunstâncias do caso e a situação pessoal do condenado: (Incluído pela Lei nº 12.258, de 2010)

I – fornecimento do endereço onde reside a família a ser visitada ou onde poderá ser encontrado durante o gozo do benefício; (Incluído pela Lei nº 12.258, de 2010)

II – recolhimento à residência visitada, no período noturno; (Incluído pela Lei nº 12.258, de 2010)

III – proibição de frequentar bares, casas noturnas e estabelecimentos congêneres. (Incluído pela Lei nº 12.258, de 2010)

§ 2º Quando se tratar de frequência a curso profissionalizante, de instrução de ensino médio ou superior, o tempo de saída será o necessário para o cumprimento das atividades discentes. (Renumerado do parágrafo único pela Lei nº 12.258, de 2010)

§ 3º Nos demais casos, as autorizações de saída somente poderão ser concedidas com prazo mínimo de 45 (quarenta e cinco) dias de intervalo entre uma e outra. (Incluído pela Lei nº 12.258, de 2010)

Período de saída – A autorização será concedida por prazo não superior a 7 (sete) dias, podendo ser renovada por mais 4 (quatro) vezes durante o ano, isto é, o condenado terá direito a 05 saídas temporárias por ano, de no máximo 7 dias cada, com intervalo mínimo de 45 (quarenta e cinco) dias entre uma e outra.

ATENÇÃO: Como já adiantamos nos comentários ao art. 122, prevalece entendimento consolidado pela Terceira Seção do STJ ser possível à autoridade judicial, atenta às peculiaridades da execução penal, conceder maior número de saídas temporárias (mais de 5 vezes durante o ano), de menor duração (inferior a 7 dias), desde que respeitado o limite de 35 dias no ano, pois o fracionamento do benefício é coerente com o processo reeducativo e com a reinserção gradativa do apenado ao convívio social (REsp 1.544.036-RJ).

As autorizações de saída temporária para visita à família e para participação em atividades que concorram para o retorno ao convívio social, se limitadas a cinco vezes durante o ano, deverão observar o prazo mínimo de 45 dias de intervalo entre uma e outra. Na hipótese de maior número de saídas temporárias de curta duração, já intercaladas durante os doze meses do ano e muitas vezes sem pernoite, não se exige tal intervalo.

O prazo será delimitado pelo juiz, com exceção da saída para frequência a curso profissionalizante, de instrução de ensino médio ou superior, hipótese em que o tempo será o necessário para o cumprimento das atividades discentes.

O reeducando deve fornecer o endereço onde reside a família a ser visitada ou onde poderá ser encontrado durante o gozo do benefício. Está obrigado, ainda, a se recolher à residência visitada, no período noturno, bem como não frequentar bares, casas noturnas e estabelecimentos congêneres.

O descumprimento das condições impostas pelo juiz poderá ensejar a revogação do benefício (art. 125).

ATENÇÃO: A contagem do prazo do benefício de saída temporária de preso é feita em dias e não em horas (HC-130883). Foi esse o entendimento adotado pela Segunda Turma do STJ ao julgar "habeas corpus" em que se pretendia a contagem de tal benesse a partir da 00h do primeiro dia. No caso, o paciente sustentava que sua liberação apenas às doze horas do primeiro dia do benefício prejudicaria a fruição do prazo legalmente previsto de sete dias, pois usufruiria apenas seis dias e meio de tal direito.

1. INFORMATIVOS DE JURISPRUDÊNCIA

- **STF – 828 – Saída temporária de preso e contagem de prazo**

A contagem do prazo do benefício de saída temporária de preso é feita em dias e não em horas. Com base nessa orientação, a Segunda Turma denegou a ordem de "habeas corpus" em que se pretendia a contagem de tal benesse a partir da 00h do primeiro dia. No caso, o paciente aduzia que sua liberação apenas às doze horas do primeiro dia do benefício prejudicaria a fruição do prazo legalmente previsto de sete dias (LEP, art. 124), porque usufruiria apenas seis dias e meio de tal direito. Assim, considerava que a saída temporária não deveria se sujeitar à estrita forma de contagem do prazo prevista no art. 10 do Código Penal ("Art. 10. O dia do começo inclui-se no cômputo do prazo. Contam-se os dias, os meses e os anos pelo calendário comum"). A Turma destacou ser indevida, na ordem penal, a contagem do prazo em horas e, por isso, manteve o cômputo em forma de dias. Ademais, a se entender de forma diversa, estar-se-ia colocando em risco a segurança do estabelecimento penal, bem como a organização do sistema prisional. (STF – HC nº 130883-SC, Rel. Dias Toffoli, j. 31.5.2016).

- **STJ – 590 – DIREITO PROCESSUAL PENAL. POSSIBILIDADE DE CONCESSÃO DE MAIS DE CINCO SAÍDAS TEMPORÁRIAS POR ANO. RECURSO REPETITIVO. TEMA 445.**

Respeitado o limite anual de 35 dias, estabelecido pelo art. 124 da LEP, é cabível a concessão de maior número de autorizações de curta duração. Prevaleceu o entendimento consagrado pela Terceira Seção do STJ nos REsps 1.166.251-RJ (DJe 4/9/2012) e 1.176.264-RJ (DJe 3/9/2012), julgados sob o rito dos recursos repetitivos, de que é possível à autoridade judicial, atenta às peculiaridades da execução penal, conceder maior número de saídas temporárias (mais de 5 vezes durante o ano), de menor duração (inferior a 7 dias), desde que respeitado o limite de 35 dias no ano, porquanto o fracionamento do benefício é coerente com o processo reeducativo e com a reinserção gradativa do apenado ao convívio social (STJ – REsp nº 1.544.036-RJ, Rel. Rogerio Schietti Cruz, j. 14.09.2016, DJe 19.09.2016)).

2. QUESTÕES DE CONCURSOS

01. (CESPE / CEBRASPE Órgão: MPE-CE Prova: CESPE – 2020 – MPE-CE – Promotor de Justiça de Entrância Inicial) Mário e Tiago estão em regime semiaberto, têm bom comportamento e já cumpriram mais da metade da pena. Mário foi comunicado do falecimento de sua irmã e deseja ir ao funeral dela. Tiago deseja visitar a família e participar do casamento de uma prima. Ambos preenchem os demais requisitos legais para a saída.

Nessa situação, deve-se

a) negar a ambos os condenados os pedidos, porque não cabe autorização de saída nas hipóteses indicadas.

b) permitir a saída temporária, sem escolta, de ambos os condenados.

c) permitir a saída, com escolta, de ambos os condenados.

d) permitir a saída, sem escolta, de Mário; e a saída temporária, com escolta, de Tiago.

e) permitir a saída, com escolta, de Mário; e a saída temporária, sem escolta, de Tiago.

02. (Defensor Público – ES – 2016) Sobre as autorizações de saída,

a) somente poderão ser concedidas com prazo mínimo de quarenta e cinco dias de intervalo entre uma e outra.

b) são cabíveis apenas no regime semiaberto.

c) a saída temporária será concedida pelo diretor do estabelecimento prisional.

d) o lapso temporal para deferimento da saída temporária ao reincidente é de um quarto.

e) o Decreto natalino de saída temporária é de competência exclusiva do Presidente da República.

03. (Defensor Público – FCC – 2011 – DPE-RS) Concernentemente à previsão da Lei de Execução Penal quanto às saídas temporárias são apresentadas as assertivas abaixo.

I. Somente os condenados que cumprem pena em regime aberto poderão obter autorização para saída temporária do estabelecimento para visitar a família, frequentar curso ou participar de outras atividades que concorram para o retorno ao convívio social

II. Para o deferimento das saídas temporárias, o apenado deverá, além de estar no regime aberto e ostentar comportamento adequado, ter cumprido 1/6 (um sexto) da pena, se for primário, e 1/5 (um quinto), se reincidente, considerando o tempo de cumprimento da pena no regime semiaberto.

III. A autorização para a saída temporária será concedida por prazo não superior a 15 (quinze) dias, podendo ser renovada por mais 4 (quatro) vezes durante o ano.

IV. Quando se tratar de frequência a curso profissionalizante, de instrução de ensino médio ou superior, o tempo de saída será o necessário para o cumprimento das atividades discentes. Nos demais casos, as autorizações de saída somente poderão ser concedidas com prazo mínimo de 45 (quarenta e cinco) dias de intervalo entre uma e outra.

Está correto o que se afirma APENAS em:

a) I e IV.

b) III e IV.

c) II e IV.

d) I e III.

GAB	01	E	02	D	03	B

Art. 125. O benefício será automaticamente revogado quando o condenado praticar fato definido como crime doloso, for punido por falta grave, desatender as condições impostas na autorização ou revelar baixo grau de aproveitamento do curso.

Parágrafo único. A recuperação do direito à saída temporária dependerá da absolvição no processo penal, do cancelamento da punição disciplinar ou da demonstração do merecimento do condenado.

Revogação da saída – O art. 125 anuncia os casos de revogação do benefício:

a) praticar fato definido como crime doloso (dispensando condenação transitada em julgado);

b) for punido por falta grave (a autoridade administrativa representará ao juiz da execução para que proceda a revogação do benefício – art. 48, parágrafo único, desta lei);

c) desatender as condições impostas na autorização;

d) revelar baixo grau de aproveitamento do curso.

A recuperação do benefício poderá ocorrer se o condenado for absolvido no processo penal (hipótese "a"), for cancelada a punição disciplinar (hipótese "b") ou demonstrar merecimento (nos demais casos).

ATENÇÃO: As Portarias que regulam saídas temporárias devem obedecer aos artigos 122 a 125 da LEP, notadamente quanto aos lapsos mínimos para a concessão, tempo máximo permitido para as saídas e condições legais e judiciais, vedando-se, inclusive, o trânsito do preso fora da cidade dada como de sua residência ou da visita, exceto nas hipóteses de conurbação.

Por fim, para bem fixar as diferenças entre a *permissão de saída* e a *saída temporária*, criamos o seguinte quadro comparativo:

Autorização de Saída	Permissão de Saída (arts. 120 e 121 da LEP)	Saída Temporária (arts. 122/125 da LEP)
Beneficiários	Condenados que cumprem pena em regime fechado ou semiaberto e os presos provisórios	*Condenados que cumprem pena em regime semiaberto*, desde que: a) apresentem comportamento adequado b) cumprimento mínimo de um sexto da pena, se o condenado for primário, e um quarto, se reincidente (deverá ser computado o tempo de duração no regime fechado – Súmula 40 do STJ) c) compatibilidade do benefício com os objetivos da pena d) não esteja cumprindo pena por crime hediondo com resultado morte.

Autorização de Saída	Permissão de Saída (arts. 120 e 121 da LEP)	Saída Temporária (arts. 122/125 da LEP)
Hipóteses	I – falecimento ou doença grave do cônjuge, companheira, ascendente, descendente ou irmão; II – necessidade de tratamento médico (abrange odontológico de urgência).	I – visita à família; II – frequência a curso supletivo profissionalizante, bem como de instrução do segundo grau ou superior, na comarca do Juízo da Execução; III – participação em atividades que concorram para o retorno ao convívio social.
Características	Existência de escolta policial – VIGILÂNCIA DIRETA	Não há escolta. *A ausência de vigilância direta não impede a utilização de equipamento de monitoração eletrônica pelo condenado, quando assim determinar o juiz da execução (parágrafo único do art.122)– VIGILÂNCIA INDIRETA.* O juiz imporá ao beneficiário, entre outras, as seguintes condições: I – fornecimento do endereço onde reside a família a ser visitada ou onde poderá ser encontrado durante o gozo do benefício II – recolhimento à residência visitada, no período noturno III – proibição de frequentar bares, casas noturnas e estabelecimentos congêneres
Prazo	Inexistência de prazo predeterminado (a duração será a necessária à finalidade da saída) – art. 121.	Quando se tratar de frequência a curso profissionalizante, de instrução de ensino médio ou superior, o tempo de saída será o necessário para o cumprimento das atividades discentes. Nos demais casos, a autorização de saída será concedida por prazo não superior a 7 dias, podendo ser renovado por mais 4 vezes durante o ano, com prazo mínimo de 45 dias entre uma e outra.
Autoridade Competente	A autoridade que concede é a administrativa (diretor do estabelecimento), podendo o juiz suprir a ordem, quando negada ilegalmente.	Quem concede o presente benefício é o Juiz, depois de ouvido o Ministério Público e a Administração Penitenciária (atestar bom comportamento).
Revogação	A lei não prevê hipóteses de revogação	O benefício pode ser revogado (art. 125 da LEP).

1. QUESTÕES DE CONCURSOS

01. (Juiz Substituto – TJSC – 2015 – FCC) Segundo a Lei de Execução Penal, com relação às faltas disciplinares,

a) a prática de falta grave implicará a imediata perda do direito à saída temporária.

b) para que um comportamento seja tipificado como falta disciplinar independentemente da gravidade, em respeito ao princípio da legalidade estrita, deverá estar previsto na Lei nº 7.210/84.

c) após a apuração de qualquer falta, poderá ser aplicado ao infrator o regime disciplinar diferenciado, a critério do magistrado, desde que este fundamente a decisão.

d) com base em decreto federal, o prazo para a reabilitação da conduta, a partir do cumprimento da sanção disciplinar, será de doze meses para faltas graves.

e) a autoridade administrativa, entendendo que é caso de isolamento preventivo, deverá requerer ao juiz a decretação da medida.

02. (Defensor Público – TO – 2013) Silas, condenado por roubo, em regime inicial fechado de cumprimento de pena, após regular progressão para o regime prisional semiaberto, obteve o direito de saídas temporárias. Decorrido o prazo concedido, Silas não retornou ao estabelecimento prisional, por ter sido preso em flagrante delito, na data anterior ao dia do retorno, por suposta participação em novo crime de roubo, em concurso de pessoas. Nesse caso, de acordo com os dispositivos da LEP e o entendimento dos tribunais acerca do tema,

a) a contagem do prazo para o interstício necessário ao preenchimento do requisito objetivo para a concessão do benefício da progressão de regime deve ser suspensa até a decisão final do processo criminal relativo ao novo delito.

b) o juiz poderá ordenar a regressão de regime prisional de Silas, após a regular instauração do procedimento administrativo disciplinar, considerando como limite o regime anterior e suspendendo o direito a novos benefícios até decisão final de mérito da sindicância.

c) ocorrerá alteração da data-base, para o reinício da contagem do prazo para a progressão de regime, no que concerne ao restante da pena a ser cumprida, sem que seja interrompido o período aquisitivo para a obtenção de outros benefícios da execução penal, a exemplo da comutação da pena.

d) o benefício de saídas temporárias concedido a Silas deve ser revogado, sendo vedada nova concessão no curso do cumprimento da pena, ainda que ele seja absolvido do novo processo penal ou seja cancelada a punição disciplinar.

e) Silas não sofrerá qualquer consequência imediata com relação à execução da pena, uma vez que o fato de não ter retornado ao estabelecimento prisional foi involuntário, devendo, em face do princípio da presunção de inocência, aguardar o trânsito do processo criminal; se condenado, deve ser submetido a eventual punição disciplinar

GAB	01	D	02	C

▸SEÇÃO IV – DA REMIÇÃO

Art. 126. O condenado que cumpre a pena em regime fechado ou semiaberto poderá remir, por trabalho ou por estudo, parte do tempo de execução da pena. (Redação dada pela Lei nº 12.433, de 2011).

§ 1º A contagem de tempo referida no **caput** será feita à razão de: (Redação dada pela Lei nº 12.433, de 2011)

I – 1 (um) dia de pena a cada 12 (doze) horas de frequência escolar – atividade de ensino fundamental, médio, inclusive profissionalizante, ou superior, ou ainda de requalificação profissional – divididas, no mínimo, em 3 (três) dias; (Incluído pela Lei nº 12.433, de 2011)

II – 1 (um) dia de pena a cada 3 (três) dias de trabalho. (Incluído pela Lei nº 12.433, de 2011)

§ 2º As atividades de estudo a que se refere o § 1º deste artigo poderão ser desenvolvidas de forma presencial ou por metodologia de ensino a distância e deverão ser certificadas pelas autoridades educacionais competentes dos cursos frequentados. (Redação dada pela Lei nº 12.433, de 2011)

§ 3º Para fins de cumulação dos casos de remição, as horas diárias de trabalho e de estudo serão definidas de forma a se compatibilizarem. (Redação dada pela Lei nº 12.433, de 2011)

§ 4º O preso impossibilitado, por acidente, de prosseguir no trabalho ou nos estudos continuará a beneficiar-se com a remição.(Incluído pela Lei nº 12.433, de 2011)

§ 5º O tempo a remir em função das horas de estudo será acrescido de 1/3 (um terço) no caso de conclusão do ensino fundamental, médio ou superior durante o cumprimento da pena, desde que certificada pelo órgão competente do sistema de educação.(Incluído pela Lei nº 12.433, de 2011)

§ 6º O condenado que cumpre pena em regime aberto ou semiaberto e o que usufrui liberdade condicional poderão remir, pela frequência a curso de ensino regular ou de educação profissional, parte do tempo de execução da pena ou do período de prova, observado o disposto no inciso I do § 1º deste artigo.(Incluído pela Lei nº 12.433, de 2011)

§ 7º O disposto neste artigo aplica-se às hipóteses de prisão cautelar.(Incluído pela Lei nº 12.433, de 2011)

§ 8º A remição será declarada pelo juiz da execução, ouvidos o Ministério Público e a defesa. (Incluído pela Lei nº 12.433, de 2011)

Remição – Significa a possibilidade que tem o reeducando de reduzir o tempo de cumprimento da pena, dedicando-se, para tanto, ao trabalho e/ou ao estudo, observando as regras dos arts. 126/128 da LEP.

Remição pelo trabalho: Consiste no direito do condenado de, por meio do trabalho, reduzir o tempo da pena privativa de liberdade a ser cumprida em regime fechado ou semiaberto.

ATENÇÃO – **É possível a remição de parte do tempo de execução da pena quando o condenado, em regime fechado ou semiaberto, desempenha atividade laborativa, ainda que extramuros (STJ – Súmula 562).**

Embora não exista previsão de remição pelo trabalho em regime aberto, entendemos possível, não sendo razoável excluir este importante instrumento de ressocialização ao preso que cumpre pena no regime menos rigoroso. Aqueles que são contra argumentam, em síntese, que a labuta já é condição para ingresso no regime menos severo (art. 36, § 1º, CP) não podendo, portanto, ser também um benefício. Nesse sentido, Rogério Greco, citado pelo Min. Ayres Britto (HC 101.368):

> "[...] A peculiaridade do regime aberto, que o difere dos regimes anteriores, diz respeito ao trabalho. Nos regimes anteriores – fechado e semiaberto –, o trabalho do preso faz com que tenha direito à remição. Aqui, no regime aberto, não há previsão legal para a remição da pena, uma vez que somente poderá ingressar nesse regime o condenado que estiver trabalhando ou comprovar a possibilidade de fazê-lo imediatamente. Vê-se, portanto, que a condição *sine qua non* para o início do cumprimento da pena ou mesmo a sua progressão para o regime aberto é a possibilidade imediata de trabalho do condenado. Sem trabalho não será possível o regime aberto [...]".

Tais argumentos não convencem. Vejamos o que está escrito no art. 36, § 1º do CP:

> Art. 36. O regime aberto baseia-se na autodisciplina e senso de responsabilidade do condenado. (Redação dada pela Lei nº 7.209, de 11.7.1984)

§ 1º – O condenado deverá, fora do estabelecimento e sem vigilância, trabalhar, frequentar curso ou exercer outra atividade autorizada, permanecendo recolhido durante o período noturno e nos dias de folga.

Da redação do artigo podemos depreender que o legislador, além de mencionar o trabalho como condição para o reeducando galgar o regime aberto, fala também em frequentar curso. Ora, forçoso concluir que se o trabalho é condição para cumprimento da pena em regime aberto (e o mesmo artigo menciona a frequência em curso), estudar é outra condição (alternativa).

Contudo, no caso do estudo, a lei permite a remição, mesmo quando o reeducando cumpre a pena no regime aberto (art. 126 da LEP). Esse tratamento diferenciado, sem qualquer razão, parece ferir o princípio da razoabilidade. Por que remir a pena em regime aberto somente pelo estudo e não pelo trabalho? Não faz sentido.

Consagra-se a razoabilidade aplicando-se, no caso, a analogia (*in bonam partem*). Lembrando o escólio de Miguel Reale: "a analogia atende ao princípio de que o Direito é um sistema de fins. Pelo processo analógico, estendemos a um caso não previsto aquilo que o legislador previu para outro semelhante, em igualdade de razões. Se o sistema do Direito é um todo que obedece a certas finalidades fundamentais, é de se pressupor que, havendo identidade de razão jurídica, haja identidade de disposição nos casos análogos, segundo um antigo e novo ensinamento: *ubi eadem ratio, ibi eadem júris dispositio* (onde há a mesma razão deve haver a mesma disposição de direito)". (REALE, Miguel. Lições preliminares de Direito. 27ª edição. Saraiva, 2002, pág. 296).

Tanto o trabalho como o estudo têm o mesmo fim, qual seja, a ressocialização do preso. Ambos são tratados como atividade de reintegração do preso ao convívio social. Assim sendo, e tendo em vista que o legislador não previu a remição pelo trabalho em regime aberto, o mais correto nos parece é que se aplique a analogia para que o benefício seja reconhecido.

Desta forma, reforçamos o posicionamento de que deve ocorrer a remição da pena pelo trabalho ao preso que cumpre pena em regime aberto, a exemplo do que ocorre com o estudo, aplicando-se a analogia em busca da equidade.

Contagem do tempo: será feita à razão de 1 (um) dia de pena para cada 3 (três) de trabalho (art. 126, § 1º, inciso II).

ATENÇÃO – Para que seja possível a remição da pena pelo trabalho não basta a atividade esporádica, ocasional. Deve haver certeza de efetivo trabalho do condenado, bem como conhecimento dos dias trabalhados. Exige-se que a atividade seja ordenada, empresarial e, antes de mais nada, remunerada, garantidos ao sentenciado os benefícios da Previdência Social, com o fim de educar o preso, entendendo-se o presídio como verdadeira empresa. Nesse sentido, decisão do extinto TACrimSP, Ag. 450.407/1, 9ª Câm.). Se o preso, ainda que sem autorização do juízo ou da direção do estabelecimento prisional, efetivamente trabalhar nos domingos e feriados, esses dias deverão ser considerados no cálculo da remição da pena (HC 346.948-RS).

Acidente no decorrer do trabalho: Caso o apenado fique impossibilitado de continuar a trabalhar em decorrência de acidente, continuará a beneficiar-se com a remição, inclusive o chamado acidente *"initinere"*, isto é, aquele que ocorre durante o deslocamento ao trabalho (STJ, REsp 783.247/RS, Rel. Min. Felix Fischer).

Competência: Juiz da execução, todavia, ouvindo o Ministério Público e a defesa (art. 126, § 8º).

Remição pelo estudo: Consiste no direito do condenado de, por meio do estudo, reduzir o tempo da pena privativa de liberdade cumprida em regime fechado, semiaberto, aberto ou em livramento condicional.

> **ATENÇÃO:** embora não exista previsão expressa de remição pelo trabalho para quem cumpre pena em regime aberto ou livramento condicional, o § 6º do artigo em comento autoriza para eles a remição pelo estudo.

Contagem do tempo: Será feita à razão de 1 (um) dia de pena a cada 12 (doze) horas de frequência escolar – artigo 126, § 1º, inciso I.

> **ATENÇÃO** – As 12 (doze) horas de estudo deverão ser divididas em, no mínimo, 3 (três) dias – artigo 126, § 1º, inciso I. O preso que concluir o ensino fundamental, médio, ou superior, durante o cumprimento da pena, será beneficiado com o acréscimo de mais 1/3 (um terço) no tempo a remir em função das horas de estudo. Os estudos poderão ser de ensino fundamental, médio, profissionalizante, superior, ou requalificação profissional (art. 126, § 1º, inciso I). Sendo frequentados presencialmente ou à distância, devendo ser certificadas pelas autoridades educacionais competentes dos respectivos cursos frequentados. A 3ª Seção do Superior Tribunal de Justiça unificou o entendimento entre as turmas criminais da corte ao estabelecer que a base de cálculo para a remição de pena pelo estudo, no caso de presos que estudam por conta própria e conseguem aprovação nos exames nacionais que certificam a conclusão do ensino fundamental e do ensino médio, deve ser, respectivamente, de 1,6 mil e 1,2 mil horas. Segundo o colegiado, esses números, mencionados na Recomendação 44/2013 do Conselho Nacional de Justiça (CNJ), correspondem a 50% da carga horária definida legalmente para cada nível de ensino. De acordo com a Lei de Execução Penal (artigo 126, parágrafo 1º, inciso I), pode ser descontado um dia de pena a cada 12 horas de frequência escolar. Para incentivar o estudo nos presídios, a norma do CNJ sugere a possibilidade de remição mediante a aprovação no Exame Nacional para Certificação de Competências de Jovens e Adultos (Encceja) ou no Exame Nacional do Ensino Médio (Enem). Em seu artigo 1º, inciso IV, a recomendação considera como base de cálculo para o cômputo das horas 50% da carga horária anual definida legalmente para cada nível de ensino: 1,6 mil horas para os anos finais do fundamental e 1,2 mil horas para o ensino médio ou a educação profissional técnica de nível médio. A 5ª e a 6ª Turmas divergiam quanto à interpretação do texto: se as 1,6 mil/1,2 mil horas já equivaleriam a 50% da carga horária definida legalmente para cada nível ou se os 50% incidiriam sobre esses números.

Horas excedentes de estudo – Interpretando o art. 126 da LEP, a Sexta Turma do Superior Tribunal de Justiça, no HC 461047, definiu que o tempo de estudo que ultrapassa as quatro horas diárias previstas na lei deve ser considerado no cálculo da remição de pena. A maioria do colegiado acompanhou o voto da relatora, ministra Laurita Vaz, e adotou para o estudo o mesmo entendimento até então aplicado na remição por trabalho, na qual se permite o cômputo das horas excedentes à jornada diária. Contudo, conforme explicamos nos comentários ao art. 33 da LEP, a Corte, recentemente, mudou o seu entendimento, considerando na remição por trabalho o dia trabalhado e não a relação de horas. Logo, impediu a utilização das horas excedentes para contar um novo período de remição (AgRg no HC 426.574/ES, Rel. Ministra MARIA THEREZA DE ASSIS MOURA, SEXTA TURMA, julgado em 19/06/2018, DJe 27/06/2018). Essa mudança de postura deve refletir na remição por meio dos estudos.

Acidente no decorrer do estudo: O preso impossibilitado, por acidente, de prosseguir no trabalho ou nos estudos continuará a beneficiar-se com a remição.

Competência: Juiz da execução, todavia, deve ouvir o Ministério Público e a defesa – artigo 126, § 8º.

Remição por práticas sociais educativas – por meio da Resolução n. 391/2021 do CNJ, foram estabelecidas as regras para reconhecimento da remição por meio de "práticas sociais educativas", que compreendem atividades escolares, práticas sociais educativas não-escolares e leitura de obras literárias, obedecendo aos seguintes regramentos:

a) atividades escolares: devem obedecer os requisitos legais de carga horária, matrícula, currículo, avaliação e certificação. O reconhecimento do direito à remição de pena por atividades de educação escolar considerará o número de horas correspondente à efetiva participação da pessoa privada de liberdade nas atividades educacionais, independentemente de aproveitamento. Caso tiver sido autorizado a estudar fora da unidade de privação de liberdade, terá de comprovar, mensalmente, por meio da autoridade educacional competente, a frequência e o aproveitamento escolar.

b) práticas sociais educativas não-escolares: atividades de socialização, de autoaprendizagem ou de aprendizagem coletiva, que ampliam as possibilidades de educação para além das disciplinas escolares, tais como as de natureza cultural, esportiva, de capacitação profissional, de saúde, dentre outras, de participação voluntária, integradas ao projeto político-pedagógico (PPP) da unidade ou do sistema prisional e executadas por iniciativas autônomas, instituições de ensino públicas ou privadas e pessoas e instituições autorizadas ou conveniadas com o poder público para esse fim. O art. 4º da Resolução especifica os requisitos exigidos para os projetos. A participação nessas práticas sociais educativas ensejará remição de pena na mesma medida das atividades escolares (art. 3º), considerando-se para o cálculo da carga horária a frequência efetiva da pessoa privada de liberdade nas atividades realizadas.

c) leitura: terão direito à remição de pena pela leitura as pessoas privadas de liberdade que comprovarem a leitura de qualquer obra literária, independentemente de participação em projetos ou de lista prévia de títulos autorizados, desde que seja de forma voluntária e com a as obras disponíveis no acervo da unidade prisional. O acesso à biblioteca é assegurado a todas as pessoas, independentemente do regime prisional. O prazo para realizar a leitura é de 21 a 30 dias, devendo apresentar, em até 10 dias após esse período, um relatório de leitura sobre a obra, conforme roteiro a ser fornecido pelo Juízo competente ou Comissão de Validação. Para cada obra lida, corresponderá a remição de 4 dias de pena, limitando-se, no prazo de 12 meses, a até 12 obras efetivamente lidas e avaliadas e assegurando-se a possibilidade de remir até 48 dias a cada período de 12 meses.

Cumulação de remição por estudo e por trabalho: É possível, desde que as horas se compatibilizem.

E se o estabelecimento em que se encontra o preso não tem condições para o trabalho e/ou estudo? Apesar de haver corrente no sentido de ser possível, na hipótese, remição ficta, direito do preso e reprimenda ao Estado que não cumpre sua obrigação, não é a posição que prevalece. Renato Marcão, sobre o tema, nos explica: "o pedido de remição da pena embasado no fato de se encontrar recolhido o sentenciado em estabelecimento penal inadequado, onde teve cerceado seu direito de trabalhar e assim remir parte de sua pena, posto inexistir no local condições para o exercício de atividade laborterápica, não encontra amparo legal vez que inexiste previsão do trabalho como direito do condenado e obrigação do Estado em nenhum dispositivo legal seja no CP seja na Lei de Execução Penal (art. 126). Diversamente, neles o trabalho surge sempre como imposição da lei e obrigação do sentenciado, consequência da execução da pena privativa e liberdade" (ob. cit. pp. 222-3).

ATENÇÃO – a jurisprudência do STJ firmou o entendimento de que é possível remir a pena com base em atividades que não estejam expressas no texto legal. Concluiu-se, com isso, que o rol do art. 126 da Lei de Execução Penal não é taxativo, pois não descreve todas as atividades que poderão auxiliar no abreviamento da reprimenda. Recentemente, por exemplo, o STJ autorizou a remição da pena em razão de atividade musical (participação em coral). Trata-se, segundo o Tribunal Cidadão, de interpretação analógica "in bonam partem" do art. 126 da LEP.

Ressalta-se, por fim, que o tempo remido pelo preso gera mera expectativa de direito, pois parte desse direito pode ser perdida em razão de falta grave, ou seja, depende do comportamento futuro do habitante prisional.

ATENÇÃO – O disposto no art. 127 aplica-se, no que couber, às hipóteses de prisão cautelar.

1. INFORMATIVOS DE JURISPRUDÊNCIA

- **STF – 860 – Remição da pena e jornada de trabalho inferior a seis horas**

A Segunda Turma deu provimento a recurso ordinário em "habeas corpus" e concedeu a ordem para que seja considerado, para fins de remição da pena, o total de horas trabalhadas em jornada diária inferior a seis horas. O Colegiado anotou que o condenado cumpria jornada de quatro horas diárias de trabalho por determinação da administração do presídio. Ponderou que, nos termos da Lei de Execução Penal (LEP), a jornada diária não deve ser inferior a seis nem superior a oito horas. Afirmou que, para computar os dias de remição, a administração penitenciária somou as horas trabalhadas e as dividiu por seis. Por fim, deliberou que a obrigatoriedade do cômputo de tempo de trabalho deve ser aplicada às hipóteses em que o sentenciado, por determinação da administração, cumpra jornada inferior ao mínimo de seis horas, ou seja, em que a jornada de trabalho não derive de ato voluntário nem de indisciplina ou insubmissão do preso. (RHC 136509/MG, rel. Min. Dias Toffoli, julgamento em 4.4.2017.)

- **STF – 577 – Regime aberto e impossibilidade de remição pelo trabalho.**

No caso concreto, conforme já devidamente consignado no v. acórdão na origem, confirmado por esta relatoria na decisão monocrática em habeas corpus e em seu respectivo recurso de embargos de declaração, o direito à remição por trabalho apenas recai sobre aqueles apenados que cumprem pena no regime semiaberto ou fechado. Precedentes. III – "A jurisprudência do Superior Tribunal de Justiça é no sentido de que o condenado que cumpre pena em regime aberto não faz jus à remição pelo trabalho, nos termos do art. 126 da Lei de Execução Penal, que prevê, expressamente, tal benefício apenas ao condenado que cumpre pena em regime fechado ou semiaberto, situação mantida com a entrada em vigor da Lei n. 12.433/2011" (HC n. 186.389/RS, Sexta Turma, Rel. Min. Sebastião Reis Júnior, DJe de 21/03/2012). Precedentes." (AgInt nos EDcl no HC 475.842/SP, j. 12/03/2019).

- **STJ – 613 – Atividade realizada em coral. Interpretação extensiva in bonam partem do art. 126 da LEP.**

O ponto nodal da discussão consiste em analisar se o canto em coral, pode ser considerado como trabalho ou estudo para fins de remição da pena. Inicialmente, consigna-se que a jurisprudência do Superior Tribunal de Justiça, como resultado de uma interpretação analógica in bonam partem da norma prevista no art. 126 da LEP, firmou o entendimento de que é possível remir a pena com base em atividades que não estejam expressas no texto legal. Concluiu-se, portanto, que o rol do art. 126 da Lei de Execução Penal não é taxativo, pois não descreve todas as atividades que poderão auxiliar no abreviamento da reprimenda. A atividade musical realizada pelo reeducando profissionaliza, qualifica e capacita o réu, afastando-o do crime e reintegrando-o na sociedade. No mais, apesar de se encaixar perfeitamente à hipótese de estudo, vê-se, também, que a música já foi regulamentada como profissão pela Lei n. 3.857/1960. (STJ – REsp 1.666.637-ES, Rel. Min. Sebastião Reis Júnior, por unanimidade, julgado em 26/09/2017, DJe 09/10/2017).

- **STJ – Remição de pena por leitura e resenha de livros.**

A redação do artigo 126 da LEP deixa clara a preocupação do legislador com a capacitação profissional do interno e com o estímulo a comportamentos que propiciem a readaptação de presos ao convívio social. O sentido e o alcance do artigo 126 da LEP podem ser ampliados pelo aplicador do direito, com o uso da hermenêutica, para abarcar atividades complementares como o estudo ou a simples **leitura**, com a finalidade de readaptação e ressocialização do preso, além de incentivar o bom comportamento e a disciplina (STJ – HC 390.721/RS, Rel. Ministro REYNALDO SOARES DA FONSECA, QUINTA TURMA, julgado em 08/08/2017, DJe 22/08/2017).

- **STJ – 587 – DIREITO PENAL. Remição de pena por leitura e resenha de livros.**

O fato de o estabelecimento penal assegurar acesso a atividades laborais e a educação formal não impede a remição por leitura e resenha de livros. Inicialmente, consigne-se que a jurisprudência do STJ tem admitido que a norma do art. 126 da LEP, ao possibilitar a abreviação da pena, tem por objetivo a ressocialização do condenado, sendo possível o uso da analogia in bonam partem, que admita o benefício em comento em razão de atividades que não estejam expressas no texto legal, como no caso, a leitura e resenha de livros, nos termos da Recomendação n. 44/2013 do CNJ (AgRg no AREsp 696.637-SP, Quinta Turma, DJe 4/3/2016; HC 326.499-SP, Sexta Turma, DJe 17/8/2015; e HC 312.486-SP, Sexta Turma, DJe 22/6/2015). Ademais, o fato de o estabelecimento penal onde se encontra o paciente assegurar acesso a atividades laborais e a educação formal não impede que se obtenha também a remição pela leitura, que é atividade complementar, mas não subsidiária, podendo ocorrer concomitantemente. Assim, as horas dedicadas à leitura e resenha de livros, como forma da remição pelo estudo, são perfeitamente compatíveis com a participação em atividades laborativas fornecidas pelo estabelecimento penal, nos termos do art. 126, § 3º, da LEP, uma vez que a leitura pode ser feita a qualquer momento do dia e em qualquer local, diferentemente da maior parte das ofertas de trabalho e estudo formal. Precedente citado: HC 317.679-SP, Sexta Turma, DJe 2/2/2016 (STJ – HC nº 353.689-SP, Rel. Felix Fischer, j. 1./.2016, DJe 1.8.2016.

- **STJ – 584 – DIREITO PROCESSUAL PENAL. Remição de pena por trabalho em domingos e feriados.**

Se o preso, ainda que sem autorização do juízo ou da direção do estabelecimento prisional, efetivamente trabalhar nos domingos e feriados, esses dias deverão ser considerados no cálculo da remição da pena. A remição da pena pelo trabalho se perfaz à razão de 1 dia de pena a cada 3 dias de trabalho, conforme o regramento do art. 126, § 1º, II, da LEP. E, nos termos do art. 33 do mesmo estatuto, considera-se dia trabalhado aquele em que cumprida jornada não inferior a 6 nem superior a 8 horas.

Assim, a remição da pena pelo trabalho, nos termos do art. 33, c/c o art. 126, § 1º, é realizada à razão de um dia de pena a cada três dias de trabalho, cuja jornada diária não seja inferior a 6 nem superior a 8 horas, o que impõe, para fins de cálculo, a consideração dos dias efetivamente trabalhados (HC 218.637-RS, Quinta Turma, DJe 19/4/2013) (STJ – HC nº 346.948-RS, Rel. Reynaldo Soares da Fonseca, j. 21.6.2016, DJe 29.6.2016).

STJ – 562 – DIREITO PENAL. REMIÇÃO DE PENA EM RAZÃO DE ATIVIDADE LABORATIVA EXTRAMUROS. RECURSO REPETITIVO (ART. 543-C DO CPC E RES. 8/2008-STJ). TEMA 917.

É possível a remição de parte do tempo de execução da pena quando o condenado, em regime fechado ou semiaberto, desempenha atividade laborativa extramuros. Segundo o art. 126, caput, da Lei de Execução Penal (LEP), "O condenado que cumpre a pena em regime fechado ou semiaberto poderá remir, por trabalho ou por estudo, parte do tempo de execução da pena". Ainda, dispõe o § 6º do referido dispositivo legal que: "O condenado que cumpre pena em regime aberto ou semiaberto e o que usufrui liberdade condicional poderão remir, pela frequência a curso de ensino regular ou de educação profissional, parte do tempo de execução da pena ou do período de prova, observado o disposto no inciso I do § 1º deste artigo". Constata-se que os dispositivos supracitados não fizeram nenhuma distinção ou referência, para fins de remição de parte do tempo de execução da pena, quanto ao local em que deve ser desempenhada a atividade laborativa, de modo que se mostra indiferente o fato de o trabalho ser exercido dentro ou fora do ambiente carcerário. Na verdade, a lei exige apenas que o condenado esteja cumprindo a pena em regime fechado ou semiaberto (HC 206.313-RJ, Quinta Turma, DJe 11/12/2013). Ademais, se o condenado que cumpre pena em regime aberto ou semiaberto pode remir parte da reprimenda pela frequência a curso de ensino regular ou de educação profissional, não há razões para não considerar o trabalho extramuros de quem cumpre pena em regime semiaberto como fator de contagem do tempo para fins de remição. Além disso, insta salientar que o art. 36 da LEP somente prescreve a exigência de que o trabalho externo seja exercido, pelos presos em regime fechado, por meio de "serviço ou obras públicas realizadas por órgãos da Administração Direta ou Indireta, ou entidades privadas, desde que tomadas as cautelas contra a fuga e em favor da disciplina". Dessa forma, em homenagem, sobretudo, ao princípio da legalidade, não cabe restringir a futura concessão de remição da pena somente àqueles que prestam serviço nas dependências do estabelecimento prisional, tampouco deixar de recompensar o apenado que, cumprindo a pena no regime semiaberto, exerça atividade laborativa, ainda que extramuros. Na verdade, a LEP direciona-se a premiar o apenado que demonstra esforço em se ressocializar e que busca, na atividade laboral, um incentivo maior à reintegração social: "A execução penal tem por objetivo efetivar as disposições de sentença ou decisão criminal e proporcionar condições para a harmônica integração social do condenado e do internado" (art. 1º). A ausência de distinção pela lei, para fins de remição, quanto à espécie ou ao local em que o trabalho é realizado, espelha a própria função ressocializadora da pena, inserindo o condenado no mercado de trabalho e no próprio meio social, minimizando suas chances de recidiva delitiva. De mais a mais, ausentes, por deficiência estrutural ou funcional do Sistema Penitenciário, as condições que permitam a oferta de trabalho digno para todos os apenados aptos à atividade laborativa, não se há de impor ao condenado que exerce trabalho extramuros os ônus decorrentes dessa ineficiência. Cabe ressaltar que a supervisão direta do próprio trabalho deve ficar a cargo do patrão do apenado, cumprindo à administração carcerária a supervisão sobre a regularidade do trabalho. Por fim, se concedida ao apenado pelo Juízo das Execuções Criminais a possibilidade de realização de trabalho extramuros, mostrar-se-ia, no mínimo, contraditório o Estado-Juiz permitir a realização dessa atividade fora do estabelecimento prisional, com vistas à ressocialização do apenado, e, ao mesmo tempo, ilidir o benefício da remição (STJ – REsp nº 1.381.315-RJ, Rel. Rogerio Schietti Cruz, j. 13.5.2015, DJe 19.5.2015).

STJ – 556 – DIREITO PENAL. Remição da pena pelo estudo em dias não úteis.

A remição da pena pelo estudo deve ocorrer independentemente de a atividade estudantil ser desenvolvida em dia não útil. O art. 126 da Lei 7.210/1984 dispõe que a contagem de tempo para remição da pena pelo estudo deve ocorrer à razão de 1 dia de pena para cada 12 horas de frequência escolar, não havendo qualquer ressalva sobre a consideração apenas dos dias úteis para realização da referida contagem, sendo, inclusive, expressamente mencionada a possibilidade de ensino a distância (STJ – AgRg no REsp nº 1.487.218-DF, Rel. Ericson Maranho, j. 5.2.2015, DJe 24.2.2015.

- **STJ – Cumulação de remição por trabalho, estudo e leitura.**

O fato de o estabelecimento penal onde se encontra o paciente assegurar acesso a atividades laborais e à educação formal, não impede que se obtenha também a remição pela leitura, que é atividade complementar, mas não subsidiária, podendo ocorrer concomitantemente, havendo compatibilidade de horários" (STJ, HC 353.689/SP, j. 14/06/2016).

2. QUESTÕES DE CONCURSOS

01. (Promotor Substituto – MPE/SP – 2015) A prática de falta grave pelo condenado durante a execução de sua pena:

a) tem como consequência a perda de 1/3 (um terço) dos dias remidos.

b) tem como consequência a perda total dos dias remidos.

c) não acarreta a perda dos dias remidos, pois a remição é um direito do condenado de ver reduzido pelo trabalho o tempo de duração da pena privativa de liberdade a ele imposta.

d) tem como consequências a perda total dos dias remidos e a interrupção do prazo para que possa ser beneficiado com o indulto.

e) tem como consequências a perda de 1/3 (um terço) dos dias remidos e a impossibilidade de ser beneficiado com o indulto.

02. (Promotor de Justiça Substituto – MPE/MS – 2015 – FAPEC) Analise as proposições abaixo:

I. É possível a remição de pena em virtude da frequência do condenado em curso de ensino fundamental, médio, inclusive profissionalizante, ou superior.

II. O cometimento de falta grave pelo condenado interrompe a contagem do prazo para a concessão do livramento condicional.

III. Compete ao Juízo das Execuções Penais do Estado a execução das penas impostas a sentenciados pela Justiça Federal, Militar ou Eleitoral, quando recolhidos a estabelecimentos sujeitos à administração estadual.

IV. É possível a progressão de regime de execução da pena fixada em sentença não transitada em julgado, mesmo na hipótese de o réu se encontrar em prisão especial.

Assinale a alternativa correta:

a) Somente a proposição IV está correta.

b) Somente as proposições I, II e IV estão corretas.

c) Somente as proposições II e III estão corretas.

d) Somente as proposições I e III estão corretas.

e) Somente as proposições I, III e IV estão corretas.

03. (Juiz Substituto – TJ/PE – 2015 – FCC) Em relação à remição, pode-se assegurar que

a) o juiz, em caso de falta grave, poderá revogar até 1/3 (um terço) do tempo remido, não recomeçando a contagem a partir da infração disciplinar.

b) admissível, pelo trabalho, apenas para condenado que cumpre pena em regime fechado.

c) o condenado que usufrui de liberdade condicional poderá remir, pelo trabalho ou por estudo, parte do tempo do período de prova.

d) indevida nas hipóteses de prisão cautelar.

e) o tempo remido será computado como pena cumprida, para todos os efeitos.

04. **(Defensoria Pública da União – 2015 – CESPE)** Gerson, com vinte e um anos de idade, e Gilson, com dezesseis anos de idade, foram presos em flagrante pela prática de crime. Após regular tramitação de processo nos juízos competentes, Gerson foi condenado pela prática de extorsão mediante sequestro e Gilson, por cometimento de infração análoga a esse crime. Com relação a essa situação hipotética, julgue o próximo item.

No cumprimento da pena em regime fechado, Gerson poderá, para fins de remição, cumular atividades laborativas com atividades típicas do ensino fundamental. Nessa hipótese, para cada três dias de trabalho e estudo concomitante, serão abatidos dois dias de sua pena.

05. **(Defensor Público – MA – 2015 – Fundação Carlos Chagas)** O sentenciado que trabalhou e estudou durante a execução da pena no regime semiaberto terá o tempo remido computado como pena cumprida na razão de um dia de pena a cada três dias trabalhados e

a) um dia de pena a cada 12 horas de frequência escolar calculados do total da pena.

b) um dia de pena a cada 12 horas de frequência escolar calculados para todos os benefícios da execução penal.

c) um dia de pena a cada 16 horas de frequência escolar calculados do total da pena.

d) um dia de pena a cada 16 horas de frequência escolar calculados para todos os benefícios da execução penal.

e) 3 dias de pena a cada 16 horas de frequência escolar calculados do total da pena.

06. **(Agente Penitenciário Federal – DEPEN – 2015)** Julgue o item a seguir.

A legislação brasileira referente à educação no sistema prisional não prevê o emprego da modalidade de educação à distância.

07. **(Agente Penitenciário Federal – DEPEN – 2015)** Julgue o item a seguir.

De acordo com a legislação em vigor, as atividades que possibilitam a remição de pena incluem, entre outras, o trabalho e o estudo.

08. **(Agente Penitenciário Federal – DEPEN – 2015)** Julgue o item a seguir.

Entre outros dispositivos legais pertinentes, o direito da pessoa privada de liberdade à educação é assegurado pela LEP, que contém previsão específica para aulas do ensino profissionalizante e para a realização de estágios de nível superior.

09. **(Promotor de Justiça – PE – 2014)** Quanto à remição, correto afirmar que

a) o juiz, em caso de falta grave, pode revogar até metade do tempo remido.

b) cabível pelo estudo apenas na forma presencial.

c) aplicável ao preso provisório.

d) o tempo remido não será computado como pena cumprida.

e) incabível pelo estudo para o condenado que usufrua de liberdade condicional.

10. **(Defensor Público – MS – 2014)** A remição é instituto que se aplica

a) apenas aos presos definitivos, excluídos os detidos por força de medidas cautelares.

b) inclusive, durante o período em que o sentenciado esteja impossibilitado, por acidente, de prosseguir no trabalho.

c) a presos em regime fechado ou semiaberto, não podendo dela se valer o preso que cumpre pena em regime aberto.

d) por disposição legal, quando o sentenciado trabalha; por criação jurisprudencial não positivada, também pode diminuir a pena daquele que estuda.

11. **(Juiz Federal Substituto – 2ª Região – 2014)** A pessoa condenada em regime aberto e que exerce atividade em trabalho externo:

a) Pode descontar a pena aplicada dos dias de trabalho.
b) Não tem direito à assistência médica.
c) Tem, depois de seis meses, direito à prisão domiciliar.
d) Não pode obter a remição da pena pelos dias de trabalho.
e) Somente será beneficiário do desconto da pena se a jornada ultrapassar oito horas de trabalho externo.

12. (Defensor Público – TO – 2013) Assinale a opção correta no que concerne à remição penal, de acordo com a LEP.

a) Os presos custodiados em decorrência do cumprimento de medida cautelar privativa de liberdade poderão remir, por trabalho ou por estudo, parte do tempo da execução provisória da pena.
b) O sentenciado que sofrer acidente no trabalho e, consequentemente, ficar impossibilitado de prosseguir trabalhando e estudando continuará a se beneficiar com a remição apenas pelo trabalho.
c) A remição, de acordo com preceito expresso na LEP, será declarada mensalmente pelo juiz da execução, com base nos registros do condenado acerca dos dias trabalhados e(ou) de estudo, ouvidos o MP e a defesa.
d) A remição pelo trabalho e pelo estudo contempla os condenados que cumpram pena em regime fechado, semiaberto e aberto, não se estendendo aos que estejam em gozo de liberdade condicional.
e) A LEP veda, de forma expressa, a cumulação de horas diárias de trabalho e de estudo para idêntica finalidade de remição, definindo, no mínimo, três dias por semana para estudo e o restante para o trabalho, de forma a se compatibilizarem.

13. (Inspetor de Segurança e Administração Penitenciária – SEAP-RJ – CEPERJ – 2012) Nos termos da Lei de Execução Penal, o condenado que cumpre a pena em regime fechado ou semiaberto poderá remir, por trabalho ou por estudo, parte do tempo de execução da pena, sendo a contagem de tempo feita à razão de:

a) 1 dia de pena a cada 12 horas de frequência escolar – atividades de ensino fundamental, médio, inclusive profissionalizante, ou superior, ou ainda de requalificação profissional – divididas, no mínimo, em 3 dias
b) 1 dia de pena a cada 10 horas de frequência escolar – atividades de ensino fundamental, médio, inclusive profissionalizante, ou superior, ou ainda de requalificação profissional – divididas, no mínimo, em 3 dias
c) 1 dia de pena a cada 6 horas de frequência escolar – atividades de ensino fundamental, médio, inclusive profissionalizante, ou superior, ou ainda de requalificação profissional – divididas, no mínimo, em 3 dias
d) 1 dia de pena a cada 4 horas de frequência escolar – atividades de ensino fundamental, médio, inclusive profissionalizante, ou superior, ou ainda de requalificação profissional – divididas, no mínimo, em 3 dias
e) 1 dia de pena a cada 8 horas de frequência escolar – atividades de ensino fundamental, médio, inclusive profissionalizante, ou superior, ou ainda de requalificação profissional – divididas, no mínimo, em 3 dias

14. (Defensor Público – FCC – 2011 – DPE-RS) De acordo com a Lei de Execução Penal, incumbe à Defensoria Pública requerer a detração e a remição da pena. A respeito desses dois institutos é correto afirmar:

a) O preso impossibilitado de prosseguir no trabalho, por acidente, continuará a beneficiar-se com a remição.
b) Pelo instituto da remição, o período de prisão provisória por fato que resultou a condenação executada deve ser considerado no cômputo do cumprimento da pena imposta pela sentença.
c) A detração consiste na possibilidade de o apenado diminuir parte do tempo de execução da pena pelo trabalho, sendo que a contagem do tempo para tal fim será feita à razão de 1 (um) dia de pena por 3 (três) de trabalho.
d) O tempo remido não é computado para a concessão do indulto, somente para o deferimento do livramento condicional.
e) O condenado que for punido por falta grave perderá o direito ao tempo detraído, começando o novo período a partir da data da infração disciplinar.

15. (Agente Penitenciário – FCC – 2010 – SJCDH-BA) No que diz respeito à remição, é INCORRETO afirmar que

a) são computados, além dos dias trabalhados, os dias de descanso obrigatório.

b) o condenado punido por falta grave perde o direito ao tempo remido, começando o novo período a partir da data da infração disciplinar.

c) a contagem do tempo é feita à razão de um dia de pena por três de trabalho.

d) é um direito privativo dos condenados que estejam cumprindo pena no regime fechado ou semiaberto.

e) o preso impossibilitado de prosseguir no trabalho, por acidente, continuará a beneficiar-se com a remição.

16. (Agente Penitenciário – CESPE – 2009 – SEJUS-ES) Em relação à Lei de Execução Penal (LEP), julgue o item a seguir.

O condenado impossibilitado de prosseguir no trabalho por motivo de acidente não continua a se beneficiar com a remição, mas faz jus ao benefício previdenciário de auxílio-acidente.

17. (Técnico Judiciário – FUNDEP – 2010 – TJ-MG) Analisando a Lei de Execução Penal (n. 7.210/84) sobre o instituto da remição da pena, é INCORRETO afirmar que

a) a remição será feita a razão de 01 dia de pena para 03 de trabalho.

b) não se admitirá remição para os acometidos com doença grave.

c) o tempo remido será computado para concessão do livramento condicional e o indulto.

d) são passíveis de remição os condenados ao regime fechado ou semiaberto.

18. (Juiz Federal – TRF5/2011) Julgue o item a seguir.

De acordo com a jurisprudência pacificada do STJ, o tempo remido pelo preso não gera mera expectativa de direito, mas direito adquirido.

19. (Promotor de Justiça – ES/2009/CESPE – desmembrada) Assinale verdadeiro ou falso com referência à execução das penas e medidas de segurança.

O STJ pacificou o entendimento de que a realização de atividade estudantil é causa de remição de parte da pena. Não se revela possível, porém, reconhecer duas vezes a remição da pena em decorrência de trabalho e estudo realizados no mesmo período, pois, embora seja possível ao condenado trabalhar e estudar no mesmo dia, as horas dedicadas a tais atividades somente podem ser somadas, para fins de remição, até o limite máximo de oito.

20. (FCC – Promotor de Justiça – CE – 2011) No que concerne à remição pelo estudo, é correto afirmar que

a) a contagem de tempo será feita à razão de um dia de pena a cada oito horas de frequência escolar, divididas, no mínimo, em três dias.

b) as correspondentes atividades somente poderão ser desenvolvidas de forma presencial.

c) o tempo remido será considerado como pena cumprida, para todos os efeitos.

d) inaplicável às hipóteses de prisão cautelar.

e) o juiz, em caso de falta grave, poderá revogar até metade do tempo remido.

21. (MPE/PR – Promotor de Justiça – 2011 – Adaptada) Julgue o item a seguir.

É possível conceder remição de pena computando-se o tempo de frequência a curso de ensino formal.

22. (MPE/PR – Promotor de Justiça – PR – 2009 – Adaptada) Julgue o item a seguir.

O tempo de remição de pena é computado para concessão de livramento condicional e progressão de regime, mas não é contado para o deferimento do indulto.

23. (Defensor Público – BA – 2016) Sobre o trabalho e o estudo dos apenados, bem como acerca da remição, é correto afirmar:

a) O tempo a remir pelas horas de estudo será acrescido de ½ no caso de conclusão do ensino fundamental durante o cumprimento da pena, desde que a conclusão seja certificada pelo órgão competente do sistema de educação.

b) O condenado que usufrui liberdade condicional poderá remir, pela frequência a curso de ensino regular ou de educação profissional, parte do tempo do período de prova.

c) Se o preso restar impossibilitado de prosseguir no trabalho, por acidente no local do labor, não poderá continuar a se beneficiar com a remição enquanto perdurar o afastamento.

d) O trabalho externo, segundo a Lei de Execuções Penais, é permitido apenas aos presos dos regimes semiaberto e aberto.

e) O trabalho interno é obrigatório para os presos definitivos e provisórios.

24. (Promotor de Justiça Substituto – GO – 2016) Sobre a execução penal e seu regime de cumprimento de pena no sistema pátrio, marque a alternativa correta, segundo a orientação da jurisprudência:

a) Não há remição da pena na hipótese em que o condenado deixa de trabalhar ou estudar em virtude da omissão do Estado em fornecer tais atividades, uma vez que não existe remição ficta.

b) O prazo prescricional para a apuração da falta grave na execução criminal é de 05 anos da data de seu cometimento.

c) O cometimento de falta grave enseja a regressão para regime de cumprimento de pena mais gravoso, bem como a suspensão da contagem do prazo para a obtenção do benefício da progressão de regime.

d) A remição da pena pelo trabalho ocorrerá somente quando o trabalho for prestado dentro do estabelecimento prisional, uma vez que no regime aberto não há que se falar em remição pelo trabalho, somente pelo estudo.

25. (FCC/2017 – DPE/PR – Defensor Público) Considerando a Lei de Execução Penal e a jurisprudência dos tribunais superiores sobre a remição, é correto afirmar:

a) O trabalho do preso cautelar não pode ser computado para fins de remição.

b) É impossível a cumulação da remição por estudo e por trabalho.

c) O trabalho intramuros é o único passível de remição.

d) Não há previsão legal de remição para o sentenciado em regime aberto.

e) O aproveitamento escolar insatisfatório não impede a remição por estudo.

26. (Investigador de Polícia – PC/BA – 2018) A Lei de Execução Penal adotou o instituto da remição, que é o desconto de 1 (um) dia da pena por 3 (três) dias trabalhados pelo condenado. Diante das normas legais a respeito do assunto, constata-se que

a) uma vez realizado o trabalho, não pode fato posterior suprimir o direito à remição.

b) o cometimento de falta grave pode acarretar a revogação de até 1/6 (um sexto) dos dias remidos.

c) o cometimento de falta média ou grave pode acarretar a revogação total dos dias remidos.

d) o cometimento de falta grave pode acarretar a revogação de até 1/2 (metade) dos dias remidos.

e) o cometimento de falta grave pode acarretar a revogação de até 1/3 (um terço) dos dias remidos.

GAB														
	01	A	02	E	03	E	04	CERTO	05	B	06	ERRADO	07	CERTO
	08	CERTO	09	C	10	B	11	D	12	A	13	A	14	A
	15	A	16	ERRADO	17	A	18	ERRADO	19	FALSO	20	C	21	CERTO
	22	ERRADO	23	B	24	A	25	E	26	E				

Art. 127. Em caso de falta grave, o juiz poderá revogar até 1/3 (um terço) do tempo remido, observado o disposto no art. 57, recomeçando a contagem a partir da data da infração disciplinar. (Redação dada pela Lei nº 12.433, de 2011)

Remição e falta grave – O cometimento de falta grave não implica mais na perda de todos os dias remidos. Consoante nova redação do artigo 127, o condenado poderá perder até 1/3 (um terço) do tempo remido, recomeçando a contagem a partir da data da infração disciplinar. Para tanto, o juiz deverá observar o disposto no art. 57 desta lei, ou seja, levar em conta a natureza, os motivos, as circunstâncias e as consequências do fato, bem como a pessoa do faltoso e seu tempo de prisão.

ATENÇÃO: A prática de falta grave gera a decretação da perda de até 1/3 dos dias remidos, devendo a expressão "poderá", contida neste artigo, ser interpretada como poder-dever do magistrado, restando somente o juízo de discricionariedade acerca da fração da perda, que tem como limite 1/3 dos dias remidos. (STJ, REsp 1.430.097-PR). Reconhecida falta grave, a perda de até 1/3 do tempo remido pode alcançar dias de trabalho anteriores à infração disciplinar e que ainda não tenham sido declarados pelo juízo da execução no cômputo da remição (REsp 1.517.936-RS).

1. ENUNCIADOS DE SÚMULAS DE JURISPRUDÊNCIA

- **STF – Súmula Vinculante 9.** O disposto no artigo 127 da Lei 7.210/84 (Lei de Execução Penal) foi recebido pela ordem constitucional vigente, e não se lhe aplica o limite temporal previsto no caput do artigo 58.

2. INFORMATIVOS DE JURISPRUDÊNCIA

- **STF – 699 – Súmula Vinculante 9 e lei mais benéfica ao condenado**

O Plenário iniciou julgamento de recurso extraordinário em que discutida a aplicação da Súmula Vinculante 9 ["O disposto no artigo 127 da Lei nº 7.210/1984 (Lei de Execução Penal) foi recebido pela ordem constitucional vigente, e não se lhe aplica o limite temporal previsto no caput do artigo 58"] a decisão que, a despeito do cometimento de falta grave pelo condenado, reputara impossível a exclusão dos dias trabalhados para fins de remição da pena, em face dos princípios constitucionais da proporcionalidade, da proteção do direito adquirido, da individualização da pena e da dignidade do trabalhador. O Min. Luiz Fux, relator, proveu parcialmente o recurso. Reputou que a Súmula Vinculante 9 teria por base determinação legal no sentido de que, praticada falta grave, seriam excluídos os dias remidos, com consequente interrupção do lapso temporal necessário à progressão de regime. Ocorre que, no curso da tramitação do extraordinário, adviera a Lei 12.433/2011, que conferira nova redação ao art. 127 da Lei de Execução Penal – LEP ["Em caso de falta grave, o juiz poderá revogar até 1/3 (um terço) do tempo remido, observado o disposto no art. 57, recomeçando a contagem a partir da data da infração disciplinar"]. Salientou que a novel redação seria mais benéfica ao condenado e que a lei, portanto, deveria retroagir, nos termos do Enunciado 611 da Súmula do STF ("Transitada em julgado a sentença condenatória, compete ao juízo das execuções a aplicação de lei mais benigna"). Ademais, considerou que a Súmula Vinculante 9 deveria ser cancelada, com fulcro no art. 5º da Lei 11.417/2006 ("Revogada ou modificada a lei em que se fundou a edição de enunciado de súmula vinculante, o Supremo Tribunal Federal, de ofício ou por provocação, procederá à sua revisão ou cancelamento, conforme o caso"). Por fim, determinou fossem baixados os autos à origem, para que o juízo da execução decidisse de acordo com a novatio legis in melius (LEP, art. 66, I). Em seguida, a Min. Cármen Lúcia indagou sobre a possibilidade de a pena já ter sido cumprida, a implicar a perda de objeto do extraordinário. Assim, necessária a substituição por outro recurso representativo da controvérsia. O relator reafirmou o voto, haja vista a repercussão geral reconhecida na matéria. Ademais, registrou que, na objetivação do recurso extraordinário, impor-se-ia a fixação da tese. Após, o julgamento foi suspenso (STF – RE nº 638239-DF, Rel. Luiz Fux, j. 21.3.2013).

▸ **STF – 667 – Segunda turma – Art. 127 da LEP e benefícios da execução**

A 2ª Turma denegou habeas corpus em que se pleiteava fosse declarado que a prática de falta grave estaria limitada ao máximo de 1/3 do lapso temporal no desconto da pena para todos os benefícios da execução da reprimenda que exigissem a contagem de tempo. Na situação dos autos, o STJ concedera, parcialmente, a ordem postulada para afastar o reinício da contagem do prazo, decorrente do cometimento de falta grave, necessário à aferição do requisito objetivo quanto aos benefícios de livramento condicional e comutação de pena. Enfatizou-se que o art. 127 da LEP, com a redação conferida pela Lei 12.433/2011, imporia ao juízo da execução, ao decretar a perda dos dias remidos, que se ativesse ao limite de 1/3 do tempo remido e levasse em conta, na aplicação dessa sanção, a natureza, os motivos, as circunstâncias e as consequências do fato, bem como a pessoa do faltoso e seu tempo de prisão [LEP: "Art. 127. Em caso de falta grave, o juiz poderá revogar até 1/3 (um terço) do tempo remido, observado o disposto no art. 57, recomeçando a contagem a partir da data da infração disciplinar"]. Na sequência, observou-se que, embora a impetrante postulasse a incidência da referida norma à espécie, verificar-se-ia que o juízo da execução não decretara a perda do tempo remido, a impedir a concessão da ordem para esse fim. Assinalou-se que, da leitura do dispositivo legal, inferir-se-ia que o legislador pretendera restringir somente a revogação dos dias remidos ao patamar de 1/3, motivo pelo qual não mereceria acolhida pretensão de estender o referido limite aos demais benefícios da execução. (STF – HC nº 110921-RS, Rel. Ricardo Lewandowski, j. 22.5.2012).

▸ **STF – 650 – Primeira Turma – "Lex mitior" e dias remidos**

Ao aplicar a novel redação do art. 127 da Lei de Execução Penal – LEP ["Art. 127. Em caso de falta grave, o juiz poderá revogar até 1/3 (um terço) do tempo remido, observado o disposto no art. 57, recomeçando a contagem a partir da data da infração disciplinar"], a 1ª Turma denegou habeas corpus, mas concedeu a ordem, de ofício, para determinar ao juízo da execução que reanalise a situação dos pacientes. Consignou-se que o magistrado deverá atentar para os novos parâmetros promovidos pela Lei 12.433/2011, de modo a aplicar aos condenados a fração cabível para a perda dos dias remidos dentro do patamar máximo permitido de 1/3, conforme as circunstâncias do caso concreto. Reputou-se que, antes da superveniência da nova lei, o cometimento de falta grave tinha como consectário lógico a perda de todos os dias remidos, diferentemente da sistemática atual, que determina a revogação de até 1/3 desse tempo. (STF – HC nº 110070-SP, Rel. Dias Toffoli, 29.11.2011).

▸ **STF – 650 – "Lex mitior": tempo remido e alteração de data-base**

A Turma iniciou julgamento de "habeas corpus" em que discutida a alteração de data-base para concessão de benefícios executórios, em virtude de falta grave consistente na posse de telefone celular. Ante o fato ocorrido, o juízo singular determinara nova data-base para futuros benefícios e declarara a perda dos dias remidos anteriores à prática da infração disciplinar. O Min. Gilmar Mendes, relator, concedeu a ordem, ao aplicar a novel redação dos arts. 127 e 128 da Lei de Execução Penal – LEP, alterada pela Lei 12.433/2011 ["Art. 127. Em caso de falta grave, o juiz poderá revogar até 1/3 (um terço) do tempo remido, observado o disposto no art. 57, recomeçando a contagem a partir da data da infração disciplinar. Art. 128. O tempo remido será computado como pena cumprida, para todos os efeitos"] para determinar ao juízo da VEC que reanalise a situação do paciente, atentando-se para os novos parâmetros. Preliminarmente, destacou a reiterada jurisprudência desta Corte no sentido de que o cometimento de falta grave implicaria o recomeço da contagem do prazo para a obtenção de benefícios executórios. Esse entendimento resultara na Súmula Vinculante 9 ["O disposto no art. 127 da lei nº 7.210/84 (lei de execução penal) foi recebido pela ordem constitucional vigente, e não se lhe aplica o limite temporal previsto no caput do art. 58"]. Porém, reputou que, com as modificações produzidas pela nova lei, o reconhecimento da falta grave não implicaria mais perda de todos os dias remidos, nos termos do art. 127 da LEP. Destacou que, recentemente, esta Corte reconhecera a repercussão geral da matéria e, na oportunidade, o Min. Luiz Fux registrara a necessidade de se deliberar "a respeito da retroatividade da nova norma e, se for o caso, sobre a revisão ou cancelamento da referida súmula vinculante". Concluiu, com fulcro no art. 5º, XL, da CF e no art. 2º do CP, tratar-se de "lex mitior", devendo, portanto, ser aplicada para beneficiar o réu. Após, pediu vista dos autos o Min. Ricardo Lewandowski (STF – HC nº 109851, Rel. Gilmar Mendes, j. 18.10.2011).

- **STF – 579 – Falta grave: descumprimento de condições e regressão de regime.**

Para evitar supressão de instância, a Turma, por maioria, não conheceu de "habeas corpus" na parte em que se sustentava a nulidade de processo administrativo disciplinar que culminara na regressão, de regime aberto para o semiaberto, a condenado por roubo tentado ante o reconhecimento de falta grave consistente na sua apresentação em albergue estadual com sinais de embriaguez. Considerou-se que, na situação em apreço, não houvera discussão nas instâncias ordinárias sobre a legalidade na determinação de não ingestão de bebida alcoólica como condição especial de cumprimento da pena no regime aberto. Registrou-se, contudo, não ser o caso de concessão da ordem, de ofício, pela ausência de ilegalidade clara e patente na fixação da condição especial de cumprimento da pena imposta ao paciente. Salientou-se apenas a título de reflexão e sem apreciação do cerne da questão que a natureza violenta do delito de roubo exige comportamento social exemplar do condenado que cumpre pena em regime aberto. De outro lado, a Turma, embora conhecendo do "writ" quanto à alegação de ilegalidade da perda de dias remidos e de alteração da data-base para a concessão de futuros benefícios, por maioria, o indeferiu. Ressaltou-se o teor da Súmula Vinculante 9 e concluiu-se que, perdido o tempo remido e se reiniciando o novo período para o seu cômputo a partir da data da infração disciplinar, seria certo que o reinício do prazo para benefícios mais leves como o de progressão de regime também seria perfeitamente constitucional e lógico. Vencido o Min. Marco Aurélio que concedia a ordem, de ofício, para afastar a regressão ao fundamento de que a falta teria sido cometida não na penitenciária, mas no comparecimento para pernoite em albergue estadual, em Uruguaiana, no mês de junho, no inverno (STF – HC nº 100729, Rel. Ricardo Lewandowski, j. 16.3.2010).

- **STJ – 571 – DIREITO PENAL. Perda dos dias em razão de cometimento de falta grave.**

Reconhecida falta grave, a perda de até 1/3 do tempo remido (art. 127 da LEP) pode alcançar dias de trabalho anteriores à infração disciplinar e que ainda não tenham sido declarados pelo juízo da execução no cômputo da remição. A remição na execução da pena constitui benefício submetido à cláusula rebus sic stantibus. Assim, o condenado possui apenas a expectativa do direito de abater os dias trabalhados do restante da pena a cumprir, desde que não venha a ser punido com falta grave. Nesse sentido, quanto aos dias de trabalho a serem considerados na compensação, se, por um lado, é certo que a perda dos dias remidos não pode alcançar os dias trabalhados após o cometimento da falta grave, sob pena de criar uma espécie de conta-corrente contra o condenado, desestimulando o trabalho do preso, por outro lado, não se deve deixar de computar os dias trabalhados antes do cometimento da falta grave, ainda que não tenham sido declarados pelo juízo da execução, sob pena de subverter os fins da pena, culminando por premiar a indisciplina carcerária. Precedente citado: HC 286.791-RS, Quinta Turma, DJe 6/6/2014 (STJ – REsp nº 1.517.936-RS, Rel. Maria Thereza de Assis Moura, j. 1º.10.2015, DJe 23.10.2015).

- **STJ – 539 – DIREITO PENAL. Necessidade de fundamentação para a decretação da perda de 1/3 dos dias remidos.**

Reconhecida falta grave no decorrer da execução penal, não pode ser determinada a perda dos dias remidos na fração máxima de 1/3 sem que haja fundamentação concreta para justificá-la. De fato, a Lei de Execução Penal (LEP) estipula como um dos seus vetores o mérito do apenado, cuja avaliação decorre do cumprimento de seus deveres (art. 39), da disciplina praticada dentro do estabelecimento prisional (art. 44) e, por óbvio, do comportamento observado quando em gozo dos benefícios previstos na aludida norma de regência. Inserido nesse escopo, a configuração da falta de natureza grave enseja vários efeitos (art. 48, parágrafo único), entre eles: a possibilidade de colocação do sentenciado em regime disciplinar diferenciado (art. 56); a interrupção do lapso para a aquisição de outros instrumentos ressocializantes, como, por exemplo, a progressão para regime menos gravoso (art. 112); a regressão no caso do cumprimento da pena em regime diverso do fechado (art. 118); além da revogação em até 1/3 do tempo remido (art. 127). Nesse contexto, o STJ adota o entendimento de que "o cometimento de falta grave implica a perda de até 1/3 dos dias remidos, cabendo ao Juízo das Execuções dimensionar o quantum cabível, observando os critérios do artigo 57 da Lei 7.210/1984, relativos à natureza, aos motivos, às circunstâncias e às consequências do fato, bem como à pessoa do faltoso e seu tempo de prisão, recomeçando a contagem a partir da data da infração". (HC 271.185-RS, Sexta Turma, DJe 14/3/2014). Dessa forma, ao decretar a perda dos dias remidos, o magistrado não pode apenas repetir o disposto no art. 57 da LEP, deixando de apontar elementos concretos do caso que, efetivamente, evidenciem a necessidade de decretação da perda dos dias remidos na fração máxima de 1/3. Isso porque, a motivação dos atos jurisdicionais, conforme imposição do artigo 93, IX, da CF ("Todos os julgamentos dos órgãos do Poder Judiciário serão públicos, e fundamentadas todas as decisões, sob pena de nulidade..."), funciona como garantia da atuação imparcial e secundum legis (sentido lato) do órgão julgador (STJ – HC nº 282.265-RS, Rel. Rogerio Shietti Cruz, j. 22.4.2014.

3. QUESTÕES DE CONCURSOS

01. (Agente Penitenciário – MA – 2016) Consoante a Lei de Execução Penal, a remição:

a) é afetada pela prática de falta grave, hipótese em que o juiz poderá revogar até um terço do tempo remido.

b) não se aplica ao condenado submetido ao regime fechado.

c) se dará apenas em virtude do trabalho, mas não do estudo.

d) não é computada durante o período em que o preso se recupera de acidente de trabalho.

e) será declarada pelo juiz da execução independentemente de serem ouvidos Ministério Público e defesa.

02. (Promotor Substituto – PR – 2016) Assinale a alternativa incorreta:

a) O preso que presta oito horas de trabalho durante o dia e estuda no período noturno por quatro horas terá remidos dois dias de sua pena a cada três dias do exercício conjunto das referidas atividades;

b) Em caso de falta grave devidamente reconhecida, o condenado perderá a totalidade dos dias remidos, recomeçando a contagem do novo período de trabalho ou estudo para fins de remição a partir da data da infração disciplinar;

c) A remição da pena pelo estudo ocorre na proporção de 1 (um) dia de pena a cada 12 (doze) horas de frequência escolar, divididas em no mínimo 3 (três) dias;

d) O estudo por doze horas em apenas um dia não permite a remição de um dia da pena;

e) O estudo por duas horas diárias durante seis dias autoriza o abatimento de um dia da pena.

03. (Juiz Federal Substituto – 2ª Região – 2014) A configuração de falta grave do condenado, na execução da pena privativa de liberdade, em regime fechado, é apta a gerar o seguinte efeito:

a) A regressão do regime prisional.

b) A perda parcial dos dias remidos.

c) A exclusão da assistência médica.

d) A imposição do trabalho sem remuneração.

e) Nenhum dos efeitos acima previstos, embora possa gerar outros.

04. (Promotor de Justiça – CESPE – 2012 – MPE-TO) Um preso que cumpre pena de vinte anos de reclusão em regime inicialmente fechado adquiriu o direito de trabalhar e cursar o ensino médio, na modalidade de ensino a distância e com carga horária de duas horas diárias. Esse preso desenvolvia as atividades laborais e escolares de segunda a sexta-feira. Durante determinado período, de sessenta dias consecutivos, ele teve, em decorrência de um acidente, de ficar afastado de ambas as atividades por quinze dias. Nesse período, não faltou injustificadamente a nenhuma dessas atividades. No sexagésimo primeiro dia, quando retomaria suas atividades laborais e escolares, o preso praticou falta grave, tendo sido punido com sanção disciplinar e com a revogação máxima permitida do tempo remido.

Nessa situação hipotética, considerando o disposto na Lei de Execução Penal, o tempo total de pena remida no período de sessenta dias equivale a

a) dez dias.

b) vinte dias.

c) trinta dias.

d) quarenta dias.

e) cinquenta dias.

05. (Promotor de Justiça – ES/2009/CESPE – desmembrada) Julgue o item a seguir.

Segundo entendimento do STF, o condenado que for punido por falta grave perderá o direito ao tempo remido, pelo máximo de trinta dias, começando o novo período a partir da data da infração disciplinar.

GAB	01	A	02	B	03	B	04	B	05	ERRADO

Art. 128. O tempo remido será computado como pena cumprida, para todos os efeitos. (Redação dada pela Lei nº 12.433, de 2011)

O artigo 128 veio para acabar com a controvérsia sobre o desconto dos dias remidos. Existiam, antes da Lei 12.433/11, duas correntes acerca do tema:

1ª corrente: o tempo remido deve ser deduzido do total da pena;

2ª corrente: o tempo remido deve ser computado como pena cumprida.

Como ficou claro, a redação do artigo 128 adotou a segunda corrente: tempo remido será computado como pena cumprida, portanto, será considerado para progressão de regime etc.

ATENÇÃO – O tempo de remição contado para fins de considerar a presença do requisito objetivo não pode ser novamente utilizado para a segunda progressão, sob pena de injusta e indevida valoração em dobro, com prejuízo a sociedade.

1. QUESTÕES DE CONCURSOS

01. (Defensor Público – ES – 2016) Sobre a remição, é correto afirmar:

a) Para o cômputo da remição, os dias remidos devem ser considerados como pena cumprida pelo sentenciado.

b) A remição por estudo é concedida na mesma proporção da remição pelo trabalho, ou seja, a cada dezoito horas de estudo, deve ser remido um dia de pena.

c) É vedada a cumulação de remição por trabalho e por estudo dada a incompatibilidade resultante da quantidade de horas diárias necessárias para remir por cada atividade.

d) A remição por estudo é cabível nos três regimes de cumprimento de pena, sendo vedado apenas no livramento condicional.

e) Em caso de falta grave, o juiz deverá revogar um terço do tempo remido, sendo vedada nova concessão de remição durante o período de cumprimento da sanção.

02. (Promotor Substituto – PR – 2016) Assinale a alternativa incorreta:

a) O tempo remido pelo trabalho ou pelo estudo do preso são descontados do total da pena, não integrando o lapso necessário à obtenção da progressão;

b) O juiz da execução pode, fundamentadamente, determinar a realização de exame criminológico para a avaliação do preenchimento dos requisitos exigidos do condenado para a progressão de seu regime;

c) Os crimes hediondos e assemelhados admitem a progressão de regime;

d) É vedada a progressão per saltum de regime prisional;

e) É vedada a fixação de pena substitutiva como condição especial ao regime aberto.

03. (Juiz Substituto – TJSP – 2015 – VUNESP) Reeducanda que cumpre pena em regime fechado obteve a remição, pelo trabalho, de 37 dias de sua pena. Assim, os dias remidos serão computados

a) do total da reprimenda e não considerados como pena efetivamente cumprida.

b) da integralidade da condenação, e a remissão computada como pena resgatada.

c) da totalidade da pena, sendo considerado apenas o quantum que foi cumprido.

d) de parte da pena e considerada apenas essa parcela da reprimenda como descontada.

04. (MPE/PR – Promotor de Justiça – PR – 2008 – Adaptada) Julgue o item a seguir.

O tempo remido não será computado para a concessão do livramento condicional e indulto.

05. (MPE/PE/Promotor/2008) Sobre a remição do tempo de execução da pena, pelo trabalho, a que faz jus o condenado que cumpre pena em regime fechado ou semi-aberto, é correto afirmar:

a) A contagem do tempo para o fim da remição será feita à razão de um dia de pena por dois de trabalho.

b) A contagem do tempo para o fim da remição será feita à razão de um dia de pena por cinco de trabalho.

c) O condenado que for punido com falta grave não perderá os dias remidos, mas terá a contagem reiniciada a partir da data da infração disciplinar.

d) O tempo remido não será considerado para a concessão de indulto.

e) O preso impossibilitado de prosseguir no trabalho, por acidente, continuará a beneficiar-se com a remição.

GAB	01	A	02	A	03	B	04	ERRADO	05	E

Art. 129. A autoridade administrativa encaminhará mensalmente ao juízo da execução cópia do registro de todos os condenados que estejam trabalhando ou estudando, com informação dos dias de trabalho ou das horas de frequência escolar ou de atividades de ensino de cada um deles. (Redação dada pela Lei nº 12.433, de 2011)

§ 1º O condenado autorizado a estudar fora do estabelecimento penal deverá comprovar mensalmente, por meio de declaração da respectiva unidade de ensino, a frequência e o aproveitamento escolar. (Incluído pela Lei nº 12.433, de 2011)

§ 2º Ao condenado dar-se-á a relação de seus dias remidos. (Incluído pela Lei nº 12.433, de 2011).

Art. 130. Constitui o crime do artigo 299 do Código Penal declarar ou atestar falsamente prestação de serviço para fim de instruir pedido de remição.

Registro para remição – A autoridade administrativa encaminhará, mensalmente, ao juízo da execução, relatório com informações dos dias de trabalho e de estudo de todos os condenados, que devem igualmente receber a relação de seus dias remidos.

O condenado que estiver autorizado a estudar fora do estabelecimento penal tem que comprovar mensalmente, por meio de declaração da unidade de ensino, a frequência e o aproveitamento escolar.

A falta do relatório (registro administrativo) impossibilita a concessão do benefício.

Buscando prevenir fraudes na remição da pena, a lei prevê que declarar ou atestar falsamente prestação de serviço para fim de instruir pedido de remição caracteriza crime previsto no artigo 299 do CP (falsidade ideológica).

SEÇÃO V – DO LIVRAMENTO CONDICIONAL

Art. 131. O livramento condicional poderá ser concedido pelo Juiz da execução, presentes os requisitos do artigo 83, incisos e parágrafo único, do Código Penal, ouvidos o Ministério Público e Conselho Penitenciário.

Livramento condicional – Medida penal consistente na liberdade antecipada do reeducando, etapa de preparação para a liberdade plena e importante instrumento de ressocialização.

Trata-se de liberdade mediante condições, conferida ao condenado que cumpriu parte da pena privativa de liberdade que lhe foi imposta.

O benefício do livramento é decorrência do sistema progressivo de cumprimento de pena, porém, para sua concessão, não pressupõe a passagem por todos os regimes prisionais.

Não se confunde com o "sursis" (suspensão condicional da execução da pena privativa de liberdade).

"Sursis"	O condenado não chega a cumprir a pena	O período de prova, em regra, é fixado entre 2 a 4 anos.	Em regra, é concedido na sentença e o recurso cabível é apelação.	Direito subjetivo do réu
Livramento Condicional	Pressupõe o cumprimento de parcela da pena	O período de prova perdura o restante da pena imposta.	Concedido pelo juiz da execução, cabendo de sua decisão agravo em execução.	Direito subjetivo do executado

ATENÇÃO – O livramento condicional, a exemplo do "sursis", não é um benefício que está à mercê da vontade do julgador, mas é um claro direito subjetivo do apenado, desde que preenchidas as formalidades constantes dos preceitos legais.

A concessão do livramento fica condicionada ao preenchimento de vários requisitos, objetivos (relacionados com a pena imposta e reparação do dano) e subjetivos (vinculados com o lado pessoal do executado), todos previstos no art. 83 do CP, alterado recentemente pela Lei 13.964/19.

Requisitos objetivos:

(A) A pena imposta deve ser privativa de liberdade. Não alcança as penas restritivas de direitos ou pecuniária.

(B) A pena concreta a ser cumprida deve ser igual ou superior a dois anos. Nos termos do artigo 84 do Código Penal, o magistrado deverá somar as penas aplicadas em processos diversos para a verificação desse requisito.

(C) O apenado deve ter cumprido parcela da pena. O benefício da liberdade condicional é conferido ao condenado que cumpriu parte da pena privativa de liberdade que lhe foi imposta:

(C1) mais de metade, se reincidente.

ATENÇÃO – Somente a reincidência dolosa é que aumenta a fração de cumprimento da pena como condição do benefício; a culposa, de acordo com a maioria da doutrina, em nada interfere.

O STJ decidiu que, na concessão do livramento condicional, a reincidência do agente deve ser considerada entre os requisitos objetivos ainda que não o tenha sido na sentença condenatória, pois "é circunstância pessoal que interfere na execução como um todo, e não somente nas penas em que ela foi reconhecida. Precedentes citados: HC 95.505-RS, Quinta Turma, DJe 1º/2/2010; e EDcl no HC 267.328-MG, Quinta Turma, DJe de 6/6/2014 (HC 307.180/RS, Rel. Min. Felix Fischer, DJe 13/5/2015).

(C2) mais de um terço, se não reincidente e portador de bons antecedentes.

ATENÇÃO – Deve ser observado que a lei não tratou do condenado primário, mas portador de maus antecedentes. Na omissão, prevalece que o reeducando, com esses predicados, deve cumprir também um terço, o mesmo prazo do portador de bons antecedentes (*in dubio pro reo*).

(C3) mais de dois terços no caso de condenação por crime hediondo ou equiparado ou por tráfico de pessoas, desde que o apenado não seja reincidente específico em crimes dessa natureza (livramento condicional qualificado).

ATENÇÃO – Ao tratar das frações de cumprimento da pena para a progressão de regime, a Lei 13.964/19 (Pacote Anticrime) inseriu mais uma limitação ao livramento condicional. Segundo o art. 112, inc. VI, *a*, e inc. VIII, o condenado (primário ou reincidente) pela prática de crime hediondo ou equiparado com resultado morte não pode obter o benefício.

(D) Exige-se a reparação do dano causado pela infração penal, salvo impossibilidade de fazê-lo. A simples ausência de propositura de ação de indenização por parte da vítima não supre a presente necessidade (STF). Também o mero fato de o patrimônio do reeducando estar submetido à constrição processual não o desobriga de reparar o dano causado pela infração penal.

(E) Não cometimento de falta grave nos últimos doze meses. Este requisito objetivo foi introduzido pela Lei 13.964/19 (Pacote Anticrime) e é irretroativo, tendo em vista que limita a obtenção de um benefício que reflete diretamente no cumprimento da pena.

ATENÇÃO – Apesar da irretroatividade, é possível que o juiz negue a concessão do livramento com base no requisito relativo ao comportamento carcerário. A diferença é que, neste caso, como o bom comportamento é um requisito subjetivo, é preciso fundamentar a real incompatibilidade entre a falta cometida e a liberdade antecipada, ao passo que o óbice baseado no novo requisito introduzido no art. 83 se contenta com o mero cometimento da falta grave.

A falta grave interrompe o prazo para o livramento? Não. Embora o cometimento de falta grave interrompa o prazo para a progressão de regime (Súmula 534 STJ), não o faz para fins de concessão de livramento condicional, pois não há previsão legal a esse respeito. Nesse sentido é a súmula nº 441 do STJ, cujo conteúdo não é incompatível com a regra imposta pela Lei 13.964/19. Embora o condenado não possa obter o livramento se houver cometido falta grave nos doze meses anteriores à sua pretensão, o prazo do benefício não volta a correr do começo quando cometida a infração. Praticada a falta grave, nos 12 meses seguintes o reeducando não pode ser beneficiado com a liberdade antecipada, mesmo que cumpra seu requisito temporal. O prazo de 12 meses, aliás, coincide com o prazo da reabilitação da falta grave, hoje previsto na maioria dos regimentos internos das unidades prisionais dos vários estados brasileiros.

Requisitos subjetivos:

Somando-se aos objetivos, temos os requisitos subjetivos, vinculados com o lado pessoal do executado. São eles:

(A) Bom comportamento durante a execução da pena. Esse requisito cobra do condenado comportamento adequado durante todo o tempo da execução da pena, seja no cumprimento das obrigações internas, seja no seu relacionamento com demais habitantes do sistema, com os funcionários, elementos indicativos da sua capacidade de readaptação social.

(B) Bom desempenho no trabalho que lhe foi atribuído. O legislador buscou dar ao sentenciado a oportunidade de exercitar sua aptidão para as atividades que lhe serão indispensáveis e úteis na volta à liberdade. Assim, deve aquele que pleiteia o livramento condicional demonstrar que pode bem desempenhar, a título de trabalho atribuído, tanto as atividades levadas a cabo no interior do cárcere, quanto aquelas desenvolvidas fora da prisão, quer sejam no serviço público, quer sejam na iniciativa privada.

(C) Aptidão para prover a própria subsistência mediante trabalho honesto. Este requisito aparece como desdobramento lógico do anterior.

(D) No caso de crime doloso praticado com violência ou grave ameaça à pessoa, é imprescindível a constatação de condições pessoais que façam presumir que o liberado não voltará a delinquir. O instrumento adequado para aferir essa condição é o exame criminológico. Anote-se que este exame era obrigatório antes da Lei 10.792/03, tendo sido suprimido. Não obstante, entendem os Tribunais Superiores que o juiz, fundamentando a sua necessidade, poderá determinar a sua realização.

Processamento do pedido:

I. o benefício pode ser concedido mediante requerimento do sentenciado (ou familiar), do Ministério Público, da defesa ou proposta pelo Diretor do estabelecimento.

II. o Juiz da execução, antes de decidir, ouve sempre o Ministério Público e também o Defensor.

ATENÇÃO: A Lei 10.792/03 alterou o inciso I do artigo 70 da LEP, eliminando a função do Conselho Penitenciário de emitir parecer em Livramento Condicional.

III. deferido o pedido, realiza-se audiência admonitória, na qual o juiz especificará as condições a que fica subordinado o livramento (art. 132 LEP).

1. ENUNCIADOS DE SÚMULAS DE JURISPRUDÊNCIA

- **STF – Súmula 715.** A pena unificada para atender ao limite de trinta anos de cumprimento, determinado pelo art. 75 do Código Penal, não é considerada para a concessão de outros benefícios, como o livramento condicional ou regime mais favorável de pena.

- **STJ – Súmula 441.** A falta grave não interrompe o prazo para obtenção de livramento condicional.

2. INFORMATIVOS DE JURISPRUDÊNCIA

- **STF – 624 – Livramento condicional e crime superveniente.**

A Turma concedeu "habeas corpus" para determinar que o paciente retorne ao livramento condicional com a ressalva de que, cumprido o período de prova, a decisão de extinção da pena somente poderá ser proferida após o trânsito em julgado referente ao crime superveniente (CP, art. 89). Na situação dos autos, a defesa sustentava falta de fundamentação da decisão que suspendera o benefício do livramento condicional e que, a despeito da prática de crime no curso do período de prova, a eventual prisão do liberado somente se justificaria se motivada, o que não teria ocorrido. Entendeu-se que, de fato, a prática de outro delito durante o período de prova do livramento condicional autorizaria a suspensão cautelar do benefício, nos termos do art. 145 da LEP e do art. 732 do CPP. Entretanto, aduziu-se que o juízo das execuções não se desincumbira de demonstrar a real necessidade de se determinar a segregação do paciente, bem como que a ele caberia fundamentar a sua imprescindibilidade, sob pena de torná-la medida automática, consectário lógico da prática de novo crime durante o período de prova do benefício. Por fim, considerou-se que a espécie amoldar-se-ia à hipótese de prorrogação do livramento condicional (STF – HC nº 105497, Rel. Gilmar Mendes, j. 15.2.2011).

- **STF – 603 – Comutação de pena e revogação de livramento condicional.**

A Turma concedeu "habeas corpus" para que o juízo de execuções criminais proceda a novo exame de pedido de comutação de pena do paciente, devendo verificar a existência de preenchimento dos requisitos objetivos constantes do Dec. 5.620/05, inclusive, alterando, se for o caso, o "quantum" de pena comutado posteriormente com base nos decretos 5.993/06 e 6.294/07. Na espécie, a defesa requeria a nulidade de decisão do Juízo de Execuções que denegara ao paciente o direito à comutação de pena, prevista no Dec. 5.620/05 – que concede indulto condicional, comutação e dá outras providências –, tendo em conta o que disposto no art. 88 do CP. Afirmou-se que o mencionado artigo veda a concessão de novo livramento condicional quando o primeiro tiver sido revogado em razão de cometimento de crime posterior, bem como proíbe que o tempo em que o agente permanece solto seja descontado da pena. Contudo, entendeu-se que os requisitos do instituto da comutação da pena não se confundiriam com os referentes ao instituto do livramento condicional. Ressaltou-se que o art. 88 do CP prescreveria matéria atinente à impossibilidade de concessão de novo livramento condicional e não de concessão de comutação (STF – HC nº 98422, Rel. Gilmar Mendes, j. 5.10.2010).

- **STJ – 568 – DIREITO PENAL. Livramento condicional no crime de associação para o tráfico.**

O condenado por associação para o tráfico (art. 35 da Lei 11.343/2006), caso não seja reincidente específico, deve cumprir 2/3 da pena para fazer jus ao livramento condicional. Isso porque a própria

Lei 11.343/2006, no parágrafo único do art. 44, prevê requisito objetivo específico para a concessão do livramento condicional ao delito de associação para o tráfico: "Os crimes previstos nos arts. 33, caput e § 1º, e 34 a 37 desta Lei são inafiançáveis e insuscetíveis de sursis, graça, indulto, anistia e liberdade provisória, vedada a conversão de suas penas em restritivas de direitos. Parágrafo único. Nos crimes previstos no caput deste artigo, dar-se-á o livramento condicional após o cumprimento de dois terços da pena, vedada sua concessão ao reincidente específico". Assim, em observância ao Princípio da Especialidade, aplica-se o disposto no art. 44, parágrafo único, da Lei 11.343/2006 em detrimento dos incisos I e II do art. 83 do CP. Ressalte-se que o lapso temporal de cumprimento de pena para obtenção do livramento condicional quanto ao delito do art. 35 da Lei 11.343/2006 independe da análise do caráter hediondo do crime. Precedentes citados: AgRg no REsp 1.484.138-MS, Sexta Turma, DJe de 15/6/2015; e HC 292.882-RJ, Sexta Turma, DJe de 18/8/2014 (STJ – HC nº 311.656-RJ, Rel. Felix Fischer, j. 25.8.2015, DJe 2.9.2015.

- **STJ – 561 – DIREITO PENAL. Influência da reincidência no cálculo de benefícios no decorrer da execução penal.**

Na definição do requisito objetivo para a concessão de livramento condicional, a condição de reincidente em crime doloso deve incidir sobre a somatória das penas impostas ao condenado, ainda que a agravante da reincidência não tenha sido reconhecida pelo juízo sentenciante em algumas das condenações. Isso porque a reincidência é circunstância pessoal que interfere na execução como um todo, e não somente nas penas em que ela foi reconhecida. Precedentes citados: HC 95.505-RS, Quinta Turma, DJe 1º/2/2010; e EDcl no HC 267.328-MG, Quinta Turma, DJe de 6/6/2014 (STJ – HC nº 307.180-RS, Rel. Felix Fischer, j. 16.4.2015, DJe 13.5.2015.

- **STJ – 535 – DIREITO PENAL. Condição subjetiva para livramento condicional.**

Para a concessão de livramento condicional, a avaliação da satisfatoriedade do comportamento do executado não pode ser limitada a um período absoluto e curto de tempo. Embora não se possa inviabilizar a concessão do livramento condicional apenas porque durante a execução penal o condenado cometeu uma falta grave, o comportamento de um recluso do sistema penitenciário há de ser aferido em sua inteireza, por todo o período em que esteve cumprindo sua pena. Cingir o "comprovado comportamento satisfatório durante a execução da pena", conforme demanda o art. 83, III, do CP, apenas a um curto período de tempo que anteceda a análise do pedido implica dispensar o magistrado – especialmente o que está em permanente contato com a realidade dos presídios – de usar seu tirocínio, sua experiência e as informações de que dispõe nos autos para avaliar o merecimento do benefício pretendido pelo interno. O poder discricionário do juízo da execução penal não pode ser restringido a ponto de transformar a avaliação subjetiva em um simples cálculo aritmético (STJ – REsp nº 1.325.182-DF, Rel. Rogerio Schietti Cruz, j. 20.2.2014.

3. QUESTÕES DE CONCURSOS

01. (Defensor Público – MA – 2015 – Fundação Carlos Chagas) Pedro, reincidente, foi condenado a cumprir pena de dois anos. No cumprimento de sua primeira condenação, teve um livramento condicional revogado, além da falta grave reconhecida judicialmente. Como defensor público, devesse formular em seu favor

a) um novo pedido de livramento condicional, desde que não tenha sido interrompida contagem do lapso pelo reconhecimento da falta grave.

b) progressão de regime e um novo pedido de livramento condicional, não acarretando interrupção de lapso a falta grave reconhecida.

c) somente progressão de regime havendo lapso, uma vez que não há possibilidade de um novo pedido de livramento condicional em razão da pena aplicada.

d) somente progressão de regime havendo lapso, uma vez que não há possibilidade de um novo pedido de livramento condicional, em razão de uma revogação anterior do mesmo pleito.

e) progressão de regime havendo lapso e um novo pedido de livramento condicional desde que Pedro tenha cumprido metade de sua pena.

02. (Defensoria Pública - DF - CESPE - 2013) De acordo com a Lei de Execução Penal, julgue o item subsequente.

É pacificado, na jurisprudência do STJ, o entendimento de que o cometimento de falta disciplinar de natureza grave pelo condenado que cumpre pena privativa de liberdade interrompe o prazo para a obtenção do livramento condicional.

03. (MPE/PR – Promotor de Justiça/2011 – Adaptada) Julgue o item a seguir.

A contagem do prazo para a concessão de livramento condicional é interrompida pela realização de falta grave pelo condenado.

GAB	01	D	02	ERRADO	03	ERRADO

Art. 132. Deferido o pedido, o Juiz especificará as condições a que fica subordinado o livramento.

§ 1º Serão sempre impostas ao liberado condicional as obrigações seguintes:

a) obter ocupação lícita, dentro de prazo razoável se for apto para o trabalho;

b) comunicar periodicamente ao Juiz sua ocupação;

c) não mudar do território da comarca do Juízo da execução, sem prévia autorização deste.

§ 2º Poderão ainda ser impostas ao liberado condicional, entre outras obrigações, as seguintes:

a) não mudar de residência sem comunicação ao Juiz e à autoridade incumbida da observação cautelar e de proteção;

b) recolher-se à habitação em hora fixada;

c) não freqüentar determinados lugares.

d) (VETADO) (Incluído pela Lei nº 12.258, de 2010)

Deferimento do pedido – O Juiz especificará as condições a que fica subordinado o livramento durante o período de prova (restante da pena a cumprir).

O período de prova **tem início** com a audiência admonitória, realizada no estabelecimento onde está sendo cumprida a pena (art. 137 da LEP), oportunidade em que o reeducando será comunicado do rol de condições que deve observar durante o cumprimento do benefício.

As condições a que, obrigatoriamente, fica subordinado o livramento (art. 85 do CP) são:

1) obter ocupação lícita, dentro de prazo razoável, se for apto para o trabalho

Como bem alerta Mirabete:

> "O prazo para obter ocupação lícita deve ser fixado pelo juiz, levando em conta eventual promessa de emprego juntada ao pedido de livramento, as dificuldades maiores ou menores que se apresentem ao liberado, o índice de desemprego geral na localidade etc. Nada impede que tal prazo seja prorrogado se o juiz verificar que, apesar do emprenho do beneficiário, não logrou ele êxito na admissão de emprego ou execução de outra ocupação lícita (frequência a cursos de segundo grau, universitário, profissional etc.)" (ob. cit. p. 579/580).

2) comunicar periodicamente ao juiz sua ocupação

A lei não exige que a comunicação seja mensal, ficando a critério do juiz da execução penal.

3) não mudar da comarca sem prévia autorização do juízo.

O liberado não está proibido de mudar de endereço, dentro do território da comarca limite da jurisdição do juiz da execução penal. A autorização, portanto, é condição apenas quando se tratar de mudança de endereço que implique mudança de comarca.

Além das condições obrigatórias, o juiz pode fixar outras (chamadas judiciais), de natureza facultativa, elencadas, de forma exemplificativa, no art. 132, § 2º.

1. INFORMATIVOS DE JURISPRUDÊNCIA

- **STF – 651 –Microempresário e trabalho externo.**

A 2ª Turma concedeu habeas corpus para permitir a réu exercer trabalho externo nas condições a serem estabelecidas pelo juízo da execução. No caso, o paciente fora condenado à pena de 25 anos de reclusão pela prática dos crimes de estupro e atentado violento ao pudor. Posteriormente, progredira para o regime semiaberto e, pelo seu trabalho, remira, até a data da impetração, 564 dias da sanção imposta. Então, pedira autorização para realizar trabalho externo. Apresentara registro como microempresário – com o número do CNPJ e endereço comercial – e documento a atestar que sua atividade seria de instalação e manutenção elétrica. O pleito fora indeferido por sucessivas decisões sob o fundamento de que o reeducando não teria empregador que pudesse elaborar relatórios mensais e controlar suas atividades. Asseverou-se que o paciente seria microempresário e dispor-se-ia a trabalhar. Consignou-se não haver impedimento para que ele mesmo apresentasse, periodicamente, ao juiz da execução notas fiscais dos serviços prestados. Ademais, seria preciosismo exigir a condição de empregado, especialmente em momento de crise econômica (STF HC nº 110605-RS, Rel. Ricardo Lewandowski, j. 6.12.2011).

- **STJ – 475 – Trabalho extramuros. Região. Crime organizado.**

Constatou-se que a sociedade empresária em que o paciente apenado pretendia realizar trabalho extramuros (art. 35, § 2º, do CP) situa-se em região tomada pelo crime organizado a ponto de impedir a fiscalização do cumprimento do benefício pelos fiscais da vara de execuções penais. Assim, mostra-se irrepreensível a cassação da decisão concessiva da benesse determinada pelo TJ, pois, apesar de o paciente apresentar mérito carcerário, o trabalho extramuros em tal localidade poderia servir de estímulo à delinquência e até de meio à burla da execução da pena, o que desvirtuaria sobremaneira a própria finalidade do instituto do trabalho extramuros, qual seja, de contribuir para a reinserção social do apenado (STJ – HC nº 165.081, Rel. Gilson Dipp, j. 31.5.2011).

2. QUESTÃO DE CONCURSO

01. **(Titular de Serviços de Notas e de Registros – TJ/MG– 2016)** Segundo a Lei de Execução Penal, Lei nº 7.210/1984, serão sempre impostas ao liberado condicional as obrigações seguintes, **EXCETO**:

a) Comunicar periodicamente ao juiz sua ocupação.

b) Obter ocupação lícita, dentro de prazo razoável se for apto para o trabalho.

c) Recolher-se à habitação em hora fixada.

d) Não mudar do território da comarca do Juízo da Execução, sem prévia autorização deste.

GAB	01	C

Art. 133. Se for permitido ao liberado residir fora da comarca do Juízo da execução, remeter-se-á cópia da sentença do livramento ao Juízo do lugar para onde ele se houver transferido e à autoridade incumbida da observação cautelar e de proteção.

Art. 134. O liberado será advertido da obrigação de apresentar-se imediatamente às autoridades referidas no artigo anterior.

Liberado e residência fora da comarca – O condenado, mediante autorização do juiz, poderá residir fora da comarca do juízo da execução. Permitida essa mudança, deverá ser remetida cópia da sentença do livramento ao Juízo do lugar para onde ele se houver transferido bem como à autoridade incumbida da observação cautelar e de proteção.

Há autores (dentre eles Mirabete), e no mesmo sentido decisões no STJ (HC 87.895/SP), que entendem que a mudança de residência por parte do sentenciado para outra comarca não implica na concomitante mudança de competência para a execução, isto é, a competência permanece com o Juízo da execução original, a quem incumbe decidir a respeito dos incidentes ou alterações no processo executivo (por exemplo: revogação do benefício, modificação nas condições etc.).

Na prática, entretanto, é remetido todo o processo de execução, com a consequente alteração de competência.

ATENÇÃO – Quando permitido ao liberado residir fora da comarca do Juízo da execução, será advertido da obrigação de apresentar-se imediatamente às autoridades referidas no artigo anterior, leia-se, juízo do lugar em que foi residir e às demais autoridades responsáveis pela observação do regular cumprimento do benefício.

Art. 135. Reformada a sentença denegatória do livramento, os autos baixarão ao Juízo da execução, para as providências cabíveis.

Reformada a sentença denegatória do livramento condicional – Os autos baixarão ao Juízo da execução para as providências cabíveis, isto é, audiência de advertência, expedição de carta de livramento etc. No mesmo sentido, art. 721 do CPP.

Art. 136. Concedido o benefício, será expedida a carta de livramento com a cópia integral da sentença em 2 (duas) vias, remetendo-se uma à autoridade administrativa incumbida da execução e outra ao Conselho Penitenciário.

Carta de Livramento – Tem dupla finalidade, pois, além de cientificar o reeducando das condições impostas no benefício, tem a mesma força do alvará de soltura, determinando, ao final, que o condenado seja colocado em liberdade, se por outro motivo não estiver preso.

Art. 137. A cerimônia do livramento condicional será realizada solenemente no dia marcado pelo Presidente do Conselho Penitenciário, no estabelecimento onde está sendo cumprida a pena, observando-se o seguinte:

I – a sentença será lida ao liberando, na presença dos demais condenados, pelo Presidente do Conselho Penitenciário ou membro por ele designado, ou, na falta, pelo Juiz;

II – a autoridade administrativa chamará a atenção do liberando para as condições impostas na sentença de livramento;

III – o liberando declarará se aceita as condições.

§ 1º De tudo em livro próprio, será lavrado termo subscrito por quem presidir a cerimônia e pelo liberando, ou alguém a seu rogo, se não souber ou não puder escrever.

§ 2º Cópia desse termo deverá ser remetida ao Juiz da execução.

Cerimônia do livramento – É um ato solene, cumprindo as seguintes formalidades:

a) a sentença será lida ao liberando, na presença dos demais condenados, pelo Presidente do Conselho Penitenciário ou membro por ele designado, ou, na falta, pelo Juiz;

b) a Autoridade Administrativa chamará a atenção do liberando para as condições impostas na sentença de livramento;

c) o liberando declarará se aceita as condições.

ATENÇÃO – Caso o liberando não aceite as condições impostas pelo Juiz, a Autoridade Administrativa comunicará o Juiz da execução, que tornará o livramento condicional sem efeito e determinará que o condenado volte ao regime que estava. Pode o Juiz, entretanto, diante das justificativas do reeducando, modificar as condições facultativas eventualmente impostas, expedindo nova carta de livramento, em substituição a anterior, designando outra cerimonia (art. 144 LEP).

d) por fim, será lavrado um termo subscrito por quem presidir a cerimônia e pelo liberando, ou alguém a sou rogo, se não puder ou souber escrever.

Art. 138. Ao sair o liberado do estabelecimento penal, ser-lhe-á entregue, além do saldo de seu pecúlio e do que lhe pertencer, uma caderneta, que exibirá à autoridade judiciária ou administrativa, sempre que lhe for exigida.

§ 1º A caderneta conterá:

a) a identificação do liberado;

b) o texto impresso do presente Capítulo;

c) as condições impostas.

§ 2º Na falta de caderneta, será entregue ao liberado um salvo-conduto, em que constem as condições do livramento, podendo substituir-se a ficha de identificação ou o seu retrato pela descrição dos sinais que possam identificá-lo.

§ 3º Na caderneta e no salvo-conduto deverá haver espaço para consignar-se o cumprimento das condições referidas no artigo 132 desta Lei.

Caderneta – O liberado receberá (além do saldo de seu pecúlio e do que lhe pertencer) uma caderneta, ou na sua falta, um salvo-conduto, que exibirá à Autoridade Judiciária ou

Administrativa, sempre que for exigida ou necessária. Serve como documento de identificação do liberado.

Art. 139. A observação cautelar e a proteção realizadas por serviço social penitenciário, Patronato ou Conselho da Comunidade terão a finalidade de:

I – fazer observar o cumprimento das condições especificadas na sentença concessiva do benefício;

II – proteger o beneficiário, orientando-o na execução de suas obrigações e auxiliando-o na obtenção de atividade laborativa.

Parágrafo único. A entidade encarregada da observação cautelar e da proteção do liberado apresentará relatório ao Conselho Penitenciário, para efeito da representação prevista nos artigos 143 e 144 desta Lei.

Vigilância no livramento condicional – A observação cautelar (vigilância discreta) e a proteção do liberado (orientação e auxílio) serão de responsabilidade do Serviço Social Penitenciário, Patronato ou Conselho da Comunidade, cumprindo as finalidades do art. 139.

Alerta Mirabete:

> "Em sua atividade de fiscalização das condições impostas na sentença uma das importantes funções da entidade encarregada da observação cautelar é a de apresentar relatório ao Conselho Penitenciário sempre que se positivar uma infração às regras estabelecidas na lei ou pelo juiz para o livramento. Tal relatório servirá de fundamento para que o Ministério Público ou do Conselho Penitenciário requeiram, ou o juiz da execução decrete, de ofício, a revogação do benefício (art. 143) ou modifique as condições (art. 144)" (ob. cit. p. 588).

Art. 140. A revogação do livramento condicional dar-se-á nas hipóteses previstas nos artigos 86 e 87 do Código Penal.

Parágrafo único. Mantido o livramento condicional, na hipótese da revogação facultativa, o Juiz deverá advertir o liberado ou agravar as condições.

Art. 141. Se a revogação for motivada por infração penal anterior à vigência do livramento, computar-se-á como tempo de cumprimento da pena o período de prova, sendo permitida, para a concessão de novo livramento, a soma do tempo das 2 (duas) penas.

Art. 142. No caso de revogação por outro motivo, não se computará na pena o tempo em que esteve solto o liberado, e tampouco se concederá, em relação à mesma pena, novo livramento.

Revogação do benefício – Revoga-se o livramento, obrigatoriamente, se o liberado vem a ser condenado a pena privativa de liberdade, em sentença irrecorrível:

I – por crime cometido durante a vigência do benefício

a) nesse caso, não se computa na pena a cumprir o tempo em que esteve em liberdade (art. 142).
b) não se concederá, em relação à mesma pena, novo livramento (art. 142).

> **ATENÇÃO** – Nada obsta que ele obtenha o livramento condicional em relação à segunda pena, desde que cumprida a primeira.

c) o restante da pena cominada ao crime não pode somar-se à nova pena para efeito da concessão do novo livramento (se a nova pena for inferior a dois anos, incabível, também em relação a esta, o benefício).

II – por crime anterior, observado o disposto no artigo 84 do Código Penal

Os efeitos, aqui, são diametralmente opostos aos do inciso anterior:

a) computa-se na pena a cumprir o tempo em que esteve em liberdade (art. 141).

b) cumpridos os requisitos, é possível novo livramento em relação à mesma pena.

c) o restante da pena cominada ao crime pode somar-se à nova pena para efeito da concessão do novo livramento (art. 141).

A revogação, contudo, será facultativa, se o liberado deixar de cumprir qualquer das obrigações constantes na sentença, ou for irrecorrivelmente condenado, por crime ou contravenção, a pena que não seja privativa de liberdade.

No caso, o juiz poderá revogar o livramento, alterar suas condições ou, simplesmente, advertir o apenado (art. 140, parágrafo único).

> **ATENÇÃO:** A condenação a pena privativa de liberdade (prisão simples), em razão da prática de contravenção penal, não é causa de revogação obrigatória, nem facultativa. O cochilo do legislador não pode ser suprido pela analogia, que no caso seria *in malam partem*.

1. QUESTÕES DE CONCURSOS

01. (Defensoria Pública de São Paulo – 2015 – Fundação Carlos Chagas) Sobre o livramento condicional é correto afirmar que

a) o sistema progressivo de cumprimento de pena impede a progressão por salto do regime fechado para o livramento condicional.

b) é possível a revogação do livramento condicional em virtude de condenação por crime cometido antes de sua vigência.

c) o lapso temporal para o reincidente específico em crime hediondo é de mais de dois terços da pena.

d) o preso não reincidente condenado a uma pena por crime comum e outra por crime hediondo deve cumprir um sexto da primeira, mais metade da segunda como requisito objetivo para o livramento condicional.

e) a comutação de pena é incompatível com o cumprimento de pena em livramento condicional.

02. (MPE/PR – Promotor de Justiça – 2009 – Adaptada) Julgue o item a seguir.

Revoga-se, obrigatoriamente, o livramento condicional se o sentenciado é condenado a pena privativa de liberdade, por crime cometido durante a vigência do benefício, ainda que exista apelação interposta contra a condenação pelo segundo crime.

GAB	01	B	02	ERRADO

Art. 143. A revogação será decretada a requerimento do Ministério Público, mediante representação do Conselho Penitenciário, ou, de ofício, pelo Juiz, ouvido o liberado.

Legitimidade para revogação – A revogação do livramento condicional só será decretada mediante requerimento do Ministério Público, mediante representação do Conselho Penitenciário, ou, de ofício, pelo Juiz, sempre resguardando o direito à ampla defesa de que goza o condenado.

Art. 144. O Juiz, de ofício, a requerimento do Ministério Público, da Defensoria Pública ou mediante representação do Conselho Penitenciário, e ouvido o liberado, poderá modificar as condições especificadas na sentença, devendo o respectivo ato decisório ser lido ao liberado por uma das autoridades ou funcionários indicados no inciso I do **caput** do art. 137 desta Lei, observado o disposto nos incisos II e III e § § 1º e 2º do mesmo artigo. (Redação dada pela Lei nº 12.313, de 2010).

Modificação das condições do livramento – Provocado pelo Ministério Público, Defensoria Pública ou mediante representação do Conselho Penitenciário, o Juiz poderá agravar ou atenuar as condições do livramento condicional, após oitiva do liberado, em respeito à ampla defesa.

Art. 145. Praticada pelo liberado outra infração penal, o Juiz poderá ordenar a sua prisão, ouvidos o Conselho Penitenciário e o Ministério Público, suspendendo o curso do livramento condicional, cuja revogação, entretanto, ficará dependendo da decisão final.

Prisão do liberado – Cometida, pelo liberado, outra infração penal, poderá o Juiz ordenar a sua prisão (recolhimento cautelar), desde que ouvidos o Conselho Penitenciário e o Ministério Público.

Tal medida suspenderá o curso do livramento condicional, cuja revogação dependerá da decisão final.

ATENÇÃO – Bem adverte Renato Marcão: "operada a suspensão do livramento em razão da prática de nova infração penal no curso do período de prova, e determinada a prisão do executado, o encarceramento não poderá exceder o prazo previsto para a pena inicialmente prevista" (ob. cit. p. 250).

Saliente-se que, após o término do processo instaurado em razão do novo delito, se o liberado for definitivamente condenado, além de revogado o livramento condicional, não terá o tempo que permaneceu solto computado como cumprimento de pena. Se, no entanto, for absolvido, o condenado voltará à liberdade e terá computado como tempo de pena tanto o tempo em que esteve solto como o período cautelarmente recolhido.

1. INFORMATIVOS DE JURISPRUDÊNCIA

- **STF – 616 – Livramento condicional e crime superveniente**

A Turma concedeu "habeas corpus" para determinar que o paciente retorne ao livramento condicional com a ressalva de que, cumprido o período de prova, a decisão de extinção da pena somente poderá ser proferida após o trânsito em julgado referente ao crime superveniente (CP, art. 89). Na situação dos autos, a defesa sustentava falta de fundamentação da decisão que suspendera o benefício do livramento condicional e que, a despeito da prática de crime no curso do período de prova, a eventual prisão do liberado somente se justificaria se motivada, o que não teria ocorrido. Entendeu-se que, de fato, a prática de outro delito durante o período de prova do livramento condicional autorizaria a suspensão cautelar do benefício, nos termos do art. 145 da LEP e do art. 732 do CPP. Entretanto, aduziu-se que o juízo das execuções não se desincumbira de demonstrar a real necessidade de se determinar a segregação do paciente, bem como que a ele caberia fundamentar a sua imprescindibilidade, sob pena de torná-la medida automática, consectário lógico da prática de novo crime durante o período de prova do benefício. Por fim, considerou-se que a espécie amoldar-se-ia à hipótese de prorrogação do livramento condicional (STF – HC nº 105497, Rel. Gilmar Mendes, j. 15.2.2011).

- **STJ – 427 – Livramento condicional. Suspensão. Falta grave.**

Noticiam os autos que o paciente obteve o benefício do livramento condicional, mas o juízo da execução suspendeu cautelarmente todos os benefícios executórios em razão da notícia de sua prisão pela prática de outro crime. Agora, no "writ", o impetrante alega que a suspensão dos benefícios executórios devido ao cometimento de falta grave só poderia ocorrer quando a sentença condenatória tivesse transitado em julgado. Explica o min. rel. não haver qualquer ilegalidade na decisão atacada, porquanto a prática de novo crime doloso pelo réu configura falta grave, o que autoriza a suspensão cautelar do benefício, independentemente do trânsito em julgado de eventual sentença condenatória (arts. 52 e 145 da LEP). Diante do exposto, a Turma denegou a ordem da "habeas corpus" (STJ HC nº 15.379, Rel. Felix Fischer, j. 18.3.10).

Art. 146. O Juiz, de ofício, a requerimento do interessado, do Ministério Público ou mediante representação do Conselho Penitenciário, julgará extinta a pena privativa de liberdade, se expirar o prazo do livramento sem revogação.

Extinção do período de prova – o art. 89 do Código Penal, em disposição que não se confunde com a suspensão, determina que o juiz não poderá declarar extinta a pena enquanto não passar em julgado a sentença em processo a que responde o liberado por crime cometido na vigência do livramento. Trata-se aqui da prorrogação do benefício.

Sempre houve controvérsia a respeito da necessidade de decisão judicial sobre a prorrogação, ou seja, havia quem sustentasse que a prorrogação era automática, ao passo que outros defendiam a tese de que somente se prorrogava o benefício por decisão do juiz. Portanto, caso não houvesse, até o final do prazo do livramento, pronunciamento judicial que o estendesse, a pena deveria ser extinta.

Havia decisões tanto no STJ quanto no STF impondo a necessidade de prorrogação expressa. Esta orientação se firmou ultimamente em diversos julgados nos quais os tribunais superiores estabeleceram que, transcorrido o período do livramento sem que o juiz o houvesse prorrogado – ou suspendido –, a pena deveria ser declarada extinta:

> "2. À luz do disposto no art. 86, I, do Código Penal e no art. 145 da Lei das Execuções Penais, se, durante o cumprimento do benefício, o liberado cometer outra infração penal, o juiz poderá ordenar a sua prisão, suspendendo o curso do livramento condicional, cuja revogação, entretanto, aguardará a conclusão do novo processo instaurado. 3. A suspensão do livramento condicional não é automática. Pelo contrário, deve ser expressa, por decisão fundamentada, para se aguardar a apuração da nova infração penal cometida durante o período de prova, e, então, se o caso, revogar o benefício. Precedente. 4. Decorrido o prazo

do período de prova sem ter havido a suspensão cautelar do benefício, tampouco sua revogação, extingue-se a pena privativa de liberdade. Precedentes." (STF: HC 119.938/RJ, j. 03/06/2014)

"III – Decorrido o período de prova do livramento condicional sem que seja suspenso ou revogado, a pena deve ser extinta, nos termos do art. 90 do Código Penal. IV – A jurisprudência do Supremo Tribunal Federal e deste Superior Tribunal de Justiça é firme no sentido de que não há prorrogação automática do livramento condicional." (STJ: HC 454.451/SP, j. 11/09/2018)

Com a edição da súmula 617, o STJ dirime qualquer dúvida: "A ausência de suspensão ou revogação do livramento condicional antes do término do período de prova enseja a extinção da punibilidade pelo integral cumprimento da pena."

ATENÇÃO – Inquérito policial em andamento não prorroga o livramento, sendo imprescindível processo, leia-se, denúncia ou queixa formalmente recebida. Contravenção penal e crime cometido antes da vigência do livramento, também não têm força para prorrogar o período de prova.

Se até o seu término o livramento não é revogado, considera-se extinta a pena privativa de liberdade (art. 90 do CP).

"Como a pena fica extinta quando se expira o prazo do livramento sem ter ocorrido revogação, deve-se ter como data da extinção o último dia do prazo e não a data em que, nos autos, o juiz a declarar. A extinção da pena se dá pelo fato, ou seja, pelo término do prazo, e não pela sentença que o reconhece. Assim, por exemplo, para o efeito de reabilitação, o prazo de dois anos deve ser contado a partir da data do término do prazo e não da data em que se decreta a extinção da pena" (Mirabete, ob. cit. p. 599).

ATENÇÃO – Embora não se extraia da leitura da lei expressamente o prazo de duração do livramento condicional, é pacífica a compreensão de que o tempo em livramento condicional corresponderá ao mesmo tempo restante da pena privativa de liberdade a ser cumprida. Inclusive e em reforço a tal compreensão, o CP e a LEP dispõem que o tempo em livramento condicional será computado como tempo de cumprimento de pena caso o motivo de revogação do livramento condicional decorra de infração penal anterior à vigência do referido instituto. Ora, se o tempo de cumprimento das penas privativas de liberdade não pode ser superior a 40 (quarenta) anos (art. 75 do CP), o período de prova do benefício deve observar esse limite legal. Essa decisão não colide com a Súmula 715 do STF, que, para a concessão do benefício do livramento condicional, manda levar em conta a pena aplicada na sentença (sem os limites do art. 75 do CP) (STJ, REsp 1922012, rel. Min. Joel Paciornik, j. 05.10.2021).

1. ENUNCIADOS DE SÚMULAS DE JURISPRUDÊNCIA

STJ – **Súmula 617.** A ausência de suspensão ou revogação do livramento condicional antes do término do período de prova enseja a extinção da punibilidade pelo integral cumprimento da pena.

2. INFORMATIVOS DE JURISPRUDÊNCIA

▸ **STJ – 428 – Livramento condicional. Revogação posterior.**

A Turma reiterou seu entendimento de, uma vez cumprido o prazo do livramento condicional e suas condições, não havendo suspensão ou revogação, a pena deve ser extinta automaticamente, conforme dispõe o art. 90 do CP. Não é permitido ao juízo das execuções retroagir ao tempo do período de prova para revogar o benefício, visto que definitiva a condenação em crime praticado naquele momento e mais tarde percebido. (STJ – HC 149.597, Rel. Min. Arnaldo Esteves Lima, j. 23.3.2010).

3. QUESTÃO DE CONCURSO

01. (Defensor Público – TO – 2013) Assinale a opção correta em relação ao livramento condicional.

a) De acordo com a jurisprudência consolidada nos tribunais superiores, expirado o período de prova do livramento condicional sem suspensão ou prorrogação do benefício, a pena é automaticamente extinta.

b) Ao sentenciado reincidente por crime doloso cometido com violência ou grave ameaça à pessoa é vedada a concessão do livramento condicional.

c) Em caso de revogação do livramento condicional motivada pela prática de infração penal anterior ou posterior ao benefício ou, ainda, por qualquer outro motivo anterior à vigência do livramento, será computado como tempo de cumprimento da pena o período de prova, sendo permitida, para a concessão de novo livramento, a soma do tempo das duas penas.

d) Caso um condenado pratique novo delito durante o período de prova do livramento condicional, haverá prorrogação automática do período de prova estabelecido pelo juiz, independentemente de novo pronunciamento judicial, até o trânsito em julgado da decisão acerca do crime subsequente.

e) Tratando-se de crimes hediondos, o livramento condicional está condicionado ao requisito objetivo de cumprimento mínimo de dois quintos da pena, se o apenado for primário, e de três quintos, se reincidente, vedando-se a concessão do benefício em caso de reincidência específica.

GAB	01	A

▸SEÇÃO VI – DA MONITORAÇÃO ELETRÔNICA (INCLUÍDO PELA LEI Nº 12.258, DE 2010)

Art. 146-A. (VETADO). (Incluído pela Lei nº 12.258, de 2010)

Art. 146-B. O juiz poderá definir a fiscalização por meio da monitoração eletrônica quando: (Incluído pela Lei nº 12.258, de 2010)

I – (VETADO); (Incluído pela Lei nº 12.258, de 2010)

II – autorizar a saída temporária no regime semiaberto; (Incluído pela Lei nº 12.258, de 2010)

III – (VETADO); (Incluído pela Lei nº 12.258, de 2010)

IV – determinar a prisão domiciliar; (Incluído pela Lei nº 12.258, de 2010)

V – (VETADO); (Incluído pela Lei nº 12.258, de 2010)

Parágrafo único. (VETADO). (Incluído pela Lei nº 12.258, de 2010)

Monitoramento eletrônico – Considera-se monitoração eletrônica a vigilância telemática posicional à distância de pessoas condenadas, executada por meios técnicos que permitam indicar a sua localização. A ser determinado pelo juiz, consiste numa eficaz forma de vigilância do condenado, interessante método de controle de sua localização, instrumento de fiscalização do cumprimento das decisões judiciais, servindo, também, como alternativa ao cárcere.

São duas as possibilidades de fiscalização por meio do monitoramento eletrônico: quando da autorização para a saída temporária no regime semiaberto e concessão da prisão domiciliar.

ATENÇÃO – A lei 12.403/11 também previu o monitoramento (monitoração) eletrônico, porém como medida cautelar alternativa à prisão preventiva (art. 319, inciso IX do CPP).

Pode o juiz estender a vigilância eletrônica para outras hipóteses, como regime aberto, livramento condicional, restritiva de direitos e *sursis*? O veto aos incisos I, III, V e parágrafo único do presente artigo indica que a intenção do Executivo é não permitir a monitoração para outras circunstâncias. As razões do veto estão nos seguintes termos:

> "A adoção do monitoramento eletrônico no regime aberto, nas penas restritivas de direito, no livramento condicional e na suspensão condicional da pena contraria a sistemática de cumprimento de pena prevista no ordenamento jurídico brasileiro e, com isso, a necessária individualização, proporcionalidade e suficiência da execução penal. Ademais, o projeto aumenta os custos com a execução penal sem auxiliar no reajuste da população de presídios, uma vez que não retira do cárcere quem lá não deveria estar e não impede o ingresso de quem não deva estar preso" (Mensagem nº 310, de 15 de junho de 2010).

No entanto, em decisões recentes, o STJ tem entendido que a manutenção do monitoramento eletrônico ao apenado agraciado com a progressão ao regime aberto não implica constrangimento ilegal e tampouco em ofensa ao sistema progressivo, "pois a observância desse princípio se dá mediante a análise das condições às quais o apenado estaria submetido caso cumprisse a pena em estabelecimento prisional adequado, sendo certo que a prisão domiciliar monitorada, verificada no caso dos autos, não se afigura mais penosa do que aquela que o paciente vivenciaria no cumprimento da pena em regime aberto" (AgRg no HC 691.963, rel. Min. Sebastião Reis Junior, j. em 19.10.21).

ATENÇÃO – De acordo com a Resolução 5 de 2017, do Conselho Nacional de Política Criminal e Penitenciária, o uso do monitoramento eletrônico no âmbito da execução penal deve privilegiar os casos de progressão antecipada, livramento condicional antecipado ou prisão domiciliar deferida em substituição à pena privativa de liberdade, na hipótese de ausência de vagas no regime semiaberto ou fechado, bem assim quando se estabeleça na modalidade de regime semiaberto porquanto na condição de alocação similar nos termos do art. 91, da Lei 7.210/84. É vedado o uso da monitoração eletrônica na execução da pena, nas seguintes hipóteses:

I – Para o cumprimento de livramento condicional, salvo na hipótese de antecipação do direito e pelo tempo necessário até atingir o requisito objetivo;

II – No cumprimento de suspensão condicional da pena ou transação penal;

III – para o desenvolvimento do trabalho externo pelo custodiado, salvo se estiver no regime fechado e não estiver escoltado pela polícia;

IV – Em outras hipóteses não previstas em lei e que impliquem agravamento da pena imposta.

1. QUESTÕES DE CONCURSOS

01. (Promotor de Justiça – MP/SC – 2014) Julgue o item a seguir.

Cabe ao Juiz da Vara de Execução Penal definir o cabimento ou não da fiscalização por monitoramento eletrônico, sendo tal autorização cabível apenas para os apenados do regime semiaberto, quando gozarem o direito de saída temporária, e aqueles a quem forem concedida prisão domiciliar.

02. (Defensoria Pública – DF – CESPE – 2013) De acordo com a Lei de Execução Penal, julgue o item subsequente.

Durante a execução da pena privativa de liberdade, em caso de saída temporária, prisão domiciliar e livramento condicional, o juiz poderá determinar a fiscalização por meio de monitoração eletrônica.

03. (Defensor Público – FCC – 2011 – DPE-RS) Nos termos do art. 146-B da Lei de Execução Penal, o juiz poderá definir a fiscalização por meio da monitoração eletrônica quando:

I. aplicar pena restritiva de liberdade a ser cumprida nos regimes aberto ou semiaberto, ou conceder progressão para tais regimes;

II. autorizar a saída temporária no regime semiaberto;

III. aplicar pena restritiva de direitos que estabeleça limitação de horários ou de frequência a determinados lugares;

IV. determinar a prisão domiciliar;

V. conceder o livramento condicional ou a suspensão condicional da pena.

Considerando exclusivamente as disposições da Lei de Execução Penal, estão corretas APENAS as hipóteses

a) I, II e III.
b) III, IV e V.
c) III e IV.
d) II e IV.
e) I e V.

04. (MPE-SP – Promotor de Justiça – 2011) Com relação à monitoração eletrônica do condenado, analise os seguintes itens:

I. o Juiz poderá aplicá-la quando autorizar a saída temporária em regime semiaberto ou quando determinar a prisão domiciliar;

II. definida a fiscalização por meio da monitoração eletrônica, é dever do condenado receber visitas do servidor responsável pela monitoração eletrônica;

III. a violação comprovada dos deveres do condenado decorrentes da monitoração eletrônica acarretará necessariamente a regressão do regime de cumprimento de pena;

IV. a violação comprovada dos deveres do condenado decorrentes da monitoração eletrônica acarretará necessariamente sua advertência;

V. se o acusado ou condenado cometer falta grave, a monitoração eletrônica poderá ser revogada.

Está correto apenas o que se afirma em

a) I, II e III.
b) I, II e V.
c) I, III e V.
d) II, III e V.
e) II, IV e V.

05. (Defensor Público – CESPE – 2010 – DPE-BA) Acerca da execução penal, julgue o item a seguir.

O monitoramento eletrônico destina-se a sentenciados que, em regime semiaberto, estejam em gozo do benefício de saídas temporárias, ou que estejam cumprindo prisão domiciliar, de acordo com as circunstâncias do caso submetido à apreciação do juízo da execução.

06. (FCC/2017 – TJ/SC – Juiz Substituto) Segundo a Lei de Execução Penal, o preso, condenado com trânsito em julgado, poderá ter a execução da sua pena fiscalizada por meio da monitoração eletrônica, quando o juiz

a) fixar o regime aberto para cumprimento da pena e o dispensar do recolhimento ao estabelecimento penal no período noturno e nos dias de folga.
b) aplicar pena restritiva de liberdade a ser cumprida nos regimes aberto ou semiaberto, ou conceder progressão para tais regimes.
c) aplicar pena restritiva de direitos que estabeleça limitação de horários ou de frequência a determinados lugares.
d) conceder o livramento condicional ou a suspensão condicional da pena.
e) autorizar a saída temporária no regime semiaberto ou determinar a prisão domiciliar.

07. (Defensor Público – DPE/AM – 2018) A monitoração eletrônica na execução penal
a) impõe ao monitorado deveres que, se violados, podem gerar a regressão de regime.
b) pode ser determinada em caso de permissão de saída no regime semiaberto.
c) é mecanismo de ressocialização a fim de se evitar a restrição da liberdade.
d) foi implementada em 2010 e resultou em considerável redução da superlotação prisional no Brasil.
e) é obrigatória para o cumprimento de prisão domiciliar.

GAB	01	VERDADEIRO	02	ERRADO	03	D	04	B
	05	CERTO	06	E	7	A		

Art. 146-C. O condenado será instruído acerca dos cuidados que deverá adotar com o equipamento eletrônico e dos seguintes deveres: (Incluído pela Lei nº 12.258, de 2010)

I – receber visitas do servidor responsável pela monitoração eletrônica, responder aos seus contatos e cumprir suas orientações; (Incluído pela Lei nº 12.258, de 2010)

II – abster-se de remover, de violar, de modificar, de danificar de qualquer forma o dispositivo de monitoração eletrônica ou de permitir que outrem o faça; (Incluído pela Lei nº 12.258, de 2010)

III – (VETADO); (Incluído pela Lei nº 12.258, de 2010)

Parágrafo único. A violação comprovada dos deveres previstos neste artigo poderá acarretar, a critério do juiz da execução, ouvidos o Ministério Público e a defesa: (Incluído pela Lei nº 12.258, de 2010)

I – a regressão do regime; (Incluído pela Lei nº 12.258, de 2010)

II – a revogação da autorização de saída temporária; (Incluído pela Lei nº 12.258, de 2010)

III – (VETADO); (Incluído pela Lei nº 12.258, de 2010)

IV – (VETADO); (Incluído pela Lei nº 12.258, de 2010)

V – (VETADO); (Incluído pela Lei nº 12.258, de 2010)

VI – a revogação da prisão domiciliar; (Incluído pela Lei nº 12.258, de 2010)

VII – advertência, por escrito, para todos os casos em que o juiz da execução decida não aplicar alguma das medidas previstas nos incisos de I a VI deste parágrafo. (Incluído pela Lei nº 12.258, de 2010)

Orientações ao monitorado – Visando a efetividade da medida, o preso submetido ao monitoramento eletrônico receberá instruções acerca dos cuidados que deverá tomar com o equipamento, sendo alertado dos seguintes deveres:

a) **receber visitas do servidor responsável pela monitoração eletrônica, responder aos seus contatos e cumprir suas orientações;**

b) **abster-se de remover, de violar, de modificar, de danificar de qualquer forma o dispositivo de monitoração eletrônica ou de permitir que outrem o faça.**

Ocorrendo remoção, violação ou dano não intencional, deve o condenado, imediatamente, comunicar o Juízo das Execuções para que seja providenciada a troca ou conserto do equipamento.

> **ATENÇÃO** – Como bem adverte Renato Marcão:
>
> "A ausência de comunicação de falhas no sistema de monitoramento, por parte do condenado, não poderá ser considerada violação de dever, para efeito de autorizar a imposição de consequências a ele desfavoráveis, até porque o inciso III do parágrafo único do art. 146-C do Projeto que deu origem à Lei 12.258/10 foi vetado, e lá estava expresso que constituía dever do condenado submetido a monitoramento eletrônico: 'informar, de imediato, as falhas no equipamento ao órgão ou à entidade responsável pela monitoração eletrônica'" (ob. cit. p. 263).

O descumprimento de qualquer dos deveres pode gerar, depois de ouvidos o Ministério Público e a defesa (sistema bilateral):

I – regressão do regime (art. 118 da LEP)

II – revogação da autorização de saída temporária (art. 125 da LEP)

III – revogação da prisão domiciliar (art. 117 LEP)

IV – advertência por escrito

É a medida mais branda, utilizada quando o juiz decidir por não aplicar alguma das medidas anteriores. A advertência será feita por escrito e, conforme o caso, acompanhada do alerta de que a reincidência acarretará medida mais severa.

Descumprimento e falta grave – Não obstante o condenado possa sofrer as medidas acima mencionadas, o descumprimento de determinadas obrigações não caracteriza falta grave, segundo decidiu o STJ.

> **ATENÇÃO** – Caso o condenado descumpra suas obrigações, o juiz pode determinar a regressão de regime, a revogação da saída temporária, a revogação da prisão domiciliar ou pode advertir o condenado por escrito, caso decida não aplicar alguma das medidas anteriores. Não obstante o condenado possa sofrer as medidas acima mencionadas, o descumprimento de determinadas obrigações não caracteriza falta grave, segundo decidiu o STJ. É certo que, a depender das circunstâncias, a conduta irregular pode equivaler mesmo à fuga. É o que ocorre, por exemplo, quando o condenado viola o aparelho com o intuito de evitar o monitoramento. No caso de o condenado descumprir a restrição relativa à área em que deveria permanecer, sem impedir o monitoramento, a jurisprudência é se essa circunstância configura ou não falta. A jurisprudência mais recente do STJ é no sentido de que comete falta grave o condenado à pena privativa de liberdade que inobservar as ordens recebidas (art. 39, V, da LEP), como é a hipótese de violação da zona de monitoramento (AgRg no AREsp 1.704.010/TO, j. 04/08/2020).

1. QUESTÕES DE CONCURSOS

01. (Agente Penitenciário – PI – 2016) CAIO foi condenado a 5 (cinco) anos e seis meses, no regime semiaberto. Marque a alternativa CORRETA.

a) CAIO esta impedido de ter direito à saída temporária, tal direito ocorrerá, caso passe ao regime aberto, com a fiscalização por meio da monitoração eletrônica.

b) É dever do condenado que usa equipamento eletrônico abster-se de violar o dispositivo de monitoração eletrônica e, caso ocorra, poderá acarretar a regressão do regime.

c) A monitoração eletrônica só será revogada quando se tornar desnecessária ou inadequada.

d) CAIO estará obrigado a comparecer à justiça, a fim de ser fiscalizado o dispositivo de monitoração eletrônica, não existindo obrigação de receber visita de servidor responsável pela monitoração eletrônica.

e) Caso CAIO seja encaminhado à Colônia Agrícola, deverá ser sempre alojado em cela individual que conterá dormitório, aparelho sanitário e lavatório.

02. (Juiz Substituto – TJ/PE – 2015 – FCC) Em relação à execução penal, é correto afirmar que:

a) a pena unificada para atender ao limite de 30 (trinta) anos de cumprimento é considerada para a concessão de livramento condicional, mas não para obtenção de regime mais favorável de execução.

b) o condenado que violar ou danificar o dispositivo de monitoração eletrônica poderá regredir de regime.

c) a inclusão do preso no regime disciplinar diferenciado ou no isolamento preventivo depende de prévia decisão judicial fundamentada.

d) o juiz da execução não tem competência para interditar estabelecimento penal que estiver funcionando em condições inadequadas, devendo limitar-se à comunicação do fato à administração penitenciária.

e) podem suscitar incidente de desvio de execução o Ministério Público e a Defensoria Pública, mas não o Conselho Penitenciário.

GAB	01	B	02	B

Art. 146-D. A monitoração eletrônica poderá ser revogada: (Incluído pela Lei nº 12.258, de 2010)

I – quando se tornar desnecessária ou inadequada; (Incluído pela Lei nº 12.258, de 2010)

II – se o acusado ou condenado violar os deveres a que estiver sujeito durante a sua vigência ou cometer falta grave. (Incluído pela Lei nº 12.258, de 2010)

Revogação – O art. 146-D anuncia que a monitoração eletrônica poderá ser revogada:

a) quando se tornar desnecessária ou inadequada (dependendo do comportamento do monitorado, a medida pode se transformar em excessiva ou insuficiente);

ATENÇÃO: ao analisar o pedido de retirada do equipamento de monitoramento eletrônico, o juízo das execuções deverá fundamentar o indeferimento trazendo esclarecimentos acerca do caso concreto, sob pena de constrangimento ilegal. O STJ vem repudiando fundamentação genérica.

b) se o acusado ou condenado violar os deveres a que estiver sujeito durante a sua vigência (art. 146-C);

c) se o acusado ou condenado cometer falta grave (art. 50 a LEP).

1. INFORMATIVOS DE JURISPRUDÊNCIA

- **STJ – 597 – Monitoramento eletrônico mediante uso de tornozeleira. Pedido de retirada do equipamento por desnecessidade. Indeferimento pelo juízo das execuções sem fundamento concreto. Constrangimento ilegal evidenciado.**

A questão recursal gira em torno da legalidade do indeferimento de pedido de revogação de monitoramento eletrônico, por parte do juízo das execuções. Consoante dispõe o art. 146-D da Lei de Execução Penal, a monitoração eletrônica poderá ser revogada quando se tornar desnecessária ou inadequada. De qualquer sorte, ainda que o monitoramento eletrônico, com a colocação de tornozeleiras, seja uma alternativa tecnológica ao cárcere, a necessidade de sua manutenção deve ser aferida periodicamente, podendo ser dispensada a cautela em casos desnecessários. Todavia, a simples afirmação de que o monitoramento é medida mais acertada à fiscalização do trabalho externo com prisão domiciliar deferido ao apenado em cumprimento de pena de reclusão no regime semiaberto, sem maiores esclarecimentos acerca do caso concreto, não constitui fundamento idôneo para justificar o indeferimento do pleito. Assim como tem a jurisprudência exigido motivação concreta para a incidência de cautelares penais durante o processo criminal, a fixação de medidas de controle em fase de execução da pena igual motivação exigem, de modo que a incidência genérica – sempre e sem exame da necessidade da medida gravosa – de tornozeleiras eletrônicas não pode ser admitida. (HC 351.273-CE, Rel. Min. Nefi Cordeiro, por unanimidade, julgado em 2/2/2017, DJe 9/2/2017.)

▸CAPÍTULO II – DAS PENAS RESTRITIVAS DE DIREITOS

▸SEÇÃO I – DISPOSIÇÕES GERAIS

Art. 147. Transitada em julgado a sentença que aplicou a pena restritiva de direitos, o Juiz da execução, de ofício ou a requerimento do Ministério Público, promoverá a execução, podendo, para tanto, requisitar, quando necessário, a colaboração de entidades públicas ou solicitá-la a particulares.

Penas restritivas de direitos – São sanções autônomas e substituem as penas privativas de liberdade quando (art. 44 do CP):

I – aplicada pena privativa de liberdade não superior a quatro anos e o crime não for cometido com violência ou grave ameaça à pessoa ou, qualquer que seja a pena aplica, se o crime for culposo;

II – o réu não for reincidente em crime doloso;

III – a culpabilidade, os antecedentes, a conduta social e a personalidade do condenado, bem como os motivos e as circunstâncias indicarem que essa substituição seja suficiente.

ATENÇÃO: A Lei 14.071/2020 trouxe importante modificação na parte criminal do Código de Trânsito. De acordo com o novo art. 312-B, não será mais permitida a aplicação de penas restritivas de direitos (CP, art. 44, *caput*, I) se o condutor estiver sob influência do álcool ou de outra substância psicoativa ao incorrer nos crimes de homicídio culposo de trânsito (CTB, art. 302, § 3º) e lesão corporal culposa de trânsito grave ou gravíssima (CTB, art. 303, § 2º). A norma passa a valer para crimes ocorridos a partir de 12 de abril de 2021.

Dividem-se em **pessoais** (prestação de serviço à comunidade ou a entidades públicas, interdição temporária de direitos e limitação de fim de semana) e **reais** (prestação pecuniária e perda de bens e valores).

Reais	Pessoais
Prestação pecuniária – art. 45, § 1º do CP;	Prestação de serviços à comunidade – art. 46 do CP

Reais	Pessoais
Perda de bens e valores – art. 45, § 2º do CP.	Interdição temporária de direitos – art. 47 do CP
–	Limitação de fins de semana – art. 48 do CP

O juiz pode requisitar a colaboração de entidades públicas ou privadas (escolas, hospitais etc.) para a efetivação da execução da pena alternativa.

Observa Mirabete:

> "Estranhamente, porém, não se faz qualquer referência a uma guia para a execução, como ocorre quando se trata de pena privativa de liberdade (art. 105) ou multa (art. 164) ou mesmo medida de segurança (art. 171). É indubitável, porém, que deve ser expedido um documento que possibilite ao juiz da execução, quando não for o mesmo do processo de conhecimento, a providenciar como determina a lei. Cabe ao legislador estadual ou mesmo ao Poder Judiciário, através da resolução ou provimento, determinar a expedição da guia de execução das penas restritivas de direitos, estabelecendo os requisitos formais que deve tal peça conter" (ob. cit. p. 607).

Súmula 643 do STJ – Quando julgou o mérito do HC 126.292/SP e as cautelares nas ADC 43 e 44, o STF autorizou o início da execução da pena após o recurso em segunda instância. O tribunal não via ofensa ao princípio da presunção de inocência porque, uma vez apreciada a apelação, esgota-se a possibilidade de discutir o fato e a prova. Logo, a não ser que aos recursos endereçados ao STJ e ao STF fosse conferido efeito suspensivo, admitia-se a execução imediata da pena.

Posteriormente, ao julgar o mérito das ações constitucionais, o STF modificou a orientação: "Surge constitucional o artigo 283 do Código de Processo Penal, a condicionar o início do cumprimento da pena ao trânsito em julgado da sentença penal condenatória, considerado o alcance da garantia versada no artigo 5º, inciso LVII, da Constituição Federal, no que direciona a apurar para, selada a culpa em virtude de título precluso na via da recorribilidade, prender, em execução da sanção, a qual não admite forma provisória".

Nas primeiras decisões que admitiam a execução provisória, o STF tratou do tema em termos gerais, e, como não poderia deixar de ser, não lhe foi possível esgotar todas as situações em que, diante do caso concreto, a execução da pena podia ser impedida. Foi o caso das penas restritivas de direitos.

Na época, a Terceira Seção do STJ firmou a orientação de que era impossível a execução provisória de penas restritivas de direitos (AgRg nos EREsp 1.699.768/SP, j. 13/03/2019). O tribunal se assentou no artigo em comento. Como se nota, este dispositivo faz expressa menção ao trânsito em julgado para que a pena restritiva de direitos possa ser executada.

Embora não vigore mais a orientação que permitia a execução provisória, o STJ editou a súmula 643 para consolidar a proibição de executar a pena restritiva de direitos antes da condenação definitiva, com a seguinte redação: "Pena restritiva de direitos só pode ser executada após o trânsito em julgado".

1. ENUNCIADOS DE SÚMULAS DE JURISPRUDÊNCIA

- **STF – Súmula 716.** Admite-se a progressão de regime de cumprimento da pena ou a aplicação imediata de regime menos severo nela determinada, antes do trânsito em julgado da sentença condenatória.

2. INFORMATIVOS DE JURISPRUDÊNCIA

- **STF – 627 – Violência presumida e regime de cumprimento de pena.**

O crime cometido com violência presumida obstaculiza o benefício da substituição da pena privativa de liberdade por restritiva de direitos. Esse o entendimento da Turma, ao indeferir "habeas corpus" impetrado em favor de condenado a 3 anos de reclusão em regime semi-aberto pela prática do crime então descrito no art. 213, c/c art. 224, a, do CP. A impetração sustentava que a violência a impedir o benefício da substituição da pena (CP, art. 44, I) seria a violência real, e não a presumida (CP, art. 224). Asseverou-se que, embora a reprimenda aplicada fosse inferior a 4 anos, o crime teria sido cometido com violência à pessoa, motivo suficiente para obstaculizar o benefício requerido. Entendeu-se que a vedação da substituição da pena privativa de liberdade por restritiva de direitos não alcançaria somente a violência física, real, mas também a presumida (STF – HC nº 99828, Rel. Gilmar Mendes, j. 17.5.2011)..

- **STF – 600 – Tráfico de drogas: crime conexo e substituição de pena.**

A Turma deu provimento a recurso ordinário em "habeas corpus" para devolver o processo ao juiz da execução com o intuito de que verifique se é, ou não, o caso de substituição de pena. Na espécie, condenado em concurso material pelo crime de posse irregular de arma de fogo (Lei 10.826/03, art. 12, "caput") e pelo de tráfico ilícito de entorpecentes (Lei 11.343/06, art. 33, "caput"), pleiteava que, relativamente ao crime de posse ilegal de arma, fosse a pena convolada em uma restritiva de direitos. Salientou-se que esta Corte já se manifestara no sentido da possibilidade, na hipótese da lei de drogas, de substituição da pena privativa de liberdade por restritiva de direitos. Ao levar isso em conta, afastou-se a aplicação do § 1º do art. 69 do CP. Nesse sentido, destacou-se que, tendo o STF se manifestado sobre a possibilidade de substituição de pena no caso de tráfico de drogas e sendo o delito de posse irregular de arma de fogo conexo a ele, ficaria também prejudicada a proibição do CP. Por fim, enfatizou-se a necessidade de, no futuro, o STF enfrentar a mencionada questão (STF RHC nº 100657, Rel. Ellen Gracie, j. 14.9.2010).

- **STF – 598 – Tráfico ilícito de entorpecentes e substituição de pena privativa de liberdade por restritivas de direitos.**

Em conclusão, o Tribunal, por maioria, concedeu parcialmente "habeas corpus" e declarou, incidentalmente, a inconstitucionalidade da expressão "vedada a conversão em penas restritivas de direitos", constante do § 4º do art. 33 da Lei 11.343/06, e da expressão "vedada a conversão de suas penas em restritivas de direitos", contida no aludido art. 44 do mesmo diploma legal. Tratava-se, na espécie, de "writ", afetado ao Pleno pela 1ª Turma, em que condenado à pena de 1 ano e 8 meses de reclusão pela prática do crime de tráfico ilícito de entorpecentes (Lei 11.343/06, art. 33, § 4º) questionava a constitucionalidade da vedação abstrata da substituição da pena privativa de liberdade por restritiva de direitos disposta no art. 44 da citada Lei de Drogas. Sustentava a impetração que a proibição, nas hipóteses de tráfico de entorpecentes, da substituição pretendida ofenderia as garantias da individualização da pena (CF, art. 5º, XLVI), bem como aquelas constantes dos incs. XXXV e LIV do mesmo preceito constitucional – v. Infos 560, 579 e 597. Esclareceu-se, na presente assentada, que a ordem seria concedida não para assegurar ao paciente a imediata e requerida convolação, mas para remover o obstáculo da Lei 11.343/06, devolvendo ao juiz da execução a tarefa de auferir o preenchimento de condições objetivas e subjetivas (STF HC nº 97256, Rel. Ayres Britto, j. 1º.9.2010).

- **STF – 573 – Regime de cumprimento de pena e majorante.**

A Turma proveu recurso ordinário em "habeas corpus" para determinar a alteração do regime inicial de cumprimento da pena de semiaberto para aberto de condenado pela prática do crime de furto qualificado por escalada e concurso. De início, enfatizou-se que, objetivamente, o recorrente preencheria os requisitos para o regime aberto e para a substituição da pena privativa de liberdade por restritiva de direitos, dado que o STJ considerara indevida a exasperação da pena-base e redimensionara a pena em 2 anos, 4 meses e 15 dias de reclusão. Todavia, tal Corte reputara justificada a fixação de regime mais gravoso do que o legalmente previsto para o cumprimento da pena imposta (CP, art. 33, § 3º) porque se trataria de furto duplamente qualificado e, com base nisso, assentara a impossibilidade da substituição pleiteada (CP, art. 44, III). Asseverou-se que, embora a presença de 2 circunstâncias qualificadoras pudesse conduzir ao aumento da pena prevista para o tipo qualificado do delito, não seria legítimo considerar que elas também conduziriam, necessariamente, ao estabelecimento de regime mais gravoso para se cumprir a pena e ao impedimento de aplicação de pena alternativa. Entendeu-se que o STJ criara um critério objetivo de fixação do regime semiaberto e de vedação à substituição da pena, não previstos pelo legislador, o que transgrediria os princípios da separação de poderes e da reserva de lei penal (STF RHC nº 100810, Rel. Joaquim Barbosa, j. 2.2.2010).

3. QUESTÕES DE CONCURSOS

01. (Delegado de Polícia – SC – 2014) Analise as afirmações a seguir a assinale a alternativa correta.

De acordo com o Código Penal, as penas restritivas de direitos são, dentre outras:

I. Perda de bens e valores e prestação pecuniária.

II. Prestação de serviço à comunidade ou a entidades públicas.

III. Interdição temporária de direitos.

IV. Limitação de fim de semana e interdição permanente de direitos.

a) Todas as afirmações estão corretas.

b) Apenas I, II e IV estão corretas.

c) Apenas II e IV estão corretas.

d) Apenas III e IV estão corretas.

e) Apenas I, II, III estão corretas.

02. (Agente Penitenciário – ES – 2013 – VUNESP) Transitada em julgado a sentença que aplicou a pena restritiva de direitos, o Juiz da execução, de ofício ou a requerimento do Ministério Público, promoverá a execução, podendo, para tanto, requisitar, quando necessário, a colaboração de entidades públicas ou

a) assistenciais.

b) religiosas.

c) solicitá-la a particulares.

d) do Instituto Médico-Legal.

e) educativas.

GAB	01	E	02	C

Art. 148. Em qualquer fase da execução, poderá o Juiz, motivadamente, alterar, a forma de cumprimento das penas de prestação de serviços à comunidade e de limitação de fim de semana, ajustando-as às condições pessoais do condenado e às características do estabelecimento, da entidade ou do programa comunitário ou estatal.

Penas alternativas e modificação da forma de cumprimento – A decisão que alterar a forma de cumprimento da pena restritiva de direitos deve focar, especialmente, a individualização da pena e a ressocialização do condenado, ajustando a sanção alternativa às condições pessoais do executado e às características do estabelecimento, da entidade ou do programa comunitário ou estatal.

A alteração poderá ser decidida de ofício pelo Juiz ou mediante provocação do próprio sentenciado, seu Defensor ou do Ministério Público.

> **ATENÇÃO** – O Juiz está proibido de substituir a pena restritiva de direitos aplicada por outro tipo de pena, como, por exemplo, aplicar prestação de serviços à comunidade e, durante a execução, substituí-la por doação de cestas básicas (STJ, AgRg no Ag 10922107-MS 2008/0205150-1).

1. INFORMATIVOS DE JURISPRUDÊNCIA

- **STJ – 584 – DIREITO PENAL. Impossibilidade de reconversão de pena a pedido do sentenciado.** Não é possível, em razão de pedido feito por condenado que sequer iniciou o cumprimento da pena, a reconversão de pena de prestação de serviços à comunidade e de prestação pecuniária (restritivas de direitos) em pena privativa de liberdade a ser cumprida em regime aberto. O art. 33, § 2º, c, do CP apenas estabelece que "o condenado não reincidente, cuja pena seja igual ou inferior a 4 (quatro) anos, poderá, desde o início, cumpri-la em regime aberto". O referido dispositivo legal não traça qualquer direito subjetivo do condenado quanto à escolha entre a sanção alternativa e a pena privativa de liberdade. Ademais, a escolha da pena e do regime prisional, bem como do preenchimento dos requisitos do art. 44 do CP, insere-se no campo da discricionariedade vinculada do magistrado. Além disso, a reconversão da pena restritiva de direitos imposta na sentença condenatória em pena privativa de liberdade depende do advento dos requisitos legais (descumprimento das condições impostas pelo juiz da condenação). Por isso, não cabe ao condenado que sequer iniciou o cumprimento da pena escolher ou decidir a forma como pretende cumprir a condenação que lhe foi imposta. Ou seja, não é possível pleitear a forma que lhe parecer mais cômoda ou conveniente. Nesse sentido, oportuna a transcrição do seguinte entendimento doutrinário: "Reconversão fundada em lei e não em desejo do condenado: a reconversão da pena restritiva de direitos, imposta na sentença condenatória, em pena privativa de liberdade, para qualquer regime, a depender do caso concreto, depende do advento dos requisitos legais, não bastando o mero intuito do sentenciado em cumprir pena, na prática, mais fácil. Em tese, o regime carcerário, mesmo o aberto, é mais prejudicial ao réu do que a pena restritiva de direitos; sabe-se, no entanto, ser o regime aberto, quando cumprido em prisão albergue domiciliar, muito mais simples do que a prestação de serviços à comunidade, até pelo fato de inexistir fiscalização. Por isso, alguns condenados manifestam preferência pelo regime aberto em lugar da restritiva de direitos. A única possibilidade para tal ocorrer será pela reconvenção formal, vale dizer, ordena-se o cumprimento da restritiva e ele não segue a determinação. Outra forma é inadmissível." (STJ – REsp nº 1.524.484-PE, Rel. Reynaldo Soares da Fonseca, j. em 17.5.2016, DJe 25.5.2016.

SEÇÃO II – DA PRESTAÇÃO DE SERVIÇOS À COMUNIDADE

Art. 149. Caberá ao Juiz da execução:

I – designar a entidade ou programa comunitário ou estatal, devidamente credenciado ou convencionado, junto ao qual o condenado deverá trabalhar gratuitamente, de acordo com as suas aptidões;

II – determinar a intimação do condenado, cientificando-o da entidade, dias e horário em que deverá cumprir a pena;

III – alterar a forma de execução, a fim de ajustá-la às modificações ocorridas na jornada de trabalho.

§ 1º o trabalho terá a duração de 8 (oito) horas semanais e será realizado aos sábados, domingos e feriados, ou em dias úteis, de modo a não prejudicar a jornada normal de trabalho, nos horários estabelecidos pelo Juiz.

§ 2º A execução terá início a partir da data do primeiro comparecimento.

Prestação de serviços à comunidade – O juiz da execução designará a entidade ou programa comunitário ou estatal, devidamente credenciado ou convencionado, junto ao qual o condenado irá trabalhar, gratuitamente, conforme suas aptidões.

ATENÇÃO: A prestação de serviços à comunidade não se confunde com trabalhos forçados, pena esta proibida pela Constituição (art. 5º., inc. XLVII, "c").

A forma de execução poderá ser alterada para ajustá-la às modificações, por exemplo, ocorridas na jornada de trabalho (ver art. 148).

Com o advento da lei 9.714/98, a duração da pena alternativa passou a ser orientada pelo art. 46 do CP, mais precisamente, seus § § 3º e 4º:

> § 3º: "As tarefas a que se refere o § 1º serão atribuídas conforme as aptidões do condenado, devendo ser cumpridas à razão de uma hora de tarefa por dia de condenação, fixadas de modo a não prejudicar a jornada normal de trabalho".
>
> § 4º: "Se a pena substituída for superior a um ano, é facultado ao condenado cumprir a pena substitutiva em menor tempo (art. 55), nunca inferior à metade da pena privativa de liberdade fixada".

ATENÇÃO: Mesmo com a lei 9.714/98, continua existindo a possibilidade de trabalhar aos sábados, domingos e feriados, podendo, inclusive, trabalhar as sete horas semanais em um único dia, sempre de modo a não prejudicar sua jornada normal de trabalho.

Art. 150. A entidade beneficiada com a prestação de serviços encaminhará mensalmente, ao Juiz da execução, relatório circunstanciado das atividades do condenado, bem como, a qualquer tempo, comunicação sobre ausência ou falta disciplinar.

Relatório de acompanhamento – O início do cumprimento da pena restritiva dar-se-á a partir da data do primeiro comparecimento do reeducando, ficando a entidade beneficiada obrigada a encaminhar, mensalmente, ao Juiz da execução, relatório circunstanciado das atividades desenvolvidas pelo condenado, bem como, a qualquer tempo, ausência ou falta disciplinar.

O relatório circunstanciado é uma forma de acompanhamento do cumprimento da prestação de serviço. O condenado tem que cumprir pontual e assiduamente o horário de trabalho estabelecido, servindo o relatório como ferramenta para verificação de tais obrigações.

ATENÇÃO: Nos termos do que disposto no art. 181, § 1º da LEP, a pena de prestação de serviços à comunidade será convertida quando o condenado:

A) não for encontrado por estar em lugar incerto e não sabido, ou desatender a intimação por edital;

B) não comparecer, injustificadamente, à entidade ou programa em que deva prestar serviço;

C) recusar-se, injustificadamente, a prestar o serviço que lhe foi imposto;

D) praticar falta grave;

E) sofrer condenação por outro crime à pena privativa de liberdade, cuja execução não tenha sido suspensa.

1. INFORMATIVOS DE JURISPRUDÊNCIA

- **STJ – 500 – Prescrição. Pretensão executória. Pena restritiva de direitos. Abandono no cumprimento.**

  No caso de abandono pelo sentenciado do cumprimento da pena restritiva de direitos – prestação de serviços à comunidade –, a prescrição da pretensão executória será regulada pelo tempo restante do cumprimento da medida substitutiva imposta. Com base nesse entendimento, a Turma concedeu a ordem para declarar extinta a punibilidade do paciente pela ocorrência da prescrição executória da pena. Ao conferir interpretação extensiva ao art. 113 do CP, decidiu-se que o abandono no cumprimento da pena restritiva de direitos pode se equiparado às hipóteses de "evasão" e da "revogação do livramento condicional" previstas no referido artigo, uma vez que as situações se assemelham na medida em que há, em todos os casos, sentença condenatória e o cumprimento de parte da pena pelo sentenciado. Precedentes citados: HC 101.255-SP, DJe 7/12/2009; HC 225.878-SP, DJe 25/4/2012 (STJ – HC nº 232.764-RS, Rel. Maria Thereza de Assis Moura, j. 25/6/2012.

SEÇÃO III – DA LIMITAÇÃO DE FIM DE SEMANA

Art. 151. Caberá ao Juiz da execução determinar a intimação do condenado, cientificando-o do local, dias e horário em que deverá cumprir a pena.

Parágrafo único. A execução terá início a partir da data do primeiro comparecimento.

Limitação de fim de semana – Sem desconsiderar a sua natureza punitiva, esta sanção visa, mediante o recolhimento do condenado, principalmente sua reestruturação intelectual e social.

O artigo 48 do CP estabelece:

> "A limitação de fim de semana consiste na obrigação de permanecer, aos sábados e domingos, por 5 (cinco) horas diárias, em casa de albergado ou outro estabelecimento adequado".

Caberá ao Juiz da execução determinar a intimação do condenado, cientificando-o do local, dias e horário em que deverá cumprir a pena.

Art. 152. Poderão ser ministrados ao condenado, durante o tempo de permanência, cursos e palestras, ou atribuídas atividades educativas.

Parágrafo único. Nos casos de violência doméstica contra a mulher, o juiz poderá determinar o comparecimento obrigatório do agressor a programas de recuperação e reeducação. (Incluído pela Lei nº 11.340, de 2006)

Atividades durante a limitação de fim de semana – Durante o período de recolhimento, poderão ser ministrados ao condenado cursos e palestras, ou atribuídas atividades educativas.

O parágrafo único foi inserido pela Lei 11.340/2006 (Lei Maria da Penha), com o fito de coibir a violência doméstica e familiar contra a mulher, uma das formas de violação dos direitos humanos (art. 6º da lei 11.340/06).

A política pública que visa coibir a violência doméstica e familiar contra a mulher far-se-á por meio de um conjunto articulado de ações da União, dos Estados, do Distrito Federal e dos Municípios e de ações não governamentais (art. 8º), tendo como diretrizes (entre outras):

a) a promoção e a realização de campanhas educativas de prevenção da violência doméstica e familiar contra a mulher, voltadas ao público escolar e à sociedade em geral, e a difusão da "Lei Maria da Penha" e dos instrumentos de proteção aos direitos humanos das mulheres;

b) a promoção de programas educacionais que disseminem valores éticos de irrestrito respeito à dignidade da pessoa humana com a perspectiva de gênero e de raça ou etnia.

Dentro desse espírito, o artigo em estudo, nas hipóteses de crimes configuradores de violência doméstica e familiar contra a mulher, prevê o comparecimento obrigatório do agressor a programas de recuperação e reeducação.

1. INFORMATIVOS DE JURISPRUDÊNCIA

- **STF – 702 – Crime cometido com violência e substituição de pena**

Não cabe a substituição de pena privativa de liberdade por restritiva de direito quando o crime for cometido com violência. Com base nesse entendimento, a 2ª Turma denegou habeas corpus em que se pretendia o restabelecimento de acórdão do tribunal de justiça local que substituíra a pena cominada de 3 meses de detenção, em regime aberto, por limitação de fim de semana. No caso, o paciente fora condenado pela prática de delito previsto no art. 129, § 9º, do CP, combinado com a Lei 11.340/2006 (Lei Maria da Penha). Reputou-se que, embora a pena privativa de liberdade fosse inferior a 4 anos, o crime fora cometido com violência contra pessoa, motivo suficiente para obstaculizar o benefício, nos termos do art. 44, I, do CP ["As penas restritivas de direitos são autônomas e substituem as privativas de liberdade, quando: I – aplicada pena privativa de liberdade não superior a 4 (quatro) anos e o crime não for cometido com violência ou grave ameaça à pessoa ou, qualquer que seja a pena aplicada, se o crime for culposo"]. HC 114703/MS, rel. Min. Gilmar Mendes, 16.4.2013. (HC-114703)

- **STJ – 456 – Agressão. Vias de fato. Relações domésticas.**

Na hipótese, o ora paciente foi condenado, em primeiro grau de jurisdição, a 15 dias de prisão simples, por prática descrita como contravenção penal (art. 21 do DL 3.688/41), sendo substituída a pena corporal por restritiva de direitos de prestação de serviços à comunidade. A apelação interposta pelo MP foi provida, reformando a sentença para fixar a impossibilidade de substituição em face da violência, concedendo, de outra parte, o "sursis", ficando a cargo da execução os critérios da suspensão condicional da pena. Sobreveio, então, o "habeas corpus", no qual se alegou que vias de fato, ou seja, a contravenção cometida pelo paciente, diferentemente da lesão corporal, não provoca ofensa à integridade física ou à saúde da vítima. Salientou-se que é perfeitamente possível substituir a pena privativa de liberdade por restritiva de direito, pois a violência e a grave ameaça que obstam a concessão da benesse devem resultar de crime grave que traga perigo à vida da vítima, e não de crime de menor potencial ofensivo, como no caso. Além disso, aduziu-se que a substituição é a medida mais adequada à realidade do caso concreto, pois é certo que, sendo direito subjetivo do paciente, ela não pode ser negada, notadamente porque não há, quanto aos delitos praticados com violência doméstica, tratamento diferenciado. A Turma concedeu a ordem pelos fundamentos, entre outros, de que é razoável supor, assim como defendido na impetração, que a violência impeditiva da substituição da pena privativa de liberdade por restritivas de direitos seja aquela de maior gravidade e não, como na espécie, mera contravenção de vias de fato, chamada por alguns até mesmo de "crime anão", dada a sua baixa ou quase inexistente repercussão no meio social. Consignou-se, ademais, que, no caso, a agressão sequer deixou lesão aparente, daí porque soa desarrazoado negar ao paciente o direito à substituição da pena privativa de liberdade; pois, em "ultima ratio", estar-se-ia negando a incidência do art. 44 do CP, visto que a violência, pela sua ínfima repercussão na própria vítima ou no meio social, não impede, antes recomenda, sejam aplicadas penas alternativas, inclusive em sintonia com a própria Lei Maria da Penha, notadamente a sua "mens", expressa no seu art. 45, que promoveu alteração no parágrafo único do art. 152 da Lei 7.210/84. HC 180.353, rel. Min. Maria T. A. Moura, j. 16.11.10. 6ª T.

Art. 153. O estabelecimento designado encaminhará, mensalmente, ao Juiz da execução, relatório, bem assim comunicará, a qualquer tempo, a ausência ou falta disciplinar do condenado.

Relatório circunstanciado – O relatório a ser encaminhado mensalmente pelo estabelecimento designado para o cumprimento da pena constitui importante ferramenta para o acompanhamento da execução da sanção alternativa.

ATENÇÃO: A pena de limitação de fim de semana será convertida em privativa de liberdade quando o condenado não comparecer ao estabelecimento designado para o cumprimento da pena ou recusar-se a exercer a atividade determinada pelo Juiz ou demonstrar, em síntese, falta de compromisso com a importância da medida (art. 181, § 2º).

SEÇÃO IV – DA INTERDIÇÃO TEMPORÁRIA DE DIREITOS

Art. 154. Caberá ao Juiz da execução comunicar à autoridade competente a pena aplicada, determinada a intimação do condenado.

§ 1º Na hipótese de pena de interdição do artigo 47, inciso I, do Código Penal, a autoridade deverá, em 24 (vinte e quatro) horas, contadas do recebimento do ofício, baixar ato, a partir do qual a execução terá seu início.

§ 2º Nas hipóteses do artigo 47, incisos II e III, do Código Penal, o Juízo da execução determinará a apreensão dos documentos, que autorizam o exercício do direito interditado.

Interdição temporária de direitos – existem cinco espécies, todas previstas no art. 47 do CP:

> I – proibição do exercício de cargo, função ou atividade pública, bem como de mandato eletivo;
>
> II – proibição do exercício de profissão, atividade ou ofício que dependam de habilitação especial, de licença ou autorização do poder público;

ATENÇÃO: Essas duas primeiras são específicas, só podendo ser aplicadas aos crimes cometidos no exercício de cargo, função, atividade, profissão ou ofício, com violação de deveres a estes inerentes (art. 56 do CP).

III – a suspensão de autorização ou de habilitação para dirigir veículo (art. 47, inciso III do CP);

ATENÇÃO – Espécie de pena restritiva de direitos, tinha aplicação reservada exclusivamente aos crimes culposos de trânsito (art. 57 do CP). Hoje, além de tacitamente revogada pelo CTB (Lei nº 9.503/97), não se confunde com a inabilitação para dirigir veículo prevista no art. 92, inciso III do CP, efeito extrapenal específico da condenação, quando o veículo for utilizado como meio para praticar crime doloso.

IV – proibição de frequentar determinados lugares.

V – proibição de inscrever-se em concurso, avaliação ou exame públicos.

ATENÇÃO – Inovação trazida pela Lei 12.550/11, esta proibição deve ser aplicada, em especial (e não exclusivamente), aos candidatos que concorrerem, direta ou indiretamente, para as fraudes de certames públicos, compreendendo concurso público, avaliação ou exame públicos, processo seletivo para ingresso no ensino superior, exame ou processo seletivo previstos em lei (art. 311-A do CP).

Na hipótese de pena de interdição do artigo 47, inciso I, do CP, a autoridade deverá, em 24 (vinte e quatro) horas, contadas do recebimento do ofício, baixar ato, a partir do qual a execução terá seu início.

Nas hipóteses do artigo 47, incisos II e III do CP, o Juízo da execução determinará a apreensão dos documentos, que autorizam o exercício do direito interditado.

E na hipótese do inciso V (proibição de inscrever-se em concurso, avaliação ou exame públicos)?

Por falta de amparo legal, a execução e/ou fiscalização da pena não será fácil. Para os certames em que são exigidas dos candidatos certidões criminais negativas para a inscrição ou posse, a questão fica contornada, cabendo ao próprio órgão com cargo em concurso a fiscalização. Mas para aqueles (como OAB, ENEM etc.) em que a exigência não se repete, a tarefa parece difícil, senão inviável, demandando urgente regulamentação, quem sabe com a criação de um cadastro no CNJ, a ser consultado, reunindo os condenados a essa espécie de interdição.

Art. 155. A autoridade deverá comunicar imediatamente ao Juiz da execução o descumprimento da pena.

Parágrafo único. A comunicação prevista neste artigo poderá ser feita por qualquer prejudicado.

Ocorrendo o descumprimento da pena restritiva de direitos, a autoridade (ou qualquer prejudicado) comunicará imediatamente o fato ao juiz da execução.

ATENÇÃO – A pena de interdição temporária de direitos será convertida quando o condenado exercer, injustificadamente, o direito interditado ou se ocorrer qualquer das hipóteses das letras "a" e "e", do § 1º, do art. 181.

1. QUESTÃO DE CONCURSO

01. (MPE/PR – Promotor de Justiça – 2009 – Adaptada) Julgue o item a seguir.

A condenação anterior à pena de multa impede a concessão do benefício da suspensão condicional da pena;

GAB	01	ERRADO

▸CAPÍTULO III – DA SUSPENSÃO CONDICIONAL

Art. 156. O Juiz poderá suspender, pelo período de 2 (dois) a 4 (quatro) anos, a execução da pena privativa de liberdade, não superior a 2 (dois) anos, na forma prevista nos artigos 77 a 82 do Código Penal.

Suspensão condicional da execução da pena (*sursis*) – é um instituto de política criminal, que se destina a evitar o recolhimento à prisão do condenado, que preenche determinados requisitos e se submete às condições estabelecidas pela lei e pelo juiz, perdurando estas durante tempo determinado, findo o qual, se não revogada a concessão, considera-se extinta a pena.

O Brasil adotou o *sistema franco-belga* (ou europeu continental), onde o acusado é processado, reconhecido culpado, condenado, impondo-se uma pena e seu regime inicial de cumprimento, cuja execução será suspensa durante certo tempo.

ATENÇÃO – A revelia do acusado durante o processo de conhecimento não impede a concessão do benefício, mas a sua presença na audiência admonitória será obrigatória, sob pena de cassação do direito (art. 161 da LEP).

O art. 77 do CP, combinado com o art. 78 do mesmo diploma, traz as quatro espécies de *sursis*. Abaixo, tabela com os pressupostos e requisitos de cada um deles:

<table>
<tr><th>"Sursis" Simples</th><th>"Sursis" especial</th><th>"Sursis" etário</th><th>"Sursis" humanitário</th></tr>
<tr><td>Previsão legal:
Art. 77 c.c.
o art. 78, § 1º.</td><td>Previsão legal:
Art. 77 c.c.
o art. 78, § 2º.</td><td>Previsão legal:
Art. 77, § 2º, 1ª parte</td><td>Previsão legal:
Art. 77, § 2º, 2ª parte</td></tr>
<tr><td colspan="2">Pressupostos:
a) Pena imposta não superior a dois anos (considerando o concurso de crimes);
b) Período de prova variando de 2 a 4 anos;</td><td colspan="2">Pressupostos:
a) Pena imposta não superior a quatro anos (considerando o concurso de crimes);
b) Período de prova variando de 4 a 6 anos;</td></tr>
<tr><td>–</td><td>c) Reparação do dano ou comprovada impossibilidade de fazê-lo;
d) Condições favoráveis (art. 59).</td><td>c) Maior de 70 anos;</td><td>c) Doente;</td></tr>
</table>

<table>
<tr><th>"Sursis" Simples</th><th>"Sursis" especial</th><th>"Sursis" etário</th><th>"Sursis" humanitário</th></tr>
<tr><td>No primeiro ano, o beneficiário sujeita-se às condições do art. 78, § 1º.</td><td>No primeiro ano, o beneficiário sujeita-se às condições do art. 78, § 2º.</td><td colspan="2">No primeiro ano, o beneficiário deve sujeitar-se às condições do art. 78, § 1º ou § 2º, dependendo se reparou (ou não) o dano ou se comprovou (ou não) a impossibilidade de fazê-lo.</td></tr>
<tr><td colspan="4">Requisitos: I) condenado não reincidente em crime doloso; II) circunstâncias judiciais favoráveis; III) não indicada ou cabível restritiva de direitos.</td></tr>
<tr><td colspan="4">Obs.: condenação anterior à pena de multa não impede o sursis (art. 77, § 1º, CP).</td></tr>
</table>

1. INFORMATIVOS DE JURISPRUDÊNCIA

STF – 744 – Prazo prescricional e suspensão condicional da pena – 1

Durante a suspensão condicional da pena, não corre prazo prescricional (CP, art. 77 c/c o art. 112). Com base nesse entendimento, a 2ª Turma afastou a alegada extinção de punibilidade do extraditando pela prescrição da pretensão punitiva estatal e deferiu a extradição. Ext 1254/Romênia, rel. Min. Teori Zavascki, 29.4.2014. (Ext-1254)

2. QUESTÕES DE CONCURSOS

01. (Defensor Público Substituto – PA – 2015 – FMP) Assinale a alternativa **CORRETA**.

a) De acordo com a Lei nº 7.210/84, a prisão domiciliar será admitida ao preso em regime aberto quando se tratar de condenado maior de oitenta anos, extremamente debilitado por motivo de doença grave, imprescindível aos cuidados especiais de pessoa com menos de seis anos de idade ou com deficiência, e gestante a partir do 7º mês gravidez ou sendo esta de alto risco.

b) De acordo com a Lei nº 7.210/84, a execução da pena privativa de liberdade, não superior a dois anos, poderá ser suspensa, por dois a quatro anos, desde que o condenado seja maior de setenta anos de idade.

c) De acordo com a Lei nº 7.210/84, a condenação anterior à pena de multa não impede a concessão da suspensão condicional da execução da pena.

d) De acordo com o Código Penal, a execução da pena privativa de liberdade, não superior a dois anos, poderá ser suspensa, por dois a quatro anos, desde que, entre outros fatores, o condenado não seja reincidente.

e) De acordo com o Código Penal, a suspensão condicional da pena deverá ser revogada se o beneficiário, entre outros fatores, é irrecorrivelmente condenado, por crime culposo ou por contravenção, a pena privativa de liberdade ou restritiva de direitos.

02. (Juiz Substituto – TJAP – 2014) Com relação ao sursis, é correto afirmar:

a) Pode ser concedido a réu reincidente.

b) É especial aquele em que o condenado, no primeiro ano do período de prova, deverá prestar serviços à comunidade ou submeter-se à limitação de fim de semana.

c) É simples (ou comum) aquele em que o condenado arcará, dentre outras, com a condição de não se ausentar da comarca onde reside sem autorização judicial.

d) O descumprimento injustificado de condição estabelecida em sua versão simples implica causa facultativa de revogação.

e) A duração máxima do período de prova é de quatro anos.

GAB	01	C	02	A

Art. 157. O Juiz ou Tribunal, na sentença que aplicar pena privativa de liberdade, na situação determinada no artigo anterior, deverá pronunciar-se, motivadamente, sobre a suspensão condicional, quer a conceda, quer a denegue.

"Sursis" e decisão motivada – A CF/88, art. 93, inciso IX, garante que todos os julgamentos dos órgãos do Poder Judiciário serão públicos, e todas as decisões fundamentadas, sob pena de nulidade. Dentro desse espírito, o art. 157 da LEP anuncia que o Juiz ou Tribunal, na sentença que aplicar pena privativa de liberdade, na situação determinada no artigo anterior, deverá pronunciar-se, motivadamente, sobre a suspensão condicional, quer a conceda, quer a denegue.

ATENÇÃO – Nos termos o que disposto no art. 77, inciso III, do CP, o *sursis* é benefício subsidiário, aplicável quando não seja indicada ou cabível a substituição da pena por restritivas de direitos.

Art. 158. Concedida a suspensão, o Juiz especificará as condições a que fica sujeito o condenado, pelo prazo fixado, começando este a correr da audiência prevista no artigo 160 desta Lei.

§ 1º As condições serão adequadas ao fato e à situação pessoal do condenado, devendo ser incluída entre as mesmas a de prestar serviços à comunidade, ou limitação de fim de semana, salvo hipótese do artigo 78, § 2º, do Código Penal.

§ 2º O Juiz poderá, a qualquer tempo, de ofício, a requerimento do Ministério Público ou mediante proposta do Conselho Penitenciário, modificar as condições e regras estabelecidas na sentença, ouvido o condenado.

§ 3º A fiscalização do cumprimento das condições, reguladas nos Estados, Territórios e Distrito Federal por normas supletivas, será atribuída a serviço social penitenciário, Patronato, Conselho da Comunidade ou instituição beneficiada com a prestação de serviços, inspecionados pelo Conselho Penitenciário, pelo Ministério Público, ou ambos, devendo o Juiz da execução suprir, por ato, a falta das normas supletivas.

§ 4º O beneficiário, ao comparecer periodicamente à entidade fiscalizadora, para comprovar a observância das condições a que está sujeito, comunicará, também, a sua ocupação e os salários ou proventos de que vive.

§ 5º A entidade fiscalizadora deverá comunicar imediatamente ao órgão de inspeção, para os fins legais, qualquer fato capaz de acarretar a revogação do benefício, a prorrogação do prazo ou a modificação das condições.

§ 6º Se for permitido ao beneficiário mudar-se, será feita comunicação ao Juiz e à entidade fiscalizadora do local da nova residência, aos quais o primeiro deverá apresentar-se imediatamente.

"Sursis" incondicionado – Não existe no ordenamento jurídico *sursis* incondicionado. Se o juiz se omite em especificar as condições na sentença, cabe ao réu ou ao Ministério Público opor embargos de declaração. Contudo, se a decisão transitou em julgado, nada impede que, provocado ou de ofício, o Juízo da Execução especifique as condições. Aí não se pode falar em ofensa à coisa julgada, pois esta diz respeito à concessão do *sursis* e não às condições, as quais podem ser alteradas no curso da execução da pena (nesse sentido, STJ – RT 709/389).

O Juiz pode, a qualquer tempo, modificar as condições de ofício, a requerimento do Ministério Público ou mediante proposta do Conselho Penitenciário, adequando as condições que não surtem efeitos por outras que julgue eficaz, desde que ouvido o condenado.

ATENÇÃO – "O condenado, no caso de serem exacerbadas as condições, poderá desistir do benefício, cumprindo a pena aplicada na sentença. Se pode recusar o *sursis* originariamente, nada obsta, com efeito, a que não mais queira gozar das vantagens daquela medida proporcionadas, recolhendo-se, espontaneamente, ao cárcere" (Mirabete, ob. cit. p. 666/667).

A fiscalização do cumprimento das condições será regulada nos Estados e Distrito Federal por normas supletivas. A fiscalização fica a cargo do Serviço Social Penitenciário, Patronato, Conselho da Comunidade ou instituição beneficiada com a prestação de serviços, inspecionados pelo Conselho Penitenciário, pelo Ministério Público, ou ambos, e na falta de normas supletivas, o próprio juiz da execução poderá supri-las. A entidade fiscalizadora é responsável por comunicar ao órgão de inspeção qualquer atitude do condenado capaz de ensejar a revogação do benefício, prorrogação do prazo ou modificação das condições.

O beneficiário deve comparecer periodicamente à entidade fiscalizadora para comprovar a observância das condições a que está sujeito, a sua ocupação e os salários e proventos de que vive.

Art. 159. Quando a suspensão condicional da pena for concedida por Tribunal, a este caberá estabelecer as condições do benefício.

§ 1º De igual modo proceder-se-á quando o Tribunal modificar as condições estabelecidas na sentença recorrida.

§ 2º O Tribunal, ao conceder a suspensão condicional da pena, poderá, todavia, conferir ao Juízo da execução a incumbência de estabelecer as condições do benefício, e, em qualquer caso, a de realizar a audiência admonitória.

"Sursis" concedido pelo Tribunal – O magistrado *a quo* poderá, motivadamente, negar o benefício do *sursis,* situação em que provavelmente o réu apelará da decisão, ficando a cargo do Tribunal conceder ou não o benefício.

Decidindo o Tribunal por conceder a suspensão condicional da pena, deverá estabelecer as condições a serem observadas durante o período de prova. De igual modo proceder-se-á quando o Tribunal modificar as condições estabelecidas na sentença recorrida.

ATENÇÃO – É facultado ao Tribunal delegar a incumbência de estabelecer as condições do benefício ao Juiz da execução, e, em qualquer caso, a de realizar a audiência admonitória.

Art. 160. Transitada em julgado a sentença condenatória, o Juiz a lerá ao condenado, em audiência, advertindo-o das conseqüências de nova infração penal e do descumprimento das condições impostas.

Audiência admonitória – Tratando-se de benefício condicionado, é necessário que o condenado fique ciente das condições atreladas ao *sursis* e, embora não haja expressa previsão, deve assinar termo declarando ciência.

A leitura da decisão e das condições a que o condenado ficará submetido é feita em audiência (admonitória), presidida pelo Juiz das execuções da comarca da residência do condenado.

Caso o sentenciado não concorde com as condições impostas, poderá pleitear, justificadamente, a alteração (art. 158, § 2º) ou apelar para que o Tribunal as modifique. Sendo mantidas, poderá recusar o benefício, situação que o levará ao regime estipulado na sentença condenatória (aberto, semiaberto ou fechado).

Art. 161. Se, intimado pessoalmente ou por edital com prazo de 20 (vinte) dias, o réu não comparecer injustificadamente à audiência admonitória, a suspensão ficará sem efeito e será executada imediatamente a pena.

Não comparecimento injustificado do beneficiário – Na hipótese do condenado ser intimado pessoalmente ou, subsidiariamente, por edital (com prazo de 20 dias) e não comparecer para a audiência admonitória, a suspensão ficará sem efeito e a pena será executada imediatamente.

ATENÇÃO – O não comparecimento injustificado à audiência admonitória é causa de cassação (e não de revogação) do benefício.

Como bem assinala Mirabete:

> "Não prevê a lei o restabelecimento do sursis quando tornado sem efeito pelo não-comparecimento à audiência admonitória. Entretanto, para se evitarem sequelas socialmente desfavoráveis e incidência de *summum ius* tem a jurisprudência abrandado a inteligência do dispositivo, para deixar ao bom critério dos magistrados a possibilidade de restauração do sursis nessa hipótese. Como essa hipótese equivale à concessão do benefício, da decisão cabe recurso. Nos termos do art. 197 da LEP, o recurso cabível é o agravo em execução" (ob. cit. p. 672).

Art. 162. A revogação da suspensão condicional da pena e a prorrogação do período de prova dar-se-ão na forma do artigo 81 e respectivos parágrafos do Código Penal.

Revogação – A simples condenação definitiva por crime doloso gera, obrigatoriamente, a revogação do benefício (art. 81, inciso I do CP), não importando se a infração penal voluntária foi praticada antes ou depois do início do período de prova. Para a maioria trata-se de causa de revogação automática, não exigindo decisão do juiz (STF – RT 630/397-8).

Com o advento da lei nº 9.268/96, que alterou a redação do artigo 51 do CP, foi revogada, tacitamente, a primeira parte do inciso II do art. 81 do CP (*frustrar, embora solvente, a execução da pena de multa*), devendo a multa ser executada como dívida de valor.

Se o beneficiário não efetua, sem justo motivo, a reparação do dano, o benefício também é revogado (art. 81, inciso II, segunda parte).

ATENÇÃO – Se o sentenciado antecipa a obrigação, reparando o dano antes da sentença condenatória, tem direito ao *sursis* especial (art. 78, § 2º do CP), com condições menos rigorosas que o *sursis* simples (art. 78, § 1º do CP).

Por fim, revoga-se obrigatoriamente o benefício se o reeducando descumpre, injustificadamente, as condições impostas no art. 78, § 1º do CP (prestação de serviços à comunidade ou limitação de fim de semana).

Nas hipóteses de revogação facultativa, o condenado descumpre qualquer outra condição imposta ou é irrecorrivelmente condenado, por crime culposo ou por contravenção, a pena privativa de liberdade ou restritiva de direitos (art. 81, § 1º). Nesses casos, pode o juiz optar pela revogação; nova advertência; prorrogar o período de prova até o máximo (art. 81, § 3º); ou exacerbar as condições impostas.

ATENÇÃO – Não se pode confundir revogação com cassação do *sursis*. Ocorre cassação quando:

A) o condenado não comparece, injustificadamente, à audiência admonitória (art. 161 da LEP);

B) o condenado não aceita as condições atreladas ao benefício;

C) condenado à pena privativa de liberdade (não suspensa) antes do início do período de prova;

D) quando provido recurso da acusação que impede a execução do benefício.

Diz o art. 81, § 2º do CP: "Se o beneficiário está sendo processado por outro crime ou contravenção, considera-se prorrogado o prazo da suspensão até o julgamento definitivo".

A prorrogação é automática e pressupõe processo penal iniciado, não bastando mera instauração de inquérito policial.

ATENÇÃO – Durante a prorrogação do *sursis*, não subsistem as condições impostas.

Expirado o prazo sem que tenha havido revogação, considera-se extinta a pena privativa de liberdade (art. 82 do CP).

Art. 163. A sentença condenatória será registrada, com a nota de suspensão em livro especial do Juízo a que couber a execução da pena.

§ 1º Revogada a suspensão ou extinta a pena, será o fato averbado à margem do registro.

§ 2º O registro e a averbação serão sigilosos, salvo para efeito de informações requisitadas por órgão judiciário ou pelo Ministério Público, para instruir processo penal.

Registro da sentença – Trata-se de medida para controle do cumprimento da pena pelo juízo da execução. Portanto, a sentença condenatória em que foi concedido o *sursis* será registrada em livro especial do Juízo da execução.

O registro deve ser mantido em sigilo, e suas informações somente serão divulgadas caso sejam requisitadas por órgão do Judiciário ou pelo Ministério Público, para instruir processo penal.

CAPÍTULO IV – DA PENA DE MULTA

Art. 164. Extraída certidão da sentença condenatória com trânsito em julgado, que valerá como título executivo judicial, o Ministério Público requererá, em autos apartados, a citação do condenado para, no prazo de 10 (dez) dias, pagar o valor da multa ou nomear bens à penhora.

§ 1º Decorrido o prazo sem o pagamento da multa, ou o depósito da respectiva importância, proceder-se-á à penhora de tantos bens quantos bastem para garantir a execução.

§ 2º A nomeação de bens à penhora e a posterior execução seguirão o que dispuser a lei processual civil.

ATENÇÃO – Leis Especiais podem anunciar critérios diversos. Na antiga Lei de Licitações, por exemplo, a base da pena de multa correspondia ao valor da vantagem efetivamente obtida ou potencialmente auferível pelo agente (art. 99 da Lei 8.666/93). A nova Lei de Licitações e Contratos Administrativos revogou referido artigo e inclui no Código Penal o art. 337-P, anunciando que a pena de multa cominada aos crim es cometidos em licitações e contratos seguirá a metodologia de cálculo prevista neste Código e não poderá ser inferior a 2% (dois por cento) do valor do contrato licitado ou celebrado com contratação direta. Em se tratando de crimes previstos na Lei de Locações de Imóveis Urbanos, a multa varia de 2 a 12 meses do valor do último aluguel, a ser revertida em favor do locatário (art. 43 da Lei 8.245/91).

Pena pecuniária – A pena de multa pode ser:

a) isolada, quando cominada ou aplicada como sanção exclusiva.

b) cumulativa, quando cominada ou aplicada somada à privação de liberdade.

c) alternativa, quando uma opção para o juiz em contrapartida a pena de privação de liberdade.

Pena de multa – O Código Penal, no tema pena pecuniária, adota o sistema de dias-multa, baseado tanto nas circunstâncias do crime quanto na capacidade econômica do sentenciado.

ATENÇÃO – Leis Especiais podem anunciar critérios diversos. Na Lei de Licitações, por exemplo, a base da pena de multa corresponde ao valor da vantagem efetivamente obtida ou potencialmente auferível pelo agente (art. 99 da Lei 8.666/93). Em se tratando de crimes previstos na Lei de Locações de Imóveis Urbanos, a multa varia de 2 a 12 meses do valor do último aluguel, a ser revertida em favor do locatário (art. 43 da Lei 8.245/91).

Esse sistema é vantajoso porque considera a culpabilidade, os antecedentes, a conduta social, a personalidade do agente, os motivos, as circunstâncias, as consequências do crime e o comportamento da vítima, além de outras circunstâncias que agravem, atenuem, aumentem ou diminuam a pena, em conjunto com a fortuna do condenado.

Num primeiro momento o magistrado deve fixar a quantidade de dias-multa, variando de no mínimo 10 a no máximo 360 (art. 49, CP). Depois de calculada a quantidade de dias-multa, o magistrado decide o valor de cada dia-multa, não podendo ser inferior a um trigésimo do maior salário mínimo mensal vigente ao tempo do fato, nem superior a 5 (cinco) vezes esse salário. Nesse momento, observa-se, principalmente, a situação econômica do sentenciado (art. 60, CP). Se, em virtude da situação econômica do réu, o juiz verificar que, embora aplicada no máximo, essa pena é ineficaz, poderá elevá-la até o triplo (art. 60, § 1º, do CP), podendo chegar 5.400 salários mínimos.

Pagamento (voluntário) da multa – O pagamento da pena de multa, no Código Penal, está disciplinado de um determinado modo; na Lei de Execução Penal, de outro. O Código Penal, no art. 50, determina que a multa deve ser paga dentro de 10 dias depois do trânsito em julgado da sentença. Por outro lado, a Lei de Execução Penal, prevendo o mesmo prazo, anuncia que seu termo inicial se dá após citação do condenado, precedida por extração de certidão da sentença condenatória e requerimento do Ministério Público (art. 164, LEP). Entendemos que a matéria deve seguir os regramentos da Lei de Execução Penal, por ser norma mais benéfica ao sentenciado.

Não pagamento voluntário da pena de multa – O não pagamento voluntário da multa implicava na sua conversão em privativa de liberdade. Com o advento da Lei nº 9.268/96, não mais se admite a conversão, encarando-se a multa não paga como dívida de valor, aplicando-se-lhe as normas da legislação relativa à dívida ativa da Fazenda Pública, inclusive no que concerne às causas interruptivas e suspensivas da prescrição (art. 51, CP).

De quem é a competência para a execução forçada da pena?

Em face da sistemática imposta pela Lei 9.268/96, surgiu certa divergência sobre a legitimidade para sua execução e competência: é o Ministério Público o órgão legitimado (atuando na Vara das Execuções Penais) ou a Procuradoria da Fazenda (executando a sanção na Vara das Execuções Fiscais)? Em resumo, havia três correntes:

1ª corrente: a competência para a execução da pena de multa continuaria sendo do juiz da execução penal, bem como a legitimidade para a sua promoção continuaria sendo do Ministério Público;

2ª corrente: a competência para a execução da pena de multa continuaria sendo do juiz da execução penal, bem como a legitimidade para a sua promoção continuaria sendo do Ministério Público, mas o rito a ser seguido deveria ser o da Lei de Execuções Fiscais;

3ª corrente: a multa criminal tornar-se-ia executável por meio dos procedimentos próprios da execução fiscal, afastando-se a competência do juiz da execução penal. Seria, portanto, da Fazenda Pública – e não do Ministério Público – a legitimidade para promover a execução de pena de multa imposta em sentença penal condenatória. Esta orientação chegou a ser adotada pelo STJ por meio da súmula 521. Mas o tribunal continuou atribuindo ao Ministério Público a legitimidade para adotar medidas assecuratórias do pagamento da multa (REsp 1.275.834/PR, Rel. Min. Ericson Maranho, j. 17/03/2015).

Em 2018, o Supremo Tribunal Federal estabeleceu que, em virtude da natureza de sanção penal – não alterada pela Lei 9.268/96 –, a pena de multa deve ser executada pelo Ministério Público no próprio juízo da execução penal.

O tribunal apreciou conjuntamente a ADI 3150 e uma questão de ordem na Ação Penal 470. A ação direta de inconstitucionalidade havia sido ajuizada pelo Procurador-Geral da República para que o tribunal conferisse interpretação conforme ao art. 51 do Código Penal e estabelecesse a legitimidade do Ministério Público e a competência da Vara de Execuções Penais para a execução da pena de multa. Já na questão de ordem questionava-se decisão do ministro Barroso, que havia estabelecido, com base no art. 164 da LEP, a legitimidade do Ministério Público para executar multa imposta na AP 470, mas a União sustentava que a Lei 9.268/96 havia revogado tacitamente o disposto na Lei de Execução Penal, razão por que caberia à Procuradoria da Fazenda Nacional executar a sanção imposta naquela condenação.

Segundo o ministro Barroso – que foi acompanhado pela maioria –, a alteração promovida pela Lei 9.268/96 não alterou a natureza da pena de multa, que continuou a ser uma espécie de sanção penal, tanto que na própria AP 470 o STF impôs o pagamento da multa como condição para a progressão de regime. O art. 164 da LEP, portanto, continua em vigor e é claro ao estabelecer a legitimidade do Ministério Público, a quem cabe a fiscalização da execução penal.

Nova redação do art. 51 do CP – Para adequar o texto legal à referida decisão do STF, a Lei 13.964/19 (Pacote Anticrime) alterou a redação do art. 51 do CP, que passou a prever expressamente a competência do juízo da execução penal, no qual, evidentemente, deve atuar o Ministério Público. Aboliu-se, também, a legitimidade subsidiária da procuradoria da Fazenda Pública. O Ministério Público tem, assim, legitimidade para propor a execução da pena de multa e requerer todas as medidas necessárias para o seu adimplemento perante o juiz da execução penal.

Redação antes da Lei 13.964/19	Redação depois da Lei 13.964/19
Art. 51 – Transitada em julgado a sentença condenatória, a multa será considerada dívida de valor, aplicando-se-lhes as normas da legislação relativa à dívida ativa da Fazenda Pública, inclusive no que concerne às causas interruptivas e suspensivas da prescrição.	"Art. 51. Transitada em julgado a sentença condenatória, a multa será executada perante o juiz da execução penal e será considerada dívida de valor, aplicáveis as normas relativas à dívida ativa da Fazenda Pública, inclusive no que concerne às causas interruptivas e suspensivas da prescrição.

ATENÇÃO – "Na hipótese de condenação concomitante a pena privativa de liberdade e multa, o inadimplemento da sanção pecuniária, pelo condenado que comprovar impossibilidade de fazê-lo, não obsta o reconhecimento da extinção da punibilidade." Essa foi a tese fixada pela Terceira Seção do Superior Tribunal de Justiça (STJ), sob a sistemática dos recursos repetitivos, ao revisar o entendimento firmado anteriormente pelo colegiado no Tema 931. Os ministros estabeleceram um tratamento diferente para o caso de não pagamento da multa pelos condenados hipossuficientes ou insolventes.

Prescrição – Segundo dispõe o art. 114 do Código Penal, a prescrição da pena de multa ocorrerá: (A) em 2 (dois) anos, quando a multa for a única cominada ou aplicada; (B) no mesmo prazo estabelecido para a prescrição da pena privativa de liberdade, quando a multa for alternativa ou cumulativamente cominada ou cumulativamente aplicada. No que concerne à prescrição da pretensão punitiva (em abstrato, retroativa ou intercorrente), não há dúvida, aplicam-se integralmente as disposições do Código Penal, da seguinte forma:

Hipótese	Prescrição	Fundamento
A multa é a única cominada	Opera-se em dois anos, contados nos termos do art. 111 do CP	Art. 114, I, CP
A multa é a única aplicada na sentença	Opera-se em dois anos, contados da publicação da sentença ou acórdão penal condenatório até a data do trânsito em julgado (prescrição intercorrente) ou da data do recebimento da inicial acusatória até a publicação da sentença condenatória (prescrição retroativa)	Art. 114, I, CP
A multa é cominada cumulativamente com pena privativa de liberdade*	Prescreve no mesmo prazo da privativa de liberdade	Art. 114, II, CP

Hipótese	Prescrição	Fundamento
A multa é aplicada cumulativamente com pena privativa de liberdade	Prescreve no mesmo prazo da privativa de liberdade	Art. 114, II, CP
A multa é cominada alternativamente com pena privativa de liberdade	Prescreve no mesmo prazo da privativa de liberdade	Art. 114, II, CP
* Ainda que a pena privativa de liberdade seja convertida em restritiva de direitos, não é possível aplicar o artigo 114, I, CP. Neste sentido: "A pena restritiva de direitos é de natureza jurídica distinta da pena de multa. Inaplicabilidade, portanto, do inciso I do art. 114 do CP. Disposição legal que estabelece, de modo particularizado, o prazo prescricional de 2 (dois) anos para a pena de multa, quando essa multa 'for a única cominada ou aplicada', o que não é a hipótese dos autos". (STF – Primeira Turma – HC 101669 – Rel. Min. Dias Toffoli – DJe 30/11/2010)		

No caso da prescrição da pretensão executória, há certa controvérsia a respeito da disciplina legal aplicável.

Alguns defendem a aplicação integral das regras do Código Penal no tocante ao prazo prescricional e à incidência das causas interruptivas e suspensivas da prescrição próprias do Direito Penal (art. 116, parágrafo único e art. 117, V e VI). E seriam aplicáveis também as causas interruptivas e suspensivas específicas que regem a execução fiscal (CTN: artigo 151; parágrafo único do artigo 155 e artigo 174; Lei de Execução Fiscal: parágrafo 2º do artigo 8º). Com isso, confere-se ao art. 51 do Código Penal interpretação baseada em uma das teses fixadas no julgamento da ADI 3.150 pelo STF: a multa conserva sua natureza de pena. Se é assim, nada mais lógico do que lhe aplicar todas as normas da prescrição penal.

Outra corrente sustenta que, quanto ao prazo prescricional, devemos observar as regras do Código Penal (artigos 109 e 114) e, com relação às causas suspensivas e interruptivas da prescrição, as normas relativas à dívida ativa da Fazenda Pública. Os adeptos desse entendimento afirmam que a lei não contém palavras inúteis, de modo que se a intenção do legislador fosse outra, não teria feito a ressalva na parte final do art. 51: "[...] inclusive no que concerne às causas interruptivas e suspensivas da prescrição". Nesse sentido há decisões do STJ:

> "Prevalece o entendimento de que a nova redação do art. 51 do Código Penal não retirou o caráter penal da multa. Assim, embora se apliquem as causas suspensivas da prescrição previstas na Lei n. 6.830/80 e as causas interruptivas disciplinadas no art. 174 do Código Tributário Nacional, o prazo prescricional continua sendo regido pelo art. 114, inciso II, Código Penal" (HC 394.591/AM, Rel. Min. Reynaldo Soares da Fonseca, j. 21/09/2017)

Por fim, há quem defenda a aplicação das normas relativas à dívida ativa da Fazenda Pública tanto sobre o prazo prescricional quanto sobre as causas interruptivas e suspensivas da prescrição. Para Victor Eduardo Rios Gonçalves, o prazo de dois anos:

> "se refere apenas à prescrição retroativa e intercorrente. Isso porque, de acordo com a nova redação do art. 51 do Código Penal, alterado também pela Lei n. 9.268/96, havendo trânsito em julgado da sentença condenatória que impôs pena de multa, será esta considerada dívida de valor, aplicando-se-lhe as normas relativas à dívida ativa da Fazenda Pública, inclusive no que tange à prescrição. Assim,

inexiste prescrição da pretensão executória penal da multa, mas apenas prescrição de caráter tributário, que se dá em 5 anos. As causas interruptivas e suspensivas são também aquelas da legislação tributária" (*Curso de Direito Penal: parte geral.* Vol. 1. 3ª ed. São Paulo: Saraiva: 2019, p. 455).

Dentro dessa corrente há, ainda, uma divergência quanto ao termo inicial da prescrição. Alguns sustentam que a contagem dos 5 anos tem início com o trânsito em julgado da condenação, ao passo que outros mencionam a inscrição na dívida ativa.

Em síntese:

	1ª corrente	2ª corrente	3ª corrente
A multa é a única aplicada na sentença ou é aplicada cumulativamente com pena privativa de liberdade	O prazo prescricional é o do art. 114, I (dois anos) ou II (mesmo prazo da pena privativa). Sobre as causas interruptivas e suspensivas se aplicam as regras penais e as normas específicas relativas à execução fiscal	O prazo prescricional é o do art. 114, I (dois anos) ou II (mesmo prazo da pena privativa). Sobre as causas interruptivas e suspensivas se aplicam apenas as regras específicas relativas à execução fiscal	O prazo prescricional é de cinco anos e as causas suspensivas e interruptivas são regidas pelas regras específicas da execução fiscal

1. INFORMATIVOS DE JURISPRUDÊNCIA

- **Pena de multa e Súmula 719 do STF.**

A 2ª Turma indeferiu "habeas corpus" em se pleiteava a aplicação de multa, em substituição à pena privativa de liberdade imposta a condenado a 1 ano de reclusão, ao argumento de ser mais benéfica ao paciente do que a pena restritiva de direitos, consoante a Súmula 719/ STF. Entendeu-se que o referido verbete não diria respeito a penas restritivas de direitos, mas ao regime de cumprimento de pena privativa de liberdade. Além disso, considerou-se que o juiz não estaria obrigado a substituir a pena privativa de liberdade por pena de multa (CP, art. 44, § 2º). Ressaltou-se que este órgão julgador, em precedente firmado no HC 83092, já se pronunciara no sentido da impossibilidade de substituição da pena privativa de liberdade por multa nas hipóteses de condenação superior a 6 meses. Ademais, afirmara que: a) se a pena imposta ultrapassar 6 meses e for menor ou igual a 1 ano deverá ser aplicada uma restritiva de direitos; b) se superior a esse tempo, duas restritivas de direitos (STF – HC nº 98995, Rel. Gilmar Mendes, j. 19.10.2010).

Art. 165. Se a penhora recair em bem imóvel, os autos apartados serão remetidos ao Juízo Cível para prosseguimento.

Art. 166. Recaindo a penhora em outros bens, dar-se-á prosseguimento nos termos do § 2º do artigo 164, desta Lei.

Art. 167. A execução da pena de multa será suspensa quando sobrevier ao condenado doença mental (artigo 52 do Código Penal).

Superveniência de anomalia psíquica – Sobrevindo ao sentenciado (preso ou solto) doença mental, a execução da multa ficará suspensa até que ele recupere a saúde mental.

ATENÇÃO – Não se prevendo causa suspensiva da prescrição, o lapso fatal corre mesmo durante a suspensão da execução da pena de multa.

Art. 168. O Juiz poderá determinar que a cobrança da multa se efetue mediante desconto no vencimento ou salário do condenado, nas hipóteses do artigo 50, § 1º, do Código Penal, observando-se o seguinte:

I – o limite máximo do desconto mensal será o da quarta parte da remuneração e o mínimo o de um décimo;

II – o desconto será feito mediante ordem do Juiz a quem de direito;

III – o responsável pelo desconto será intimado a recolher mensalmente, até o dia fixado pelo Juiz, a importância determinada.

Art. 169. Até o término do prazo a que se refere o artigo 164 desta Lei, poderá o condenado requerer ao Juiz o pagamento da multa em prestações mensais, iguais e sucessivas.

§ 1º O Juiz, antes de decidir, poderá determinar diligências para verificar a real situação econômica do condenado e, ouvido o Ministério Público, fixará o número de prestações.

§ 2º Se o condenado for impontual ou se melhorar de situação econômica, o Juiz, de ofício ou a requerimento do Ministério Público, revogará o benefício executando-se a multa, na forma prevista neste Capítulo, ou prosseguindo-se na execução já iniciada.

Art. 170. Quando a pena de multa for aplicada cumulativamente com pena privativa da liberdade, enquanto esta estiver sendo executada, poderá aquela ser cobrada mediante desconto na remuneração do condenado (artigo 168).

§ 1º Se o condenado cumprir a pena privativa de liberdade ou obtiver livramento condicional, sem haver resgatado a multa, far-se-á a cobrança nos termos deste Capítulo.

§ 2º Aplicar-se-á o disposto no parágrafo anterior aos casos em que for concedida a suspensão condicional da pena.

Parcelamento da multa – O artigo 169 prevê a possibilidade de o condenado parcelar o pagamento da multa em prestações mensais, iguais e sucessivas, dentro do prazo de 10 (dez) dias (art. 164 desta Lei) e ouvido o Ministério Público.

Pode o Juiz, antes de decidir, determinar que se efetue diligências para averiguar a real situação econômica do condenado.

Saliente-se que, embora a multa seja pena, não tem o escopo de "falir" economicamente o condenado. O Estado quer evitar a impunidade, portanto, a pena terá que ser executada, e será, mesmo que para isso tenha que ser parcelada, o que não mudará o objetivo final.

ATENÇÃO – "Na hipótese de condenação concomitante a pena privativa de liberdade e multa, o inadimplemento da sanção pecuniária, pelo condenado que comprovar impossibilidade de fazê-lo, não obsta o reconhecimento da extinção da punibilidade." Essa foi a tese fixada pela Terceira Seção do Superior Tribunal de Justiça (STJ), sob a sistemática dos recursos repetitivos, ao revisar o entendimento firmado anteriormente pelo colegiado no Tema 931. Os ministros estabeleceram um tratamento diferente para o caso de não pagamento da multa pelos condenados hipossuficientes ou insolventes.

TÍTULO VI – DA EXECUÇÃO DAS MEDIDAS DE SEGURANÇA

CAPÍTULO I – DISPOSIÇÕES GERAIS

Art. 171. Transitada em julgado a sentença que aplicar medida de segurança, será ordenada a expedição de guia para a execução.

Medida de segurança – Espécie de sanção penal é a resposta dada pelo Estado ao agente não imputável infrator da norma incriminadora. Pode ser de duas espécies: *detentiva* (internação em hospital de custódia e tratamento psiquiátrico) ou *restritiva* (tratamento ambulatorial).

> **ATENÇÃO** – Da simples leitura do *caput* do art. 97 do CP percebe-se que a regra é a internação do inimputável, podendo o juiz, no caso de crime punido com detenção, submetê-lo a tratamento ambulatorial. A doutrina moderna, contudo, ensina que a reclusão não implica, necessariamente, em internação. Não se tratando de delito grave, mas necessitando o paciente de tratamento que o possibilite viver socialmente, sem oferecer risco para a sociedade e a si próprio, a melhor medida de segurança é o tratamento ambulatorial, em meio livre (HC 113.016/MS, STJ – 6ª T. – Rel. Min. JANE SILVA, julgado em 18/11/2008). Nesse sentido, aliás, é a redação do art. 17 da Resolução 113 do CNJ: "Art. 17. O juiz competente para a execução da medida de segurança, sempre que possível buscará implementar políticas antimanicomiais, conforme sistemática da Lei nº 10.216, de 06 de abril de 2001".

Diferentemente das penas, a medida de segurança tem uma finalidade essencialmente preventiva (e não retributiva). Volta-se para o futuro (e não ao passado). Não se ajusta à gravidade do fato delituoso, e sim ao grau de periculosidade do agente do qual o crime é um simples sintoma.

> **ATENÇÃO** – O Plenário do Supremo Tribunal Federal definiu tese relacionada à concessão de indulto presidencial à pessoa sujeita a medida de segurança. Para os ministros, "reveste-se de legitimidade jurídica a concessão pelo presidente da República do benefício constitucional do indulto – Constituição Federal, artigo 84, XII – que traduz expressão do poder de graça do Estado, mesmo se se tratar de indulgência destinada a favorecer pessoa que, em razão de sua inimputabilidade ou semi-imputabilidade, sofre medida de segurança, ainda que de caráter pessoal e detentivo". A tese foi aprovada por unanimidade para efeitos de aplicação da repercussão geral (RE 628658).

A medida de segurança, em resumo, deve atender a dois interesses: a segurança social e principalmente ao interesse da obtenção da cura daquele a quem é imposta, ou a possibilidade de um tratamento que minimize os efeitos da doença mental. Pode o juiz, para evitar reiteração do fato, determinar a internação provisória do acusado, ainda na fase do processo, quando se tratar de crime praticado com violência ou grave ameaça à pessoa (art. 319, inciso VII do CPP).

> **ATENÇÃO** – Para fins eleitorais, não obstante tratar-se de sentença absolutória imprópria, o Tribunal Superior Eleitoral confere natureza condenatória à medida de segurança. Nesse sentido é o teor da Res. no 22.193, de 11.4.2006, de relatoria do Min. Peçanha Martins: "Medida de segurança. Suspensão de direitos políticos. Natureza condenatória. Possibilidade. Não obstante tratar-se de sentença absolutória imprópria, a decisão que impõe medida de segurança ostenta natureza condenatória, atribuindo sanção penal, razão por que enseja suspensão de direitos políticos nos termos do art. 15, III, da Constituição Federal.

1. INFORMATIVOS DE JURISPRUDÊNCIA

- **STF – 806 – Indulto e medida de segurança**

Reveste-se de legitimidade jurídica a concessão, pelo presidente da República, do benefício constitucional do indulto (CF, art. 84, XII), que traduz expressão do poder de graça do Estado, mesmo se se tratar de indulgência destinada a favorecer pessoa que, em razão de sua inimputabilidade ou semi-imputabilidade, sofre medida de segurança, ainda que de caráter pessoal e detentivo. Essa a conclusão do Plenário, que negou provimento a recurso extraordinário em que discutida a possibilidade de extensão de indulto a internados em cumprimento de medida de segurança. O Colegiado assinalou que a competência privativa do presidente da República prevista no art. 84, XII, da CF abrange a medida de segurança, espécie de sanção penal, inexistindo restrição à concessão de indulto. Embora não seja pena em sentido estrito, é medida de natureza penal e ajusta-se ao preceito, cuja interpretação deveria ser ontológica. Lembrou o HC 84.219/SP (DJU de 23.9.2005), em que o período máximo da medida de segurança fora limitado a 30 anos, mediante interpretação sistemática e teleológica dos artigos 75 e 97 do CP e 183 da LEP. Fora reconhecida, na ocasião, a feição penal da medida de segurança, a implicar restrição coercitiva da liberdade. Em reforço a esse entendimento, sublinhou o art. 171 da LEP, a condicionar a execução da sentença ao trânsito em julgado; bem assim o art. 397, II, do CPP, a proibir a absolvição sumária imprópria, em observância ao princípio da não culpabilidade (CF, art. 5º, LVII). No caso, o Presidente da República, ao implementar indulto no tocante a internados em cumprimento de medida de segurança, nos moldes do art. 1º, VIII, do Decreto natalino 6.706/1998, não extrapolara o permissivo constitucional. Precedentes citados: RE 612.862 AgR/RS (DJe de 18.2.2011) e HC 97.621/RS (DJe de 26.6.2009). (STF – RE nº 628658/RS, Rel. Marco Aurélio, j. 5.11.2015).

- **STF – 753 – Medida de segurança: recolhimento em presídio e flagrante ilegalidade**

A 2ª Turma não conheceu de "habeas corpus", mas deferiu a ordem, de ofício, para determinar a inclusão do paciente em tratamento ambulatorial, sob a supervisão do juízo da execução criminal. No caso, a pena privativa de liberdade ao paciente (dois anos, um mês e vinte dias de reclusão) fora substituída por medida de segurança consistente em internação hospitalar ou estabelecimento similar para tratamento de dependência química pelo prazo de dois anos, e, ao seu término, pelo tratamento ambulatorial. Nada obstante, passados quase três anos do recolhimento do paciente em estabelecimento prisional, o Estado não lhe teria garantido o direito de cumprir a medida de segurança fixada pelo juízo sentenciante. A Turma destacou que estaria evidenciada situação de evidente ilegalidade, uma vez que o paciente teria permanecido custodiado por tempo superior ao que disposto pelo magistrado de 1º grau. Além disso, não teria sido submetido ao tratamento médico adequado (STF – HC nº 122670-SP, Rel. Ricardo Lewandowski, j. 5.8.2014)

- **STJ – 579 – DIREITO PENAL. Sistema vicariante e impossibilidade de conversão de pena privativa de liberdade em medida de segurança por fatos diversos.**

Durante o cumprimento de pena privativa de liberdade, o fato de ter sido imposta ao réu, em outra ação penal, medida de segurança referente a fato diverso não impõe a conversão da pena privativa de liberdade que estava sendo executada em medida de segurança. Inicialmente, convém apontar que o sistema vicariante afastou a imposição cumulativa ou sucessiva de pena e medida de segurança, uma vez que a aplicação conjunta ofenderia o princípio do ne bis in idem, já que o mesmo indivíduo suportaria duas consequências em razão do mesmo fato. No caso em análise, evidencia-se que cada reprimenda imposta corresponde a um fato distinto. Portanto, não há que se falar em ofensa ao sistema vicariante, porquanto a medida de segurança refere-se a um fato específico e a aplicação da pena privativa de liberdade correlaciona-se a outro fato e delito. Decisão monocrática citada: HC 137.547-RJ, Rel. Min. Jorge Mussi, DJe 1º/2/2013 (STJ HC nº 275.635-SP, Rel. Nefi Cordeiro, j. 8.3.2016, DJe 15.3.2016).

Art. 172. Ninguém será internado em Hospital de Custódia e Tratamento Psiquiátrico, ou submetido a tratamento ambulatorial, para cumprimento de medida de segurança, sem a guia expedida pela autoridade judiciária.

Art. 173. A guia de internamento ou de tratamento ambulatorial, extraída pelo escrivão, que a rubricará em todas as folhas e a subscreverá com o Juiz, será remetida à autoridade administrativa incumbida da execução e conterá:

I – a qualificação do agente e o número do registro geral do órgão oficial de identificação;

 LEI DE EXECUÇÃO PENAL – LEI Nº 7.210, DE 11 DE JULHO DE 1984

II – o inteiro teor da denúncia e da sentença que tiver aplicado a medida de segurança, bem como a certidão do trânsito em julgado;

III – a data em que terminará o prazo mínimo de internação, ou do tratamento ambulatorial;

IV – outras peças do processo reputadas indispensáveis ao adequado tratamento ou internamento.

§ 1º Ao Ministério Público será dada ciência da guia de recolhimento e de sujeição a tratamento.

§ 2º A guia será retificada sempre que sobrevier modificações quanto ao prazo de execução.

Guia de internação ou tratamento ambulatorial – A medida de segurança só se inicia com a expedição de guia pela autoridade judiciária.

Trata-se de procedimento formal para que o Estado não perca o controle sobre quem foi internado ou está em tratamento, por ordem de quem e por quanto tempo. Conforme leciona Guilherme de Souza Nucci, a guia de internação ou de tratamento ambulatorial "constitui não somente a *petição inicial* da execução penal, como a comunicação formal e detalhada à autoridade administrativa, responsável pela internação e tratamento do agente, acerca do teor da sentença (medida de segurança aplicada, duração mínima, espécie etc.)" (ob. cit. p. 541).

Alerta a Exposição de Motivos:

> "A expedição da guia é indispensável para a execução de qualquer uma das medidas, cuida da reafirmação da garantia individual da liberdade que deve existir para todas as pessoas, independentemente de sua condição, salvo as exceções legais" (item 153).

A guia de internação ou tratamento ambulatorial será expedida em duas vias, sendo uma remetida à unidade hospitalar responsável pela execução e outra ao Juízo da execução penal (art. 15 da Resolução 113 do Conselho Nacional de Justiça).

Deve conter todas as informações detalhadas no artigo 173 LEP.

Sempre que houver modificações quanto ao prazo de execução, a guia deverá ser retificada (artigo 173, § 2º).

Incumbe ao Ministério Público fiscalizar a regularidade formal das guias de recolhimento e de internamento (art. 68 da LEP).

1. INFORMATIVOS DE JURISPRUDÊNCIA

- **STJ – 495 – Quinta Turma – Medida de Segurança. Trânsito em Julgado**

  A prisão preventiva é excepcional e só deve ser decretada a título cautelar e de forma fundamentada em observância ao princípio constitucional da presunção de inocência. O STF fixou o entendimento de que ofende o princípio da não culpabilidade a execução da pena privativa de liberdade antes do trânsito em julgado da sentença condenatória, ressalvada a hipótese de prisão cautelar do réu, desde que presentes os requisitos autorizadores previstos no art. 312 do CPP. Assim, verificou-se a ilegalidade da medida cautelar no caso; pois, como o paciente encontrava-se em liberdade durante a tramitação da apelação e não foi fundamentada a necessidade da imediata aplicação da medida de segurança de internação, ele tem o direito de aguardar o eventual trânsito em julgado da condenação em liberdade. Destaque-se que a medida de segurança é uma espécie de sanção penal ao lado da pena, logo não é cabível, no ordenamento jurídico, sua execução provisória, pois a LEP (arts. 171 e 172) determina a expedição de guia pela autoridade judiciária para a internação em hospital psiquiátrico ou submissão a tratamento ambulatorial, o que só se mostra possível depois do trânsito em julgado da decisão. Precedentes citados do STF: HC 90.226-SP, DJe 14/5/2009; HC 84.078-MG, DJe 26/2/2010; HC 98.166, DJe 18/6/2009, e do STJ: HC 103.429-SP, DJe 23/3/2009. (STJ – HC nº 226.014-SP, Rel. Laurita Vaz, j. 19.4.2012.)

- **Medida de segurança.** Prescrição.

É inconstitucional a manutenção em Hospital de Custódia e Tratamento Psiquiátrico – estabelecimento penal – de pessoa com diagnóstico de doença psíquica que teve extinta a punibilidade. Essa situação configura uma privação de liberdade sem pena. STF. 2ª Turma. HC 151523/SP, Rel. Min. Edson Fachin, julgado em 27/11/2018 (Info 925).

- **Medida de segurança.** Prescrição – 2

Não há falar em extinção da punibilidade pela prescrição da medida de segurança uma vez que a internação do paciente interrompeu o curso do prazo prescricional (art. 117, V, do Código Penal). Esta Corte, todavia, já firmou entendimento no sentido de que o prazo máximo de duração da medida de segurança é o previsto no art. 75 do CP, ou seja, trinta anos. Precedente. Laudo psicológico que, no entanto, reconheceu a permanência da periculosidade do paciente, embora atenuada, o que torna cabível, no caso, a imposição de medida terapêutica em hospital psiquiátrico próprio. Ordem concedida em parte para extinguir a medida de segurança, determinando-se a transferência do paciente para hospital psiquiátrico que disponha de estrutura adequada ao seu tratamento, nos termos da Lei 10.261/01, sob a supervisão do Ministério Público e do órgão judicial competente" (HC 98.360, Rel. Min. Ricardo Lewandowski, Primeira Turma, Dje 23.10.2009).

Art. 174. Aplicar-se-á, na execução da medida de segurança, naquilo que couber, o disposto nos artigos 8º e 9º desta Lei.

Exames criminológico e de personalidade – Na execução da medida de segurança, tanto o exame criminológico como o exame de personalidade podem ser necessários na orientação do processo executivo.

Alerta Mirabete:

> "O exame criminológico é obrigatório quando se trata de internação em hospital de custódia e tratamento psiquiátrico, à semelhança do que ocorre com condenado a pena privativa de liberdade em regime fechado, a que corresponde a referida medida de segurança. É facultativo na hipótese de tratamento ambulatorial, dependendo da natureza do fato e das condições do agente, como deixa claro a Exposição de Motivos [item 155]" (ob. cit. p. 755).

Na prática, essa regra – como outras tantas – é ignorada.

CAPÍTULO II – DA CESSAÇÃO DA PERICULOSIDADE

Art. 175. A cessação da periculosidade será averiguada no fim do prazo mínimo de duração da medida de segurança, pelo exame das condições pessoais do agente, observando-se o seguinte:

I – a autoridade administrativa, até 1 (um) mês antes de expirar o prazo de duração mínima da medida, remeterá ao Juiz minucioso relatório que o habilite a resolver sobre a revogação ou permanência da medida;

II – o relatório será instruído com o laudo psiquiátrico;

III – juntado aos autos o relatório ou realizadas as diligências, serão ouvidos, sucessivamente, o Ministério Público e o curador ou defensor, no prazo de 3 (três) dias para cada um;

IV – o Juiz nomeará curador ou defensor para o agente que não o tiver;

V – o Juiz, de ofício ou a requerimento de qualquer das partes, poderá determinar novas diligências, ainda que expirado o prazo de duração mínima da medida de segurança;

VI – ouvidas as partes ou realizadas as diligências a que se refere o inciso anterior, o Juiz proferirá a sua decisão, no prazo de 5 (cinco) dias.

Averiguação de cessação da periculosidade – Dispõe o art. 97, § 1º do CP, que a medida de segurança será aplicada por tempo indeterminado, perdurando enquanto não cessar a periculosidade do agente, averiguada por perícia médica, a ser realizada no prazo mínimo de 1 a 3 anos (e repetida, em regra, de ano em ano, como determina o § 2º).

Percebe-se que o legislador pátrio, partindo da premissa de que a medida de segurança tem propósito curativo e terapêutico, estipulou somente prazo mínimo (de 1 a 3 anos), perdurando a sanção até a cessão da periculosidade do agente.

Essa opção legislativa, no entanto, tem sido alvo de críticas. É cada vez mais crescente doutrina e jurisprudência argumentando que a indeterminação do prazo de duração da medida de segurança é incompatível com a Carta Magna, que proíbe sanção de caráter perpétuo (art. 5º, XLVII, "b" da CF/88).

Uma primeira corrente sugere, então, que o tempo de cumprimento da medida de segurança não ultrapasse o limite de 30 anos (o mesmo previsto para as penas privativas de liberdade – agora alterado para 40 anos de acordo com o novo art. 75 do CP), adotada pelo STF.

Para outra, o tempo de cumprimento da medida de segurança não deve suplantar o limite máximo da pena cominada ao fato previsto como crime praticado pelo não inimputável, tendo como limite máximo 40 anos.

ATENÇÃO – O STJ, buscando colocar uma pá de cal na discussão, editou a **súmula 527**, que diz: "O tempo de duração da medida de segurança não deve ultrapassar o limite máximo da pena abstratamente cominada ao delito praticado".

Perícia médica – Findo o prazo mínimo de duração da medida de segurança, proceder-se-á verificação do estado de periculosidade do agente. Trata-se, em tal caso, de procedimento *ex officio*.

A autoridade administrativa, até 1 (um) mês antes de expirar o prazo de duração mínima da medida, remeterá ao Juiz minucioso relatório (instruído com laudo psiquiátrico) que o habilite a resolver sobre a revogação ou permanência da medida.

O Ministério Público e o Curador ou Defensor do agente serão necessariamente ouvidos, exigência que caracteriza a legalidade e o relevo de tal procedimento (item 156 da Exposição de Motivos da Lei de Execução Penal).

Ouvidas as partes ou realizadas as diligências, o Juiz proferirá a sua decisão, no prazo de 5 (cinco) dias.

ATENÇÃO – Da decisão de desinternação ou liberação cabe agravo impetrado pelo Ministério Público, com efeito suspensivo (art. 179 da LEP).

Art. 176. Em qualquer tempo, ainda no decorrer do prazo mínimo de duração da medida de segurança, poderá o Juiz da execução, diante de requerimento fundamentado do Ministério Público ou do interessado, seu procurador ou defensor, ordenar o exame para que se verifique a cessação da periculosidade, procedendo-se nos termos do artigo anterior.

Art. 177. Nos exames sucessivos para verificar-se a cessação da periculosidade, observar-se-á, no que lhes for aplicável, o disposto no artigo anterior.

Antecipação do exame médico – O dispositivo em comento permite que, a qualquer tempo, mesmo que não encerrado o prazo mínimo de duração da medida de segurança, seja realizado exame para verificar a cessação da periculosidade doente internado ou sujeito a tratamento ambulatorial. Nesse sentido, art. 777 do CPP.

Poderão requerer a realização (antecipação) do exame o Ministério Público, o interessado, ou seu Procurador ou Defensor, lembrando que tal pedido deve ser fundamentado.

A medida de segurança não tem como objetivo a punição do agente, mas sim a sua cura. Logo, nada mais correto que poder antecipar o referido exame assim que presentes indícios de cessação da sua periculosidade.

ATENÇÃO – Realizada a perícia médica ao termo do prazo mínimo fixado, persistindo a periculosidade do agente, deverá ser repetida de ano em ano, ou a qualquer tempo, se o determinar o juiz da execução (art. 97, § 2º do CP).

Art. 178. Nas hipóteses de desinternação ou de liberação (artigo 97, § 3º, do Código Penal), aplicar-se-á o disposto nos artigos 132 e 133 desta Lei.

Art. 179. Transitada em julgado a sentença, o Juiz expedirá ordem para a desinternação ou a liberação.

Desinternação e liberação do executado – Constatada a cessação da periculosidade, o juiz determina a desinternação (quando se tratar de medida detentiva) ou a liberação (quando se tratar de tratamento ambulatorial) do agente.

A desinternação, ou a liberação, será sempre condicional devendo ser restabelecida a situação anterior se o agente, antes do decurso de 1 ano, pratica fato (não necessariamente criminoso) indicativo de persistência de sua periculosidade (art. 97, § 3º do CP).

Desinternação progressiva – Apesar de não haver previsão legal, na prática, é comum o magistrado determinar a desinternação progressiva do agente, isto é, sua transferência para um tratamento menos severo (de natureza ambulatorial) antes mesmo da liberdade plena. Assim, aliás, decidiu a 1ª Turma do STF, no HC 102489/RS (rel. Min. Luiz Fux, 22.11.2011), ao conceder a ordem, de ofício, para determinar que o Instituto Psiquiátrico Forense apresente, em 60 dias, plano de desligamento de interno daquela instituição, ora paciente, e que dê cumprimento ao art. 5º da Lei 10.216/2001, a fim de que as autoridades competentes realizem "política específica de alta planejada e reabilitação psicossocial assistida" fora do âmbito daquele instituto. Na situação dos autos, o paciente fora condenado pelas condutas tipificadas como ameaça e ato obsceno e, no curso do processo, constatara-se sua inimputabilidade, aplicando-se-lhe medida de segurança pelo prazo mínimo de 3 anos. Destacou-se que o paciente cumpriria internação hospitalar há 17 anos e que a desinternação progressiva seria medida a se impor.

ATENÇÃO – Da decisão que determina a desinternação ou liberação cabe agravo em execução, com efeito suspensivo.

1. QUESTÃO DE CONCURSO

01. (Defensor Público – MA – 2015 – Fundação Carlos Chagas) Nas hipóteses de medida de segurança em que há decisão de desinternação e recurso em agravo de execução interposto pelo Ministério Público,

a) a guia de desinternação será imediatamente expedida em razão do efeito devolutivo do recurso.

b) a medida de segurança é imediatamente extinta.

c) a desinternação não deverá observar as condições do livramento condicional. (D) havendo pena privativa de liberdade imposta a desinternação será condicionada a conversão em medida de segurança.

e) a guia de desinternação será expedida após o trânsito em julgado da decisão.

GAB	01	E

▸TÍTULO VII – DOS INCIDENTES DE EXECUÇÃO

▸CAPÍTULO I – DAS CONVERSÕES

Art. 180. A pena privativa de liberdade, não superior a 2 (dois) anos, poderá ser convertida em restritiva de direitos, desde que:

I – o condenado a esteja cumprindo em regime aberto;

II – tenha sido cumprido pelo menos 1/4 (um quarto) da pena;

III – os antecedentes e a personalidade do condenado indiquem ser a conversão recomendável.

Conversão da prisão em restritivas de direitos – A Lei nº 9.714/98 modificou a sistemática das penas alternativas, alterando inúmeros dispositivos do CP. Entre eles, o art. 44 ganhou nova redação, passando a admitir a substituição da pena privativa da liberdade por restritivas de direitos quando a reprimenda imposta na sentença não suplantar 4 anos.

Com isso, o art. 180 da LEP foi derrogado, não mais se limitando a transformação à pena privativa de liberdade não superior a 2 anos (mas sim 4), mantidas as condições trazidas nos três incisos:

> I – condenado cumprindo pena em regime aberto;
>
> II – tenha cumprido 1/4 da pena;
>
> III – os antecedentes e a personalidade do condenado indiquem ser a conversão recomendável (leia-se, suficiente para a eficiente retribuição, prevenção e ressocialização).

Art. 181. A pena restritiva de direitos será convertida em privativa de liberdade nas hipóteses e na forma do artigo 45 e seus incisos do Código Penal.

§ 1º A pena de prestação de serviços à comunidade será convertida quando o condenado:

a) não for encontrado por estar em lugar incerto e não sabido, ou desatender a intimação por edital;

b) não comparecer, injustificadamente, à entidade ou programa em que deva prestar serviço;

c) recusar-se, injustificadamente, a prestar o serviço que lhe foi imposto;

d) praticar falta grave;

e) sofrer condenação por outro crime à pena privativa de liberdade, cuja execução não tenha sido suspensa.

§ 2º A pena de limitação de fim de semana será convertida quando o condenado não comparecer ao estabelecimento designado para o cumprimento da pena, recusar-se a exercer a atividade determinada pelo Juiz ou se ocorrer qualquer das hipóteses das letras "a", "d" e "e" do parágrafo anterior.

§ 3º A pena de interdição temporária de direitos será convertida quando o condenado exercer, injustificadamente, o direito interditado ou se ocorrer qualquer das hipóteses das letras "a" e "e", do § 1º, deste artigo.

Reconversão – Assim como é possível a substituição da pena privativa de liberdade por restritiva de direitos, o contrário também pode ocorrer, isto é, a (re)conversão da pena restritiva de direito novamente em privativa de liberdade.

O *caput* do artigo em comento faz menção ao art. 45 do CP. Todavia, com a nova sistemática criada pela lei 9.714/98, as hipóteses que determinam a conversão não estão mais no referido artigo, mas sim nos § § 4º e 5º do art. 44 do mesmo diploma.

Vejamos:

A pena restritiva de direitos converte-se em privativa de liberdade quando ocorrer o descumprimento injustificado da restrição imposta (art. 44, § 4º do CP).

No cálculo da pena privativa de liberdade a executar será deduzido o tempo cumprido da pena restritiva de direitos, respeitado o saldo mínimo de trinta dias de detenção ou reclusão.

ATENÇÃO – Com o advento da novel lei (9.714/98), aplica-se no caso o instituto da detração, respeitando-se, porém, saldo mínimo de trinta dias.

Sobrevindo condenação à pena privativa de liberdade, por outro crime, o juiz da execução penal decidirá sobre a conversão, podendo deixar de aplicá-la se for possível ao condenado cumprir a pena substitutiva anterior (art. 44, § 5º do CP).

O art. 181 da LEP traz outras hipóteses de conversão, todas umbilicalmente ligadas às restritivas de natureza pessoal:

§ 1º – prestação de serviços à comunidade (ver arts. 149 e ss.)

§ 2º – limitação de fim de semana (ver arts. 151 e ss.)

§ 3º – interdição temporária de direitos (ver arts. 154 e ss.).

ATENÇÃO – A LEP, sendo anterior à lei 9.714/98, não menciona as penas restritivas de natureza real – prestação pecuniária e perda de bens e valores – criadas pela novel lei. Isso não significa, porém, que não podem ser convertidas no caso de injustificado descumprimento, por exemplo. Decidiu o STJ: "é possível a conversão da prestação pecuniária em pena privativa de liberdade, nos termos do art. 44, § 4º, do CP" (REsp. 613.308-MG).

Importante lembrar que, em homenagem aos princípios do contraditório e da ampla defesa, para que se proceda à conversão da pena alternativa em privativa de liberdade é imprescindível a prévia intimação pessoal do reeducando, para que este tenha oportunidade de esclarecer os motivos que o levaram ao descumprimento da pena alternativa. Contudo, sabendo ser dever do sentenciado manter o endereço atualizado junto ao Juízo das Execuções, o STJ não vislumbra ofensa ao princípio da ampla defesa na regressão quando, tentada a efetiva intimação do sentenciado para iniciar o cumprimento da pena, não foi ele encontrado nos endereços constantes dos autos. O apenado deixando de comunicar a mudança de endereço ao juízo da execução, ônus que lhe competia, desobriga o estado de se esgotar todos os meios para envidar sua localização (HC 405.529/SP, Rel. Ministra MARIA THEREZA DE ASSIS MOURA, SEXTA TURMA, julgado em 10/10/2017, DJe 16/10/2017).

1. INFORMATIVOS DE JURISPRUDÊNCIA

- **STF – 541 – Art. 181, § 1º, a, da LEP: conversão da pena privativa de liberdade em restritiva de direitos.**

A Turma, por maioria, concedeu habeas corpus para garantir ao paciente a conversão da pena privativa de liberdade em restritiva de direitos. Na espécie, condenado pela prática dos delitos de estelionato e uso de documento falso – cuja pena deveria ser cumprida em regime aberto – fora beneficiado com a substituição da pena corporal pela restritiva de direitos. Ocorre que, intimado pessoalmente pelo juízo da execução para a audiência admonitória, o paciente não fora encontrado, sendo determinada a sua intimação por edital, o que implicara a conversão da pena alternativa em privativa de liberdade. Contra essa decisão, o paciente interpusera apelação, provida pelo tribunal estadual, que, embora reconhecendo a falha do paciente em não trazer aos autos, no momento adequado, seu novo endereço, restabelecera-lhe o benefício. A partir daí, o paciente passara a cumprir todas as condições que lhe foram impostas para a concessão da pena alternativa. Não obstante isso, o STJ dera provimento a recurso especial do Ministério Público para suspender a conversão em decorrência de expressa previsão da Lei de Execução Penal, voltando o paciente a cumprir pena de prisão em regime aberto (LEP, art. 181) (STF – HC nº95370-RS, Rel. Ricardo Lewandowski, j. 31.3.2009).

- **STJ – 535 – DIREITO PENAL. Substituição da pena no crime de tráfico de drogas.**

O fato de o tráfico de drogas ser praticado com o intuito de introduzir substâncias ilícitas em estabelecimento prisional não impede, por si só, a substituição da pena privativa de liberdade por restritivas de direitos, devendo essa circunstância ser ponderada com os requisitos necessários para a concessão do benefício. Precedentes citados do STJ: AgRg no REsp 1.370.835-DF, Quinta Turma, DJe 29/5/2013 e AgRg no REsp 1.326.532/DF, Sexta Turma, DJe 14/11/2013. Precedente citado do STF: RHC 112.706, Primeira Turma, DJe 7/3/2013 (STJ – AgRg no REsp nº1.359.941-DF, Rel. Sebastião Reis Júnior, j. 4.2.2014.

- **STJ – 536 – DIREITO PENAL E PROCESSUAL PENAL. Procedimento para a conversão da pena restritiva de direitos em privativa de liberdade.**

É imprescindível a prévia intimação pessoal do reeducando que descumpre pena restritiva de direitos para que se proceda à conversão da pena alternativa em privativa de liberdade. Isso porque se deve dar oportunidade para que o reeducando esclareça as razões do descumprimento, em homenagem aos princípios do contraditório e da ampla defesa. Precedentes citados: HC 256.036-SP, Quinta Turma, DJe 3/9/2013; HC 221.404-RJ, Sexta Turma, DJe 23/4/2013 (STJ – HC nº 251.312-SP, Rel. Moura Ribeiro, j. 18.2.2014.

2. QUESTÕES DE CONCURSOS

01. (Juiz Substituto – TJSP – 2015 – VUNESP) Um sentenciado cumpria pena em regime fechado, quando sobreveio nova condenação, com substituição da pena privativa de liberdade por restritiva de direitos. Portanto, deve o magistrado

a) reconverter a restritiva de direitos em privativa de liberdade, mantendo o cumprimento isolado de cada pena imposta.

b) manter a restritiva de direitos suspensa, para que seja cumprida a privativa de liberdade em primeiro lugar.

c) somar a nova condenação ao restante da pena que está sendo cumprida, desconsiderando a restritiva de direitos.

d) reconverter a restritiva de direitos em privativa de liberdade, unificando as reprimendas.

02. (Defensor Público – MS – 2014) Sobre a substituição das penas privativas de liberdade, é correto afirmar:

a) sobrevindo condenação a pena privativa de liberdade por outro crime, o juiz da execução penal poderá deixar de converter a sanção restritiva de direitos anteriormente aplicada em fase de execução, desde que o seu cumprimento seja compatível com o da nova sanção penal.

b) a pena de prestação pecuniária só pode ser estabelecida em favor da vítima ou de seus descendentes.

c) o condenado a uma pena superior a quatro anos por crime culposo não poderá obter a substituição por restritiva de direitos.

d) a pena de prestação pecuniária não pode ser deduzida de eventual condenação civil, ainda que coincidentes os beneficiários.

03. (TJ/CE Juiz Substituto – 2014) No tocante às penas restritivas de direitos,

a) há conversão em privativa de liberdade quando ocorrer o descumprimento injustificado da restrição imposta, sem dedução do tempo cumprido da sanção substitutiva.

b) é possível a imposição de interdição temporária de direitos consistente em proibição de inscrever-se em concurso, avaliação ou exame públicos.

c) é admissível a fixação de pena substitutiva como condição especial ao regime aberto, conforme entendimento sumulado do Superior Tribunal de Justiça.

d) é obrigatória a conversão, se sobrevier condenação à pena privativa de liberdade.

e) a perda de bens e valores pertencentes ao condenado dar-se-á, preferencialmente, em favor da vítima ou de seus sucessores.

04. (Promotor Substituto – MPE-PR – 2013) Sobre Execução Penal e seus incidentes, assinale a opção incorreta:

a) É cabível a regressão do regime de cumprimento de pena, do semiaberto para o fechado, ao apenado beneficiado com saída temporária que danificar, de qualquer forma, o dispositivo de monitoramento eletrônico;

b) O apenado que descumprir os últimos 10 (dez) dias de pena restritiva de direito, estará sujeito à conversão da reprimenda em privativa de liberdade, pelo tempo que resta a cumprir;

c) O juízo de execução penal possui competência para interditar estabelecimento penal, sob sua jurisdição, que estiver funcionando em condições inadequadas;

d) É condição legal para a progressão de regime de cumprimento de pena, que o condenado por crime contra a administração pública repare o dano causado ou devolva o produto do ilícito praticado, com os acréscimos legais;

e) O Conselho Penitenciário tem legitimidade para suscitar incidente de desvio de execução.

05. (MPE-SP – Promotor de Justiça – VUNESP – 2008) Considere as seguintes assertivas:

I. A Lei de Execução Penal prevê, expressamente, a possibilidade de o juiz da execução modificar as condições impostas à suspensão condicional da pena, ao regime aberto e ao livramento condicional.

II. A Lei de Execução Penal prevê, expressamente, que o preso provisório estrangeiro está sujeito à inclusão no regime disciplinar diferenciado, nas hipóteses legais de seu cabimento.

III. Os arts. 180 a 184 da Lei de Execução Penal não prevêem as seguintes possibilidades de conversão: de pena privativa de liberdade em restritiva de direitos; de multa em pena privativa de liberdade; de medida de segurança em pena privativa de liberdade.

Assinale, agora, a alternativa correta.

(A) Somente I é verdadeira.

(B) Somente II é verdadeira.

(C) Somente III é verdadeira.

(D) Somente I e II são verdadeiras.

(E) Somente I e III são verdadeiras.

06. (FCC – Promotor de Justiça – PE – 2008) O réu foi condenado à pena privativa de liberdade, em regime aberto, tendo o juiz deixado de fixar as condições porque a substituiu por pena restritiva de direitos consistente em prestação de serviços à comunidade. Transitada em julgado a sentença foi expedida carta de execução. Realizada a audiência admonitória, o condenado não cumpriu a pena restritiva de direitos, em razão do que o Ministério Público pediu a conversão desta em pena privativa de liberdade, no regime aberto, com estabelecimento de condições. O juiz da execução deve

a) indeferir o pedido por falta de amparo legal.

b) acolher o pedido e, convertendo a pena, remeter o processo para o juiz da condenação a fim de que este fixe as condições do regime aberto.

c) acolher o pedido e, convertendo a pena, fixar as condições para o regime aberto.

d) deferir o pedido de conversão, mas deixar de fixar condições porque não tem competência para isso.

e) receber o pedido do Ministério Público como recurso e enviar os autos para o Tribunal competente.

GAB	01	D	02	A	03	B	04	B	05	D	06	C

Art. 182. (Revogado pela Lei nº 9.268, de 1996)

Art. 183. Quando, no curso da execução da pena privativa de liberdade, sobrevier doença mental ou perturbação da saúde mental, o Juiz, de ofício, a requerimento do Ministério Público, da Defensoria Pública ou da autoridade administrativa, poderá determinar a substituição da pena por medida de segurança. (Redação dada pela Lei nº 12.313, de 2010).

Superveniência de anomalia psíquica – Agente imputável na época dos fatos deve cumprir pena. Já o inimputável será submetido à medida de segurança. E no caso de agente capaz na data da conduta, mas que desenvolve anomalia psíquica no curso da execução da pena (superveniência de doença mental)? Dois artigos tratam do assunto: art. 108 e art. 183, ambos da LEP.

Analisando o caso concreto, o juiz da execução optará entre uma simples internação para tratamento e cura de doença passageira, hipótese em que o tempo de tratamento considera-se como pena cumprida, ou a substituição da pena privativa de liberdade em medida de segurança em se tratando de anomalia não passageira, seguindo, no caso, os ditames dos arts. 96 e ss. do CP. Nesse sentido: STJ, HC 44972-SP.

Art. 108 da LEP	Art. 183 da LEP
Aplicável no caso de anomalia passageira	Aplicável no caso de anomalia não passageira
A medida de segurança é reversível	A medida de segurança é irreversível
O tempo de internação é computado como de cumprimento de pena (deve observar o prazo da pena corporal imposta)	O tempo de internação não é computado como de cumprimento de pena, seguindo as regras dos arts. 96 e ss. do CP
Transcorrido o prazo de duração da pena sem o restabelecimento do internado, a pena deve ser considerada extinta pelo seu cumprimento.	Deve o juiz fixar prazo mínimo de internação, variando de 1 a 3 anos (art. 97, § 1º do CP).

A problemática, no caso da substituição sugerida pelo art. 183 da LEP, reside na duração da medida. Encontramos diversos posicionamentos na doutrina e na jurisprudência:

> I – com fundamento no art. 97, § 1º do CP, tem duração indefinida (até que perícia demonstre a cessação da periculosidade do agente);
>
> II – com fundamento no art. 75 do CP (alterado pela Lei 13.964/19), tem duração máxima de 40 anos (limite máximo para o cumprimento da pena privativa de liberdade;
>
> III – tem a mesma duração da pena privativa de liberdade substituída;
>
> IV – está limitada ao máximo da pena abstratamente prevista para o crime.

ATENÇÃO: – O STJ (HC 12.957) adotou a terceira corrente, decidindo que a medida de segurança detentiva aplicável nos termos o art. 183 da LEP não pode ter duração superior ao tempo restante da pena, sem prejuízo do que, afinal, recomende-se a providência prevista no art. 682, § 2º do CPP (se a internação se prolongar até o término do prazo restante da pena, o indivíduo terá o destino aconselhado pela sua enfermidade, feita a devida comunicação ao juiz de incapazes, ficando sujeito à internação de natureza civil).

1. QUESTÃO CONCURSO

01. **(Defensoria Pública – DF – CESPE – 2013)** De acordo com a Lei de Execução Penal, julgue o item subsequente.

De acordo com a jurisprudência mais recente do STJ, a medida de segurança aplicada, no curso da execução da pena privativa de liberdade, em razão de superveniência de doença ou perturbação da saúde mental do condenado terá duração determinada, não superior ao tempo restante de cumprimento da pena privativa de liberdade.

GAB	01	CERTO

Art. 184. O tratamento ambulatorial poderá ser convertido em internação se o agente revelar incompatibilidade com a medida.

Parágrafo único. Nesta hipótese, o prazo mínimo de internação será de 1 (um) ano.

Em qualquer fase do tratamento ambulatorial, poderá o juiz determinar a internação do agente, se essa providência for necessária para fins curativos (art. 97, § 4º do CP).

ATENÇÃO – Não se trata de regressão (medida punitiva), mas sim curativa.

CAPÍTULO II – DO EXCESSO OU DESVIO

Art. 185. Haverá excesso ou desvio de execução sempre que algum ato for praticado além dos limites fixados na sentença, em normas legais ou regulamentares.

Art. 186. Podem suscitar o incidente de excesso ou desvio de execução:

I – o Ministério Público;

II – o Conselho Penitenciário;

III – o sentenciado;

IV – qualquer dos demais órgãos da execução penal.

Excesso e desvio de execução – Apesar de muitos tratarem o excesso e o desvio de execução de forma única, os dois incidentes não se confundem. Mirabete, lembrando as lições de Renan Severo Teixeira da Cunha, explica: "o excesso está carregado de conteúdo quantitativo e o desvio está carregado de conteúdo qualitativo. Assim ocorre o primeiro quando, por exemplo, a autoridade administrativa ultrapassa, em quantidade, a punição, fazendo com que o condenado cumpra uma sanção administrativa além do limite fixada na lei, enquanto existirá o desvio quando ela se afasta dos parâmetros legais estabelecidos, como por exemplo, manter o condenado em um regime quando já faz jus a outro. Além disso, é de notar-se que o excesso só ocorre com a violação de direito do sentenciado, enquanto no desvio pode ser que seja ele beneficiado. Há desvio, por exemplo, quando se concede permissão de saída em hipótese não prevista, se dispensa injustificadamente o condenado do trabalho prisional, não se instaura o procedimento disciplinar após a prática da falta etc." (ob. cit. p. 780).

Serão legitimados para provocar o incidente de excesso ou desvio de execução: o Ministério Público, o Conselho Penitenciário, o sentenciado ou qualquer dos demais órgãos da execução penal.

ATENÇÃO – Entende-se por órgãos da execução penal o Conselho Nacional de Política Criminal e Penitenciária, o Patronato, o Conselho da Comunidade, o Departamento Penitenciário, a Defensoria Pública e o próprio Juízo da execução (de ofício).

Abuso de autoridade – a Lei 13.869/19 tipifica no art. 12, parágrafo único, inc. IV, como crime de abuso de autoridade a conduta de quem, com as finalidades espúrias do art.

1º. da citada lei, prolonga a execução de pena privativa de liberdade, de prisão temporária, de prisão preventiva, de medida de segurança ou de internação, deixando, sem motivo justo e excepcionalíssimo, de executar o alvará de soltura imediatamente após recebido ou de promover a soltura do preso quando esgotado o prazo judicial ou legal.

O núcleo *prolongar* é utilizado no inciso em estudo no sentido de ir além, estender, não encerrar a execução de pena privativa de liberdade, de prisão temporária, de prisão preventiva, de medida de segurança ou de internação.

A primeira parte do inciso aponta para o fato de que o agente deixa, *sem motivo justo* e *excepcionalíssimo*, de executar, ou seja, de cumprir o alvará de soltura imediatamente após recebido. O legislador, com o afã de caracterizar o abuso de autoridade, se utiliza de expressões estranhas à legislação penal. Assim, qual seria a diferença entre um motivo excepcional e excepcionalíssimo? Será que o excepcionalíssimo seria o ápice do motivo excepcional, a última das hipóteses possíveis, que o justificariam? O absurdo da expressão é evidente. Ao que parece, o legislador quis dizer que só seria considerado excepcional os casos mais extremos que se configurariam em motivo suficiente para o não cumprimento imediato do alvará de soltura.

Da mesma forma, o que seria *imediatamente*? Quanto tempo teria o responsável pelo cumprimento da ordem para soltar o beneficiado pelo alvará, tão logo o recebesse da autoridade judiciária? Poucos minutos, algumas horas, desde que no mesmo dia? Entendemos que o agente responsável, tão logo receba o alvará de soltura, deverá enveredar esforços para dar início aos trâmites burocráticos necessários à libertação daquele que se encontra(va) preso em virtude de uma determinação judicial, podendo se estender enquanto for necessário. Acreditamos que o mesmo prazo máximo de 24 horas, previsto pelo inciso III do parágrafo único do art. 12 da Lei em estudo, deve servir de parâmetro, para que nos livremos das interpretações absurdas de cada caso concreto.

O inciso se aplica não somente àqueles que praticaram, em tese, alguma infração penal, sendo, portanto, considerados como imputáveis, mas também aos inimputáveis, a quem foi aplicada medida de segurança, e, ainda, aos adolescentes infratores, que se encontram privados da sua liberdade.

Configura-se abuso de autoridade, de acordo com a parte final do inciso IV em exame, aquele que deixa de promover a soltura do preso quando esgotado o prazo judicial ou legal. Prazo judicial é aquele determinado pela autoridade judiciária; prazo legal é o previsto pela lei. Assim, por exemplo, se o tempo de duração de uma prisão temporária era de 30 dias, após a efetiva prisão do agente, esgotado esse prazo, se não houver outra determinação judicial, deverá ser imediatamente solto, sem que haja necessidade de qualquer alvará nesse sentido. Se isso não ocorrer, ou seja, se ficar mais tempo preso do que o previsto, a autoridade responsável pela sua soltura responderá pelo abuso.

1. INFORMATIVOS DE JURISPRUDÊNCIA

▸ **STF – 651 – HC 109.244-SP. Rel. Min. Ricardo Lewandowski.**

I. Consignado no título executivo o regime semiaberto para o cumprimento da pena, cabe ao Estado o aparelhamento do Sistema Penitenciário para atender à determinação. II. Ante a falta de vaga em estabelecimento adequado para o cumprimento da pena em regime semiaberto, deve o recorrente aguardar a abertura da vaga em regime aberto. III. Ordem concedida.

2. QUESTÕES DE CONCURSOS

01. (MPE/PR – Promotor de Justiça – 2008 – Adaptada) Julgue o item a seguir.

Haverá excesso ou desvio de execução sempre que algum ato for praticado além dos limites fixados na sentença, em normas legais ou regulamentares.

02. (MPE/PR – Promotor de Justiça/2011 – Adaptada) Julgue o item a seguir.

A ausência de vagas no sistema prisional para recepcionar o condenado beneficiado com a progressão de regime para o semiaberto, não autoriza o juiz da execução a manter o condenado cumprindo pena em regime prisional fechado.

GAB	01	CERTO	02	CERTO

▸CAPÍTULO III – DA ANISTIA E DO INDULTO

Prevê o Código Penal como causas extintivas da punibilidade a anistia, a graça e o indulto (art. 107, inc. II), formas de renúncia do Estado ao seu direito de punir. A LEP, revogando os dispositivos do CPP, disciplina seu procedimento.

ATENÇÃO – Apesar de a LEP não mencionar expressamente a graça, ela está inserida no capítulo, pois é rotulada como *indulto de caráter individual*.

Graça	Indulto
Benefício individual, com destinatário certo	Benefício coletivo, sem destinatário certo
Depende de provocação do interessado	Não depende de provocação do interessado

Vejamos, em resumo, no que consiste cada um dos institutos, lembrando serem cabíveis também em crimes de ação penal privada, casos em que se transfere para o particular apenas o direito de perseguir a punição. Com efeito, a titularidade do direito de punir permanece do Estado.

Na anistia o Estado, por meio de lei penal, devidamente discutida no Congresso Nacional e sancionada pelo executivo federal, por razões de clemência, política, social etc., esquece um fato criminoso, apagando seus efeitos penais (principais e secundários). Os efeitos extrapenais, no entanto, são mantidos, podendo a sentença condenatória definitiva ser executada no juízo cível, por exemplo.

Já a graça e o indulto, tratados em conjunto considerando as inúmeras semelhanças entre os dois institutos, são concedidos pelo Presidente da República, via decreto presidencial (art. 84, XII, CF/88 – ato administrativo), podendo ser delegada a atribuição aos Ministros de Estado, ao Procurador Geral da República ou ao Advogado Geral da União. Atingem apenas os efeitos executórios penais da condenação, subsistindo o crime, a condenação irrecorrível e seus efeitos secundários (penais e extrapenais).

Anistia	Graça e Indulto
Lei penal	Decreto
Pode ser concedida antes da condenação	Pressupõem condenação
Extingue todos os efeitos penais	Extinguem somente o efeito executório: o cumprimento da pena

Anistia, graça e indulto e os crimes hediondos e equiparados – O inciso I do art. 2º da Lei 8.072/90 determina que os crimes hediondos e equiparados são insuscetíveis de anistia, graça e indulto.

A Constituição Federal, contudo, é menos restritiva, já que, no inciso XLIII do art. 5º, impede somente a concessão de anistia e graça, nada mencionando acerca da proibição do indulto.

Diante desse quadro, inevitável o questionamento: a ampliação pelo legislador ordinário é constitucional?

Uma primeira corrente leciona ser impossível a ampliação. Se as causas extintivas da punibilidade vedadas no texto constitucional eram duas, não poderia a lei infraconstitucional estatuir uma terceira limitação. Observa-se, ainda, que a concessão do indulto está entre as atribuições privativas do Presidente da República, não podendo o legislador ordinário limitá-lo no exercício dessa atribuição.

Em sentido contrário, o Supremo Tribunal Federal firmou entendimento no sentido de ser o indulto modalidade do poder de graça do Presidente da República, e, por isso, alcançado pela vedação constitucional. Não bastasse, a Constituição Federal trouxe vedações mínimas, permitindo ao legislador ordinário ampliá-las. Nesse sentido:

> "Habeas corpus – Vedação ao benefício da comutação da pena – Constrangimento ilegal – Inocorrência – Habeas corpus indeferido. O disposto no art. 5º, inciso XLIII, da Constituição Federal, bem como o art. 2º, inciso I, da Lei 8.072/90, vedam a concessão de graça ou anistia aos condenados pela prática dos crimes definidos como hediondos. A questão do presente writ já foi largamente discutida por esta Corte, encontrando-se pacificado, em ambas as Turmas, o entendimento de que, sendo a comutação da pena espécie de indulto parcial, o Decreto Presidencial 3.226, de 29.10.1999, não se aplica ao condenado pela prática de crime hediondo. Precedentes. Ordem indeferida." (HC 86.615/RJ, 2.ª T., rel. Min. Joaquim Barbosa, DJ 24.11.2006).

Em que pese o Pretório Excelso ter decisões no sentido da ampla aplicação da proibição constitucional, até mesmo para os crimes praticados anteriormente à vigência da Lei 8.072/90 (RHC 84572/RJ, 1ª T., rel. Min. Marco Aurélio, relator p/ Acórdão Min. Sepúlveda Pertence, DJ 03.12.2004), não é a posição que prevalece atualmente na Corte, mas sim a da irretroatividade da lei mais gravosa (RE 607666 DF, 1ª T., rel. Min. Cármen Lúcia, DJ 23.02.2011).

Art. 187. Concedida a anistia, o Juiz, de ofício, a requerimento do interessado ou do Ministério Público, por proposta da autoridade administrativa ou do Conselho Penitenciário, declarará extinta a punibilidade.

A anistia pode ser:

(A) **Própria** (quando concedida antes da condenação) ou **imprópria** (quando concedida depois da condenação);

(B) **Irrestrita** (quando atinge indistintamente a todos os criminosos) ou **restrita** (atinge certos criminosos, exigindo-se determinadas condições pessoais do agente para a obtenção do benefício, como por exemplo, a sua primariedade);

(C) **Incondicionada** (quando a lei não impõe qualquer requisito para a sua concessão) ou **condicionada** (quando a lei impõe algum requisito – ex: ressarcimento do dano);

(D) **Comum** (incide sobre delitos comuns) e **especial** (aplica-se a crimes políticos).

ATENÇÃO – No caso da anistia condicionada, a declaração de extinção da punibilidade só pode ocorrer após consulta aos interessados. A não aceitação impede, em relação ao seu agente, a extinção do direito de punir do Estado.

Note que, uma vez concedida a anistia (renunciando o Estado seu poder de punir), não pode lei superveniente impedir seus (anistia) efeitos extintivos da punibilidade; deve ser respeitada a garantia constitucional da proibição da retroatividade maléfica.

Art. 188. O indulto individual poderá ser provocado por petição do condenado, por iniciativa do Ministério Público, do Conselho Penitenciário, ou da autoridade administrativa.

A graça (indulto individual) e o indulto (coletivo) podem ser:

(A) **Plenos** (quando extinguem totalmente a pena) ou **parciais** (quando concedem apenas diminuição da pena ou sua comutação);

ATENÇÃO – O STF decidiu não ser possível computar, para o requisito temporal do indulto, o período de prova relativo ao "sursis", pois, para o efeito extintivo da punibilidade, não se confunde o cumprimento parcial da pena (requisito objetivo do indulto) com o período em que a pena permaneceu suspensa (HC 123.698/PE, Rel. Min. Cármen Lúcia, DJe 26/11/2015).

(B) **Incondicionados** (quando a lei não impõe qualquer requisito para a sua concessão) ou **condicionados** (quando a lei impõe algum requisito – ex: ressarcimento do dano).

O indulto individual (graça) está previsto nos arts. 188/192 da LEP, enquanto o coletivo, no art. 193.

São legitimados para requerer o beneplácito o próprio condenado, o Ministério Público, o Conselho Penitenciário ou a autoridade administrativa.

ATENÇÃO – De acordo com o STF, o *habeas corpus* não é via adequada para requerer indulto (HC 72.233/4-SP).

Crimes hediondos e equiparados e o indulto humanitário (concedido por razões de grave deficiência física ou em virtude de debilitado estado de saúde do requerente) – Prevalece o entendimento de que a referida causa extintiva da punibilidade pode ser concedida inclusive para condenados por crimes hediondos ou assemelhados, hipótese à qual não seria aplicável a vedação do art. 2º, I, da Lei n. 8.072/90. Por força do princípio da humanidade, até mesmo condenados por crimes de especial gravidade têm o direito de padecer seu estado doentio em sossego ou de preparar-se para a morte com dignidade, notadamente nas hipóteses em que os cuidados médicos não possam ser prestados no próprio estabelecimento penal. A título de exemplo, o Decreto de Indulto de 2012 (n. 7.873/12) autorizou expressamente a concessão do indulto natalino às pessoas com paraplegia, tetraplegia ou cegueira, desde que tais condições não sejam anteriores à prática do delito, mesmo que a condenação seja referente à prática de crime de tortura, terrorismo, tráfico de drogas e crimes hediondos (Dec. 7.873/12, art. 1º, inciso X, alínea "a", c/c art. 8º, parágrafo único).

A 2ª Turma do STF, no entanto, reiterou jurisprudência no sentido de não ser possível o deferimento de indulto a réu condenado por tráfico de drogas, ainda que precário estado de saúde do condenado. A Turma asseverou que o fato de a paciente estar doente ou ser acometida de deficiência visual não seria causa de extinção da punibilidade nem de suspensão da execução da pena (HC 118213/SP, rel. Min. Gilmar Mendes, 6.5.2014).

1. INFORMATIVOS DE JURISPRUDÊNCIA

- **STF – 761 – "Sursis" e requisito temporal para a concessão de indulto**

  A 1ª Turma, por maioria, denegou a ordem em "habeas corpus" no qual se pretendia o cômputo do período de prova cumprido em suspensão condicional da pena para o preenchimento do requisito temporal para concessão de indulto, instituído pelo Decreto 8.172/2013. Na espécie, o réu permanecera preso provisoriamente por cinco dias até obter o benefício do "sursis" na própria sentença condenatória. A defesa insistia na possibilidade de concessão do indulto, tendo em vista que o paciente cumprira um quarto do período de prova do "sursis". A Turma consignou que o réu não teria jus ao benefício do indulto porque não preencheria o requisito temporal objetivo para sua concessão, qual seja o cumprimento, em prisão provisória, de um sexto da pena ou, se reincidente, um quinto (Decreto 8.172/2013, art. 1º, XIV). Vencido o Ministro Marco Aurélio, que concedia a ordem. Destacava que o "sursis" seria uma ficção jurídica de execução da pena e que o período cumprido nesse sistema deveria ser considerado como tempo de cumprimento de pena restritiva de liberdade. HC nº 123381-PE, Rel.. Rosa Weber, j. 30.9.2014).

- **STJ – Associação para o tráfico e indulto.**

  O art. 44 da Lei n. 11.343/2006 estatui que "os crimes previstos nos arts. 33, caput e § 1º, e 34 a 37 da Lei são inafiançáveis e insuscetíveis de sursis, graça, indulto, anistia e liberdade provisória, vedada a conversão de suas penas em restritivas de direitos." Embora a vedação à concessão do indulto ao crime de associação para o tráfico de drogas (art. 35 da Lei n. 11.343/2006) não conste, de fato, no Decreto Presidencial n. 9.246/2017, está expressamente delineada no art. 44, caput, da Lei n. 11.343/2006. Assim, a 5ª Turma decidiu que não é possível a concessão de indulto ou comutação da pena ao condenado pelo delito de associação para o tráfico de drogas, pois há vedação legal contida no art. 44, caput, da Lei n. 11.343/2006 (STJ. 5ª Turma. AgRg-HC 670.378, Rel. Min. Reynaldo Soares da Fonseca, julgado em 15/06/2021).

- **STF – 745 – Tráfico de drogas e indulto humanitário**

  A 2ª Turma reiterou jurisprudência no sentido de não ser possível o deferimento de indulto a réu condenado por tráfico de drogas, ainda que tenha sido aplicada a causa de diminuição prevista no art.

33, § 4º, da Lei 11.343/2006 à pena a ele imposta, circunstância que não altera a tipicidade do crime. Na espécie, paciente condenada pela prática dos delitos de tráfico e de associação para o tráfico ilícito de entorpecentes pretendia a concessão de indulto humanitário em face de seu precário estado de saúde (portadora de diabetes, hipertensão arterial sistêmica e insuficiência renal crônica, além de haver perdido a integralidade da visão). A Turma asseverou que o fato de a paciente estar doente ou ser acometida de deficiência visual não seria causa de extinção da punibilidade nem de suspensão da execução da pena. Afirmou que os condenados por tráfico de drogas ilícitas não poderiam ser contemplados com o indulto. Ponderou que, nos termos da Lei 8.072/1990, o crime de tráfico de droga, equiparado a hediondo, não permitiria anistia, graça e indulto ("Art. 2º Os crimes hediondos, a prática da tortura, o tráfico ilícito de entorpecentes e drogas afins e o terrorismo são insuscetíveis de: I – anistia, graça e indulto"). Pontuou que haveria consenso na doutrina quanto à impropriedade entre o disposto no art. 5º, XLIII, da CF ("a lei considerará crimes inafiançáveis e insuscetíveis de graça ou anistia a prática da tortura, o tráfico ilícito de entorpecentes e drogas afins, o terrorismo e os definidos como crimes hediondos, por eles respondendo os mandantes, os executores e os que, podendo evitá-los, se omitirem") e a regra de competência privativa do Presidente da República, contida no art. 84, XII, da CF ("conceder indulto e comutar penas, com audiência, se necessário, dos órgãos instituídos em lei"). Assinalou que a proibição do art. 5º, XLIII, da CF seria aplicável ao indulto individual e ao indulto coletivo. Enfatizou que, tanto o tráfico ilícito de entorpecentes, quanto a associação para o tráfico foram equiparados a crime hediondo (Lei 11.343/2006, art. 44) e, por isso, a benesse requerida não poderia ser concedida. (STF – HC nº 118213-SP, Rel. Gilmar Mendes, j. 6.5.2014).

- **Tráfico privilegiado e indulto humanitário**

  O ministro Ricardo Lewandowski julgou procedente a Reclamação (RCL) 34158, ajuizada pela Defensoria Pública do Estado de São Paulo (DPE-SP) contra acórdão do Tribunal de Justiça do Estado de São Paulo (TJ-SP) que havia negado o indulto a um sentenciado por tráfico privilegiado sob o argumento da inconstitucionalidade da concessão do benefício em tal hipótese. Segundo o relator, houve afronta à jurisprudência do STF, pois, no julgamento do HC 118533, o Plenário firmou orientação no sentido de afastar a natureza hedionda do tráfico privilegiado de drogas (situação em que o agente é primário, possui bons antecedentes, não se dedica à atividade criminosa nem integra organização criminosa). Os crimes hediondos, previstos na Lei 8.072/1990, e os equiparados (tortura, tráfico ilícito de entorpecentes e drogas afins e terrorismo) são inafiançáveis e insuscetíveis de anistia, graça ou indulto. Com o entendimento fixado pelo STF, não recai sobre as condenações por tráfico privilegiado as restrições aplicáveis aos delitos hediondos, podendo, portanto, ser deferido o indulto. (STF, **RCL 34158, j. 19.06.19).**

2. QUESTÕES CONCURSO

01. (Promotor Substituto – PR – 2016) Quanto ao indulto, é correto afirmar que:

a) É vedada a concessão de indulto ao condenado pela prática de crime de tráfico de drogas privilegiado;

b) Na hipótese de indulto individual, o parecer do Conselho Penitenciário vincula o Presidente da República;

c) O indulto extingue a pena e seus efeitos secundários (penais e extrapenais);

d) O indulto coletivo é forma de indulgência concedida espontaneamente pelo Presidente da República atribuição esta indelegável a qualquer outra autoridade;

e) O indulto individual ou graça pode ser recusado pelo beneficiário, caso estabelecidas condições para a sua concessão.

02. (Defensor Público – TO – 2013) No que diz respeito ao indulto e à comutação de penas, assinale a opção correta.

a) Admite-se a aplicação do indulto humanitário aos condenados por qualquer espécie de crimes, salvo os crimes hediondos, desde que comprovadas as condições para a concessão do benefício, por meio de laudo médico oficial ou por médico designado pelo juízo da execução.

b) A concessão do indulto é ato privativo do presidente da República e tem por escopo extinguir os efeitos primários da condenação, de forma plena ou parcial, persistindo, contudo, os efeitos secundários, tais como reincidência, inclusão do nome do réu no rol dos culpados e obrigação de indenizar a vítima.

c) Admite-se a concessão do benefício de comutação da pena aos condenados por crimes hediondos ou equiparados ante a ausência de vedação expressa na CF ou na lei de regência.

d) É vedada a concessão de indulto à pena de multa, ainda que aplicada cumulativamente com pena privativa de liberdade.

e) A extinção da punibilidade é efeito da aplicação do indulto e da comutação da pena, permanecendo o registro da condenação na folha de antecedentes do beneficiário, para fins de prova de reincidência e análise de antecedentes criminais.

GAB	01	E	02	B

Art. 189. A petição do indulto, acompanhada dos documentos que a instruírem, será entregue ao Conselho Penitenciário, para a elaboração de parecer e posterior encaminhamento ao Ministério da Justiça.

Petição do indulto – Acompanhada dos documentos que a instruírem, será entregue ao Conselho Penitenciário para fins de elaboração de parecer. O Conselho, à vista dos autos do processo e do prontuário, promoverá as diligências que entender necessárias e fará, em relatório, a narração do ilícito penal e dos fundamentos da sentença condenatória, a exposição dos antecedentes do condenado e do procedimento deste depois da prisão, emitindo seu parecer sobre o mérito do pedido e esclarecendo qualquer formalidade ou circunstâncias omitidas na petição (art. 190 da LEP).

Emitido seu parecer, os autos serão encaminhados ao Ministério da Justiça, que só então submeterá ao Presidente da República para conceder (por meio de decreto) ou negar o pedido.

ATENÇÃO – Conforme o artigo 84, parágrafo único, da Constituição Federal, a decisão do chefe do executivo pode ser delegada aos Ministros de Estado, ao Procurador-Geral da República ou ao Advogado-Geral da União, que observarão os limites traçados nas respectivas delegações.

Art. 190. O Conselho Penitenciário, à vista dos autos do processo e do prontuário, promoverá as diligências que entender necessárias e fará, em relatório, a narração do ilícito penal e dos fundamentos da sentença condenatória, a exposição dos antecedentes do condenado e do procedimento deste depois da prisão, emitindo seu parecer sobre o mérito do pedido e esclarecendo qualquer formalidade ou circunstâncias omitidas na petição.

Indulto e atuação do Conselho Penitenciário – O Conselho elaborará parecer que será encaminhado ao Ministério da Justiça (art. 189 desta Lei). Na elaboração, à vista dos autos do processo e do prontuário, o Conselho considerará os antecedentes do condenado, o comportamento após a prisão, narrará o ilícito penal e os fundamentos da sentença condenatória e poderá promover novas diligências que entender necessárias. Tudo isso para que possa emitir, com segurança, o seu parecer sobre o mérito do pedido e esclarecer eventuais circunstâncias omitidas pela petição que requereu o indulto.

ATENÇÃO: Por se tratar de ato discricionário, o parecer do Conselho Penitenciário não vincula o Presidente da República.

Art. 191. Processada no Ministério da Justiça com documentos e o relatório do Conselho Penitenciário, a petição será submetida a despacho do Presidente da República, a quem serão presentes os autos do processo ou a certidão de qualquer de suas peças, se ele o determinar.

Art. 192. Concedido o indulto e anexada aos autos cópia do decreto, o Juiz declarará extinta a pena ou ajustará a execução aos termos do decreto, no caso de comutação.

Concessão do indulto – O Juiz da execução declarará extinta a pena ou ajustará a execução aos termos do decreto, no caso de comutação, efetuando-se novo cálculo de liquidação e retificando-se a guia de recolhimento.

Vale ressaltar que o indulto extingue somente a pena, permanecendo os efeitos secundários (penais e extrapenais).

ATENÇÃO – Embora se trate de ato discricionário do Presidente da República, a concessão do indulto não retira do Juiz o dever de analisar a sua legalidade/constitucionalidade, lembrando que o benefício está proibido em se tratando de delito hediondo ou equiparado (ar. 2º, inciso I da lei 8.072/90).

1. INFORMATIVOS DE JURISPRUDÊNCIA

▸ **STF – 808 – "Sursis" e requisito temporal para a concessão de indulto**

Não é possível o cômputo do período de prova cumprido em suspensão condicional da pena para preenchimento do requisito temporal objetivo do indulto natalino. Com base nessa orientação, a Segunda Turma[0], em conclusão de julgamento e por maioria, denegou a ordem em "habeas corpus" no qual se pleiteava tal contagem, relativamente ao cumprimento de um quarto da pena privativa de liberdade, instituído pelo art. 1º, XIII, do Decreto 8.172/2013 ("Art. 1º Concede-se indulto coletivo às pessoas, nacionais e estrangeiras; ... XIII – condenadas a pena privativa de liberdade, desde que substituída por restritiva de direitos, na forma do art. 44 do Decreto-lei nº 2.848, de 7 de dezembro de 1940 – Código Penal, ou ainda beneficiadas com a suspensão condicional da pena, que, de qualquer forma, tenham cumprido, até 25 de dezembro de 2013, um quarto da pena, se não reincidentes, ou um terço, se reincidentes") — v. Informativo 787. A impetrante sustentava, em suma, que o paciente reuniria todos os requisitos necessários para a fruição do benefício, porque já teria cumprido mais de um quarto do período de prova para a suspensão condicional da pena que lhe fora imposta. O Colegiado asseverou que não se poderia confundir o tempo alusivo ao período de prova, exigido para a obtenção da suspensão condicional da pena, com o requisito temporal objetivo previsto no art. 1º, XIII, do Decreto 8.172/2013, qual seja o cumprimento parcial da pena. Reiterou, assim, o que decidido no HC 117.855/SP (DJe de 19.11.2013). Vencido o Ministro Teori Zavascki, que concedia a ordem por entender que o período de prova cumprido em suspensão condicional da pena deveria ser computado como tempo de cumprimento de pena restritiva de liberdade. O Ministro Gilmar Mendes reajustou seu voto para acompanhar o voto divergente. (STF – HC nº 123698-PE, Rel. Cármen Lúcia, j.).

▸ **STF – 792 – Período de prova em "sursis" e indulto**

Em razão de o "sursis" não ostentar natureza jurídica de pena, mas de medida alternativa a ela, o período de prova exigido para a obtenção desse benefício não se confunde com o requisito temporal relativo ao cumprimento de um quarto da pena privativa de liberdade para se alcançar o indulto natalino. Com base nesse entendimento, a Primeira Turma, por maioria, negou provimento a recurso ordinário em "habeas corpus" em que se discutia a possibilidade de se computar o período de prova referente ao "sursis" como cumprimento de pena para fins de concessão de indulto. Na espécie, os incisos XIII e XIV do art. 1º do Decreto 8.172/2013 teriam reconhecido como merecedores do indulto natalino os réus condenados a pena privativa de liberdade, desde que substituída por pena restritiva de direitos, na forma do art. 44 do CP, ou ainda beneficiados com a suspensão condicional da pena, que, de qualquer forma, tivessem cumprido, até 25 de dezembro de 2013, um quarto da pena, requisito temporal vinculado à pena privativa de liberdade, sem qualquer relação com o período de prova do "sursis". O recorrente fora condenado a dois meses de prisão no regime aberto pela prática do crime de lesões corporais culposas, tipificado no art. 251 do CPM e, beneficiado com o "sursis", tivera negado o indulto natalino pelo STJ. Vencido o Ministro Marco Aurélio, que dava provimento ao recurso. Afirmava que, no caso do indulto, o período de prova para suspensão condicional da pena poderia ser considerado para efeito do atendimento ao requisito temporal, sob pena de um direito atribuído ao cidadão vir, em um passo seguinte, a prejudicá-lo. (STF – RHC nº 128515-BA, Rel. Luiz Fux, j. 30.6.2015).

STF – 733 – Indulto e comutação de pena

A 2ª Turma concedeu habeas corpus para restabelecer a decisão do juízo das execuções, que deferira a comutação de penas ao paciente, com base no Decreto 6.706/2008 – indulto natalino –, sem a necessidade de realização de exame criminológico. Na espécie, a impetração alegava a desnecessidade do citado exame, uma vez que o Decreto 6.706/2008 não faria exigência nesse sentido. A Turma aduziu que referida norma preveria apenas a inexistência de falta grave nos doze meses anteriores à sua publicação para exame do requisito subjetivo. Pontuou que, embora a Lei de Execução Penal não dispusesse de forma expressa sobre a obrigatoriedade do exame, não vedaria sua realização. Ponderou que, dessa forma, a necessidade da avaliação se sujeitaria à análise discricionária do magistrado competente, de acordo com as peculiaridades do caso concreto. Frisou que, na espécie, não se trataria de pedido de progressão de regime, mas sim de comutação de pena, de competência exclusiva do Presidente da República (CF, art. 84). Esclareceu que a competência do magistrado limitar-se-ia a verificar a presença das condições estabelecidas no decreto presidencial. Asseverou que a sentença que tivesse por objeto esses benefícios seria de natureza meramente declaratória, na medida em que o direito já teria sido constituído pelo decreto, com as condições nele fixadas. Assinalou que o Decreto Presidencial 6.706/2008 exigiria, apenas, no que tange ao aspecto subjetivo, a ausência de anotação de infração disciplinar de natureza grave nos últimos doze meses anteriores à sua publicação. Sublinhou que, preenchidos os requisitos legais para comutação da pena nos termos do supracitado decreto, ao Tribunal a quo seria vedado exigir a realização do exame criminológico para aferição do mérito do sentenciado, por absoluta falta de previsão legal. Concluiu que a exigência de outros requisitos que não aqueles previstos no ato normativo a dispor sobre a benesse configuraria constrangimento ilegal (STF – HC nº 116101-SP, Rel. Gilmar Mendes, j. 17.12.2013).

STJ – 577 – DIREITO PENAL. Indulto e detração

O período compreendido entre a publicação do decreto concessivo de indulto pleno e a decisão judicial que reconheça o benefício não pode ser subtraído na conta de liquidação das novas execuções penais, mesmo que estas se refiram a condenações por fatos anteriores ao decreto indulgente. A concessão do indulto, pleno ou parcial, atinge a pena. Será pleno quando extinguir a pena por completo, resultando na extinção da punibilidade. E será parcial, também chamado de comutação, quando o afastamento da pena não se der por completo. No entanto, em ambos os casos, os demais efeitos penais e civis do crime permanecem inalterados. Assinale-se, ainda, que o indulto não é aplicado de forma automática. Necessita, assim, de um procedimento judicial em que o juiz da execução irá avaliar se o apenado preenche, ou não, os requisitos insculpidos no decreto presidencial. Embora haja doutrina que defenda ser meramente declaratória a decisão concessiva de indulto, os decretos presidenciais, em geral, possuem condições objetivas e subjetivas que necessitam de avaliação judicial. Nessa medida, esse trâmite processual certamente levará um espaço de tempo para ser cumprido, o que afasta a possibilidade de publicação do decreto concessivo do benefício em um dia e, já no dia seguinte, a sua aplicação no caso concreto. Assim, o indulto somente poderá produzir os seus efeitos após essa avaliação. Além disso, em regra, a concessão do indulto pressupõe a existência de uma sentença penal condenatória com trânsito em julgado. Uma vez transitada em julgado a sentença penal condenatória, surge a pretensão de execução da pena. Se, posteriormente, o Estado desistir de prosseguir na execução da pena, haverá, tão somente, uma interrupção do cumprimento, mas não uma inidoneidade ou desnecessidade da pena. Vale ressaltar que essa interrupção, no caso do indulto, é um ato de clemência do Estado, que só será reconhecido ao apenado após regular procedimento judicial. Portanto, até a prolação da decisão que extinguir a punibilidade do agente, a sua custódia será decorrente de uma prisão pena. A detração, por sua vez, é decorrência do princípio constitucional da não culpabilidade. A CF estabelece que "ninguém será considerado culpado até o trânsito em julgado de sentença penal condenatória". Ocorre que, mesmo antes do trânsito em julgado, em algumas situações, faz-se necessária a constrição provisória do acusado. Essa, no entanto, é uma prisão cautelar. E, por vezes, ao final do julgamento, pode ocorrer a absolvição do agente ou a prescrição da pretensão punitiva. Dessa forma, a detração visa impedir que o Estado abuse do poder-dever de punir, impondo ao agente uma fração desnecessária da pena quando houver a perda da liberdade ou a internação em momento anterior à sentença condenatória. Em razão desses casos, para amenizar a situação do réu, o CP regulamentou que: "Art. 42 – Computam-se, na pena privativa de liberdade e na medida de segurança, o tempo de prisão provisória, no Brasil ou no estrangeiro, o de prisão administrativa e o de internação em qualquer dos estabelecimentos referidos no artigo anterior'. Nessa linha intelectiva, a detração é uma operação matemática em que se subtrai da pena privativa de liberdade (ou medida de segurança) aplicada ao réu ao final do processo, o tempo de prisão provisória, prisão administrativa ou internação em hospital de custódia e tratamento psiquiátrico que o sentenciado já cumpriu anteriormente. Frise-se que, em razão da equidade, admite-se a detração inclusive em processos que não guardem relação entre si, desde que a segregação indevida seja posterior ao crime em que se requer a incidência do instituto. Nestes casos, embora a prisão processual fosse necessária no momento em que foi realizada, ao final do julgamento do processo, a conduta do agente não resultou em uma punição efetiva. Dessa forma, é possível utilizar esse período para descontar a pena referente a crime praticado em data anterior. Conclui-se, portanto, que a detração é um instituto que pretende amenizar as consequências de uma custódia processual, abatendo-se da pena efetivamente aplicada o período em que o réu esteve preso por meio de medida cautelar, seja em razão de prisão provisória, prisão administrativa ou internação em hospital de custódia e tratamento psiquiátrico. Assim, o instituto da detração não pode tangenciar o benefício do indulto porque, enquanto o período compreendido entre a publicação do Decreto Presidencial e a decisão que reconhece o indulto, decretando-se a extinção da punibilidade do agente, refere-se a uma prisão pena, a detração somente se opera em relação à medida cautelar, o que impede a sua aplicação no referido período (STJ – REsp nº 1.557.408-DF, Rel. Maria Thereza de Assis Moura, j. 1.2.2016, DJe 24.2.2016).

- **STJ – 538 – DIREITO PENAL. Critério objetivo para a concessão de indulto.**

A regra prevista no art. 1º, I, do Dec. 7.873/2012, que admite a concessão de indulto coletivo aos condenados a pena inferior a oito anos, não pode ser interpretada de forma a permitir que também obtenham o benefício aqueles que, embora condenados a pena total superior a esse limite, tenham menos de oito anos de pena remanescente a cumprir na data da publicação do referido diploma legal. De fato, o art. 1º, I, do Dec. 7.873/2012 dispõe que é concedido o indulto coletivo às pessoas, nacionais e estrangeiras, "condenadas a pena privativa de liberdade não superior a oito anos, não substituída por restritivas de direitos ou multa, e não beneficiadas com a suspensão condicional da pena que, até 25 de dezembro de 2012, tenham cumprido um terço da pena, se não reincidentes, ou metade, se reincidentes". Esse dispositivo legal traz critério objetivo e de redação categórica: o paradigma para a concessão do benefício é a quantidade de pena a que o réu foi condenado, não podendo essa regra ser interpretada de forma a ser considerado o período que remanesce da pena na data da publicação do Decreto, sob pena de ofensa ao princípio da legalidade. Tanto é assim que o referido diploma normativo é categórico ao estabelecer que, para a concessão da comutação das penas, "o cálculo será feito sobre o período de pena já cumprido até 25 de dezembro de 2012" (art. 2º, § 1º), ou seja, se fosse a intenção da Presidente da República instituir indulto considerando apenas o período remanescente, o teria feito expressamente (STJ – HC nº 276.416-SP, Rel. Laurita Vaz, j. 27.3.2014.

- **STJ – 450 – Comutação. Crime hediondo.**

Não há como tachar de ilegal a decisão que indefere a comutação de pena (arts. 1º, III, e 2º do Dec. 6.294/07) diante da hediondez do crime de latrocínio, visto que o STF reconheceu inconstitucionalidade apenas no tocante ao § 1º do art. 2º da Lei 8.072/90 (progressão de regime), deixando incólume a vedação do indulto e da comutação. A negativa da comutação, conforme a jurisprudência, é discricionariedade conferida ao presidente da República (STJ – HC nº 126.077, Rel. Maria Thereza de Assis Moura, j. 5.10.2010).

STJ – 421 – Comutação. Pena. Requisitos.

Os requisitos necessários à comutação de pena de que trata o Dec. 4.495/2002 são todos de natureza objetiva, pois o requisito subjetivo previsto no art. 1º, § 1º, II, desse mesmo decreto (avaliação, por decisão motivada do juiz, de condições pessoais) diz respeito à hipótese de indulto. Dessarte, não se permite interpretação extensiva a ponto de criar condição não prevista em lei a obstar a comutação, porquanto compete privativamente ao presidente da República estabelecer seus requisitos (art. 84, XII, da CF). Nessa linha, há precedentes do STJ no sentido de ser dispensável parecer do conselho penitenciário, salvo na hipótese de o decreto prever requisitos subjetivos, o que não ocorre na hipótese de comutação de penas (STJ – REsp nº 762.006, Rel. Celso Limongi, j. 4.2.2010).

Art. 193. Se o sentenciado for beneficiado por indulto coletivo, o Juiz, de ofício, a requerimento do interessado, do Ministério Público, ou por iniciativa do Conselho Penitenciário ou da autoridade administrativa, providenciará de acordo com o disposto no artigo anterior.

Indulto coletivo – Como bem observa Renato Marcão:

> "Não se tratando de indulto por provocação, e sim espontâneo, por iniciativa da autoridade concedente, o indulto coletivo dispensa a tramitação exigida para o indulto individual, que é provocado. Processa-se de forma singela, e, assim, se o sentenciado for beneficiário por indulto coletivo, o juiz, de ofício, a requerimento do interessado, do Ministério Público ou por iniciativa do Conselho Penitenciário ou da autoridade administrativa, providenciará seja anexada aos autos cópia do decreto, e declarará extinta a pena ou ajustará a execução aos termos do decreto, no caso de comutação" (ob. cit. p. 357).

ATENÇÃO Os Tribunais Superiores têm considerado inconstitucional a vedação administrativa do indulto ou da graça com base na hediondez atual de crime que, na época em que praticado, não constava do rol taxativo da lei 8.072/90.

TÍTULO VIII – DO PROCEDIMENTO JUDICIAL

Art. 194. O procedimento correspondente às situações previstas nesta Lei será judicial, desenvolvendo-se perante o Juízo da execução.

Processo de execução – **Reforçando o princípio da jurisdicionalidade, o processo de execução** será conduzido por um Juiz de Direito, como estabelecido no artigo 2º:

> "A jurisdição penal dos Juízes ou Tribunais da Justiça ordinária, em todo o Território Nacional, será exercida...".

A natureza jurisdicional da execução se extrai da simples leitura do art. 194. Garante-se, assim, obediência ao devido processo legal (com todos os princípios que lhe são inerentes).

Art. 195. O procedimento judicial iniciar-se-á de ofício, a requerimento do Ministério Público, do interessado, de quem o represente, de seu cônjuge, parente ou descendente, mediante proposta do Conselho Penitenciário, ou, ainda, da autoridade administrativa.

Art. 196. A portaria ou petição será autuada ouvindo-se, em 3 (três) dias, o condenado e o Ministério Público, quando não figurem como requerentes da medida.

§ 1º Sendo desnecessária a produção de prova, o Juiz decidirá de plano, em igual prazo.

§ 2º Entendendo indispensável a realização de prova pericial ou oral, o Juiz a ordenará, decidindo após a produção daquela ou na audiência designada.

Art. 197. Das decisões proferidas pelo Juiz caberá recurso de agravo, sem efeito suspensivo.

Agravo em execução – Com o advento da Lei nº 7.210/84, que introduziu o recurso de agravo em matéria de execução penal, as diversas hipóteses que antes admitiam recurso em sentido estrito, passaram a ser desafiadas por meio de agravo.

Hipóteses de cabimento – Qualquer que seja a decisão exarada pelo Juiz da execução penal, o recurso cabível para atacá-la será o agravo em execução, derrogando-se o art. 581 do CPP (os incisos XII, XVII, XIX, XX, XXI, XXII e XXIII, que tratam de matéria atinente à execução da pena, passaram a admitir o agravo). Conforme bem observam Ada, Magalhães e Scarance, "o legislador levou em conta o juiz que profere a decisão para regular o cabimento do recurso: sendo a decisão do juiz da execução penal, será agravo" (Recursos no processo penal, Ed. Revista dos Tribunais, p. 197).

ATENÇÃO – O art. 581, inciso XI do CPP, prevê o recurso em sentido estrito para atacar a decisão "que conceder, negar ou revogar a suspensão condicional da pena". Ora, se o *sursis* é concedido ou negado pela sentença condenatória, o recurso cabível é a apelação. Com efeito, dispõe o § 4º, do art. 593 do CPP, que "quando cabível a apelação, não poderá ser usado o recurso em sentido estrito, ainda que somente de parte da decisão se recorra". Assim, é a apelação o recurso cabível contra a sentença condenatória, mesmo que o tópico específico do inconformismo se refira a uma hipótese que admita recurso em sentido estrito. É que, por força do princípio da unirrecorribilidade, fica prejudicado o recurso em sentido estrito quando a decisão comportar apelação. Já se o benefício é revogado em sede de execução da pena, nas hipóteses, por exemplo, previstas nos arts. 161 e 162 da LEP, aí é cabível o agravo em execução.

Rito – Na falta de previsão legal, o STF se posicionou no sentido de o rito do agravo ser o mesmo do recurso em sentido estrito, prevendo, inclusive, o mesmo prazo de interposição: "É de cinco dias o prazo para interposição de agravo contra decisão do juiz da execução penal" (Súmula 700).

ATENÇÃO – A decisão que não recebe o agravo em execução é atacável por meio de carta testemunhável. Trata-se do recurso cabível contra decisão que não recebe ou nega seguimento a um outro recurso.

Legitimidade – A legitimidade para interpor o agravo em execução é reconhecida em favor daqueles relacionados no art. 195 da LEP, ou seja, todos que possuem legitimidade para deflagrar o procedimento judicial possuem legitimidade, também, para recorrer das decisões nele exaradas. São eles: o Ministério Público, o condenado, ou seu representante, cônjuge, parente ou descendente.

De se ver, porém, que também o Conselho Penitenciário e a Autoridade Administrativa possuem legitimidade para iniciar o procedimento judicial, mas, nem por isso, lhes é reconhecida a possibilidade de interpor agravo. Como bem observam Ada, Magalhães e Scarance, "podem eles propor a instauração de procedimento judicial, bem como outras providências. Não há postulações, pedidos, mas propostas que, se desatendidas, não ocasionam ofensa a direito subjetivo daquelas entidades. Nada impede, contudo, que acolhida ou não a proposta, o Ministério Público ou o sentenciado venha a agravar da decisão proferida no procedimento que se instaurou" (ob. cit., p. 199).

ATENÇÃO – Na queixa-crime, embora o Estado, em caráter excepcional, transfira para o particular o direito de acusar (*jus persequendi*), o direito de punir (*jus puniendi*) continua sendo estatal e, por isso, a execução penal não tolera nenhuma participação privada.

Efeitos – O agravo em execução tem efeito devolutivo (comum nos recursos) e regressivo ou juízo de retratação (presente no recurso em sentido estrito). Conforme se depreende da leitura do art. 197 da LEP, não possui efeito suspensivo, significa dizer que a decisão atacada por meio do recurso gera de imediato seus efeitos, não obstante a interposição da insurgência.

ATENÇÃO – Essa regra, porém, apresenta uma exceção, mencionada no art. 179 da LEP, segundo a qual "transitada em julgado a sentença, o juiz expedirá ordem para a desinternação ou a liberação".

Ocorre que há situações concretas em que a decisão, por gerar efeitos imediatos, acarreta inegável prejuízo, a exigir pronta intervenção da parte prejudicada, a fim de sustar seus efeitos antes do julgamento do agravo. Quando essas decisões são tomadas em desfavor do executado, o caminho é mais fácil, em vista da possibilidade, sempre aberta, de impetração de habeas corpus, mesmo em sede de execução penal (STF – HC 88.152 – MS). O quadro se complica, no entanto, quando sucumbente é o Ministério Público.

Sugere-se, nesse caso, a impetração de mandado de segurança visando conferir efeito suspensivo ao agravo. Como adverte Mirabete, "apesar da orientação em geral de que, sendo o despacho atacável por meio de recurso próprio, incabível é o mandado de segurança, tem-se admitido que, presentes o *fumus boni juris* e o *periculum in mora*, deve-se admitir o *mandamus* impetrado pelo agravante para dar efeito suspensivo ao agravo em execução" (ob. cit. p. 820).

Esse posicionamento, contudo, encontra forte resistência na jurisprudência dos Tribunais Superiores, notadamente no seio do STJ, conforme se constata do seguinte julgado: "O Ministério Público não tem legitimidade para impetrar mandado de segurança almejando atribuir efeito suspensivo ao recurso de agravo em execução, porquanto o órgão ministerial, em observância ao princípio constitucional do devido processo legal, não pode restringir o direito do acusado ou condenado além dos limites conferidos pela legislação, mormente se, nos termos do art. 197, da Lei de Execuções Penais, o agravo em execução não possui efeito suspensivo. Precedente do STJ" (HC 47.516-SP).

Para Ada, Magalhães e Scarance, com base no art. 558, caput, do Código de Processo Civil, é possível que o relator do recurso confira a ele efeito suspensivo, de modo a suspender os efeitos da decisão até o pronunciamento definitivo do Tribunal, quando vislumbrar a possibilidade "de resultar lesão grave e de difícil reparação, sendo relevante a fundamentação" (ob. cit., p. 204).

Competência – O agravo deve ser interposto perante o Juízo da execução que proferiu a decisão recorrida, endereçando as razões ao Tribunal.

> **ATENÇÃO** – Mesmo que se trate de crime de competência federal, se o preso estiver cumprindo pena em presídio estadual, das decisões do Juiz da execução caberá agravo para o Tribunal de Justiça.

1. ENUNCIADOS DE SÚMULAS DE JURISPRUDÊNCIA

- **STF – Súmula 700.** É de cinco dias o prazo para interposição de agravo contra decisão do juiz da execução penal.

2. INFORMATIVOS DE JURISPRUDÊNCIA

- **STJ – 513 – DIREITO PROCESSUAL PENAL. HABEAS CORPUS. Cabimento de habeas corpus substitutivo de agravo em execução.**

  Não é cabível a impetração de habeas corpus em substituição à utilização de agravo em execução na hipótese em que não há ilegalidade manifesta relativa a matéria de direito cuja constatação seja evidente e independa de qualquer análise probatória. É imperiosa a necessidade de racionalização do habeas corpus, a bem de prestigiar a lógica do sistema recursal, devendo ser observada sua função constitucional, de sanar ilegalidade ou abuso de poder que resulte em coação ou ameaça à liberdade de locomoção. Sendo assim, as hipóteses de cabimento do writ são restritas, não se admitindo que o remédio constitucional seja utilizado em substituição a recursos ordinários ou de índole extraordinária, tampouco como sucedâneo de revisão criminal. Nesse sentido, o STF, sensível a essa problemática, já tem pronunciado também a inadequação de impetrações manejadas em substituição ao recurso próprio. Para o enfrentamento de teses jurídicas na via restrita do habeas corpus, é imprescindível que haja ilegalidade manifesta relativa a matéria de direito cuja constatação seja evidente e independa de qualquer análise probatória. Precedentes citados do STF: HC 109.956-PR, DJe 11/9/2012; e HC 104.045-RJ, DJe 6/9/2012 (STJ HC nº 238.422-BA, Rel. Maria Thereza de Assis Moura, j. 6.12.2012.

3. QUESTÕES DE CONCURSOS

01. **(Promotor de Justiça Substituto – GO – 2016)** No que concerne ao recurso de agravo em execução penal, é correto afirmar que:

a) O prazo de interposição é de 03 (três) dias, a contar da ciência da decisão, conforme Súmula 700 do STJ. Admite-se que o réu o faça diretamente, por termo, desde que, em seguida, o juiz determine a abertura de vista ao advogado, para a apresentação de razões, garantindo-se a ampla defesa. A legitimidade estende-se ao defensor e ao Ministério Público. O recurso possui tanto o efeito devolutivo, quanto o suspensivo.

b) O prazo de interposição é de 05 (cinco) dias, a contar da ciência da decisão, conforme Súmula 700 do STF. Admite-se que o réu o faça diretamente, por termo, desde que, em seguida, o juiz determine a abertura de vista ao advogado, para a apresentação de razões, garantindo-se a ampla defesa. A legitimidade estende-se ao defensor e ao Ministério Público. O efeito do recurso é meramente devolutivo.

Inexiste o efeito suspensivo, salvo em um caso: quando o juiz expedir ordem para desinternar ou liberar o indivíduo sujeito à medida de segurança.

c) O prazo de interposição é de 10 (dez) dias, a contar da ciência da decisão, conforme Súmula 700 do STF. Admite-se que o réu o faça diretamente, por termo, desde que, em seguida, o juiz determine a abertura de vista ao advogado, para a apresentação de razões, garantindo-se a ampla defesa. A legitimidade estende-se ao defensor e ao Ministério Público. O efeito do recurso é meramente devolutivo. Inexiste o efeito suspensivo, salvo em um caso: quando o juiz expedir ordem para desinternar ou liberar o indivíduo sujeito à medida de segurança.

d) O prazo de interposição é de 08 (oito) dias, a contar da ciência da decisão, conforme Súmula 700 do STJ. Admite-se que o réu o faça diretamente, por termo, desde que, em seguida, o juiz determine a abertura de vista ao advogado, para a apresentação de razões, garantindo-se a ampla defesa. A legitimidade estende-se ao defensor e ao Ministério Público. O efeito do recurso é meramente devolutivo. Inexiste o efeito suspensivo, sem exceções.

02. **(Juiz Substituto – TJ/GO – 2015 – FCC)** Em relação aos recursos no processo penal, cabe recurso

a) em sentido estrito da decisão que receber a denúncia.

b) de agravo, no prazo de 5 dias, da declaração da extinção da punibilidade feita pelo juiz da execução penal.

c) em sentido estrito da decisão que absolver sumariamente o acusado, no procedimento do Tribunal do Júri.

d) em sentido estrito da decisão que decidir sobre a unificação das penas.

e) de embargos infringentes quando a decisão de segundo grau, ao julgar apelação, recurso em sentido ou habeas corpus, for desfavorável ao acusado, por maioria de votos.

03. **(X Exame OAB Unificado – Caderno Tipo I – Branca)** José, após responder ao processo cautelarmente preso, foi condenado à pena de oito anos e sete meses de prisão em regime inicialmente fechado. Após alguns anos no sistema carcerário, seu advogado realizou um pedido de livramento condicional, que foi deferido pelo magistrado competente. O membro do parquet entendeu que tal benefício era incabível no momento e deseja recorrer da decisão. Sobre o caso apresentado, assinale a afirmativa que menciona o recurso correto.

a) Agravo em Execução, no prazo de 10 (dez dias);

b) Recurso em Sentido Estrito, no prazo de 05 (cinco dias);

c) Agravo em Execução, no prazo de 05 (cinco dias);

d) Recurso em Sentido Estrito, no prazo de 10 (dez dias).

04. **(Delegado de Polícia Federal – PF – 2018)** Acerca de execução penal, de crimes de abuso de autoridade, de crimes contra a criança e o adolescente e de crimes contra o Sistema Financeiro Nacional, julgue o item que se segue.

Caberá recurso de apelação contra decisão do juízo da execução penal que indeferir pedido de livramento condicional ao apenado.

Certo

Errado

GAB	01	B	02	B	03	C	04	E

▸TÍTULO IX – DAS DISPOSIÇÕES FINAIS E TRANSITÓRIAS

Art. 198. É defesa ao integrante dos órgãos da execução penal, e ao servidor, a divulgação de ocorrência que perturbe a segurança e a disciplina dos estabelecimentos, bem como exponha o preso à inconveniente notoriedade, durante o cumprimento da pena.

O presente artigo tem por finalidade proteger as informações referentes à segurança e à disciplina dos presídios, evitando, com isso, expor o preso à mídia, sensacionalismos etc.

A própria LEP, no art. 41, inciso VIII, garante ao preso a proteção contra qualquer forma de sensacionalismo.

Deve ser observado, porém, que a lei não proíbe de forma absoluta a divulgação de fato ocorrido durante a execução penal, conferindo à autoridade o juízo da conveniência e oportunidade da divulgação.

Art. 199. O emprego de algemas será disciplinado por decreto federal.

Uso de algemas – Trinta e dois anos após a publicação da Lei de Execução Penal, finalmente foi publicado o decreto que disciplina o uso de algemas (Decreto 8.858/16), composto por quatro breves artigos.

O decreto reforça a importância de se respeitar, no emprego de algemas, a Constituição da República, as Regras de Bangkok e o Pacto de San Jose da Costa Rica, especialmente no que diz respeito à dignidade da pessoa humana (art. 1º).

As situações em que o uso de algemas será permitido estão previstas em seu art. 2º, sendo: "apenas em casos de resistência e de fundado receio de fuga ou de perigo à integridade física própria ou alheia, causado pelo preso ou por terceiros, justificada a sua excepcionalidade por escrito".

O decreto veda expressamente o emprego de algemas em mulheres presas em qualquer unidade do sistema penitenciário nacional durante o trabalho de parto, no trajeto da parturiente entre a unidade prisional e a unidade hospitalar e após o parto, durante o período em que se encontrar hospitalizada (art. 3º).

Vale lembrar que o decreto se assemelha à súmula vinculante número 11, editada em 2008 pelo STF, em razão da longa omissão legislativa.

ATENÇÃO: a Lei 13.434, de 12 de abril de 2017, acrescentou o parágrafo único ao art. 292 do CPP, dispondo ser "vedado o uso de algemas em mulheres grávidas durante os atos médico-hospitalares preparatórios para a realização do parto e durante o trabalho de parto, bem como em mulheres durante o período de puerpério imediato".

1. ENUNCIADOS DE SÚMULAS

- **STF – Súmula Vinculante 11.** Só é lícito o uso de algemas em casos de resistência e de fundado receio de fuga ou de perigo à integridade física própria ou alheia, por parte do preso ou de terceiros, justificada a excepcionalidade por escrito, sob pena de responsabilidade disciplinar, civil e penal do agente ou da autoridade e de nulidade da prisão ou do ato processual a que se refere, sem prejuízo da responsabilidade civil do estado.

Art. 200. O condenado por crime político não está obrigado ao trabalho.

Preso político – O condenado por crime político recebe tratamento diferenciado, não fica obrigado ao trabalho obrigatório aos condenados por crime comum (art. 28 da LEP). Entende-se por criminoso político o autor de crimes previstos na Lei 7.170/83 (Lei de Segurança Nacional), revogada, aliás, pela Lei 14.197/21.

Com a entrada em vigor da Lei 14.197/21, revogando expressamente a Lei de Segurança Nacional (Lei 7.170/83), entendemos que os novos crimes por ela previstos – e introduzidos no Título XII da Parte Especial do CP – não merecem a etiqueta de crimes políticos, mas crimes contra o Estado Democrático de Direito. Vicente Greco Filho, por sinal, há tempos já lecionava nesse sentido: "não há definição legal dos crimes políticos na legislação brasileira. Aliás, a referência a esse tipo de crimes é inadequada e, quiçá, odiosa. Certamente não se aplica aos crimes comuns, ainda que com motivação política. E menos ainda aos chamados crimes políticos puros, que a tradição constitucional brasileira sempre repeliu. Nos termos do art. 5º, LII, da Constituição, não se concederá extradição por crime político ou de opinião. Ora, como punir alguém por fato dessa natureza? A expressão no texto constitucional foi, portanto, no mínimo, infeliz e espera-se que não seja regulamentada."

Não sem razão a CF/88, ao mesmo tempo em que tratou dos crimes políticos em apenas três passagens, no art. 5º, XLIV, manda criminalizar ação de grupos armados contra o Estado Democrático. Diferenciou, portanto, esse tipo de crime – contra o Estado Democrático –, previsto no Título XII do CP, dos crimes políticos, antes previstos na Lei 7.170/83, hoje revogada pela Lei 14.197/21.

> **ATENÇÃO** – Os crimes eleitorais caracterizam atitudes antissociais lesivas à regra jurídica preestabelecida em proteção aos atos eleitorais, do alistamento do eleitor à diplomação do eleito. Portanto, em que pese não se vincularem ao Direito Penal Comum, também não se ajustam ao rol de crimes políticos.

1. QUESTÃO DE CONCURSO

01. (Agente Penitenciário – CESPE – 2009 – SEJUS-ES) De acordo com o que estabelece a LEP quanto ao trabalho do preso, julgue o item seguinte.

O condenado por crime político está desobrigado ao trabalho.

GAB	01	CERTO

> **Art. 201.** Na falta de estabelecimento adequado, o cumprimento da prisão civil e da prisão administrativa se efetivará em seção especial da Cadeia Pública.

Prisão civil – Durante a tramitação do NCPC no Congresso Nacional, muito se debateu se o regime fechado seria o local adequado para enclausurar o devedor de alimentos, constrangendo-o legalmente ao pagamento. Surgiram vozes pregando que o mais razoável seria o devedor de alimentos trabalhar durante o dia (e obter recursos capazes de permitir o adimplemento do débito alimentar), com o recolhimento à prisão apenas durante a noite. Sugeriram, alternativamente, que a prisão fosse cumprida em regime semiaberto e, somente em caso de reiteração, o regime seria o fechado. A proposta não vingou, constando expressamente que a prisão civil do devedor de alimentos deve ser cumprida no regime fechado (art. 528, § 4º., CPC).

A LEP manda separar os devedores de alimentos, presos em razão da dívida, dos criminosos. Na falta de estabelecimento adequado, cumprirão a prisão no mesmo prédio, porém em seções distintas da Cadeia Pública dos presos penais.

1. INFORMATIVOS DE JURISPRUDÊNCIA

▸ **STJ – 468 – Prisão civil. Advogado.**

Busca-se a transferência do paciente, advogado ora recolhido à penitenciária, para casa de albergado, sala de Estado-Maior ou prisão domiciliar. Não se desconhece que o STF julgou ser constitucional o art. 7º, V, da Lei 8.906/94 (EOAB) quando determina, antes da sentença transitada em julgado, o recolhimento à prisão de advogados em sala de Estado-Maior ou, na sua falta, em prisão domiciliar. Contudo, aquela norma mostra-se aplicável em casos de prisão cautelar de natureza penal e não em prisão civil, notadamente as decorrentes de execução de alimentos definitivos oriundos de decisão transitada em julgado ou de acordo homologado judicialmente. Como consabido, a prisão civil decorrente do descumprimento voluntário e inescusável de obrigação alimentícia tem guarida na legislação (arts. 5º, LXVII, da CF, 7º, 7, do Pacto de São José da Costa Rica, 18 e 19 da Lei 5.478/68 e 733, § 1º, do CPC) e não constitui sanção penal, mas sim medida coercitiva para compelir o devedor recalcitrante ao cumprimento da obrigação alimentar, daí não serem aplicáveis os cânones do Direito Penal ou Processual Penal. Vê-se que, nos casos de moléstias graves, necessidades especiais ou idade avançada, quando o local não comportar tal recolhimento, a jurisprudência vem abrandando a execução dessa medida restritiva de liberdade, mediante a prisão domiciliar. Porém, nesses casos, utiliza-se, não as normas de natureza penal, mas sim fundamento constitucional: a preservação da dignidade da pessoa humana. Ademais, a utilização das regras de execução penal com o fim de abrandar a prisão civil poderia acarretar o esvaziamento de sua finalidade coercitiva a ponto de menosprezar o direito fundamental dos alimentandos à sobrevivência digna. Anote-se que a prisão civil já é forma de prisão especial, visto que os presos civis devem ser recolhidos em estabelecimento adequado ou em seção especial da cadeia pública, apartados dos presos criminais (art. 201 da LEP), com o fim de preservá-los dos efeitos deletérios da convivência carcerária. Na hipótese, o paciente não se encontra recolhido a uma cela, mas em sala administrativa (reservada) da penitenciária, segregado dos presos comuns. Assim, verifica-se cumprido o citado artigo da LEP. Note-se, por último, haver no STF julgamentos ainda não concluídos que ampliam o conceito de sala de Estado-Maior ao admiti-la fora do quartel (vide Info. STF 596) (STJ – HC nº 181.231, Rel. Della Giustina, j. 5.4.2011).

Art. 202. Cumprida ou extinta a pena, não constarão da folha corrida, atestados ou certidões fornecidas por autoridade policial ou por auxiliares da Justiça, qualquer notícia ou referência à condenação, salvo para instruir processo pela prática de nova infração penal ou outros casos expressos em lei.

Cumprimento da pena e o sigilo – Como decorrência automática do cumprimento ou extinção da pena, não constarão da folha corrida, atestados ou certidões fornecidas por autoridade policial ou por auxiliares da Justiça, qualquer notícia ou referência à condenação, salvo para instruir processo pela prática de nova infração penal ou outros casos expressos em lei.

Ora, se a LEP já assegura o sigilo, bastando o cumprimento ou extinção da pena, qual é a utilidade da reabilitação – art. 93 do CP – nesse ponto?

Para Rogério Greco, com razão, nenhuma, ensinando ser: "Muito mais vantajosa a aplicação imediata do art. 202 da Lei de Execução Penal após cumprida ou extinta a pena aplicada ao condenado do que esperar o decurso do prazo de dois anos do dia em que foi extinta a pena, ou terminar a sua execução, para solicitar a reabilitação. Verifica-se, portanto, que a orientação contida no caput do art. 93 do Código Penal cairá no vazio, pois o art. 202 da Lei de Execução Penal regula a mesma hipótese, só que de forma mais benéfica e menos burocrática para o condenado" (ob. cit. p. 668).

Cleber Masson discorda, enxergando nos dois dispositivos (arts. 93 do CP e 202 da LEP) diferenças quanto ao alcance do segredo: "O sigilo assegurado pela reabilitação é mais amplo, pois as informações por ele cobertas somente podem ser obtidas por requisição (ordem), não de qualquer integrante do Poder Judiciário, mas exclusivamente do juiz criminal. É o que se extrai do art. 748 do Código de Processo Penal" (ob. cit. p. 560).

ATENÇÃO – Mesmo que revogada a reabilitação (art. 95 do CP), o sigilo do artigo 202 da Lei de Execuções Penais continua existindo.

1. QUESTÃO DE CONCURSO

01. (Defensor Público – MS – 2014) Regra estabelecida pelo art. 202 da Lei de Execução Penal: salvo para instruir processo pela prática de nova infração, as anotações referentes à condenação não constarão da folha corrida, de atestados ou certidões a partir

a) do cumprimento ou extinção da pena.
b) de 5 (cinco) anos contados da extinção da pena.
c) de julgado procedente o incidente de reabilitação.
d) do início do cumprimento da pena em regime aberto.

GAB	01	A

Art. 203. No prazo de 6 (seis) meses, a contar da publicação desta Lei, serão editadas as normas complementares ou regulamentares, necessárias à eficácia dos dispositivos não auto-aplicáveis.

§ 1º Dentro do mesmo prazo deverão as Unidades Federativas, em convênio com o Ministério da Justiça, projetar a adaptação, construção e equipamento de estabelecimentos e serviços penais previstos nesta Lei.

§ 2º Também, no mesmo prazo, deverá ser providenciada a aquisição ou desapropriação de prédios para instalação de casas de albergados.

§ 3º O prazo a que se refere o caput deste artigo poderá ser ampliado, por ato do Conselho Nacional de Política Criminal e Penitenciária, mediante justificada solicitação, instruída com os projetos de reforma ou de construção de estabelecimentos.

§ 4º O descumprimento injustificado dos deveres estabelecidos para as Unidades Federativas implicará na suspensão de qualquer ajuda financeira a elas destinada pela União, para atender às despesas de execução das penas e medidas de segurança.

O artigo 203 prevê que serão editadas normas complementares ou regulamentares necessárias à eficácia dos dispositivos não autoaplicáveis dessa lei. Como é visível e cediço por todos, passados quase 40 anos da vigência, poderíamos enumerar diversos dispositivos que ainda carecem de regulamentação.

Art. 204. Esta Lei entra em vigor concomitantemente com a lei de reforma da Parte Geral do Código Penal, revogadas as disposições em contrário, especialmente a Lei nº 3.274, de 2 de outubro de 1957.

A Lei de Execuções Penais entrou em vigor no dia 13.01.1985, concomitantemente à entrada em vigor da Parte Geral do Código Penal, reformada pela Lei 7.209/84.

ANEXO 1 – REGRAS MÍNIMAS DAS NAÇÕES UNIDAS PARA O TRATAMENTO DE PRESOS (REGRAS DE MANDELA)

*** Tradução realizada pelo Conselho Nacional de Justiça**

OBSERVAÇÕES PRELIMINARES

OBSERVAÇÃO PRELIMINAR 1

As seguintes Regras não pretendem descrever em detalhes um modelo de sistema prisional. Elas buscam somente, com base no consenso geral do pensamento contemporâneo e nos elementos essenciais dos mais adequados sistemas de hoje, estabelecer os bons princípios e práticas no tratamento de presos e na gestão prisional.

OBSERVAÇÃO PRELIMINAR 2

1. Tendo em vista a grande variedade das condições jurídicas, sociais, econômicas e geográficas no mundo, é evidente que nem todas as regras podem ser sempre aplicadas em todos os lugares. Devem, entretanto, servir como estímulo para o constante empenho na superação das dificuldades práticas que se opõem a sua aplicação, na certeza de que representam, em seu conjunto, as condições mínimas aceitáveis pelas Nações Unidas.

2. Por outro lado, as regras abrangem uma área na qual o pensamento está em constante desenvolvimento. Não pretendem impedir experiências e práticas, desde que essas se coadunem com os princípios e objetivos que emanam do texto das Regras. De acordo com esse espírito, a administração prisional central sempre poderá autorizar qualquer exceção às regras.

OBSERVAÇÃO PRELIMINAR 3

1. A primeira parte das Regras trata da administração geral dos estabelecimentos prisionais e aplica-se a todas as categorias de presos, criminais ou civis, em prisão preventiva ou condenados, inclusive os que estejam em medidas de segurança ou medidas corretivas ordenadas pelo juiz.

2. A segunda parte contém regras aplicáveis somente às categorias especiais tratadas em cada Seção. Contudo, as regras na Seção A, aplicáveis a presos condenados, devem ser igualmente aplicadas às categorias de presos tratadas nas Seções B, C e D, desde que não conflitem com as regras que regem essas categorias e condicionadas a serem melhores para tais presos.

OBSERVAÇÃO PRELIMINAR 4

1. Estas Regras não buscam regular a gestão de instituições reservadas para jovens em conflito com a lei, tais como as unidades de internação e semiliberdade. Todavia, de um modo geral, podem ser igualmente aplicadas a tais estabelecimentos.

2. A categoria de presos juvenis deve compreender pelo menos todos os jovens que estão sob a jurisdição das cortes juvenis. Como regra, tais jovens não devem ser condenados a penas de reclusão.

I. REGRAS DE APLICAÇÃO GERAL

PRINCÍPIOS BÁSICOS

REGRA 1

Todos os presos devem ser tratados com respeito, devido a seu valor e dignidade inerentes ao ser humano. Nenhum preso deverá ser submetido a tortura ou tratamentos ou sanções cruéis, desumanos ou degradantes e deverá ser protegido de tais atos, não sendo estes justificáveis em qualquer circunstância. A segurança dos presos, dos servidores prisionais, dos prestadores de serviço e dos visitantes deve ser sempre assegurada.

REGRA 2

1. Estas Regras devem ser aplicadas com imparcialidade. Não haverá discriminação baseada em raça, cor, sexo, idioma, religião, opinião política ou qualquer outra opinião, origem nacional ou social, propriedades, nascimento ou qualquer outra condição. As crenças religiosas e os preceitos morais dos presos serão respeitados.

2. Para que o princípio da não discriminação seja posto em prática, as administrações prisionais devem levar em conta as necessidades individuais dos presos, particularmente daqueles em situação de maior vulnerabilidade. Medidas para proteger e promover os direitos dos presos portadores de necessidades especiais são necessárias e não serão consideradas discriminatórias.

REGRA 3

O encarceramento e outras medidas que excluam uma pessoa do convívio com o mundo externo são aflitivas pelo próprio fato de ser retirado destas pessoas o direito à autodeterminação ao serem privadas de sua liberdade. Portanto, o sistema prisional não deverá agravar o sofrimento inerente a tal situação, exceto em casos incidentais, em que a separação seja justificável, ou nos casos de manutenção da disciplina.

REGRA 4

1. Os objetivos de uma sentença de encarceramento ou de medida similar restritiva de liberdade são, prioritariamente, de proteger a sociedade contra a criminalidade e de reduzir a reincidência. Tais propósitos só podem ser alcançados se o período de encarceramento for utilizado para assegurar, na medida do possível, a reintegração de tais indivíduos à sociedade após sua soltura, para que possam levar uma vida autossuficiente, com respeito às leis.

2. Para esse fim, as administrações prisionais e demais autoridades competentes devem oferecer educação, formação profissional e trabalho, bem como outras formas de assistência apropriadas e disponíveis, inclusive aquelas de natureza reparadora, moral, espiritual, social, esportiva e de saúde. Tais programas, atividades e serviços devem ser oferecidos em consonância com as necessidades individuais de tratamento dos presos.

REGRA 5

1. O regime prisional deve procurar minimizar as diferenças entre a vida no cárcere e aquela em liberdade que tendem a reduzir a responsabilidade dos presos ou o respeito à sua dignidade como seres humanos.

2. As administrações prisionais devem fazer todos os ajustes possíveis para garantir que os presos portadores de deficiências físicas, mentais ou outra incapacidade tenham acesso completo e efetivo à vida prisional em base de igualdade.

REGISTROS

REGRA 6

Deverá existir um sistema padronizado de gerenciamento dos registros dos presos em todos os locais de encarceramento. Tal sistema pode ser um banco de dados ou um livro de registro, com páginas numeradas e assinadas. Devem existir procedimentos que garantam um sistema seguro de trilhas de auditoria e que impeçam o acesso não autorizado ou a modificação de qualquer informação contida no sistema.

REGRA 7

Nenhuma pessoa será admitida em um estabelecimento prisional sem uma ordem de detenção válida. As seguintes informações serão adicionadas ao sistema de registro do preso quando de sua entrada:

(a) Informações precisas que permitam determinar sua identidade única, respeitando a sua autoatribuição de gênero;

(b) Os motivos e a autoridade responsável pela sua detenção, além da data, horário e local de prisão;

(c) A data e o horário de sua entrada e soltura, bem como de qualquer transferência;

(d) Quaisquer ferimentos visíveis e reclamações acerca de maus-tratos sofridos;

(e) Um inventário de seus bens pessoais;

(f) Os nomes de seus familiares e, quando aplicável, de seus filhos, incluindo a idade, o local de residência e o estado de sua custódia ou tutela;

(g) Contato de emergência e informações acerca do parente mais próximo.

REGRA 8

As seguintes informações serão adicionadas ao sistema de registro do preso durante seu encarceramento, quando aplicáveis:

(a) Informação relativa ao processo judicial, incluindo datas de audiências e representação legal;

(b) Avaliações iniciais e relatórios de classificação;

(c) Informação relativa ao comportamento e à disciplina;

(d) Solicitações e reclamações, inclusive alegações de tortura ou outros tratamentos ou sanções cruéis, desumanos ou degradantes, a menos que sejam de natureza confidencial;

(e) Informação acerca do recebimento de sanções disciplinares;

(f) Informação das circunstâncias e causas de quaisquer ferimentos ou morte e, no caso de falecimento, o destino do corpo.

REGRA 9

Todos os registros mencionados nas Regras 7 e 8 serão mantidos confidenciais e acessíveis somente àqueles cujas responsabilidades profissionais requeiram o acesso. Todo preso terá acesso aos seus registros, sujeito às supressões autorizadas pela legislação interna, e direito a receber uma cópia oficial de tais registros quando de sua soltura.

REGRA 10

O sistema de registro dos presos também será utilizado para gerar dados confiáveis acerca de tendências e características da população prisional, incluindo taxas de ocupação, a fim de criar as bases para a tomada de decisões fundadas em evidências.

SEPARAÇÃO DE CATEGORIAS

REGRA 11

As diferentes categorias de presos devem ser mantidas em estabelecimentos prisionais separados ou em diferentes setores de um mesmo estabelecimento prisional, levando em consideração seu sexo, idade, antecedentes criminais, razões da detenção e necessidades de tratamento. Assim:

(a) Homens e mulheres devem, sempre que possível, permanecer detidos em unidades separadas. Nos estabelecimentos que recebam homens e mulheres, todos os recintos destinados às mulheres devem ser totalmente separados;

(b) Presos preventivos devem ser mantidos separados daqueles condenados;

(c) Indivíduos presos por dívidas, ou outros presos civis, devem ser mantidos separados dos indivíduos presos por infrações criminais;

(d) Jovens presos devem ser mantidos separados dos adultos.

ACOMODAÇÕES

REGRA 12

1. As celas ou quartos destinados ao descanso noturno não devem ser ocupados por mais de um preso. Se, por razões especiais, tais como superlotação temporária, for necessário que a administração prisional central faça uma exceção à regra, não é recomendável que dois presos sejam alojados em uma mesma cela ou quarto.

2. Onde houver dormitórios, estes deverão ser ocupados por presos cuidadosamente selecionados como sendo capazes de serem alojados juntos. Durante a noite, deve haver vigilância regular, de acordo com a natureza do estabelecimento prisional.

REGRA 13

Todas os ambientes de uso dos presos e, em particular, todos os quartos, celas e dormitórios, devem satisfazer as exigências de higiene e saúde, levando-se em conta as condições climáticas e, particularmente, o conteúdo volumétrico de ar, o espaço mínimo, a iluminação, o aquecimento e a ventilação.

REGRA 14

Em todos os locais onde os presos deverão viver ou trabalhar:

(a) As janelas devem ser grandes o suficiente para que os presos possam ler ou trabalhar com luz natural e devem ser construídas de forma a permitir a entrada de ar fresco mesmo quando haja ventilação artificial;

(b) Luz artificial deverá ser suficiente para os presos poderem ler ou trabalhar sem prejudicar a visão.

REGRA 15

As instalações sanitárias devem ser adequadas para possibilitar que todos os presos façam suas necessidades fisiológicas quando necessário e com higiene e decência.

REGRA 16

Devem ser fornecidas instalações adequadas para banho, a fim de que todo preso possa tomar banho, e assim possa ser exigido, na temperatura apropriada ao clima, com a frequência necessária para a higiene geral de acordo com a estação do ano e a região geográfica, mas pelo menos uma vez por semana em clima temperado.

REGRA 17

Todos os locais de um estabelecimento prisional frequentados regularmente pelos presos deverão ser sempre mantidos e conservados minuciosamente limpos.

HIGIENE PESSOAL

REGRA 18

1. Deve ser exigido que o preso mantenha sua limpeza pessoal e, para esse fim, deve ter acesso a água e artigos de higiene, conforme necessário para sua saúde e limpeza.

2. A fim de que os prisioneiros possam manter uma boa aparência, compatível com seu autorrespeito, devem ter à disposição meios para o cuidado adequado do cabelo e da barba, e homens devem poder barbear-se regularmente.

VESTUÁRIO PRÓPRIO E ROUPAS DE CAMA

REGRA 19

1. Todo preso que não tiver permissão de usar roupas próprias deve receber roupas apropriadas para o clima e adequadas para mantê-lo em boa saúde. Tais roupas não devem, de maneira alguma, ser degradantes ou humilhantes.

2. Todas as roupas devem estar limpas e ser mantidas em condições adequadas. Roupas íntimas devem ser trocadas e lavadas com a frequência necessária para a manutenção da higiene.

3. Em circunstâncias excepcionais, sempre que um preso se afastar do estabelecimento prisional, por motivo autorizado, deverá ter permissão de usar suas próprias roupas ou outra que seja discreta.

REGRA 20

Se os presos tiverem permissão de usar suas próprias roupas, devem-se adotar procedimentos adequados na sua entrada no estabelecimento prisional para assegurar que elas estejam limpas e próprias para uso.

REGRA 21

Todo prisioneiro deve, de acordo com os padrões locais e nacionais, ter uma cama separada, e roupas de cama suficientes que devem estar limpas quando distribuídas, ser mantidas em boas condições e ser trocadas com a frequência necessária para garantir sua limpeza.

ALIMENTAÇÃO

REGRA 22

1. Todo preso deve receber da administração prisional, em horários regulares, alimento com valor nutricional adequado à sua saúde e resistência, de qualidade, bem preparada e bem servida.

2. Todo preso deve ter acesso a água potável sempre que necessitar.

EXERCÍCIO E ESPORTE

REGRA 23

1. Todo preso que não trabalhar a céu aberto deve ter pelo menos uma hora diária de exercícios ao ar livre, se o clima permitir.

2. Jovens presos, e outros com idade e condições físicas adequadas, devem receber treinamento físico e de lazer durante o período de exercício. Para este fim, espaço, instalações e equipamentos devem ser providenciados.

SERVIÇOS DE SAÚDE

REGRA 24

1. O provimento de serviços médicos para os presos é uma responsabilidade do Estado. Os presos devem usufruir dos mesmos padrões de serviços de saúde disponíveis à comunidade, e os serviços de saúde necessários devem ser gratuitos, sem discriminação motivada pela sua situação jurídica.

2. Os serviços de saúde serão organizados conjuntamente com a administração geral da saúde pública e de forma a garantir a continuidade do tratamento e da assistência, inclusive nos casos de HIV, tuberculose e outras doenças infecciosas, abrangendo também a dependência às drogas.

REGRA 25

1. Toda unidade prisional deve contar com um serviço de saúde incumbido de avaliar, promover, proteger e melhorar a saúde física e mental dos presos, prestando particular atenção aos presos com necessidades especiais ou problemas de saúde que dificultam sua reabilitação.

2. Os serviços de saúde devem ser compostos por equipe interdisciplinar, com pessoal qualificado suficiente, atuando com total independência clínica, e deve abranger a experiência necessária de psicologia e psiquiatria. Serviço odontológico qualificado deve ser disponibilizado a todo preso.

REGRA 26

1. Os serviços de saúde devem elaborar registros médicos individuais, confidenciais e precisos e mantê-los atualizados para todos os presos, que

a eles devem ter acesso garantido, sempre que solicitado. O preso poderá indicar uma terceira parte para acessar seu registro médico.

2. O registro médico deve ser encaminhado para o serviço de saúde da unidade prisional para a qual o preso for transferido, e estar sujeito à confidencialidade médica.

REGRA 27

1. Todos os estabelecimentos prisionais devem assegurar o pronto acesso a atenção médica em casos urgentes. Os presos que necessitem de tratamento especializado ou de cirurgia devem ser transferidos para instituições especializadas ou hospitais civis. Se as unidades prisionais possuírem instalações hospitalares, devem contar com pessoal e equipamento apropriados para prestar tratamento e atenção adequados aos presos a eles encaminhados.

2. As decisões clínicas só podem ser tomadas pelos profissionais de saúde responsáveis, e não podem ser modificadas ou ignoradas pela equipe prisional não médica.

REGRA 28

Nas unidades prisionais femininas, deve haver acomodação especial para todas as necessidades de cuidado e tratamento pré e pós-natais. Devem-se adotar procedimentos específicos para que os nascimentos ocorram em um hospital fora da unidade prisional. Se a criança nascer na unidade prisional, este fato não deve constar de sua certidão de nascimento.

REGRA 29

1. A decisão de permitir uma criança de ficar com seu pai ou com sua mãe na unidade prisional deve se basear no melhor interesse da criança. Nas unidades prisionais que abrigam filhos de detentos, providências devem ser tomadas para garantir:

(a) creches internas ou externas dotadas de pessoal qualificado, onde as crianças poderão ser deixadas quando não estiverem sob o cuidado de seu pai ou sua mãe.

(b) Serviços de saúde pediátricos, incluindo triagem médica, no ingresso e monitoramento constante de seu desenvolvimento por especialistas.

2. As crianças nas unidades prisionais com seu pai ou sua mãe nunca devem ser tratadas como presos.

REGRA 30

Um médico, ou qualquer outro profissional de saúde qualificado, seja este subordinado ou não ao médico, deve ver, conversar e examinar todos os presos, assim que possível, tão logo sejam admitidos na unidade prisional, e depois, quando necessário. Deve-se prestar especial atenção a:

(a) Identificar as necessidades de atendimento médico e adotar as medidas de tratamento necessárias;

(b) Identificar quaisquer maus-tratos a que o preso recém-admitido tenha sido submetido antes de sua entrada na unidade prisional;

(c) Identificar qualquer sinal de estresse psicológico, ou de qualquer outro tipo, causado pelo encarceramento, incluindo, mas não apenas, risco de suicídio ou lesões autoprovocadas, e sintomas de abstinência resultantes do uso de drogas, medicamentos ou álcool; além de administrar todas as medidas ou tratamentos apropriados individualizados;

(d) Nos casos em que há suspeita de o preso estar com doença infectocontagiosa, deve-se providenciar o asilamento clínico, durante o período infeccioso, e tratamento adequado;

(e) Determinar a aptidão do preso para trabalhar, praticar exercícios e participar das demais atividades, conforme for o caso.

REGRA 31

O médico ou, onde aplicável, outros profissionais qualificados de saúde devem ter acesso diário a todos os presos doentes, a todos os presos que relatem problemas físicos ou mentais de saúde ou ferimentos e a qualquer preso ao qual lhes chamem à atenção. Todos os exames médicos devem ser conduzidos em total confidencialidade.

REGRA 32

1. A relação entre o médico ou outros profissionais de saúde e o preso deve ser regida pelos mesmos padrões éticos e profissionais aplicados aos pacientes da comunidade, em particular:

(a) O dever de proteger a saúde física e mental do preso, e a prevenção e tratamento de doenças baseados somente em fundamentos clínicos;

(b) A aderência à autonomia do preso no que concerne à sua própria saúde, e ao consentimento informado na relação médico-paciente;

(c) A confidencialidade da informação médica, a menos que manter tal confidencialidade resulte em uma ameaça real e iminente ao paciente ou aos demais;

(d) A absoluta proibição de participar, ativa ou passivamente, em atos que possam consistir em tortura ou tratamentos ou sanções cruéis, desumanos ou degradantes, incluindo experimentos médicos ou científicos que possam ser prejudiciais à saúde do preso, tais como a remoção de células, tecidos ou órgãos.

2. Sem prejuízo do parágrafo 1 (d) desta Regra, deve ser permitido ao preso, por meio de seu livre e informado consentimento e de acordo com as leis aplicáveis, participar de experimentos clínicos e outras pesquisas de saúde acessíveis à comunidade, se o resultado de tais pesquisas e experimentos possam produzir um benefício direto e significativo à sua saúde; e doar células, tecidos ou órgãos a parentes.

REGRA 33

O médico deve relatar ao diretor sempre que considerar que a saúde física ou mental de um preso foi ou será prejudicialmente afetada pelo encarceramento contínuo ou pelas condições do encarceramento.

REGRA 34

Se, durante o exame de admissão ou a prestação posterior de cuidados médicos, o médico ou profissional de saúde perceber qualquer sinal de tortura ou tratamento ou sanções cruéis, desumanos ou degradantes, deve registrar e relatar tais casos à autoridade médica, administrativa ou judicial competente. Salvaguardas procedimentais apropriadas devem ser seguidas para garantir que o preso ou indivíduos a ele associados não sejam expostos a perigos previsíveis.

REGRA 35

1. O médico ou o profissional competente de saúde pública deve regularmente inspecionar e aconselhar o diretor sobre:

(a) A quantidade, qualidade, preparação e fornecimento de alimentos;

(b) A higiene e limpeza da unidade prisional e dos presos;

(c) O saneamento, temperatura, iluminação e ventilação da unidade prisional;

(d) A adequação da limpeza e das roupas dos presos, bem como das roupas de cama;

(e) O cumprimento das regras em relação a educação física e esportes, nos casos em que não houver pessoal técnico para tais atividades.

2. O diretor prisional deve levar em consideração os conselhos e relatórios fornecidos de acordo com o parágrafo 1 desta Regra e com a Regra 33 e deve tomar medidas imediatas para implementação dos conselhos e recomendações feitos. Se o conselho ou a recomendação não for de sua competência ou se não concordar com estes, deverá submeter imediatamente seu próprio relatório, juntamente com o conselho ou a recomendação recebido às autoridades superiores.

RESTRIÇÕES, DISCIPLINA E SANÇÕES

REGRA 36

A disciplina e a ordem devem ser mantidas, mas sem maiores restrições do que as necessárias para garantir a custódia segura, a segurança da unidade prisional e uma vida comunitária bem organizada.

REGRA 37

Os seguintes itens devem sempre ser pendentes de autorização por lei ou por regulamento da autoridade administrativa competente:

(a) Conduta que constitua infração disciplinar;

(b) Tipos e duração das sanções que podem ser impostas;

(c) Autoridade competente para impor tais sanções.

(d) Qualquer forma de separação involuntária da população prisional geral, como o confinamento solitário, o isolamento, a segregação, as unidades de cuidado especial ou alojamentos restritos, seja por razão de sanção disciplinar ou para a manutenção da ordem e segurança, inclusive políticas de promulgação e procedimentos que regulamentem o uso e a revisão da imposição e da liberação de qualquer forma de separação involuntária.

REGRA 38

1. As administrações prisionais são encorajadas a utilizar, na medida do possível, a prevenção de conflitos, mediação ou qualquer outro mecanismo alternativo de solução de disputas para prevenir infrações disciplinares e resolver conflitos.

2. Para os presos que estejam, ou estiveram separados, a administração prisional deve tomar as medidas necessárias para aliviar os efeitos prejudiciais do confinamento provocados neles e na comunidade que os recebe quando de sua soltura.

REGRA 39

1. Nenhum preso pode ser punido, exceto com base nas disposições legais ou regulamentares referidas na Regra 37 e nos princípios de justiça e de devido processo legal; e jamais será punido duas vezes pela mesma infração.

2. As administrações prisionais devem assegurar a proporcionalidade entre a sanção disciplinar e a infração para a qual foi estabelecida e devem manter registros apropriados de todas as sanções disciplinares impostas.

3. Antes de impor uma sanção disciplinar, os administradores devem levar em consideração se e como uma eventual doença mental ou incapacidade de desenvolvimento do preso possa ter contribuído para sua conduta e o cometimento de infração ou ato que fundamentou a sanção disciplinar. Os administradores prisionais não devem punir qualquer conduta do preso que seja considerada resultado direto de sua doença mental ou incapacidade intelectual.

REGRA 40

1. Nenhum preso deve ser empregado, a serviço da unidade prisional, em cumprimento a qualquer medida disciplinar.

2. Esta regra, entretanto, não impede o funcionamento adequado de sistemas baseados na autoadministração, sob os quais atividades ou responsabilidades sociais, educacionais ou desportivas são confiadas, sob supervisão, aos presos, organizados em grupos, para fins de tratamento.

REGRA 41

1. Qualquer alegação de infração disciplinar cometida por um preso deve ser reportada prontamente à autoridade competente, que deve investigá-la sem atraso indevido.

2. O preso deve ser informado, sem demora e em uma linguagem que compreenda, da natureza das acusações contra sua pessoa, e deve-lhe ser garantido prazo e meios adequados para preparar sua defesa.

3. O preso deve ter direito a se defender pessoalmente, ou por meio de assistência legal, quando os interesses da justiça assim o requeiram, particularmente em casos que envolvam infrações disciplinares graves. Se o preso não entender ou falar o idioma utilizado na audiência disciplinar, devem ser assistidos gratuitamente por um intérprete competente.

4. O preso deve ter a oportunidade de buscar revisão judicial das sanções disciplinares impostas contra sua pessoa.

5. No caso de infração disciplinar ser processada como crime, o preso deve ter direito a todas as garantias do devido processo legal, aplicáveis aos processos criminais, incluindo total acesso a um defensor jurídico.

REGRA 42

As condições gerais de vida expressas nestas Regras, incluindo aquelas relacionadas à iluminação, à ventilação, à temperatura, ao saneamento, à nutrição, à água potável, à acessibilidade a ambientes ao ar livre e ao exercício físico, à higiene pessoal, aos cuidados médicos e ao espaço pessoal adequado, devem ser aplicadas a todos os presos, sem exceção.

REGRA 43

1. Em nenhuma hipótese devem as restrições ou sanções disciplinares implicar em tortura ou outra forma de tratamento ou sanções cruéis, desumanos ou degradantes. As seguintes práticas, em particular, devem ser proibidas:

(a) Confinamento solitário indefinido;

(b) Confinamento solitário prolongado;

(c) Encarceramento em cela escura ou constantemente iluminada;

(d) Castigos corporais ou redução da dieta ou água potável do preso;

(e) Castigos coletivos.

2. Instrumentos de imobilização jamais devem ser utilizados como sanção a infrações disciplinares.

3. Sanções disciplinares ou medidas restritivas não devem incluir a proibição de contato com a família. O contato familiar só pode ser restringido por um prazo limitado e quando for estritamente necessário para a manutenção da segurança e da ordem.

REGRA 44

Para os objetivos destas Regras, o confinamento solitário refere-se ao confinamento do preso por

22 horas ou mais, por dia, sem contato humano significativo. O confinamento solitário prolongado refere-se ao confinamento solitário por mais de 15 dias consecutivos.

REGRA 45

1. O confinamento solitário será utilizado somente em casos excepcionais como último recurso, pelo menor prazo possível e sujeito a uma revisão independente, e somente de acordo com autorização de autoridade competente. Não deverá ser imposto como consequência da sentença do preso.

2. A determinação de confinamento solitário será proibida no caso de preso portador de deficiência mental ou física quando essas condições possam ser agravadas por tal medida. A proibição do uso do confinamento solitário e de medidas similares em casos envolvendo mulheres e crianças, como referido em outros padrões e normas das Nações Unidas sobre prevenção ao crime e justiça criminal,29 permanece aplicável.

REGRA 46

1. Os profissionais de saúde não devem ter qualquer papel na imposição de sanções disciplinares ou outras medidas restritivas. Devem, no entanto, prestar especial atenção à saúde dos presos mantidos sob qualquer forma de separação involuntária, com visitas diárias a tais presos, e providenciando pronto atendimento e assistência médica quando solicitado pelo preso ou por agentes prisionais.

2. Os profissionais de saúde devem reportar ao diretor, sem demora, qualquer efeito colateral causado pelas sanções disciplinares ou outras medidas restritivas à saúde física ou mental do preso submetido a tais sanções ou medidas e devem aconselhar o diretor se considerarem necessário interrompê-las por razões físicas ou psicológicas.

3. Os profissionais de saúde devem ter a autoridade para rever e recomendar alterações na separação involuntária de um preso, com vistas a assegurar que tal separação não agrave as condições médicas ou a deficiência física ou mental do preso.

INSTRUMENTOS DE RESTRIÇÃO

REGRA 47

1. O uso de correntes, de imobilizadores de ferro ou outros instrumentos restritivos que são inerentemente degradantes ou dolorosos devem ser proibidos.

2. Outros instrumentos restritivos devem ser utilizados apenas quando previstos em lei e nas seguintes circunstâncias:

(a) Como precaução contra a fuga durante uma transferência, desde que sejam removidos quando o preso estiver diante de autoridade judicial ou administrativa;

(b) Por ordem do diretor da unidade prisional, se outros métodos de controle falharem, a fim de evitar que um preso machuque a si mesmo ou a outrem ou que danifique propriedade; em tais circunstâncias, o diretor deve imediatamente alertar o médico ou outro profissional de saúde qualificado e reportar à autoridade administrativa superior.

REGRA 48

1. Quando a utilização de instrumentos restritivos for autorizada, de acordo com o parágrafo 2 da regra 47, os seguintes princípios serão aplicados:

(a) Os instrumentos restritivos serão utilizados apenas quando outras formas menos severas de controle não forem efetivas para enfrentar os riscos representados pelo movimento sem a restrição;

(b) O método de restrição será o menos invasivo necessário, e razoável para controlar a movimentação do preso, baseado no nível e natureza do risco apresentado;

(c) Os instrumentos de restrição devem ser utilizados apenas durante o período exigido e devem ser retirados, assim que possível, depois que o risco que motivou a restrição não esteja mais presente.

2. Os instrumentos de restrição não devem ser utilizados em mulheres em trabalho de parto, nem durante e imediatamente após o parto.

REGRA 49

A administração prisional deve buscar e promover o treinamento no uso de técnicas de controle que afastem a necessidade de utilizar instrumentos restritivos ou que reduzam seu caráter invasivo.

REVISTAS ÍNTIMAS E INSPEÇÃO EM CELAS

REGRA 50

As leis e regulamentos acerca das revistas íntimas e inspeções de celas devem estar em conformidade com as obrigações do Direito Internacional e devem levar em conta os padrões e as normas internacionais, considerando-se a necessidade de garantir a segurança nas unidades prisionais. As revistas íntimas e inspeções serão conduzidas respeitando-se a inerente dignidade humana e privacidade do indivíduo sob inspeção, assim como os princípios da proporcionalidade, legalidade e necessidade.

REGRA 51

As revistas íntimas e inspeções não serão utilizadas para assediar, intimidar ou invadir desnecessariamente a privacidade do preso. Para os fins de responsabilização, a administração prisional deve manter registros apropriados das revistas íntimas e inspeções, em particular daquelas que envolvam o ato de despir e de inspecionar partes íntimas do corpo e inspeções nas celas, bem como as razões das inspeções, a identidade daqueles que as conduziram e quaisquer resultados dessas inspeções.

REGRA 52

1. Revistas íntimas invasivas, incluindo o ato de despir e de inspecionar partes íntimas do corpo, devem ser empreendidas apenas quando forem absolutamente necessárias. As administrações prisionais devem ser encorajadas a desenvolver e utilizar outras alternativas apropriadas ao invés de revistas íntimas invasivas. As revistas íntimas invasivas serão conduzidas de forma privada e por pessoal treinado do mesmo gênero do indivíduo inspecionado.

2. As revistas das partes íntimas serão conduzidas apenas por profissionais de saúde qualificados, que não sejam os principais responsáveis pela atenção à saúde do preso, ou, no mínimo, por pessoal apropriadamente treinado por profissionais da área médica nos padrões de higiene, saúde e segurança.

REGRA 53

Os presos devem ter acesso aos documentos relacionados aos seus processos judiciais e serem autorizados a mantê-los consigo, sem que a administração prisional tenha acesso a estes.

INFORMAÇÕES E DIREITO À QUEIXA DOS PRESOS

REGRA 54

Todo preso, na sua entrada, deve receber informação escrita sobre:

(a) A legislação e os regulamentos concernentes à unidade prisional e ao sistema prisional;

(b) Seus direitos, inclusive métodos autorizados de busca de informação, acesso à assistência jurídica, inclusive gratuita, e procedimentos para fazer solicitações e reclamações;

(c) Suas obrigações, inclusive as sanções disciplinares aplicáveis; e

(d) Todos os assuntos necessários para possibilitar ao preso adaptar-se à vida de reclusão.

REGRA 55

1. As informações mencionadas na regra 54 devem estar disponíveis nos idiomas mais utilizados, de acordo com as necessidades da população prisional. Se um preso não compreender qualquer desses idiomas, deverá ser fornecida a assistência de um intérprete.

2. Se o preso for analfabeto, as informações devem ser fornecidas verbalmente. Presos com deficiências sensoriais devem receber as informações de maneira apropriada a suas necessidades.

3. A administração prisional deve exibir, com destaque, informativos nas áreas de trânsito comum da unidade prisional.

REGRA 56

1. Todo preso deve ter a oportunidade, em qualquer dia, de fazer solicitações ou reclamações ao diretor da unidade prisional ou ao servidor prisional autorizado a representá-lo.

2. Deve ser viabilizada a possibilidade de os presos fazerem solicitações ou reclamações, durante as inspeções da unidade prisional, ao inspetor prisional. O preso deve ter a oportunidade de conversar com o inspetor ou com qualquer outro oficial de inspeção, livremente e em total confidencialidade, sem a presença do diretor ou de outros membros da equipe.

3. Todo preso deve ter o direito de fazer uma solicitação ou reclamação sobre seu tratamento, sem censura quanto ao conteúdo, à administração prisional central, à autoridade judiciária ou a outras autoridades competentes, inclusive àqueles com poderes de revisão e de remediação.

4. Os direitos previstos nos parágrafos 1 a 3 desta Regra serão estendidos ao seu advogado. Nos casos em que nem o preso, nem o seu advogado tenham a possibilidade de exercer tais direitos, um membro da família do preso ou qualquer outra pessoa que tenha conhecimento do caso poderá exercê-los.

REGRA 57

1. Toda solicitação ou reclamação deve ser prontamente apreciada e respondida sem demora. Se a

solicitação ou reclamação for rejeitada, ou no caso de atraso indevido, o reclamante terá o direito de levá-la à autoridade judicial ou outra autoridade.

2. Mecanismos de salvaguardas devem ser criados para assegurar que os presos possam fazer solicitações e reclamações de forma segura e, se requisitado pelo reclamante, confidencialmente. O preso, ou qualquer outra pessoa mencionada no parágrafo 4 da Regra 56, não deve ser exposto a qualquer risco de retaliação, intimidação ou outras consequências negativas como resultado de uma solicitação ou reclamação.

3. Alegações de tortura ou tratamentos ou sanções cruéis, desumanos ou degradantes deverão ser apreciadas imediatamente e devem resultar em uma pronta e imparcial investigação, conduzida por autoridade nacional independente, de acordo com os parágrafos 1 e 2 da Regra 71.

CONTATO COM O MUNDO EXTERIOR

REGRA 58

1. Os prisioneiros devem ter permissão, sob a supervisão necessária, de comunicarem-se periodicamente com seus familiares e amigos, periodicamente:

(a) por correspondência e utilizando, onde houver, de telecomunicações, meios digitais, eletrônicos e outros; e

(b) por meio de visitas.

2. Onde forem permitidas as visitais conjugais, este direito deve ser garantido sem discriminação, e as mulheres presas exercerão este direito nas mesmas bases que os homens. Devem ser instaurados procedimentos, e locais devem ser disponibilizados, de forma a garantir o justo e igualitário acesso, respeitando-se a segurança e a dignidade.

REGRA 59

Os presos devem ser alocados, na medida do possível, em unidades prisionais próximas às suas casas ou ao local de sua reabilitação social.

REGRA 60

1. A entrada de visitantes nas unidades prisionais depende do consentimento do visitante de se submeter à revista. O visitante pode revogar seu consentimento a qualquer tempo; nesse caso, a administração prisional poderá vedar seu acesso.

2. Os procedimentos de entrada e revista para visitantes não devem ser degradantes e devem ser governados por princípios não menos protetivos que aqueles delineados nas Regras 50 a 52. Revistas em partes íntimas do corpo devem ser evitadas e não devem ser utilizadas em crianças.

REGRA 61

1. Os presos devem ter a oportunidade, tempo e meios adequados para receberem visitas e de se comunicaram com um advogado de sua própria escolha ou com um defensor público, sem demora, interceptação ou censura, em total confidencialidade, sobre qualquer assunto legal, em conformidade com a legislação local. Tais encontros podem estar sob as vistas de agentes prisionais, mas não passíveis de serem ouvidos por estes.

2. Nos casos em que os presos não falam o idioma local, a administração prisional deve facilitar o acesso aos serviços de um intérprete competente e independente.

3. Os presos devem ter acesso a assistência jurídica efetiva.

REGRA 62

1. Presos estrangeiros devem ter acesso a recursos razoáveis para se comunicarem com os representantes diplomáticos e consulares do Estado ao qual pertencem.

2. Presos originários de Estados sem representação diplomática ou consular no país e refugiados ou apátridas devem ter acesso a recursos similares para se comunicarem com os representantes diplomáticos do Estado encarregados de seus interesses ou com qualquer autoridade nacional ou internacional que tenha como tarefa proteger tais indivíduos.

REGRA 63

Os presos devem ser regularmente informados sobre os assuntos mais importantes dos noticiários, por meio de leitura de jornais, de periódicos ou de publicações institucionais especiais, por transmissões sem fio, por palestras ou por quaisquer meios similares autorizados ou controlados pela administração prisional.

LIVROS

REGRA 64

Toda unidade prisional deve ter uma biblioteca para uso de todas as categorias de presos, adequadamente provida de livros de lazer e de instrução, e os presos devem ser incentivados a fazer uso dela.

RELIGIÃO

REGRA 65

1. Se a unidade prisional contiver um número suficiente de presos de uma mesma religião, deve ser indicado ou aprovado um representante qualificado daquela religião. Se o número de prisioneiros justificar tal procedimento, e se as condições permitirem, deve-se adotar este procedimento em tempo integral.

2. Um representante qualificado indicado ou aprovado conforme o parágrafo 1 desta Regra deve ter permissão para realizar celebrações regulares e fazer visitas pastorais privadas a presos de sua religião em horário apropriado.

3. O direito de entrar em contato com um representante qualificado de sua religião nunca deve ser negado a qualquer preso. Por outro lado, se um preso se opuser à visita de qualquer representante religioso, sua decisão deve ser plenamente respeitada.

REGRA 66

Todo preso deve ter o direito de atender às necessidades de sua vida religiosa, participando de celebrações realizadas nas unidades prisionais e mantendo consigo livros de prática e de ensino de sua confissão.

RETENÇÃO DE PERTENCES DOS PRESOS

REGRA 67

1. Todo dinheiro, objeto de valor, roupa e outros objetos pertencentes a um preso, que sob o regulamento de uma unidade prisional não possam ser guardados com ele ao entrar na unidade prisional, devem ser mantidos sob cuidados e segurança. Um inventário deve ser assinado pelo preso e deve-se zelar para manter os pertences em boas condições.

2. Na liberação do preso, todos os artigos e dinheiro devem ser devolvidos a ele, exceto se tiver sido autorizado a gastar o dinheiro ou enviar qualquer pertence para fora da unidade prisional, ou tenha sido necessário destruir qualquer peça de roupa por motivos de higiene. O preso deve assinar um recibo referente aos artigos e dinheiro que lhe forem devolvidos.

3. Qualquer dinheiro ou pertence recebido de fora da unidade prisional está submetido a essas mesmas regras.

4. Se um preso trouxer quaisquer drogas ou medicamentos, o médico ou outro profissional da saúde qualificado decidirá sobre a sua utilização.

NOTIFICAÇÕES

REGRA 68

Todo preso deve ter o direito, e a ele devem ser assegurados os meios para tanto, de informar imediatamente a sua família, ou qualquer outra pessoa designada como seu contato, sobre seu encarceramento, ou sobre sua transferência para outra unidade prisional, ou, ainda, sobre qualquer doença ou ferimento graves. A divulgação de informações pessoais dos presos deve estar submetida à legislação local.

REGRA 69

Em caso de morte de um preso, o diretor da unidade prisional deve informar, imediatamente, o parente mais próximo ou contato de emergência do preso. Os indivíduos designados pelo preso para receberem as informações sobre sua saúde devem ser notificados pelo diretor em caso de doença grave, ferimento ou transferência para uma instituição médica. A solicitação explícita de um preso, de que seu cônjuge ou parente mais próximo não seja informado em caso de doença ou ferimento, deve ser respeitada.

REGRA 70

A administração prisional deve informar imediatamente o preso sobre doença grave ou a morte de parente próximo, cônjuge ou companheiro. Quando as circunstâncias permitirem, o preso deve ser autorizado a ir ver, sob escolta ou sozinho, o parente próximo, o cônjuge ou o companheiro, que esteja gravemente doente ou a participar do funeral de tais pessoas.

INVESTIGAÇÕES

REGRA 71

1. Não obstante uma investigação interna, o diretor da unidade prisional deve reportar, imediatamente, a morte, o desaparecimento ou o ferimento grave à autoridade judicial ou a outra autoridade competente, independente da administração prisional; e deve determinar a investigação imediata, imparcial e efetiva sobre as circunstâncias e causas de tais eventos. A administração prisional deve cooperar integralmente com a referida autoridade e assegurar que todas as evidências sejam preservadas.

2. A obrigação do parágrafo 1 desta Regra deve ser igualmente aplicada quando houver indícios razoáveis para se supor que um ato de tortura ou

tratamento ou sanção cruéis, desumanos ou degradantes tenha sido cometido na unidade prisional, mesmo que não tenha recebido reclamação formal.

3. Quando houver indícios razoáveis para se supor que atos referidos no parágrafo 2 desta Regra tenham sido praticados, devem ser tomadas providências imediatas para garantir que todas as pessoas potencialmente implicadas não tenham envolvimento nas investigações ou contato com as testemunhas, vítimas e seus familiares.

REGRA 72

A administração prisional deve tratar o corpo de um preso falecido com respeito e dignidade. O corpo do preso falecido deve ser devolvido ao seu parente mais próximo o mais rapidamente possível e no mais tardar quando concluída a investigação. A administração prisional deve providenciar um funeral culturalmente adequado, se não houver outra parte disposta ou capaz de fazê-lo, e deve manter completo registro do fato.

REMOÇÃO DE PRESOS

REGRA 73

1. Quando os presos estiverem sendo removidos de ou para uma unidade, devem ser expostos ao público pelo menor tempo possível, e devem ser adotadas as devidas salvaguardas para protegê-los de insultos, curiosidade e qualquer forma de publicidade.

2. Deve ser proibido o transporte de presos em veículo com ventilação ou iluminação inadequadas ou que possa submetê-los a qualquer forma de sofrimento físico.

3. O transporte de presos deve ter as despesas pagas pela administração e ser feito em condições iguais para todos.

FUNCIONÁRIOS DA UNIDADE PRISIONAL

REGRA 74

1. A administração prisional deve promover seleção cuidadosa de funcionários de todos os níveis, uma vez que a administração adequada da unidade prisional depende da integridade, humanidade, capacidade profissional e adequação para o trabalho de seus funcionários.

2. A administração prisional deve, constantemente, suscitar e manter no espírito dos funcionários e da opinião pública a convicção de que este trabalho é um serviço social de grande importância, e para atingir seu objetivo deve utilizar todos os meios apropriados para informar o público.

3. Para garantir os fins anteriormente citados, os funcionários devem ser indicados para trabalho em período integral como agentes prisionais profissionais e a condição de servidor público, com estabilidade no emprego, sujeito apenas à boa conduta, eficiência e aptidão física. O salário deve ser suficiente para atrair e reter homens e mulheres compatíveis com o cargo; os benefícios e condições de emprego devem ser condizentes com a natureza exigente do trabalho.

REGRA 75

1. Os funcionários devem possuir um padrão adequado de educação e receber as condições e os meios para exercerem suas funções de forma profissional.

2. Antes de tomarem posse, os funcionários devem receber treinamento em suas tarefas gerais e específicas, que deve refletir as melhores práticas modernas, baseadas em dados empíricos, das ciências penais. Apenas os candidatos que forem aprovados nas provas teóricas e práticas ao final do treinamento devem ser admitidos no serviço prisional.

3. A administração prisional deve garantir a capacitação contínua por meio de cursos de treinamento em serviço, com o objetivo de manter e aperfeiçoar o conhecimento e a capacidade profissional de seus funcionários, depois de tomarem posse e durante sua carreira.

REGRA 76

1. O treinamento a que se refere o parágrafo 2 da Regra 75 deve incluir, no mínimo, treinamento em:

(a) Legislação, regulamentos e políticas nacionais relevantes, bem como os instrumentos internacionais e regionais aplicáveis, as premissas que devem guiar o trabalho e as interações dos funcionários com os internos.

(b) Direitos e deveres dos funcionários no exercício de suas funções, incluindo o respeito à dignidade humana de todos os presos e a proibição de certas condutas, em particular a prática de tortura ou tratamentos ou sanções cruéis, desumanos ou degradantes.

(c) Segurança, incluindo o conceito de segurança dinâmica, o uso da força e instrumentos de restrição, e o gerenciamento de infratores violentos, levando-se em consideração técnicas preventivas e alternativas, como negociação e mediação;

(d) Técnicas de primeiros socorros, as necessidades psicossociais dos presos e as correspondentes dinâmicas no ambiente prisional, bem como a atenção e a assistência social, incluindo o diagnóstico prévio de doenças mentais.

2. Os funcionários que estiverem incumbidos de trabalhar com certas categorias de presos, ou que estejam designados para outras funções específicas, devem receber treinamento específico com foco em tais particularidades.

REGRA 77

Todos os membros da equipe devem, a todo momento, portar-se e executar suas atividades de maneira que o seu exemplo seja uma boa influência sobre os presos e mereçam seu respeito.

REGRA 78

1. Na medida do possível, a equipe prisional deve incluir um número suficiente de especialistas tais como psiquiatras, psicólogos, assistentes sociais, professores e instrutores técnicos.

2. Os serviços de assistentes sociais, professores e instrutores técnicos devem ser providos de forma permanente, sem excluir a participação de trabalhadores de tempo parcial e voluntários.

REGRA 79

1. O diretor da unidade prisional deve ser adequadamente qualificado para a tarefa no que se refere a personalidade, capacidade administrativa e treinamento e experiência apropriados.

2. O diretor da unidade prisional deve dedicar-se em tempo integral a suas tarefas profissionais e não deve ser indicado em tempo parcial. Deve residir nas dependências da unidade prisional ou nas imediações.

3. Quando duas ou mais unidades prisionais estiverem sob o controle de um mesmo diretor, ele deve visitar cada uma delas a intervalos regulares. Em cada uma das unidades prisionais deve haver um agente responsável.

REGRA 80

1. O diretor, o seu representante e a maioria dos funcionários da unidade prisional devem falar o idioma da maior parte dos presos ou um idioma entendido pela maioria deles.

2. Sempre que necessário, devem-se utilizar os serviços de intérprete qualificado.

REGRA 81

1. Em uma unidade prisional para homens e mulheres, a parte da unidade destinada a mulheres deve estar sob a supervisão de uma oficial feminina responsável que tenha a custódia das chaves de toda aquela parte da unidade.

2. Nenhum funcionário do sexo masculino deve entrar na parte feminina da unidade prisional a menos que esteja acompanhado de uma agente.

3. As presas devem ser atendidas e supervisionadas somente por agentes femininas. Entretanto, isso não impede que membros homens da equipe, especialmente médicos e professores, desempenhem suas atividades profissionais em unidades prisionais ou nas áreas destinadas a mulheres.

REGRA 82

1. Os funcionários das unidades prisionais não devem, em seu relacionamento com os presos, usar de força, exceto em caso de autodefesa, tentativa de fuga, ou resistência ativa ou passiva a uma ordem fundada em leis ou regulamentos. Agentes que recorram ao uso da força não devem fazê-lo além do estritamente necessário e devem relatar o incidente imediatamente ao diretor da unidade prisional.

2. Os agentes prisionais devem receber treinamento físico para capacitá-los a controlar presos agressivos.

3. Exceto em circunstâncias especiais, no cumprimento das tarefas que exigem contato direto com os presos, os funcionários prisionais não devem estar armados. Além disso, a equipe não deve, em circunstância alguma, portar armas, a menos que seja treinada para fazer uso delas.

INSPEÇÕES INTERNAS E EXTERNAS

REGRA 83

1. Deve haver um sistema duplo de inspeções regulares nas unidades prisionais e nos serviços penais:

(a) Inspeções internas ou administrativas conduzidas pela administração prisional central;

(b) Inspeções externas conduzidas por órgão independente da administração prisional, que pode incluir órgãos internacionais ou regionais competentes.

2. Em ambos os casos, o objetivo das inspeções deve ser o de assegurar que as unidades prisionais sejam gerenciadas de acordo com as leis, regulamentos, políticas e procedimentos existentes, a fim de alcançar os objetivos dos serviços penais e prisionais, e a proteção dos direitos dos presos.

REGRA 84

1. Os inspetores devem ter a autoridade para:

(a) Acessar todas as informações acerca do número de presos e dos locais de encarceramento, bem como toda a informação relevante para o tratamento dos presos, inclusive seus registros e as condições de detenção;

(b) Escolher livremente qual estabelecimento prisional deve ser inspecionado, inclusive fazendo visitas de iniciativa própria sem prévio aviso, e quais presos devem ser entrevistados;

(c) Conduzir entrevistas com os presos e com os funcionários prisionais, em total privacidade e confidencialidade, durante suas visitas;

(c) Fazer recomendações à administração prisional e a outras autoridades competentes.

2. Equipes de inspeção externa devem ser compostas por inspetores qualificados e experientes, indicados por uma autoridade competente, e devem contar com profissionais de saúde. Deve-se buscar uma representação paritária de gênero.

REGRA 85

1. Toda inspeção será seguida de um relatório escrito a ser submetido à autoridade competente. Esforços devem ser empreendidos para tornar os relatórios de inspeções externas de acesso público, excluindo-se qualquer dado pessoal dos presos, a menos que tenham fornecido seu consentimento explícito.

2. A administração prisional ou qualquer outra autoridade competente, conforme apropriado, indicará, em um prazo razoável, se as recomendações advindas de inspeções externas serão implementadas.

II. REGRAS APLICÁVEIS A CATEGORIAS ESPECIAIS

A. PRESOS SENTENCIADOS

PRINCÍPIOS ORIENTADORES

REGRA 86

Os princípios orientadores a seguir objetivam mostrar o espírito sob o qual os estabelecimentos prisionais devem ser administrados e os fins que devem almejar, de acordo com a declaração feita na Observação Preliminar 1 destas Regras.

REGRA 87

Antes do término do cumprimento de uma pena ou medida, é desejável que sejam tomadas providências necessárias para assegurar ao preso um retorno progressivo à vida em sociedade. Este propósito pode ser alcançado, de acordo com o caso, com a adoção de um regime de pré-soltura, organizado dentro da mesma unidade prisional ou em outra instituição apropriada, ou mediante liberdade condicional sob algum tipo de vigilância, que não deve ser confiada à polícia, mas deve ser combinada com uma assistência social eficaz.

REGRA 88

1. O tratamento dos presos deve enfatizar não a sua exclusão da comunidade, mas sua participação contínua nela. Assim, as agências comunitárias devem, sempre que possível, ser indicadas para auxiliar a equipe da unidade prisional na tarefa de reabilitação social dos presos.

2. Todo estabelecimento prisional deve ter trabalhadores sociais encarregados de manter e aperfeiçoar todas as relações desejáveis de um preso com sua família e com agências sociais reconhecidas. Devem-se adotar procedimentos para proteger, ao máximo possível, de acordo com a lei e a sentença, os direitos relacionados aos interesses civis, à previdência social e aos demais benefícios sociais dos presos.

REGRA 89

1. O cumprimento destes princípios requer a individualização do tratamento e, para tal, é necessário um sistema flexível de classificação dos presos em grupos. Deve-se, portanto, distribuir tais grupos em unidades prisionais separadas adequadas ao tratamento de cada um.

2. Essas unidades prisionais não precisam proporcionar o mesmo grau de segurança para todos os grupos. É recomendável que vários graus de segurança sejam disponibilizados, de acordo com as necessidades de diferentes grupos. As unidades abertas, exatamente pelo fato de não proporcionarem segurança física contra fuga, mas confiarem na autodisciplina dos detentos, proporcionam as condições mais favoráveis para a reabilitação de presos cuidadosamente selecionados.

3. O número de detentos em unidades prisionais fechadas não deve ser grande demais a ponto de coibir o tratamento individualizado. Em alguns países, entende-se que a população de tais unidades não deve passar de quinhentos detentos. Em unidades abertas, a população deve ser a menor possível.

4. Por outro lado, não é recomendável manter unidades prisionais que sejam pequenas demais ao ponto de impedirem o provimento de instalações adequadas.

REGRA 90

A tarefa da sociedade não termina com a liberação de um preso. Deve haver, portanto, agências governamentais ou privadas capazes de prestar acompanhamento pós-soltura de forma eficiente, direcionado à diminuição do preconceito contra ele e visando à sua reinserção social.

TRATAMENTO

REGRA 91

O tratamento de presos sentenciados ao encarceramento ou a medida similar deve ter como propósito, até onde a sentença permitir, criar nos presos a vontade de levar uma vida de acordo com a lei e autossuficiente após sua soltura e capacitá-los a isso, além de desenvolver seu senso de responsabilidade e autorrespeito.

REGRA 92

1. Para esses fins, todos os meios apropriados devem ser usados, inclusive cuidados religiosos em países onde isso é possível, educação, orientação e capacitação vocacionais, assistência social direcionada, aconselhamento profissional, desenvolvimento físico e fortalecimento de seu caráter moral. Tudo isso deve ser feito de acordo com as necessidades individuais de cada preso, levando em consideração sua história social e criminal, suas capacidades e aptidões mentais, seu temperamento pessoal, o tempo da sentença e suas perspectivas para depois da liberação.

2. Para cada preso com uma sentença de extensão adequada, o diretor prisional deve receber, no mais breve possível após sua entrada, relatórios sobre todos os assuntos referentes a ele mencionados no parágrafo 1 desta Regra. Esses relatórios devem sempre incluir relatório do médico ou do profissional de saúde qualificado sobre a condição física e mental do preso.

3. Os relatórios e demais documentos relevantes devem ser postos em um arquivo individual. Esse arquivo deve ser mantido atualizado e classificado de maneira a possibilitar a consulta pelo pessoal responsável, sempre que houver necessidade.

CLASSIFICAÇÃO E INDIVIDUALIZAÇÃO

REGRA 93

1. As finalidades da classificação devem ser:

(a) Separar dos demais presos aqueles que, por motivo de seu histórico criminal ou pela sua personalidade, possam vir a exercer uma influência negativa sobre os demais presos;

(b) Dividir os presos em classes, a fim de facilitar o tratamento, visando à sua reinserção social.

2. Na medida do possível, as unidades prisionais, ou setores separados de uma unidade, devem ser usadas para o tratamento de diferentes classes de presos.

REGRA 94

Assim que possível, após a entrada e após um estudo da personalidade de cada preso sentenciado com extensão adequada, deve-se preparar um programa de tratamento para ele baseado no conhecimento obtido sobre suas necessidades, capacidades e disposições.

PRIVILÉGIOS

REGRA 95

Toda unidade prisional deve estabelecer sistemas de privilégios adequados para as diferentes classes de presos e diferentes métodos de tratamento, a fim de incentivar uma boa conduta, desenvolver o senso de responsabilidade e assegurar o interesse e a cooperação dos presos no seu tratamento.

TRABALHO

REGRA 96

1. Os presos condenados devem ter a oportunidade de trabalhar e/ou participar ativamente de sua reabilitação, sendo esta atividade sujeita à determinação, por um médico ou outro profissional de saúde qualificado, de sua aptidão física e mental.

2. Trabalho suficiente de natureza útil deve ser oferecido aos presos de modo a conservá-los ativos durante um dia normal de trabalho.

REGRA 97

1. O trabalho na prisão não deve ser de natureza estressante.

2. Os presos não devem ser mantidos em regime de escravidão ou servidão.

3. Nenhum preso será solicitado a trabalhar para beneficiar pessoal ou privativamente qualquer membro da equipe prisional.

REGRA 98

1. Quando possível, o trabalho realizado deve manter ou aumentar a habilidade dos presos para que possam viver de maneira digna após sua liberação.

2. Os presos devem receber treinamento vocacional, em profissões úteis, das quais possam tirar proveito, especialmente os presos jovens.

3. Dentro dos limites compatíveis com a seleção vocacional apropriada e das exigências da administração e disciplina prisional, os presos devem poder escolher o tipo de trabalho que gostariam de exercer.

REGRA 99

1. A organização e os métodos de trabalho nas unidades prisionais devem ser os mais parecidos possíveis com aqueles realizados fora da unidade, para, dessa forma, preparar os presos para as condições de uma vida profissional normal.

2. Os interesses dos presos e de seu treinamento vocacional, entretanto, não devem ser subordinados à obtenção de lucro financeiro por uma atividade dentro da unidade prisional.

REGRA 100

1. As indústrias e explorações agrícolas, preferencialmente, devem ser operadas diretamente pela administração prisional e não por contratantes privados.

2. Se o local onde os presos estiverem trabalhando não estiver sob o controle da administração prisional, devem sempre permanecer sob a supervisão dos agentes prisionais. A menos que o trabalho seja para outros departamentos do governo, o salário normal deve ser pago à administração prisional pelas pessoas para as quais o trabalho é executado, levando em consideração a produtividade dos presos.

REGRA 101

1. As precauções fixadas para proteger a segurança e a saúde dos trabalhadores livres devem ser igualmente observadas nas unidades prisionais.

2. Devem-se adotar procedimentos para indenizar os presos por acidentes de trabalho, inclusive por enfermidades provocadas pelo trabalho, em termos não menos favoráveis que aqueles estendidos pela lei a trabalhadores livres.

REGRA 102

1. O número máximo de horas trabalhadas, por dia e por semana, pelos presos deve ser fixado em lei pelo regulamento administrativo, levando em consideração as normas e os costumes locais em relação ao emprego de trabalhadores livres.

2. As horas fixadas devem permitir um dia de descanso por semana e tempo suficiente para o estudo e para outras atividades exigidas como parte do tratamento e reinserção dos presos.

REGRA 103

1. Deve haver um sistema de remuneração igualitária para o trabalho dos presos.

2. Dentro do sistema, os presos deverão ter permissão para gastar pelo menos parte do que ganharem em artigos aprovados para uso próprio e para enviar uma parte de seus ganhos para sua família.

3. O sistema deve também possibilitar que uma parte dos ganhos seja reservada pela administração prisional para constituir um fundo de poupança a ser destinado ao preso quando da sua liberação.

Educação e lazer

REGRA 104

1. Instrumentos devem ser criados para promover a educação de todos os presos que possam se beneficiar disso, incluindo instrução religiosa, em países onde isso é possível. A educação de analfabetos e jovens presos deve ser compulsória, e a administração prisional deve destinar atenção especial a isso.

2. Na medida do possível, a educação dos presos deve ser integrada ao sistema educacional do país, para que após sua liberação eles possam continuar seus estudos sem maiores dificuldades.

REGRA 105

Todas as unidades prisionais devem oferecer atividades recreativas e culturais em benefício da saúde física e mental dos presos.

RELAÇÕES SOCIAIS E ASSISTÊNCIA PÓS-PRISIONAL

REGRA 106

Atenção especial deve ser dada para a manutenção e o aperfeiçoamento das relações entre o preso e sua família, conforme apropriado ao melhor interesse de ambos.

REGRA 107

Desde o início do cumprimento da sentença de um preso, deve-se considerar seu futuro após a liberação, e ele deve ser incentivado e auxiliado a manter ou estabelecer relações com indivíduos ou entidades fora da unidade prisional, da melhor forma possível, para promover sua própria reabilitação social e os seus interesses e de sua família.

REGRA 108

1. Os serviços e as agências, sejam governamentais ou não, que ajudam presos libertos a se restabelecerem na sociedade devem assegurar, na medida do possível e do necessário, que eles possuam os documentos e papéis de identificação apropriados, que tenham casa e trabalho adequados, que estejam adequadamente vestidos, levando em consideração o clima e a estação do ano, e que tenham meios suficientes para alcançar seu destino e para se sustentarem no período imediatamente posterior a sua liberação.

2. Os representantes autorizados de tais agências devem ter todo o acesso necessário à unidade prisional e aos presos e devem ser consultados sobre o futuro do preso desde o início de sua sentença.

3. As atividades de tais agências devem ser centralizadas ou coordenadas, na medida do possível, para garantir o melhor uso de seus esforços.

B. PRESOS COM TRANSTORNOS MENTAIS E/OU COM PROBLEMAS DE SAÚDE

REGRA 109

1. Os indivíduos considerados imputáveis, ou que posteriormente foram diagnosticados com deficiência mental e/ou problemas de saúde severos, para os quais o encarceramento significaria um agravamento de sua condição, não devem ser detidos em unidades prisionais e devem-se adotar procedimentos para removê-los a instituição de doentes mentais, assim que possível.

2. Se necessário, os demais presos que sofrem de outros problemas de saúde ou deficiências mentais devem ser observados e tratados sob cuidados de profissionais de saúde qualificados em instituições especializadas.

3. O serviço de saúde das instituições penais deve proporcionar tratamento psiquiátrico a todos os outros prisioneiros que necessitarem.

REGRA 110

Caso necessário, medidas devem ser tomadas, juntamente com entidades apropriadas, para garantir a continuidade do tratamento psiquiátrico e para prestar acompanhamento após a liberação.

C. PRESOS SOB CUSTÓDIA OU AGUARDANDO JULGAMENTO

REGRA 111

1. Indivíduos presos ou detidos sob acusação criminal que estejam sob custódia policial ou prisional, mas que aguardem julgamento e sentença, devem ser tratados como "presos não julgados" doravante nestas Regras.

2. Presos não condenados têm presunção de inocência e devem ser tratados como inocentes.

3. Sem prejuízo das previsões legais para a proteção da liberdade individual ou do procedimento a ser observado com relação a presos não julgados, estes presos devem ser beneficiados com um regime especial descrito nas Regras a seguir somente em seus requisitos essenciais.

REGRA 112

1. Presos não julgados deverão ser mantidos separados dos presos condenados.

2. Jovens presos não julgados devem ser mantidos separados dos adultos e, em princípio, ser detidos em unidades separadas.

REGRA 113

Presos não julgados devem dormir sozinhos em quartos separados, com ressalva dos diferentes há bitos locais relacionados ao clima.

REGRA 114

Dentro dos limites compatíveis com o bom andamento da unidade prisional, os presos não julgados poderão, se assim desejarem, ter a sua alimentação vinda do meio externo, por intermédio da administração, com seus próprios recursos, de suas famílias ou de amigos. Caso contrário, a administração deve providenciar a alimentação.

REGRA 115

Um preso não julgado deve ter permissão para vestir suas próprias roupas se estiverem limpas e forem apropriadas. Se usar roupa do estabelecimento prisional, esta será diferente da fornecida aos condenados.

REGRA 116

Um prisioneiro não julgado deve ter a oportunidade de trabalhar, mas não será obrigado a fazê-lo. Caso opte por trabalhar, será remunerado pelos seus serviços.

REGRA 117

Um preso não julgado deve ter permissão para obter, a suas expensas ou a de terceiros, livros, jornais, artigos de papelaria e de outros meios de ocupação que sejam compatíveis com os interesses da administração judicial e com a segurança e boa ordem da unidade prisional.

REGRA 118

Um preso não julgado tem o direito de receber visitas, ser tratado por seu próprio médico ou dentista, desde que haja razão suficiente para isso e desde que custeie as despesas advindas do tratamento.

REGRA 119

1. Todo preso tem o direito de ser imediatamente informado das razões de sua detenção e sobre quaisquer acusações que pesem contra ele.

2. Se um preso não julgado não tiver advogado de sua escolha, ser-lhe-á designado um defensor pela autoridade judicial, ou outra autoridade, em todos os casos em que os interesses da justiça o requeiram e sem custos para o preso não julgado, caso não tenha os meios suficientes para pagar. A denegação de acesso a assistente jurídico deve ser objeto de uma revisão independente, sem demora.

REGRA 120

1. As premissas e modalidades que regem o acesso de um preso não julgado ao seu advogado ou defensor público, para os propósitos de sua defesa, serão regulados pelos mesmos princípios estabelecidos na Regra 61.

2. O preso não julgado deve ter à sua disposição, quando solicitar, material para escrever, a fim de preparar os documentos relacionados à sua defesa, inclusive instruções confidenciais para seu advogado ou defensor público.

D. PRESOS CIVIS

REGRA 121

Em países onde a lei permite o encarceramento por dívida ou por ordem de uma corte sob qualquer outro processo não criminal, os indivíduos presos por estes motivos não devem ser submetidos a maior restrição ou severidade do que o necessário para garantir uma custódia segura e a boa ordem. Seu tratamento não será menos favorável do que aquele oferecido a presos não julgados, exceto para aqueles obrigados a trabalhar.

E. PESSOAS PRESAS OU DETIDAS SEM ACUSAÇÃO

REGRA 122

Sem prejuízo das disposições contidas no artigo 9o do Pacto Internacional sobre Direitos Políticos e Civis,30 indivíduos presos ou detidos sem acusação devem ter as mesmas proteções contidas na Seção C, Partes I e II desta Regra. As disposições relevantes da Parte II, Seção A, desta Regra, devem ser igualmente aplicáveis desde que contribuam para o benefício desse grupo especial de pessoas sob custódia, garantindo que não sejam tomadas medidas que impliquem na reeducação ou reabilitação de indivíduos que não foram condenados por qualquer crime.

ANEXO 2 – RESOLUÇÃO Nº 14 DO CNPCP – REGRAS MÍNIMAS PARA O TRATAMENTO DO PRESO NO BRASIL

RESOLUÇÃO Nº 14, DE 11 DE NOVEMBRO DE 1994

Publicada no DOU de 2.12.2994

O Presidente do Conselho Nacional de Política Criminal e Penitenciária (CNPCP), no uso de suas atribuições legais e regimentais e;

Considerando a decisão, por unanimidade, do Conselho Nacional de Política Criminal e Penitenciária, reunido em 17 de outubro de 1994, com o propósito de estabelecer regras mínimas para o tratamento de Presos no Brasil;

Considerando a recomendação, nesse sentido, aprovada na sessão de 26 de abril a 6 de maio de 1994, pelo Comitê Permanente de Prevenção ao Crime e Justiça Penal das Nações Unidas, do qual o Brasil é Membro;

Considerando ainda o disposto na Lei nº 7.210, de 11 de julho de 1984 (Lei de Execução Penal);

Resolve fixar as Regras Mínimas para o Tratamento do Preso no Brasil.

TÍTULO I – REGRAS DE APLICAÇÃO GERAL

CAPÍTULO I – DOS PRINCÍPIOS FUNDAMENTAIS

Art. 1º. As normas que se seguem obedecem aos princípios da Declaração Universal dos Direitos do Homem e daqueles inseridos nos Tratados, Convenções e regras internacionais de que o Brasil é signatário devendo ser aplicadas sem distinção de natureza racial, social, sexual, política, idiomática ou de qualquer outra ordem.

Art. 2º. Impõe-se o respeito às crenças religiosas, aos cultos e aos preceitos morais do preso.

Art. 3º. É assegurado ao preso o respeito à sua individualidade, integridade física e dignidade pessoal.

Art. 4º. O preso terá o direito de ser chamado por seu nome.

CAPÍTULO II – DO REGISTRO

Art. 5º. Ninguém poderá ser admitido em estabelecimento prisional sem ordem legal de prisão.

Parágrafo Único. No local onde houver preso deverá existir registro em que constem os seguintes dados:

I – identificação;

II – motivo da prisão;

III – nome da autoridade que a determinou;

IV – antecedentes penais e penitenciários;

V – dia e hora do ingresso e da saída.

Art. 6º. Os dados referidos no artigo anterior deverão ser imediatamente comunicados ao programa de Informatização do Sistema Penitenciário Nacional INFOPEN, assegurando-se ao preso e à sua família o acesso a essas informações.

CAPÍTULO III – DA SELEÇÃO E SEPARAÇÃO DOS PRESOS

Art. 7º. Presos pertencentes a categorias diversas devem ser alojados em diferentes estabelecimentos prisionais ou em suas seções, observadas características pessoais tais como: sexo, idade, situação judicial e legal, quantidade de pena a que foi condenado, regime de execução, natureza da prisão e o tratamento específico que lhe corresponda, atendendo ao princípio da individualização da pena.

§ 1º. As mulheres cumprirão pena em estabelecimentos próprios.

§ 2º. Serão asseguradas condições para que a presa possa permanecer com seus filhos durante o período de amamentação dos mesmos.

CAPÍTULO IV – DOS LOCAIS DESTINADOS AOS PRESOS

Art. 8º. Salvo razões especiais, os presos deverão ser alojados individualmente.

§ 1º. Quando da utilização de dormitórios coletivos, estes deverão ser ocupados por presos cuidadosamente selecionados e reconhecidos como aptos a serem alojados nessas condições.

§ 2º. O preso disporá de cama individual provida de roupas, mantidas e mudadas correta e regularmente, a fim de assegurar condições básicas de limpeza e conforto.

Art. 9º. Os locais destinados aos presos deverão satisfazer as exigências de higiene, de acordo com o clima, particularmente no que ser refere à superfície mínima, volume de ar, calefação e ventilação.

Art. 10º O local onde os presos desenvolvam suas atividades deverá apresentar:

I – janelas amplas, dispostas de maneira a possibilitar circulação de ar fresco, haja ou não ventilação artificial, para que o preso possa ler e trabalhar com luz natural;

II – quando necessário, luz artificial suficiente, para que o preso possa trabalhar sem prejuízo da sua visão;

III – instalações sanitárias adequadas, para que o preso possa satisfazer suas necessidades naturais de forma higiênica e decente, preservada a sua privacidade.

IV – instalações condizentes, para que o preso possa tomar banho à temperatura adequada ao clima e com a freqüência que exigem os princípios básicos de higiene.

Art. 11. Aos menores de 0 a 6 anos, filhos de preso, será garantido o atendimento em creches e em pré-escola.

Art. 12. As roupas fornecidas pelos estabelecimentos prisionais devem ser apropriadas às condições climáticas.

§ 1º. As roupas não deverão afetar a dignidade do preso.

§ 2º. Todas as roupas deverão estar limpas e mantidas em bom estado.

§ 3º. Em circunstâncias especiais, quando o preso se afastar do estabelecimento para fins autorizados, ser-lhe-á permitido usar suas próprias roupas.

CAPÍTULO V – DA ALIMENTAÇÃO

Art. 13. A administração do estabelecimento fornecerá água potável e alimentação aos presos.

Parágrafo Único – A alimentação será preparada de acordo com as normas de higiene e de dieta, controlada por nutricionista, devendo apresentar valor nutritivo suficiente para manutenção da saúde e do vigor físico do preso.

CAPÍTULO VI – DOS EXERCÍCIOS FÍSICOS

Art. 14. O preso que não se ocupar de tarefa ao ar livre deverá dispor de, pelo menos, uma hora ao dia para realização de exercícios físicos adequados ao banho de sol.

CAPÍTULO VII – DOS SERVIÇOS DE SAÚDE E ASSISTÊNCIA SANITÁRIA

Art. 15. A assistência à saúde do preso, de caráter preventivo curativo, compreenderá atendimento médico, psicológico, farmacêutico e odontológico.

Art. 16. Para assistência à saúde do preso, os estabelecimentos prisionais serão dotados de:

I – enfermaria com cama, material clínico, instrumental adequado a produtos farmacêuticos indispensáveis para internação médica ou odontológica de urgência;

II – dependência para observação psiquiátrica e cuidados toxicômanos;

III – unidade de isolamento para doenças infecto-contagiosas.

Parágrafo Único – Caso o estabelecimento prisional não esteja suficientemente aparelhado para prover assistência médica necessária ao doente, poderá ele ser transferido para unidade hospitalar apropriada.

Art. 17. O estabelecimento prisional destinado a mulheres disporá de dependência dotada de material obstétrico. Para atender à grávida, à parturiente e à convalescente, sem condições de ser transferida a unidade hospitalar para tratamento apropriado, em caso de emergência.

Art. 18. O médico, obrigatoriamente, examinará o preso, quando do seu ingresso no estabelecimento e, posteriormente, se necessário, para:

I – determinar a existência de enfermidade física ou mental, para isso, as medidas necessárias;

II – assegurar o isolamento de presos suspeitos de sofrerem doença infecto-contagiosa;

III – determinar a capacidade física de cada preso para o trabalho;

IV – assinalar as deficiências físicas e mentais que possam constituir um obstáculo para sua reinserção social.

Art. 19. Ao médico cumpre velar pela saúde física e mental do preso, devendo realizar visitas diárias àqueles que necessitem.

Art. 20. O médico informará ao diretor do estabelecimento se a saúde física ou mental do preso foi ou poderá vir a ser afetada pelas condições do regime prisional.

Parágrafo Único – Deve-se garantir a liberdade de contratar médico de confiança pessoal do preso ou de seus familiares, a fim de orientar e acompanhar seu tratamento.

CAPÍTULO VIII – DA ORDEM E DA DISCIPLINA

Art. 21. A ordem e a disciplina deverão ser mantidas, sem se impor restrições além das necessárias para a segurança e a boa organização da vida em comum.

Art. 22. Nenhum preso deverá desempenhar função ou tarefa disciplinar no estabelecimento prisional.

Parágrafo Único – Este dispositivo não se aplica aos sistemas baseados na autodisciplina e nem deve ser obstáculo para a atribuição de tarefas, atividades ou responsabilidade de ordem social, educativa ou desportiva.

Art. 23. Não haverá falta ou sanção disciplinar sem expressa e anterior previsão legal ou regulamentar.

Parágrafo Único – As sanções não poderão colocar em perigo a integridade física e a dignidade pessoal do preso.

Art. 24. São proibidos, como sanções disciplinares, os castigos corporais, clausura em cela escura, sanções coletivas, bem como toda punição cruel, desumana, degradante e qualquer forma de tortura.

Art. 25. Não serão utilizados como instrumento de punição: correntes, algemas e camisas-de-força.

Art. 26. A norma regulamentar ditada por autoridade competente determinará em cada caso:

I – a conduta que constitui infração disciplinar;

II – o caráter e a duração das sanções disciplinares;

III – A autoridade que deverá aplicar as sanções.

Art. 27. Nenhum preso será punido sem haver sido informado da infração que lhe será atribuída e sem que lhe haja assegurado o direito de defesa.

Art. 28. As medidas coercitivas serão aplicadas, exclusivamente, para o restabelecimento da normalidade e cessarão, de imediato, após atingida a sua finalidade.

CAPÍTULO IX – DOS MEIOS DE COERÇÃO

Art. 29. Os meios de coerção, tais como algemas, e camisas-de-força, só poderão ser utilizados nos seguintes casos:

I – como medida de precaução contra fuga, durante o deslocamento do preso, devendo ser retirados quando do comparecimento em audiência perante autoridade judiciária ou administrativa;

II – por motivo de saúde,segundo recomendação médica;

III – em circunstâncias excepcionais, quando for indispensável utiliza-los

Em razão de perigo eminente para a vida do preso, de servidor, ou de terceiros.

Art. 30. É proibido o transporte de preso em condições ou situações que lhe importam sofrimentos físicos.

Parágrafo Único – No deslocamento de mulher presa a escolta será integrada, pelo menos, por uma policial ou servidor pública.

CAPÍTULO X – DA INFORMAÇÃO E DO DIREITO DE QUEIXA DOS PRESOS

Art. 31. Quando do ingresso no estabelecimento prisional, o preso receberá informações escritas sobre normas que orientarão seu tratamento, as imposições de caratê disciplinar bem como sobre os seus direitos e deveres.

Parágrafo Único – Ao preso analfabeto, essas informações serão prestadas verbalmente.

Art. 32. O preso terá sempre a oportunidade de apresentar pedidos ou formular queixas ao diretor do estabelecimento, à autoridade judiciária ou outra competente.

CAPÍTULO XI – DO CONTATO COM O MUNDO EXTERIOR

Art. 33. O preso estará autorizado a comunicar-se periodicamente, sob vigilância, com sua família, parentes, amigos ou instituições idôneas, por correspondência ou por meio de visitas.

§ 1º. A correspondência do preso analfabeto pode ser, a seu pedido, lida e escrita por servidor ou alguém opor ele indicado;

§ 2º. O uso dos serviços de telecomunicações poderá ser autorizado pelo diretor do estabelecimento prisional.

Art. 34. Em caso de perigo para a ordem ou para segurança do estabelecimento prisional, a autoridade competente poderá restringir a correspondência dos presos, respeitados seus direitos.

Parágrafo Único – A restrição referida no "caput" deste artigo cessará imediatamente, restabelecida a normalidade.

Art. 35. O preso terá acesso a informações periódicas através dos meios de comunicação social, autorizado pela administração do estabelecimento.

Art. 36. A visita ao preso do cônjuge, companheiro, família, parentes e amigos, deverá observar a fixação dos dias e horários próprios.

Parágrafo Único – Deverá existir instalação destinada a estágio de estudantes universitários.

Art. 37. Deve-se estimular a manutenção e o melhoramento das relações entre o preso e sua família.

CAPÍTULO XII – DAS INSTRUÇÕES E ASSISTÊNCIA EDUCACIONAL

Art. 38. A assistência educacional compreenderá a instrução escolar e a formação profissional do preso.

Art. 39. O ensino profissional será ministrado em nível de iniciação e de aperfeiçoamento técnico.

Art. 40. A instrução primária será obrigatoriamente ofertada a todos os presos que não a possuam.

Parágrafo Único – Cursos de alfabetização serão obrigatórios para os analfabetos.

Art. 41. Os estabelecimentos prisionais contarão com biblioteca organizada com livros de conteúdo informativo, educativo e recreativo, adequados à formação cultural, profissional e espiritual do preso.

Art. 42. Deverá ser permitido ao preso participar de curso por correspondência, rádio ou televisão, sem prejuízo da disciplina e da segurança do estabelecimento.

CAPÍTULO XIII – DA ASSISTÊNCIA RELIGIOSA E MORAL

Art. 43. A Assistência religiosa, com liberdade de culto, será permitida ao preso bem como a participação nos serviços organizado no estabelecimento prisional.

Parágrafo Único – Deverá ser facilitada, nos estabelecimentos prisionais, a presença de representante religioso, com autorização para organizar serviços litúrgicos e fazer visita pastoral a adeptos de sua religião.

CAPÍTULO XIV – DA ASSISTÊNCIA JURÍDICA

Art. 44. Todo preso tem direito a ser assistido por advogado.

§ 1º. As visitas de advogado serão em local reservado respeitado o direito à sua privacidade;

§ 2º. Ao preso pobre o Estado deverá proporcionar assistência gratuita e permanente.

CAPÍTULO XV – DOS DEPÓSITOS DE OBJETOS PESSOAIS

Art. 45. Quando do ingresso do preso no estabelecimento prisional, serão guardados, em lugar escuro, o dinheiro, os objetos de valor, roupas e outras peças de uso que lhe pertençam e que o regulamento não autorize a ter consigo.

§ 1º. Todos os objetos serão inventariados e tomadas medidas necessárias para sua conservação;

§ 2º. Tais bens serão devolvidos ao preso no momento de sua transferência ou liberação.

CAPÍTULO XVI – DAS NOTIFICAÇÕES

Art. 46. Em casos de falecimento, de doença, acidente grave ou de transferência do preso para outro estabelecimento, o diretor informará imediatamente ao cônjuge, se for o ocaso, a parente próximo ou a pessoa previamente designada.

§ 1º. O preso será informado, imediatamente, do falecimento ou de doença grave de cônjuge, companheiro, ascendente, descendente ou irmão, devendo ser permitida a visita a estes sob custódia.

§ 2º. O preso terá direito de comunicar, imediatamente, à sua família, sua prisão ou sua transferência para outro estabelecimento.

CAPÍTULO XVII – DA PRESERVAÇÃO DA VIDA PRIVADA E DA IMAGEM

Art. 47. O preso não será constrangido a participar, ativa ou passivamente, de ato de divulgação de informações aos meios de comunicação social, especialmente no que tange à sua exposição compulsória à fotografia ou filmagem,

Parágrafo Único – A autoridade responsável pela custódia do preso providenciará, tanto quanto consinta a lei, para que informações sobre a vida privada e a intimidade do preso sejam mantidas em sigilo, especialmente aquelas que não tenham relação com sua prisão.

Art. 48. Em caso de deslocamento do preso, por qualquer motivo, deve-se evitar sua exposição ao público, assim como resguardá-lo de insultos e da curiosidade geral.

CAPÍTULO XVIII – DO PESSOAL PENITENCIÁRIO

Art. 49. A seleção do pessoal administrativo, técnico, de vigilância e custódia, atenderá à vocação, à preparação profissional e à formação profissional dos candidatos através de escolas penitenciárias.

Art. 50. O servidor penitenciário deverá cumprir suas funções, de maneira que inspire respeito e exerça influência benéfica ao preso.

Art. 51. Recomenda-se que o diretor do estabelecimento prisional seja devidamente qualificado para a função pelo seu caráter, integridade moral, capacidade administrativa e formação profissional adequada.

Art. 52. No estabelecimento prisional para a mulher, o responsável pela vigilância e custódia será do sexo feminino.

TÍTULO II – REGRAS APLICÁVEIS A CATEGORIAS ESPECIAIS

CAPÍTULO XIX – DOS CONDENADOS

Art. 53. A classificação tem por finalidade:

I – separar os presos que, em razão de sua conduta e antecedentes penais e penitenciários, possam exercer influência nociva sobre os demais.

II – dividir os presos em grupos para orientar sua reinserção social;

Art. 54. Tão logo o condenado ingresse no estabelecimento prisional, deverá ser realizado exame de sua personalidade, estabelecendo-se programa de tratamento específico, com o propósito de promover a individualização da pena.

CAPÍTULO XX – DAS RECOMPENSAS

Art. 55. Em cada estabelecimento prisional será instituído um sistema de recompensas, conforme os diferentes grupos de presos e os diferentes métodos de tratamento, a fim de motivar a boa conduta, desenvolver o sentido de responsabilidade, promover o interesse e a cooperação dos presos.

CAPÍTULO XXI – DO TRABALHO

Art. 56. Quanto ao trabalho:

I – o trabalho não deverá ter caráter aflitivo;

II – ao condenado será garantido trabalho remunerado conforme sua aptidão e condição pessoal, respeitada a determinação médica;

III – será proporcionado ao condenado trabalho educativo e produtivo;

IV – devem ser consideradas as necessidades futuras do condenado, bem como, as oportunidades oferecidas pelo mercado de trabalho;

V – nos estabelecimentos prisionais devem ser tomadas as mesmas precauções prescritas para proteger a segurança e a saúde dois trabalhadores livres;

VI – serão tomadas medidas para indenizar os presos por acidentes de trabalho e doenças profissionais, em condições semelhantes às que a lei dispõe para os trabalhadores livres;

VII – a lei ou regulamento fixará a jornada de trabalho diária e semanal para os condenados, observada a destinação de tempo para lazer, descanso. Educação e outras atividades que se exigem como parte do tratamento e com vistas a reinserção social;

VIII – a remuneração aos condenados deverá possibilitar a indenização pelos danos causados pelo crime, aquisição de objetos de uso pessoal, ajuda à família, constituição de pecúlio que lhe será entregue quando colocado em liberdade.

CAPÍTULO XXII – DAS RELAÇÕES SOCIAIS E AJUDA PÓS-PENITENCIÁRIA

Art. 57. O futuro do preso, após o cumprimento da pena, será sempre levado em conta. Deve-se anima-lo no sentido de manter ou estabelecer relações com pessoas ou órgãos externos que possam favorecer os interesses de sua família, assim como sua própria readaptação social.

Art. 58. Os órgãos oficiais, ou não, de apoio ao egresso devem:

I – proporcionar-lhe os documentos necessários, bem como, alimentação, vestuário e alojamento no período imediato à sua liberação, fornecendo-lhe, inclusive, ajuda de custo para transporte local;

II – ajuda-lo a reintegrar-se à vida em liberdade, em especial, contribuindo para sua colocação no mercado de trabalho.

CAPÍTULO XXIII – DO DOENTE MENTAL

Art. 59. O doente mental deverá ser custodiado em estabelecimento apropriado, não devendo permanecer em estabelecimento prisional além do tempo necessário para sua transferência.

Art. 60. Serão tomadas providências, para que o egresso continue tratamento psiquiátrico, quando necessário.

CAPÍTULO XXIV – DO PRESO PROVISÓRIO

Art. 61. Ao preso provisório será assegurado regime especial em que se observará:

I – separação dos presos condenados;

II – cela individual, preferencialmente;

III – opção por alimentar-se às suas expensas;

IV – utilização de pertences pessoais;

V – uso da própria roupa ou, quando for o caso, de uniforme diferenciado daquele utilizado por preso condenado;

VI – oferecimento de oportunidade de trabalho;

VII – visita e atendimento do seu médico ou dentista.

CAPÍTULO XXV – DO PRESO POR PRISÃO CIVIL

Art. 62. Nos casos de prisão de natureza civil, o preso deverá permanecer em recinto separado dos demais, aplicando-se, no que couber,. As normas destinadas aos presos provisórios.

CAPÍTULO XXVI – DOS DIREITOS POLÍTICOS

Art. 63. São assegurados os direitos políticos ao preso que não está sujeito aos efeitos da condenação criminal transitada em julgado.

CAPÍTULO XXVII – DAS DISPOSIÇÕES FINAIS

Art. 64. O Conselho Nacional de Política Criminal e Penitenciária adotará as providências essenciais ou complementares para cumprimento das regras Mínimas estabelecidas nesta resolução, em todas as Unidades Federativas.

Art. 65. Esta resolução entra em vigor na data de sua publicação.

Edmundo Oliveira

Presidente do Conselho Nacional de Política Criminal e Penitenciária

HERMES VILCHEZ GUERREIRO
Conselheiro Relator

ANEXO 3 – RESOLUÇÃO Nº 113, DE 2010

Ementa: Dispõe sobre o procedimento relativo à execução de pena privativa de liberdade e de medida de segurança, e dá outras providências.

O PRESIDENTE DO CONSELHO NACIONAL DE JUSTIÇA, no uso de suas atribuições constitucionais e regimentais,

CONSIDERANDO a necessidade de uniformizar procedimentos relativos à execução de pena privativa de liberdade e de medida de segurança, no âmbito dos Tribunais;

CONSIDERANDO que o CNJ integra o Sistema de Informações Penitenciárias – INFOPEN, do Ministério da Justiça, o que dispensa a manutenção de sistema próprio de controle da população carcerária;

CONSIDERANDO que compete ao juiz da execução penal emitir anualmente atestado de pena a cumprir, conforme o disposto no inciso X do artigo 66 da Lei nº 7.210/1984, com as modificações introduzidas pela Lei nº 10.713/2003;

CONSIDERANDO a necessidade de consolidar normas do CNJ em relação à execução de pena privativa de liberdade e de medida de segurança;

CONSIDERANDO o deliberado pelo Plenário do Conselho Nacional de Justiça na 103ª Sessão Ordinária, realizada em 20 de abril de 2010, nos autos do ATO 0002698 57.2010.2.00.0000;

CONSIDERANDO o deliberado pelo Plenário do Conselho Nacional de Justiça na 103ª Sessão Ordinária, realizada em 20 de abril de 2010, nos autos do ATO 0002698 57.2010.2.00.0000;

RESOLVE:

DA EXECUÇÃO PENAL

Art. 1º A sentença penal condenatória será executada nos termos da Lei 7.210, de 11 de julho de 1984, da lei de organização judiciária local e da presente Resolução, devendo compor o processo de execução, além da guia, no que couber, as seguintes peças e informações:

I – qualificação completa do executado;

II – interrogatório do executado na polícia e em juízo;

III – cópias da denúncia;

~~IV – cópia da sentença, voto(s) e acórdão(s) e respectivos termos de publicação~~

IV – cópia da sentença, voto(s) e acórdão(s) e respectivos termos de publicação, inclusive contendo, se for o caso, a menção expressa ao deferimento de detração que importe determinação do regime de cumprimento de pena mais benéfico do que seria não fosse a detração, pelo próprio juízo do processo de conhecimento, nos termos do art. 387, § 2º, do Código de Processo Penal, acrescentado pela Lei 12.736/12; (Redação dada pela Resolução nº 180, de 03.10.13)

V – informação sobre os endereços em que possa ser localizado, antecedentes criminais e grau de instrução;

VI – instrumentos de mandato, substabelecimentos, despachos de nomeação de defensores dativos ou de intimação da Defensoria Pública;

~~VII – certidões de trânsito em julgado da condenação para a acusação e para a defesa;~~

~~VIII cópia do mandado de prisão temporária e/ou preventiva;~~

VIII – cópia do mandado de prisão temporária e/ou preventiva, com a respectiva certidão da data do cumprimento, bem como com a cópia de eventual alvará de soltura, também com a certidão da data do cumprimento da ordem de soltura, para cômputo da detração, (Redação dada pela Resolução nº 116, de 03.08.10)

VIII – cópia do mandado de prisão temporária e/ou preventiva, com a respectiva certidão da data do cumprimento, bem como com a cópia de eventual alvará de soltura, também com a certidão da data do cumprimento da ordem de soltura, para cômputo da detração, caso, nesta última hipótese, esta já não tenha sido apreciada pelo juízo do processo de conhecimento para determinação do regime de cumprimento de pena, nos termos do art. 387, § 2º, do Código de Processo Penal, acrescentado pela Lei 12.736/12; (Redação dada pela Resolução nº 180, de 03.10.13)

IX – nome e endereço do curador, se houver;

~~X – informações acerca do estabelecimento prisional em que o condenado encontra-se recolhido;~~

X – informações acerca do estabelecimento prisional em que o condenado encontra-se recolhido e para o qual deve ser removido, na hipótese de deferimento de detração que importe determinação do regime de cumprimento de pena mais benéfico do que haveria não fosse a detração, pelo próprio juízo do processo de conhecimento, nos termos do art. 387, § º, do Código de Processo Penal, acrescentado pela Lei 12.736/12; (Redação dada pela Resolução nº 180, de 03.10.2013)

XI – cópias da decisão de pronúncia e da certidão de preclusão em se tratando de condenação em crime doloso contra a vida;

XII – certidão carcerária;

XIII – cópias de outras peças do processo reputadas indispensáveis à adequada execução da pena.

Parágrafo único. A decisão do Tribunal que modificar o julgamento deverá ser comunicada imediatamente ao juízo da execução penal. (Incluído pela Resolução nº 237, de 23.08.2016)

Art. 2º A guia de recolhimento para cumprimento da pena privativa de liberdade e a guia de internação para cumprimento de medida de segurança obedecerão aos modelos dos anexos e serão expedidas em duas vias, remetendo-se uma à autoridade administrativa que custodia o executado e a outra ao juízo da execução penal competente.

§ 1º Estando preso o executado, a guia de recolhimento definitiva ou de internação será expedida ao juízo competente no prazo máximo de cinco dias, a contar do trânsito em julgado da sentença ou acórdão, ou do cumprimento do mandado de prisão ou de internação.

~~§ 2º Em se tratando de condenação em regime aberto a guia de execução será expedida no prazo fixado no parágrafo anterior, a contar da data da realização da audiência admonitória pelo juízo da condenação nos termos do artigo 113 da LEP. (Revogado pela Resolução nº 116, de 03.08.10)~~

§ 3º Recebida a guia de recolhimento, que deverá conter, além do regime inicial fixado na sentença, informação sobre eventual detração modificativa do regime de cumprimento da pena, deferida pelo juízo do processo de conhecimento, nos lindes do art. 387, § 2º, do Código de Processo Penal, acrescentado pela Lei 12.736/12, o estabelecimento penal onde está preso o executado promoverá a sua imediata transferência à unidade penal adequada, salvo se por outro motivo ele estiver preso, assegurado o controle judicial posterior. (Alterado pela Resolução nº 180, de 3 de outubro de 2013 – disponibilizada no DJ-e no 189/2013, em 04/10/2013, pág. 23)

§ 4º Expedida a guia de recolhimento definitiva, os autos da ação penal serão remetidos à distribuição para alteração da situação de parte para "arquivado" e baixa na autuação para posterior arquivamento.

Art. 3º O Juiz competente para a execução da pena ordenará a formação do Processo de Execução Penal (PEP), a partir das peças referidas no artigo 1º.

§ 1º Para cada réu condenado, formar-se-á um Processo de Execução Penal, individual e indivisível, reunindo todas as condenações que lhe forem impostas, inclusive aquelas que vierem a ocorrer no curso da execução.

§ 2º Caso sobrevenha condenação após o cumprimento da pena e extinção do processo de execução anterior, será formado novo processo de execução penal.

§ 3º Sobrevindo nova condenação no curso da execução, após o registro da respectiva guia de recolhimento, o juiz determinará a soma ou unificação da pena ao restante da que está sendo cumprida e fixará o novo regime de cumprimento, observada, quando for o caso, a detração ou remição.

~~Art. 4º Os incidentes de execução de que trata a Lei de Execução Penal, o apenso do Roteiro de Pena, bem como os pedidos de progressão de regime, livramento condicional, remição e quaisquer outros iniciados de ofício, por intermédio de algum órgão da execução ou a requerimento da parte interessada deverão ser autuados separadamente e apensos aos autos do processo de execução.~~

Art. 4º Os incidentes de execução de que trata a Lei de Execução Penal, o apenso do Roteiro de Pena, bem como os pedidos de progressão de regime, livramento condicional, remição e quaisquer outros iniciados de ofício, por intermédio de algum órgão da execução ou a requerimento da parte interessada poderão ser autuados separadamente e apensos aos autos do processo de execução. (Redação dada pela Resolução nº 116, de 03.08.2010)

~~Parágrafo único. O primeiro apenso constituirá o Roteiro de Penas, no qual devem ser elaborados e atualizados os cálculos de liquidação da pena, juntadas certidões de feitos em curso, folhas de antecedentes e outros documentos que permitam o direcionamento dos atos a serem praticados, tais como requisição de atestado de conduta carcerária, comunicação de fuga e recaptura.~~

Parágrafo único. No caso de se optar pela tramitação em separado, o primeiro apenso constituirá o Roteiro de Penas, no qual devem ser elaborados e atualizados os cálculos de liquidação da pena, juntadas certidões de feitos em curso, folhas de antecedentes e outros documentos que permitam o direcionamento dos atos a serem praticados, tais como requisição de atestado de conduta carcerária, comunicação de fuga e recaptura. (Redação dada pela Resolução nº 116, de 03.08.2010)

Art. 5º Autuada a guia de recolhimento no juízo de execução, imediatamente deverá ser providenciado o cálculo de liquidação de pena com informações quanto ao término e provável data de benefício, tais como progressão de regime e livramento condicional.

§ 1º Os cálculos serão homologados por decisão judicial, após manifestação da defesa e do Ministério Público.

§ 2º Homologado o cálculo de liquidação, a secretaria deverá providenciar o agendamento da data do término do cumprimento da pena e das datas de implementação dos lapsos temporais para postulação dos benefícios previstos em lei, bem como o encaminhamento de duas cópias do cálculo ou seu extrato ao diretor do estabelecimento prisional, a primeira para ser entregue ao executado, servindo como atestado de pena a cumprir e a segunda para ser arquivada no prontuário do executado.

Art. 6º Em cumprimento ao artigo 1º da Lei nº 7.210/84, o juízo da execução deverá, dentre as ações voltadas à integração social do condenado e do internado, e para que tenham acesso aos serviços sociais disponíveis, diligenciar para que sejam expedidos seus documentos pessoais, dentre os quais o CPF, que pode ser expedido de ofício, com base no artigo 11, V, da Instrução Normativa RFB nº 864, de 25 de julho de 2008.

Art. 7º Modificada a competência do juízo da execução, os autos serão remetidos ao juízo competente, excetuada a hipótese de agravo interposto e em processamento, caso em que a remessa dar-se-á após eventual juízo de retratação.

DA GUIA DE RECOLHIMENTO PROVISÓRIA

Art. 8º Tratando-se de réu preso por sentença condenatória recorrível, será expedida guia de recolhimento provisória da pena privativa de liberdade, ainda que pendente recurso sem efeito suspensivo, devendo, nesse caso, o juízo da execução definir o agendamento dos benefícios cabíveis.

Art. 9º A guia de recolhimento provisória será expedida ao Juízo da Execução Penal após o recebimento do recurso, independentemente de quem o interpôs, acompanhada, no que couber, das peças e informações previstas no artigo 1º.

§ 1º A expedição da guia de recolhimento provisória será certificada nos autos do processo criminal.

§ 2º Estando o processo em grau de recurso, sem expedição da guia de recolhimento provisória, às Secretarias desses órgãos caberão expedi-la e remetê-la ao juízo competente.

Art. 10. Sobrevindo decisão absolutória, o respectivo órgão prolator comunicará imediatamente o fato ao juízo competente para a execução, para anotação do cancelamento da guia.

Art. 11. Sobrevindo condenação transitada em julgado, o juízo de conhecimento encaminhará as peças complementares, nos termos do artigo 1º, ao juízo competente para a execução, que se incumbirá das providências cabíveis, também informando as alterações verificadas à autoridade administrativa.

DO ATESTADO DE PENA A CUMPRIR

Art. 12. A emissão de atestado de pena a cumprir e a respectiva entrega ao apenado, mediante recibo, deverão ocorrer:

I – no prazo de sessenta dias, a contar da data do início da execução da pena privativa de liberdade;

II – no prazo de sessenta dias, a contar da data do reinício do cumprimento da pena privativa de liberdade; e

III – para o apenado que já esteja cumprindo pena privativa de liberdade, até o último dia útil do mês de janeiro de cada ano.

Art. 13. Deverão constar do atestado anual de cumprimento de pena, dentre outras informações consideradas relevantes, as seguintes:

I o montante da pena privativa de liberdade;

II – o regime prisional de cumprimento da pena;

III – a data do início do cumprimento da pena e a data, em tese, do término do cumprimento integral da pena; e

IV – a data a partir da qual o apenado, em tese, poderá postular a progressão do regime prisional e o livramento condicional.

DA EXECUÇÃO DE MEDIDA DE SEGURANÇA

Art. 14. A sentença penal absolutória que aplicar medida de segurança será executada nos termos da Lei nº 7.210, de 11 de julho de 1984, da Lei nº 10216, de 06 de abril de 2001, da lei de organização judiciária local e da presente resolução, devendo compor o processo de execução, além da guia de internação ou de tratamento ambulatorial, as peças indicadas no artigo 1º dessa resolução, no que couber.

Art. 15. Transitada em julgado a sentença que aplicou medida de segurança, expedir-se-á guia de internação ou de tratamento ambulatorial em duas vias, remetendo-se uma delas à unidade hospitalar incumbida da execução e outra ao juízo da execução penal.

Art. 16. O juiz competente para a execução da medida de segurança ordenará a formação do processo de execução a partir das peças referidas no artigo 1º dessa resolução, no que couber.

Art. 17. O juiz competente para a execução da medida de segurança, sempre que possível buscará implementar políticas antimanicomiais, conforme sistemática da Lei nº 10.216, de 06 de abril de 2001.

DISPOSIÇÕES GERAIS

Art. 18. O juiz do processo de conhecimento expedirá ofícios ao Tribunal Regional Eleitoral com jurisdição sobre o domicílio eleitoral do apenado para os fins do artigo 15, inciso III, da Constituição Federal.

Art. 19. A extinção da punibilidade e o cumprimento da pena deverão ser registrados no rol de culpados e comunicados ao Tribunal Regional Eleitoral para as providências do artigo 15, III, da Constituição Federal. Após, os autos do Processo de Execução Penal serão arquivados, com baixa na distribuição e anotações quanto à situação da parte.

Art. 20. Todos os Juízos que receberem distribuição de comunicação de prisão em flagrante, de pedido de liberdade provisória, de inquérito com indiciado e de ação penal, depois de recebida a denúncia, deverão consultar o banco de dados de Processos de Execução Penal, e informar ao Juízo da Execução, quando constar Processo de Execução Penal (PEP) contra o preso, indiciado ou denunciado.

Art. 21. Os Juízos com processos em andamento que receberem a comunicação de novos antecedentes deverão comunicá-los imediatamente ao Juízo da Execução competente, para as providências cabíveis.

Art. 22. O Juízo que vier a exarar nova condenação contra o apenado, uma vez reconhecida a reincidência do réu, deverá comunicar esse fato ao Juízo da Condenação e da Execução para os fins dos arts. 95 e 117, inciso VI, do Código Penal.

Art. 23. Aplica-se a presente resolução, no que couber, aos sistemas eletrônicos de execução penal.

Art. 24. Os Tribunais e os juízos deverão adaptar sua legislação e práticas aos termos da presente Resolução nº prazo de até 60 dias.

Art. 25. Esta resolução entra em vigor na data de sua publicação.

Art. 26. Ficam revogadas a Resolução nº 19, de 29 de agosto de 2006, a Resolução nº 29, de 27 de Fevereiro de 2007, a Resolução nº 33, de 10 de abril de 2007, e a Resolução nº 57, de 24 de junho de 2008

Ministro **GILMAR MENDES**

ANEXO 4 – PORTARIA CONJUNTA Nº 276 – DISCIPLINA A REMIÇÃO PELA LEITURA NO SISTEMA PENITENCIÁRIO FEDERAL

PORTARIA CONJUNTA Nº 276,
DE 20 DE JUNHO DE 2012.

Disciplina o Projeto da Remição pela Leitura no Sistema Penitenciário Federal

O MINISTRO CORREGEDOR-GERAL DA JUSTIÇA FEDERAL e o DIRETOR GERAL DO DEPARTAMENTO PENITENCIÁRIO NACIONAL, no uso de suas atribuições legais e regimentais, resolvem:

Art. 1º Instituir, no âmbito das Penitenciárias Federais, o Projeto "Remição pela Leitura", em atendimento ao disposto na Lei de Execução Penal, no que tange à Assistência Educacional aos presos custodiados nas respectivas Penitenciárias Federais.

Parágrafo único. O referido Projeto poderá ser integrado a outros projetos de mesma natureza que venham a ser executados nas Penitenciárias Federais.

Art. 2º O Projeto visa à possibilidade de remição da pena do custodiado em regime fechado, em conformidade com o disposto no artigo 126 da Lei nº 7.210, de 11 de julho de 1984, alterado pela Lei 12.433/2011, de 29 de junho de 2011, concomitantemente com a Súmula 341 do STJ, com o Art. 3º, III da Resolução nº 02 do Conselho Nacional de Educação e com o Art. 3º, IV da Resolução nº 03 do Conselho Nacional de Política Criminal e Penitenciária, o qual associa a oferta da educação às ações complementares de fomento à leitura, atendendo a pressupostos de ordem objetiva e outros de ordem subjetiva.

Parágrafo único. O disposto neste artigo aplica-se às hipóteses de prisão cautelar.

Art. 3º A participação do preso dar-se-á de forma voluntária, sendo disponibilizado ao participante 01 (um) exemplar de obra literária, clássica, científica ou filosófica, dentre outras, de acordo com as obras disponíveis na Unidade, adquiridas pela Justiça Federal, pelo Departamento Penitenciário Nacional e doadas às Penitenciárias Federais.

Parágrafo único. Tendo em vista a real efetivação do projeto, é necessário que haja nos acervos das Bibliotecas das Penitenciárias Federais, no mínimo, 20 (vinte) exemplares de cada obra a serem trabalhadas no projeto.

Art. 4º Segundo o critério objetivo, o preso terá o prazo de 21 (vinte e um) a 30 (trinta) dias para leitura de uma obra literária, apresentando ao final deste período uma resenha a respeito do assunto, possibilitando, segundo critério legal de avaliação, a remição de 04 (quatro) dias de sua pena e ao final de até 12 (doze) obras lidas e avaliadas, terá a possibilidade de remir 48 (quarenta e oito) dias, no prazo de 12 (doze) meses, de acordo com a capacidade gerencial da Unidade.

Art. 5º O critério subjetivo possui embasamento legal no artigo 126 da nº 7210, de 11 de julho de 1984, equiparando-se ao trabalho intelectual, e considerar-se-á a fidedignidade e a clareza da resenha, sendo desconsideradas aquelas que não atenderem a esse pressuposto.

Art. 6º O referido Projeto desenvolver-se-á de acordo com:

I – A seleção dos presos participantes e a orientação de suas atividades será feita pela equipe de tratamento penitenciário, sendo que a avaliação das resenhas elaboradas ficarão a cargo de comissão específica, a ser nomeada pelo Diretor de cada Penitenciária Federal e presidida pelo (a) Chefe (a) da Divisão de Reabilitação da respectiva Unidade.

II – A comissão de que trata o inciso I do presente artigo será composta por servidores das Unidades Prisionais Federais – Especialistas em Assistência Penitenciária, Técnicos em Assistência Penitenciária, Agentes Penitenciários Federais e por servidores de instituições parceiras.

III – Podem participar do referido Projeto todos os presos da Unidade que tenham as competências de leitura e escrita necessárias para a execução das atividades referentes ao mesmo, principalmente aqueles que não estiverem sendo atendidos pela escola regular ou por outras oficinas/projetos extracurriculares.

IV – A avaliação das competências de que trata o inciso II do presente artigo ficará a cargo do(a) Pedagogo (a) da respectiva Unidade Penal Federal ou de servidor designado pelo presidida pelo(a) Chefe(a) da Divisão de Reabilitação da respectiva Unidade.

V – O preso participante do Projeto receberá orientações para tal, preferencialmente, através de Oficinas de Leitura, sendo cientificado da necessidade de alcançar os objetivos propostos para que haja a concessão da remição de pena, a saber:

a) ESTÉTICA: Respeitar parágrafo; não rasurar; respeitar margem; letra cursiva e legível;

b) LIMITAÇÃO AO TEMA: Limitar-se a resenhar somente o conteúdo do livro, isto é, não citar assuntos alheios ao objetivo proposto;

c) FIDEDIGNIDADE: proibição de resenhas que sejam consideradas como plágio.

VI – As Oficinas de Leitura, com vistas ao incentivo à leitura e ao desenvolvimento da escrita como forma criativa de expressão, abrangerá um universo maior de participantes e será realizada pela equipe de tratamento penitenciário e possíveis colaboradores, em salas de aula ou oficinas de trabalho, em data previamente agendada junto a Divisão de Segurança e Disciplina.

VII – A Comissão organizadora do Projeto analisará os trabalhos produzidos, observando os aspectos relacionados à compreensão e compatibilidade do texto com o livro trabalhado. O resultado deverá ser enviado, por ofício, ao Juiz Federal da Execução de Penas de cada Estabelecimento Penal Federal, para que este decida sobre o aproveitamento a título de remição da pena, contabilizando-se 4 (quatro) dias de remição de pena aos que alcançarem os objetivos propostos.

VIII – Aos integrantes da Comissão supracitada deverá ser dada ciência dos termos do Artigo 130, da Lei nº 7.210/84, acerca da possibilidade de constituição de crime por atestar com falsidade um pedido de remição de pena.

Art. 7º A remição será aferida e declarada pelo juiz federal corregedor, ouvidos o Ministério Público Federal e a defesa.

§ 1º A Direção da Penitenciária Federal encaminhará mensalmente ao juiz federal corregedor cópia do registro de todos os presos participantes do projeto, com informação referente ao item de leitura de cada um deles, de acordo com o Art. 4º deste dispositivo.

§ 2º Ao condenado dar-se-á a relação de seus dias remidos.

Art. 8º Esta Portaria entra em vigor na data de sua publicação.

JOÃO OTÁVIO DE NORONHA

Ministro Corregedor-Geral da Justiça Federal

AUGUSTO EDUARDO DE SOUSA ROSSINI

Diretor-Geral do Departamento

ANEXO 5 – LEI Nº 12.714/12 – DISPÕE SOBRE O SISTEMA DE ACOMPANHAMENTO DA EXECUÇÃO DAS PENAS, DA PRISÃO CAUTELAR E DA MEDIDA DE SEGURANÇA

Dispõe sobre o sistema de acompanhamento da execução das penas, da prisão cautelar e da medida de segurança.

A PRESIDENTA DA REPÚBLICA Faço saber que o Congresso Nacional decreta e eu sanciono a seguinte Lei:

Art. 1º Os dados e as informações da execução da pena, da prisão cautelar e da medida de segurança deverão ser mantidos e atualizados em sistema informatizado de acompanhamento da execução da pena.

§ 1º Os sistemas informatizados de que trata o caput serão, preferencialmente, de tipo aberto.

§ 2º Considera-se sistema ou programa aberto aquele cuja licença de uso não restrinja sob nenhum aspecto a sua cessão, distribuição, utilização ou modificação, assegurando ao usuário o acesso irrestrito e sem custos adicionais ao seu código fonte e documentação associada, permitindo a sua modificação parcial ou total, garantindo-se os direitos autorais do programador.

§ 3º Os dados e as informações previstos no caput serão acompanhados pelo magistrado, pelo representante do Ministério Público e pelo defensor e estarão disponíveis à pessoa presa ou custodiada.

§ 4º O sistema de que trata o caput deverá permitir o cadastramento do defensor, dos representantes dos conselhos penitenciários estaduais e do Distrito Federal e dos conselhos da comunidade para acesso aos dados e informações.

Art. 2º O sistema previsto no art. 1º deverá conter o registro dos seguintes dados e informações:

I – nome, filiação, data de nascimento e sexo;

II – data da prisão ou da internação;

III – comunicação da prisão à família e ao defensor;

IV – tipo penal e pena em abstrato;

V – tempo de condenação ou da medida aplicada;

VI – dias de trabalho ou estudo;

VII – dias remidos;

VIII – atestado de comportamento carcerário expedido pelo diretor do estabelecimento prisional;

IX – faltas graves;

X – exame de cessação de periculosidade, no caso de medida de segurança; e

XI – utilização de equipamento de monitoração eletrônica pelo condenado.

Art. 3º O lançamento dos dados ou das informações de que trata o art. 2º ficará sob a responsabilidade:

I – da autoridade policial, por ocasião da prisão, quanto ao disposto nos incisos I a IV do caput do art. 2º;

II – do magistrado que proferir a decisão ou acórdão, quanto ao disposto nos incisos V, VII e XI do caput do art. 2º;

III – do diretor do estabelecimento prisional, quanto ao disposto nos incisos VI, VIII e IX do caput do art. 2º; e

IV – do diretor da unidade de internação, quanto ao disposto no inciso X do caput do art. 2º.

Parágrafo único. Os dados e informações previstos no inciso II do caput do art. 2º poderão, a qualquer momento, ser revistos pelo magistrado.

Art. 4º O sistema referido no art. 1º deverá conter ferramentas que:

I – informem as datas estipuladas para:

a) conclusão do inquérito;

b) oferecimento da denúncia;

c) obtenção da progressão de regime;

d) concessão do livramento condicional;

e) realização do exame de cessação de periculosidade; e

f) enquadramento nas hipóteses de indulto ou de comutação de pena;

II – calculem a remição da pena; e

III – identifiquem a existência de outros processos em que tenha sido determinada a prisão do réu ou acusado.

§ 1º O sistema deverá ser programado para informar tempestiva e automaticamente, por aviso eletrônico, as datas mencionadas no inciso I do caput:

I – ao magistrado responsável pela investigação criminal, processo penal ou execução da pena ou cumprimento da medida de segurança;

II – ao Ministério Público; e

III – ao defensor.

§ 2º Recebido o aviso previsto no § 1º, o magistrado verificará o cumprimento das condições legalmente previstas para soltura ou concessão de outros benefícios à pessoa presa ou custodiada e dará vista ao Ministério Público.

Art. 5º O Poder Executivo federal instituirá sistema nacional, visando à interoperabilidade das bases de dados e informações dos sistemas informatizados instituídos pelos Estados e pelo Distrito Federal.

Parágrafo único. A União poderá apoiar os Estados e o Distrito Federal no desenvolvimento, implementação e adequação de sistemas próprios que permitam interoperabilidade com o sistema nacional de que trata o caput.

Art. 6º Esta Lei entra em vigor após decorridos 365 (trezentos e sessenta e cinco) dias de sua publicação oficial.

Brasília, 14 de setembro de 2012; 191º da Independência e 124º da República.

DILMA ROUSSEFF

José Eduardo Cardozo

Maria do Rosário Nunes

ANEXO 6 – LEI Nº 12.847/13 – INSTITUI O SISTEMA NACIONAL DE PREVENÇÃO E COMBATE À TORTURA

Institui o Sistema Nacional de Prevenção e Combate à Tortura; cria o Comitê Nacional de Prevenção e Combate à Tortura e o Mecanismo Nacional de Prevenção e Combate à Tortura; e dá outras providências.

A PRESIDENTA DA REPÚBLICA Faço saber que o Congresso Nacional decreta e eu sanciono a seguinte Lei:

CAPÍTULO I – DO SISTEMA NACIONAL DE PREVENÇÃO E COMBATE À TORTURA – SNPCT

Art. 1º Fica instituído o Sistema Nacional de Prevenção e Combate à Tortura – SNPCT, com o objetivo de fortalecer a prevenção e o combate à tortura, por meio de articulação e atuação cooperativa de seus integrantes, dentre outras formas, permitindo as trocas de informações e o intercâmbio de boas práticas.

Art. 2º O SNPCT será integrado por órgãos e entidades públicas e privadas com atribuições legais ou estatutárias de realizar o monitoramento, a supervisão e o controle de estabelecimentos e unidades onde se encontrem pessoas privadas de liberdade, ou de promover a defesa dos direitos e interesses dessas pessoas.

§ 1º O SNPCT será composto pelo Comitê Nacional de Prevenção e Combate à Tortura – CNPCT, pelo Mecanismo Nacional de Prevenção e Combate à Tortura – MNPCT, pelo Conselho Nacional de Política Criminal e Penitenciária – CNPCP e pelo órgão do Ministério da Justiça responsável pelo sistema penitenciário nacional.

§ 2º O SNPCT poderá ser integrado, ainda, pelos seguintes órgãos e entidades, dentre outros:

I – comitês e mecanismos estaduais e distrital de prevenção e combate à tortura;

II – órgãos do Poder Judiciário com atuação nas áreas de infância, de juventude, militar e de execução penal;

III – comissões de direitos humanos dos poderes legislativos federal, estaduais, distrital e municipais;

IV – órgãos do Ministério Público com atuação no controle externo da atividade policial, pelas promotorias e procuradorias militares, da infância e da juventude e de proteção ao cidadão ou pelos vinculados à execução penal;

V – defensorias públicas;

VI – conselhos da comunidade e conselhos penitenciários estaduais e distrital;

VII – corregedorias e ouvidorias de polícia, dos sistemas penitenciários federal, estaduais e distrital e demais ouvidorias com atuação relacionada à prevenção e combate à tortura, incluídas as agrárias;

VIII – conselhos estaduais, municipais e distrital de direitos humanos;

IX – conselhos tutelares e conselhos de direitos de crianças e adolescentes; e

X – organizações não governamentais que reconhecidamente atuem no combate à tortura.

§ 3º Ato do Poder Executivo disporá sobre o funcionamento do SNPCT.

Art. 3º Para os fins desta Lei, considera-se:

I – tortura: os tipos penais previstos na Lei no 9.455, de 7 de abril de 1997, respeitada a definição constante do Artigo 1 da Convenção Contra a Tortura e Outros Tratamentos ou Penas Cruéis, Desumanos ou Degradantes, promulgada pelo Decreto no 40, de 15 de fevereiro de 1991; e

II – pessoas privadas de liberdade: aquelas obrigadas, por mandado ou ordem de autoridade judicial, ou administrativa ou policial, a permanecerem em determinados locais públicos ou privados, dos quais não possam sair de modo independente de sua vontade, abrangendo locais de internação de longa permanência, centros de detenção, estabelecimentos penais, hospitais psiquiátricos, casas de custódia, instituições socioeducativas para adolescentes em conflito com a lei e centros de detenção disciplinar em âmbito militar, bem como nas instalações mantidas pelos órgãos elencados no art. 61 da Lei no 7.210, de 11 de julho de 1984.

Art. 4º São princípios do SNPCT:

I – proteção da dignidade da pessoa humana;

II – universalidade;

III – objetividade;

IV – igualdade;

V – imparcialidade;

VI – não seletividade; e

VII – não discriminação.

Art. 5º São diretrizes do SNPCT:

I – respeito integral aos direitos humanos, em especial aos direitos das pessoas privadas de liberdade;

II – articulação com as demais esferas de governo e de poder e com os órgãos responsáveis pela segurança pública, pela custódia de pessoas privadas de liberdade, por locais de internação de longa permanência e pela proteção de direitos humanos; e

III – adoção das medidas necessárias, no âmbito de suas competências, para a prevenção e o combate à tortura e a outros tratamentos ou penas cruéis, desumanos ou degradantes.

CAPÍTULO II – DO COMITÊ NACIONAL DE PREVENÇÃO E COMBATE À TORTURA – CNPCT

Art. 6º Fica instituído no âmbito da Secretaria de Direitos Humanos da Presidência da República o Comitê Nacional de Prevenção e Combate à Tortura – CNPCT, com a função de prevenir e combater a tortura e outros tratamentos ou penas cruéis, desumanos ou degradantes, mediante o exercício das seguintes atribuições, entre outras:

I – acompanhar, avaliar e propor aperfeiçoamentos às ações, aos programas, aos projetos e aos planos de prevenção e combate à tortura e a outros tratamentos ou penas cruéis, desumanos ou degradantes desenvolvidos em âmbito nacional;

II – acompanhar, avaliar e colaborar para o aprimoramento da atuação de órgãos de âmbito nacional, estadual, distrital e municipal cuja função esteja relacionada com suas finalidades;

III – acompanhar a tramitação dos procedimentos de apuração administrativa e judicial, com vistas ao seu cumprimento e celeridade;

IV – acompanhar a tramitação de propostas normativas;

V – avaliar e acompanhar os projetos de cooperação firmados entre o Governo brasileiro e organismos internacionais;

VI – recomendar a elaboração de estudos e pesquisas e incentivar a realização de campanhas;

VII – apoiar a criação de comitês ou comissões semelhantes na esfera estadual e distrital para o monitoramento e a avaliação das ações locais;

VIII – articular-se com organizações e organismos locais, regionais, nacionais e internacionais, em especial no âmbito do Sistema Interamericano e da Organização das Nações Unidas;

IX – participar da implementação das recomendações do MNPCT e com ele se empenhar em diálogo sobre possíveis medidas de implementação;

X – subsidiar o MNPCT com dados e informações;

XI – construir e manter banco de dados, com informações sobre a atuação dos órgãos governamentais e não governamentais;

XII – construir e manter cadastro de alegações, denúncias criminais e decisões judiciais;

XIII – difundir as boas práticas e as experiências exitosas de órgãos e entidades;

XIV – elaborar relatório anual de atividades, na forma e no prazo dispostos em seu regimento interno;

XV – fornecer informações relativas ao número, tratamento e condições de detenção das pessoas privadas de liberdade; e

XVI – elaborar e aprovar o seu regimento interno.

Art. 7º O CNPCT será composto por 23 (vinte e três) membros, escolhidos e designados pelo Presidente da República, sendo 11 (onze) representantes de órgãos do Poder Executivo federal e 12 (doze) de conselhos de classes profissionais e de organizações da sociedade civil, tais como entidades representativas de trabalhadores, estudantes, empresários, instituições de ensino e pesquisa, movimentos de direitos humanos e outras cuja atuação esteja relacionada com a temática de que trata esta Lei.

§ 1º O CNPCT será presidido pelo Ministro de Estado Chefe da Secretaria de Direitos Humanos da Presidência da República.

§ 2º O Vice-Presidente será eleito pelos demais membros do CNPCT e exercerá mandato fixo de 1 (um) ano, assegurando-se a alternância entre os representantes do Poder Executivo federal e os representantes de conselhos de classes profissionais e de organizações da sociedade civil, na forma do regulamento.

§ 3º Haverá 1 (um) suplente para cada membro titular do CNPCT.

§ 4º Representantes do Ministério Público, do Poder Judiciário, da Defensoria Pública e de outras instituições públicas participarão do CNPCT na condição de convidados em caráter permanente, com direito a voz.

§ 5º Poderão participar das reuniões do CNPCT, a convite de seu Presidente, e na qualidade de observadores, especialistas e representantes de instituições públicas ou privadas que exerçam relevantes atividades no enfrentamento à tortura.

§ 6º A participação no CNPCT será considerada prestação de serviço público relevante, não remunerada.

§ 7º Ato do Poder Executivo disporá sobre a composição e o funcionamento do CNPCT.

§ 8º Para a composição do CNPCT – Comitê Nacional de Prevenção e Combate à Tortura, será assegurada a realização de prévia consulta pública para a escolha dos membros de classe e da sociedade civil, observadas a representatividade e a diversidade da representação.

CAPÍTULO III – DO MECANISMO NACIONAL DE PREVENÇÃO E COMBATE À TORTURA – MNPCT

Art. 8º Fica criado o Mecanismo Nacional de Prevenção e Combate à Tortura-MNPCT, órgão integrante da estrutura da Secretaria de Direitos Humanos da Presidência da República, responsável pela prevenção e combate à tortura e a outros tratamentos ou penas cruéis, desumanos ou degradantes, nos termos do Artigo 3 do Protocolo Facultativo à Convenção das Nações Unidas contra a Tortura e Outros Tratamentos ou Penas Cruéis, Desumanos ou Degradantes, promulgado pelo Decreto no 6.085, de 19 de abril de 2007.

§ 1º O MNPCT será composto por 11 (onze) peritos, escolhidos pelo CNPCT entre pessoas com notório conhecimento e formação de nível superior, atuação e experiência na área de prevenção e combate à tortura e a outros tratamentos ou penas cruéis, desumanos ou degradantes, e nomeados pelo Presidente da República, para mandato fixo de 3 (três) anos, permitida uma recondução.

§ 2º Os membros do MNPCT terão independência na sua atuação e garantia do seu mandato, do qual não serão destituídos senão pelo Presidente da República nos casos de condenação penal transitada em julgado, ou de processo disciplinar, em conformidade com as Leis nos 8.112, de 11 de dezembro de 1990, e 8.429, de 2 de junho de 1992.

§ 3º O afastamento cautelar de membro do MNPCT poderá ser determinado por decisão fundamentada do CNPCT, no caso de constatação de indício de materialidade e autoria de crime ou de grave violação ao dever funcional, o que perdurará até a conclusão do procedimento disciplinar de que trata o § 2º.

§ 4º Não poderão compor o MNPCT, na condição de peritos, aqueles que:

I – exerçam cargos executivos em agremiação partidária;

II – não tenham condições de atuar com imparcialidade no exercício das competências do MNPCT.

§ 5º Os Estados poderão criar o Mecanismo Estadual de Prevenção e Combate à Tortura – MEPCT, órgão responsável pela prevenção e combate à tortura e a outros tratamentos ou penas cruéis, desumanos ou degradantes, no âmbito estadual.

§ 6º A visita periódica a que se refere o inciso I do caput e o § 2º, ambos do art. 9º, deverá ser realizada em conjunto com o Mecanismo Estadual, que será avisado com antecedência de 24 (vinte e quatro) horas.

§ 7º A inexistência, a recusa ou a impossibilidade de o Mecanismo Estadual acompanhar a visita periódica no dia e hora marcados não impede a atuação do MNPCT.

Art. 9º Compete ao MNPCT:

I – planejar, realizar e monitorar visitas periódicas e regulares a pessoas privadas de liberdade em todas as unidades da Federação, para verificar as condições de fato e de direito a que se encontram submetidas;

II – articular-se com o Subcomitê de Prevenção da Organização das Nações Unidas, previsto no Artigo 2 do Protocolo Facultativo à Convenção das Nações Unidas contra a Tortura e Outros Tratamentos ou Penas Cruéis, Desumanos ou Degradantes, promulgado pelo Decreto nº 6.085, de 19 de abril de 2007, de forma a dar apoio a suas missões no território nacional, com o objetivo de unificar as estratégias e políticas de prevenção da tortura e de outros tratamentos e práticas cruéis, desumanos ou degradantes;

III – requerer à autoridade competente que instaure procedimento criminal e administrativo mediante a constatação de indícios da prática de tortura e de outros tratamentos e práticas cruéis, desumanos ou degradantes;

IV – elaborar relatório circunstanciado de cada visita realizada nos termos do inciso I e, no prazo máximo de 30 (trinta) dias, apresentá-lo ao CNPCT, à Procuradoria-Geral da República e às autoridades responsáveis pela detenção e outras autoridades competentes;

V – elaborar, anualmente, relatório circunstanciado e sistematizado sobre o conjunto de visitas realizadas e recomendações formuladas, comunicando ao dirigente imediato do estabelecimento ou da unidade visitada e ao dirigente máximo do órgão ou da instituição a que esteja vinculado o estabelecimento ou unidade visitada de qualquer dos entes federativos, ou ao particular responsável, do inteiro teor do relatório produzido, a fim de que sejam solucionados os problemas identificados e o sistema aprimorado;

VI – fazer recomendações e observações às autoridades públicas ou privadas, responsáveis pelas pessoas em locais de privação de liberdade, com vistas a garantir a observância dos direitos dessas pessoas;

VII – publicar os relatórios de visitas periódicas e regulares realizadas e o relatório anual e promover a difusão deles;

VIII – sugerir propostas e observações a respeito da legislação existente; e

IX – elaborar e aprovar o seu regimento interno.

§ 1º A atuação do MNPCT dar-se-á sem prejuízo das competências atribuídas aos demais órgãos e entidades que exerçam funções semelhantes.

§ 2º Nas visitas previstas no inciso I do caput, o MNPCT poderá ser representado por todos os seus membros ou por grupos menores e poderá convidar representantes de entidades da sociedade civil, peritos e especialistas com atuação em áreas afins.

§ 3º A seleção de projetos que utilizem recursos oriundos do Fundo Penitenciário Nacional, do Fundo Nacional de Segurança Pública, do Fundo Nacional do Idoso e do Fundo Nacional para a Criança e o Adolescente deverá levar em conta as recomendações formuladas pelo MNPCT.

§ 4º O Departamento de Polícia Federal e o Departamento de Polícia Rodoviária Federal prestarão o apoio necessário à atuação do MNPCT.

Art. 10. São assegurados ao MNPCT e aos seus membros:

I – a autonomia das posições e opiniões adotadas no exercício de suas funções;

II – o acesso, independentemente de autorização, a todas as informações e registros relativos ao número, à identidade, às condições de detenção e ao tratamento conferido às pessoas privadas de liberdade;

III – o acesso ao número de unidades de detenção ou execução de pena privativa de liberdade e a respectiva lotação e localização de cada uma;

IV – o acesso a todos os locais arrolados no inciso II do caput do art. 3º, públicos e privados, de privação de liberdade e a todas as instalações e equipamentos do local;

V – a possibilidade de entrevistar pessoas privadas de liberdade ou qualquer outra pessoa que possa fornecer informações relevantes, reservadamente e sem testemunhas, em local que garanta a segurança e o sigilo necessários;

VI – a escolha dos locais a visitar e das pessoas a serem entrevistadas, com a possibilidade, inclusive, de fazer registros por meio da utilização de recursos audiovisuais, respeitada a intimidade das pessoas envolvidas; e

VII – a possibilidade de solicitar a realização de perícias oficiais, em consonância com as normas e diretrizes internacionais e com o art. 159 do Decreto-Lei no 3.689, de 3 de outubro de 1941 – Código de Processo Penal.

§ 1º As informações obtidas pelo MNPCT serão públicas, observado o disposto na Lei no 12.527, de 18 de novembro de 2011.

§ 2º O MNPCT deverá proteger as informações pessoais das pessoas privadas de liberdade, de modo a preservar sua segurança, intimidade, vida privada, honra ou imagem, sendo vedada a publicação de qualquer dado pessoal sem o seu consentimento expresso.

§ 3º Os documentos e relatórios elaborados no âmbito das visitas realizadas pelo MNPCT nos termos do inciso I do caput do art. 9º poderão produzir prova em juízo, de acordo com a legislação vigente.

§ 4º Não se prejudicará pessoa, órgão ou entidade por ter fornecido informação ao MNPCT, assim como não se permitirá que nenhum servidor público ou autoridade tolere ou lhes ordene, aplique ou permita sanção relacionada com esse fato.

Art. 11. O MNPCT trabalhará de forma articulada com os demais órgãos que compõem o SNPCT e, anualmente, prestará contas das atividades realizadas ao CNPCT.

CAPÍTULO IV – DISPOSIÇÕES FINAIS E TRANSITÓRIAS

Art. 12. A Secretaria de Direitos Humanos da Presidência da República garantirá o apoio técnico, financeiro e administrativo necessários ao funcionamento do SNPCT, do CNPCT e do MNPCT, em especial à realização das visitas periódicas e regulares previstas no inciso I do caput do art. 9º por parte do MNPCT, em todas as unidades da Federação.

Art. 13. A Secretaria de Direitos Humanos da Presidência da República fomentará a criação de mecanismos preventivos de combate à tortura no âmbito dos Estados ou do Distrito Federal, em consonância com o Protocolo Facultativo à Convenção das Nações Unidas contra a Tortura e Outros Tratamentos ou Penas Cruéis, Desumanos ou Degradantes, promulgado pelo Decreto nº 6.085, de 19 de abril de 2007.

Art. 14. Os primeiros membros do MNPCT cumprirão mandatos diferenciados, nos seguintes termos:

I – 3 (três) peritos serão nomeados para cumprir mandato de 2 (dois) anos;

II – 4 (quatro) peritos serão nomeados para cumprir mandato de 3 (três) anos; e

III – 4 (quatro) peritos serão nomeados para cumprir mandato de 4 (quatro) anos.

Parágrafo único. Nos mandatos subsequentes deverá ser aplicado o disposto no § 1º do art. 8º.

Art. 15. Esta Lei entra em vigor na data de sua publicação.

Brasília, 2 de agosto de 2013; 192º da Independência e 125º da República.

DILMA ROUSSEFF

José Eduardo Cardozo

Maria do Rosário Nunes

ANEXO 7 – LEI Nº 15.552/14 – PROÍBE A REVISTA ÍNTIMA DOS VISITANTES NOS ESTABELECIMENTOS PRISIONAIS

Proíbe a revista íntima dos visitantes nos estabelecimentos prisionais e dá outras providências

O GOVERNADOR DO ESTADO DE SÃO PAULO:

Faço saber que a Assembleia Legislativa decreta e eu promulgo a seguinte lei:

Art. 1º – Ficam os estabelecimentos prisionais proibidos de realizar revista íntima nos visitantes.

Parágrafo único – Os procedimentos de revista dar-se-ão em razão de necessidade de segurança e serão realizados com respeito à dignidade humana.

Art. 2º – Para os efeitos desta lei, consideram-se:

I – vetado;

II – visitante: toda pessoa que ingressa em estabelecimento prisional para manter contato direto ou indireto com detento;

III – revista íntima: todo procedimento que obrigue o visitante a:

1 – despir-se;

2 – fazer agachamentos ou dar saltos;

3 – submeter-se a exames clínicos invasivos.

Art. 3º – Todo visitante que ingressar no estabelecimento prisional será submetido à revista mecânica, a qual deverá ser executada, em local reservado, por meio da utilização de equipamentos capazes de garantir segurança ao estabelecimento prisional, tais como:

I – "scanners" corporais;

II – detectores de metais;

III – aparelhos de raios X;

IV – outras tecnologias que preservem a integridade física, psicológica e moral do visitante revistado.

Parágrafo único – Vetado.

Art. 4º – Na hipótese de suspeita justificada de que o visitante esteja portando objeto ou substância ilícitos, identificada durante o procedimento de revista mecânica, deverão ser tomadas as seguintes providências:

I – o visitante deverá ser novamente submetido à revista mecânica, preferencialmente utilizando-se equipamento diferente do usado na primeira vez, dentre os elencados no artigo 3º da presente lei;

II – persistindo a suspeita prevista do "caput" deste artigo, o visitante poderá ser impedido de entrar no estabelecimento prisional;

III – caso insista na visita, será encaminhado a um ambulatório onde um médico realizará os procedimentos adequados para averiguar a suspeita.

Parágrafo único – Na hipótese de ser confirmada a suspeita descrita no "caput" deste artigo, encontrando-se objetos ilícitos com o visitante, este será encaminhado à Delegacia de Polícia para as providências cabíveis.

Art. 5º – O Poder Executivo regulamentará a presente lei no prazo de 180 (cento e oitenta) dias a contar da data de sua publicação.

Art. 6º – As despesas resultantes da execução desta lei correrão à conta de dotações orçamentárias próprias.

Art. 7º – Esta lei entra em vigor na data de sua publicação.

Palácio dos Bandeirantes, 12 de agosto de 2014.

GERALDO ALCKMIN

Lourival Gomes

Secretário da Administração Penitenciária

Fernando Grella Vieira

Secretário da Segurança Pública

Saulo de Castro Abreu Filho

Secretário-Chefe da Casa Civil

Publicada na Assessoria Técnico-Legislativa, aos 12 de agosto de 2014.

ANEXO 8 – RESOLUÇÃO CONJUNTA Nº 1/14 – ESTABELECE OS PARÂMETROS DE ACOLHIMENTO DE LGBT EM PRIVAÇÃO DE LIBERDADE NO BRASIL

CONSELHO NACIONAL DE COMBATE A DISCRIMINAÇÃO

O PRESIDENTE DO CONSELHO NACIONAL DE POLÍTICA CRIMINAL E PENITENCIÁRIA – CNPCP, DR. HERBERT JOSE ALMEIDA CARNEIRO, no uso de suas atribuições legais, previstas no Art. 64, I, Lei nº 7.210/84, bem como no art. 39, I e II, do Anexo I do Decreto nº 6.061, de 15 de março de 2007 e o PRESIDENTE DO CONSELHO NACIONAL DE COMBATE À DISCRIMINAÇÃO – CNCD/LGBT, DR. GUSTAVO BERNARDES CARVALHO, no uso de suas atribuições legais, previstas no art. 6, III, do Decreto no 7.388, de 09 de dezembro de 2010, Considerando o disposto na Constituição Federal, em especial no artigo 5º, incisos III, XLI, XLVII, XLVIII e XLIX.

Considerando a Declaração Universal dos Direitos Humanos, a Convenção Americana de Direitos Humanos (Pacto de San José da Costa Rica), a Convenção contra a Tortura e Outras Penas ou Tratamentos Cruéis, Desumanos ou Degradantes e seu Protocolo Facultativo, as Regras Mínimas das Nações Unidas para o tratamento de presos, as Regras das Nações Unidas para o tratamento de mulheres presas e medidas não privativas de liberdade para mulheres infratoras

(Regras de Bangkok), e todos os outros instrumentos internacionais aplicáveis à matéria, bem como os Princípios de Yogyakarta (Princípios sobre a aplicação da legislação internacional de direitos humanos em relação à orientação sexual e identidade de gênero);

Considerando o disposto na Lei Federal nº 7.210, de 11 de julho de 1984, que instituiu a Lei de Execução Penal, em especial nos artigos 40, 41 e 45;

Considerando a Lei Federal nº 12.847, de 2 de agosto de 2013, que Instituiu o Sistema Nacional de Prevenção e Combate à Tortura; cria o Comitê Nacional de Prevenção e Combate à Tortura e o Mecanismo Nacional de Prevenção e Combate à Tortura; e dá outras providências;

Considerando o Decreto nº 7.626, de 24 de novembro de 2011, que estabelece o plano estratégico de educação no âmbito do Sistema Prisional;

Considerando a Resolução CNPCP nº 4, de 29 de junho de 2011, que recomenda aos Departamentos Penitenciários Estaduais ou órgãos congêneres seja assegurado o direito à visita íntima a pessoa presa, recolhida nos estabelecimentos prisionais, resolvem:

Art. 1º Estabelecer os parâmetros de acolhimento de LGBT em privação de liberdade no Brasil.

Parágrafo único. Para efeitos desta Resolução, entende-se por LGBT a população composta por lésbicas, gays, bissexuais, travestis e transexuais, considerando-se:

I – Lésbicas: denominação específica para mulheres que se relacionam afetiva e sexualmente com outras mulheres;

II – Gays: denominação específica para home;

III – Bissexuais: pessoas que se relacionam afetiva e sexualmente com ambos os sexos;

IV – Travestis: pessoas que pertencem ao sexo masculino na dimensão fisiológica, mas que socialmente se apresentam no gênero feminino, sem rejeitar o sexo biológico; e

V – Transexuais: pessoas que são psicologicamente de um sexo e anatomicamente de outro, rejeitando o próprio órgão sexual biológico.

Art. 2º A pessoa travesti ou transexual em privação de liberdade tem o direito de ser chamada pelo seu nome social, de acordo com o seu gênero.

Parágrafo único. O registro de admissão no estabelecimento prisional deverá conter o nome social da pessoa presa.

Art. 3º Às travestis e aos gays privados de liberdade em unidades prisionais masculinas, considerando a sua segurança e especial vulnerabilidade, deverão ser oferecidos espaços de vivência específicos.

§ 1º Os espaços para essa população não devem se destinar à aplicação de medida disciplinar ou de qualquer método coercitivo.

§ 2º A transferência da pessoa presa para o espaço de vivência específico ficará condicionada à sua expressa manifestação de vontade.

Art. 4º As pessoas transexuais masculinas e femininas devem ser encaminhadas para as unidades prisionais femininas.

Parágrafo único. Às mulheres transexuais deverá ser garantido tratamento isonômico ao das demais mulheres em privação de liberdade.

Art. 5º À pessoa travesti ou transexual em privação de liberdade serão facultados o uso de roupas femininas ou masculinas, conforme o gênero, e a manutenção de cabelos compridos, se o tiver, garantindo seus caracteres secundários de acordo com sua identidade de gênero.

Art. 6º É garantido o direito à visita íntima para a população LGBT em situação de privação de liberdade, nos termos da Portaria MJ nº 1190/2008 e na Resolução CNPCP nº 4, de 29 de junho de 2011.

Art. 7º É garantida à população LGBT em situação de privação de liberdade a atenção integral à saúde, atendidos os parâmetros da Política Nacional de Saúde Integral de Lésbicas, Gays, Bissexuais, Travestis e Transexuais – LGBT e da Política Nacional de Atenção Integral à Saúde das Pessoas Privadas de Liberdade no Sistema Prisional – PNAISP.

Parágrafo único – À pessoa travesti, mulher ou homem transexual em privação de liberdade, serão garantidos a manutenção do seu tratamento hormonal e o acompanhamento de saúde específico.

Art. 8º A transferência compulsória entre celas e alas ou quaisquer outros castigos ou sanções em razão da condição de pessoa LGBT são considerados tratamentos desumanos e degradantes.

Art. 9º Será garantido à pessoa LGBT, em igualdade de condições, o acesso e a continuidade da sua formação educacional e profissional sob a responsabilidade do Estado.

Art. 10. O Estado deverá garantir a capacitação continuada aos profissionais dos estabelecimentos penais considerando a perspectiva dos direitos humanos e os princípios de igualdade e não discriminação, inclusive em relação à orientação sexual e identidade de gênero.

Art. 11. Será garantido à pessoa LGBT, em igualdade de condições, o benefício do auxílio-reclusão aos dependentes do segurado recluso, inclusive ao cônjuge ou companheiro do mesmo sexo.

Art. 12. Esta Resolução entrará em vigor na data de sua publicação.

HERBERT JOSE ALMEIDA CARNEIRO

Presidente do CNPCP

GUSTAVO BERNARDES

Presidente do CNCD/LGBT

ANEXO 9 – LEI Nº 11.671/08 – DISPÕE SOBRE A TRANSFERÊNCIA E INCLUSÃO DE PRESOS EM ESTABELECIMENTOS PENAIS FEDERAIS DE SEGURANÇA MÁXIMA

Dispõe sobre a transferência e inclusão de presos em estabelecimentos penais federais de segurança máxima e dá outras providências.

O PRESIDENTE DA REPÚBLICA Faço saber que o Congresso Nacional decreta e eu sanciono a seguinte Lei:

Art. 1º A inclusão de presos em estabelecimentos penais federais de segurança máxima e a transferência de presos de outros estabelecimentos para aqueles obedecerão ao disposto nesta Lei.

Art. 2º A atividade jurisdicional de execução penal nos estabelecimentos penais federais será desenvolvida pelo juízo federal da seção ou subseção judiciária em que estiver localizado o estabelecimento penal federal de segurança máxima ao qual for recolhido o preso.

Parágrafo único. O juízo federal de execução penal será competente para as ações de natureza penal que tenham por objeto fatos ou incidentes relacionados à execução da pena ou infrações penais ocorridas no estabelecimento penal federal. (Incluído pela Lei nº 13.964, de 2019)

Art. 3º Serão incluídos em estabelecimentos penais federais de segurança máxima aqueles para quem a medida se justifique no interesse da segurança pública ou do próprio preso, condenado ou provisório. (Redação dada pela Lei nº13.964/19)

§ 1º A inclusão em estabelecimento penal federal de segurança máxima, no atendimento do interesse da segurança pública, será em regime fechado de segurança máxima, com as seguintes características: (Incluído pela Lei nº 13.964, de 2019)

I – recolhimento em cela individual; (Incluído pela Lei nº 13.964, de 2019)

II – visita do cônjuge, do companheiro, de parentes e de amigos somente em dias determinados, por meio virtual ou no parlatório, com o máximo de 2 (duas) pessoas por vez, além de eventuais crianças, separados por vidro e comunicação por meio de interfone, com filmagem e gravações; (Incluído pela Lei nº 13.964, de 2019)

III – banho de sol de até 2 (duas) horas diárias; e (Incluído pela Lei nº 13.964, de 2019)

IV – monitoramento de todos os meios de comunicação, inclusive de correspondência escrita. (Incluído pela Lei nº 13.964, de 2019)

§ 2º Os estabelecimentos penais federais de segurança máxima deverão dispor de monitoramento de áudio e vídeo no parlatório e nas áreas comuns, para fins de preservação da ordem interna e da segurança pública, vedado seu uso nas celas e no atendimento advocatício, salvo expressa autorização judicial em contrário. (Incluído pela Lei nº 13.964, de 2019)

§ 3º As gravações das visitas não poderão ser utilizadas como meio de prova de infrações penais pretéritas ao ingresso do preso no estabelecimento. (Incluído pela Lei nº 13.964, de 2019)

§ 4º Os diretores dos estabelecimentos penais federais de segurança máxima ou o Diretor do Sistema Penitenciário Federal poderão suspender e restringir o direito de visitas previsto no inciso II do § 1º deste artigo por meio de ato fundamentado. (Incluído pela Lei nº 13.964, de 2019)

§ 5º Configura o crime do art. 325 do Decreto-Lei nº 2.848, de 7 de dezembro de 1940 (Código Penal), a violação ao disposto no § 2º deste artigo. (Incluído pela Lei nº 13.964, de 2019)

Art. 4º A admissão do preso, condenado ou provisório, dependerá de decisão prévia e fundamentada do juízo federal competente, após receber os autos de transferência enviados pelo juízo responsável pela execução penal ou pela prisão provisória.

§ 1º A execução penal da pena privativa de liberdade, no período em que durar a transferência, ficará a cargo do juízo federal competente.

§ 2º Apenas a fiscalização da prisão provisória será deprecada, mediante carta precatória, pelo juízo de origem ao juízo federal competente, mantendo aquele juízo a competência para o processo e para os respectivos incidentes.

Art. 5º São legitimados para requerer o processo de transferência, cujo início se dá com a admissibilidade pelo juiz da origem da necessidade da transferência do preso para estabelecimento penal federal de segurança máxima, a autoridade administrativa, o Ministério Público e o próprio preso.

§ 1º Caberá à Defensoria Pública da União a assistência jurídica ao preso que estiver nos estabelecimentos penais federais de segurança máxima.

§ 2º Instruídos os autos do processo de transferência, serão ouvidos, no prazo de 5 (cinco) dias cada, quando não requerentes, a autoridade administrativa, o Ministério Público e a defesa, bem como o Departamento Penitenciário Nacional – DEPEN, a quem é facultado indicar o estabelecimento penal federal mais adequado.

§ 3º A instrução dos autos do processo de transferência será disciplinada no regulamento para fiel execução desta Lei.

§ 4º Na hipótese de imprescindibilidade de diligências complementares, o juiz federal ouvirá, no prazo de 5 (cinco) dias, o Ministério Público Federal e a defesa e, em seguida, decidirá acerca da transferência no mesmo prazo.

§ 5º A decisão que admitir o preso no estabelecimento penal federal de segurança máxima indicará o período de permanência.

§ 6º Havendo extrema necessidade, o juiz federal poderá autorizar a imediata transferência do preso e, após a instrução dos autos, na forma do § 2º deste artigo, decidir pela manutenção ou revogação da medida adotada.

§ 7º A autoridade policial será comunicada sobre a transferência do preso provisório quando a autorização da transferência ocorrer antes da conclusão do inquérito policial que presidir.

Art. 6º Admitida a transferência do preso condenado, o juízo de origem deverá encaminhar ao juízo federal os autos da execução penal.

Art. 7º Admitida a transferência do preso provisório, será suficiente a carta precatória remetida pelo juízo de origem, devidamente instruída, para que o juízo federal competente dê início à fiscalização da prisão no estabelecimento penal federal de segurança máxima.

Art. 8º As visitas feitas pelo juiz responsável ou por membro do Ministério Público, às quais se referem os arts. 66 e 68 da Lei nº 7.210, de 11 de julho de 1984, serão registradas em livro próprio, mantido no respectivo estabelecimento.

Art. 9º Rejeitada a transferência, o juízo de origem poderá suscitar o conflito de competência perante o tribunal competente, que o apreciará em caráter prioritário.

Art. 10. A inclusão de preso em estabelecimento penal federal de segurança máxima será excepcional e por prazo determinado.

§ 1º O período de permanência será de até 3 (três) anos, renovável por iguais períodos, quando solicitado motivadamente pelo juízo de origem, observados os requisitos da transferência, e se persistirem os motivos que a determinaram. (Redação dada pela Lei nº 13.964, de 2019)

§ 2º Decorrido o prazo, sem que seja feito, imediatamente após seu decurso, pedido de renovação da permanência do preso em estabelecimento penal federal de segurança máxima, ficará o juízo de origem obrigado a receber o preso no estabelecimento penal sob sua jurisdição.

§ 3º Tendo havido pedido de renovação, o preso, recolhido no estabelecimento federal em que estiver, aguardará que o juízo federal profira decisão.

§ 4º Aceita a renovação, o preso permanecerá no estabelecimento federal de segurança máxima em que estiver, retroagindo o termo inicial do prazo ao dia seguinte ao término do prazo anterior.

§ 5º Rejeitada a renovação, o juízo de origem poderá suscitar o conflito de competência, que o tribunal apreciará em caráter prioritário.

§ 6º Enquanto não decidido o conflito de competência em caso de renovação, o preso permanecerá no estabelecimento penal federal.

Art. 11. A lotação máxima do estabelecimento penal federal de segurança máxima não será ultrapassada.

§ 1º O número de presos, sempre que possível, será mantido aquém do limite de vagas, para que delas o juízo federal competente possa dispor em casos emergenciais.

§ 2º No julgamento dos conflitos de competência, o tribunal competente observará a vedação estabelecida no **caput** deste artigo.

Art. 11-A. As decisões relativas à transferência ou à prorrogação da permanência do preso em estabelecimento penal federal de segurança máxima, à concessão ou à denegação de benefícios prisionais ou à imposição de sanções ao preso federal poderão ser tomadas por órgão colegiado de juízes, na forma das normas de organização interna dos tribunais. (Incluído pela Lei nº 13.964, de 2019)

Art. 11-B. Os Estados e o Distrito Federal poderão construir estabelecimentos penais de segurança máxima, ou adaptar os já existentes, aos quais será aplicável, no que couber, o disposto nesta Lei. (Incluído pela Lei nº 13.964, de 2019)

Art. 12. Esta Lei entra em vigor na data de sua publicação.

Brasília, 8 de maio de 2008; 187º da Independência e 120o da República.

LUIZ INÁCIO LULA DA SILVA

Tarso Genro

ANEXO 10 – DECRETO Nº 6.877/09 – DISPÕE SOBRE O SISTEMA PENITENCIÁRIO FEDERAL

Regulamenta a Lei no 11.671, de 8 de maio de 2008, que dispõe sobre a inclusão de presos em estabelecimentos penais federais de segurança máxima ou a sua transferência para aqueles estabelecimentos, e dá outras providências.

O PRESIDENTE DA REPÚBLICA, no uso da atribuição que lhe confere o art. 84, inciso IV, da Constituição, e tendo em vista o disposto no § 3º do art. 5º da Lei no 11.671, de 8 de maio de 2008

DECRETA:

Art. 1º Este Decreto regulamenta o processo de inclusão e transferência de presos para estabelecimentos penais federais de segurança máxima, nos termos da Lei no 11.671, de 8 de maio de 2008.

Art. 2º O processo de inclusão e de transferência, de caráter excepcional e temporário, terá início mediante requerimento da autoridade administrativa, do Ministério Público ou do próprio preso.

§ 1º O requerimento deverá conter os motivos que justifiquem a necessidade da medida e estar acompanhado da documentação pertinente.

§ 2º O processo de inclusão ou de transferência será autuado em apartado.

Art. 3º Para a inclusão ou transferência, o preso deverá possuir, ao menos, uma das seguintes características:

I – ter desempenhado função de liderança ou participado de forma relevante em organização criminosa;

II – ter praticado crime que coloque em risco a sua integridade física no ambiente prisional de origem;

III – estar submetido ao Regime Disciplinar Diferenciado – RDD;

IV – ser membro de quadrilha ou bando, envolvido na prática reiterada de crimes com violência ou grave ameaça;

V – ser réu colaborador ou delator premiado, desde que essa condição represente risco à sua integridade física no ambiente prisional de origem; ou

VI – estar envolvido em incidentes de fuga, de violência ou de grave indisciplina no sistema prisional de origem.

Art. 4º Constarão dos autos do processo de inclusão ou de transferência, além da decisão do juízo de origem sobre as razões da excepcional necessidade da medida, os seguintes documentos:

I – tratando-se de preso condenado:

a) cópia das decisões nos incidentes do processo de execução que impliquem alteração da pena e regime a cumprir;

b) prontuário, contendo, pelo menos, cópia da sentença ou do acórdão, da guia de recolhimento, do atestado de pena a cumprir, do documento de identificação pessoal e do comprovante de inscrição no Cadastro de Pessoas Físicas – CPF, ou, no caso desses dois últimos, seus respectivos números; e

c) prontuário médico; e

II – tratando-se de preso provisório:

a) cópia do auto de prisão em flagrante ou do mandado de prisão e da decisão que motivou a prisão cautelar;

b) cópia da denúncia, se houver;

c) certidão do tempo cumprido em custódia cautelar;

d) cópia da guia de recolhimento; e

e) cópia do documento de identificação pessoal e do comprovante de inscrição no CPF, ou seus respectivos números.

Art. 5º Ao ser ouvido, o Departamento Penitenciário Nacional do Ministério da Justiça opinará sobre a pertinência da inclusão ou da transferência e indicará o estabelecimento penal federal adequado à custódia, podendo solicitar diligências complementares, inclusive sobre o histórico criminal do preso.

Art. 6º Ao final da instrução do procedimento e após a manifestação prevista no art. 5º, o juiz de origem, admitindo a necessidade da inclusão ou da transferência do preso, remeterá os autos ao juízo federal competente.

Art. 7º Recebidos os autos, o juiz federal decidirá sobre a inclusão ou a transferência, podendo determinar diligências complementares necessárias à formação do seu convencimento.

Art. 8º Admitida a inclusão ou a transferência, o juízo de origem deverá encaminhar ao juízo federal competente:

I – os autos da execução penal, no caso de preso condenado; e

II – carta precatória instruída com os documentos previstos no inciso II do art. 4º, no caso de preso provisório.

Art. 9º A inclusão e a transferência do preso poderão ser realizadas sem a prévia instrução dos autos, desde que justificada a situação de extrema necessidade.

§ 1º A inclusão ou a transferência deverá ser requerida diretamente ao juízo de origem, instruída com elementos que demonstrem a extrema necessidade da medida.

§ 2º Concordando com a inclusão ou a transferência, o juízo de origem remeterá, imediatamente, o requerimento ao juízo federal competente.

§ 3º Admitida a inclusão ou a transferência emergencial pelo juízo federal competente, caberá ao juízo de origem remeter àquele, imediatamente, os documentos previstos nos incisos I e II do art. 4º.

Art. 10. Restando sessenta dias para o encerramento do prazo de permanência do preso no estabelecimento penal federal, o Departamento Penitenciário Nacional comunicará tal circunstância ao requerente da inclusão ou da transferência, solicitando manifestação acerca da necessidade de renovação.

Parágrafo único. Decorrido o prazo estabelecido no § 1º do art. 10 da Lei nº 11.671, de 2008, e não havendo manifestação acerca da renovação da permanência, o preso retornará ao sistema prisional ou penitenciário de origem.

Art. 11. Na hipótese de obtenção de liberdade ou progressão de regime de preso custodiado em estabelecimento penal federal, caberá ao Departamento Penitenciário Nacional providenciar o seu retorno ao local de origem ou a sua transferência ao estabelecimento penal indicado para cumprimento do novo regime.

Parágrafo único. Se o egresso optar em não retornar ao local de origem, deverá formalizar perante o diretor do estabelecimento penal federal sua manifestação de vontade, ficando o Departamento Penitenciário Nacional dispensado da providência referida no **caput**.

Art. 12. Mediante requerimento da autoridade administrativa, do Ministério Público ou do próprio preso, poderão ocorrer transferências de presos entre estabelecimentos penais federais.

§ 1º O requerimento de transferência, instruído com os fatos motivadores, será dirigido ao juiz federal corregedor do estabelecimento penal federal onde o preso se encontrar, que ouvirá o juiz federal corregedor do estabelecimento penal federal de destino.

§ 2º Autorizada e efetivada a transferência, o juiz federal corregedor do estabelecimento penal federal em que o preso se encontrava comunicará da decisão ao juízo de execução penal de origem, se preso condenado, ou ao juízo do processo, se preso provisório, e à autoridade policial, se for o caso.

Art. 13. Este Decreto entra em vigor na data de sua publicação.

Brasília, 18 de junho de 2009; 188º da Independência e 121º da República.

LUIZ INÁCIO LULA DA SILVA

Tarso Genro

ANEXO 11 – PORTARIA MJ/MS Nº 1/14 – INSTITUI A POLÍTICA NACIONAL DE ATENÇÃO INTEGRAL À SAÚDE DAS PESSOAS PRIVADAS DE LIBERDADE NO SISTEMA PRISIONAL

PORTARIA INTERMINISTERIAL Nº 1, DE 2 DE JANEIRO DE 2014

Institui a Política Nacional de Atenção Integral à Saúde das Pessoas Privadas de Liberdade no Sistema Prisional (PNAISP) no âmbito do Sistema Único de Saúde (SUS).

OS MINISTROS DE ESTADO DA SAÚDE E DA JUSTIÇA, no uso da atribuição que lhe confere o inciso II do parágrafo único do art. 87 da Constituição, e

Considerando a necessidade de reintegração social das pessoas privadas de liberdade por meio da educação, do trabalho e da saúde, de acordo com a Lei de Execução Penal nº 7.210, de 11 de julho de 1984;

Considerando a Lei nº 8.080, de 19 de setembro 1990, que dispõe sobre as condições para a promoção, proteção e recuperação da saúde, a organização e o funcionamento dos serviços correspondentes, e dá outras providências;

Considerando a Lei nº 10.216, de 6 de abril de 2001, que dispõe sobre a proteção e os direitos das pessoas portadoras de transtornos mentais e redireciona o modelo assistencial em saúde mental;

Considerando o Decreto nº 7.508, de 28 de junho de 2011, que regulamenta a Lei nº 8.080, de 1990;

Considerando a Portaria Interministerial nº 1.777/MS/MJ, de 9 de setembro de 2003, que aprova o Plano Nacional de Saúde no Sistema Penitenciário;

Considerando a Portaria nº 4.279/GM/MS, de 30 de dezembro de 2010, que estabelece diretrizes para a organização da Rede de Atenção à Saúde no âmbito do Sistema Único de Saúde (SUS);

Considerando a Portaria nº 2.488/GM/MS, de 21 de outubro de 2011, que aprova a Política Nacional de Atenção Básica (PNAB), estabelecendo a revisão de diretrizes e normas para a organização da Atenção Básica, para a Estratégia Saúde da Família (ESF) e o Programa de Agentes Comunitários de Saúde (PACS);

Considerando a Portaria Interministerial nº 1.679/MS/MJ/MDS/SDH/SPM/SEPPIR, de 12 de agosto de 2013, que institui o Grupo de Trabalho Interministerial para elaboração da Política Nacional de Saúde no Sistema Prisional e o Comitê Técnico Intersetorial de Assessoramento e Acompanhamento da Política Nacional de Saúde no Sistema Prisional;

Considerando as recomendações e moções constantes nos relatórios finais da 12ª, 13ª e 14ª Conferência Nacional de Saúde;

Considerando a importância da definição e implementação de ações e serviços que viabilizem uma atenção integral à saúde da população compreendida pelo sistema prisional brasileiro;

Considerando os princípios constitucionais e a responsabilidade do Estado pela custódia das pessoas e a autonomia do arranjo interfederativo no campo da saúde pública e da justiça;

Considerando que é responsabilidade do SUS oferecer suporte técnico e operacional para o desenvolvimento de práticas preventivas e atenção primária de caráter geral referentes a ações e serviços de saúde, bem como o acesso aos procedimentos diagnósticos e terapêuticos; e

Considerando a pactuação ocorrida na 7ª Reunião Ordinária da Comissão Intergestores Tripartite (CIT), em 26 de setembro de 2013, resolvem:

Art. 1º Fica instituída a Política Nacional de Atenção Integral à Saúde das Pessoas Privadas de Liberdade no Sistema Prisional (PNAISP) no âmbito do Sistema Único de Saúde (SUS).

Art. 2º Entende-se por pessoas privadas de liberdade no sistema prisional aquelas com idade superior a 18 (dezoito) anos e que estejam sob a custódia do Estado em caráter provisório ou sentenciados para cumprimento de pena privativa de liberdade ou medida de segurança, conforme previsto no Decreto-Lei nº 3.689, de 3 de outubro de 1941 (Código Penal) e na Lei nº 7.210, de 11 de julho de 1984 (Lei de Execução Penal).

Art. 3º A PNAISP será regida pelos seguintes princípios:

I – respeito aos direitos humanos e à justiça social;

I – integralidade da atenção à saúde da população privada de liberdade no conjunto de ações de promoção, proteção, prevenção, assistência, recuperação e vigilância em saúde, executadas nos diferentes níveis de atenção;

II – equidade, em virtude de reconhecer as diferenças e singularidades dos sujeitos de direitos;

I – promoção de iniciativas de ambiência humanizada e saudável com vistas à garantia da proteção dos direitos dessas pessoas;

V – corresponsabilidade interfederativa quanto à organização dos serviços segundo a complexidade das ações desenvolvidas, assegurada por meio da Rede Atenção à Saúde no território; e

V – valorização de mecanismos de participação popular e controle social nos processos de formulação e gestão de políticas para atenção à saúde das pessoas privadas de liberdade.

Art. 4º Constituem-se diretrizes da PNAISP:

I – promoção da cidadania e inclusão das pessoas privadas de liberdade por meio da articulação com os diversos setores de desenvolvimento social, como educação, trabalho e segurança;

I – atenção integral resolutiva, contínua e de qualidade às necessidades de saúde da população privada de liberdade no sistema prisional, com ênfase em atividades preventivas, sem prejuízo dos serviços assistenciais;

II – controle e/ou redução dos agravos mais frequentes que acometem a população privada de liberdade no sistema prisional;

I – respeito à diversidade étnico-racial, às limitações e às necessidades físicas e mentais especiais, às condições econômicosociais, às práticas e concepções culturais e religiosas, ao gênero, à orientação sexual e à identidade de gênero; e

V – intersetorialidade para a gestão integrada e racional e para a garantia do direito à saúde.

Art. 5º É objetivo geral da PNAISP garantir o acesso das pessoas privadas de liberdade no sistema prisional ao cuidado integral no SUS.

Art. 6º São objetivos específicos da PNAISP:

I – promover o acesso das pessoas privadas de liberdade à Rede de Atenção à Saúde, visando ao cuidado integral;

I – garantir a autonomia dos profissionais de saúde para a realização do cuidado integral das pessoas privadas de liberdade;

II – qualificar e humanizar a atenção à saúde no sistema prisional por meio de ações conjuntas das áreas da saúde e da justiça;

I – promover as relações intersetoriais com as políticas de direitos humanos, afirmativas e sociais básicas, bem como com as da Justiça Criminal; e

V – fomentar e fortalecer a participação e o controle social.

Art. 7º Os beneficiários da PNAISP são as pessoas que se encontram sob custódia do Estado inseridas no sistema prisional ou em cumprimento de medida de segurança.

§ 1º As pessoas custodiadas nos regimes semiaberto e aberto serão preferencialmente assistida nos serviços da rede de atenção à saúde.

§ 2º As pessoas submetidas à medida de segurança, na modalidade tratamento ambulatorial, serão assistidas nos serviços da rede de atenção à saúde.

Art. 8º Os trabalhadores em serviços penais, os familiares e demais pessoas que se relacionam com as pessoas privadas de liberdade serão envolvidos em ações de promoção da saúde e de prevenção de agravos no âmbito da PNAISP.

Art. 9º As ações de saúde serão ofertadas por serviços e equipes interdisciplinares, assim definidas:

I – a atenção básica será ofertada por meio das equipes de atenção básica das Unidades Básicas de Saúde definidas no território ou por meio das Equipes de Saúde no Sistema Prisional (ESP), observada a pactuação estabelecida; e

I – a oferta das demais ações e serviços de saúde será prevista e pactuada na Rede de Atenção à Saúde.

Parágrafo único. A oferta de ações de saúde especializada em serviços de saúde localizados em complexos penitenciários e/ou unidades prisionais com população superior a 1.000 (mil) pessoas privadas de liberdade será regulamentada por ato específico do Ministro de Estado da Saúde.

Art. 10. Os serviços de saúde nas unidades prisionais serão estruturados como pontos de atenção da Rede de Atenção à Saúde e cadastrados no Sistema Cadastro Nacional de Estabelecimentos de Saúde (SCNES).

Art. 11. A assistência farmacêutica no âmbito desta Política será disciplinada em ato específico do Ministro de Estado da Saúde.

Art. 12. A estratégia e os serviços para avaliação psicossocial e monitoramento das medidas terapêuticas aplicáveis às pessoas com transtorno mental em conflito com a lei, instituídos no âmbito desta Política, serão regulamentados em ato específico do Ministro de Estado da Saúde.

Art. 13. A adesão à PNAISP ocorrerá por meio da pactuação do Estado e do Distrito Federal com a União, sendo observados os seguintes critérios:

I – assinatura de Termo de Adesão, conforme modelo constante no anexo I a esta Portaria;

I – elaboração de Plano de Ação Estadual para Atenção à Saúde da Pessoa Privada de Liberdade, de acordo com o modelo constante no anexo III a esta Portaria; e

II – encaminhamento da respectiva documentação ao Ministério da Saúde para aprovação.

§ 1º A adesão estadual, uma vez aprovada pelo Ministério da Saúde, será publicada no Diário Oficial da União por ato específico do Ministro de Estado da Saúde.

§ 2º Ao Estado e ao Distrito Federal que aderir à PNAISP será garantida a aplicação de um índice para complementação dos valores a serem repassados pela União a título de incentivo, que será objeto de ato específico do Ministro de Estado da Saúde.

Art. 14. A adesão municipal à PNAISP será facultativa, devendo observar os seguintes critérios:

I – adesão estadual à PNAISP;

I – existência de população privada de liberdade em seu território;

II – assinatura do Termo de Adesão Municipal, conforme modelo constante no anexo II a esta Portaria;

I – elaboração de Plano de Ação Municipal para Atenção à Saúde da Pessoa Privada de Liberdade, de acordo com o modelo constante no anexo III; e

V – encaminhamento da respectiva documentação ao Ministério da Saúde para aprovação.

§ 1º A adesão municipal, uma vez aprovada pelo Ministério da Saúde, será publicada no Diário Oficial da União por ato específico do Ministro de Estado da Saúde.

§ 2º Ao Município que aderir a PNAISP será garantida a aplicação de um índice para complementação dos valores a serem repassados pela União a título de incentivo financeiro, que será objeto de ato específico do Ministro de Estado da Saúde.

Art. 15. Compete à União:

I – por intermédio do Ministério da Saúde:

a) elaborar planejamento estratégico para implementação da PNAISP, em cooperação técnica com Estados, Distrito Federal e Municípios, considerando as questões prioritárias e as especificidades regionais, de forma contínua e articulada com o Plano Nacional de Saúde e instrumentos de planejamento e pactuação do SUS;

b) garantir a continuidade da PNAISP por meio da inclusão de seus componentes nos Planos Plurianuais e nos Planos Nacionais de Saúde;

c) garantir fontes de recursos federais para compor o financiamento de programas e ações na rede de atenção à saúde nos Estados, Distrito Federal e Municípios, transferindo de forma regular e automática, os recursos do Fundo Nacional de Saúde;

d) definir estratégias para incluir de maneira fidedigna as informações epidemiológicas das populações prisionais nos sistemas de informação do Ministério da Saúde;

e) avaliar e monitorar as metas nacionais de acordo com a situação epidemiológica e as especificidades regionais, utilizando os indicadores e instrumentos que sejam mais adequados;

f) prestar assessoria técnica e apoio institucional no processo de gestão, planejamento, execução, monitoramento e avaliação de programas e ações da PNAISP na rede de atenção à saúde;

g) apoiar a articulação de instituições, em parceria com as Secretarias de Saúde dos Estados, do Distrito Federal e dos Municípios, para capacitação e educação permanente dos profissionais de saúde para a gestão, planejamento, execução, monitoramento e avaliação de programas e ações da PNAISP no SUS;

h) prestar assessoria técnica aos Estados, Distrito Federal e Municípios na implantação dos sistemas de informação em saúde que contenham indicadores específicos da PNAISP;

i) apoiar e fomentar a realização de pesquisas consideradas estratégicas no contexto desta Política, mantendo atualizada uma agenda de prioridades de pesquisa para o SUS;

j) promover, no âmbito de sua competência, a articulação intersetorial e interinstitucional necessária à implementação das diretrizes da PNAISP;

k) promover ações de informação, educação e comunicação em saúde, visando difundir a PNAISP;

l) propor estratégias para o desenvolvimento de habilidades necessárias dos gestores e profissionais atuantes no âmbito da PNAISP, por meio dos processos de educação permanente em saúde, em consonância com as diretrizes nacionais e realidades locorregionais;

m) estimular e apoiar o processo de discussão sobre as ações e programas em saúde prisional, com participação dos setores organizados da sociedade nas instâncias colegiadas e de controle social, em especial no Conselho Nacional de Saúde (CNS), no Conselho Nacional de Justiça (CNJ) e no Conselho Nacional de Política Criminal e Penitenciária (CNPCP); e

n) apoiar, técnica e financeiramente, a construção, a ampliação, a adaptação e o aparelhamento das unidades básicas de saúde em estabelecimentos prisionais; e

I – por intermédio do Ministério da Justiça:

a) executar as ações de promoção, proteção e recuperação da saúde, no âmbito da atenção básica, em todas as unidades prisionais sob sua gestão;

b) elaborar o plano de acompanhamento em saúde dentro dos instrumentos de planejamento e gestão para garantir a continuidade da PNAISP, considerando as questões prioritárias e as especificidades regionais de forma contínua e articulada com o SUS;

c) repassar informações atualizadas ao Ministério da Saúde acerca da estrutura, classificação dos estabelecimentos prisionais, número de trabalhadores do sistema prisional e de pessoas privadas de liberdade, dentre outras informações pertinentes à gestão;

d) disponibilizar o acesso às informações do Sistema de Informação Penitenciária para as gestões federais, estaduais, distritais e municipais da área prisional e da saúde com o objetivo de subsidiar o planejamento das ações de saúde;

e) apoiar a organização e a implantação dos sistemas de informação em saúde a serem utilizados pelas gestões federais, estaduais, distritais e municipais da área prisional e da saúde;

f) assistir técnica e financeiramente, no âmbito da sua atribuição, na construção, na reforma e no aparelhamento do espaço físico necessário à unidade de saúde dentro dos estabelecimentos penais;

g) acompanhar a fiel aplicação das normas sanitárias nacionais e internacionais, visando garantir as condições de habitabilidade, higiene e humanização das ambiências prisionais;

h) elaborar e divulgar normas técnicas sobre segurança para os profissionais de saúde dentro dos estabelecimentos penais;

i) incentivar a inclusão dos agentes penitenciários nos programas de capacitação/sensibilização em saúde para a população privada de liberdade; e

j) colaborar com os demais entes federativos para a inserção do tema "Saúde da Pessoa Privada de Liberdade" nos espaços de participação e controle social da justiça, nas escolas penitenciárias e entre os custodiados.

Art. 16. Compete ao Estado e ao Distrito Federal:

I – por intermédio da Secretaria Estadual de Saúde:

a) executar, no âmbito da atenção básica, as ações de promoção, proteção e recuperação da saúde da população privada de liberdade, referenciada em sua pactuação;

b) coordenar e implementar a PNAISP, no âmbito do seu território, respeitando suas diretrizes e promovendo as adequações necessárias, de acordo com o perfil epidemiológico e as especificidades regionais e locais;

c) elaborar o plano de ação para implementação da PNAISP junto com a Secretaria de Justiça e a Administração Penitenciária ou congêneres, considerando as questões prioritárias e as especificidades regionais, de forma contínua e articulada com o Plano de Saúde do Estado ou do Distrito Federal e instrumentos de planejamento e pactuação do SUS;

d) implantar e implementar protocolos de acesso e acolhimento como instrumento de detecção precoce e seguimento de agravos, viabilizando a resolutividade no acompanhamento dos agravos diagnosticados;

e) participar do financiamento para o desenvolvimento das ações e serviços em saúde de que tratam esta Portaria;

f) prestar assessoria técnica e apoio institucional aos Municípios e às regiões de saúde no processo de gestão, planejamento, execução, monitoramento e avaliação da PNAISP;

g) desenvolver mecanismos técnicos e estratégias organizacionais de capacitação e educação permanente dos trabalhadores da saúde para a gestão, planejamento, execução, monitoramento e avaliação de programas e ações no âmbito estadual ou distrital, consoantes a PNAISP, respeitando as diversidades locais; e

h) promover, no âmbito de sua competência, as articulações intersetorial e interinstitucional necessárias à implementação das diretrizes da PNAISP, bem como a articulação do SUS na esfera estadual ou distrital; e

I – por intermédio da Secretaria Estadual de Justiça, da Administração Penitenciária ou congênere:

a) executar, no âmbito da atenção básica, as ações de promoção, proteção e recuperação da saúde em todas as unidades prisionais sob sua gestão;

b) assessorar os Municípios, de forma técnica, junto à Secretaria Estadual de Saúde, no processo de discussão e implantação da PNAISP;

c) considerar estratégias de humanização que atendam aos determinantes da saúde na construção e na adequação dos espaços das unidades prisionais;

d) garantir espaços adequados nas unidades prisionais a fim de viabilizar a implantação e implementação da PNAISP e a salubridade dos ambientes onde estão as pessoas privadas de liberdade;

e) adaptar as unidades prisionais para atender às pessoas com deficiência, idosas e com doenças crônicas;

f) apoiar, técnica e financeiramente, a aquisição de equipamentos e a adequação do espaço físico para implantar a ambiência necessária ao funcionamento dos serviços de saúde no sistema prisional, seguindo as normas, regulamentos e recomendações do SUS e do CNPCP;

g) atualizar e compartilhar os dados sobre a população privada de liberdade com a Secretaria Municipal de Saúde;

h) participar do financiamento das ações e serviços previstos na Política;

i) garantir o acesso, a segurança e a conduta ética das equipes de saúde nos serviços de saúde do sistema prisional;

j) apoiar intersetorialmente a realização das ações de saúde desenvolvidas pelas equipes de saúde no sistema prisional;

k) garantir o transporte sanitário e a escolta para que o acesso dos presos aos serviços de saúde internos e externos se realize em tempo oportuno, conforme a gravidade;

l) participar do planejamento e da realização das ações de capacitação de profissionais que atuam no sistema prisional; e

m) viabilizar o acesso de profissionais e agentes públicos responsáveis pela realização de auditorias, pesquisas e outras formas de verificação às unidades prisionais, bem como aos ambientes de saúde prisional, especialmente os que tratam da PNAISP.

Art. 17. Compete ao Distrito Federal e aos Municípios, por meio da respectiva Secretaria de Saúde, quando aderir à PNAISP:

I – executar, no âmbito da atenção básica, as ações de promoção, proteção e recuperação da saúde da população privada de liberdade referenciada em sua pactuação;

I – coordenar e implementar a PNAISP, no âmbito do seu território, respeitando suas diretrizes e promovendo as adequações necessárias, de acordo com o perfil epidemiológico e as especificidades locais;

II – elaborar o plano de ação para implementação da PNAISP junto com a Secretaria Estadual de Saúde e a Secretaria de Justiça, Administração Penitenciária ou congêneres, considerando as questões prioritárias e as especificidades regionais de forma contínua e articulada com os Planos Estadual e Regionais de Saúde e os instrumentos de planejamento e pactuação do SUS;

I – cadastrar, por meio dos programas disponíveis, as pessoas privadas de liberdade no seu território, assegurando a sua identificação no Cartão Nacional de Saúde;

V – elaborar e executar as ações de vigilância sanitária e epidemiológica;

V – implantar e implementar protocolos de acesso e acolhimento como instrumento de detecção precoce e seguimento de agravos, viabilizando a resolutividade no acompanhamento dos agravos diagnosticados;

VI – monitorar e avaliar, de forma contínua, os indicadores específicos e os sistemas de informação da saúde, com dados produzidos no sistema local de saúde;

VII – desenvolver mecanismos técnicos e estratégias organizacionais de capacitação e educação permanente dos trabalhadores da saúde para a gestão, planejamento, execução, monitoramento e avaliação de programas e ações na esfera municipal e/ou das regionais de saúde, com especial atenção na qualificação e estímulo à alimentação dos sistemas de informação do SUS;

I – promover, junto à população do Distrito Federal ou do Município, ações de informação, educação e comunicação em saúde, visando difundir a PNAISP;

X – fortalecer a participação e o controle social no planejamento, na execução, no monitoramento e na avaliação de programas e ações no âmbito do Conselho de Saúde do Distrito Federal ou do Município e nas demais instâncias de controle social existentes no município; e

X – promover, no âmbito de sua competência, a articulação intersetorial e interinstitucional necessária à implementação das diretrizes da PNAISP e a articulação do SUS na esfera municipal.

Art. 18. O monitoramento e a avaliação da PNAISP, dos serviços, das equipes e das ações de saúde serão realizados pelo Ministério da Saúde e pelo Ministério da Justiça por meio da inserção de dados, informações e documentos nos sistemas de informação da atenção à saúde.

Art. 19. Será instituído Grupo Condutor da PNAISP no âmbito de cada Estado e do Distrito Federal, formado pela respectiva Secretaria de Saúde, pela respectiva Secretaria de Justiça ou congênere, pela Administração Prisional ou congênere, pelo Conselho de Secretários Municipais de Saúde (COSEMS) do respectivo Estado e pelo apoio institucional do Ministério da Saúde, que terá como atribuições:

I – mobilizar os dirigentes do SUS e dos sistemas prisionais em cada fase de implantação e implementação da PNAISP;

I – apoiar a organização dos processos de trabalho voltados para a implantação e implementação da PNAISP no Estado e no Distrito Federal;

II – identificar e apoiar a solução de possíveis pontos críticos em cada fase de implantação e implementação da PNAISP; e

I – monitorar e avaliar o processo de implantação e implementação da PNAISP.

Art. 20. As pessoas privadas de liberdade poderão trabalhar nos serviços de saúde implantados dentro das unidades prisionais, nos programas de educação e promoção da saúde e nos programas de apoio aos serviços de saúde.

§ 1º A decisão de trabalhar nos programas de educação e promoção da saúde do SUS e nos programas de apoio aos serviços de saúde será da pessoa sob custódia, com anuência e supervisão do serviço de saúde no sistema prisional.

§ 2º Será proposta ao Juízo da Execução Penal a concessão do benefício da remição de pena para as pessoas custodiadas que trabalharem nos programas de educação e promoção da saúde do SUS e nos programas de apoio aos serviços de saúde.

Art. 21. Os entes federativos terão prazo até 31 de dezembro de 2016 para efetuar as medidas necessárias de adequação de suas ações e seus serviços para que seja implementada a PNAISP conforme as regras previstas nesta Portaria.

Parágrafo único. Enquanto não efetivada a implementação da PNAISP conforme as regras previstas nesta Portaria, os entes federativos manterão o cumprimento das regras previstas na Portaria Interministerial nº 1.777/MS/MJ, de 9 de setembro de 2003.

Art. 22. Esta Portaria entra em vigor na data de sua publicação.

Art. 23. Ficam revogadas:

I – a Portaria Interministerial nº 1.777/MS/MJ, de 9 de setembro de 2003, publicada no Diário Oficial da União nº 176, Seção 1, do dia 11 de setembro de 2003, p. 39; e

I – a Portaria nº 240/GM/MS, de 31 de janeiro de 2007, publicada no Diário Oficial da União nº 23, Seção 1, do dia 1º de fevereiro de 2007, p. 65.

ALEXANDRE ROCHA SANTOS PADILHA

Ministro de Estado da Saúde

JOSÉ EDUARDO CARDOSO

Ministro de Estado da Justiça

ANEXO 12 – DECRETO Nº 7.626/11 – INSTITUI O PLANO ESTRATÉGICO DE EDUCAÇÃO NO ÂMBITO DO SISTEMA PRISIONAL

DECRETO Nº 7.626, DE 24 DE NOVEMBRO DE 2011.

Institui o Plano Estratégico de Educação no âmbito do Sistema Prisional.

A PRESIDENTA DA REPÚBLICA, no uso das atribuições que lhe confere o art. 84, incisos IV e VI, alínea "a", da Constituição, e tendo em vista o disposto nos arts. 17 a 21 e § 4º do art. 83 da Lei no 7.210, de 11 de julho de 1984,

DECRETA:

Art. 1º Fica instituído o Plano Estratégico de Educação no âmbito do Sistema Prisional – PEESP, com a finalidade de ampliar e qualificar a oferta de educação nos estabelecimentos penais.

Art. 2º O PEESP contemplará a educação básica na modalidade de educação de jovens e adultos, a educação profissional e tecnológica, e a educação superior.

Art. 3º São diretrizes do PEESP:

I – promoção da reintegração social da pessoa em privação de liberdade por meio da educação;

II – integração dos órgãos responsáveis pelo ensino público com os órgãos responsáveis pela execução penal; e

III – fomento à formulação de políticas de atendimento educacional à criança que esteja em estabelecimento penal, em razão da privação de liberdade de sua mãe.

Parágrafo único. Na aplicação do disposto neste Decreto serão observadas as diretrizes definidas pelo Conselho Nacional de Educação e pelo Conselho Nacional de Política Criminal e Penitenciária.

Art. 4º São objetivos do PEESP:

I – executar ações conjuntas e troca de informações entre órgãos federais, estaduais e do Distrito Federal com atribuições nas áreas de educação e de execução penal;

II – incentivar a elaboração de planos estaduais de educação para o sistema prisional, abrangendo metas e estratégias de formação educacional da população carcerária e dos profissionais envolvidos em sua implementação;

III – contribuir para a universalização da alfabetização e para a ampliação da oferta da educação no sistema prisional;

IV – fortalecer a integração da educação profissional e tecnológica com a educação de jovens e adultos no sistema prisional;

V – promover a formação e capacitação dos profissionais envolvidos na implementação do ensino nos estabelecimentos penais; e

VI – viabilizar as condições para a continuidade dos estudos dos egressos do sistema prisional.

Parágrafo único. Para o alcance dos objetivos previstos neste artigo serão adotadas as providências necessárias para assegurar os espaços físicos adequados às atividades educacionais, culturais e de formação profissional, e sua integração às demais atividades dos estabelecimentos penais.

Art. 5º O PEESP será coordenado e executado pelos Ministérios da Justiça e da Educação.

Art. 6º Compete ao Ministério da Educação, na execução do PEESP:

I – equipar e aparelhar os espaços destinados às atividades educacionais nos estabelecimentos penais;

II – promover a distribuição de livros didáticos e a composição de acervos de bibliotecas nos estabelecimentos penais;

III – fomentar a oferta de programas de alfabetização e de educação de jovens e adultos nos estabelecimentos penais; e

IV – promover a capacitação de professores e profissionais da educação que atuam na educação em estabelecimentos penais.

Art. 7º Compete ao Ministério da Justiça, na execução do PEESP:

I – conceder apoio financeiro para construção, ampliação e reforma dos espaços destinados à educação nos estabelecimentos penais;

II – orientar os gestores do sistema prisional para a importância da oferta de educação nos estabelecimentos penais; e

III – realizar o acompanhamento dos indicadores estatísticos do PEESP, por meio de sistema informatizado, visando à orientação das políticas públicas voltadas para o sistema prisional.

Art. 8º O PEESP será executado pela União em colaboração com os Estados e o Distrito Federal, podendo envolver Municípios, órgãos ou entidades da administração pública direta ou indireta e instituições de ensino.

§ 1º A vinculação dos Estados e do Distrito Federal ocorrerá por meio de termo de adesão voluntária.

§ 2º A União prestará apoio técnico e financeiro, mediante apresentação de plano de ação a ser elaborado pelos Estados e pelo Distrito Federal, do qual participarão, necessariamente, órgãos com competências nas áreas de educação e de execução penal.

§ 3º Os Ministérios da Justiça e da Educação analisarão os planos de ação referidos no § 2º e definirão o apoio financeiro a partir das ações pactuadas com cada ente federativo.

§ 4º No âmbito do Ministério da Educação, as demandas deverão ser veiculadas por meio do Plano de Ações Articuladas – PAR de que trata o Decreto no 6.094, de 24 de abril de 2007.

Art. 9º O plano de ação a que se refere o § 2º do art. 8º deverá conter:

I – diagnóstico das demandas de educação no âmbito dos estabelecimentos penais;

II – estratégias e metas para sua implementação; e

III – atribuições e responsabilidades de cada órgão do ente federativo que o integrar, especialmente quanto à adequação dos espaços destinados às atividades educacionais nos estabelecimentos penais, à formação e à contratação de professores e de outros profissionais da educação, à produção de material didático e à integração da educação de jovens e adultos à educação profissional e tecnológica.

Art. 10. Para a execução do PEESP poderão ser firmados convênios, acordos de cooperação, ajustes ou instrumentos congêneres, com órgãos e entidades da administração pública federal, dos Estados, do Distrito Federal e dos Municípios, com consórcios públicos ou com entidades privadas.

Art. 11. As despesas do PEESP correrão à conta das dotações orçamentárias anualmente consignadas aos Ministérios da Educação e da Justiça, de acordo com suas respectivas áreas de atuação, observados os limites estipulados pelo Poder Executivo, na forma da legislação orçamentária e financeira, além de fontes de recursos advindas dos Estados e do Distrito Federal.

Art. 12. Este Decreto entra em vigor na data de sua publicação.

Brasília, 24 de novembro de 2011; 190o da Independência e 123º da República.

DILMA ROUSSEFF

José Eduardo Cardozo

Fernando haddad

ANEXO 13 – RESOLUÇÃO Nº 4/14 – DIRETRIZES BÁSICAS PARA ATENÇÃO INTEGRAL À SAÚDE DAS PESSOAS PRIVADAS DE LIBERDADE NO SISTEMA PRISIONAL

MINISTÉRIO DA JUSTIÇA CONSELHO NACIONAL DE POLÍTICA CRIMINAL E PENITENCIÁRIA

RESOLUÇÃO Nº 4, DE 18 DE JULHO DE 2014 MINISTÉRIO DA JUSTIÇA CONSELHO NACIONAL DE POLÍTICA CRIMINAL E PENITENCIÁRIA DOU de 23/07/2014 (nº 139, Seção 1, pág. 38)

O PRESIDENTE DO CONSELHO NACIONAL DE POLÍTICA CRIMINAL E PENITENCIÁRIA, no uso de suas atribuições legais e regimentais; considerando a Lei nº 8080, de 19 de setembro de 1990, que dispõe sobre as condições para a promoção, proteção e recuperação da saúde, a organização e o funcionamento dos serviços correspondentes e dá outras providências. considerando o Decreto nº 7.508, de 28 de junho de 2011, que regulamenta a Lei nº 8.080, de 19 de setembro de 1990, para dispor sobre a organização do Sistema Único de Saúde – SUS, o planejamento da saúde, a assistência à saúde e a articulação interfederativa, e dá outras providências.

considerando a Lei nº 10.216, de 6 de abril de 2001, que dispõe sobre a proteção e os direitos das pessoas portadoras de transtornos mentais e redireciona o modelo assistencial em saúde mental; considerando a Resolução CNPCP nº 5, de 4 de maio de 2004, que dispõe sobre diretrizes para o cumprimento das Medidas de Segurança; considerando a Resolução CNPCP nº 11, de 07 de dezembro de 2006, que recomenda ações para detecção de casos de Tuberculose em unidades penais, quando da realização da inclusão do custodiado; considerando a Resolução CNPCP nº 2, de 8 de maio de 2008, que recomenda, em caráter excepcional e devidamente justificado, o uso de instrumentos coercitivos tais como algemas, na condução do preso e em sua permanência em unidades hospitalares (res 3/11); considerando a Resolução CNPCP nº 4, de 15 de julho de 2009, que recomenda a estada, a permanência e o posterior encaminhamento das(os) filhas(os) das mulheres encarceradas; considerando a Resolução CNPCP nº 4, de 30/07/2010, que dispõe sobre as Diretrizes Nacionais de

Atenção aos Pacientes Judiciários e Execução da Medida de Segurança, adequando-as à previsão contida na Lei nº 10.216 de 06 de abril de 2001; considerando a Portaria nº 1679/GM Em 19 de setembro de 2002, que dispõe sobre a estruturação da rede nacional de atenção integral à saúde do trabalhador no SUS e dá outras providências e a Portaria nº 1.823, de 23 de agosto de 2012 que institui a Política Nacional de Saúde do Trabalhador e da Trabalhadora.

considerando a Portaria/MS nº 4.279, de 30 de dezembro de 2010, que estabelece diretrizes para a organização da Rede de Atenção à Saúde no âmbito do Sistema Único de Saúde (SUS); considerando a Portaria/MS nº 2.488, de 21 de outubro de 2011, que aprova a Política Nacional de Atenção Básica (PNAB), estabelecendo a revisão de diretrizes e normas para a organização da Atenção Básica, para a Estratégia Saúde da Família (ESF) e o Programa de Agentes Comunitários de Saúde (PACS);

considerando a Portaria nº 3.088, de 23 de dezembro de 2011 que institui a Rede de Atenção Psicossocial para pessoas com sofrimento ou transtorno mental e com necessidades decorrentes do uso de crack, álcool e outras drogas, no âmbito do Sistema Único de Saúde.

considerando a Portaria nº 841, de 2 de maio de 2012 que publica a Relação Nacional de Ações e Serviços de Saúde (RENASES) no âmbito do Sistema Único de Saúde (SUS) e dá outras providências.

considerando a Portaria Interministerial nº 01 de 02 de janeiro de 2014 que define a Política Nacional de Atenção Integral à Saúde das Pessoas Privadas de Liberdade no Sistema Prisional (PNAISP), considerando a PORTARIA Nº 482, DE 1º DE ABRIL DE 2014, que institui normas para a operacionalização da Política Nacional de Atenção Integral à Saúde das Pessoas Privadas de Liberdade no Sistema Prisional (PNAISP) no âmbito do Sistema Único de Saúde (SUS), resolve:

Art. 1º – Aprovar as Diretrizes Básicas para Atenção Integral à Saúde das Pessoas Privadas de Liberdade no Sistema Prisional, que integram o anexo a esta Resolução.

Art. 2º – Fica revogada a Resolução nº 7, de 14 de abril de 2003.

Art. 3º – Esta Resolução entra em vigor na data de sua publicação.

LUIZ ANTÔNIO SILVA BRESSANE

ANEXO – DIRETRIZES BÁSICAS PARA ATENÇÃO INTEGRAL À SAÚDE DAS PESSOAS PRIVADAS DE LIBERDADE NO SISTEMA PRISIONAL

1.Estas diretrizes básicas se aplicam a quaisquer estabelecimentos que mantenham pessoas privadas de liberdade, em caráter provisório ou definitivo.

2. As ações de saúde às pessoas privadas de liberdade no sistema prisional devem estar embasadas nos princípios e nas diretrizes do Sistema Único da Saúde (SUS) e atender às peculiaridades dessas pessoas e ao perfil epidemiológico da unidade prisional e da região onde estes se encontram, atendendo às seguintes orientações:

2.1. Devem ser contempladas ações de prevenção, promoção e cuidado em saúde, preconizadas na Política Nacional de Atenção Básica (PNAB), constantes na Relação Nacional de Ações e Serviços de Saúde (RENASES), no âmbito do SUS.

2.2. Para a execução das ações de saúde integral, os sistemas prisionais deverão atuar em cooperação com os serviços e equipes do SUS, organizados de acordo com o consignado na norma de operacionalização da PNAISP e na PNAB.

2.3. As administrações prisionais deverão facilitar a implantação das equipes de saúde vinculadas ao SUS, garantindo-lhes as infraestruturas adequadas e segurança suficiente.

2.4. As administrações prisionais deverão manter a ambiência prisional em seus módulos de vivência, administração e assistência, adequados às diretrizes para a arquitetura penal vigente e às normas e recomendações da Vigilância Sanitária.

2.5. As equipes de saúde no sistema prisional (ESP) deverão receber educação permanente para a execução das ações de Atenção Básica, de acordo com as orientações do SUS.

2.6. Deverá ser emitido o Cartão Nacional de Saúde para todas as pessoas privadas de liberdade no sistema prisional que não o possuam,

2.7.As ações das equipes de saúde no sistema prisional deverão ser registradas eletronicamente nos sistemas de informação do SUS.

2.8. No momento do ingresso em qualquer unidade prisional, toda pessoa privada de liberdade deverá receber adequado atendimento para avaliação da sua condição geral de saúde, quando deverá ser aberto um prontuário clínico onde serão registrados os resultados do exame físico completo, dos exames básicos, o estabelecimento de possíveis diagnósticos e seu tratamento, o registro de doenças e agravos de notificação compulsória e de ocorrência de violência cometida por agente do estado ou outros, assim como ações de imunização, conforme o calendário de vacinação de adultos, de acordo com as normas e recomendações do SUS.

2.9. O registro das condições clínicas e de saúde das pessoas privadas de liberdade deverá ser feito sistematicamente, utilizando-se, preferencialmente, os prontuários clínicos disponibilizados eletronicamente pelo SUS. Esta documentação deverá ser mantida sob a responsabilidade do SUS, e o seu sigilo, acesso e traslado a outras unidades de saúde deverão ser garantidos, conforme a legislação, normas e recomendações vigentes.

2.10. A atenção à saúde da mulher deverá ser prestada desde o seu ingresso no sistema penitenciário, quando será realizada, além da consulta clínica mencionada, também a consulta ginecológica, incluindo as ações programáticas de planejamento familiar e prevenção das infecções de transmissão sexual, prevenção do câncer cérvico-uterino e de mama, obedecendo, posteriormente, à periodicidade determinada pelo SUS.

2.11. Os casos que exijam complementação diagnóstica e/ou assistência de média e alta complexidade deverão ser referenciados na Rede de Atenção à Saúde do território.

2.12. A atenção à saúde das gestantes, parturientes, nutrizes e dos seus filhos é garantida pelo SUS, segundo as diretrizes e os protocolos da Política Nacional de Atenção Integral à Saúde da Mulher, à Política Nacional de Atenção Integral à Saúde da Criança e da Rede Cegonha.

2.13. Será garantida ambiência adequada e salubre ao binômio mãe-filho segundo as normas e recomendações da Vigilância Sanitária.

2.14. A gestão estadual do sistema prisional e a direção dos estabelecimentos penais deverão cumprir os regulamentos sanitários local, nacional e internacional, cabendo ao gestor do SUS a vigilância epidemiológica e sanitária e a colaboração para alcançar este objetivo.

2.15. A atenção em saúde bucal deve contemplar, além das ações da atenção básica, a inclusão de procedimentos mais complexos, o aumento da resolutividade no pronto-atendimento, e a prevenção e diagnóstico do câncer bucal, segundo as diretrizes da Política Nacional de Saúde Bucal.

2.16. As ações de saúde mental deverão considerar as necessidades da população privada de liberdade para prevenção, promoção e tratamento de agravos psicossociais, decorrentes ou não do confinamento e do uso abusivo de álcool e outras drogas. Para as pessoas com qualquer transtorno mental suspeito ou já diagnosticado, que se encontrem em conflito com a Lei, a atenção deverá ser orientada de acordo com a Lei 10.216/2001 e as Portarias nº 3.088/2011 e 94/2014, mediante a adoção de projeto terapêutico singular e na rede de atenção psicossocial.

2.17. A aquisição e a dispensação de medicamentos às pessoas privadas de liberdade serão geridas pelo SUS em cada território de localização das unidades penais, respeitando-se as normas consignadas pelo SUS.

2.18. A Relação Nacional de Medicamentos Essenciais – RENAME – deverá constituir a base de referência para a definição dos medicamentos utilizados pelo sistema penitenciário de cada estado.

Os medicamentos especializados e estratégicos devem seguir o que está pactuado no SUS. A aquisição destes medicamentos deverá ser realizada de acordo com a padronização de tratamento para as doenças prevalentes conforme Protocolos Clínicos e Diretrizes Terapêuticas, definidos pelo SUS.

2.19. Os agentes penitenciários são cobertos pelas ações de prevenção de doenças e promoção da saúde da PNAISP. Para melhor desenvolvimento destas ações, a equipe de saúde prisional deverá solicitar apoio das Equipes Técnicas e dos Centros de Referência em Saúde do Trabalhador (CEREST), no âmbito da Rede Nacional de Atenção Integral à Saúde do Trabalhador (RENAST).

ANEXO 14 – RESOLUÇÃO 1/14 – PROGRAMA DE ATENÇÃO EM SAÚDE MENTAL

MINISTÉRIO DA JUSTIÇA CONSELHO NACIONAL DE POLÍTICA CRIMINAL E PENITENCIÁRIA

RESOLUÇÃO Nº 1,
DE 10 DE FEVEREIRO DE 2014

DOU de 18/02/2014 (nº 34, Seção 1, pág. 20)

O PRESIDENTE DO CONSELHO NACIONAL DE POLÍTICA CRIMINAL E PENITENCIÁRIA – CNPCP, Dr. Herbert Carneiro, no uso de suas atribuições legais e, considerando a Lei nº 10.216, de 6 de abril de 2001, que dispõe sobre a proteção e os direitos das pessoas portadoras de transtornos mentais e que redireciona o modelo assistencial em saúde mental; considerando a Resolução CNPCP nº 5, de 4 de maio de 2004, que dispõe a respeito das Diretrizes para o cumprimento das Medidas de Segurança, adequando-as à previsão contida na Lei nº 10.216, de 6 de abril de 2001; considerando a Resolução CNJ nº 113, de 20 de abril de 2010, que, entre outras providências, dispõe sobre o procedimento relativo à execução de pena privativa de liberdade e medida de segurança; considerando a Resolução CNPCP nº 4, de 30 de julho de 2010, que dispõe sobre as Diretrizes Nacionais de Atenção aos Pacientes Judiciários e Execução da Medida de Segurança, resolve:

Art. 1º – O acesso ao programa de atendimento específico apresentado pelos arts. 2º e 3º da Resolução CNPCP nº 4/2010, dar-se á por meio do serviço de avaliação e acompanhamento às medidas terapêuticas aplicáveis à pessoa com transtorno mental em conflito com a Lei, consignado na Portaria MS/GM nº 94, de 14 de janeiro de 2014.

§ 1º – O serviço referido no *caput* é composto pela equipe de avaliação e acompanhamento das medidas terapêuticas aplicáveis à pessoa com transtorno mental em conflito com a lei (EAP), que tem o objetivo de apoiar ações e serviços para atenção à pessoa com transtorno mental em conflito com a Lei na Rede de Atenção à Saúde (RAS), além de poder contribuir para que o Sistema Único de Assistência Social (Suas) e o Sistema de Justiça Criminal atuem no sentido de redirecionar as medidas de segurança às disposições da Lei nº 10.216/2001.

§ 2º – O Grupo Condutor Estadual da Política Nacional de Atenção Integral à Saúde das Pessoas Privadas de Liberdade no Sistema Prisional – PNAISP – deverá elaborar uma estratégia estadual para atenção à pessoa com transtorno mental em conflito com a Lei e contribuir para a sua implementação.

Art. 2º – O serviço de avaliação e acompanhamento de medidas terapêuticas aplicáveis à pessoa com transtorno mental em conflito com a Lei observará as exigências do SUS que garantem o acesso à RAS, para acompanhamento psicossocial integral, resolutivo e contínuo, e contará com a justiça criminal, nas seguintes condições:

I – garantia de transporte sanitário e escolta para atendimento;

II – garantia de acesso às unidades prisionais e estabelecimentos de custodia e tratamento psiquiátrico;

III – garantia do acesso às informações referentes à pessoa com transtorno mental em conflito com a Lei;

IV – garantia do cuidado adequado de acordo com os Projetos Terapêuticos Singulares (PTS) especificamente elaborados para alicerçar a medida de segurança e o processo terapêutico.

Art. 3º – Para o efetivo cumprimento desta Resolução, deverão ser observados os seguintes atos normativos:

I – Resolução CNAS nº 145, de 15 de outubro de 2004 que aprova a Política Nacional de Assistência Social;

II – Portaria GM/MS nº 4.279, de 30 de dezembro de 2010, que estabelece diretrizes para a organização da Rede de Atenção à Saúde no âmbito do Sistema Único de Saúde;

III – Recomendação do Conselho Nacional de Justiça nº 35, de 12 de julho de 2011, que recomenda que na execução da Medida de Segurança, sejam adotadas políticas antimanicomiais;

IV – Portaria MS/GM nº 3.088, de 23 de dezembro de 2011, que institui a Rede de Atenção Psicossocial (Raps) para pessoas com sofrimento ou transtorno mental e com necessidades decorrentes do uso de crack, álcool e outras drogas e as estratégias de desinstitucionalização, no âmbito do SUS;

V – Diretrizes do Plano Nacional de Política Criminal e Penitenciária aprovadas na 372ª reunião ordinária do Conselho Nacional de Política Criminal e Penitenciária (CNPCP), em 26/04/2011;

VI – Política Nacional de Humanização (PNH), do SUS;

VII – Portaria Interministerial MS/MJ nº 1.777, de 9 de setembro de 2003, que publica o Plano Nacional de Saúde no Sistema Penitenciário (PNSSP);

VIII – Portaria Interministerial nº 1/MS/MJ, de 2 de janeiro de 2014, que institui a Política Nacional de Atenção Integral à Saúde da Pessoa Privada de Liberdade no Sistema Prisional (PNAISP);

IX – Portaria MS/MJ nº 94, de 14 de janeiro de 2014, que institui o serviço de avaliação e acompanhamento às medidas terapêuticas aplicáveis à pessoa com transtorno mental em conflito com a Lei, no âmbito do Sistema Único de Saúde (SUS).

Art. 4º – Esta Resolução entra em vigor na data de sua publicação, revogadas as disposições em contrário.

HERBERT JOSE ALMEIDA CARNEIRO

ANEXO 15 – RESOLUÇÃO 03/09 (MARÇO) DO CNPCP – DISPÕE SOBRE AS DIRETRIZES NACIONAIS PARA A OFERTA DE EDUCAÇÃO NOS ESTABELECIMENTOS PENAIS

RESOLUÇÃO Nº- 03, DE 11 DE MARÇO DE 2009

Dispõe sobre as Diretrizes Nacionais para a Oferta de Educação nos estabelecimentos penais.

O PRESIDENTE DO CONSELHO NACIONAL DE POLÍTICA CRIMINAL E PENITENCIÁRIA – CNPCP, Dr.

SÉRGIO SALOMÃO SHECAIRA, no uso de suas atribuições legais, previstas no Art. 64, I, Lei nº 7.210/84, bem como no art. 39, I e II, do Anexo I do Decreto nº 6.061, de 15 de março de 2007,

CONSIDERANDO o Parecer da Conselheira Valdirene Daufemback sobre as propostas encaminhadas pelo Plenário do I Seminário Nacional de Educação nas Prisões;

CONSIDERANDO o Protocolo de Intenções firmado entre os Ministérios da Justiça e da Educação com o objetivo de fortalecer e qualificar a oferta de educação nas prisões;

CONSIDERANDO o disposto na Lei nº 10.172/00 – Plano Nacional de Educação;

CONSIDERANDO que o governo federal, por intermédio dos Ministérios da Educação e da Justiça é responsável pelo fomento e indução de políticas públicas de Estado no domínio da educação nas prisões, estabelecendo as parcerias necessárias junto aos Estados, Distrito Federal e Municípios;

CONSIDERANDO o disposto na Constituição Federal de 1988, na Lei nº 7.210, de 11 de julho de 1984, bem como na Resolução nº 14, de 11 de novembro de 1994, deste Conselho, que fixou as Regras Mínimas para o Tratamento do Preso no Brasil;

CONSIDERANDO, finalmente, que o projeto "Educando para a Liberdade", fruto de parceria entre os Ministérios da Educação e da Justiça e da Representação da Unesco no Brasil, constitui referência fundamental para o desenvolvimento de uma política pública de educação no contexto prisional, feita de forma integrada e cooperativa, e representa novo paradigma de ação, a ser desenvolvido no âmbito da Administração Penitenciária,

RESOLVE:

Art. 1º – Estabelecer as Diretrizes Nacionais para a Oferta de Educação nos estabelecimentos penais.

Art. 2º – As ações de educação no contexto prisional devem estar calcadas na legislação educacional vigente no país e na Lei de Execução Penal, devendo atender as especificidades dos diferentes níveis e modalidades de educação e ensino.

Art. 3º – A oferta de educação no contexto prisional deve:

I – atender aos eixos pactuados quando da realização do Seminário Nacional pela Educação nas Prisões (2006), quais sejam: a) gestão, articulação e mobilização; b) formação e valorização dos profissionais envolvidos na oferta de educação na prisão; e c) aspectos pedagógicos;

II – resultar do processo de mobilização, articulação e gestão dos Ministérios da Educação e Justiça, dos gestores estaduais e distritais da Educação e da Administração Penitenciária, dos Municípios e da sociedade civil;

III – ser contemplada com as devidas oportunidades de financiamento junto aos órgãos estaduais e federais;

IV – estar associada às ações de fomento à leitura e a implementação ou recuperação de bibliotecas para atender à população carcerária e aos profissionais que trabalham nos estabelecimentos penais; e

V – promover, sempre que possível, o envolvimento da comunidade e dos familiares do(a)s preso(a)s e internado(a)s e prever atendimento diferenciado para contemplar as especificidades de cada regime, atentando-se para as questões de inclusão, acessibilidade, gênero, etnia, credo, idade e outras correlatas.

Art. 4º – A gestão da educação no contexto prisional deve permitir parcerias com outras áreas de governo, universidades e organizações da sociedade civil, com vistas à formulação, execução, monitoramento e avaliação de políticas públicas de estímulo à educação nas prisões.

Art. 5º – As autoridades responsáveis pelos estabelecimentos penais devem propiciar espaços físicos adequados às atividades educacionais (salas de aula, bibliotecas, laboratórios, etc), integrar as práticas educativas às rotinas da unidade prisional e difundir informações incentivando a participação do(a)s preso(a)s e internado(a)s.

Art. 6º – A Direção dos estabelecimentos penais deve permitir que os documentos e materiais produzidos pelos Ministérios da Educação e da Justiça, Secretarias Estaduais de Educação e órgãos responsáveis pela Administração Penitenciária, que possam interessar aos educadores e educandos, sejam disponibilizados e socializados.

Art. 7º – Devem ser elaboradas e priorizadas estratégias que possibilitem a continuidade de estudos para os egressos, articulando-as com entidades que atuam no apoio dos mesmos – tais como patronatos, conselhos e fundações de apoio ao egresso e organizações da sociedade civil.

Art. 8º – O trabalho prisional, também entendido como elemento de formação integrado à educação, devendo ser ofertado em horário e condições compatíveis com as atividades educacionais.

Art. 9º – Educadores, gestores, técnicos e agentes penitenciários dos estabelecimentos penais devem ter acesso a programas de formação integrada e continuada que auxiliem na compreensão das especificidades e relevância das ações de educação nos estabelecimentos penais, bem como da dimensão educativa do trabalho.

§ 1º Recomenda-se que os educadores pertençam, preferencialmente, aos quadros da Secretaria de Educação, sejam selecionados por concursos públicos e percebam remuneração acrescida de vantagens pecuniárias condizentes com as especificidades do cargo.

§ 2º A pessoa presa ou internada, com perfil e formação adequados, poderá atuar como monitor no processo educativo, recebendo formação continuada condizente com suas práticas pedagógicas, devendo este trabalho ser remunerado.

Art. 10 – O planejamento das ações de educação nas prisões poderá contemplar além das atividades de educação formal, propostas de educação não-formal e formação profissional, bem como a inclusão da modalidade de educação à distância.

Parágrafo único – Recomenda-se, a cada unidade da federação, que as ações de educação formal sigam um calendário comum aos estabelecimentos penais onde houver oferta.

Art. 11 – O capítulo "Seminário Nacional pela Educação nas Prisões: Significados e Proposições", do Projeto "Educando para a Liberdade", constitui o Anexo I da presente Resolução.

Parágrafo único – O texto integral do projeto "Educando para a Liberdade", pode ser encontrado no seguinte endereço eletrônico www.mj.gov.br/cnpcp.

Art. 12 – Esta Resolução entrará em vigor na data de sua publicação.

SÉRGIO SALOMÃO SHECAIRA

Presidente

ANEXO I – SEMINÁRIO NACIONAL PELA EDUCAÇÃO NAS PRISÕES: SIGNIFICADOS E PROPOSIÇÕES

O Seminário Nacional pela Educação nas Prisões foi realizado em Brasília entre os dias 12 e 14 de julho de 2006, como singular expressão dos esforços que os ministérios da Educação e da Justiça e a Representação da UNESCO no Brasil vêm envidando, no sentido de criar condições e possibilidades para o enfrentamento dos graves problemas que perpassam a inclusão social de apenados e egressos do sistema penitenciário.[1]

De fato, desde 2005, essas instituições trabalham juntas em torno do Projeto Educando para a Liberdade, que deu origem a uma série de atividades e conquistas no campo da educação nas prisões. Oficinas técnicas, seminários regionais, proposições para a alteração da lei de execução penal, financiamento de projetos junto aos sistemas estaduais e o próprio fortalecimento das relações entre os órgãos de governo responsáveis pela questão no âmbito

1. Vale destacar que esse projeto é financiado com recursos doados pelo governo japonês e administrados pela Representação da UNESCO no Brasil, cooperação esta que tornou possível uma parte relevante dos resultados ora mencionados.

federal são alguns dos resultados que merecem ser contabilizados ao longo desse período.

Toda essa disposição está fundada em duas convicções. Primeiro, de que educação é um direito de todos. Depois, de que a concepção e implementação de políticas públicas, visando ao entendimento especial de segmentos da população estrutural e historicamente fragilizados, constituem um dos modos mais significativos pelos quais o Estado e a Sociedade podem renovar o compromisso para com a realização desse direito e a democratização de toda a sociedade.

O espaço e o tempo do sistema penitenciário, aliás, confirmam esses pressupostos. Embora não faltem referências no plano interno e internacional, segundo as quais se devam colocar em marcha amplos programas de ensino, com a participação dos detentos, a fim de responder às suas necessidades e aspirações em matéria de educação, ainda são muito tímidos os resultados alcançados[2].

Assim é que, como demonstram dados do ministério da Justiça, de 240.203 pessoas presas em

2. O texto reproduzido integra a Declaração extraída da V Confintea – Conferência Internacional sobre Educação de Adultos (Hamburgo, 1997) e assinada pelo Brasil. Além deste normativo, porém, poderiam ser citados: a Constituição Federal (art. 208), a Lei nº 9.394/96 (Lei de Diretrizes e Bases da Educação – art. 37 § 1º), o Parecer CEB nº 11/2000, a Lei nº 10.172/2001 (o Plano Nacional de Educação), a Lei nº 7.210/84 (Lei de Execução Penal) e a Resolução CNPCP nº 14/94 (Regras Mínimas para o Tratamento de Reclusos).

Nessas condições, o Seminário Nacional foi idealizado como momento para que as discussões realizadas durante todas as atividades executadas no projeto – ou a partir do projeto – pudessem ser traduzidas como orientações concretas aos órgãos do poder público e à sociedade civil em relação a este cenário, na perspectiva de inspirar a produção de experiências exemplares de sua transformação.

O presente relatório consolida os resultados dos debates e proposições que a esse respeito foram realizados por todos aqueles que, de uma maneira ou de outra, estiveram envolvidos nesse processo de diálogo e construção coletiva3.

PROPOSTAS

Como desdobramento dos seminários regionais, o Seminário Nacional adotou uma divisão didática das propostas em três grandes "eixos", que afinal foram preservados neste texto e encontram-se articulados e descritos abaixo. Evidentemente, porém, cada um deve ser lido na perspectiva de complementariedade em relação aos demais.

A – GESTÃO, ARTICULAÇÃO E MOBILIZAÇÃO

As propostas enquadradas neste eixo destinam-se a fornecer estímulos e subsídios para a atuação da União, dos estados e da sociedade civil, com vistas à formulação, execução e monitoramento de políticas públicas para a educação nas prisões. Nesse sentido, de acordo com os participantes de seminário, para que se garanta uma educação de qualidade para todos no sistema penitenciário, é importante que:

O governo federal, por intermédio dos ministérios da Educação e da Justiça, figure como o responsável pelo fomento e indução de políticas públicas de Estado no domínio da educação nas prisões, estabelecendo as parcerias necessárias junto aos estados e municípios.

A oferta de educação no sistema penitenciário seja fruto de uma articulação entre o órgão responsável pela administração penitenciária e a Secretaria de Educação que atue junto ao sistema local, cabendo a ambas a responsabilidade pela gestão e pela coordenação desta oferta, sob a inspiração de Diretrizes Nacionais.

3 Nesse sentido, podem ser relacionados como protagonistas do seminário: gestores vinculados às pastas da Educação e da Administração Penitenciária, educadores, agentes penitenciários, pesquisadores, especialistas e até mesmo apenados, cuja fala foi obtida e sistematizada por meio de Oficinas Teatrais realizadas nos Estados do Espírito Santo, Mato Grosso do Sul, Rio de Janeiro e Rio Grande do Sul, em parceria com o Centro de teatro do Oprimido do Rio de Janeiro (CTO/Rio).

6. Os educadores do sistema pertençam, preferencialmente, aos quadros da Secretaria de Educação, selecionados por concursos públicos e com remuneração acrescida de vantagens pecuniárias condizentes com as especificidades do cargo.

7. A gestão propicie espaços físicos adequados às práticas educativas (por exemplo: salas de aula, bibliotecas, laboratórios etc.), além de adquirir os equipamentos e materiais necessários, evitando improvisos e mudanças constantes.

8. A construção de espaços adequados para a oferta de educação, bem como de esporte e cultura, seja proporcional à população atendida em cada unidade.

9. As autoridades responsáveis pela gestão transformem a escola em espaço de fato integrado às rotinas da unidade prisional e de execução penal, com a inclusão de suas atividades no plano de segurança adotado.

10. O diagnóstico da vida escolar dos apenados logo no seu ingresso ao sistema, com vistas a obter dados para a elaboração de uma proposta educacional que atenda às demandas e circunstâncias de cada um, seja realizado.

11. O atendimento diferenciado para presos(as) do regime fechado, semi-aberto, aberto, presos provisórios e em liberdade condicional e aqueles submetidos à medida de segurança independente de avaliação meritocrática seja garantido.

12. O atendimento contemple a diversidade, atentando-se para as questões de inclusão, acessibilidade, gênero, etnia, credo, idade e outras correlatas.

13. Os responsáveis pela oferta elaborem estratégias para a garantia de continuidade de estudos para os

dezembro de 2004, apenas 44.167 desenvolviam atividades educacionais, o que equivale a aproximadamente 18% do total. Isso muito embora a maioria dessa população seja composta por

egressos, articulando-as com entidades que atuam no apoio dos mesmos – tais como patronatos, conselhos e fundações de apoio ao egresso e organizações da sociedade civil.

14. A remição pela educação seja garantida como um direito, de forma paritária com a remição concedida ao trabalho e cumulativa quando envolver a realização paralela das duas atividades.

15. O trabalho prisional seja tomado como elemento de formação e não de exploração de mão-de-obra, garantida a sua oferta em horário e condições compatíveis com as da oferta de estudo.

16. Além de compatível, o trabalho prisional (e todas as demais atividades orientadas à de reintegração social nas prisões) se torne efetivamente integrado à educação.

17. A certificação não-estigmatizante para as atividades cursadas pelos educandos (sejam eles cursos regulares de ensino fundamental e médio, atividades não-formais, cursos profissionalizantes etc.), de maneira a conciliar a legislação e o interesse dos envolvidos, seja garantida.

18. A existência de uma política de incentivo ao livro e à leitura nas unidades, com implantação de bibliotecas e com programas que atendam não somente aos alunos matriculados, mas a todos os integrantes da comunidade prisional.

19. A elaboração de uma cartilha incentivando os apenados à participação nos programas educacionais, bem como informações relativas à remição pelo estudo.

20. Os documentos e materiais produzidos pelos ministérios da Educação e da Justiça e/ou pelas secretarias de Estado de Educação e de Administração Penitenciária, que possam interessar aos educadores e educandos do sistema, sejam disponibilizados e socializados, visando ao estreitamento da relação entre os níveis de execução e de gestão da educação nas prisões.

21. Sejam promovidos encontros regionais e nacionais sobre a educação nas prisões envolvendo todos os atores relevantes, em especial diretores de unidades prisionais e do setor de ensino, tendo como um dos itens de pauta a troca de experiências.

B – FORMAÇÃO E VALORIZAÇÃO DOS PROFISSIONAIS ENVOLVIDOS NA OFERTA

As propostas enquadradas neste eixo destinam-se a contribuir para a qualidade da formação e para as boas condições de trabalho de gestores, educadores, agentes penitenciários e operadores da execução penal. Nesse sentido, de acordo com os participantes do Seminário, para que se garanta uma educação de qualidade para todos no sistema penitenciário, é importante que:

22. Ao ingressar no cotidiano do sistema prisional, o professor passe por um processo de formação, promovido pela pasta responsável pela Administração Penitenciária em parceria com a da Educação, no qual a educação nas prisões seja tematizada segundo os marcos da política penitenciária nacional.

23. A formação continuada dos profissionais que atuam no sistema penitenciário ocorra de maneira integrada, envolvendo diferentes áreas, como trabalho, saúde, educação, esportes, cultura, segurança, assistência psicossocial e demais áreas de interesse, de modo a contribuir para a melhor compreensão do tratamento penal e aprimoramento das diferentes funções de cada segmento.

24. No âmbito de seus projetos políticos-pedagógicos, as escolas de formação de profissionais penitenciários atuem de forma integrada e coordenada para formação continuada de todos os profissionais envolvidos e aprimoramento nas condições de oferta da educação no sistema penitenciário. Nos estados em que elas não existem, sejam implementadas, conforme Resolução nº 04, do Conselho Nacional de Política Criminal e Penitenciária.

25. As instituições de ensino superior e os centros de pesquisa sejam considerados parceiros potenciais no processo de formação e na organização e disponibilização de acervos bibliográficos.

26. A formação dos servidores penitenciários contemple na sua proposta pedagógica a dimensão educativa do trabalho desses profissionais na relação com o preso.

27. Os atores estaduais estimulem a criação de espaços de debate, formação, reflexão e discussão como fóruns e redes que reflitam sobre o papel da educação nas prisões.

28. Os cursos superiores de graduação em Pedagogia e as demais licenciaturas incluam nos seus currículos a formação para a EJA e, nela, a educação prisional.

29. Os educandos e educadores recebam apoio de profissionais técnicos (psicólogos, terapeutas, fonoaudiólogos etc.) para o constante aprimoramento da relação de ensino-aprendizagem.

30. A pessoa presa, com perfil e formação adequados, possa atuar como monitor no processo educativo, recebendo formação continuada condizente com suas práticas pedagógicas, com direito à remição e remuneração.

C – ASPECTOS PEDAGÓGICOS

As propostas enquadradas neste eixo destinam-se a garantir a qualidade da oferta da educação nas prisões, com base nos fundamentos conceituais e legais da educação de jovens e adultos, bem como os paradigmas da educação popular, calcada nos princípios da autonomia e da emancipação dos sujeitos do processo educativo. Nesse sentido, de acordo com os participantes do seminário, para que se garanta uma educação de qualidade para todos no sistema penitenciário, é importante que:

31. Venha a ser criado um regimento escolar próprio para o atendimento nos estabelecimentos de ensino do sistema prisional, no intuito de preservar a unidade filosófica, político-pedagógico estrutural e funcional das práticas de educação nas prisões.

32. Seja elaborado, em cada estado, os seus projetos pedagógicos próprios para a educação nas prisões,

jovens e adultos com baixa escolaridade: 70% não possuem o ensino fundamental completo e 10,5% são analfabetos (BRASIL, 2004). Para agravar a situação, o cumprimento do direito de presos e presas à educação não apenas escapa dos reclamos cotidianos do que se convencionou chamar de opinião pública, como muitas vezes conta com sua desaprovação.

Em termos históricos, esse cenário tem sido confrontado a partir de práticas pouco sistematizadas que, em geral, dependem da iniciativa e das idiossincrasias de cada direção de estabelecimento prisional. Não existe um aproximação entre as pastas da Educação e da Administração Penitenciária que viabilize uma oferta coordenada e com bases conceituais mais precisas. Ignoram-se, com isso:

- o acúmulo teórico e prático de que o país dispõe no terreno da educação de jovens e adultos (EJA), como modalidade específica para o atendimento do público em questão e seguramente mais apropriada para o enfrentamento dos desafios que ele impõe;
- a singularidade do ambiente prisional e a pluralidade de sujeitos, culturas e saberes presentes na relação de ensino- aprendizagem; e
- a necessidade de se refletir sobre a importância que o atendimento educacional na unidade prisional pode vir a ter, para a reintegração social das pessoas atendidas.

A articulação implique disponibilização de material pedagógico da modalidade de EJA para as escolas que atuam no sistema penitenciário, como insumo para a elaboração de projetos pedagógicos adequados ao público em questão.

O trabalho articulado encontre as devidas oportunidades de financiamento junto às pastas estaduais e aos órgãos ministeriais, especialmente com a inclusão dos alunos matriculados no Censo Escolar.

A gestão se mantenha aberta a parcerias com outras áreas de governo, universidades e organizações da sociedade civil, sob a orientação de Diretrizes Nacionais.

SÉRGIO SALOMÃO SHECAIRA

PRESIDENTE DO CNPCP

Publicada no DOU de 25 de março de 2009 – Seção 1 – pp. 22-23.

---

contemplando as diferentes dimensões da educação (escolarização, cultura, esporte e formação profissional), considerando a realidade do sistema prisional para a proposição das metodologias.

33. Seja estimulada a produção de material didático específico para a educação no sistema penitenciário, para complementar os recursos de EJA disponibilizados pela gestão local.

34. Seja elaborado um currículo próprio para a educação nas prisões que considere o tempo e o espaço dos sujeitos da EJA inseridos nesse contexto e que enfrente os desafios que ele propõe em termos da sua reintegração social.

35. Seja elaborada essa proposta curricular a partir de um Grupo de Trabalho que ouça os sujeitos do processo educativo nas prisões (educadores, educandos, gestores do sistema prisional, agentes penitenciários e pesquisadores de EJA e do sistema prisional).

36. Seja incluída na educação de jovens e adultos no sistema penitenciário a formação para o mundo do trabalho, entendido como um lócus para a construção da autonomia do sujeito e de desenvolvimento de suas capacidades profissionais, intelectuais, físicas, culturais e sociais.

37. Sejam os familiares dos presos e a comunidade em geral estimulados, sempre que possível, a acompanhar e a participar de atividades educacionais que contribuam para o processo de reintegração social.

38. Sejam ampliadas as possibilidades de educação a distância em seus diferentes níveis, resguardando-se deste atendimento o ensino fundamental.

39. Sejam ampliadas as possibilidades de uso de tecnologias nas salas de aula de unidades prisionais, visando ao enriquecimento da relação de ensino--aprendizagem.

40. Seja garantida a autonomia do professor na avaliação do aluno em todo o processo de ensino aprendizagem.

ANEXO 16 – RESOLUÇÃO 03/09 (JULHO) DO CNPCP – ACOLHIMENTO DAS MULHERES ENCARCERADAS E SEUS FILHOS

RESOLUÇÃO CNPCP Nº 3, DE 15 DE JULHO DE 2009

O PRESIDENTE DO CONSELHO NACIONAL DE POLÍTICA CRIMINAL E PENITENCIÁRIA – CNPCP, SÉRGIO SALOMÃO SHECAIRA, no uso de suas atribuições legais e regimentais,

CONSIDERANDO o dever de reconhecer, respeitar e garantir a equidade de gênero nas políticas públicas;

CONSIDERANDO as recomendações do Relatório do Grupo de Trabalho Interministerial Reorganização e Reformulação do Sistema Prisional Feminino, editado pela Secretaria Especial de Políticas para as Mulheres da Presidência da República (2008);

CONSIDERANDO os dados apresentados sobre a maternidade, amamentação e guarda dos filhos em situação de privação de liberdade no Relatório sobre Mulheres Encarceradas no Brasil (2007) do Grupo de Estudos e Trabalho Mulheres Encarceradas;

CONSIDERANDO as intenções já celebradas entre Ministério da Justiça e Secretaria Especial de Políticas para as Mulheres por meio do Acordo de Cooperação Técnica (2006) com relação a estabelecer regramento único para a estada, permanência e posterior encaminhamento das (os) filhas (os) das mulheres encarceradas na prisão;

CONSIDERANDO o art. 37 do Código Penal que define "As mulheres cumprem pena em estabelecimento próprio, observando-se os deveres e direitos inerentes à sua condição pessoal, bem como, no que couber, o disposto neste Capítulo", resolve:

Art. 1º A estada, permanência e posterior encaminhamento das (os) filhas (os) das mulheres encarceradas devem respeitar as seguintes orientações:

I – Ecologia do desenvolvimento humano, pelo qual os ambientes de encarceramento feminino devem contemplar espaço adequado para permitir o desenvolvimento infantil em padrões saudáveis e uma relação de qualidade entre a mãe e a criança;

II – Continuidade do vínculo materno, que deve ser considerada como prioridade em todas as situações;

III – Amamentação, entendida como ato de impacto físico e psicológico, deve ser tratada de forma privilegiada, eis que dela depende a saúde do corpo e da "psique" da criança;

Art. 2º Deve ser garantida a permanência de crianças no mínimo até um ano e seis meses para as (os) filhas (os) de mulheres encarceradas junto as suas mães, visto que a presença da mãe nesse período é considerada fundamental para o desenvolvimento da criança, principalmente no que tange à construção do sentimento de confiança, otimismo e coragem, aspectos que podem ficar comprometidos caso não haja uma relação que sustente essa primeira fase do desenvolvimento humano; esse período também se destina para a vinculação da mãe com sua (seu) filha (o) e para a elaboração psicológica da separação e futuro reencontro.

Art. 3º Após a criança completar um ano e seis meses deve ser iniciado o processo gradual de separação que pode durar até seis meses, devendo ser elaboradas etapas conforme quadro psicossocial da família, considerando as seguintes fases:

a) Presença na unidade penal durante maior tempo do novo responsável pela guarda junto da criança;

b) Visita da criança ao novo lar;

c) Período de tempo semanal equivalente de permanência no novo lar e junto à mãe na prisão;

d) Visitas da criança por período prolongado à mãe;

Parágrafo único. As visitas por período prolongado serão gradualmente reduzidas até que a criança passe a maior parte do tempo no novo lar e faça visitas à mãe em horários convencionais.

Art. 4º A escolha do lar em que a criança será abrigada deve ser realizada pelas mães e pais assistidos pelos profissionais de Serviço Social e Psicologia da unidade prisional ou do Poder Judiciário, considerando a seguinte ordem de possibilidades: família ampliada, família substituta ou instituições.

Art. 5º Para abrigar as crianças de até dois anos os estabelecimentos penais femininos devem garantir espaço de berçário de até quatro leitos por quarto para as mães e para suas respectivas crianças, com banheiros que comportem banheiras infantis, espaço para área de lazer e abertura para área descoberta.

Art. 6º Deve ser garantida a possibilidade de crianças com mais de dois e até sete anos de idade permanecer junto às mães na unidade prisional desde que seja em unidades materno-infantis, equipadas com dormitório para as mães e crianças, brinquedoteca, área delazer, abertura para área descoberta e participação em creche externa.

Parágrafo único. Nesse caso, o Estado deve se habilitar junto ao DEPEN, informando às unidades que terão tal estrutura.

Art. 7º A alimentação fornecida deve ser adequada às crianças conforme sua idade e com diversidade de itens, de acordo com Guia Alimentar das Crianças do Ministério da Saúde no caso de crianças até dois anos e demais recomendações que compõem uma dieta saudável para crianças entre dois a sete anos.

Art. 8º A visita de familiares e pais presos deve ser estimulada visando à preservação do vínculo familiar e do reconhecimento de outros personagens do círculo de relacionamento parental.

Art. 9º Para as presas gestantes que estiverem trabalhando na unidade prisional deve ser garantido período de licença da atividade laboral durante seis meses devendo esse período ser considerado para fins de remição.

Art. 10. A União e os Estados devem construir e manter unidades prisionais femininas, mesmo que de pequena capacidade, nas suas diferentes macroregiões, devendo assegurar no mínimo uma unidade nas regiões norte, sul, leste e oeste do seu território com berçário para abrigar crianças com até dois anos de idade.

Art. 11. As Escolas Penitenciárias ou órgão similar responsável pela educação dos servidores públicos do sistema prisional devem garantir na sua grade curricular formação relativa ao período gestacional, desenvolvimento infantil, saúde de gestantes e bebês, entre outros aspectos que envolvam a maternidade.

Art. 12. A partir de avaliação do Assistente Social e Psicólogo da unidade, do serviço de atendimento do Poder Judiciário ou similar devidamente submetido à decisão do Juiz de Direito Competente, os prazos e condições de permanência de crianças na unidade prisional podem ser alterados.

Art. 13. Esta Resolução entra em vigor na data de sua publicação.

SERGIO SALOMÃO SHECAIRA

CNPCP – Resolução nº 3/2009

16/7/2009 DOU 16.07.2009

ANEXO 17 – RESOLUÇÃO Nº 8/09 – DIRETRIZES PARA A ASSISTÊNCIA RELIGIOSA NOS ESTABELECIMENTOS PRISIONAIS

MINISTÉRIO DA JUSTIÇA CONSELHO NACIONAL DE POLÍTICA CRIMINAL E PENITENCIÁRIA

RESOLUÇÃO Nº 8, DE 9 DE NOVEMBRO DE 2011

O Presidente do Conselho Nacional de Política Criminal e Penitenciária (CNPCP), no uso de suas atribuições e, Considerando que a Constituição da República estabelece que o Brasil é um Estado laico, assegurando a inviolabilidade da liberdade de consciência e de crença, o livre exercício de cultos religiosos e a prestação de assistência religiosa nas unidades civis e militares de internação coletiva; Considerando que a Declaração Universal dos Direitos Humanos da Organização das Nações Unidas prevê, em seu artigo XVII, que toda a pessoa tem direito à liberdade de pensamento, consciência e religião, e que esse direito inclui a liberdade de mudar de religião ou crença, de manifestar sua crença pelo ensino, pela prática, pelo culto e pela observância, isolada ou coletivamente, em público ou em particular; Considerando que as Regras Mínimas da Organização das Nações Unidas para o Tratamento de Reclusos, assim como a Resolução nº 14/1994 do Conselho Nacional de Política Criminal e Penitenciária, prevêem a assistência religiosa em estabelecimentos penais, com liberdade de culto e a participação nos serviços organizados pelo estabelecimento penal, assegurando a presença de representantes religiosos, com autorização para organizar serviços litúrgicos e fazer visita pastoral a adeptos de sua religião; Considerando que a Lei de Execução Penal (LEP) prevê a assistência religiosa aos presos, bem como a liberdade de culto, sendo-lhes garantida a participação nos serviços organizados no estabelecimento penal; Considerando que a Lei nº 9.982, de 14 de julho de 2000, dispõe sobre a prestação de assistência religiosa em estabelecimentos prisionais; Considerando as recomendações contidas no documento "Princípios Básicos: Religião no Cárcere", apresentado no Congresso das Nações Unidas sobre Prevenção do Delito e Justiça Criminal, realizado no Brasil em 2010; Considerando que o Plano Nacional de Política Criminal e Penitenciária de 26/04/2011 recomenda respeito às diferenças e ações específicas para os diferentes públicos;

RESOLVE:

Estabelecer as seguintes diretrizes para a assistência religiosa nos estabelecimentos prisionais.

Art. 1º. Os direitos constitucionais de liberdade de consciência, de crença e de expressão serão garantidos à pessoa presa, observados os seguintes princípios:

I – será garantido o direito de profecia de todas as religiões, e o de consciência aos agnósticos e adeptos de filosofias não religiosas;

II – será assegurada a atuação de diferentes confissões religiosas em igualdades de condições, majoritárias ou minoritárias, vedado o proselitismo religioso e qualquer forma de discriminação ou estigmatização;

III – a assistência religiosa não será instrumentalizada para fins de disciplina, correcionais ou para estabelecer qualquer tipo de regalia, benefício ou privilégio, e será garantida mesmo à pessoa presa submetida a sanção disciplinar;

IV – à pessoa presa será assegurado o direito à expressão de sua consciência, filosofia ou prática de sua religião de forma individual ou coletiva, devendo ser respeitada a sua vontade de participação, ou de abster-se de participar de atividades de cunho religioso;

V – será garantido à pessoa presa o direito de mudar de religião, consciência ou filosofia, a qualquer tempo, sem prejuízo da sua situação prisional;

VI – o conteúdo da prática religiosa deverá ser definido pelo grupo religioso e pelas pessoas presas.

Art. 2º Os espaços próprios de assistência religiosa deverão ser isentos de objetos, arquitetura, desenhos ou outros tipos de meios de identificação de religião específica.

§ 1°. Será permitido o uso de símbolos e objetos religiosos durante a atividade de cada segmento religioso, salvo itens que comprovadamente oferecem risco à segurança.

Ministério da Justiça Conselho Nacional de Política Criminal e Penitenciária

§ 2º. A definição dos itens que oferecem risco à segurança será feita pela secretaria estadual ou departamento do sistema penitenciário, que deverá demonstrar a absoluta necessidade da medida e a inexistência de meio alternativo para atingir o mesmo fim.

§ 3º. Caso o estabelecimento prisional não tenha local adequado para a prática religiosa, as atividades deverão se realizar no pátio ou nas celas, em horários específicos.

Art. 3º Será assegurado o ingresso dos representantes religiosos a todos os espaços de permanência das pessoas presas do estabelecimento prisional.

§ 1º O número de representantes religiosos deverá ser proporcional ao número de pessoas presas.

§ 2º Será vedada a revista íntima aos representantes religiosos.

§ 3º A suspensão do ingresso de representantes religiosos por decisão da administração penitenciária deverá ser comunicada com antecedência de 24 horas e só pode ocorrer por motivo justificado e registrada por escrito, dando-se ciência aos interessados.

Art. 4 A administração prisional deverá garantir meios para que se realize a entrevista pessoal privada da pessoa presa com um representante religioso.

Parágrafo único. Será garantido o sigilo do atendimento religioso pessoal.

Art. 5º Será vedada a comercialização de itens religiosos ou pagamento de contribuições religiosas das pessoas presas às organizações religiosas nos estabelecimentos prisionais.

Art. 6º Será permitida a doação de itens às pessoas presas por parte das organizações religiosas, desde que respeitadas as regras do estabelecimento prisional quanto ao procedimento de entrega e de itens autorizados.

Art. 7º São deveres das organizações que prestam assistência religiosa, bem como de seus representantes:

I – Agir de forma cooperativa com as demais denominações religiosas;

II – Informar-se e cumprir os procedimentos normativos editados pelo estabelecimento prisional;

III – Comunicar a administração do estabelecimento prisional sobre eventual impossibilidade de realização de atividade religiosa prevista;

IV – Comunicar a administração do estabelecimento prisional sobre propostas de ampliação dos trabalhos de assistência humanitária, como oficinas de trabalho, escolarização e atividades culturais, bem como atuar de maneira cooperativa com os programas já existentes.

Art. 8º O cadastro das organizações será mantido pela Secretaria de Estado ou Departamento do sistema penitenciário e deve ser anualmente atualizado.

§ 1 º As organizações religiosas e/ou não governamentais que desejem prestar assistência religiosa e humana às pessoas presas deverão ser legalmente constituídas há mais de um ano.

§ 2 º Para o cadastro das organizações referidas no parágrafo anterior, deverão ser apresentados os seguintes documentos ao órgão estatal responsável: Ministério da Justiça Conselho Nacional de Política Criminal e Penitenciária

a) requerimento do dirigente da organização ou de seu representante competente ou majoritário, acompanhado de cópia do documento de identidade pessoal, do tipo RG ou RNE (Registro Nacional de Estrangeiro), do CPF e Título de Eleitor, se for o caso;

b) cópia autenticada dos estatutos sociais, da ata de eleição da última diretoria e do CNPJ;

c) cópia do comprovante de endereço atualizado da organização.

Art. 9º A prática religiosa deverá ser feita por representantes religiosos qualificados, maiores de 18 anos e residentes no país, devidamente credenciados pelas organizações cadastradas.

§ 1º O credenciamento dos representantes deverá ser solicitado mediante requerimento ao diretor do estabelecimento, subscrito pelo dirigente da organização, atestando a idoneidade do representante e relacionando as unidades prisionais nas quais o representante pretende prestar a assistência, acompanhado dos seguintes documentos:

a) cópia do documento de identidade pessoal do tipo RG ou RNE, se for o caso;

b) cópia do Cadastro de Pessoa Física;

c) cópia do Título de Eleitor;

d) comprovante atualizado de endereço residencial;

e) 2 fotos 3x4 recentes.

§ 2º Problemas de conteúdo, prática ou de relacionamento do representante religioso com as pessoas presas deverão ser tratados pelas organizações religiosas em consonância com a administração prisional.

Art. 10. A administração penitenciária deverá oferecer informação e formação aos profissionais do sistema prisional sobre as necessidades específicas relacionadas às religiões, consciência e filosofia, bem como suas respectivas práticas, incluindo rituais, objetos, datas sagradas e comemorativas, períodos de oração, higiene e alimentação.

Parágrafo único. As escolas penitenciárias ou entidades similares deverão adaptar a matriz curricular dos cursos de formação quanto aos temas desta Resolução, no prazo de um ano.

Art. 11. A administração penitenciária considerará as necessidades religiosas na organização do cotidiano dos estabelecimentos prisionais, buscando adaptar aspectos alimentares, de higiene, de horários, de corte de cabelo e de barba, entre outros.

Art. 12. Contra as decisões administrativas decorrentes desta resolução, observa-se-á o procedimento judicial previsto nos artigos 194 e seguintes da LEP.

Art. 13. Esta Resolução entrará em vigor na data de sua publicação, revogadas as disposições em contrário.

GEDER LUIZ ROCHA GOMES

Publicada no DOU nº 216 – quinta-feira, 10 de novembro de 2011, Seção 1, Página 66

ANEXO 18 – RESOLUÇÃO Nº 5/14 – RECOMENDA A NÃO UTILIZAÇÃO DE PRÁTICAS VEXATÓRIAS PARA O CONTROLE DE INGRESSO AOS LOCAIS DE PRIVAÇÃO DE LIBERDADE

MINISTÉRIO DA JUSTIÇA CONSELHO NACIONAL DE POLÍTICA CRIMINAL E PENITENCIÁRIA

RESOLUÇÃO Nº 5, DE 28 DE AGOSTO DE 2014

Recomenda a não utilização de práticas vexatórias para o controle de ingresso aos locais de privação de liberdade e dá outras providências.

O Presidente do Conselho Nacional de Política Criminal e Penitenciária (CNPCP), no uso de suas atribuições legais e regimentais,

CONSIDERANDO que a dignidade da pessoa humana é princípio fundamental do

Estado Democrático de Direito, instituído pelo art. 1º, inciso III, da Constituição Federal;

CONSIDERANDO o disposto no art. 5º, inciso X, ab initio, da Constituição Federal, que estabelece a inviolabilidade da intimidade e da honra das pessoas;

CONSIDERANDO a necessidade de coibir qualquer forma de tratamento desumano ou degradante, expressamente vedado no art. 5º, inciso III, da Constituição Federal;

CONSIDERANDO a necessidade de manter a integridade física e moral dos internos, visitantes, servidores e autoridades que visitem ou exerçam suas funções no sistema penitenciário brasileiro;

CONSIDERANDO o disposto no art. 3º da Lei nº 10.792/2003, que determina que todos que queiram ter acesso aos estabelecimentos penais devem se submeter aos aparelhos detectores de metais, independentemente de cargo ou função pública;

CONSIDERANDO que o art. 74 da Lei de Execução Penal determina que o departamento penitenciário local deve supervisionar e coordenar o funcionamento dos estabelecimentos penais que possuir;

CONSIDERANDO que a necessidade de prevenir crimes no sistema penitenciário não pode afastar o respeito ao Estado Democrático de Direito,

RESOLVE recomendar que a revista de pessoas por ocasião do ingresso nos estabelecimentos penais seja efetuada com observância do seguinte:

Art. 1º. A revista pessoal é a inspeção que se efetua, com fins de segurança, em todas as pessoas que pretendem ingressar em locais de privação de liberdade e que venham a ter contato direto ou indireto com pessoas privadas de liberdade ou com o interior do estabelecimento, devendo preservar a integridade física, psicológica e moral da pessoa revistada.

Parágrafo único. A revista pessoal deverá ocorrer mediante uso de equipamentos eletrônicos detectores de metais, aparelhos de raio-x, scanner corporal, dentre outras tecnologias e equipamentos de segurança capazes de identificar armas, explosivos, drogas ou outros objetos ilícitos, ou, excepcionalmente, de forma manual.

Art. 2º. São vedadas quaisquer formas de revista vexatória, desumana ou degradante.

Parágrafo único. Consideram-se, dentre outras, formas de revista vexatória, desumana ou degradante:

I – desnudamento parcial ou total;

II – qualquer conduta que implique a introdução de objetos nas cavidades corporais da pessoa revistada;

III – uso de cães ou animais farejadores, ainda que treinados para esse fim;

IV – agachamento ou saltos.

Art. 3º. O acesso de gestantes ou pessoas com qualquer limitação física impeditiva da utilização de recursos tecnológicos aos estabelecimentos prisionais será assegurado pelas autoridades administrativas, observado o disposto nesta Resolução.

Art. 4º. A revista pessoal em crianças e adolescentes deve ser precedida de autorização expressa de seu representante legal e somente será realizada na presença deste.

Art. 5º. Cabe à administração penitenciária estabelecer medidas de segurança e de controle de acesso às unidades prisionais, observado o disposto nesta Resolução.

Art. 6º. Revogam-se as Resoluções nº 01/2000 e 09/2006 do CNPCP.

Art. 7º. Esta Resolução entra em vigor na data de sua publicação.

LUIZ ANTÔNIO SILVA BRESSANE

Presidente do CNPCP

Publicada na Seção 1, edição nº 168 – terça-feira, 2 de setembro de 2014

ANEXO 19 – PORTARIA MJ/SPM Nº 210/2014 – INSTITUI A POLÍTICA NACIONAL DE ATENÇÃO ÀS MULHERES EM SITUAÇÃO DE PRIVAÇÃO DE LIBERDADE E EGRESSAS DO SISTEMA PRISIONAL

PORTARIA INTERMINISTERIAL Nº 210, DE 16 DE JANEIRO DE 2014

MINISTÉRIO DA JUSTIÇA

GABINETE DO MINISTRO

DOU de 17/01/2014 (nº 12, Seção 1, pág. 75)

Institui a Política Nacional de Atenção às Mulheres em Situação de Privação de Liberdade e Egressas do Sistema Prisional, e dá outras providências.

O MINISTRO DE ESTADO DA JUSTIÇA E A MINISTRA DE ESTADO-CHEFE DA SECRETARIA DE POLÍTICAS PARA AS MULHERES DA PRESIDÊNCIA DA REPÚBLICA, no uso das atribuições previstas no art. 87, parágrafo único, inciso II, da Constituição, e tendo em vista o disposto nos arts. 10, 14, § 3º, 19, parágrafo único, 77, § 2º, 82, § 1º, 83, §§ 2º e 3º, e 89 da Lei nº 7.210, de 11 de julho de 1984, resolvem:

Art. 1º – Fica instituída a Política Nacional de Atenção às Mulheres em Situação de Privação de Liberdade e Egressas do Sistema Prisional – PNAMPE, com o objetivo de reformular as práticas do sistema prisional brasileiro, contribuindo para a garantia dos direitos das mulheres, nacionais e estrangeiras, previstos nos arts. 10, 14, § 3º, 19, parágrafo único, 77, § 2º, 82, § 1º, 83, §§ 2º e 3º, e 89 da Lei nº 7.210, de 11 de julho de 1984.

Art. 2º – São diretrizes da PNAMPE:

I – prevenção de todos os tipos de violência contra mulheres em situação de privação de liberdade, em cumprimento aos instrumentos nacionais e internacionais ratificados pelo Estado Brasileiro relativos ao tema;

II – fortalecimento da atuação conjunta e articulada de todas as esferas de governo na implementação da Política Nacional de Atenção às Mulheres em Situação de Privação de Liberdade e Egressas do Sistema Prisional;

III – fomento à participação das organizações da sociedade civil no controle social desta Política, bem como nos diversos planos, programas, projetos e atividades dela decorrentes;

IV – humanização das condições do cumprimento da pena, garantindo o direito à saúde, educação, alimentação, trabalho, segurança, proteção à maternidade e à infância, lazer, esportes, assistência jurídica, atendimento psicossocial e demais direitos humanos;

V – fomento à adoção de normas e procedimentos adequados às especificidades das mulheres no que tange a gênero, idade, etnia, cor ou raça, sexualidade, orientação sexual, nacionalidade, escolaridade, maternidade, religiosidade, deficiências física e mental e outros aspectos relevantes;

VI – fomento à elaboração de estudos, organização e divulgação de dados, visando à consolidação de informações penitenciárias sob a perspectiva de gênero;

VII – incentivo à formação e capacitação de profissionais vinculados à justiça criminal e ao sistema prisional, por meio da inclusão da temática de gênero e encarceramento feminino na matriz curricular e cursos periódicos;

VIII – incentivo à construção e adaptação de unidades prisionais para o público feminino, exclusivas, regionalizadas e que observem o disposto na Resolução nº 9, de 18 de novembro de 2011, do

Conselho Nacional de Política Criminal e Penitenciária – CNPCP;

IX – fomento à identificação e monitoramento da condição de presas provisórias, com a implementação de medidas que priorizem seu atendimento jurídico e tramitação processual;

X – fomento ao desenvolvimento de ações que visem à assistência às pré-egressas e egressas do sistema prisional, por meio da divulgação, orientação ao acesso às políticas públicas de proteção social, trabalho e renda;

Parágrafo único – Nos termos do inciso VIII, entende-se por regionalização a distribuição de unidades prisionais no interior dos estados, visando o fortalecimento dos vínculos familiares e comunitários.

Art. 3º – São objetivos da PNAMPE:

I – fomentar a elaboração das políticas estaduais de atenção às mulheres privadas de liberdade e egressas do sistema prisional, com base nesta Portaria;

II – induzir para o aperfeiçoamento e humanização do sistema prisional feminino, especialmente no que concerne à arquitetura prisional e execução de atividades e rotinas carcerárias, com atenção às diversidades e capacitação periódica de servidores;

III – promover, pactuar e incentivar ações integradas e intersetoriais, visando à complementação e ao acesso aos direitos fundamentais, previstos na Constituição Federal e Lei de Execução Penal, voltadas às mulheres privadas de liberdade e seus núcleos familiares; e

IV – aprimorar a qualidade dos dados constantes nos bancos de dados do sistema prisional brasileiro, contemplando a perspectiva de gênero; e

V – fomentar e desenvolver pesquisas e estudos relativos ao encarceramento feminino.

Art. 4º – São metas da PNAMPE:

I – criação e reformulação de bancos de dados em âmbito estadual e nacional sobre o sistema prisional, que contemplem:

a) quantidade de estabelecimentos femininos e mistos que custodiam mulheres, indicando número de mulheres por estabelecimento, regime e quantidade de vagas;

b) existência de local adequado para visitação, frequência e procedimentos necessários para ingresso do visitante social e íntimo;

c) quantidade de profissionais inseridos no sistema prisional feminino, por estabelecimento e área de atuação;

d) quantidade de mulheres gestantes, lactantes e parturientes;

e) quantidade e idade dos filhos em ambiente intra e extramuros, bem como pessoas ou órgãos responsáveis pelos seus cuidados;

f) indicação do perfil da mulher privada de liberdade, considerando estado civil, faixa etária, cor ou etnia, deficiência, nacionalidade, religião, grau de instrução, profissão, rendas mensais da família anterior ao aprisionamento e atual, documentação civil, tempo total das penas, tipos de crimes, procedência de área rural ou urbana, regime prisional e reiteração criminal;

g) quantidade de mulheres inseridas em atividades laborais internas e externas e educacionais, formais e profissionalizantes;

h) quantidade de mulheres que recebem assistência jurídica regular, da Defensoria Pública, outro órgão ou advogado particular, e frequência desses procedimentos na unidade prisional;

i) quantidade e motivo de óbitos relacionados à mulher e à criança, no âmbito do sistema prisional;

j) dados relativos à incidência de hipertensão, diabetes, tuberculose, hanseníase, Doenças Sexualmente Transmissíveis – DST, Síndrome da Imunodeficiência Adquirida – AIDS-HIV e outras doenças;

k) quantidade de mulheres inseridas em programas de atenção à saúde mental e dependência química;

l) quantidade e local de permanência das mulheres internadas em cumprimento de medidas de segurança e total de vagas; e

m) quantidade de mulheres que deixaram o sistema prisional por motivos de alvará de soltura, indulto, fuga, progressão de regime ou aplicação de medidas cautelares diversas da prisão.

II – incentivo aos órgãos estaduais de administração prisional para que promovam a efetivação dos direitos fundamentais no âmbito dos estabelecimentos prisionais, levando em conta as peculiaridades relacionadas a gênero, cor ou etnia, orientação sexual, idade, maternidade, nacionalidade, religiosidade e deficiências física e mental, bem como aos filhos inseridos no contexto prisional, que contemplem:

a) assistência material: alimentação, vestuário e instalações higiênicas, incluindo itens básicos, tais como:

1. alimentação: respeito aos critérios nutricionais básicos e casos de restrição alimentar;

2. vestuário: enxoval básico composto por, no mínimo, uniforme específico, agasalho, roupa íntima, meias, chinelos, itens de cama e banho, observadas as condições climáticas locais e em quantidade suficiente; e 3. itens de higiene pessoal: *kit* básico composto por, no mínimo, papel higiênico, sabonete, creme e escova dental, xampu, condicionador, desodorante e absorvente, em quantidade suficiente;

b) acesso à saúde em consonância com a Política Nacional de Atenção Integral à Saúde das Pessoas Privadas de Liberdade no Sistema Prisional, a Política Nacional de Atenção Integral à Saúde da Mulher e as políticas de atenção à saúde da criança, observados os princípios e as diretrizes do Sistema Único de Saúde – SUS, bem como o fomento ao desenvolvimento de ações articuladas com as secretarias estaduais e municipais de saúde, visando o diagnóstico precoce e tratamento adequado, com implantação de núcleos de referência para triagem, avaliação inicial e encaminhamentos terapêuticos voltados às mulheres com transtorno mental.

c) acesso à educação em consonância com o Plano Estratégico de Educação no âmbito do Sistema Prisional e as Diretrizes Nacionais para a Oferta de Educação para Jovens e Adultos em Situação de Privação de Liberdade nos Estabelecimentos Penais, associada a ações complementares de cultura, esporte, inclusão digital, educação profissional, fomento à leitura e a programas de implantação, recuperação e manutenção de bibliotecas;

d) acesso à assistência jurídica integral para garantir a ampla defesa e o contraditório nos processos judiciais e administrativos relativos à execução penal, viabilizando o atendimento pessoal por intermédio da Defensoria Pública, outro órgão, advogado particular ou pela realização de parcerias;

e) acesso a atendimento psicossocial desenvolvido no interior das unidades prisionais, por meio de práticas interdisciplinares nas áreas de dependência química, convivência familiar e comunitária, saúde mental, violência contra a mulher e outras, as quais devem ser articuladas com programas e políticas governamentais;

f) assistência religiosa com respeito à liberdade de culto e de crença; e

g) acesso à atividade laboral com desenvolvimento de ações que incluam, entre outras, a formação de redes cooperativas e a economia solidária, observando:

1. compatibilidade das horas diárias de trabalho e estudo que possibilitem a remição; e 2. compatibilidade da atividade laboral com a condição de gestante e mãe, garantida a remuneração, a remição e a licença maternidade para as mulheres que se encontravam trabalhando.

h) atenção específica à maternidade e à criança intramuros, observando:

1. identificação da mulher quanto à situação de gestação ou maternidade, quantidade e idade dos filhos e das pessoas responsáveis pelos seus cuidados e demais informações, por meio de preenchimento de formulário próprio;

2. inserção da mulher grávida, lactante e mãe com filho em local específico e adequado com disponibilização de atividades condizentes à sua situação, contemplado atividades lúdicas e pedagógicas, coordenadas por equipe multidisciplinar;

3. autorização da presença de acompanhante da parturiente, devidamente cadastrada/o junto ao estabelecimento prisional, durante todo o período de trabalho de parto, parto e pós-parto imediato, conforme disposto no art. 19-J da Lei nº 8.080, de 19 de setembro de 1990;

4. proibição do uso de algemas ou outros meios de contenção em mulheres em trabalho de parto e parturientes, observada a Resolução nº 3, de 1º de junho de 2012, do CNPCP;

5. inserção da gestante na Rede Cegonha, junto ao SUS, desde a confirmação da gestação até os dois primeiros anos de vida do bebê;

6. desenvolvimento de ações de preparação da saída da criança do estabelecimento prisional e sensibilização dos responsáveis ou órgãos por seu acompanhamento social e familiar;

7. respeito ao período mínimo de amamentação e de convivência da mulher com seu filho, conforme disposto na Resolução nº 3 de 15 de julho de 2009, do CNPCP, sem prejuízo do disposto no art. 89 da Lei 7.210 de 11 de julho de 1984;

8. desenvolvimento de práticas que assegurem a efetivação do direito à convivência familiar, na forma prevista na Lei nº 8.069, de 13 de julho de 1990;

9. desenvolvimento de ações que permitam acesso e permanência das crianças que estão em

ambientes intra e extramuros à rede pública de educação infantil; e 10. disponibilização de dias de visitação especial, diferentes dos dias de visita social, para os filhos e dependentes, crianças e adolescentes, sem limites de quantidade, com definição das atividades e do papel da equipe multidisciplinar;

i) respeito à dignidade no ato de revista às pessoas que ingressam na unidade prisional, inclusive crianças e adolescentes;

j) implementação de ações voltadas ao tratamento adequado à mulher estrangeira, observando:

1. realização de parcerias voltadas à regularização da sua permanência em solo brasileiro, durante o período de cumprimento da pena;

2. articulação de gestões entre as unidades prisionais e as embaixadas e consulados visando à efetivação dos direitos da estrangeira em privação de liberdade;

3. instituição de parcerias voltadas à emissão de Cadastro de Pessoa Física – CPF provisório, com vistas à abertura de conta bancária e ao acesso a programas de reintegração social e assistência à mulher presa;

4. garantia de acesso à informação sobre direitos, procedimentos de execução penal no território nacional, questões migratórias, bem como telefones de contato de órgãos brasileiros, embaixadas e consulados estrangeiros, preferencialmente no idioma materno;

5. instituição de procedimentos que permitam a manutenção dos vínculos familiares, por meio de contato telefônico, videoconferência, cartas, entre outros;

6. incentivo do acesso à educação à distância, quando disponibilizado pelo respectivo consulado, sem prejuízo da participação nas atividades educativas existentes na unidade prisional; e

7. fomento à viabilização de transferência das presas estrangeiras não residentes ao seu país de origem, especialmente se nele tiverem filhos, caso haja tratados ou acordos internacionais em vigência, após prévia requisição e o consentimento da presa.

l) promoção de ações voltadas à presa provisória, observando:

1. adoção de medidas adequadas, de caráter normativo ou prático, para garantir sua segurança e integridade física;

2. garantia da custódia da presa provisória em local adequado, sendo vedada sua manutenção em distritos policiais; e

3. adoção de medidas necessárias para viabilização do exercício do direito a voto.

III – garantia de estrutura física de unidades prisionais adequada à dignidade da mulher em situação de prisão, de acordo com a Resolução nº 9, de 18 de novembro de 2011, do Conselho Nacional de Política Criminal e Penitenciária – CNPCP, com a implementação de espaços adequados à efetivação dos direitos das mulheres em situação de prisão, tais como saúde, educação, trabalho, lazer, estudo, maternidade, visita íntima, dentre outros;

IV – promoção de ações voltadas à segurança e gestão prisional, que garantam:

a) procedimentos de segurança, regras disciplinares e escolta diferenciados para as mulheres idosas, com deficiência, gestantes, lactantes e mães com filhos, inclusive de colo;

b) desenvolvimento de práticas alternativas à revista íntima nas pessoas que ingressam na unidade prisional, especialmente crianças e adolescentes; e

c) oferecimento de transporte diferenciado para mulheres idosas, com deficiência, gestantes, lactantes e mães com filhos, sem utilização de algemas.

V – capacitação permanente de profissionais que atuam em estabelecimentos prisionais de custódia de mulheres, com implementação de matriz curricular que contemple temas específicos, tais como:

a) identidade de gênero;

b) especificidades da presa estrangeira;

c) orientação sexual, direitos sexuais e reprodutivos;

d) abordagem étnico-racial;

e) prevenção da violência contra a mulher;

f) saúde da mulher, inclusive mental, e dos filhos inseridos no contexto prisional;

g) acessibilidade;

h) dependência química;

i) maternidade;

j) desenvolvimento infantil e convivência familiar;

k) arquitetura prisional; e

l) direitos e políticas sociais.

VI – promoção de ações voltadas às pré-egressas e egressas do sistema prisional, por meio de setor interdisciplinar específico, observando:

a) disponibilização, no momento da saída da egressa do estabelecimento prisional, de seus documentos pessoais, inclusive relativos à sua saúde, e outros pertences;

b) articulação da secretaria estadual de administração prisional com os órgãos responsáveis, com vistas à retirada de documentos; e

c) viabilização, por meio de parcerias firmadas pelo órgão estadual de administração prisional, de tratamento de dependência química, inclusão em programas sociais, em cursos profissionalizantes,geração de renda, de acordo com os interesses da egressa.

Art. 5º – Para a efetivação dos direitos de que trata esta Portaria deverão ser assegurados recursos humanos e espaços físicos adequados às diversas atividades para a integração da mulher e de seus filhos.

Art. 6º – As unidades prisionais deverão providenciar a documentação civil básica que permita acesso das mulheres, inclusive das estrangeiras, à educação e ao trabalho.

Art. 7º – O Departamento Penitenciário Nacional – DEPEN deverá se articular com os órgãos estaduais de administração prisional para que sejam constituídas comissões intersetoriais específicas para tratar dos assuntos relacionados às mulheres em situação de privação de liberdade e egressas do sistema prisional.

Art. 8º – O DEPEN deverá se articular com os órgãos estaduais de administração prisional para que seja elaborado um planejamento institucional para o cumprimento gradual das estratégias estabelecidas nesta Política e nas políticas estaduais, com vistas à melhoria de práticas voltadas às mulheres em situação de privação de liberdade e egressas do sistema prisional.

Parágrafo único – No âmbito do DEPEN, o planejamento institucional será coordenado pela Comissão Especial do Projeto Efetivação dos Direitos das Mulheres no Sistema Penal.

Art. 9º – O DEPEN prestará apoio técnico e financeiro aos órgãos estaduais de administração prisional, com ênfase nas seguintes áreas:

I – educação e capacitação profissional de servidores, priorizando os projetos em estabelecimentos prisionais que custodiam mulheres;

II – trabalho, disponibilizando maquinários para oficinas laborais;

III – saúde, priorizando o aparelhamento de centros de referência à saúde materno-infantil, bem como articulações voltadas à garantia da saúde da mulher presa;

IV – aparelhamento, incentivando o desenvolvimento de novas tecnologias que possam ser adaptadas ao ambiente prisional, voltadas às especificidades da mulher; e

V – engenharia, elaborando projetos referência para a construção de unidades prisionais específicas femininas.

Art. 10 – Fica instituído, no âmbito do Ministério da Justiça, o Comitê Gestor da PNAMPE, para fins de monitoramento e avaliação de seu cumprimento.

§ 1º – O Comitê Gestor de que trata o *caput* será composto por representantes, titulares e suplentes, dos seguintes órgãos:

I – Departamento Penitenciário Nacional:

a) Coordenação do Projeto Efetivação dos Direitos das Mulheres no Sistema Penal;

b) Ouvidoria do Departamento Penitenciário Nacional;

c) Coordenação-Geral de Reintegração Social e Ensino;

d) Coordenação-Geral do Fundo Penitenciário Nacional;

e) Coordenação-Geral de Penas e Medidas Alternativas;

f) Coordenação-Geral de Pesquisas e Análise da Informação;

g) Coordenação de Saúde; e

h) Coordenação de Educação;

II – Secretaria de Políticas para as Mulheres da Presidência da República:

a) Coordenação de Acesso à Justiça, da Secretaria de Enfrentamento à Violência contra as Mulheres.

§ 2º – Serão convidados permanentes a integrar o Comitê Gestor um representante de cada um dos seguintes órgãos:

I – Secretaria de Direitos Humanos da Presidência da República;

II – Secretaria de Políticas de Promoção da Igualdade Racial da Presidência da República;

III – Secretaria Nacional de Juventude da Secretaria-Geral da Presidência da República;

IV – Ministério da Saúde;

V – Ministério da Educação;

VI – Ministério do Trabalho e Emprego;

VII – Ministério da Cultura;

VIII – Ministério do Desenvolvimento Social e Combate à Fome; IX – Ministério do Esporte;

§ 3º – Poderão ser convidados a participar das reuniões do Comitê Gestor especialistas e representantes de outros órgãos ou entidades públicas e privadas, federais e estaduais, com atribuições relacionadas à PNAMPE.

§ 4º – Os representantes titulares e seus suplentes de que tratam os §§ 1º e 2º serão designados por ato do Diretor-Geral do DEPEN, após indicação dos órgãos que representam.

§ 5º – A participação no Comitê Gestor é considerada prestação de serviço público relevante, não remunerada.

Art. 11 – A coordenação do Comitê Gestor será exercida por um representante da Comissão Especial do Projeto Efetivação dos Direitos das Mulheres no Sistema Penal indicado pelo DEPEN, e um representante da Secretaria de Enfrentamento à Violência contra as Mulheres, indicado pela SPM. .

Art. 12 – O Comitê Gestor realizará reuniões trimestrais, podendo ser convocada reunião extraordinária pela coordenação, e deverá apresentar:

I – no prazo de noventa dias, a contar da publicação desta Portaria, plano de trabalho de suas atividades com metas e prazos; e

II – relatórios anuais de avaliação de cumprimento da PNAMPE, com sugestões de aperfeiçoamento de sua implementação.

Art. 13 – O DEPEN e a Secretaria de Políticas para as Mulheres observarão a PNAMPE na celebração de convênios e nos repasses de recursos aos órgãos e entidades federais e estaduais do sistema prisional brasileiro.

Art. 14 – Esta Portaria entra em vigor na data de sua publicação.

JOSÉ EDUARDO CARDOZO

Ministro de Estado da Justiça

ELEONORA MENICUCCI

Ministra de Estado-Chefe da Secretaria de Políticas para as Mulheres da Presidência da República

ANEXO 20 - REGRAS DE BANGKOK – REGRAS DAS NAÇÕES UNIDAS PARA O TRATAMENTO DE MULHERES PRESAS E MEDIDAS NÃO PRIVATIVAS DE LIBERDADE PARA MULHERES INFRATORAS (REGRAS DE BANGKOK)

* Texto traduzido pelo Conselho Nacional de Justiça (CNJ).

I. REGRAS DE APLICAÇÃO GERAL

1. PRINCÍPIO BÁSICO

REGRA 1

A fim de que o princípio de não discriminação, incorporado na regra 6 das *Regras mínimas para o tratamento de reclusos*, seja posto em prática, deve-se ter em consideração as distintas necessidades das mulheres presas na aplicação das Regras. A atenção a essas necessidades para atingir igualdade material entre os gêneros não deverá ser considerada discriminatória.

2. INGRESSO

REGRA 2

1. Atenção adequada deve ser dedicada aos procedimentos de ingresso de mulheres e crianças, devido à sua especial vulnerabilidade nesse momento. Recém ingressas deverão ser providas de condições para contatar parentes; acesso a assistência jurídica; informações sobre as regras e regulamentos das prisões, o regime prisional e onde buscar ajuda quando necessário e em um idioma que elas compreendam; e, em caso de estrangeiras, acesso aos seus representantes consulares.

2. Antes ou no momento de seu ingresso, deverá ser permitido às mulheres responsáveis pela guarda de crianças tomar as providências necessárias em relação a elas, incluindo a possibilidade de suspender por um período razoável a medida privativa de liberdade, levando em consideração o melhor interesse das crianças.

3. REGISTRO

REGRA 3

1. No momento do ingresso, deverão ser registrados o número e os dados pessoais dos/as filhos/as das mulheres que ingressam nas prisões. Os registros deverão incluir, sem prejudicar os direitos da mãe, ao menos os nomes das crianças, suas idades e, quando não acompanharem a mãe, sua localização e situação de custódia ou guarda.

2. Toda informação relativa à identidade das crianças deverá ser confidencial e o uso de tais informações deverá sempre obedecer à exigência de garantir o melhor interesse das crianças.

4. ALOCAÇÃO

REGRA 4

Mulheres presas deverão permanecer, na medida do possível, em prisões próximas ao seu meio familiar ou local de reabilitação social, considerando suas responsabilidades como fonte de cuidado, assim como sua preferência pessoal e a disponibilidade de programas e serviços apropriados.

5. HIGIENE PESSOAL

REGRA 5

A acomodação de mulheres presas deverá conter instalações e materiais exigidos para satisfazer as necessidades de higiene específicas das mulheres, incluindo absorventes higiênicos gratuitos e um suprimento regular de água disponível para cuidados pessoais das mulheres e crianças, em particular mulheres que realizam tarefas na cozinha e mulheres gestantes, lactantes ou durante o período da menstruação.

6. SERVIÇOS DE CUIDADOS À SAÚDE

(A) EXAME MÉDICO NO INGRESSO

REGRA 6

O exame médico de mulheres presas deverá incluir avaliação ampla para determinar a necessidade de cuidados de saúde básicos e deverá também determinar:

(a) A presença de doenças sexualmente transmissíveis ou de transmissão sanguínea; e, dependendo dos fatores de risco, mulheres presas poderão optar por realizar testes de HIV, com orientação antes e depois do teste;

(b) Necessidades de cuidados com a saúde mental, incluindo transtorno de estresse pós-traumático e risco de suicídio e de lesões auto infligidas;

(c) O histórico de saúde reprodutiva da mulher presa, incluindo gravidez atual ou recente, partos e qualquer questão relacionada à saúde reprodutiva;

(d) A existência de dependência de drogas;

(e) Abuso sexual ou outras formas de violência que possa ter sofrido anteriormente ao ingresso.

REGRA 7

1. Se diagnosticada a existência de abuso sexual ou outras formas de violência antes ou durante o encarceramento, a mulher presa deverá ser informada de seu direito de recorrer às autoridades judiciais. A mulher presa deverá ser plenamente informada sobre os procedimentos e etapas envolvidas. Se a mulher presa concordar em prosseguir com ações judiciais, funcionários/as competentes deverão ser avisados e imediatamente remeter o caso à autoridade competente para a investigação. As autoridades prisionais deverão ajudá-la a obter assistência jurídica.

2. Independentemente de a mulher optar pela ação judicial, as autoridades prisionais deverão empenhar-se em garantir que ela tenha acesso imediato a aconselhamento ou apoio psicológico especializado.

3. Medidas específicas deverão ser adotadas para evitar qualquer tipo de retaliação contra aquelas mulheres que fizerem tais denúncias ou que recorrerem a ações judiciais.

REGRA 8

O direito das mulheres presas à confidencialidade médica, incluindo especificamente o direito de não compartilhar informações e não se submeter a exames em relação a seu histórico de saúde reprodutiva, será respeitado em todos os momentos.

REGRA 9

Se a mulher presa for acompanhada de criança, esta também deverá passar por exame médico, preferencialmente por um pediatra, para determinar eventual tratamento ou necessidades médicas. Deverá ser oferecido atendimento médico adequado, no mínimo equivalentes ao disponível na comunidade.

(B) ATENDIMENTO MÉDICO ESPECÍFICO PARA MULHERES

REGRA 10

1. Serão oferecidos às presas serviços de atendimento médico voltados especificamente para mulheres, no mínimo equivalentes àqueles disponíveis na comunidade.

2. Se uma mulher presa solicitar ser examinada ou tratada por uma médica ou enfermeira, o pedido será atendido na medida do possível, exceto em situações que exijam intervenção médica urgente. Se um médico conduzir o exame, de forma contrária à vontade da mulher presa, uma funcionária deverá estar presente durante o exame.

REGRA 11

1. Durante os exames deverá estar presente apenas a equipe médica, a menos que o médico julgue que existam circunstâncias excepcionais ou solicite a presença de um funcionário da prisão por razões de segurança ou a mulher presa especificamente solicite a presença de um funcionário como indicado no parágrafo 2o da regra 10 acima.

2. Se durante os exames houver necessidade da presença de um funcionário que não seja da equipe médica, tal funcionário deverá ser mulher e os exames deverão ser conduzidos de modo a salvaguardar a privacidade, dignidade e confidencialidade.

(C) CUIDADOS COM A SAÚDE MENTAL

REGRA 12

Deverão ser disponibilizados às mulheres presas com necessidades de atenção à saúde mental, na prisão ou fora dela, programas de atenção à saúde mental individualizados, abrangentes, sensíveis às questões de gênero e centrados na compreensão dos traumas, assim como programas de reabilitação.

REGRA 13

Funcionários/as da prisão deverão ser alertados dos momentos em que as mulheres possam sentir especial angústia, para que sejam sensíveis à situação dessas mulheres e assegurem que elas recebam apoio adequado.

(D) PREVENÇÃO DO HIV, TRATAMENTO, CUIDADO E APOIO

REGRA 14

Ao se formular respostas ao HIV/AIDS nas instituições penitenciárias, os programas e serviços deverão ser orientados às necessidades próprias das mulheres, incluindo a prevenção da transmissão de mãe para filho/a. Nesse contexto, as autoridades penitenciárias deverão incentivar e apoiar o desenvolvimento de iniciativas de prevenção, tratamento e cuidado do HIV, como a educação entre pares.

(E) PROGRAMAS DE TRATAMENTO DO CONSUMO DE DROGAS

REGRA 15

Os serviços de saúde da prisão deverão prover ou facilitar programas de tratamento especializados a mulheres usuárias de drogas, considerando anterior vitimização, as necessidades especiais das mulheres gestantes e mulheres com crianças, assim como a diversidade cultural de suas experiências.

(F) PREVENÇÃO AO SUICÍDIO E ÀS LESÕES AUTOINFLIGIDAS

REGRA 16

A elaboração e aplicação de estratégias, em consulta com os serviços de atenção à saúde mental e de assistência social, para prevenir o suicídio e as lesões auto infligidas entre as presas, e a prestação de apoio adequado, especializado e com perspectiva de gênero para aquelas mulheres em situação de risco, deverão ser parte de uma política abrangente de atenção à saúde mental nas penitenciárias femininas.

(G) SERVIÇOS PREVENTIVOS DE ATENÇÃO À SAÚDE

REGRA 17

As mulheres presas receberão educação e informação sobre medidas preventivas de atenção à saúde, incluindo em relação ao HIV, doenças sexualmente transmissíveis e de transmissão sanguínea, assim como sobre os problemas de saúde específicos das mulheres.

REGRA 18

Mulheres presas devem ter o mesmo acesso que mulheres não privadas de liberdade da mesma faixa etária a medidas preventivas de atenção à saúde de particular relevância para mulheres, tais como o teste de Papanicolau e exames de câncer de mama e ginecológico.

7. SEGURANÇA E VIGILÂNCIA

(A) REVISTAS

REGRA 19

Medidas efetivas deverão ser tomadas para assegurar a dignidade e o respeito às mulheres presas durante as revistas pessoais, as quais deverão ser conduzidas apenas por funcionárias que tenham sido devidamente treinadas em métodos adequados e em conformidade com procedimentos estabelecidos.

REGRA 20

Deverão ser desenvolvidos outros métodos de inspeção, tais como escâneres, para substituir revistas íntimas e revistas corporais invasivas, de modo a evitar os danos psicológicos e possíveis impactos físicos dessas inspeções corporais invasivas.

REGRA 21

Funcionários/as da prisão deverão demonstrar competência, profissionalismo e sensibilidade e deverão preservar o respeito e a dignidade ao revistarem crianças na prisão com a mãe ou crianças visitando presas.

(B) DISCIPLINA E SANÇÕES

REGRA 22

Não se aplicarão sanções de isolamento ou segregação disciplinar a mulheres gestantes, nem a mulheres com filhos/as ou em período de amamentação.

REGRA 23

Sanções disciplinares para mulheres presas não devem incluir proibição de contato com a família, especialmente com crianças.

(C) INSTRUMENTOS DE CONTENÇÃO

REGRA 24

Instrumentos de contenção jamais deverão ser usados em mulheres em trabalho de parto, durante o parto e nem no período imediatamente posterior.

(D) INFORMAÇÕES PARA AS PRESAS E QUEIXAS RECEBIDAS DELAS; VISTORIAS

REGRA 25

1. Mulheres presas que relatarem abusos deverão receber imediatamente proteção, apoio e aconselhamento, e suas alegações deverão ser investigadas por autoridades competentes e independentes, com pleno respeito ao princípio de confidencialidade. Medidas de proteção deverão considerar especificamente os riscos de retaliações.

2. Mulheres presas que tenham sido submetidas a abuso sexual, especialmente aquelas que engravidaram em decorrência desse abuso, deverão receber orientações e aconselhamento médicos apropriados e deverão contar com os atendimentos médicos e psicológicos adequados, apoio e assistência jurídica.

3. Com o intuito de monitorar as condições de prisão e de tratamento das mulheres presas, os mecanismos de inspeção, grupos visitantes ou de monitoramento ou os órgãos supervisores deverão ter mulheres entre seus membros.

8. CONTATO COM O MUNDO EXTERIOR

REGRA 26

Será incentivado e facilitado por todos os meios razoáveis o contato das mulheres presas com seus familiares, incluindo seus filhos/as, quem detêm a guarda de seus filhos/as e seus representantes legais. Quando possível, serão adotadas medidas para amenizar os problemas das mulheres presas em instituições distantes de seus locais de residência.

REGRA 27

Onde visitas íntimas forem permitidas, mulheres presas terão acesso a este direito do mesmo modo que os homens.

REGRA 28

Visitas que envolvam crianças devem ser realizadas em um ambiente propício a uma experiência positiva, incluindo no que se refere ao comportamento dos funcionários/as, e deverá permitir o contato direto entre mães e filhos/as. Onde possível, deverão ser incentivadas visitas que permitam uma permanência prolongada dos/as filhos/as.

9. FUNCIONÁRIOS/AS PENITENCIÁRIOS E SUA CAPACITAÇÃO

REGRA 29

A capacitação dos/as funcionários/as de penitenciárias femininas deverá colocá-los em condição de atender às necessidades especiais das presas para sua reinserção social, assim como a operação de serviços e equipamentos seguros e com foco na reabilitação. As medidas de capacitação de funcionárias deverão incluir também a possibilidade de acesso a postos superiores com responsabilidades determinantes para o desenvolvimento de políticas e estratégias em relação ao tratamento e cuidados com as presas.

REGRA 30

Deverá haver um comprometimento claro e permanente em nível de gestão da administração penitenciária para evitar e abordar discriminações de gênero contra funcionárias.

REGRA 31

Deverão ser elaborados e aplicados regulamentos e políticas claras sobre a conduta de funcionários/ as, com o intuito de prover a máxima proteção às mulheres presas contra todo tipo de violência física ou verbal motivada por razões de gênero, assim como abuso e assédio sexual.

REGRA 32

As servidoras mulheres do sistema penitenciário feminino deverão ter o mesmo acesso à capacitação que os servidores homens e todos os/as funcionários/as da administração de penitenciárias femininas receberão capacitação sobre questões de gênero e a proibição da discriminação e o assédio sexual.

REGRA 33

1. Todo funcionário/a designado para trabalhar com mulheres presas deverá receber treinamento sobre as necessidades específicas das mulheres e os direitos humanos das presas.

2. Deverá ser oferecido treinamento básico aos/ as funcionários/as das prisões sobre as principais questões relacionadas à saúde da mulher, além de medicina básica e primeiros-socorros.

3. Onde crianças puderem acompanhar suas mães na prisão, os/as funcionários/as também serão sensibilizados sobre as necessidades de desenvolvimento das crianças e será oferecido treinamento básico sobre atenção à saúde da criança para que respondam com prontidão a emergências.

REGRA 34

Programas de capacitação sobre HIV deverão ser incluídos como parte do treinamento regular dos/ as funcionários/as do sistema penitenciário. Além da prevenção, tratamento, cuidado e apoio relativos a HIV/AIDS, temas como gênero e direitos humanos, com particular ênfase em sua relação com o HIV, a estigmatização e a discriminação, também deverão fazer parte do currículo.

REGRA 35

Os funcionários/as da prisão deverão ser treinados para detectar a necessidade de cuidados com a saúde mental e o risco de lesões auto infligidas e suicídio entre as mulheres presas, além de prestar assistência, apoio e encaminhar tais casos a especialistas.

10. UNIDADES DE INTERNAÇÃO PARA ADOLESCENTES DO SEXO FEMININO EM CONFLITO COM A LEI

REGRA 36

Autoridades prisionais deverão colocar em prática medidas para atender às necessidades de proteção das adolescentes privadas de liberdade.

REGRA 37

As adolescentes privadas de liberdade deverão ter acesso a educação e a orientação vocacional equivalente ao disponível aos adolescentes internados.

REGRA 38

As adolescentes em conflito com a lei internadas deverão ter acesso a programas e serviços correspondentes à sua idade e gênero, como aconselhamento sobre abuso ou violência sexual. Elas deverão receber educação sobre atenção à saúde da mulher e ter acesso regular a ginecologistas, de modo similar às presas adultas.

REGRA 39

As adolescentes gestantes deverão receber suporte e cuidados médicos equivalentes ao fornecido às presas adultas. Sua saúde deverá ser monitorada por médico especializado, tendo em conta que devido à sua idade pode haver maiores riscos de complicações durante a gestação.

II. REGRAS APLICÁVEIS A CATEGORIAS ESPECIAIS

A. PRESAS CONDENADAS

1. CLASSIFICAÇÃO E INDIVIDUALIZAÇÃO

REGRA 40

Administradores de prisões deverão desenvolver e implementar métodos de classificação que contemplem as necessidades específicas de gênero e a situação das mulheres presas, com o intuito de assegurar o planejamento e a execução de programas apropriados e individualizados para a reabilitação, o tratamento e a reintegração das presas na sociedade.

REGRA 41

A avaliação de risco e a classificação de presas que tomem em conta a dimensão de gênero deverão:

(a) Considerar que as mulheres presas apresentam, de um modo geral, menores riscos para os demais, assim como os efeitos particularmente nocivos que podem ter para as presas medidas disciplinares rigorosas e altos graus de isolamento;

(b) Possibilitar que informações essenciais sobre seus antecedentes, como situações de violência que tenham sofrido, histórico de transtorno mental e consumo de drogas, assim como responsabilidades maternas e de cuidados, sejam levadas em consideração na distribuição das presas e na individualização da pena;

(c) Assegurar que o regime de pena das mulheres inclua serviços e programas de reabilitação condizentes com as necessidades específicas de gênero;

(d) Assegurar que as reclusas que necessitam de atenção à saúde mental sejam acomodadas em locais não restritivos e cujo nível de segurança seja o menor possível, e que recebam tratamento adequado ao invés de serem colocadas em unidades com elevados níveis de segurança apenas devido a seus problemas de saúde mental.

2. REGIME PRISIONAL

REGRA 42

1. Mulheres presas deverão ter acesso a um programa amplo e equilibrado de atividades que considerem as necessidades específicas de gênero.

2. O regime prisional deverá ser flexível o suficiente para atender às necessidades de mulheres gestantes, lactantes e mulheres com filhos/as. Nas prisões serão oferecidos serviços e instalações para o cuidado das crianças a fim de possibilitar às presas a participação em atividades prisionais.

3. Haverá especial empenho na elaboração de programas apropriados para mulheres gestantes, lactantes e com filhos/as na prisão.

4. Haverá especial empenho na prestação de serviços adequados para presas que necessitem de apoio psicológico, especialmente aquelas que tenham sido submetidas a abusos físicos, mentais ou sexuais.

RELAÇÕES SOCIAIS E ASSISTÊNCIA POSTERIOR AO ENCARCERAMENTO

REGRA 43

Autoridades prisionais deverão incentivar e, onde possível, também facilitar visitas às mulheres presas como um importante pré-requisito para assegurar seu bem-estar mental e sua reintegração social.

REGRA 44

Tendo em vista a probabilidade desproporcional de mulheres presas terem sofrido violência doméstica, elas deverão ser devidamente consultadas a respeito de quem, incluindo seus familiares, pode visitá-las.

REGRA 45

As autoridades penitenciárias concederão às presas, da forma mais abrangente possível, opções como saídas temporárias, regime prisional aberto, albergues de transição e programas e serviços comunitários, com o intuito de facilitar sua transição da prisão para a liberdade, reduzir o estigma e restabelecer contato com seus familiares o mais cedo possível.

REGRA 46

Autoridades prisionais, em cooperação com os serviços de sursis, liberdade condicional e/ou de assistência social, grupos comunitários locais e organizações não governamentais, deverão formular e implementar programas amplos de reinserção para o período anterior e posterior à saída da prisão, que incluam as necessidades específicas das mulheres.

REGRA 47

Após sua saída da prisão, deverá ser oferecido às mulheres egressas apoio psicológico, médico, jurídico e ajuda prática para assegurar sua reintegração social exitosa, em cooperação com serviços da comunidade.

3. MULHERES GESTANTES, COM FILHOS/AS E LACTANTES NA PRISÃO

REGRA 48

1. Mulheres gestantes ou lactantes deverão receber orientação sobre dieta e saúde dentro de um programa a ser elaborado e supervisionado por um profissional da saúde qualificado. Deverão ser oferecidos gratuitamente alimentação adequada e pontual, um ambiente saudável e oportunidades regulares de exercícios físicos para gestantes, lactantes, bebês e crianças.

2. Mulheres presas não deverão ser desestimuladas a amamentar seus filhos/as, salvo se houver razões de saúde específicas para tal.

3. As necessidades médicas e nutricionais das mulheres presas que tenham recentemente dado à luz, mas cujos/as filhos/as não se encontram com elas na prisão, deverão ser incluídas em programas de tratamento.

REGRA 49

Decisões para autorizar os/as filhos/as a permanecerem com suas mães na prisão deverão ser fundamentadas no melhor interesse da criança. Crianças na prisão com suas mães jamais serão tratadas como presas.

REGRA 50

Mulheres presas cujos/as filhos/as estejam na prisão deverão ter o máximo possível de oportunidades de passar tempo com eles.

REGRA 51

1. Crianças vivendo com as mães na prisão deverão ter acesso a serviços permanentes de saúde e seu desenvolvimento será supervisionado por especialistas, em colaboração com serviços de saúde comunitários.

2. O ambiente oferecido para a educação dessas crianças deverá ser o mais próximo possível àquele de crianças fora da prisão.

REGRA 52

1. A decisão do momento de separação da mãe de seu filho deverá ser feita caso a caso e fundada no melhor interesse da criança, no âmbito da legislação nacional pertinente.

2. A remoção da criança da prisão deverá ser conduzida com delicadeza, e apenas quando alternativas de cuidado da criança tenham sido identificadas e, no caso de presas estrangeiras, com consulta aos funcionários/as consulares.

3. Uma vez separadas as crianças de suas mães e colocadas com familiares ou parentes, ou sob outras formas de cuidado, serão oferecidas às mulheres presas o máximo de oportunidades e condições para encontrar-se com seus filhos e filhas, quando estiver sendo atendido o melhor interesse das crianças e a segurança pública não for comprometida.

4. ESTRANGEIRAS

REGRA 53

1. Quando houver tratados bilaterais ou multilaterais pertinentes em vigência, a transferência das

presas estrangeiras não residentes ao seu país de origem, especialmente se nele tiverem filhos/as, deverá ser considerada o mais cedo possível durante o seu encarceramento, após prévia requisição ou o consentimento informado da mulher em questão.

2. Em caso de se retirar da prisão uma criança que viva com uma presa estrangeira não residente, será considerado o envio da criança a seu país de origem, considerando o seu melhor interesse e após consulta à mãe.

5. MINORIAS E POVOS INDÍGENAS

REGRA 54

Autoridades prisionais deverão reconhecer que mulheres presas de diferentes tradições religiosas e culturais possuem necessidades distintas e podem enfrentar múltiplas formas de discriminação para obter acesso a programas e serviços cuja implementação seja ligada a fatores de gênero e culturais. Desta forma, autoridades prisionais deverão oferecer programas e serviços abrangentes que incluam essas necessidades, em consulta com as próprias presas e os grupos pertinentes.

REGRA 55

Serão revisados os serviços de atenção anteriores e posteriores à soltura para assegurar que sejam adequados e acessíveis às presas de origem indígena e de grupos étnicos e raciais minoritários, em consulta com os grupos correspondentes.

B. PRESAS CAUTELARMENTE OU ESPERANDO JULGAMENTO

REGRA 56

As autoridades competentes reconhecerão o risco específico de abuso que enfrentam as mulheres em prisão cautelar e adotarão medidas adequadas, de caráter normativo e prático, para garantir sua segurança nessa situação (veja também regra 58 abaixo, em relação às medidas cautelares alternativas).

III. MEDIDAS NÃO RESTRITIVAS DE LIBERDADE

REGRA 57

As provisões das Regras de Tóquio deverão orientar o desenvolvimento e a implementação de respostas adequadas às mulheres infratoras. Deverão ser desenvolvidas, dentro do sistema jurídico do Estado membro, opções específicas para mulheres de medidas despenalizadoras e alternativas à prisão e à prisão cautelar, considerando o histórico de vitimização de diversas mulheres infratoras e suas responsabilidades de cuidado.

REGRA 58

Considerando as provisões da regra 2.3 das Regras de Tóquio, mulheres infratoras não deverão ser separadas de suas famílias e comunidades sem que se considere devidamente a sua história e laços familiares. Formas alternativas de lidar com mulheres infratoras, tais como medidas despenalizadoras e alternativas à prisão, inclusive à prisão cautelar, deverão ser empregadas sempre que apropriado e possível.

REGRA 59

Em geral, serão utilizadas medidas protetivas não privativas de liberdade, como albergues administrados por órgãos independentes, organizações não governamentais ou outros serviços comunitários, para assegurar proteção às mulheres que necessitem. Serão aplicadas medidas temporárias de privação da liberdade para proteger uma mulher unicamente quando seja necessário e expressamente solicitado pela mulher interessada, sempre sob controle judicial ou de outras autoridades competentes. Tais medidas de proteção não deverão persistir contra a vontade da mulher interessada.

REGRA 60

Serão disponibilizados recursos suficientes para elaborar opções satisfatórias às mulheres infratoras com o intuito de combinar medidas não privativas de liberdade com intervenções que visem responder aos problemas mais comuns que levam as mulheres ao contato com o sistema de justiça criminal. Essas intervenções podem incluir cursos terapêuticos e orientação para vítimas de violência doméstica e abuso sexual; tratamento adequado para aquelas com transtorno mental; e programas educacionais e de capacitação para melhorar possibilidades de emprego. Tais programas considerarão a necessidade de prover atenção para as crianças e de criação de serviços exclusivos para as mulheres.

REGRA 61

Ao condenar mulheres infratoras, os juízes terão a discricionariedade de considerar fatores atenuantes, tais como ausência de antecedentes criminais, a natureza e a não gravidade relativa da conduta criminal, considerando as responsabilidades de cuidado das mulheres e o contexto característico.

REGRA 62

Deverá ser aprimorada a prestação de serviços comunitários para o tratamento do consumo de drogas, os quais sejam sensíveis às questões de gênero, centrados na compreensão dos traumas e destinados exclusivamente às mulheres, assim como o acesso a estes tratamentos, para a prevenção de crimes e a adoção de medidas despenalizadoras e alternativas penais.

1. DISPOSIÇÕES PÓS-CONDENAÇÃO

REGRA 63

Decisões acerca do livramento condicional deverão considerar favoravelmente as responsabilidades de cuidado das mulheres presas, assim como suas necessidades específicas de reintegração social.

2. MULHERES GESTANTES E COM FILHOS/AS DEPENDENTES

REGRA 64

Penas não privativas de liberdade para as mulheres gestantes e mulheres com filhos/as dependentes serão preferidas sempre que for possível e apropriado, sendo a pena de prisão considerada apenas quando o crime for grave ou violento ou a mulher representar ameaça contínua, sempre velando pelo melhor interesse do/a filho/a ou filhos/as e assegurando as diligências adequadas para seu cuidado.

3. ADOLESCENTES DO SEXO FEMININO EM CONFLITO COM A LEI

REGRA 65

A institucionalização de adolescentes em conflito com a lei deverá ser evitada tanto quanto possível. A vulnerabilidade de gênero das adolescentes do sexo feminino será tomada em consideração nas decisões.

4 . ESTRANGEIRAS

REGRA 66

Será empregado máximo empenho para ratificar a *Convenção das Nações Unidas contra o crime organizado transnacional*29 e o *Protocolo para a prevenção, repressão e punição do tráfico de pessoas, em especial mulheres e crianças*, suplementar à Convenção30para implementar integralmente suas provisões com o intuito de oferecer máxima proteção às vítimas de tráfico e evitar a revitimização de mulheres estrangeiras.

IV. PESQUISA, PLANEJAMENTO, AVALIAÇÃO E SENSIBILIZAÇÃO PÚBLICA 1. PESQUISA, PLANEJAMENTO E AVALIAÇÃO

REGRA 67

Serão envidados esforços para organizar e promover pesquisa ampla e orientada a resultados sobre delitos cometidos por mulheres, as razões que as levam a entrar em conflito com o sistema de justiça criminal, o impacto da criminalização secundária e o encarceramento de mulheres, as características das mulheres infratoras, assim como os programas estruturados para reduzir a reincidência criminal feminina, como uma base para planejamento efetivo, desenvolvimento de programas e formulação de políticas para atender às necessidades de reintegração social das mulheres infratoras.

REGRA 68

Serão envidados esforços para organizar e promover pesquisa sobre o número de crianças afetadas pelo conflito de suas mães com o sistema de justiça criminal, e o encarceramento em particular, e o impacto disso nas crianças, com o intuito de contribuir para a formulação de políticas e a elaboração de programas, considerando o melhor interesse das crianças.

REGRA 69

Serão envidados esforços para revisar, avaliar e tornar públicas periodicamente as tendências, os problemas e os fatores associados ao comportamento infrator em mulheres e a efetividade das respostas às necessidades de reintegração social das mulheres infratoras, assim como de seus filhos/as, com o intuito de reduzir a estigmatização e o impacto negativo do conflito das mulheres com o sistema de justiça criminal nas mulheres e em seus filhos/as.

2. SENSIBILIZAÇÃO PÚBLICA, TROCA DE INFORMAÇÕES E CAPACITAÇÃO

REGRA 70

1. Os meios de comunicação e o público serão informados sobre as razões pelas quais as mulheres entram em conflito com o sistema de justiça criminal e as maneiras mais eficazes de lidar com essas situações, com o intuito de permitir a reintegração social das mulheres, considerando o melhor interesse de seus filhos/as.

2. Publicação e disseminação da pesquisa e exemplos de boas práticas deverão formar elementos amplos de políticas que visem melhorar os resultados e a igualdade das respostas do sistema de justiça criminal para mulheres infratoras e seus filhos/as.

3. Os meios de comunicação, o público e aqueles com responsabilidade profissional no que se refere às mulheres presas e infratoras terão regular acesso a informações factuais acerca dos temas contemplados nestas regras e sobre sua implementação.

4. Programas de capacitação sobre as presentes regras e os resultados de pesquisas serão desenvolvidos e implementados para funcionários/as competentes da justiça criminal com o intuito de elevar sua consciência e sensibilidade sobre as disposições contidas nessas regras.